2026 메가랜드 공인중개사

표준 이론서

2차 | 공인중개사법령 및 중개실무

머리말

"공인중개사 자격은 또 다른 선택지입니다."

제36회 공인중개사자격시험 중 공인중개사법령 및 실무 과목의 난이도는 전년보다 비교적 수월하게 출제되었습니다. 특이점은 BOX형 문제를 무려 16개나 출제하였다는 점입니다. 인지하여야 할 사실은 시험에 있어 난이도가 높든 낮든 수험생 입장에서 어느 정도의 실력이 있어야 한다는 사실입니다. 아무리 쉬운 문제라 하더라도 그 문제를 푸는 수험생의 실력이 없다면 풀 수 없습니다.

재차 강조하지만, 이 과목은 최근 시험의 난이도를 떠나 2차 과목 중에서는 가장 수월하게 고득점할 수 있는 과목임을 명심하여야 할 것입니다. 언제나 그렇듯 이 과목에서의 고득점을 위한 전략으로 가장 먼저 꼽을 수 있는 것은 공인중개사법령에 확실히 집중하여야 한다는 실입니다. 자꾸만 넓어지는 시험범위를 대비하기 위해 법령 부분은 모두 맞추어야 80점 이상 득점할 수 있습니다.

이러한 이유로 본서는 공인중개사자격시험 합격이라는 목표를 달성하고자 하는 수험생들의 입장에서 충분히 고민하면서 보다 이해하기 쉽고, 고득점을 받아야 하는 전략과목의 교재로서 부족함이 없도록 구성하였으며, 특히 신경향 문제 등 다음의 사항에 중점을 두어 집필하였습니다.

첫째 조문 위주의 학습이 되도록 하였습니다.
이 과목은 법령을 기초로 한 과목이므로 법률, 시행령 및 시행규칙의 조문을 법령의 체계대로 빠짐없이 정리하여 법령의 전체적 이해와 세부학습이 가능하도록 하였습니다. 이는 법령, 즉 조문의 중요성을 강조하기 위한 구성입니다. 지난 10여 년간 이 과목 최고의 교재로 평가받는 이유이기도 합니다.

둘째 전체적인 흐름을 이해하여야 하는 부분에서는 핵심Point를 도표로 두었습니다.
복잡한 내용은 간단히, 서술형 지문으로 이해하기 어려운 부분에서는 빠짐없이 도해화하였습니다. 각 단원별 핵심Point만 잘 정리해도 과목의 맥을 잡을 수 있을 것이라 봅니다.

셋째 새로운 판례, 빈출 판례 등을 빠짐없이 수록하였습니다.
최근의 출제 경향을 보면 개정법령, 신 판례 등에서 자주 문제가 출제되고 있습니다. 특히 빈출지문을 단원 뒷부분에 정리하였습니다.

넷째 신경향 문제에 대비하기 위해 '별지서식 등'에 중점을 두었습니다.

공인중개사법령 시행규칙에는 많은 종류의 별지서식 등을 규정하고 있는바, 해마다 이쪽 부분에서 1~3문제 정도가 지속적으로 출제되고 있습니다.

다섯째 「부동산 거래신고 등에 관한 법률」을 완벽 반영하였습니다.

해마다 7~9문제 정도 출제되는 「부동산 거래신고 등에 관한 법률」 내용에 대해 시중 어떤 교재보다도 완벽하게 반영하였습니다. 따라서, 난이도 높은 문제에 효과적으로 대응할 수 있습니다.

부동산경기와 더불어 중개시장이 상당히 어려운 여건임에는 틀림없지만, 국가공인자격인 공인중개사자격은 언젠가 새로운 선택지를 분명 제공할 것입니다.

모쪼록 본서를 통해 준비하시는 모든 분들께 합격의 영광이 함께하시길 소원하며, 본서가 출간될 수 있도록 도움 주신 출판이나 편집 관련 모든 분들께 감사의 말씀을 드립니다.

끝으로 강의와 집필로 시간을 내주지 못한 사랑하는 가족들에게도 미안한 마음을 전하며, 무엇보다도 오늘의 저를 있게 해주신 너무도 뵙고 싶은 그리운 아버님과 어머님께 머리 숙여 감사드립니다.

메가랜드 부동산교육연구소
편저자 일동

공인중개사 시험요강

공인중개사 자격시험 Licensed Real Estate Agent

국토교통부에서 소관하고 한국산업인력공단이 시행하는 공인중개사 자격시험은 부동산 중개업을 건전하게 지도·육성하고, 공정하고 투명한 부동산 거래질서를 확립함으로써 국민경제에 이바지함을 그 목적으로 합니다.

- 연 1회 10월 31일 예정
- 1·2차 동시 응시 가능
- 절대평가 평균 60점
- 객관식 5지 선택형

시험 일정

원서 접수	시험일	합격자 발표
2026년 8월 3일~ 8월 7일 예정	2026년 10월 31일 예정	2026년 11월 말 예정

* 2021년부터 원서 접수기간 및 방식이 변경되었습니다(정기 접수 5일 및 빈자리 접수 2일).
* 정확한 시험 일정은 한국산업인력공단(www.q-net.or.kr) 홈페이지에서 확인 가능합니다.
* 원서 접수기간 중에는 24시간 접수 가능하며(단, 마지막 날은 18시까지), 접수기간 종료 후에는 응시원서 접수가 불가합니다.

응시 자격   제한 없음

* 단, ①「공인중개사법」제4조의3에 따라 시험 부정행위로 처분받은 날로부터 시험시행일 전일까지 5년이 경과되지 않은 자, ② 제6조에 따라 공인중개사 자격이 취소된 후 3년이 경과하지 않은 자, ③ 시행규칙 제2조에 따른 기자격취득자는 응시할 수 없음

시험과목 및 방법

구분	시험과목	문항 수	시험시간	시험방법
제1차 1교시 2과목	1. 부동산학개론(부동산감정평가론 포함) 2. 민법 및 민사특별법 중 부동산 중개에 관련되는 규정	과목당 40문항 1번~80번	100분 (09:30~11:10)	객관식 5지 선택형
제2차 1교시 2과목	1. 공인중개사의 업무 및 부동산 거래신고 등에 관한 법령 및 중개실무 2. 부동산공법 중 부동산 중개에 관련되는 규정	과목당 40문항 1번~80번	100분 (13:00~14:40)	
제2차 2교시 1과목	부동산공시에 관한 법령(부동산등기법, 공간정보의 구축 및 관리 등에 관한 법률) 및 부동산 관련 세법	40문항 1번~40번	50분 (15:30~16:20)	

합격 기준 **절대평가**

- **1차 시험**: 매 과목 100점을 만점으로 하여 매 과목 40점 이상, 전 과목 평균 60점 이상 득점
- **2차 시험**: 매 과목 100점을 만점으로 하여 매 과목 40점 이상, 전 과목 평균 60점 이상 득점

* 당해 연도 1차 시험 합격자는 다음 연도 1차 시험이 면제되며, 1·2차 시험 응시자 중 1차 시험에 불합격한 자의 2차 시험은 무효로 함(「공인중개사법 시행령」제5조 제3항)

원서 접수 **PC Q-net(www.q-net.or.kr) 홈페이지 또는 모바일 Q-net(APP)을 통하여 접수**

- 공단 지역본부 및 지사에서 인터넷접수 도우미서비스를 제공받을 수 있습니다.
- 내방시 준비물: 신분증, 사진(3.5*4.5) 1매, 전자결제 수단(신용카드, 계좌이체, 가상계좌)
- 수험자는 응시원서에 반드시 본인 사진을 첨부하여야 하며, 타인의 사진 첨부 등으로 인하여 신분 확인이 불가능할 경우 시험에 응시할 수 없습니다.
- 응시수수료(제36회 시험 기준)

• 1·2차 시험 동시 응시자	28,000원
• 1차 시험 응시자	13,700원
• 2차 시험 응시자(전년도 1차 시험 합격자)	14,300원

자격증 교부는 응시원서 접수시 입력한 인터넷 회원정보 화면의 주민등록상 주소지의 시·도지사 명의로, 시·도지사가 교부합니다(회원가입시 등록한 최종 합격자의 사진 파일을 공단에서 시·도로 발송하여 자격증용 사진으로 활용).   * 시·도별로 준비물이 다를 수 있습니다.

출제경향 및 학습방법

편	장	제32회	제33회	제34회	제35회	제36회	합계	비율
공인중개사법령	총칙	1	2	2	0	1	6	61.0%
	공인중개사 자격제도	1	2	2	2	1	8	
	중개업의 등록 및 결격사유	1	2	2	1	2	8	
	중개업의 경영	8	2	7	6	5	28	
	개업공인중개사의 의무와 책임	6	5	6	6	6	29	
	중개업의 보수	0	3	1	1	2	7	
	개업공인중개사 간의 상호협력	2	2	1	3	2	10	
	보칙	1	1	0	0	2	4	
	지도·감독 및 각종 규제	6	5	4	3	4	22	
	소계	26	24	25	222	25	122	
부동산 거래신고 등에 관한 법령	총칙	0	1	0	0	0	1	20.0%
	부동산거래신고제도	3	3	4	4	5	19	
	외국인 등의 부동산취득	1	1	1	1	1	5	
	토지거래허가제도	3	3	3	2	1	12	
	벌칙	1	1	0	0	1	3	
	소계	8	9	8	7	8	40	
중개실무	총설	0	0	0	0	0	0	19.0%
	중개의뢰(중개계약)	0	0	0	0	0	0	
	중개대상물의 조사·확인	0	1	2	4	2	9	
	중개활동	0	0	0	0	0	0	
	거래의 체결(거래계약서 작성)	1	0	0	0	0	1	
	부동산거래 관련 실무법	3	4	3	5	3	18	
	경매·공매 관련 실무	2	2	2	2	2	10	
	소계	6	7	7	11	7	38	
	총계	40	40	40	40	40	200	100.0%

제36회 총평

제36회 시험은 최근 들어 가장 쉽게 출제되었습니다. 특히 작년 제35회 시험처럼 재량권 남용 및 일탈의 시비가 있거나 정답에 대한 시시비비(是是非非)가 있을 수 있는 문제가 거의 보이지 않을 만큼 아주 깔끔하게 출제되었습니다. 문제나 문항의 지문들에서 느낄 수 있듯이 법조문에 충실하게 출제하다 보니 복수정답이나 정답 없는 문제가 나올 가능성은 매우 낮아 보입니다.

또한, 요즘 시험의 트렌드를 유지하였습니다. 예컨대 BOX형 문제를 무려 16개나 출제하여 수능식 출제로 시험의 유형이 과거와는 완전히 전환되었음을 알 수 있습니다. 이는 출제위원들의 세대교체라는 큰 흐름 변화라고 볼 수 있습니다. 즉, 시험문제의 트렌드가 학력고사식에서 수능식으로 완전히 전환된 것입니다.

특히나 이번 제36회 시험에서의 공인중개사법령 과목에서 주는 확실한 메시지는 암기형 문제의 종말입니다. 암기보다는 종합적인 이해위주의 문제, 단편적인 지식보다는 상호비교 문제가 절대 다수를 이루고 있다는 점입니다.

다만, 중개실무 파트와 부동산거래신고 등에 관한 법률 쪽 4~5개 문제 정도는 상당히 지엽적이고 기존의 출제범위를 완전히 벗어난 문제들이어서 상위권 수험생들도 100점을 맞기에는 다소 어려운 시험이었다고 총평할 수 있습니다.

세부사항

1. 난이도 상에 해당하는 문제 5개, 중 난이도 문제 15개, 하 난이도 문제 20개가 출제되었습니다.
2. 공인중개사법령 파트에서 25개, 부동산거래신고법에서 8개, 중개실무에서 7개가 출제되어 예년과 비슷한 수준이었습니다.
3. 특이점은 BOX형 문제가 무려 16개를 출제하였다는 점입니다. 다만, BOX 내 제시문은 4개를 넘지 않는 범위 내에서 출제하여 전체적으로 난이도 하향에 영향을 주었습니다.
4. 옳은 지문 찾기 22개, 틀린 지문 찾기 18개를 출제하여 어느 정도 균형을 맞췄습니다.
5. 법 조문을 기초로 하는 출제비중(36개 문제)이 압도적으로 높았고, 나머지는 판례의 태도를 묻는 문제였습니다.
6. 마지막으로, 제34회 시험부터 제36회 시험까지 단순 암기형 문제는 회차별 1문제밖에 출제하지 않았다는 것입니다. 이 부분은 제37회 시험을 준비하는 수험생들에게 시사하는 바가 정말 큽니다. 암기코드만 강조하는 강의는 이제 요즘 시험경향에 적합하지 않습니다. 이러한 현상은 모든 시험과목에 공통적으로 부합합니다.

학습방법

1. 시험이 일정한 패턴을 보입니다. 즉, 유행하는 출제 경향이 있습니다. 전통적으로 중요한 부분을 계속해서 집중적으로 출제하고 있기는 하지만, 큰 흐름으로 보면 과거시험과 상당히 달라졌습니다. 1차는 무난하게 출제하여 많이 배출, 2차는 비교적 까다롭게 출제하여 최종합격생을 걸러내는 패턴이 바로 그것입니다. 따라서 수험준비는 이런 패턴에 맞게 대비하여야 합니다.
2. 공인중개사법령 및 중개실무 과목은 이번 제36회 시험을 제외하고 전반적으로 어려워지는 추세이기는 하나, 그럼에도 불구하고 언제나 80점 이상 고득점을 하여야 할 필요가 있습니다. 제36회 시험에서도 확인하였듯 공법과 공시·세법 과목이 결코 쉬운 과목이 아니기 때문입니다.
3. 공인중개사법령 및 중개실무 과목의 고득점을 위한 전략으로 가장 중요한 것은 법령에 집중하여야 한다는 점입니다. **전체 40개 문제 중 공인중개사법령과 부동산 거래신고 등에 관한 법령에서 30개~35개 정도의 문제가 출제**되기 때문에 이 부분을 제외하고는 고득점을 결코 기대할 수 없습니다. 따라서 법령 부분은 법률, 시행령, 시행규칙, 심지어 별지서식 중에서 중요서식(중개계약서, 확인·설명서와 부동산거래신고서 등)까지 어느 하나도 빠짐없이 여러 번 반복 학습하여야 할 것입니다.
4. 중개실무 부분은 출제비중이 높지는 않지만 법령보다 훨씬 고난도의 문제들이 출제되고 있습니다. 특히 분묘기지권,「장사 등에 관한 법률」,「주택임대차보호법」,「상가건물 임대차보호법」,「부동산실권리자 명의등기에 관한 법률」, 부동산경매제도, 매수신청대리제도 등은 실무에서 꼭 출제되는 부분이라는 점을 기억해두어야 합니다.
5. 제36회 시험은 향후 수험생활에 이정표를 제시한 해입니다. 즉, 암기보다는 이해위주로 공부하여야 한다는 사실을 확실하게 증명하였기 때문입니다. 따라서, 제37회 시험도 반복학습과 이해위주의 수험생활이 합격의 열쇠가 될 것입니다.

메타인지 학습법

메가랜드만의 메타인지 학습법을 완벽하게 실행할 수 있도록
❶ 계획 … ❷ 실행 … ❸ 피드백 과정을 미리보기 … 본문 … 메타인지 학습체크로 재구성하였습니다.

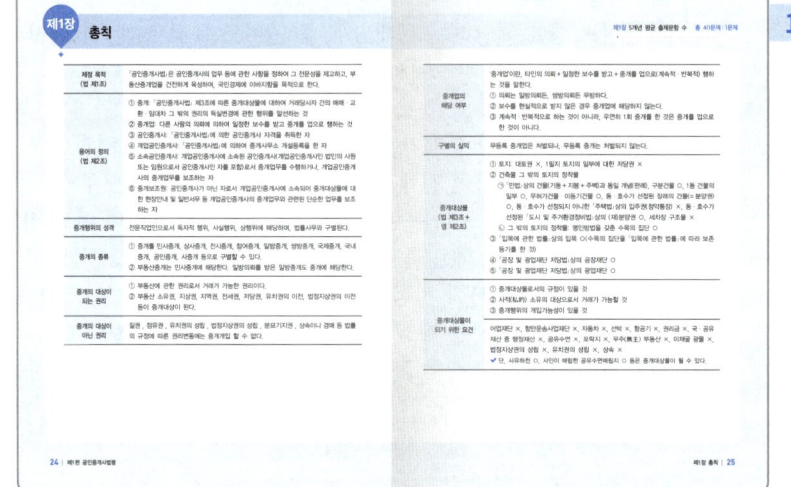

1 계획 - 미리보기

단원을 학습하기 전, 미리보기를 통해 전반적인 이론 체계와 핵심내용을 쉽고 빠르게 한눈에 파악하고, 학습 방향을 올바르게 설정할 수 있습니다.

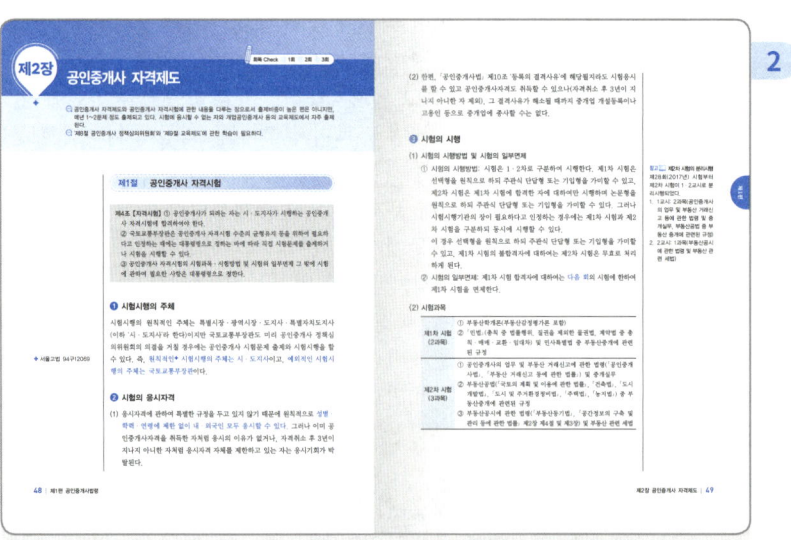

2 실행 - 본문

높은 가독성과 짜임새 있는 구성으로 학습 효과를 극대화하였으며, 다양한 학습요소를 통해 핵심내용을 전략적으로 학습할 수 있습니다.

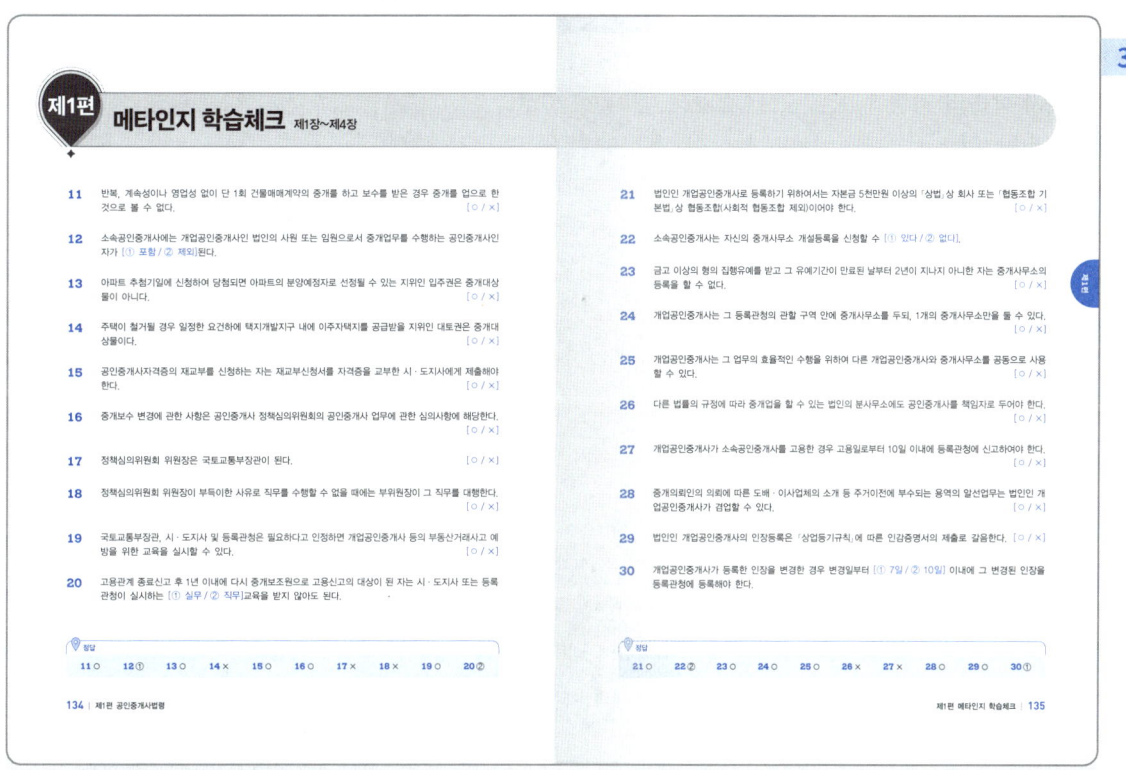

③ 피드백 - 메타인지 학습체크

학습이 끝나면 자신이 현재 무엇을 알고 무엇을 모르는지 '메타인지 학습체크'를 통해 점검하고, 자신의 학습 정도를 파악하여 아직 완벽하게 숙지되지 않은 부분을 집중 학습할 수 있습니다.

이 책의 구성 및 특징

단원열기
학습 시작 전, 단원열기를 통해 중점적으로 학습해야 할 내용을 확인할 수 있도록 함으로써 학습의 방향을 제시하였습니다.

효율적 구성
본문을 2단으로 구성함으로써 보조단에 배치된 풍부한 학습요소들을 통해 본문의 내용을 다시 한번 정리하고 반복학습할 수 있도록 하였습니다.

일러스트 및 도표
이해하기 어려운 이론을 일러스트, 그래프, 도표 등을 통해 알기 쉽게 표현하여 학습의 재미와 능률을 높였습니다.

제1장 총칙

회독 Check 1회 2회 3회

💬 매년 1~2문제가 꾸준히 출제되는 장이다. 특히 공인중개사법령에서 사용되는 '제2절 용어의 정의'에서는 매년 1문제씩 출제되고 있다. 또한 중개대상물에 관해서도 1문제 이상이 출제될 수 있다.
💬 반드시 용어의 정의를 완벽하게 암기 내지 이해하여야 하며, 중개대상물에 관하여 철저히 학습하여야 한다.

제1절 | 공인중개사법의 제정 목적

제1조 【목적】 이 법은 공인중개사의 업무 등에 관한 사항을 정하여 그 전문성을 제고하고 부동산중개업을 건전하게 육성하여 국민경제에 이바지함을 목적으로 한다.

「공인중개사법」의 제정 목적 중 '공인중개사의 업무 등에 관한 사항을 정하여 그 전문성을 제고'하는 것과 '부동산중개업을 건전하게 육성'하는 것은 직접 제도화함으로써 물리력을 동원하여 목적을 달성할 수 있는 것이다. 그러나 '국민경제에 이바지'하는 것은 부수적인 효과로서 간접 목적이며 종국 목적이 된다.

🔖 「공인중개사법」의 제정 목적

비교 ➡ 제정 목적이라고 볼 수 없는 것
1. 중개업무의 지도·육성
2. 부동산중개질서의 확립
3. 개업공인중개사의 육성
4. 부동산업의 육성
5. 재산권보호에 이바지

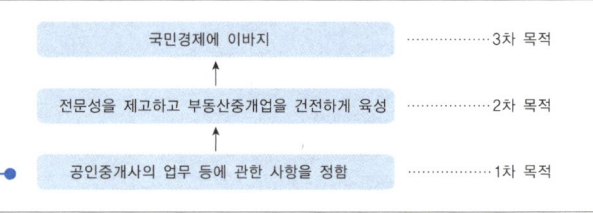

국민경제에 이바지 ············ 3차 목적
↑
전문성을 제고하고 부동산중개업을 건전하게 육성 ············ 2차 목적
↑
공인중개사의 업무 등에 관한 사항을 정함 ············ 1차 목적

> **예제**
>
> 「공인중개사법」상 명문으로 규정된 목적을 모두 고른 것은?
>
> ㉠ 부동산중개업의 건전한 육성   ㉡ 부동산중개업의 적절한 지도
> ㉢ 개업공인중개사의 육성   ㉣ 개업공인중개사의 공신력 제고
> ㉤ 국민경제에 이바지
>
> ① ㉠, ㉣   ② ㉠, ㉤   ③ ㉡, ㉢
> ④ ㉡, ㉣   ⑤ ㉢, ㉤
>
> **해설** 「공인중개사법」 제1조에서 "이 법은 공인중개사의 업무 등에 관한 사항을 정하여 그 전문성을 제고하고 부동산중개업을 건전하게 육성하여 국민경제에 이바지함을 목적으로 한다."라고 규정하고 있다.   **정답** ②

예제학습

본문에서 학습한 내용을 예제를 통해 정리할 수 있도록 함으로써, 내용의 이해를 도움과 동시에 문제의 유형을 파악하고, 실전감각을 향상시킬 수 있도록 하였습니다.

판례 중개는 '사실행위'이다

부동산중개업의 대상이 되는 중개행위는 중개대상물에 대하여 거래당사자간의 매매·교환·임대차 기타 권리의 득실변경에 관한 행위를 알선하는 것이라고 규정하고 있어, 중개행위는 당사자 사이에 매매 등 법률행위가 용이하게 성립할 수 있도록 조력하고 주선하는 사실행위라 할 것이다(대판 2003두14888).

제2절 | 용어의 정의   제33회, 제34회, 제36회

> **제2조【정의】** 이 법에서 사용하는 용어의 정의는 다음과 같다.
> 1. '중개'라 함은 제3조에 따른 중개대상물에 대하여 거래당사자간의 매매·교환·임대차 그 밖의 권리의 득실변경에 관한 행위를 알선하는 것을 말한다.
> 2. '공인중개사'라 함은 이 법에 의한 공인중개사자격을 취득한 자를 말한다.
> 3. '중개업'이라 함은 다른 사람의 의뢰에 의하여 일정한 보수를 받고 중개를 업으로 행하는 것을 말한다.
> 4. '개업공인중개사'라 함은 이 법에 의하여 중개사무소의 개설등록을 한 자를 말한다.
> 5. '소속공인중개사'라 함은 개업공인중개사에 소속된 공인중개사(개업공인중개사인 법인의 사원 또는 임원으로서 공인중개사인 자를 포함한다)로서 중개업무를 수행하거나 개업공인중개사의 중개업무를 보조하는 자를 말한다.
> 6. '중개보조원'이라 함은 공인중개사가 아닌 자로서 개업공인중개사에 소속되어 중개대상물에 대한 현장안내 및 일반서무 등 개업공인중개사의 중개업무와 관련된 단순한 업무를 보조하는 자를 말한다.

다양한 구성

본문 내 다양한 학습요소들을 통해 꼭 필요한 내용이 빠지지 않도록 알차게 구성하였으며, 보다 명확한 정리가 가능하도록 하였습니다.

1달 완성 학습플래너

기본학습이 어느 정도 진행된 수험생이라면, 학습의 방향을 정하고 학습능력과 상황에 맞게 '1달 완성' 계획표를 직접 작성하여 메가랜드 강의와 함께 학습해 보세요.

Sample Plan

Day 1	Day 2	Day 3	Day 4	Day 5	Day 6	Day 7
개론 제1편~ 제2편	민법 제1편 제1장 ~제4장	중개 제1편 제1장 ~제3장	공법 제1편 제1장 ~제3장	공시 제1편 제1장~ 제3장 세법 제1편~	복습	…

Self Plan

Day 1	Day 2	Day 3	Day 4	Day 5	Day 6	Day 7

Day 8	Day 9	Day 10	Day 11	Day 12	Day 13	Day 14

Day 15	Day 16	Day 17	Day 18	Day 19	Day 20	Day 21

Day 22	Day 23	Day 24	Day 25	Day 26	Day 27	Day 28

Day 29	Day 30	Day 31				

합격 키워드 확인하기

편	장	합격 키워드
제1편	제1장	용어의 정의, 중개대상물, 중개대상권리, 무등록 중개업
	제2장	자격의 취득, 실무교육 · 연수교육 · 직무교육, 공인중개사 정책심의위원회
	제3장	법인인 개업공인중개사의 등록기준, 등록의 절차, 등록증의 양도 · 대여, 등록의 결격사유
	제4장	법인인 개업공인중개사의 업무범위, 중개사무소의 설치 및 이전, 분사무소 · 공동사무소, 인장, 중개업의 휴업 및 폐업
	제5장	일반 · 전속중개계약, 일반 · 전속중개계약서, 중개대상물 확인 · 설명, 중개대상물 확인 · 설명서, 거래계약서, 예치권고제도, 금지행위, 교란행위, 손해배상책임, 업무보증설정
	제6장	중개보수 · 실비
	제7장	부동산거래정보망, 거래정보사업자, 공인중개사협회, 공제사업, 공제사업 운영위원회
	제8장	포상금제도, 행정수수료
	제9장	행정처분, 자격취소 · 자격정지, 절대적 · 상대적 등록취소, 업무정지, 가중처벌, 개업공인중개사의 지위 승계, 과태료, 징역 또는 벌금
제2편	제1장	용어의 정의(외국인 등)
	제2장	부동산거래신고제도, 신고절차, 부동산거래가격 검증체계, 부동산거래 해제신고 · 정정신청 · 변경신고, 부동산거래계약 신고서, 주택임대차신고제도, 거짓신고, 허위신고
	제3장	외국인 등의 부동산취득신고 · 허가, 외국인 등의 토지거래허가구역, 외국인의 계속보유신고
	제4장	토지거래허가제도, 토지거래허가구역의 지정, 토지거래허가신청서, 토지거래허가구역의 지정절차, 포상금제도, 토지거래허가 기준면적 · 거래유형, 유동적 무효, 선매협의, 매수청구, 이행명령, 이행강제금
	제5장	행정형벌(징역형 또는 벌금형), 과태료, 리니언시제도, 과태료감면제도
제3편	제1장	중개실무의 의의
	제2장	중개계약의 종류, 중개계약의 종류별 특징
	제3장	중개대상물 조사 · 확인 · 설명, 법정지상권 · 유치권 · 분묘기지권, 장사 등에 관한 법률, 분묘설치, 비농업인의 농지소유상한제, 농지임대차, 주말 · 체험영농
	제4장	중개활동용어
	제5장	부동산거래 전자계약시스템, 거래계약서 필요적 기재사항, 공유관계
	제6장	검인제도, 부동산 실권리자명의 등기에 관한 법률, 명의신탁, 주택임대차보호법 · 상가건물 임대차보호법의 적용범위, 대항력, 우선변제권 · 최우선변제권, 임차권등기명령신청제도, 보증금 · 환산보증금, 묵시적 갱신제도, 상가건물 임차인의 계약갱신요구권, 상가 권리금의 보호규정
	제7장	법원경매절차, 입찰보증금, 매각방법, 매각기일 · 매각허가결정기일, 새매각 · 재매각, 당연배당자, 신청배당자, 최고가 매수인 · 차순위매수신고인, 권리분석, 매수신청대리업

제1편 공인중개사법령

◆ **Intro** 서장
- 제1절 공인중개사법의 법원 ... 20
- 제2절 공인중개사법의 성격 ... 22

◆ **제1장** 총칙
- 제1절 공인중개사법의 제정 목적 ... 26
- 제2절 용어의 정의 ... 27
- 제3절 중개대상물의 범위 ... 37

◆ **제2장** 공인중개사 자격제도
- 제1절 공인중개사 자격시험 ... 48
- 제2절 합격자 결정 ... 51
- 제3절 부정행위자에 대한 제재 ... 52
- 제4절 자격증의 교부 등 ... 53
- 제5절 공인중개사의 결격사유 ... 55
- 제6절 자격증 대여 등의 금지 ... 55
- 제7절 유사명칭의 사용금지 ... 57
- 제8절 공인중개사 정책심의위원회 ... 58
- 제9절 교육제도 ... 61

◆ **제3장** 중개업의 등록 및 결격사유
- 제1절 중개사무소의 개설등록 ... 70
- 제2절 등록의 결격사유 등 ... 80
- 제3절 벌금형의 분리 선고 ... 88
- 제4절 등록증의 교부 등 ... 89
- 제5절 이중등록의 금지 등 ... 92
- 제6절 중개사무소등록증 대여 등의 금지 ... 94

◆ **제4장** 중개업의 경영
- 제1절 중개사무소의 설치기준 ... 98
- 제2절 개업공인중개사의 겸업제한 등 ... 102
- 제3절 개업공인중개사의 고용인의 신고 등 ... 107
- 제4절 인장의 등록 ... 113
- 제5절 중개사무소등록증의 게시 ... 116
- 제6절 중개사무소의 명칭 ... 117

제 7 절	중개대상물의 표시 · 광고	121
제 8 절	중개대상물의 표시 · 광고 모니터링	124
제 9 절	중개사무소의 이전신고	127
제10절	휴업 또는 폐업의 신고	129
제11절	간판철거의무	132

◆ 제 5 장 개업공인중개사의 의무와 책임

제 1 절	개업공인중개사 등의 기본윤리	140
제 2 절	일반중개계약	142
제 3 절	전속중개계약	149
제 4 절	중개대상물의 확인 · 설명	156
제 5 절	거래계약서의 작성 등	184
제 6 절	계약금 등의 반환채무이행의 보장	188
제 7 절	손해배상책임의 보장	191
제 8 절	금지행위	201
제 9 절	교란행위	210

◆ 제 6 장 중개업의 보수

제 1 절	중개보수 등	216
제 2 절	중개보수 관련 제재 등	225

◆ 제 7 장 개업공인중개사 간의 상호협력

제 1 절	부동산거래정보망의 지정 및 이용	230
제 2 절	협회의 설립 및 업무	236
제 3 절	협회의 공제사업	238
제 4 절	공제사업 운영위원회	240
제 5 절	공제사업에 대한 감독 강화	243
제 6 절	민법의 준용	246
제 7 절	지도 · 감독 등	246

◆ 제 8 장 보칙

제 1 절	업무의 위탁	250
제 2 절	포상금제도	251
제 3 절	행정수수료	254

◆ 제 9 장 지도 · 감독 및 각종 규제

제 1 절	자격의 취소	258
제 2 절	자격의 정지	262

제 3 절	감독상의 명령 등	264
제 4 절	등록의 취소	266
제 5 절	업무의 정지	272
제 6 절	자료제공의 요청	279
제 7 절	행정제재처분 효과의 승계 등	280
제 8 절	벌칙	283
제 9 절	양벌규정	288
제10절	과태료	290

제 2 편 부동산 거래신고 등에 관한 법령

◆ 제 1 장 총칙
제 1 절 부동산 거래신고 등에 관한 법률 개관 … 310
제 2 절 부동산거래신고 등에 관한 법률의 제정 목적 및 용어의 정의 … 311

◆ 제 2 장 부동산거래신고제도
제 1 절 부동산거래의 신고 … 314
제 2 절 금지행위 및 사후관리 등 … 331
제 3 절 주택임대차계약의 신고 … 338

◆ 제 3 장 외국인 등의 부동산취득
제 1 절 외국인 등의 국내 부동산취득 … 349
제 2 절 외국인 등의 부동산취득 등에 관한 특례 … 350

◆ 제 4 장 토지거래허가제도
제 1 절 서설 … 357
제 2 절 토지거래허가구역 등 … 357
제 3 절 그 밖의 부속 규정 … 397

◆ 제 5 장 벌칙
제 1 절 서설 … 406
제 2 절 행정형벌 … 406
제 3 절 과태료 … 408

제 3 편　중개실무

◆ **제 1 장　총설**
　제 1 절　중개실무의 의의　　　　　　　　　　　　　430
　제 2 절　중개실무의 과정　　　　　　　　　　　　　430

◆ **제 2 장　중개의뢰(중개계약)**
　제 1 절　중개계약의 의의 등　　　　　　　　　　　433
　제 2 절　중개계약의 유형과 종료　　　　　　　　　436

◆ **제 3 장　중개대상물의 조사·확인**
　제 1 절　중개대상물의 조사·확인의 의의　　　　　441
　제 2 절　중개대상물의 조사·확인 방법 및 사항　　441
　제 3 절　조사·확인을 위한 개별법상 제도 등　　　448

◆ **제 4 장　중개활동**
　제 1 절　서설　　　　　　　　　　　　　　　　　　483
　제 2 절　부동산의 판매과정　　　　　　　　　　　　483
　제 3 절　중개활동 용어 및 기법　　　　　　　　　　485

◆ **제 5 장　거래의 체결(거래계약서 작성)**
　제 1 절　계약의 체결 및 계약서 작성　　　　　　　491
　제 2 절　부동산 전자계약　　　　　　　　　　　　　502

◆ **제 6 장　부동산거래 관련 실무법**
　제 1 절　주택임대차보호법　　　　　　　　　　　　509
　제 2 절　상가건물 임대차보호법　　　　　　　　　　527
　제 3 절　부동산 실권리자명의 등기에 관한 법률　　542
　제 4 절　집합건물의 소유 및 관리에 관한 법률　　　548
　제 5 절　부동산등기 특별조치법　　　　　　　　　　553

◆ **제 7 장　경매·공매 관련 실무**
　제 1 절　경매　　　　　　　　　　　　　　　　　　557
　제 2 절　공매　　　　　　　　　　　　　　　　　　575
　제 3 절　매수신청대리인 제도　　　　　　　　　　　578

제1편
공인중개사법령

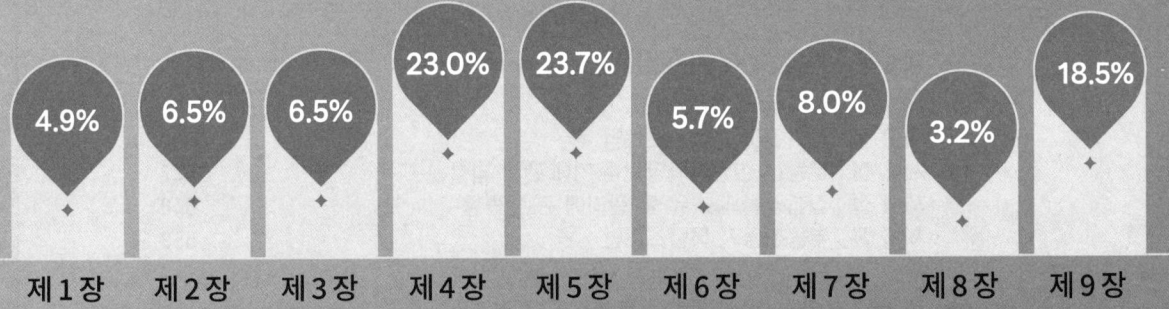

◆ 최근 5개년 **출제경향 분석**

- ◆ Intro | 서장
- ◆ 제 1 장 | 총칙
- ◆ 제 2 장 | 공인중개사 자격제도
- ◆ 제 3 장 | 중개업의 등록 및 결격사유
- ◆ 제 4 장 | 중개업의 경영
- ◆ 제 5 장 | 개업공인중개사의 의무와 책임
- ◆ 제 6 장 | 중개업의 보수
- ◆ 제 7 장 | 개업공인중개사 간의 상호협력
- ◆ 제 8 장 | 보칙
- ◆ 제 9 장 | 지도·감독 및 각종 규제

Intro 서장

> 본 장은 아직 시험에 출제되지 않은 단원이지만, '「공인중개사법」의 성격'은 출제가능성이 있는 내용이다.
> 공인중개사법령을 공부하기 전에 법원(法源)과 법의 성격 등을 가볍게 읽어본다면 학습하는 데 도움이 될 것이다.

제1절 | 공인중개사법의 법원(法源)

일반적으로 '법원'이란 법을 생기게 하는 근거 또는 존재형식을 말한다. 법관이 재판 기준으로 적용하는 법규범의 존재형식, 즉 법원에는 성문법과 불문법이 있다.

(1) 성문법

① 법률: 흔히 법률은 국회가 가결한 것을 말하며 헌법 다음으로 중요한 법원이다. 제도상 입법권을 가지는 자에 의하여 만들어졌고(헌법 제49조), 내용이 문자로 작성되어 일정한 형식과 절차에 따라 공포된 법이다. 현행 「공인중개사법」도 이러한 절차에 따라 제정되었다.

② 명령: 헌법에 근거하여 대통령이나 국무총리, 각부 장관이 국회의 의결 없이 제정하는 법규를 말한다. 「공인중개사법」도 대통령의 명령인 '시행령'과 주무부서의 장인 국토교통부장관의 명령인 '시행규칙'이 있다. 한편, 헌법 제108조에 의거하여 대법원장도 법규명령을 제정할 수 있는데, 「공인중개사의 매수신청대리인 등록 등에 관한 규칙」➕에서 개업공인중개사의 경매물건 입찰대리에 관하여 규정하고 있다.

➕ 이 규칙은 법률의 직접위임을 받은 명령으로, 시행규칙이 아닌 시행령으로서의 지위를 가진다고 볼 수 있다.

공인중개사법령의 구성

법령명	성격	구성
「공인중개사법」	법률	전 7장 51개 조문
「공인중개사법 시행령」	시행령	전 7장 38개 조문
「공인중개사법 시행규칙」	시행규칙	전 6장 29개 조문
「공인중개사의 매수신청대리인 등록 등에 관한 규칙」	대법원규칙	전 4장 24개 조문

③ 자치법규: 지방자치단체(광역자치단체 및 기초자치단체)가 법령의 범위 안에서 제정하는 '자치에 관한 규정'을 말한다. 흔히 지방의회에서 제정하는 조례를 의미하며, 헌법 제117조 제1항에 근거한다. 공인중개사법령에서 조례는 개업공인중개사의 중개보수 및 실비 등과 아주 밀접한 관련이 있으며, 법원에 해당한다.

(2) 불문법

① 관습법
   ㉠ 반복적인 생활규범을 대다수의 사람이 지킴으로써 법으로 승인된 것을 말한다. 일반적으로는 임의규정(당사자의 합의로 적용을 배제할 수 있는 법규) 이하의 효력만을 가지지만, 민사상 관습은 임의법규 이상의 효력을, 상관습법(商慣習法)은 「상법」 이하 「민법」 이상의 효력을 가진다.
   ㉡ 부동산중개에 관한 관습법의 존재 여부가 문제되는데, 개업공인중개사에게 가장 기본이 되는 중개대상물에 관한 관습법상 제도인 '명인방법을 갖춘 수목의 집단'을 중개대상물로 인정하는 것에 대하여 이론의 여지가 없다. 또한 분묘기지권이나 법정지상권 등에 관하여 개업공인중개사의 개입 여부를 판단하는 중요한 법기준이 되기도 한다. 궁극적으로 '중개제도' 자체가 제도로 발생한 것이 아니라 자연스러운 관습에 의한 것이므로 부동산중개와 관련된 관습법의 법원성을 부정하기 어렵다.

② 판례법
   ㉠ 법원의 판결을 말한다. 판례는 해당 사건에 관해서만 구속력을 가지나, 그 후 동종의 사건에 관하여 재판을 할 때 동일한 취지의 재판을 하도록 하는 기준이 된다.
   ㉡ 판례법의 법원성을 인정할 수밖에 없는 현실적인 이유는 많이 있다. 예컨대 「공인중개사법」 제10조 제1항 제11호의 '이 법을 위반하여 300만원 이상의 벌금형의 선고를 받고 3년이 지나지 아니한 자'에 대하여 행정관청은 고용인과의 관계에서 양벌규정으로 벌금형을 선고받은 개업공인중개사에게 등록취소처분을 하였었다. 이에 대하여 우리 대법원은 "제10조 제1항 제11호 규정에 양벌규정으로 처벌받는 경우는 포함되지 않는다."라고 판시(대판 2007두26568)함으로써, 실정법의 불확정개념을 판례법이 확정하는 실제적인 법 창조기능을 하고 있다.

> **참고**
> 1. 민사에 관하여 법률에 규정이 없으면 관습법에 의한다(「민법」제1조).
> 2. 상사에 관하여 본법에 규정이 없으면 상관습법에 의하고, 상관습법이 없으면 「민법」의 규정에 의한다(「상법」제1조).

③ 조리(條理): 사람의 건전한 상식으로 판단할 수 있는 사물이나 자연의 본질적인 원리를 말한다. 조리는 대개 법의 일반원칙으로서 기본법인 헌법이나 개별법에 반영되어 있다. 예컨대 행정법 전반에 걸쳐 적용되는 일반원칙인 법률우위의 원칙이나 법률유보의 원칙 등은 행정기관(등록관청)과 개업공인중개사(국민)라는 '부대등관계'를 규율하는 행정법적 성격의 공인중개사법령에도 적용되는 중요한 법원이라 할 수 있다.

> **용어**
>
> **법률우위의 원칙**
> 행정행위는 법률에 구속됨을 의미한다. 다시 말하면 행정행위는 어떠한 경우에도 법률에 위반되는 조치를 취하여서는 안 된다는 것을 의미한다.
>
> **법률유보의 원칙**
> 행정행위는 법률의 수권에 의하여 행하여져야 함을 의미한다. 즉, 국가 등의 행정주체의 행정작용에는 적극적으로 법률의 근거가 요구된다는 것을 의미한다.

제2절 | 공인중개사법의 성격

(1) 부동산중개에 관한 일반법

다른 법령에서 부동산중개에 관한 일부 규정을 두고 있는 경우가 있다. 예를 들어「농업협동조합법」(제12조 제1항 중개업 등록조항 의제),「산림조합법」(제11조 제1항 중개업 등록조항 의제),「산업집적활성화 및 공장설립에 관한 법률」(제30조 제5항 중개업 등록조항 의제) 등이 있다. 이와 같은 법령은「공인중개사법」의 특별법으로서의 역할을 하고「공인중개사법」은 상기 법의 일반법이 된다.

(2)「민법」과「상법」에 대한 특별법

① 중개는 민사중개와 상사중개로 구분된다. 민사중개란 상행위가 아닌 민사상 법률행위를 중개하는 사실행위를 말하며 중개대상은 민사행위, 즉 부동산중개와 혼인중개, 직업소개 등이 있고 주로「민법」의 적용을 받는다. 상사중개란 타인간 상행위를 중개하는 사실행위로 영리추구가 목적이며「상법」의 적용을 받는다.

② 자기 명의로 상행위를 하는 자를 상인이라 하고(「상법」제4조),「상법」상 중개에 관한 행위를 기본적인 상행위로 보고 있으므로(「상법」제46조 제11호) 개업공인중개사도 상인이 된다. 따라서「공인중개사법」은「민법」과「상법」의 특별법이 되고,「민법」과「상법」은「공인중개사법」의 일반법이 된다.

판례 개업공인중개사의 '상인'으로서의 지위

복덕방에 상호를 내걸고 부동산매매 등의 소개업을 하는 자는 상인임이 명백하고 상인인 위 소개업자가 그 영업범위 내에서 타인을 위하여 행위를 한 이상 특별한 약정이 없다 하여도 소개를 부탁한 상대방에 대하여 상당한 보수를 청구할 수 있다 할 것이고, 이 경우에는 소개 요금액이 상당한 범위 내의 보수에 해당되는가의 여부에 대하여 직권으로라도 증거조사를 하여 심리 판단하여야 한다(대판 68다955).

(3) 공법과 사법의 중간영역인 혼합법

법률 내용 중 중개계약에 관한 사항은 사적 자치를 실현하는 사법적 요소이고, 행정의 우월적인 지위에서 공익실현을 추구하는 지도·감독과 행정형벌 및 과태료 부분 등은 공법적 요소이다. 또한 부동산중개업의 육성을 통한 국민경제에 이바지한다는 법의 제정 목적이나, 고용인의 고용 및 고용관계 종료신고제도 등과 같은 경제법적 요소가 혼합된 사회법적 성격이 강하다.

(4) 국내법으로서의 지위

「공인중개사법」은 대한민국 영토 안에서만 적용되는 법이다. 다만, 외국인이 국내에서 개업공인중개사 등으로 종사하거나, 국내의 부동산을 개업공인중개사를 통하여 매매 거래하는 경우 이 법의 적용대상이 된다.

핵심 「공인중개사법」의 성격

1. 부동산중개에 관한 일반법
2. 「민법」과 「상법」에 대한 특별법
3. 중간법·혼합법(사회법적 성격)
4. 국내법으로서의 지위

용어
사회법
사회법이라 함은 국가가 공공복리·경제정의 실현을 위하여 사법영역에 개입함으로써 복리·복지국가의 기반을 마련하기 위한 제3의 법영역을 말한다.

제1장 총칙

제정 목적 (법 제1조)	「공인중개사법」은 공인중개사의 업무 등에 관한 사항을 정하여 그 전문성을 제고하고, 부동산중개업을 건전하게 육성하여, 국민경제에 이바지함을 목적으로 한다.
용어의 정의 (법 제2조)	① 중개: 「공인중개사법」 제3조에 따른 중개대상물에 대하여 거래당사자 간의 매매·교환·임대차 그 밖의 권리의 득실변경에 관한 행위를 알선하는 것 ② 중개업: 다른 사람의 의뢰에 의하여 일정한 보수를 받고 중개를 업으로 행하는 것 ③ 공인중개사: 「공인중개사법」에 의한 공인중개사 자격을 취득한 자 ④ 개업공인중개사: 「공인중개사법」에 의하여 중개사무소 개설등록을 한 자 ⑤ 소속공인중개사: 개업공인중개사에 소속된 공인중개사(개업공인중개사인 법인의 사원 또는 임원으로서 공인중개사인 자를 포함)로서 중개업무를 수행하거나, 개업공인중개사의 중개업무를 보조하는 자 ⑥ 중개보조원: 공인중개사가 아닌 자로서 개업공인중개사에 소속되어 중개대상물에 대한 현장안내 및 일반서무 등 개업공인중개사의 중개업무와 관련된 단순한 업무를 보조하는 자
중개행위의 성격	전문직업인으로서 독자적 행위, 사실행위, 상행위에 해당하며, 법률사무와 구별된다.
중개의 종류	① 중개를 민사중개, 상사중개, 전시중개, 참여중개, 일방중개, 쌍방중개, 국제중개, 국내중개, 공인중개, 사중개 등으로 구별할 수 있다. ② 부동산중개는 민사중개에 해당한다. 일방의뢰를 받은 일방중개도 중개에 해당한다.
중개의 대상이 되는 권리	① 부동산에 관한 권리로서 거래가 가능한 권리이다. ② 부동산 소유권, 지상권, 지역권, 전세권, 저당권, 유치권의 이전, 법정지상권의 이전 등이 중개대상이 된다.
중개의 대상이 아닌 권리	질권, 점유권, 유치권의 성립, 법정지상권의 성립, 분묘기지권, 상속이나 경매 등 법률의 규정에 따른 권리변동에는 중개개입 할 수 없다.

중개업의 해당 여부	'중개업'이란, 타인의 의뢰 + 일정한 보수를 받고 + 중개를 업으로(계속적·반복적) 행하는 것을 말한다. ① 의뢰는 일방의뢰든, 쌍방의뢰든 무방하다. ② 보수를 현실적으로 받지 않은 경우 중개업에 해당하지 않는다. ③ 계속적·반복적으로 하는 것이 아니라, 우연히 1회 중개를 한 것은 중개를 업으로 한 것이 아니다.
구별의 실익	무등록 중개업은 처벌되나, 무등록 중개는 처벌되지 않는다.

중개대상물
(법 제3조 +
영 제2조)
	① 토지: 대토권 ×, 1필지 토지의 일부에 대한 저당권 ×
	② 건축물 그 밖의 토지의 정착물
	   ㉠「민법」상의 건물(기둥 + 지붕 + 주벽)과 동일 개념(판례), 구분건물 ○, 1동 건물의 일부 ○, 무허가건물·미등기건물 ○, 동·호수가 선정된 장래의 건물(= 분양권) ○, 동·호수가 선정되지 아니한 「주택법」상의 입주권(청약통장) ×, 동·호수가 선정된 「도시 및 주거환경정비법」상의 (재)분양권 ○, 세차장 구조물 ×
	   ㉡ 그 밖의 토지의 정착물: 명인방법을 갖춘 수목의 집단 ○
	③「입목에 관한 법률」상의 입목 ○(수목의 집단을 「입목에 관한 법률」에 따라 보존등기를 한 것)
	④「공장 및 광업재단 저당법」상의 공장재단 ○
	⑤「공장 및 광업재단 저당법」상의 광업재단 ○

중개대상물이 되기 위한 요건	① 중개대상물로서의 규정이 있을 것 ② 사적(私的) 소유의 대상으로서 거래가 가능할 것 ③ 중개행위의 개입가능성이 있을 것 어업재단 ×, 항만운송사업재단 ×, 자동차 ×, 선박 ×, 항공기 ×, 권리금 ×, 국·공유재산 중 행정재산 ×, 공유수면 ×, 포락지 ×, 무주(無主) 부동산 ×, 미채굴 광물 ×, 법정지상권의 성립 ×, 유치권의 성립 ×, 상속 × ✔ 단, 사유하천 ○, 사인이 매립한 공유수면매립지 ○ 등은 중개대상물이 될 수 있다.

제1장 총칙

> 매년 1~2문제가 꾸준히 출제되는 장이다. 특히 공인중개사법령에서 사용되는 '제2절 용어의 정의'에서는 매년 1문제씩 출제되고 있다. 또한 중개대상물에 관해서도 1문제 이상이 출제될 수 있다.
> 반드시 용어의 정의를 완벽하게 암기 내지 이해하여야 하며, 중개대상물에 관하여 철저히 학습하여야 한다.

제1절 | 공인중개사법의 제정 목적

제1조【목적】 이 법은 공인중개사의 업무 등에 관한 사항을 정하여 그 전문성을 제고하고 부동산중개업을 건전하게 육성하여 국민경제에 이바지함을 목적으로 한다.

「공인중개사법」의 제정 목적 중 '공인중개사의 업무 등에 관한 사항을 정하여 그 전문성을 제고'하는 것과 '부동산중개업을 건전하게 육성'하는 것은 직접 제도화함으로써 물리력을 동원하여 목적을 달성할 수 있는 것이다. 그러나 '국민경제에 이바지'하는 것은 부수적인 효과로서 간접 목적이며 종국 목적이 된다.

비교➡ 제정 목적이라고 볼 수 없는 것
1. 중개업무의 지도·육성
2. 부동산중개질서의 확립
3. 개업공인중개사의 육성
4. 부동산업의 육성
5. 재산권보호에 이바지

♟「공인중개사법」의 제정 목적

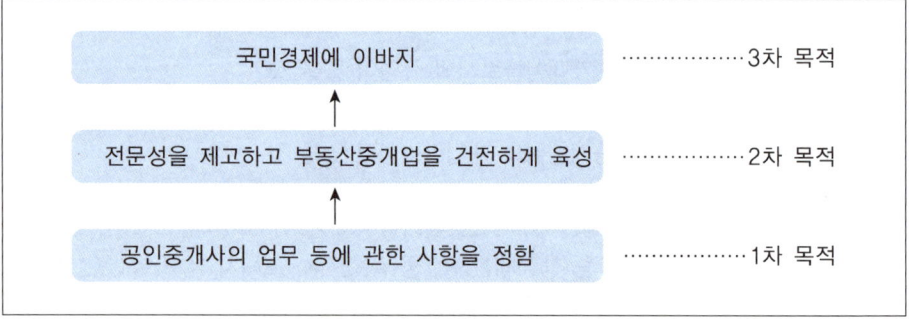

> **예제**
>
> 「공인중개사법」상 명문으로 규정된 목적을 모두 고른 것은?
>
> ㉠ 부동산중개업의 건전한 육성　　㉡ 부동산중개업의 적절한 지도
> ㉢ 개업공인중개사의 육성　　　　㉣ 개업공인중개사의 공신력 제고
> ㉤ 국민경제에 이바지
>
> ① ㉠, ㉣　　　　② ㉠, ㉤　　　　③ ㉡, ㉢
> ④ ㉡, ㉣　　　　⑤ ㉢, ㉤
>
> **해설** 「공인중개사법」제1조에서 "이 법은 공인중개사의 업무 등에 관한 사항을 정하여 그 전문성을 제고하고 부동산중개업을 건전하게 육성하여 국민경제에 이바지함을 목적으로 한다."라고 규정하고 있다.　　**정답** ②

제2절 | 용어의 정의　　제33회, 제34회, 제36회

제2조【정의】 이 법에서 사용하는 용어의 정의는 다음과 같다.
1. '중개'라 함은 제3조에 따른 중개대상물에 대하여 거래당사자간의 매매·교환·임대차 그 밖의 권리의 득실변경에 관한 행위를 알선하는 것을 말한다.
2. '공인중개사'라 함은 이 법에 의한 공인중개사자격을 취득한 자를 말한다.
3. '중개업'이라 함은 다른 사람의 의뢰에 의하여 일정한 보수를 받고 중개를 업으로 행하는 것을 말한다.
4. '개업공인중개사'라 함은 이 법에 의하여 중개사무소의 개설등록을 한 자를 말한다.
5. '소속공인중개사'라 함은 개업공인중개사에 소속된 공인중개사(개업공인중개사인 법인의 사원 또는 임원으로서 공인중개사인 자를 포함한다)로서 중개업무를 수행하거나 개업공인중개사의 중개업무를 보조하는 자를 말한다.
6. '중개보조원'이라 함은 공인중개사가 아닌 자로서 개업공인중개사에 소속되어 중개대상물에 대한 현장안내 및 일반서무 등 개업공인중개사의 중개업무와 관련된 단순한 업무를 보조하는 자를 말한다.

1 중개

(1) 중개의 일반적 정의

① 중개의 의의 및 중개행위자의 역할

㉠ 중개의 의의: 중개란 법정중개대상물에 대하여 거래당사자간의 매매·교환·임대차 그 밖의 권리의 득실변경에 관한 행위를 알선하는 것을 말한다.

㉡ 중개행위자의 역할: 권리의 득실변경의 주체는 거래당사자이며 중개행위자는 그것을 연결하여주는 역할을 한다.

② 중개의 3요소

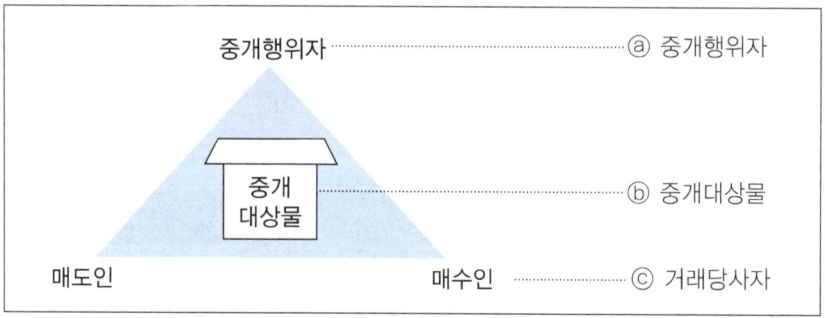

㉠ 「공인중개사법」상 중개가 성립하기 위하여는 중개대상물이 있어야 하고, 중개를 행할 자가 있어야 하며, 거래당사자간의 거래행위가 있어야 한다.

㉡ 부동산거래컨설팅 또는 부동산매수대리업이라는 명칭을 사용하며 중개와 별개의 것으로 포장할지라도 '중개대상물, 거래당사자, 중개행위자'라는 3요소를 갖추고 당사자간에 거래가 성사될 수 있도록 노력하는 행위가 있다면 중개에 해당된다고 볼 수 있다.

③ 중개와 분양대행의 구분: 중개와 유사한 개념으로 분양대행업이 있다. 분양이란 보통 주택이나 상가 등을 건축하거나 토지를 개발하여 이를 구매자가 선호하는 규모(면적)로 분할한 후 구매자에게 매각을 대리하는 것을 말한다. 업무는 중개와 유사하지만, 중개는 주로 중고 부동산인 1개의 부동산이 거래대상이 되고, 분양은 신규취득대상 부동산으로 동시에 둘 이상의 부동산을 매각하는 것으로서 정책적 차원에서 중개와 분양대행을 구분하고 있다.

참고 외국에서 '중개'의 의미
미국에서 '중개'란 타인간의 법률행위인 계약의 체결을 위하여 노력하는 행위로서 시장의 시세, 상대방의 신용상태를 파악하고 대상물의 감정·성질 등 전문적인 자료를 준비하여 중개의뢰인인 당사자가 하고자 하는 일을 이룰 수 있도록 거래를 원활하게 하는 역할을 수행한다.

(2) 중개행위의 성격

① **사실행위**: 중개행위는 법률행위가 아니라 사실행위이다. 사실행위란 그 행위에 의하여 표시되는 의식의 내용이 무엇인지를 묻지 않고, 단지 행위가 있다는 것 또는 그 행위에 의하여 생긴 결과만이 법률에 의하여 법률상 의미가 있다는 것으로 인정되는 행위를 말한다. 구별하여야 할 개념으로는 법률행위인 중개계약과 거래계약이 있다.

> **판례** 중개는 '사실행위'이다
>
> 부동산중개업의 대상이 되는 중개행위는 중개대상물에 대하여 거래당사자간의 매매·교환·임대차 기타 권리의 득실변경에 관한 행위를 알선하는 것이라고 규정하고 있어, 중개행위는 당사자 사이에 매매 등 법률행위가 용이하게 성립할 수 있도록 조력하고 주선하는 사실행위라 할 것이다(대판 2003두14888).

심화 중개행위는 중개대상물에 대하여 거래당사자 간의 매매·교환·임대차 그 밖의 권리의 득실변경에 관한 행위를 알선하는 것으로서, 당사자 사이에 매매 등 법률행위가 용이하게 성립할 수 있도록 조력하고 주선하는 사실행위에 불과하고, 「변호사법」 제3조에서 규정한 법률사무와는 구별된다(대판 2024다239364).

> **참고** 법률행위
>
> 일정한 권리 내지 법률관계의 창설개발을 목적으로 하는 의식적 행위를 의사표시라고 하는데, 법률행위는 일정한 법률효과의 발생을 목적으로 하는 하나 또는 수개의 의사표시를 불가결의 요소로 하는 법률요건을 말한다.

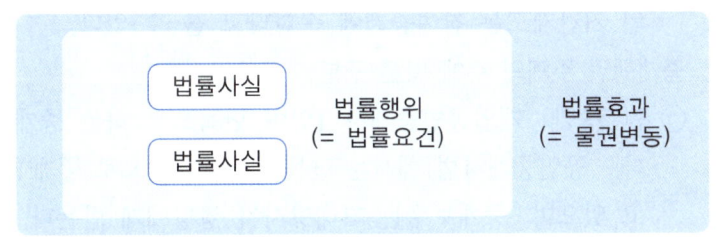

② **보조적 준비행위**: 중개행위는 거래당사자간 법률행위의 성립에 조력하는 보조적 준비행위이다. '보조'는 '알선', 즉 '힘써주는 것'을 의미한다. '준비행위'는 거래계약 체결을 준비한다는 의미와 체결 전단계에 있다는 것을 의미한다.

③ **독자적 행위**: 중개행위는 대리행위와 구분되며 사자의 행위도 아니다. 또한 중개행위는 개업공인중개사가 자신의 이익을 추구하기 위한 독자적인 행위이다.

④ **상행위**: 부동산중개업무는 「상법」 제46조 제11호에서 정하고 있는 '중개에 관한 행위'로서 기본적 상행위에 해당하고, 상인이 영업을 위하여 하는 행위는 상행위이다(대판 2007다66590).

(3) 중개의 종류

① 중개행위의 대상에 따른 구분

　㉠ 상사중개: 상인과 상인 간의(일방이 상인인 경우를 포함한다) 상행위를 중개하는 것을 말한다. 상사중개는 「상법」상 상사중개에 관한 규정이 적용되며, 「공인중개사법」과는 직접적인 관련성이 없다.

　㉡ 민사중개: 상행위 이외의 일반 개인 간의 거래행위를 중개하는 것을 말한다. 부동산중개, 혼인의 알선, 직업의 알선 등이 민사중개에 해당한다.

> **핵심** 「공인중개사법」에서 규율하고 있는 부동산중개는 민사중개에 해당된다.

② 개업공인중개사의 관여(개입) 정도에 따른 구분

　㉠ 지시중개(= 전시중개·보도중개): 부동산거래 성립을 중개의 완성으로 보는 것이 아니라, 거래를 원하는 상대방에게 단순히 자료를 전시하고 정보를 제공하거나 조언을 함으로써 중개가 완성되는 것을 말한다.

　㉡ 참여중개(= 매개중개): 거래당사자를 매개하여 해당 부동산거래를 성립시킴으로써 중개가 완성되는 것을 말한다. 현행 「공인중개사법」은 참여중개를 중심으로 중개행위를 규율하고 있으며, 우리의 전통인 거간제도는 참여중개에 속한다고 볼 수 있다.

③ 중개행위 주체의 수에 따른 구분

　㉠ 단독중개: 개업공인중개사 1인이 단독으로 하는 중개형태를 말한다. 「공인중개사법」에서는 단독중개를 중심으로 중개행위를 규율하고 있으며, 중개보수는 거래당사자 쌍방에게 받는다.

　㉡ 공동중개: 2인 이상의 개업공인중개사가 상호 협력하여 공동으로 하는 중개형태를 말한다. 부동산거래정보망(인터넷망)을 이용하여 여러 명의 개업공인중개사가 공동으로 중개하는 것이 대표적인 형태이다. 중개보수는 보통 각자의 의뢰인에게 각각 받는다.

④ 중개행위의 법적 근거에 따른 구분

　㉠ 공인중개: 법률적 근거에 의한 중개를 말한다. 즉, 공인자격을 가지고 중개사무소 개설등록을 한 개업공인중개사가 하는 중개형태를 말한다.

　㉡ 사(私)중개: 법률적 근거 없이 일반인이 부동산활동의 일환으로 하는 중개형태를 말한다. 「공인중개사법」에서는 사중개를 직접 금지하지는 않지만, 이를 계속적·반복적으로 하는 경우에는 무등록중개업 영위자로 처벌하게 된다.

> **핵심** 「공인중개사법」상 중개는 공인중개를 전제로 한다.

⑤ 중개대상물의 소재에 따른 구분
  ㉠ 국내중개: 국내에 소재한 중개대상물에 대하여 행하는 중개를 말한다.
  ㉡ 국제중개: 국내에 소재한 중개대상물뿐만 아니라, 대한민국 외의 타국에 소재한 중개대상물도 포함하여 행하는 중개를 말한다.

⑥ 중개의뢰의 수에 따른 구분
  ㉠ 일방중개: 개업공인중개사가 중개의뢰를 거래당사자 일방에게만 받아 그 일방만을 위하여 행하는 중개를 말한다(대판 94다47261). 일방중개도 중개업무에 포함되며 공동중개의 경우에 흔히 볼 수 있다.
  ㉡ 쌍방중개: 개업공인중개사가 중개의뢰를 거래당사자 쌍방에게 받아 그 쌍방을 위하여 행하는 중개를 말하며, 실무적으로 많은 비중을 차지한다.

> **핵심** 「공인중개사법」은 국내법으로서 국내중개에 적용되며, 외국에 소재한 부동산의 중개에는 적용되지 않는다.

(4) 중개대상 권리가 되기 위한 요건

① 중개대상물에 대한 권리일 것: 기본적으로 부동산인 중개대상물에 대한 권리이어야 한다. 중개대상 권리로서 소유권 등 부동산중개와 친한 것으로 지상권·지역권·전세권·저당권, 가등기담보·양도담보, 부동산임차권, 부동산환매권 등이 있고, 부동산중개와 친하지 않은 동산질권, 물건이 존재하지 않는 무체재산권이나 저작권 등도 있다.

② 계약을 원인으로 득실·변경이 발생되는 권리일 것: 거래당사자간의 계약을 원인으로 득실·변경이 발생되는 권리이어야 한다. 따라서 점유라는 사실행위만으로 발생하는 점유권, 법률이 정한 일정 요건이 성립되면 법에 의하여 발생하는 유치권·법정지상권·분묘기지권·법정저당권 등은 중개대상 권리가 될 수 없다.[1] 다만, 일신전속적이지 않은 권리는 양도가 가능하고 양도과정이 법률행위를 통하여 이루어지므로 (예 유치권 양도양수계약) 중개대상 권리가 될 수 있다.

③ 중개행위의 개입가능성이 있을 것: 중개행위의 개입가능성이 있어야 한다. 특정 요건이 충족될 경우 특별한 관계에 있는 자에게만 인정되는 상속이나 기부채납(寄附採納), 개입가능성이 없는 경매절차(대판 2002도2725),[2] 증여, 공용수용, 환매권 행사행위 등은 중개대상이 될 수 없다. 그러나 상속받은 토지, 증여받은 토지, 경락받은 토지 등과 같이 이미 취득된 물건에 새로운 원인이 작용할 수 있는 것이라면 중개행위의 대상물이 된다.

[1] 단, 유치권이나 법정지상권 등은 양도, 즉 이전하는 과정이라면 중개행위가 개입될 수 있다.

[2] 단, 경매진행 중인 부동산을 일반 매매형태로 처분하는 과정이라면 중개행위가 개입될 수 있다(대판 91누5228).

📖 판례　중개대상인 권리

1. 「부동산중개업법」제2조 제1호는 중개업이라 함은 일정한 보수를 받고 제3조의 규정에 의한 중개대상물에 대하여 거래당사자간의 매매·교환·임대차 기타 권리의 득실변경에 관한 행위의 알선·중개를 업으로 하는 것을 말한다고 규정하고 있는바, <u>기타 권리 가운데에는 저당권 등 담보물권이 포함</u>된다 할 것이다(대판 91도485).

2. 「공인중개사법」제2조 제1호에서 말하는 '기타(그 밖의) 권리'에는 저당권 등 담보물권도 포함되고, 따라서 타인의 의뢰에 의하여 일정한 보수를 받고 저당권의 설정에 관한 행위의 알선을 업으로 하는 경우에는 '중개업'에 해당하고, 그 행위가 금전소비대차의 알선에 부수하여 이루어졌다 하여 달리 볼 것도 아니다(대판 96도1641).

3. '<u>금전채권</u>'은 「공인중개사법」에서 정한 <u>중개대상물이 아니므로 금전채권 매매계약을 중개한 것은 「공인중개사법」이 규율하고 있는 중개행위에 해당하지 않는다</u> (대판 2017도13559).

4. 유치권은 일신전속적이 아닌 재산권으로서 피담보채권과 목적물의 점유를 함께 이전할 경우 그 이전이 가능하고 이는 부동산유치권의 경우도 마찬가지이므로, 결국 부동산유치권은 부동산중개대상 권리가 된다고 할 수 있다(서울행법 2001구860; 공인중개사 자격시험 불합격처분취소).

Tip 👆 법률행위를 통한 권리의 득실·변경에 개입할 수 있어야 한다는 것을 기억하여야 한다.

🎯 핵심　중개대상 권리 구분

중개대상인 권리	중개대상이 아닌 권리
• 소유권 • 용익물권(지상권·지역권·전세권) • 저당권 • 부동산임차권 • 가등기담보권	• 동산질권 • 점유권 • 일신전속적인 권리 • 영업권, 금전채권 • 분묘기지권 등
유치권, 법정지상권, 법정저당권, 환매권	

❷ 공인중개사

공인중개사라 함은 「공인중개사법」에 의한 공인중개사 자격을 <u>취득</u>한 자를 말하나, 엄격하게 말하자면 자격 취득 이후 동법에 의하여 자격이 취소되지 않고 계속 자격을 보유하고 있는 자라고 하여야 정확한 표현이 된다.

공인중개사 ≠ 공인중개사인 개업공인중개사 ≠ 소속공인중개사

Tip 공인중개사는 부동산중개를 할 수 있는 자격을 소지한 자에 불과하므로 당연히 개업공인중개사가 되는 것은 아니다.

📋 **참고** 현행 공인중개사법령상 '공인중개사' 고용·확보의무 및 요구 자격

구분	근거	내용
중개법인	「공인중개사법 시행령」 제13조	• 대표자 • 대표자를 제외한 임원 또는 사원의 3분의 1 이상
	동법 시행령 제15조	분사무소 책임자
거래정보사업자	「공인중개사법」 제24조	공인중개사 1명 이상을 확보
공제사업운영 위원회 위원	동법 시행령 제35조의2	공인중개사로서 협회 회장이 추천하고 국토교통부장관의 승인을 받아 위촉
실무교육 강사	동법 시행규칙 제27조의2	공인중개사로서 부동산 관련 분야에 3년 이상 근무한 경력이 있는 자
	매수신청대리 예규 제5조	공인중개사로서 부동산 관련 분야에 5년 이상 근무한 경력이 있는 자

❸ 중개업

(1) 중개업의 정의

중개업이란 다른 사람의 의뢰에 의하여 일정한 보수를 받고 중개행위를 업(業)으로 하는 것을 말한다. 의뢰는 반드시 쌍방당사자의 의뢰일 필요는 없고 일방당사자의 의뢰여도 무방하며, '업'으로 한다는 것은 계속하여 반복적으로 중개를 하면서 보수를 받는 행위를 말한다. 따라서 우연한 기회에 1회 중개행위를 하고 이후 중개행위를 할 생각이 없었다면 중개행위는 성립하지만 중개업으로 볼 수는 없다.

핵심 🎯 업(業)이 되기 위한 요건
1. 의뢰성(依賴性)
2. 영리성(營利性)
3. 계속성(繼續性)
4. 반복성(反復性)

⚖️ **판례** '업(業)'의 의미

「부동산중개업법」 제2조 제1호에서 말하는 "알선·중개를 업으로 한다."함은 반복·계속하여 영업으로 알선·중개를 하는 것을 의미한다고 해석하여야 할 것이므로 알선·중개를 업으로 하였는지의 여부는 알선·중개행위의 반복·계속성, 영업성 등의 유무와 그 행위의 목적이나 규모, 횟수, 기간, 태양 등 여러 사정을 종합적으로 고려하여 사회통념에 따라 판단하여야 할 것인즉 우연한 기회에 단 1회 건물전세계약의 중개를 하고 보수를 받은 사실만으로는 알선·중개를 업으로 한 것이라 볼 수 없다(대판 88도998).

(2) 중개행위가 없는 경우 중개업의 해당 여부

중개사무소를 개설하거나 부동산중개에 관한 전단지 살포와 같은 광고행위를 하였다면 중개행위가 없었더라도 중개행위를 계속할 의도가 있으므로 중개업에 해당될 수 있다. 이와 같이 어느 범위를 중개업으로 볼 것인지는 중개행위의 구체적인 정황과 향후 중개행위에 대한 계속성의 의도 등을 종합적으로 판단하여야 한다.

❹ 개업공인중개사

(1) 개업공인중개사의 정의

「공인중개사법」에 의하여 중개사무소의 개설등록을 한 자를 말한다. 따라서 등록을 하지 않고 중개업을 하는 자는 개업공인중개사라는 용어를 사용할 수 없다. 주의할 것은 '등록을 한 자'란 등록증을 교부받은 자를 의미하는 것이 아니라, 등록관청의 '개설등록대장에 성명이나 명칭이 기록된 자'를 의미한다는 것이다.

(2) 개업공인중개사의 종별

✔ 개업공인중개사의 종류 혹은 유형을 '종별'이라 한다.

① 개인인 개업공인중개사: 공인중개사인 개업공인중개사, 공인중개사가 아니면서 중개업등록을 한 것으로 간주하는 부칙상의 개업공인중개사(이를 '중개인'이라 하기도 한다)를 말한다.

② 법인인 개업공인중개사: 「상법」상 회사나 「협동조합 기본법」상 협동조합이 중개업등록을 하게 되면 이를 법인인 개업공인중개사 또는 중개법인이라고 한다.

(3) 다른 법률에 의해 중개업을 할 수 있는 법인(= 특수법인)

「공인중개사법」 이외의 법률에 근거하여 중개업을 영위할 수 있는 법인을 말한다. 특수법인은 다시 「공인중개사법」에 따라 중개업 개설등록을 하여야만 중개업을 영위할 수 있는 법인과, 특별법에 중개업등록 배제규정을 두고 있어 등록이 필요 없는 법인으로 구분된다. 전자에는 '한국자산관리공사'가 있고, 후자에는 농업협동조합중앙회, 지역농업협동조합, 지역산림조합, 산업단지관리기관 등이 있다.

```
개인인            ┌─ 공인중개사인 개업공인중개사
개업공인중개사    └─ 부칙상의 개업공인중개사

법인인            ┌─ 중개법인
개업공인중개사    └─ 한국자산관리공사: 비업무용 자산 등의 매매 중개
                     (「한국자산관리공사의 설립 등에 관한 법률」 제26조)

지역농업협동조합: 농지의 매매·임대차·교환의 중개(「농업협동조합법」 제12조) ┐
농업협동조합중앙회: 관련 법이 정하는 업무(「농업협동조합법」 제12조)         │ 특수
지역산림조합: 입목·임야의 매매·임대차·교환의 중개(「산림조합법」 제11조)     │ 법인
산업단지관리기관: 공장용지 및 공장건축물의 중개(「산업집적활성화 및 공장     │
   설립에 관한 법률」 제30조)                                                  ┘
```

(4) 개업공인중개사 및 특수법인의 종별 비교

구분	개업공인중개사			특수법인 중 지역농업협동조합
	공인중개사인 개업공인중개사	부칙상의 개업공인중개사	중개법인	
근거법	「공인중개사법」			「농업협동조합법」
등록 요부	등록 요함	등록 간주	등록 요함	등록 불요함
등록기준	적용	적용	적용	미적용
업무지역	전국	시·도 (원칙)	전국	① 시·군·구(원칙) ② 전국(예외)
중개업무 대상자	불특정인	불특정인	불특정인	① 조합원(원칙) ② 비조합원(예외)
중개대상물의 범위	동일	동일	동일	농지
겸업제한	없음	없음 (예외 있음)	있음 (중개업 + 6가지)	–
분사무소	설치 불가	설치 불가	설치 가능	설치 가능
인장등록	개인 인장	개인 인장	법인 인장	–
업무보증설정	2억원 이상	2억원 이상	4억원 이상 ✚	2천만원 이상

✚ 분사무소 보증설정
분사무소 1개소마다 2억원 이상 추가

5 소속공인중개사

(1) 소속공인중개사의 정의

개업공인중개사에 소속된 공인중개사로서 중개업무를 수행하거나 개업공인중개사의 중개업무를 보조하는 자를 말하며, 중개법인의 사원 또는 임원인 공인중개사가 포함된다. 따라서 중개법인에서의 개업공인중개사는 법인 그 자체이고, 사원 또는 임원은 공인중개사자격이 있는 경우 그 신분은 소속공인중개사에 해당한다.

> 참고 법인의 사원·임원
> 법인의 사원 또는 임원에는 법인의 대표자도 포함된다는 의미이다(국토교통부 유권해석, 2AA-0807-063498, 2008.8.4.).

(2) 소속공인중개사의 고용신고 및 고용관계 종료신고

개업공인중개사가 소속공인중개사를 고용하거나 고용관계가 종료한 때에는 고용신고는 업무개시 전까지, 고용관계 종료신고는 고용관계 종료일로부터 10일 이내에 등록관청에 신고하여야 한다.

(3) 소속공인중개사의 업무상 행위에 대한 개업공인중개사의 책임

소속공인중개사의 업무상 행위는 그를 고용한 개업공인중개사의 행위로 본다. 따라서 소속공인중개사가 중개의뢰인에게 손해를 끼쳤을 경우 개업공인중개사와 소속공인중개사는 중개의뢰인에게 민사상 연대책임을 부담한다.

6 중개보조원

(1) 중개보조원의 정의

공인중개사가 아닌 자로서 개업공인중개사에 소속되어 중개대상물에 대한 현장안내 및 일반서무 등 개업공인중개사의 중개업무와 관련된 단순한 업무를 보조하는 자를 말한다.

(2) 공인중개사자격이 있는 자가 중개보조원이 될 수 있는지 여부

법령상 공인중개사는 중개보조원이 될 수 없다(법제처 유권해석, 20-0053, 2020.4.27).

(3) 중개보조원의 고용신고 및 고용관계 종료신고

중개보조원을 고용하거나 고용관계가 종료한 때에도 소속공인중개사와 동일하게 신고를 하여야 한다.

(4) 중개보조원의 업무상 행위에 대한 개업공인중개사의 책임

중개보조원의 업무상 행위 역시 그를 고용한 개업공인중개사의 행위로 보기 때문에 개업공인중개사의 책임관계는 소속공인중개사와 동일하다.

> **예제**
>
> **공인중개사법령상 용어에 관한 설명으로 옳은 것은?** 제34회
> ① 중개대상물을 거래당사자간에 교환하는 행위는 '중개'에 해당한다.
> ② 다른 사람의 의뢰에 의하여 중개를 하는 경우는 그에 대한 보수를 받지 않더라도 '중개업'에 해당한다.
> ③ 개업공인중개사인 법인의 임원으로서 공인중개사인 자가 중개업무를 수행하는 경우에는 '개업공인중개사'에 해당한다.
> ④ 공인중개사가 개업공인중개사에 소속되어 개업공인중개사의 중개업무와 관련된 단순한 업무를 보조하는 경우에는 '중개보조원'에 해당한다.
> ⑤ 공인중개사자격을 취득한 자는 중개사무소의 개설등록 여부와 관계없이 '공인중개사'에 해당한다.
>
> **해설** ① 중개대상물을 거래당사자간에 교환하는 행위 자체는 거래행위에 해당되며, 이를 '알선'하는 행위가 '중개'에 해당한다.
> ② '업'이 되기 위해서는 '의뢰와 일정한 보수 등'의 요건을 갖추어야 된다.
> ③ 개업공인중개사인 법인의 임원으로서 공인중개사인 자가 중개업무를 수행하는 경우는 '소속공인중개사'에 해당된다. '개업공인중개사'는 중개사무소 개설등록을 한 자를 말한다.
> ④ 중개보조원은 공인중개사가 '아닌' 자로서, 개업공인중개사에 소속되어 현장안내, 일반서무 등 공인중개사의 중개업무와 관련된 단순한 업무를 보조하는 자를 말한다. 공인중개사가 아니어야 한다는 점을 유의하여야 한다. **정답 ⑤**

제3절 | 중개대상물의 범위 제32회, 제33회, 제34회

제3조【중개대상물의 범위】 이 법에 의한 중개대상물은 다음 각 호와 같다.
1. 토지
2. 건축물 그 밖의 토지의 정착물
3. 그 밖에 대통령령으로 정하는 재산권 및 물건

영 제2조【중개대상물의 범위】 법 제3조 제3호에 따른 중개대상물은 다음 각 호와 같다.
1. 「입목에 관한 법률」에 따른 입목
2. 「공장 및 광업재단 저당법」에 따른 공장재단 및 광업재단

❶ 법률에서 정하는 중개대상물

(1) 토지

① 토지의 정의: 「공간정보의 구축 및 관리 등에 관한 법률」상 지적공부 등록의 객체가 되는 것을 토지로 정의할 수 있다. 등록의 대상은 국가의 통치권이 미치는 최대만조위선 이내의 모든 토지가 된다.

② 중개대상물에 해당하는 토지와 해당하지 않는 토지: **토지 중에서도 중개대상물이 될 수 있는 것과 될 수 없는 것이 있다.** 지적공부에 등록되지 않았지만 사인(私人)이 「공유수면 관리 및 매립에 관한 법률」에 의하여 매립공사를 완료하고 준공검사를 받은 매립지는 법률에 따라 사유지로서 인정되며 중개대상물이 된다. 반면, 지적공부에 등록이 되지 않는 간석지나 바닷가, 공부상 등록은 되었으나 사적 소유의 대상이 될 수 없는 공공용 토지는 중개대상물이 될 수 없다.

③ 공법상·사법상 제한이 있는 토지의 중개대상물 해당 여부: 토지거래허가구역 내의 토지, 개발제한구역 내의 토지, 접도구역 내의 토지, 군사시설보호구역 내의 토지 등은 공법상 제한은 있으나 중개대상물이 될 수 있다. 또한 가압류된 토지, 법정지상권이 설정된 토지, 처분금지가처분이 된 토지 등과 같은 사법상 제한이 있는 토지도 중개대상물이 될 수 있다.

④ 하천의 중개대상물 해당 여부: 하천을 토지의 한 종류로 이해하는 것이 중요하며, 「하천법」개정(2008년)에 따라 사유화할 수 있게 되었으므로 사적으로 소유하는 하천은 사유지에 해당하여 중개대상물이 될 수 있음에 유의하여야 한다.

⑤ 한 필의 토지 일부분의 중개대상물 해당 여부: 한 필의 토지 일부분에 대해서는 분할절차를 밟기 전에는 그것을 양도하거나 제한물권을 설정하거나 시효취득을 할 수 없다. 현행 「민법」에서는 등기를 하여야 물권변동이 생기는데, 토지의 일부분에 대한 등기는 인정하지 않기 때문이다. 그러나 **한 필의 토지 일부분이라도 용익권을 설정할 수 있으므로 한 필의 토지 일부분도 중개대상물이 될 수 있다.**

> **참고 📖 하천의 매매가능성**
> 하천의 국유제를 폐지하는 대신 하천을 구성하는 사유토지 등에 대하여는 용익물권 설정행위 등 일부 사권(私權)을 행사할 수는 없으나, 소유권이전 및 저당권설정 등의 행위는 가능하다(「하천법」제4조).

> **판례** 토지의 중개대상물 해당 여부

1. 미등록의 토지는 '국유'
    지번이 부여되지 아니한 미등록의 토지라면 특별한 사정이 없는 한 무주의 토지에 해당하고, 무주의 토지는 「민법」 제252조 제2항에 의하여 국유로 되는 것이다(대판 96다30199).

2. 공유수면과 행정재산
    [1] 공유수면은 소위 자연공물로서 그 자체가 직접 공공의 사용에 제공되는 것이고, 공유수면의 일부가 사실상 매립되었다 하더라도 국가가 공유수면으로서의 공용폐지를 하지 아니하는 이상 법률상으로는 여전히 공유수면으로서의 성질을 보유하고 있다.
    [2] 행정재산은 공용폐지가 되지 아니하는 한 사법상 거래의 대상이 될 수 없으므로 시효취득의 대상이 되지 아니하고, 관재 당국이 이를 모르고 행정재산을 매각하였다 하더라도 그 매매는 당연무효이다(대판 95다52383).

3. 바닷가
    「공유수면 관리 및 매립에 관한 법률」상의 빈지(濱地: 1999.2.8. 법률 제5914호로 개정되면서 '바닷가'라는 용어로 개정)는 만조수위선으로부터 지적공부에 등록된 지역까지의 사이를 말하는 것으로, 자연의 상태 그대로 공공용에 제공될 수 있는 실체를 갖추고 있는 이른바 자연공물로서 「국유재산법」상의 행정재산에 속하는 것으로 사법상 거래의 대상이 되지 아니한다(대판 98다15446).

4. 포락지
    한번 포락되어 해면 아래에 잠김으로써 복구가 심히 곤란하여 토지로서의 효용을 상실하면 종전의 소유권이 영구히 소멸되고, 그 후 포락된 토지가 다시 성토되어도 종전의 소유자가 다시 소유권을 취득할 수는 없다(대판 92다24677).

5. 토지의 지하 부분만의 거래 가능 여부
    토지소유권은 지표와 지상·지하에 미치므로 토지거래에 있어서 지표 부분과 지하 부분을 분리하여 거래하는 것은 불가능한 것이 원칙이나, 그 토지의 해당 지하 부분에 대한 사용권만을 부여하는 토지의 임대차나 사용대차의 경우는 가능하다(대판 83다카421).

6. 대토권
    주택이 철거될 경우 일정한 요건하에서 택지개발지구 내 이주자택지를 공급받을 수 있는 지위인 이른바 '대토권'은 중개대상물에 해당하지 않는다(대판 2011다23682).

(2) 건축물 그 밖의 토지의 정착물

① 건축물

㉠ '건축물' 및 '건물'의 용어의 정의: '건축물'이라는 용어와 '건물'이라는 용어가 있는데, 두 가지 모두 법률용어로 사용되고 있다. '건축물'이라는 용어는 「건축법」과 같은 공법계통에서 주로 사용되고, '건물'이라는 용어는 「민법」과 그 부속법인 「부동산등기법」 같은 법률에서 주로 사용된다. 판례는 당연히 '건축물'과 '건물'이라는 용어를 구별하지 않고 혼용하여 사용하고 있다.

㉡ '건축물' 및 '건물'의 법률적 정의: '건축물'과 '건물'의 법률적 정의도 다르다. 「건축법」상 '건축물'이란 토지에 정착(定着)하는 공작물 중 **지붕과 기둥 또는 벽**이 있는 것과 이에 딸린 시설물, 지하나 고가(高架)의 공작물에 설치하는 사무소·공연장·점포·차고·창고 그 밖에 대통령령으로 정하는 것을 말한다(동법 제2조 제2호). 반면, 「민법」상 '건물'의 정의에 대한 규정이 없고, 판례는 "**최소한의 기둥과 지붕 그리고 주벽**이 이루어지면 이를 법률상 '건물'이라 할 것이다(대판 86누173)."라고 정하고 있다.

㉢ 중개대상물인 '건축물'의 의미: 「공인중개사법」상 중개대상물인 건축물이 「건축법」상 개념인지 또는 「민법」상 개념인지가 문제되는데, 이에 대하여 우리 대법원은 **「민법」상 부동산에 해당하는 건축물**이라고 보고 있다.

> **판례** 중개대상물인 '건축물'의 의미
>
> 「공인중개사법」 제3조는 중개대상물의 범위에 관하여 토지와 '건축물 그 밖의 토지의 정착물' 등을 규정하고 있다. **여기서 말하는 '건축물'은 「민법」상의 부동산에 해당하는 건축물에 한정**된다(대판 2008도9427).

㉣ 장래 건축물의 중개대상물 해당 여부: 중개대상물인 건축물이 반드시 현존하는 건축물만 해당되는지 또는 장래의 건축물도 해당될 수 있는지도 문제되는데, 이에 대하여 우리 대법원은 장래의 건축물도 중개대상물에 해당한다고 보고 있다.

> **판례** 분양권과 입주권

1. 「부동산중개업법」 제3조 제2호에 규정된 중개대상물 중 '건물'에는 기존의 건축물뿐만 아니라, 장차 건축될 특정의 건물도 포함된다고 볼 것이므로 아파트의 **특정 동·호수에 대하여 피분양자가 선정되거나 분양계약이 체결된 후에는 그 특정 아파트가 완성되기 전이라 하여도 이에 대한 매매 등 거래를 중개하는 것은 '건물'의 중개에 해당한다**(대판 2004도62).

2. 아파트의 특정 동·호수에 대한 피분양자로 선정되거나 분양계약이 체결된 후에 특정 아파트에 대한 매매를 중개하는 행위 등은 중개대상물인 건물을 중개한 것으로 볼 것이지 이를 개업공인중개사가 해서는 아니 될 증서 등의 매매를 중개한 것으로 보아서는 안 된다(대판 89도1885).

3. 특정 동·호수에 대하여 피분양자가 선정되거나 분양계약이 체결되지는 아니하였다고 하더라도, 장차 예정된 동·호수의 추첨이 분양대상으로 정하여져 있는 세대들을 특정 피분양자에 대한 분양 목적물로 확정하여 주는 절차에 불과하고 **피분양자가 아파트를 분양받는 것 자체는 당연히 보장되는 것**으로 되어 있을 뿐만 아니라 대상 아파트 전체의 건축이 완료됨으로써 분양대상이 될 세대들이 객관적으로 존재하여 분양 목적물로의 현실적인 제공 또한 가능한 상태에 이르렀다면 '건축물의 중개'에 해당한다고 봄이 상당하다(대판 2010다16519).

> **판례** 분양예정자로 선정될 수 있는 지위인 입주권

특정한 아파트에 입주할 수 있는 권리가 아니라 **아파트에 대한 추첨기일에 신청을 하여 당첨이 되면 아파트의 분양예정자로 선정될 수 있는 지위를 가리키는 데에 불과한 입주권**은 중개대상물인 건물에 해당한다고 보기 어렵다(대판 90도1287).

- ⑩ 미등기·무허가 건축물의 중개대상물 해당 여부: 미등기나 무허가 건축물은 중개대상물이 될 수 있다. 또한 특수 광고탑도 건축물의 조건을 구비할 경우에는 중개대상물이 될 수 있다.
- ⑪ 공·사법상 제한 있는 건축물의 중개대상물 해당 여부: 사학법인이 보유한 학교재산은 「사립학교법」에 의하여 처분이 제한되어 중개할 수 없다. 그러나 채권자의 신청에 의한 처분금지가처분된 건축물 등은 거래의 위험성이 있을 수 있으나 중개할 수는 있다.
- ⑫ 건축물의 거래단위: 건축물의 거래단위가 반드시 1동의 건물 전체여야 하는 것은 아니다. 「민법」 제215조에서 아파트 등 집합건물에 있어서 구분소유를 인정하고 있고, 「집합건물의 소유 및 관리에 관한

법률」에서는 1동의 건물 일부분이 구조상·이용상 독립된 것일 때에는 소유권의 목적이 될 수 있다고 규정하고 있기 때문에 건물의 일부분도 소유권의 객체가 된다. 물론 건물의 일부분이 용익권의 대상이 될 수 있음은 당연하다.

② 그 밖의 토지의 정착물: 건축물을 제외한 그 밖의 토지의 정착물로서 '명인방법을 갖춘 수목의 집단'은 관습법상 토지로부터 분리되어 거래 가능한 부동산으로 취급되므로 중개대상물이 된다. 그러나 토지에 부착은 되어 있으나 쉽게 해체하여 이동할 수 있는 판잣집, 철제 구조물, 가식의 수목 등은 정착물로 볼 수 없어 중개대상물이 될 수 없다.

> **판례** 세차장 구조물과 명인방법을 갖춘 수목의 집단
>
> 1. 콘크리트 지반 위에 볼트조립방식으로 철제 파이프 또는 철골 기둥을 세우고 지붕을 덮은 다음, 3면에 천막이나 유리를 설치한 세차장 구조물이 「민법」상 부동산인 '토지의 정착물'에 해당하지 않는다(대판 2008도9427).
>
> 2. 2003년도 제14회 공인중개사 자격시험 불합격처분 취소청구사건
> '명인방법을 갖춘 수목집단'은 토지와 독립하여 거래의 대상이 되는 토지의 정착물이므로, 이는 「부동산중개업법」에 의한 **중개대상물에 해당**한다고 보아야 할 것이다(국무총리행정심판위원회 재결, 04-01961).

(3) 그 밖에 대통령령이 정하는 재산권 및 물건

① 재산권의 정의: 사법상·공법상 금전으로 환산할 만한 경제적 가치가 있는 모든 권리+를 말하며, 재산권 중에서 시행령으로 정하고 있는 권리는 따로 없다.

② 대통령령이 정하는 물건: 현행 시행령에 규정된 물건은 「입목에 관한 법률」에 의한 입목과 「공장 및 광업재단 저당법」에 의한 공장재단과 광업재단이 있다.

❷ 대통령령이 정하는 중개대상물

(1) 입목

① 의의: 「입목에 관한 법률」에 의하여 1필의 토지 또는 1필의 토지 일부분에 부착되어 생립하고 있는 모든 종류의 수목집단은 소유자가 소유권보존등기를 하면 입목이 되고 이때부터 부동산이자 중개대상물로 본다.

용어 명인방법
수목의 집단 또는 미분리의 과실 등에 대한 소유권이 누구에게 귀속하고 있다는 것을 제3자가 명백하게 인식할 수 있도록 공시하는 방법을 말한다. 예를 들면 미분리 과실의 경우, 논·밭의 주위에 새끼를 둘러치고 소유자의 성명을 표시하는 목찰을 세우는 등의 방법과 수피에 성명을 묵서하여 명인방법을 하면 토지와 분리하여 거래의 대상이 된다.

+ 여기에는 소유권을 비롯한 물권·채권·영업권·무체(無體)재산권, 공법적 성격을 가진 수리권·하천점유권, 특별법상의 광업권·어업권·저작권·특허권 등이 포함된다.

Tip
입목보존등기가 되었다 하더라도 어떠한 수목이 입목인지를 알 수가 없기 때문에 공시성이 떨어지는 것이다.

② 입목등기의 절차
　㉠ 입목등록: 먼저 그 수목이 소재하는 특별시장 및 광역시장을 포함한 시장·군수에게 수목의 소유권을 증명하는 서류 등을 첨부한 입목등록신청서를 제출하여야 한다. 시장·군수는 등록신청내용을 심사·확인한 후 '입목등록원부'에 등록하며, 입목등록원부에 등록한 것에 한하여 '소유권보존등기'를 할 수 있다.
　㉡ 입목등기: 입목보존등기가 되었다 하더라도 공시성이 떨어지므로, 입목등기가 된 경우 입목이 식재된 '토지등기부 표제부'에 입목의 등기번호를 기재한다. 이는 입목의 공시성 제고를 위한 것으로서 토지등기사항증명서를 통하여 입목의 소유자는 알 수 없으나 적어도 입목인지 여부는 확인할 수 있는 것이다.
③ 입목등기의 효과: 입목은 토지와 분리하여 양도하거나 저당권의 목적으로 할 수 있다. 따라서 토지소유권과 지상권 처분의 효력은 입목에 미치지 아니하고, 입목의 경매 기타 사유로 인하여 토지와 그 입목이 각각 다른 소유자에게 속하게 되는 경우에는 토지소유자는 입목소유자에게 대하여 지상권을 설정한 것으로 본다. 저당권이 설정된 입목을 벌채한 경우 토지로부터 분리된 수목에 대해서도 그 효력이 미친다.

Tip 👆
주의하여야 할 것은 입목등기가 된 경우 해당 토지의 대장(토지대장 혹은 임야대장)에도 입목의 등록명의인을 등록하던 제도는 폐지되었기 때문에 입목인지 여부를 확인하기 위하여 해당 토지의 대장을 발급받는 일은 의미가 없다는 점이다.

(2) 공장재단
① 의의: 「공장 및 광업재단 저당법」상 공장재단이라 함은 공장에 속하는 일단의 기업재산으로서 소유권과 저당권의 목적이 되는 것을 말하며, 1개 또는 수개의 공장으로 공장재단을 설정하여 저당권의 목적으로 할 수 있다.
② 재단등기의 효과: 공장재단은 공장재단등기부에 소유권보존등기를 함으로써 설정하며, 공장재단의 소유권보존등기의 효력은 소유권보존등기를 한 날부터 10개월 내에 저당권설정등기를 하지 아니하면 상실된다. 보존등기를 통하여 설정된 공장재단은 1개의 부동산으로 보며, 소유권과 저당권 외의 권리의 목적이 되지 못한다. 다만, 저당권자가 동의한 경우에는 임대차의 목적물로 할 수 있다.
③ 공장재단의 구성물: 공장재단의 구성물은 공장재단과 분리하여 양도하거나 소유권 외의 권리, 압류, 가압류 또는 가처분의 목적으로 하지 못한다. 다만, 저당권자가 동의한 경우에는 임대차의 목적물로 할 수 있다. 한편, 저당권자의 동의를 받아 공장재단의 구성물을 공장재단에서 분리한 경우 그 분리된 구성물에 관하여 저당권이 소멸한다.

심화 📌 공장재단에 설정된 저당권이 소멸한 후 10개월 내에 새로운 저당권을 설정하지 아니한 경우와 소멸등기를 한 경우에는 보존등기의 효력이 소멸한다.

> **심화** 공장재단의 구성요소(전부 또는 일부로도 구성 가능)
>
> - 공장에 속하는 토지, 건물 그 밖의 공작물
> - 기계, 기구, 전봇대, 전선, 배관, 레일 그 밖의 부속물
> - 항공기, 선박, 자동차 등 등기나 등록이 가능한 동산
> - 지상권 및 전세권
> - 임대인의 동의가 있는 경우에는 물건의 임차권
> - 지식재산권
>
> ⇨ 구성물로서 분리된 물건은 중개대상물이 될 수 없다.

(3) 광업재단

① 의의: 「공장 및 광업재단 저당법」상 광업재단이라 함은 광업권과 그 광업권에 기하여 광물을 채굴·취득하기 위한 제 설비 및 이에 부속하는 사업의 제 설비로 구성되는 일단의 기업재산으로서 소유권과 저당권의 목적이 되는 것을 말한다.

② 광업재단의 구성물: 재단은 광업권과 토지, 건물 그 밖의 공작물, 지상권 그 밖의 토지사용권, 임대인의 동의가 있는 경우에는 물건의 임차권, 기계, 기구, 차량, 선박 기타 부속물로서 그 광업에 관하여 동일 광업권자에 속하는 것의 전부 또는 일부로써 이를 구성할 수 있다. 그 외 광업재단에 관하여는 「공장 및 광업재단 저당법」 중 공장재단에 관한 규정을 준용한다.

> **심화** 광업재단의 구성요소(전부 또는 일부로도 구성 가능)
>
> - 토지, 건물 그 밖의 공작물
> - 기계, 기구 그 밖의 부속물
> - 항공기, 선박, 자동차 등 등기나 등록이 가능한 동산
> - 지상권이나 그 밖의 토지사용권
> - 임대인의 동의가 있는 경우에는 물건의 임차권
> - 지식재산권
>
> ⇨ 구성물로서 분리된 물건은 중개대상물이 될 수 없다.

> **핵심** 중개대상물 정리
>
> 1. 중개대상물이 되기 위한 요건
>   ① 사적 거래가 가능할 것
>   ② 중개행위 개입이 가능할 것
>   ③ 법령상 규정이 있을 것
> 2. 중개대상물이 될 수 있는 것
>   ① 개발제한구역 내의 임야
>   ② 명인방법을 갖춘 수목의 집단(매매·교환)

Tip 👉 모든 부동산이 중개대상물이 되는 것은 아니므로, 중개대상물이 될 수 있는 것과 중개대상물이 될 수 없는 것을 명확히 구분하여 알고 있어야 한다.

③ 사도(私道), 도로예정지인 사유지, 사유지인 하천(매매·교환·저당권설정)
④ 공유수면 매립면허를 받아 사인이 매립준공인가를 받은 매립토지(미등록지)
⑤ 접도구역에 포함된 사유지
⑥ 농업진흥구역 내의 농지
⑦ 가등기가 설정되어 있는 건물
⑧ 가처분되어 있는 토지
⑨ 토지거래허가구역 내의 토지
⑩ 경매 중인 주택
⑪ 분양권(동·호수가 특정되고 분양계약이 체결된 것)

3. 중개대상물이 될 수 없는 것
   ① 일신전속적인 권리(예 상속권)
   ② 사유가 될 수 없는 하천, 공도(公道), 공유수면, 간석지, 바닷가 등
   ③ 독립한 저작권, 특허권 등의 무체재산권(無體財産權)
   ④ 광업재단·공장재단의 구성물로서 분리된 물건
   ⑤ 다른 법률에 의하여 거래가 금지되는 것(예 투기과열지구 내 분양권)
   ⑥ 어업권, 항만운송사업재단, 선박, 항공기, 건설기계 등
   ⑦ 법률에 의거하여 거래가 금지된 부동산의 양도·대여
   ⑧ 점유권, 권리금(= 영업상의 이점)
   ⑨ 미채굴 광물
   ⑩ 농경지였으나 바다로 되어 지적공부상 등록말소된 사권이 소멸된 포락지
   ⑪ 대토권, 당첨권

예제

공인중개사법령상 중개대상물과 중개대상 권리에 해당되는 것은 모두 몇 개인가?

㉠ 광업재단	㉡ 미채굴 광물
㉢ 지상권	㉣ 무주부동산
㉤ 선박	㉥ 분묘기지권
㉦ 가압류된 공장	㉧ 상속된 토지
㉨ 특허권	㉩ 질권
㉪ 토지 일부의 임대차	

① 3개 ② 4개
③ 5개 ④ 6개
⑤ 7개

해설 ㉠㉢㉦㉧㉪ 5개가 중개대상물 혹은 중개대상 권리에 해당된다. **정답** ③

제2장 공인중개사 자격제도

❖ 공인중개사 시험제도

시험시행기관	① 원칙: 시·도지사가 공인중개사 시험을 시행한다. ② 예외: 국토교통부장관이 공인중개사 정책심의위원회의 의결을 거쳐 시험을 시행하거나 시험문제를 직접 출제할 수 있다.
응시자격	① 연령이나 국적에 제한이 없다. ② 단, 기취득자, 자격취소 + 3년이 지나지 아니한 자, 시험에 대한 부정행위로 무효처분 + 5년이 지나지 아니한 자는 시험에 응시할 수 없다.
자격증 교부 및 관리	① 시·도지사가 자격증을 교부하며, 자격증을 교부한 시·도지사가 자격증 재교부, 자격정지처분, 자격취소처분, 자격증 반납을 모두 담당한다. ② 자격증 양도·대여에 대한 처벌 ⇨ 자격취소 + 1년 − 1천만원 이하 ③ 공인중개사 '아닌 자'가 공인중개사의 명칭(또는 유사명칭) 사용에 대한 처벌 ⇨ 1년 − 1천만원 이하 ✔ 판례: '부동산뉴스 대표'라는 명칭은 유사명칭에 해당한다(대판 2006도9334).

❖ 공인중개사 정책심의위원회

소속	공인중개사와 관련된 기본정책을 심의하기 위하여 공인중개사 정책심의위원회를 국토교통부에 둘 수 있다(임의기관).
구성	위원장은 국토교통부 제1차관이며, 위원장 1명을 포함한 7명 이상 11명 이내의 위원으로 구성된다.
심의·의결	재적위원 과반수의 출석으로 개의하고, 출석위원 과반수의 찬성으로 의결한다.
심의사항	손해배상책임의 보장 등에 관한 사항, 공인중개사의 자격취득에 관한 사항, 중개보수 변경에 관한 사항, 부동산중개업의 육성에 관한 사항
제척사유	위원이 안건당사자인 경우, 위원이 안건당사자와 친족관계인 경우, 위원이 해당 안건에 대한 연구·용역 감정 등을 한 경우, 위원이 안건당사자의 대리인인 경우 등
임기	공무원은 재직기간 동안이 임기이며, 기타는 2년이다(사임 등으로 보궐로 선임된 경우에는 전임자의 남은 기간).

❖ **교육제도**

실무교육	① 실시: 시·도지사 ② 대상: 개업공인중개사, 법인인 개업공인중개사의 임원, 법인인 개업공인중개사의 분사무소의 책임자, 소속공인중개사가 되려고 하는 자(즉, 중개보조원 이외의 자가 되고자 하는 자) ③ 시기: 등록신청이나 고용신고일 전 1년 이내에 실무교육을 받아야 한다. ④ 시간: 45시간으로 한다.
연수교육	① 실시: 시·도지사 ② 대상: 실무교육(또는 연수교육)을 받은 자(즉, 중개보조원 이외의 자) ③ 시기: 매 2년마다 수료하여야 한다. 시·도지사는 2년이 되기 2개월 전까지 연수교육의 통지를 하여야 한다. ④ 시간: 12시간 이상 16시간 이하로 한다.
직무교육	① 실시: 시·도지사 또는 등록관청 ② 대상: 중개보조원이 되고자 하는 자 ③ 시기: 고용신고일 전 1년 이내에 받아야 한다. ④ 시간: 3시간 이상 4시간 이하로 한다.
부동산거래 사고예방 교육	① 실시: 국토교통부장관, 시·도지사, 등록관청 ② 대상: 개업공인중개사 등(소속공인중개사, 중개보조원 모두 포함) ③ 시기: 부동산거래사고를 방지하기 위하여 필요한 때에 할 수 있다(임의교육). ④ 교육통지: 교육일 10일 전까지 공고 또는 통지하여야 한다.

제2장 공인중개사 자격제도

회독 Check 1회 2회 3회

💬 공인중개사 자격제도와 공인중개사 자격시험에 관한 내용을 다루는 장으로서 출제비중이 높은 편은 아니지만, 매년 1~2문제 정도 출제되고 있다. 시험에 응시할 수 없는 자와 개업공인중개사 등의 교육제도에서 자주 출제된다.
💬 '제8절 공인중개사 정책심의위원회'와 '제9절 교육제도'에 관한 학습이 필요하다.

제1절 | 공인중개사 자격시험

> **제4조【자격시험】** ① 공인중개사가 되려는 자는 시·도지사가 시행하는 공인중개사 자격시험에 합격하여야 한다.
> ② 국토교통부장관은 공인중개사 자격시험 수준의 균형유지 등을 위하여 필요하다고 인정하는 때에는 대통령령으로 정하는 바에 따라 직접 시험문제를 출제하거나 시험을 시행할 수 있다.
> ③ 공인중개사 자격시험의 시험과목·시험방법 및 시험의 일부면제 그 밖에 시험에 관하여 필요한 사항은 대통령령으로 정한다.

❶ 시험시행의 주체

시험시행의 원칙적인 주체는 특별시장·광역시장·도지사·특별자치도지사(이하 '시·도지사'라 한다)이지만 국토교통부장관도 미리 공인중개사 정책심의위원회의 의결을 거칠 경우에는 공인중개사 시험문제 출제와 시험시행을 할 수 있다. 즉, **원칙적인⁺ 시험시행의 주체는 시·도지사**이고, **예외적인 시험시행의 주체는 국토교통부장관**이다.

✚ 서울고법 94구12069

❷ 시험의 응시자격

(1) 응시자격에 관하여 특별한 규정을 두고 있지 않기 때문에 원칙적으로 **성별·학력·연령에 제한 없이 내·외국인 모두 응시할 수 있다**. 그러나 이미 공인중개사자격을 취득한 자처럼 응시의 이유가 없거나, 자격취소 후 3년이 지나지 아니한 자처럼 응시자격 자체를 제한하고 있는 자는 응시기회가 박탈된다.

(2) 한편, 「공인중개사법」 제10조 '등록의 결격사유'에 해당될지라도 시험응시를 할 수 있고 공인중개사자격도 취득할 수 있으나(자격취소 후 3년이 지나지 아니한 자 제외), 그 결격사유가 해소될 때까지 중개업 개설등록이나 고용인 등으로 중개업에 종사할 수는 없다.

❸ 시험의 시행

(1) 시험의 시행방법 및 시험의 일부면제

① 시험의 시행방법: 시험은 1·2차로 구분하여 시행한다. 제1차 시험은 선택형을 원칙으로 하되 주관식 단답형 또는 기입형을 가미할 수 있고, 제2차 시험은 제1차 시험에 합격한 자에 대하여만 시행하며 논문형을 원칙으로 하되 주관식 단답형 또는 기입형을 가미할 수 있다. 그러나 시험시행기관의 장이 필요하다고 인정하는 경우에는 제1차 시험과 제2차 시험을 구분하되 동시에 시행할 수 있다.
이 경우 선택형을 원칙으로 하되 주관식 단답형 또는 기입형을 가미할 수 있고, 제1차 시험의 불합격자에 대하여는 제2차 시험은 무효로 처리하게 된다.

② 시험의 일부면제: 제1차 시험 합격자에 대하여는 다음 회의 시험에 한하여 제1차 시험을 면제한다.

> **참고 제2차 시험의 분리시행**
> 제28회(2017년) 시험부터 제2차 시험이 1·2교시로 분리시행되었다.
> 1. 1교시: 2과목(공인중개사의 업무 및 부동산 거래신고 등에 관한 법령 및 중개실무, 부동산공법 중 부동산 중개에 관련된 규정)
> 2. 2교시: 1과목(부동산공시에 관한 법령 및 부동산 관련 세법)

(2) 시험과목

제1차 시험 (2과목)	① 부동산학개론(부동산감정평가론 포함) ② 「민법」(총칙 중 법률행위, 질권을 제외한 물권법, 계약법 중 총칙·매매·교환·임대차) 및 민사특별법 중 부동산중개에 관련된 규정
제2차 시험 (3과목)	① 공인중개사의 업무 및 부동산 거래신고에 관한 법령(「공인중개사법」, 「부동산 거래신고 등에 관한 법률」) 및 중개실무 ② 부동산공법(「국토의 계획 및 이용에 관한 법률」, 「건축법」, 「도시개발법」, 「도시 및 주거환경정비법」, 「주택법」, 「농지법」) 중 부동산중개에 관련된 규정 ③ 부동산공시에 관한 법령(「부동산등기법」, 「공간정보의 구축 및 관리 등에 관한 법률」 제2장 제4절 및 제3장) 및 부동산 관련 세법

(3) 시험의 시행 및 시행공고

① **시험의 시행**: 공인중개사 시험은 **매년 1회 이상** 시행하되 시험시행기관의 장이 시험을 시행하기 어려운 부득이한 사정이 있는 경우에는 정책심의위원회의 의결을 거쳐 해당 연도의 시험을 시행하지 아니할 수 있다.

② **시험의 시행공고**

  ㉠ 예정공고: 시험시행기관장은 시험을 시행하려는 때에는 예정 시험일시·시험방법 등 시험시행에 관한 개략적인 사항을 **매년 2월 말일**까지「신문 등의 진흥에 관한 법률」에 따른 일간신문, 관보, 방송 중 하나 이상에 공고하고, 인터넷 홈페이지 등에도 이를 공고해야 한다.

  ㉡ 확정공고: 시험시행기관장은 예정공고 후 시험을 시행하려는 때에는 시험일시, 시험장소, 시험방법, 합격자 결정방법 및 응시수수료의 반환에 관한 사항 등 시험의 시행에 필요한 사항을 **시험시행일 90일 전**까지 일간신문, 관보, 방송 중 하나 이상에 공고하고, 인터넷 홈페이지 등에도 이를 공고해야 한다.

(4) 응시원서 등

① **응시원서의 제출 및 응시수수료의 납부**: 시험에 응시하고자 하는 자는 국토교통부령이 정하는 응시원서를 제출하여야 한다. 응시원서를 제출하는 경우 응시수수료를 납부하여야 한다(「공인중개사법」 제47조).

② **응시수수료의 반환**: 응시수수료를 납부한 자가 응시의사를 철회하는 경우에는 시험공고시 응시수수료 반환절차에 따라 반환받을 수 있으며 반환기준은 다음과 같다.

> ㉠ 수수료를 과오납한 경우 과오납한 금액의 전부
> ㉡ 시험시행기관의 귀책사유로 시험에 응하지 못한 경우 납입한 수수료의 전부
> ㉢ 응시원서 접수기간 내에 접수를 취소하는 경우 납입한 수수료의 전부
> ㉣ 응시원서 접수마감일의 다음 날부터 7일 이내에 접수를 취소하는 경우 납입한 수수료의 100분의 60
> ㉤ ㉣의 기간이 경과한 날부터 시험시행일 10일 전까지 접수를 취소하는 경우 납입한 수수료의 100분의 50

(5) 시험의 출제 및 채점

① **시험출제위원의 임명·위촉**: 시험시행기관의 장은 부동산중개업무 및 관련 분야에 관한 학식과 경험이 풍부한 자 중에서 시험문제의 출제·선정·검토 및 채점을 담당할 출제위원을 임명 또는 위촉한다.

② 출제위원의 의무 및 제재: 출제위원으로 임명 또는 위촉된 자는 시험시행기관의 장이 요구하는 시험문제의 출제·선정·검토 및 채점상의 유의사항, 준수사항에 따라 성실히 이행하여야 한다. 시험시행기관의 장은 이를 위반하여 시험의 신뢰도를 크게 떨어뜨리는 행위를 한 때에는 출제위원의 명단을 다른 시험시행기관장 및 그 출제위원이 소속하고 있는 기관의 장에게 통보하고 해당 출제위원은 명단을 통보한 날로부터 5년간 출제위원으로 위촉해서는 아니 된다.

③ 수당 및 여비의 지급: 시험출제위원 및 시험시행업무 등에 종사하는 자에 대하여는 예산의 범위 안에서 수당 및 여비를 지급할 수 있다.

제2절 | 합격자 결정

1 원칙적인 합격자 결정방법

시험에 있어서 매 과목 100점을 만점으로 하여 매 과목 40점 이상, 전 과목 평균 60점 이상 득점한 자를 합격자로 결정한다. 제1차와 제2차 시험 모두 절대평가 방식으로 합격자를 결정하는 것이 원칙이다.

2 예외적인 합격자 결정방법

(1) 선발예정인원을 미리 공고한 경우

① 제2차 시험의 합격자 결정에 있어서 시험시행기관의 장이 공인중개사의 수급상 필요하다고 인정하여 공인중개사 정책심의위원회의 의결을 거쳐 선발예정인원을 미리 공고한 경우에는 매 과목 40점 이상인 자 중에서 선발예정인원의 범위 안에서 전 과목 총득점의 고득점자 순으로 합격자를 결정한다.

② 합격자를 결정함에 있어 동점자로 인하여 선발예정인원을 초과하는 경우에는 그 동점자 모두를 합격자로 한다. 즉, 제2차 시험의 합격자 결정은 상대평가 방식에 의한 예외적 결정방법도 가능하다.

(2) 최소 선발인원 또는 최소 선발비율을 미리 공고한 경우

시행기관의 장이 시험응시생의 형평성 확보 등을 위하여 필요하다고 인정하는 경우에는 공인중개사 정책심의위원회의 의결을 거쳐 최소 선발인원 또는 시험응시자 대비 최소 선발비율을 미리 공고하여 시험을 시행할 수 있다. 이 경우 제2차 시험에서 매 과목 40점 이상, 전 과목 평균 60점 이상 득점한 자가 최소 선발인원 또는 최소 선발비율에 미달되면 매 과목 40점 이상인 자 중에서 최소 선발인원 또는 최소 선발비율의 범위 안에서 전 과목 총득점의 고득점자 순으로 합격자를 결정한다.

제3절 | 부정행위자에 대한 제재

> **제4조의3【부정행위자에 대한 제재】** 제4조 제1항 및 제2항에 따라 시험을 시행하는 시·도지사 또는 국토교통부장관(이하 '시험시행기관장'이라 한다)은 시험에서 부정한 행위를 한 응시자에 대하여는 그 시험을 무효로 하고, 그 처분이 있은 날부터 5년간 시험 응시자격을 정지한다. 이 경우 시험시행기관장은 지체 없이 이를 다른 시험시행기관장에게 통보하여야 한다.

(1) 시험의 무효처분

자격시험의 응시자가 시험에서 부정한 행위를 한 경우 그 부정한 행위를 한 시험은 무효로 처리되며, 자격이 부여되기 전이라면 시험 응시 자체가 무효로 처리되기 때문에 시험에 합격하였더라도 자격이 부여되지 않는다. 이미 자격이 부여된 이후에 부정시험이 적발되는 경우에는 자격이 취소된다.

(2) 시험 응시자격의 정지

부정행위자는 시험의 무효처분이 있은 날부터 5년간 공인중개사 자격시험 응시자격만이 정지된다. '시험시행일부터'가 아닌 '무효처분이 있은 날부터'라는 점에 유의하여야 한다.

(3) 무효처분의 통보

시험응시자에게 무효처분을 한 시험시행기관장은 이를 지체 없이 다른 시험시행기관장에게 통보하여야 한다. 예를 들어 서울특별시장이 무효처분을 하였다면 국토교통부장관, 부산광역시장 등 다른 시·도지사들에게 통보하여 다음 회 시험부터 일정기간 응시자격을 정지시켜야 한다.

제4절 | 자격증의 교부 등

제33회, 제34회

> **제5조【자격증의 교부 등】** ① 제4조 제1항 및 제2항에 따라 공인중개사 자격시험을 시행하는 시험시행기관의 장은 공인중개사 자격시험의 합격자가 결정된 때에는 이를 공고하여야 한다.
> ② 시·도지사는 제1항에 따른 합격자에게 국토교통부령으로 정하는 바에 따라 공인중개사자격증을 교부하여야 한다.
> ③ 제2항에 따라 공인중개사자격증을 교부받은 자는 공인중개사자격증을 잃어버리거나 못쓰게 된 경우에는 국토교통부령으로 정하는 바에 따라 시·도지사에게 재교부를 신청할 수 있다.

(1) 자격증의 교부

시험시행기관의 장은 제1·2차 시험에 합격한 자를 공고하여야 한다. 합격자에게는 공고일로부터 1개월 이내에 시·도지사가 공인중개사자격증 교부대장에 기재한 후 공인중개사자격증을 교부하여야 한다. 자격증을 교부하는 시·도지사는 시험의 응시장소와는 무관하며, 자격시험 응시원서 제출일 현재의 주민등록지 관할 시·도에서 교부하는 것이 실무의 기준이다.

심화 공인중개사자격증 교부대장은 전자적 처리가 불가능한 특별한 사유가 없으면 전자적 처리가 가능한 방법으로 작성·관리하여야 한다.

(2) 자격증의 재교부

자격증을 교부받은 자가 자격증을 잃어버리거나 못쓰게 된 경우에는 자격증을 교부한 관청에 재교부신청서를 제출하여 재교부받을 수 있다.

(3) 자격증의 교부 및 재교부 수수료

자격증을 신규로 받을 경우 수수료가 없으나 재교부받을 경우 시·도 조례에 따라 행정수수료를 납부하여야 한다.

「공인중개사법 시행규칙」 [별지 제3호 서식]

자격증 번호:

공인중개사자격증

○ 성　명:

사진(여권용)
(3.5cm × 4.5cm)

○ 생년월일:

　　위의 사람은 「공인중개사법」 제4조에 따라　　　년도에 시행한 제　　회 공인중개사 자격시험에 합격하여 공인중개사자격을 취득하였음을 증명합니다.

년　　　월　　　일

시 · 도지사　　직인

210mm×297mm[백상용지(1종) 120g/m^2]

제5절 | 공인중개사의 결격사유

> **제6조【결격사유】** 제35조 제1항에 따라 공인중개사의 자격이 취소된 후 3년이 지나지 아니한 자는 공인중개사가 될 수 없다.

① 공인중개사의 결격사유

(1) 자격시험에는 누구라도 응시할 수 있는 것이 원칙이다. 그러나 '공인중개사자격이 취소된 후 3년이 지나지 아니한 자'는 시험에 응시할 수 없다. 이와 같이 누구나 가지는 일정한 자격이나 지위에 일정한 흠결이 있는 것을 '결격사유'라고 한다.

(2) '공인중개사자격이 취소된 후 3년이 지나지 아니한 자'는 공인중개사가 될 수 없을 뿐만 아니라, 개업공인중개사나 소속공인중개사, 중개보조원 등으로 중개업에 종사하는 행위를 할 수 없는 '개업공인중개사 등의 결격사유'에 해당하기도 한다.

② '시험만 응시할 수 없는 자'와의 구별

이미 자격을 취득한 사람은 시험에 응시할 수 없다. 또한 시험에서 부정행위를 하고 무효처분을 받은 자는 5년간 시험을 볼 수 없으나, 결격사유에는 해당하지 않는다. 즉, 시험을 볼 수 없는 것과 결격사유에 해당하는 것은 다른 의미이다.

제6절 | 자격증 대여 등의 금지 제36회

> **제7조【자격증 대여 등의 금지】** ① 공인중개사는 다른 사람에게 자기의 성명을 사용하여 중개업무를 하게 하거나 자기의 공인중개사자격증을 양도 또는 대여하여서는 아니 된다.
> ② 누구든지 다른 사람의 공인중개사자격증을 양수하거나 대여받아 이를 사용하여서는 아니 된다.
> ③ 누구든지 제1항 및 제2항에서 금지한 행위를 알선하여서는 아니 된다.

❶ 공인중개사자격의 일신전속성

공인중개사자격은 일신전속성(一身專屬性)이 있는 권리이다. 즉, 다른 사람에게 양도·대여 등 일체의 이전행위를 할 수 없다.

❷ 자격증 대여 등에 관한 벌칙 등

(1) 금지되는 행위

공인중개사자격을 취득한 자는 다른 사람에게 자기의 성명을 사용하여 중개업무를 하게 하거나 자기의 공인중개사자격증을 양도 또는 대여하여서는 아니 되며, 누구든지 다른 사람의 공인중개사자격증을 양수하거나 대여받아 이를 사용하여서도 아니 된다. 또한, 이런 금지한 행위를 알선하여서는 아니된다.

(2) 위반시 제재

(1)의 내용을 위반할 경우, 일반인은 1년 이하의 징역 또는 1천만원 이하의 벌금형에 처하게 된다. 또한 자격증을 양도·대여하거나 다른 사람에게 자기의 성명을 사용하여 중개업무를 하게 한 공인중개사에게는 자격취소라는 행정처분과 1년 이하의 징역 또는 1천만원 이하의 벌금형이 병과처분된다.

> **판례** '공인중개사자격증 대여'의 의미
>
> [1] '공인중개사자격증의 대여'란 다른 사람이 그 자격증을 이용하여 공인중개사로 행세하면서 공인중개사의 업무를 행하려는 것을 알면서도 그에게 자격증 자체를 빌려주는 것을 말한다.
> [2] 무자격자가 공인중개사의 업무를 수행하였는지 여부는 외관상 공인중개사가 직접 업무를 수행하는 형식을 취하였는지 여부에 구애됨이 없이 실질적으로 무자격자가 공인중개사의 명의를 사용하여 업무를 수행하였는지 여부에 따라 판단하여야 한다.
> [3] 공인중개사가 비록 스스로 몇 건의 중개업무를 직접 수행한 바 있다 하더라도, 적어도 무자격자가 성사시킨 거래에 관해서는 무자격자가 거래를 성사시켜 작성한 계약서에 자신의 인감을 날인하는 방법으로 자신이 직접 공인중개사업무를 수행하는 형식만 갖추었을 뿐 실질적으로는 무자격자로 하여금 자기 명의로 공인중개사업무를 수행하도록 한 것이므로, 공인중개사자격증의 대여행위에 해당한다(대판 2006도9334).

제7절 | 유사명칭의 사용금지

> **제8조 【유사명칭의 사용금지】** 공인중개사가 아닌 자는 공인중개사 또는 이와 유사한 명칭을 사용하지 못한다.

❶ 사용이 금지되는 명칭

공인중개사가 아닌 자는 '공인중개사'라는 동일 명칭을 사용하여서는 아니 되며, '공인중개사'와 유사한 명칭도 사용할 수 없다.

❷ 위반시 제재

공인중개사가 아닌 자가 '공인중개사'와 동일한 명칭 또는 유사한 명칭을 사용한 경우 1년 이하의 징역이나 1천만원 이하의 벌금형을 받을 수 있다. 특히 유의하여야 할 사항으로는 공인중개사자격이 없는 부칙상의 개업공인중개사가 중개사무소 간판에 '공인중개사사무소'라는 문자를 사용할 경우 100만원 이하의 과태료처분사유에 해당한다는 것이다. 이 경우 위반한 간판에 대해서는 등록관청이 철거를 명할 수 있으며, 이행하지 않을 경우 「행정대집행법」에 의하여 대집행을 할 수 있다.

> **판례** 유사한 명칭을 사용한 것에 해당하는지 여부
>
> [1] 중개사무소의 개설등록은 공인중개사 또는 법인만이 할 수 있도록 정하여져 있으므로, 중개사무소의 대표자를 가리키는 명칭은 일반인으로 하여금 그 명칭을 사용하는 자를 공인중개사로 오인하도록 할 위험성이 있는 것으로 '공인중개사와 유사한 명칭'에 해당한다.
> [2] 무자격자가 자신의 명함에 '부동산뉴스 대표'라는 명칭을 기재하여 사용한 것이 공인중개사와 유사한 명칭을 사용한 것에 해당한다(대판 2006도9334).

제8절 | 공인중개사 정책심의위원회 제32회, 제33회, 제34회, 제35회

> **제2조의2【공인중개사 정책심의위원회】** ① 공인중개사의 업무에 관한 다음 각 호의 사항을 심의하기 위하여 국토교통부에 공인중개사 정책심의위원회를 둘 수 있다.
> 1. 공인중개사의 시험 등 공인중개사의 자격취득에 관한 사항
> 2. 부동산중개업의 육성에 관한 사항
> 3. 중개보수 변경에 관한 사항
> 4. 손해배상책임의 보장 등에 관한 사항
> ② 공인중개사 정책심의위원회의 구성 및 운영 등에 관하여 필요한 사항은 대통령령으로 정한다.
> ③ 제1항에 따라 공인중개사 정책심의위원회에서 심의한 사항 중 제1호의 경우에는 특별시장·광역시장·도지사·특별자치도지사는 이에 따라야 한다.

1 심의위원회의 구성

공인중개사의 업무에 관한 일정한 사항을 심의하기 위하여 국토교통부에 공인중개사 정책심의위원회(이하 '심의위원회'라 한다)를 둘 수 있다. 심의위원회는 위원장 1명을 포함하여 7명 이상 11명 이내의 위원으로 구성한다.

(1) 심의위원회의 위원장

위원장은 국토교통부 제1차관이 되고, 심의위원회를 대표하며 심의위원회의 업무를 총괄한다. 위원장이 부득이한 사유로 직무를 수행할 수 없을 때에는 위원장이 미리 지명한 위원이 그 직무를 대행한다.

(2) 심의위원회의 위원

위원은 다음의 어느 하나에 해당하는 사람 중에서 국토교통부장관이 임명하거나 위촉한다.

> ① 국토교통부의 4급 이상 또는 이에 상당하는 공무원이나 고위공무원단에 속하는 일반직공무원
> ②「고등교육법」제2조에 따른 학교에서 부교수 이상의 직(職)에 재직하고 있는 사람
> ③ 변호사 또는 공인회계사의 자격이 있는 사람
> ④ 법 제41조에 따른 공인중개사협회에서 추천하는 사람
> ⑤ 법 제45조에 따라 법 제4조에 따른 공인중개사 자격시험의 시행에 관한 업무를 위탁받은 기관의 장이 추천하는 사람

⑥ 「비영리민간단체 지원법」 제4조에 따라 등록한 비영리민간단체에서 추천한 사람
⑦ 「소비자 기본법」 제29조에 따라 등록한 소비자단체 또는 같은 법 제33조에 따른 한국소비자원의 임직원으로 재직하고 있는 사람
⑧ 그 밖에 부동산·금융 관련 분야에 학식과 경험이 풍부한 사람

(3) 위원의 임기

위원의 임기는 2년으로 하되, 위원의 사임 등으로 새로 위촉된 위원의 임기는 전임위원 임기의 남은 기간으로 한다.

(4) 심의위원회의 간사

심의위원회에는 심의위원회의 사무를 처리할 간사 1명을 두는데, 간사는 심의위원회의 위원장이 국토교통부 소속 공무원 중에서 지명한다.

> **핵심** 심의위원회의 위원장·위원·간사
>
> 1. 심의위원회 위원장: 국토교통부 제1차관 ⇨ 당연직
> 2. 심의위원회 위원: 국토교통부장관 ⇨ 임명·위촉
> 3. 심의위원회 간사: 위원장 ⇨ 지명

② 심의위원회 위원의 제척·기피·회피 등

(1) 심의위원회의 위원이 다음의 어느 하나에 해당하는 경우에는 심의위원회의 심의·의결에서 제척(除斥)된다.

① 위원 또는 그 배우자나 배우자이었던 사람이 해당 안건의 당사자(당사자가 법인·단체 등인 경우에는 그 임원을 포함한다. 이하 ① 및 ②에서 같다)가 되거나 그 안건의 당사자와 공동권리자 또는 공동의무자인 경우
② 위원이 해당 안건의 당사자와 친족이거나 친족이었던 경우
③ 위원이 해당 안건에 대하여 증언, 진술, 자문, 조사, 연구, 용역 또는 감정을 한 경우
④ 위원이나 위원이 속한 법인·단체 등이 해당 안건의 당사자의 대리인이거나 대리인이었던 경우

(2) 해당 안건의 당사자는 위원에게 공정한 심의·의결을 기대하기 어려운 사정이 있는 경우에는 심의위원회에 기피신청을 할 수 있고, 심의위원회는 의결로 이를 결정한다. 이 경우 기피신청의 대상인 위원은 그 의결에 참여하지 못한다.

용어 제척(除斥)
구체적인 사건의 심판에 있어서 법관이 불공평한 재판을 할 우려가 현저한 것으로 법률에 유형적(類型的)으로 규정되어 있는 사유에 해당하는 때에 그 법관을 직무집행에서 배제시키는 제도를 말한다.

용어

회피(回避)
법관(法官) 자신이 기피의 원인이 있다고 생각되는 경우에는 자발적으로 그 직무의 집행으로부터 탈퇴(脫退)하는 제도이다.

해촉(解囑)
위촉했던 직책이나 자리에서 물러나게 하는 것을 말한다.

(3) 위원 본인이 (1)의 제척사유에 해당하는 경우에는 스스로 해당 안건의 심의·의결에서 회피(回避)하여야 하며, 국토교통부장관은 위원이 제척사유의 어느 하나에 해당하는 데에도 회피하지 아니한 경우에는 해당 위원을 해촉(解囑)할 수 있다.

❸ 심의위원회의 운영

(1) 회의의 소집 및 개최

① 위원장은 심의위원회의 회의를 소집하고 그 의장이 되며, 심의위원회의 회의는 재적위원 과반수의 출석으로 개의하고, 출석위원 과반수의 찬성으로 의결한다.

② 위원장은 심의위원회의 회의를 소집하려면 회의 개최 7일 전까지 회의의 일시·장소 및 안건을 각 위원에게 통보하여야 한다. 다만, 긴급하게 개최하여야 하거나 부득이한 사유가 있는 경우에는 회의 개최 전날까지 통보할 수 있다.

③ 위원장은 심의에 필요하다고 인정하는 경우 관계 전문가를 출석하게 하여 의견을 듣거나 의견 제출을 요청할 수 있다.

(2) 수당 및 여비의 지급

심의위원회에 출석한 위원 및 관계 전문가에게는 예산의 범위 안에서 수당 및 여비를 지급할 수 있다. 다만, 공무원인 위원이 소관 업무와 직접적으로 관련되어 출석하는 경우에는 수당을 지급하지 아니하며, 법령상 규정한 사항 외에 심의위원회의 운영 등에 관하여 필요한 사항은 심의위원회의 의결을 거쳐 위원장이 정한다.

❹ 심의위원회의 심의·의결사항

심의위원회는 공인중개사의 업무에 관하여 다음의 사항을 심의한다.

① 공인중개사의 시험 등 공인중개사의 자격취득에 관한 사항
② 부동산중개업의 육성에 관한 사항
③ 중개보수 변경에 관한 사항
④ 손해배상책임의 보장 등에 관한 사항

❺ 심의사항의 시·도지사에 대한 구속력

공인중개사 자격시험의 원칙적인 시행주체는 시·도지사이지만, 공인중개사 정책심의위원회에서 심의한 사항으로서 공인중개사의 시험 등 공인중개사의 자격취득에 관한 사항인 경우 시·도지사는 이에 따라야 한다.

> **예제**
>
> 공인중개사법령상 공인중개사 정책심의위원회(이하 '위원회'라 함)에 관한 설명으로 옳은 것은?
> 제35회
> ① 위원회는 국무총리 소속으로 한다.
> ② 손해배상책임의 보장에 관한 사항은 위원회의 심의사항에 해당하지 않는다.
> ③ 위원회 위원장은 위원이 제척사유에 해당하는 데에도 불구하고 회피하지 아니한 경우에는 해당 위원을 해촉할 수 있다.
> ④ 위원회에서 심의한 중개보수 변경에 관한 사항의 경우 시·도지사는 이에 따라야 한다.
> ⑤ 국토교통부장관이 직접 공인중개사 자격시험을 시행하려는 경우에는 위원회의 의결을 미리 거쳐야 한다.
>
> **해설** ① 공인중개사 정책심의위원회는 '국토교통부'에 둘 수 있다.
> ② 손해배상책임의 보장에 관한 사항은 위원회의 심의사항에 해당한다.
> ③ 위원회 위원장이 아니라, '국토교통부장관'이 해당 위원을 해촉할 수 있다.
> ④ 시·도지사는 공인중개사 시험 등 '자격취득'에 관한 사항의 경우, 이에 따라야 한다. 중개보수에 관한 사항이 아니다.
> **정답** ⑤

제9절 | 교육제도
제32회, 제34회, 제35회

제34조【개업공인중개사 등의 교육】 ① 제9조에 따라 중개사무소의 개설등록을 신청하려는 자(법인의 경우에는 사원·임원을 말하며, 제13조 제3항에 따라 분사무소의 설치신고를 하려는 경우에는 분사무소의 책임자를 말한다)는 등록신청일(분사무소 설치신고의 경우에는 신고일을 말한다) 전 1년 이내에 시·도지사가 실시하는 실무교육(실무수습을 포함한다)을 받아야 한다. 다만, 다음 각 호의 어느 하나에 해당하는 자는 그러하지 아니하다.
1. 폐업신고 후 1년 이내에 중개사무소의 개설등록을 다시 신청하려는 자
2. 소속공인중개사로서 고용관계 종료신고 후 1년 이내에 중개사무소의 개설등록을 신청하려는 자

② 소속공인중개사는 제15조 제1항에 따른 고용신고일 전 1년 이내에 시·도지사가 실시하는 실무교육을 받아야 한다. 다만, 다음 각 호의 어느 하나에 해당하는 자는 그러하지 아니하다.
1. 고용관계 종료신고 후 1년 이내에 고용신고를 다시 하려는 자
2. 개업공인중개사로서 폐업신고를 한 후 1년 이내에 소속공인중개사로 고용신고를 하려는 자
③ 중개보조원은 제15조 제1항에 따른 고용신고일 전 1년 이내에 시·도지사 또는 등록관청이 실시하는 직무교육을 받아야 한다. 다만, 고용관계 종료신고 후 1년 이내에 고용신고를 다시 하려는 자는 그러하지 아니하다.
④ 제1항 및 제2항에 따른 실무교육을 받은 개업공인중개사 및 소속공인중개사는 실무교육을 받은 후 2년마다 시·도지사가 실시하는 연수교육을 받아야 한다.
⑤ 국토교통부장관은 제1항부터 제4항까지의 규정에 따라 시·도지사가 실시하는 실무교육, 직무교육 및 연수교육의 전국적인 균형유지를 위하여 필요하다고 인정하면 해당 교육의 지침을 마련하여 시행할 수 있다.
⑥ 제1항부터 제5항까지의 규정에 따른 교육 및 교육지침에 관하여 필요한 사항은 대통령령으로 정한다.

제34조의2【개업공인중개사 등에 대한 교육비 지원 등】 ① 국토교통부장관, 시·도지사 및 등록관청은 개업공인중개사 등이 부동산거래사고 예방 등을 위하여 교육을 받는 경우에는 대통령령으로 정하는 바에 따라 필요한 비용을 지원할 수 있다.
② 국토교통부장관, 시·도지사 및 등록관청은 필요하다고 인정하면 대통령령으로 정하는 바에 따라 개업공인중개사 부동산거래사고 예방을 위한 교육을 실시할 수 있다.

> **참고** 개업공인중개사 등에 대한 외국의 교육제도
> 1. 미국의 부동산판매원이나 부동산중개사는 자격시험 전[주(州)의 부동산위원회 연수프로그램 또는 대학에서 부동산 과목 수강]은 물론 시험에 합격한 후에도 3~4년마다 25~45시간 교육 이수
> 2. 일본은 택지건물거래업 종사자에 대하여 국토교통성령이 정하는 강습(매년 1회 이상, 수강시간 약 50시간) 의무 부과

❶ 교육의 필요성

부동산환경은 끊임없이 변하고 있으며, 직접적인 부동산제도뿐만 아니라 부동산과 관련된 새로운 제도가 마련되고 있다. 특히, 최근에는 전세사기 등 개업공인중개사 등에 대한 교육이 필요한 것이다.

❷ 교육제도 일반

(1) 교육지침 시행

개업공인중개사 등의 교육과 관련하여 국토교통부장관은 시·도지사가 실시하는 실무교육, 직무교육 및 연수교육의 전국적인 균형유지를 위하여 필요하다고 인정하면 해당 교육의 지침을 마련하여 시행할 수 있다. 한편, 국토교통부장관이 교육지침을 수립할 때에는 전국적 균형유지에 필요한 다음 사항이 포함되어야 한다.

> ① 교육의 목적
> ② 교육대상
> ③ 교육과목 및 교육시간
> ④ 강사의 자격
> ⑤ 수강료
> ⑥ 수강신청, 출결(出缺)확인, 교육평가, 교육수료증 발급 등 학사 운영 및 관리
> ⑦ 그 밖에 균형 있는 교육의 실시에 필요한 기준과 절차

(2) 교육실시권자와 교육지침

개업공인중개사 등을 대상으로 하는 교육 중 실무교육과 연수교육의 실시권자는 시·도지사이며, 직무교육의 실시권자는 시·도지사와 등록관청이지만 교육과 관련하여 국토교통부장관이 수립하는 교육지침을 따라야 함은 당연하다. 한편, 개업공인중개사 등을 대상으로 하는 '부동산거래사고 예방을 위한 교육'의 실시권자는 국토교통부장관, 시·도지사 및 등록관청이다.

(3) 교육실시의 통지

① 실무교육·직무교육: 이수대상자들의 필요에 의하여 받는 교육이므로 사전 통지가 없다.

② 연수교육: 시·도지사가 연수교육을 실시하려는 경우 실무교육 또는 연수교육을 받은 후 2년이 되기 2개월 전까지 연수교육의 일시·장소·내용 등을 대상자에게 통지하여야 한다.

③ 부동산거래사고 예방을 위한 교육: 국토교통부장관, 시·도지사 및 등록관청이 부동산거래질서를 확립하고, 부동산거래사고로 인한 피해를 방지하기 위하여 '부동산거래사고 예방을 위한 교육'을 실시하려는 경우에는 교육일 10일 전까지 교육일시·장소 및 교육내용, 그 밖에 교육에 필요한 사항을 공고하거나 교육대상자에게 통지하여야 한다.

③ 교육의 종류

개업공인중개사 등을 대상으로 실시하는 공인중개사법령상 법정교육(의무교육과 임의교육을 포함한다)은 다음과 같다.

(1) 실무교육(의무교육)

① 교육내용: 개업공인중개사 및 소속공인중개사의 직무수행에 필요한 법률지식, 부동산중개 및 경영실무, 직업윤리 등을 내용으로 한다.

② 교육대상
  ㉠ 중개사무소의 개설등록을 신청(법인의 경우 사원·임원 전원)하고자 하는 자: 등록신청일 전 1년 이내 실시하는 교육을 이수하여야 한다.
  ㉡ 분사무소 책임자: 설치신고일 전 1년 이내 실시하는 교육을 수료하여야 한다.
  ㉢ 소속공인중개사: 고용신고일 전 1년 이내 실시하는 실무교육을 받아야 한다.
③ 교육의 면제: 다음에 해당하는 자는 실무교육을 받지 않아도 된다.
  ㉠ 개업공인중개사로서 폐업신고 후 1년 이내에 중개사무소의 개설등록을 다시 신청하려는 자
  ㉡ 개업공인중개사로서 폐업신고 후 1년 이내에 소속공인중개사로 고용신고를 하려는 자
  ㉢ 소속공인중개사로서 고용관계 종료신고 후 1년 이내에 중개사무소의 개설등록을 신청하려는 자
  ㉣ 소속공인중개사로서 고용관계 종료신고 후 1년 이내에 고용신고를 다시 하려는 자
④ 교육시간: 45시간으로 한다.

(2) 직무교육(의무교육)
① 교육내용: 중개보조원의 직무수행에 필요한 직업윤리 등을 내용으로 한다.
② 교육대상: 중개보조원을 대상으로 하며, 중개보조원은 고용신고일 전 1년 이내에 시·도지사 또는 등록관청이 실시하는 직무교육을 받아야 한다.
③ 교육의 면제: 중개보조원이 고용관계 종료신고 후 1년 이내에 고용신고를 다시 하려는 경우에는 직무교육을 받지 않아도 된다.
④ 교육시간: 45시간으로 한다.

(3) 연수교육(의무교육)
① 교육내용: 부동산중개 관련 법·제도의 변경사항, 부동산중개 및 경영실무, 직업윤리 등을 내용으로 한다.
② 교육대상: 실무교육을 받은 개업공인중개사 및 소속공인중개사를 대상으로 하며, 실무교육을 받은 후 2년마다 연수교육을 받아야 한다.
③ 교육시간: 12시간 이상 16시간 이하로 한다.

(4) 부동산거래사고 예방을 위한 교육(임의교육)

① 교육내용: 부동산거래질서를 확립하고, 부동산거래사고로 인한 피해를 방지하기 위한 것을 내용으로 한다.
② 교육대상: 개업공인중개사 등을 대상으로 한다.
③ 교육비 지원 등: 국토교통부장관, 시·도지사 및 등록관청은 개업공인중개사 등이 부동산거래사고 예방 등을 위하여 교육을 받는 경우 다음의 비용을 지원할 수 있다.

> ㉠ 교육시설 및 장비의 설치에 필요한 비용
> ㉡ 교육자료의 개발 및 보급에 필요한 비용
> ㉢ 교육 관련 조사 및 연구에 필요한 비용
> ㉣ 교육 실시에 따른 강사비

개업공인중개사 등의 교육 비교

구분	실무교육	직무교육	연수교육	거래사고 예방교육
성격	의무교육			임의교육
시기	• 등록신청일(설치신고일) 전 1년 이내 • 고용신고일 전 1년 이내	고용신고일 전 1년 이내	실무교육 또는 연수교육을 받은 후 2년마다	필요시
대상	• 개설등록신청자 (사원·임원·책임자) • 소속공인중개사가 되려는 자	중개보조원이 되려는 자	• 개업공인중개사 • 소속공인중개사	개업공인중개사 등
내용	개업공인중개사 및 소속공인중개사의 직무수행에 필요한 법률지식, 부동산중개 및 경영실무, 직업윤리 등(실무수습 포함)	중개보조원의 직무수행에 필요한 직업윤리 등	부동산중개 관련 법·제도의 변경사항, 부동산중개 및 경영실무, 직업윤리 등	부동산거래질서를 확립하고, 부동산거래사고로 인한 피해 방지
시간	45시간	3시간~4시간	12시간~16시간	–
위반시 제재	–	–	500만원 이하 과태료	–
통지	–	–	2개월 전	10일 전
실시권자	시·도지사	시·도지사 또는 등록관청	시·도지사	국토교통부장관, 시·도지사, 등록관청

> 예제

1. 공인중개사법령상 개업공인중개사등의 교육 등에 관한 설명으로 옳은 것은?

제34회

① 폐업신고 후 400일이 지난 날 중개사무소의 개설등록을 다시 신청하려는 자는 실무교육을 받지 않아도 된다.
② 중개보조원의 직무수행에 필요한 직업윤리에 대한 교육시간은 5시간이다.
③ 시·도지사는 연수교육을 실시하려는 경우 실무교육 또는 연수교육을 받은 후 2년이 되기 2개월 전까지 연수교육의 일시·장소·내용 등을 대상자에게 통지하여야 한다.
④ 부동산중개 및 경영실무에 대한 교육시간은 36시간이다.
⑤ 시·도지사가 부동산거래사고 예방을 위한 교육을 실시하려는 경우에는 교육일 7일 전까지 교육일시·교육장소 및 교육내용을 교육대상자에게 통지하여야 한다.

> 해설 ① 폐업신고 후 1년이 경과된 경우이므로, 다시 등록을 신청할 때에는 실무교육을 이수하여야 한다. 폐업신고 후 1년 이내에 다시 등록을 신청하는 경우에만 실무교육을 면제한다.
> ② 중개보조원의 직무수행에 필요한 직무교육의 교육시간은 3~4시간으로 정하고 있다.
> ④ 부동산중개 및 경영실무 등을 포함한 실무교육의 교육시간은 45시간으로 정하고 있다.
> ⑤ 시·도지사가 부동산거래사고 예방을 위한 교육을 실시하려는 경우에는 교육일 10일 전까지 교육일시·교육장소 및 교육내용을 교육대상자에게 통지하여야 한다.
>
> **정답 ③**

2. 공인중개사법령상 개업공인중개사 등의 교육에 관한 설명으로 옳은 것은?

제26회

① 실무교육을 받은 개업공인중개사는 실무교육을 받은 후 2년마다 시·도지사가 실시하는 직무교육을 받아야 한다.
② 분사무소의 책임자가 되고자 하는 공인중개사는 고용신고일 전 1년 이내에 시·도지사가 실시하는 연수교육을 받아야 한다.
③ 고용관계 종료신고 후 1년 이내에 다시 중개보조원으로 고용신고의 대상이 된 자는 시·도지사 또는 등록관청이 실시하는 직무교육을 받지 않아도 된다.
④ 실무교육은 28시간 이상 32시간 이하, 연수교육은 3시간 이상 4시간 이하로 한다.
⑤ 국토교통부장관이 마련하여 시행하는 교육지침에는 교육대상, 교육과목 및 교육시간 등이 포함되어야 하나, 수강료는 그러하지 않다.

해설 ① 실무교육을 받은 개업공인중개사와 소속공인중개사는 실무교육을 받은 후 2년마다 시·도지사가 실시하는 '연수교육'을 받아야 한다.
② 분사무소의 책임자가 되고자 하는 공인중개사는 고용신고일 전 1년 이내에 시·도지사가 실시하는 '실무교육'을 받아야 한다.
④ 실무교육은 45시간, 연수교육은 12시간 이상 16시간 이하로 한다.
⑤ 국토교통부장관이 마련하여 시행하는 교육지침에는 교육의 목적, 교육대상, 교육과목 및 교육시간, 강사의 자격, 수강료, 수강신청, 출결확인, 교육평가, 교육수료증 발급 등 학사 운영 및 관리, 그 밖에 균형 있는 교육의 실시에 필요한 기준과 절차가 포함되어야 한다.

정답 ③

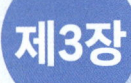

제3장 중개업의 등록 및 결격사유

❖ 중개사무소의 등록

중개사무소 개설등록	① 의의: 등록대장(전자대장 포함)에 개업공인중개사로 기재하여 증명하는 것 ② 성격: 일신전속권, 대인적 성격(1인 1등록주의), 영속성, 기속행위, 적법요건(효력요건 ×)

등록의 절차	① 등록관청: 중개사무소를 두고자 하는 지역의 시·군·구청장
	② 등록신청권자: 공인중개사(소속공인중개사는 제외) 또는 법인이 아닌 자는 등록을 신청할 수 없다(법 제9조 제2항).
	③ 등록절차: (요건구비) 등록의 신청 ⇨ 등록 및 등록의 통지 ⇨ 업무보증 ⇨ 등록증 교부 ⇨ 업무개시
	④ 등록요건
	  ㉠ 공인중개사인 개업공인중개사로 등록을 하기 위한 요건
	    ⓐ 자격증이 있어야 한다.
	    ⓑ 결격사유가 없어야 한다.
	    ⓒ (건축물대장에 기재된 건물에) 중개사무소를 확보하여야 한다.
	    ⓓ 시·도지사가 실시하는 실무교육을 등록신청일 전 1년 이내에 받아야 한다.
	  ㉡ 법인인 개업공인중개사로 등록을 하기 위한 요건
	    ⓐ 법 제14조에 규정된 업무만을 영위할 목적으로 설립되어야 한다.
	    ⓑ 자본금은 5천만원 이상이어야 하고, 「상법」상의 회사(회사의 종류는 불문)이거나, 「협동조합 기본법」상의 협동조합(사회적 협동조합은 제외)이어야 한다.
	    ⓒ 대표자는 공인중개사이어야 하며, 임원(또는 무한책임사원)의 3분의 1 이상(대표자 제외)이 공인중개사이어야 한다.
	    ⓓ 대표자, 임원(또는 무한책임사원) 전원이 실무교육을 받고, 결격사유는 없어야 한다.
	    ⓔ (건축물대장에 기재된 건물에) 중개사무소를 확보하여야 한다.

등록의 소멸	등록의 취소처분, 사망, 해산, 폐업신고의 수리로 등록은 실효된다.

❖ 결격사유

① 미성년자(19세 미만자)
② 피한정후견인(개시심판을 받은 자)
③ 피성년후견인(개시심판을 받은 자)
④ 파산자(파산선고를 받고 복권되지 아니한 자)
⑤ 금고 이상(징역, 금고)의 실형선고를 받고, 집행이 종료되거나 집행이 면제되고 3년이 지나지 아니한 자
　㉠ 만기석방 + 3년 지나지 아니한 자
　㉡ 특별사면 + 3년 지나지 아니한 자
⑥ 금고 이상(징역, 금고)의 형에 대한 집행유예기간이 만료된 날부터 2년이 지나지 아니한 자
⑦ 「공인중개사법」 위반 + 벌금형(300만원 이상)의 선고 + 3년 지나지 아니한 자
⑧ 「공인중개사법」 위반 + 자격취소 + 3년 지나지 아니한 자
⑨ 「공인중개사법」 위반 + 등록취소 + 3년 지나지 아니한 자
　✔ 예외: 사망 · 해산 · 결격사유 · 등록기준 미달로 등록취소시 + 3년 적용제외
⑩ 「공인중개사법」 위반 + 자격정지 + 그 기간 중인 자
⑪ 「공인중개사법」 위반으로 업무정지처분을 받고 폐업신고를 한 자로서, 업무정지기간이 지나지 아니한 자
⑫ 법인인 개업공인중개사의 업무정지 사유 발생 당시의 사원, 임원이었던 자로서 해당 법인인 개업공인중개사에 대한 업무정지기간이 지나지 아니한 자
⑬ 사원, 임원 중 결격사유에 해당하는 자가 있는 법인인 개업공인중개사

제3장 중개업의 등록 및 결격사유

- 제1편에서 중요한 장 중 하나이다. 최소 2문제에서 최대 4문제까지 출제될 수 있으며, 특히 개설등록의 절차, 법인의 등록기준, 개업공인중개사 등의 결격사유 등이 중요하다.
- 등록의 결격사유는 이 과목 전반에서 가장 중요한 내용으로서 완벽한 이해가 필요하다. 상당히 많은 문제에서 결격사유와 관련된 직접적·간접적인 내용이 출제되므로 철저하게 학습하여야 한다.

제1절 | 중개사무소의 개설등록

제32회~제36회

> **제9조 【중개사무소의 개설등록】** ① 중개업을 영위하려는 자는 국토교통부령으로 정하는 바에 따라 중개사무소(법인의 경우에는 주된 중개사무소를 말한다)를 두려는 지역을 관할하는 시장(구가 설치되지 아니한 시의 시장과 특별자치도 행정시의 시장을 말한다. 이하 같다)·군수 또는 구청장(이하 '등록관청'이라 한다)에게 중개사무소의 개설등록을 하여야 한다.
> ② 공인중개사(소속공인중개사는 제외한다) 또는 법인이 아닌 자는 제1항에 따라 중개사무소의 개설등록을 신청할 수 없다.
> ③ 제1항에 따라 중개사무소 개설등록의 기준은 대통령령으로 정한다.

1 중개사무소의 개설등록

(1) '등록'의 일반적 의의

등록(登錄)은 법령에서 규정한 내용을 구비하고 있는지 형식적인 검토를 하고, 행정청에 비치된 공부(公簿)에 기록하는 행정행위를 말한다.

(2) '중개업 개설등록'의 성질

① 중개업의 적법요건: 부동산중개업을 영위하고자 하는 자는 반드시 중개사무소 개설등록을 하여야 하므로 등록은 중개업을 영위하기 위한 적법요건이다.

② 대인적 등록: 중개사무소 개설등록은 일정한 자격을 갖춘 자만 할 수 있도록 하고 있으므로 특정인의 주관적 사정을 심사대상으로 한다는 점에서 대인적 등록으로서의 성격을 지닌다.

> **심화** 무등록중개행위에 의하여 성립된 거래당사자 간 법률행위의 효력에는 영향을 미치지 않는다는 점에서 중개사무소 개설등록이 행위의 유효요건이 되는 것은 아니다.

따라서 중개사무소 개설등록신청은 개별적으로 하며, 등록은 일신전속성이 있으므로 어떠한 형태의 이전도 인정되지 않는다.
③ 기속적 행정행위: 등록처분은 법령에서 규정한 내용을 구비하고 있는지 형식적인 검토를 하고, 요건이 충족되면 등록을 거부할 수 없는 기속적 행정행위이다.➕

➕ 이 부분에 대하여는 '등록관청의 등록 거부'에서 다시 자세히 기술하도록 한다.

(3) 등록관청 및 등록신청자

① 등록관청
　㉠ 등록관청인 경우: 중개사무소(법인의 경우 주된 중개사무소)를 두려는 지역을 관할하는 시장(구가 설치되지 아니한 시의 시장과 특별자치도 행정시의 시장을 말한다)·군수 또는 구청장이 등록관청이 된다. 세종특별자치시의 경우 구(區)가 없으므로 등록관청이 된다.
　　✔ 실제로 세종특별자치시의 경우 생활권역에 따라 시청이나 주민자치센터에서 등록사무를 처리하고 있다.
　㉡ 등록관청이 아닌 경우: 특별시장과 광역시장은 등록관청이 될 수 없고, 구가 설치된 보통시의 시장(예 수원시, 고양시 등)도 등록관청이 될 수 없다.
　㉢ 등록관청의 변경: 개업공인중개사가 중개사무소를 이전하는 경우 외에는 원칙적으로 등록관청이 변경되지 않는다. 중개사무소를 이전하는 경우에는 이전 후 중개사무소가 위치하는 지역을 관할하는 시장·군수·구청장이 새로운 등록관청이 된다.
　㉣ 등록관청의 권한: 개업공인중개사에 대한 행정처분을 고유·전속적으로 행사할 수 있다.

② 등록신청자
　㉠ 등록신청자의 자격요건: 중개사무소의 개설등록신청자는 법인이나 공인중개사자격을 취득한 자에 한한다. 공인중개사자격을 취득한 자라 하더라도 이미 등록을 한 자이거나 소속공인중개사는 등록신청을 해서는 안 된다. 이를 위반하면 이중등록 혹은 이중소속에 해당되어 처벌의 대상이 된다.
　㉡ 외국인의 등록신청 가능 여부: ㉠ 외에 등록신청자격에 대하여 특별한 규정을 두고 있지 않기 때문에 내·외국인 구별 없이 등록기준에 적합하면 등록을 신청할 수 있다.

심화 다른 법률의 규정에 따라 부동산중개업을 할 수 있는 특수법인의 경우에는 중개사무소 개설등록의 기준을 적용하지 아니한다.

❷ 중개사무소 개설등록의 기준

(1) 공인중개사가 중개사무소를 개설하고자 하는 경우

① 등록의 결격사유에 해당되지 아니할 것: 「공인중개사법」 제10조의 결격사유에 해당하는 자는 개업공인중개사가 될 수 없다.

② 공인중개사자격을 보유하였을 것: 자격을 취득한 후 자격이 취소되지 않고, 등록신청 당시 자격정지기간 중이 아니어야 한다는 의미이다.

> **판례** 변호사의 중개사무소 개설등록신청 반려처분
>
> 변호사의 직무에 부동산중개행위가 당연히 포함된다고 해석할 수도 없고, 「변호사법」에서 변호사의 직무가 구「부동산중개업법 시행령」 제5조 단서 소정의 '다른 법률의 규정'에 해당한다고 명시한 바도 없으므로, 변호사는 중개사무소 개설등록의 기준을 적용받지 않는다고 할 수는 없다(대판 2003두14888).

③ 실무교육을 받았을 것: 개설등록신청일 전 1년 이내에 시·도지사가 실시하는 실무교육을 받아야 한다. 따라서 실무교육 수료 후 1년이 경과한 자가 개설등록을 신청하고자 하는 경우 실무교육을 다시 받아야 한다. 다만, 개업공인중개사가 폐업신고 후 1년 이내에 중개사무소의 개설등록을 다시 신청하고자 하는 경우나, 소속공인중개사가 고용관계 종료신고 후 1년 이내에 중개사무소의 개설등록을 신청하고자 하는 경우에는 실무교육을 받을 필요가 없다.

④ 중개사무소를 확보할 것

　㉠ 건축물대장(가설건축물대장 제외)에 기재된 적법한 건물에 중개사무소를 확보(소유·전세·임대차 또는 사용대차 등의 방법에 의하여 사용권을 확보하여야 한다)하여야 하는데, 건축물대장에 기재되기 전 건물이라도 준공검사·준공인가, 사용승인·사용검사 등을 받은 건물로서 건축물대장 기재가 지연되는 사유를 적은 서류를 제출하는 경우에는 등록이 가능하다.

　㉡ 「건축법」상 건물의 용도가 제1종 근린생활시설이나 제2종 근린생활시설, 일반업무시설이어야 한다(법제처 유권해석 07-0293, 2007. 11.2).

　㉢ 중개사무소 사용면적에 대한 제한규정은 따로 없다.

심화
1. 「건축법 시행령」 [별표]에서 제1종 근린생활시설은 같은 건축물에 해당 용도로 쓰는 바닥면적의 합계가 30m² 미만인 것이라는 제한을 두고 있다.
2. 반면, 제2종 근린생활시설은 같은 건축물에 해당 용도로 쓰는 바닥면적의 합계가 500m² 미만인 것(제1종 근린생활시설에 해당하는 것은 제외한다)이라는 제한을 두고 있다.

(2) 법인이 중개사무소를 개설하고자 하는 경우(단, 특수법인은 제외)

① 등록의 결격사유에 해당되지 아니할 것: 공인중개사가 개설등록을 신청하는 때와 마찬가지로 법인도 결격사유에 해당되지 않아야 한다. 법인의 경우에는 법인 자체 또는 법인의 사원(합명회사·합자회사의 사원) 또는 임원(주식회사·유한회사 또는 협동조합)이 결격사유에 해당되면 중개업 등록을 받을 수 없다.

② **「상법」상 회사 또는 「협동조합 기본법」상 협동조합(단, 사회적 협동조합 제외)으로서 자본금이 5천만원 이상일 것**

　㉠ 「상법」상 회사의 종류에는 주식회사, 유한회사, 유한책임회사, 합자회사, 합명회사의 5종이 있다(「상법」 제170조).

　㉡ 「협동조합 기본법」상 협동조합(단, 사회적 협동조합 제외)은 재화 또는 용역의 구매·생산·판매·제공 등을 협동으로 영위함으로써 조합원의 권익을 향상하고 지역사회에 공헌하고자 하는 사업조직을 말한다(「협동조합 기본법」 제19조).

　㉢ '사회적 협동조합'은 협동조합 중 지역주민들의 권익·복리 증진과 관련된 사업을 수행하거나 취약계층에게 사회서비스 또는 일자리를 제공하는 등 영리를 목적으로 하지 아니하는 협동조합을 의미하므로 영리를 전제하는 중개법인이 될 수 없다.

　㉣ 중개법인이 되기 위해서는 「상법」이나 「협동조합 기본법」상 법인으로서 자본금이 5천만원 이상이어야 한다. 자본금은 업무보증금과 구별개념이다.

③ **법 제14조에 규정된 업무만을 영위할 목적으로 설립된 법인일 것**: 법인인 개업공인중개사는 중개업 이외에 다음에 해당하는 업무(법 제14조)만을 영위할 목적이어야 한다.

> ㉠ 상업용 건축물 및 주택의 임대관리 등 부동산의 관리대행
> ㉡ 부동산의 이용·개발 및 거래에 관한 상담
> ㉢ 개업공인중개사를 대상으로 한 중개업의 경영기법 및 경영정보의 제공
> ㉣ 상업용 건축물 및 주택의 분양대행
> ㉤ 중개의뢰인의 의뢰에 따른 도배·이사업체의 소개 등 주거이전에 부수되는 용역의 알선
> ㉥ 「민사집행법」에 의한 경매 및 「국세징수법」, 그 밖의 법령에 의한 공매 대상 부동산에 대한 권리분석 및 취득의 알선과 매수신청 또는 입찰신청의 대리업무

④ **대표자는 공인중개사이어야 하며, 대표자를 제외한 임원 또는 사원의 3분의 1 이상이 공인중개사일 것**: 법인의 대표자는 반드시 공인중개사이어야 하는데, 「상법」 규정에 따라 대표이사 1인의 회사설립(주식회사와 유한회사)이 가능하므로, 사원 또는 임원이 없는 대표자 1인회사의 경우 중개법인의 공인중개사 최소 확보인원은 공인중개사 1인으로 하고 있음을 알 수 있다.✚

✚ 관련 부서인 국토교통부 유권해석, 2AA-1609-132311, 2016.9.8.

⑤ **대표자, 임원 또는 사원 전원 및 분사무소의 책임자가 실무교육을 받았을 것**: 법인의 대표자, 중개업무를 담당하는 사원 또는 임원은 물론 직접 중개업무를 담당하지 않는 사원 또는 임원까지 등록신청일 전 1년 이내에 시·도지사가 실시하는 실무교육을 받아야 한다.

✔ 주된 사무소의 대표자와 사원 또는 임원과는 별개로 분사무소를 설치하는 경우 그 책임자가 실무교육을 이수하여야 한다.

⑥ **건축물대장에 기재된(기재될 건축물을 포함한다) 건물에 중개사무소를 확보(소유·전세·임대차 또는 사용대차 등의 방법에 의하여 사용권을 확보하여야 한다)할 것**: 중개법인이 확보하는 중개사무소도 개인인 개업공인중개사가 확보하는 중개사무소와 내용면에서 동일하다. 면적에 대한 기준이 규정되어 있지 않으므로 법인이라고 하여서 넓은 공간의 면적을 확보할 필요는 없다.

♟ 개업공인중개사의 종별에 따른 등록기준

Tip 👆 법인인 개업공인중개사의 등록기준 위주로 출제된다.

공인중개사인 개업공인중개사	법인인 개업공인중개사
1. 등록의 결격사유에 해당하지 않을 것 2. 공인중개사일 것 3. 실무교육을 받았을 것 4. 중개사무소를 확보할 것	1. 등록의 결격사유에 해당하지 않을 것 (법인 자체, 사원 또는 임원) 2. 법인에 대한 등록기준을 갖출 것 • 자본금 5천만원 이상의 「상법」상 회사 또는 「협동조합 기본법」상 협동조합(단, 사회적 협동조합 제외)일 것 • 법 제14조에 규정된 업무만을 영위할 목적으로 설립된 법인일 것 • 대표자가 공인중개사일 것 • 대표자를 제외한 사원 또는 임원의 3분의 1 이상이 공인중개사일 것 3. 대표자, 사원 또는 임원 및 분사무소의 책임자가 실무교육을 받았을 것 4. 중개사무소를 확보할 것

예제

1. 공인중개사법령상 중개사무소의 개설등록에 관한 설명으로 <u>틀린</u> 것은? (다만, 다른 법률에 따라 부동산중개업을 할 수 있는 경우를 제외함)

   ① 중개사무소 개설등록의 기준은 대통령령으로 정한다.
   ② 중개법인이 되려는 회사가 「상법」상 유한회사인 경우라도 자본금이 5천만원 이상이어야 한다.
   ③ 개업공인중개사는 중개사무소를 설치할 건물에 관한 소유권을 반드시 확보하여야 하는 것은 아니다.
   ④ 부동산중개사무소 개설등록신청과 인장등록신고를 같이 할 수 있다.
   ⑤ 개업공인중개사의 결격사유 발생시 중개사무소의 개설등록의 효과는 당연실효된다.

   해설 결격사유는 절대적 등록취소사유에 해당되나, 등록취소처분이 있기 전까지는 등록의 효력은 존재한다. 그러므로 결격사유가 발생되었다고 하여 등록의 효력이 당연실효되는 것은 아니고, 등록취소처분시에 등록의 효력이 실효된다. **정답 ⑤**

2. 공인중개사법령상 중개사무소의 개설등록기준에 관한 설명으로 옳은 것은? (다툼이 있으면 판례에 의함)

   ① 「농업협동조합법」에 따라 부동산중개사업을 할 수 있는 지역농업협동조합도 공인중개사법령에서 정한 개설등록기준을 갖추어야 한다.
   ② 개설등록을 하기 위하여서는 20m² 이상의 사무소 면적을 확보하여야 한다.
   ③ 가설건축물대장에 기재된 건축물을 사무소로 확보한 등록신청자에 의한 중개업 등록은 허용된다.
   ④ 합명회사는 자본금이 5천만원 미만이더라도 개설등록을 할 수 있다.
   ⑤ 변호사가 부동산중개업무를 하기 위하여서는 공인중개사법령에서 정한 기준에 따라 개설등록을 하여야 한다.

   해설 ① 「농업협동조합법」에 따른 지역농업협동조합에 대하여 공인중개사법령에서 정한 개설등록기준을 적용하지 않는다.
   ② 개설등록시 사무소 면적에 대한 제한은 없다.
   ③ 가설건축물대장에 기재된 건축물을 사무소로 확보한 등록신청자에 의한 중개업 등록은 허용되지 않는다.
   ④ 「상법」상 회사는 회사의 종류를 불문하고 모두 자본금이 5천만원 이상이어야 개설등록을 할 수 있다. **정답 ⑤**

❸ 중개사무소 개설등록의 절차

(1) 등록신청

① 중개업을 영위하고자 하는 자는 부동산중개사무소 개설등록신청서에 구비서류(전자문서를 포함한다)를 첨부하여 중개사무소(법인의 경우에는 주된 중개사무소를 말한다)를 두고자 하는 지역을 관할하는 등록관청에 신청하여야 한다.

② 등록신청을 받은 등록관청은 공인중개사자격증을 발급한 시·도지사에게 개설등록을 하려는 자(법인의 경우에는 대표자를 포함한 공인중개사인 임원 또는 사원을 말한다)의 공인중개사자격의 확인요청을 하여야 하고, 「전자정부법」 제36조 제1항에 따라 행정정보의 공동이용을 통하여 법인등기사항증명서(신청인이 법인인 경우에만 해당한다)와 건축물대장(「건축법」 제20조 제6항에 따른 가설건축물대장은 제외한다. 이하 같다)을 확인하여야 한다.

✔ 따라서 공인중개사자격증 사본이나, 법인등기사항증명서나 건축물대장을 제출하는 일은 없다.

③ 외국인이 등록을 신청하는 경우 편의를 제공하기 위하여 해당 국가의 아포스티유(Apostille)를 인정하는 등 개설등록의 결격사유 확인절차를 개선하였다.

용어 🔊 아포스티유
외국 공문서에 대한 인증의 요구를 폐지하는 협약으로, 문서의 관인이나 서명을 대조하여 진위를 확인하고 발급하는 것을 말한다.

➕ 영 제36조 제1항에 따라 실무교육을 위탁받은 기관 또는 단체가 실무교육 수료 여부를 등록관청이 전자적으로 확인할 수 있도록 조치한 경우는 제외한다.

(2) 등록신청시 구비서류

① 부동산중개사무소 개설등록신청서➕
② 실무교육수료확인증 사본➕
③ 여권용(3.5cm×4.5cm) 사진 1매
④ 건축물대장에 기재된 건물에 중개사무소를 확보(소유·전세·임대차 또는 사용대차 등의 방법에 의하여 사용권을 확보할 것)하였음을 증명하는 서류
⑤ 다음의 확인서류(외국인이나 외국에 주된 영업소를 둔 법인의 경우에 한함)
  ㉠ 개업공인중개사 등의 결격사유(법 제10조 제1항)에 해당하지 아니함을 증명하는 서류
    ⓐ 외국 정부나 그 밖에 권한 있는 기관이 발행한 서류 또는 공증인(법률에 따른 공증인의 자격을 가진 자만 해당한다)이 공증한 신청인의 진술서로서 「재외공관 공증법」에 따라 그 국가에 주재하는 대한민국공관의 영사관이 확인한 서류

ⓑ '외국공문서에 대한 인증의 요구를 폐지하는 협약'을 체결한 국가의 경우에는 해당 국가의 정부나 공증인 그 밖의 권한이 있는 기관이 발행한 것으로서 해당 국가의 아포스티유(Apostille) 확인서 발급권한이 있는 기관이 발급한 확인서

ⓒ 「상법」 제614조의 규정➕에 의한 영업소의 등기를 증명할 수 있는 서류

➕「상법」 제614조【대표자, 영업소의 설정과 등기】
외국회사가 대한민국에서 영업을 하려면 대한민국에서의 대표자를 정하고 대한민국 내의 영업소를 설치하거나 대표자 중 1명 이상이 대한민국에 그 주소를 두어야 한다.

(3) 등록관청의 등록 거부

등록신청자가 다음의 어느 하나에 해당하는 경우에는 등록을 하여서는 아니 된다.

① 공인중개사 또는 법인이 아닌 자가 중개사무소의 개설등록을 신청한 경우
② 중개사무소의 개설등록을 신청한 자가 「공인중개사법」 제10조 제1항 각 호(등록의 결격사유)의 어느 하나에 해당하는 경우
③ 종별에 맞는 개설등록기준에 적합하지 아니한 경우
④ 그 밖에 이 법 또는 다른 법령에 따른 제한에 위반되는 경우: 납세자가 세금을 체납한 상태에서 행정기관을 상대로 허가·인가·면허·등록 및 신고와 그 갱신 등을 요구한 경우 해당 주무관청은 그 납세자에게 그 허가 등을 하지 아니할 수 있다(「국세징수법」 제7조, 「지방세법」 제7조 등).

(4) 등록 및 등록의 통지

① 등록신청 및 통지: 등록신청을 받은 등록관청은 제출된 서류를 통하여 등록기준 충족 여부를 검토하고, 관계 기관 조회를 통하여 등록신청자가 결격사유에 해당되는지를 확인한다. 그리고 등록신청을 받은 날부터 7일 이내에 개업공인중개사의 종별(법인인 개업공인중개사, 공인중개사인 개업공인중개사)에 따라 등록을 구분하여 행하고, 등록신청인에게 서면으로 통지하여야 한다.

② 등록통지의 효과: 등록의 통지를 받으면 유효한 등록이 된 것이고, 그때부터 개업공인중개사가 된다. 즉, 일단 등록은 하였으므로 이때부터는 중개업을 영위하여도 '무등록중개업'은 아니지만, 공인중개사법령상 의무(예 보증설정, 인장등록, 등록증 게시 등) 위반을 원인으로 행정처분이나 과태료를 받을 수는 있다.

③ 등록신청만 한 상태에서 중개업을 하는 경우에는 무등록중개업 영위자에 해당되어 행정형벌의 대상이 된다.

(5) 종별 변경

① 공인중개사인 개업공인중개사가 법인인 개업공인중개사로 종별을 변경하거나 법인인 개업공인중개사가 공인중개사인 개업공인중개사로 종별을 변경하는 때에는 개설등록신청서를 다시 제출하여야 한다. 이미 종전에 제출한 서류는 제출하지 아니할 수 있다.

② 그러나 부칙상의 개업공인중개사가 동일 등록관청의 관할구역 안에서 공인중개사인 개업공인중개사로 종별을 변경하는 경우 등록증재교부 방식으로 한다. 이때 종전의 등록증은 반납하여야 한다.

(6) 등록사항 등의 통보

등록관청은 중개사무소등록증을 교부하거나 등록취소 또는 업무정지의 행정처분 등을 한 때에는 매월의 등록사항 또는 행정처분사항 등을 '중개사무소 등록·행정처분 등 통지서'에 기재하여 다음 달 10일까지 공인중개사협회에 통보하여야 한다.

> **핵심** 공인중개사협회 통보사항
>
> 1. 중개사무소 등록사항(법인, 공인중개사)
> 2. 분사무소 설치신고를 받은 사항
> 3. 휴업·폐업신고사항
> 4. 행정처분사항
> 5. 중개사무소 이전신고를 받은 사항
> 6. 소속공인중개사 또는 중개보조원의 고용·고용관계 종료신고를 받은 사항

4 등록의 효력 소멸

등록은 영속성을 가진다. 즉, 등록을 가진 자가 사망하거나 폐업 또는 취소 등의 사유가 없는 한 등록의 효력은 유지되는 성질을 가진다.

(1) 등록의 효력 소멸사유

① 개업공인중개사의 사망 등: 개업공인중개사가 사망하거나 법인인 개업공인중개사가 해산하는 경우 그 등록의 효력이 소멸된다.

② 등록의 취소처분: 「공인중개사법」 제38조에 따라 등록관청이 개업공인중개사에 대하여 중개사무소 개설등록 취소처분을 하는 경우 그때부터 등록의 효력이 상실된다. 주의할 점은 중개사무소 개설등록의 취소사유에 해당된다고 하여 당연히 등록의 효력이 소멸되는 것은 아니며, 등록관청으로부터 등록취소처분이 있어야 등록의 효력이 소멸된다는 점이다.

③ 폐업신고: 개업공인중개사가 자발적으로 폐업신고를 한 경우 등록의 효력이 소멸된다.

(2) 무등록중개업

① 무등록중개업의 의의

㉠ 의의: 중개사무소 개설등록을 하지 않고 중개업을 영위하거나 등록의 효력이 소멸된 자가 중개업을 하게 되면 무등록중개업에 해당된다.

㉡ 구별개념: 무등록중개업은 이중등록·부정등록과 구별하여야 하는데, '**이중등록'은 등록의 수가 2개 이상**인 경우를 의미하고, '**부정등록**'**은 등록의 적법성이 결여**된 것을 의미한다.

㉢ 무등록중개업이 아닌 경우: 휴업 중인 개업공인중개사가 중개업을 영위하거나, 업무정지 중인 개업공인중개사가 중개업을 영위하는 경우는 무등록중개업에 해당하지 아니한다는 점에 유의하여야 한다.

㉣ 무등록중개업의 유형

태생적 무등록	후발적 무등록
• 등록 없이 중개업 • 등록신청단계에서의 중개업	• 등록취소 후 중개업 • 중개업 폐업신고 후 중개업

② 무등록중개업의 처벌

㉠ 무등록중개업 영위자에 대한 처벌: 「공인중개사법」 규정상 가장 무거운 행정형벌인 3년 이하의 징역 또는 3천만원 이하의 벌금에 처한다.

㉡ 중개를 의뢰한 자와 공모한 자에 대한 처벌 여부: 무등록중개업 영위자에게 중개를 의뢰한 거래당사자를 처벌할 수는 없다(대판 2013도3246).

비교 ➡ 그러나 무등록중개업 영위자와 공모하여 부동산중개업을 하였다면 일회성 중개행위도 무등록중개업 영위자로 보아 처벌할 수 있다(대판 2009도8885).

제2절 | 등록의 결격사유 등

제32회~제36회

제10조 【등록의 결격사유 등】 ① 다음 각 호의 어느 하나에 해당하는 자는 중개사무소의 개설등록을 할 수 없다.
1. 미성년자
2. 피성년후견인 또는 피한정후견인
3. 파산선고를 받고 복권되지 아니한 자
4. 금고 이상의 실형의 선고를 받고 그 집행이 종료(집행이 종료된 것으로 보는 경우를 포함한다)되거나 집행이 면제된 날부터 3년이 지나지 아니한 자
5. 금고 이상의 형의 집행유예를 받고 그 유예기간이 만료된 날부터 2년이 지나지 아니한 자
6. 제35조 제1항에 따라 공인중개사의 자격이 취소된 후 3년이 지나지 아니한 자
7. 제36조 제1항에 따라 공인중개사의 자격이 정지된 자로서 자격정지기간 중에 있는 자
8. 제38조 제1항 제2호 · 제4호부터 제8호까지, 같은 조 제2항 제2호부터 제11호까지에 해당하는 사유로 중개사무소의 개설등록이 취소된 후 3년(제40조 제3항에 따라 등록이 취소된 경우에는 3년에서 같은 항 제1호에 따른 폐업기간을 공제한 기간을 말한다)이 지나지 아니한 자
9. 제39조의 규정에 따라 업무정지처분을 받고 제21조에 따른 폐업신고를 한 자로서 업무정지기간(폐업에도 불구하고 진행되는 것으로 본다)이 지나지 아니한 자
10. 제39조에 따라 업무정지처분을 받은 개업공인중개사인 법인의 업무정지의 사유가 발생한 당시의 사원 또는 임원이었던 자로서 해당 개업공인중개사에 대한 업무정지기간이 지나지 아니한 자
11. 이 법을 위반하여 300만원 이상의 벌금형의 선고를 받고 3년이 지나지 아니한 자
12. 사원 또는 임원 중 제1호부터 제11호까지의 어느 하나에 해당하는 자가 있는 법인

② 제1항 제1호부터 제11호까지의 어느 하나에 해당하는 자는 소속공인중개사 또는 중개보조원이 될 수 없다.

③ 등록관청은 개업공인중개사 · 소속공인중개사 · 중개보조원 및 개업공인중개사인 법인의 사원 · 임원(이하 '개업공인중개사 등'이라 한다)이 제1항 제1호부터 제11호까지의 어느 하나에 해당하는지 여부를 확인하기 위하여 관계 기관에 조회할 수 있다.

❶ 서설

(1) '등록의 결격사유 등'의 의미

등록의 결격사유 등에 해당하는 자는 개업공인중개사와 그 소속공인중개사, 중개보조원 또는 개업공인중개사인 법인의 사원 또는 임원이 될 수 없다. 이미 개업공인중개사인 자가 결격사유에 해당되면 등록관청으로부터 개설등록 취소처분을 받게 되고, 고용인이 결격사유에 해당된 때에는 중개업에 종사할 수 없게 된다. 즉, 등록의 결격사유는 ① 등록요건이자 ② 중개업 종사요건이며, ③ 등록취소사유이자 ④ 고용인의 해소사유이다.

(2) '등록의 결격사유 등'과 '공인중개사의 결격사유'의 구별

'등록의 결격사유 등'은 개업공인중개사 등이 될 수 없는 사유를 말한다. 이와 달리 '공인중개사의 결격사유'는 공인중개사만 될 수 없는 것이다. 즉, 공인중개사가 되는 것과 개업공인중개사 등이 되는 것은 별개의 문제이다.

❷ 등록의 결격사유

다음 중 하나에 해당하는 자는 개설등록을 할 수 없고, 고용인이 될 수도 없다.

(1) 미성년자

「민법」 제4조의 "사람은 19세로 성년에 이르게 된다."라는 규정에 따라 19세가 되지 못한 자가 미성년자이다. 미성년자는 공인중개사가 될 수는 있으나, 개업공인중개사가 되어 중개업을 영위하거나 고용인으로 활동할 수는 없다.

심화 「민법」상 미성년자가 혼인을 한 때에는 성년자로 본다는 성년의제 조항이 있으나 이는 사법상 효력일 뿐 공법상 효력은 아니다. 따라서 혼인으로 인하여 성년으로 의제하는 조항을 「공인중개사법」에 적용할 수는 없다.

(2) 피성년후견인 및 피한정후견인

구분	피성년후견인(종전 '금치산자')	피한정후견인(종전 '한정치산자')
법적 근거	「민법」 제9조	「민법」 제12조
요건	질병, 장애, 노령, 그 밖의 사유로 인한 정신적 제약으로 사무를 처리할 능력이 지속적으로 결여된 사람	질병, 장애, 노령, 그 밖의 사유로 인한 정신적 제약으로 사무를 처리할 능력이 부족한 사람
청구	본인, 배우자, 4촌 이내의 친족, 후견인 또는 검사, 후견감독인, 지방자치단체의 장	
효과	법원의 성년후견개시의 심판	법원의 한정후견개시의 심판

효력	피성년후견인의 행위는 취소할 수 있으나, 가정법원은 취소할 수 없는 피성년후견인의 법률행위의 범위를 정할 수 있다.	가정법원이 별도로 정하는 범위에 관해서는 한정후견인의 동의가 필요하며 동의 없이 한 법률행위는 취소할 수 있다.
	일용품의 구입 등 일상생활에 필요하고 그 대가가 과도하지 아니한 법률행위에 대하여는 취소할 수 없다.	

(3) 파산선고를 받고 복권되지 아니한 자

① 파산의 개념: 채무자가 경제적 파탄으로 모든 채권자에게 채무를 완전변제(完全辨濟)할 수 없는 경우, 채무자의 총재산으로 모든 채권자에게 공평한 금전적 만족을 줄 것을 목적으로 하는 재판상 절차를 파산이라고 한다.

② 파산자의 복권: 파산자도 법원의 복권결정, 면책의 결정 또는 파산폐지의 결정이 확정된 때와 파산선고 후 사기파산으로 유죄를 받지 않고 10년이 경과하면 복권되어 개업공인중개사 등이 될 수 있다.

(4) 금고 이상의 실형의 선고를 받고 그 집행이 종료(집행이 종료된 것으로 보는 경우를 포함한다)되거나 집행이 면제된 날부터 3년이 지나지 아니한 자

① 금고 이상의 실형의 선고: 「형법」상 형의 종류는 사형·징역·금고·자격상실·자격정지·벌금·구류·과료·몰수로 9가지를 규정하고 있으나, 「공인중개사법」에서는 금고 이상의 형의 선고를 받은 자 등을 결격사유로 하고 있다.

② 집행이 종료(집행이 종료된 것으로 보는 경우를 포함한다)된 날부터 3년이 지나지 아니한 자: 형(刑)의 집행이 종료된다는 것은 형기(刑期)가 만료되어 석방되는 경우를 말한다. 그러나 가석방의 경우에는 가석방의 처분을 받은 후 처분이 실효(失效) 또는 취소되지 않고 유기형(有期刑)에 있어서는 잔여 형기를 경과한 때, 무기형(無期刑)에 있어서는 10년 경과시에 형의 집행이 종료된 것으로 간주된다.

③ 집행이 면제된 날부터 3년이 지나지 아니한 자: 다음과 같은 경우에는 형의 집행이 면제된다.

  ㉠ 재판이 확정된 후 법률이 변경되어 그 행위가 범죄를 구성하지 아니하게 된 경우에는 형의 집행을 면제한다(「형법」 제1조 제3항).

  ㉡ 형의 선고를 받은 후에 그 집행을 받지 않고 일정한 기간이 지나 형의 시효가 완성된 때에는 그 집행이 면제된다(「형법」 제77조).

용어

개인파산 vs. 개인회생
개인파산과 개인회생은 서로 구별되는 개념이다. 개인파산은 면책결정을 받아 채무를 탕감받는 제도이고, 개인회생은 갚을 수 있는 범위 내에서 채무를 변제하면 나머지 채무를 면제하는 제도이다. 파산선고에 법률상 불이익(예 개업공인중개사 등 전문직업인이 될 수 없다)이 있는 경우 개인회생인가를 받으면 그와 같은 법률상 불이익을 받지 않는다.

실형
형의 선고를 함에 있어 집행유예나 선고유예 없이 실제 형을 가하는 것을 말한다.

징역 vs. 금고
징역과 금고는 수형자를 교도소에 구치하여 신체의 자유를 박탈하는 점에서는 같으나, 징역은 일정한 정역(定役; 교도소 내에서 강제적으로 종사하도록 정하여진 작업)에 복무하는 데 반하여, 금고는 징역보다는 가벼운 형벌로서 과실범이나 정치상 확신범과 같은 비파렴치한 범죄에 과하게 되며, 정역에 복무하게 하지는 않는다.

ⓒ 외국에서 확정판결을 받은 자가 우리나라에서 동일행위에 관하여 처벌되는 경우, 이미 외국에서 형의 전부 또는 일부를 집행한 때에 그 집행분을 면제한다.

ⓔ 대통령의 명에 의하여 이미 형의 선고를 받은 특정인에 대하여 형의 집행을 면제하는 특별사면을 받으면 그 사면일이 형의 집행이 면제되는 날이다.

비교➡ 특별사면과 달리 일반사면을 받은 자는 형의 선고 자체를 취소하므로 개업공인중개사 등의 결격사유에서 즉시 해소된다.

(5) 금고 이상의 형의 집행유예를 받고 그 유예기간이 만료된 날부터 2년이 지나지 아니한 자

① 집행유예란 그 정상에 참작할 만한 사유가 있는 때에 1년 이상 5년 이하의 기간 동안 형의 집행을 유예할 수 있는 것을 말한다.「공인중개사법」이나「형법」상 일부 범죄의 금고 이상의 집행유예는 공인중개사 자격취소사유이기도 하다.

② 집행유예기간 중 금고 이상의 형의 선고를 받고 그 판결이 확정된 때에는 집행유예의 선고는 실효된다. 집행유예가 취소 또는 실효되지 않고 집행유예기간이 만료된 날부터 다시 2년이 지나야 결격사유가 해소된다.

비교➡ **선고유예**
선고유예는 집행유예와 달리 형의 선고를 받은 것이 아니므로 결격사유에 해당하지 않는다.

(6) 이 법 규정에 따라 공인중개사의 자격이 취소된 후 3년이 지나지 아니한 자

「공인중개사법」에 규정된 취소사유에 해당하는 경우 공인중개사자격이 취소되는데, 자격이 취소되고 난 후 3년이 경과되어야 결격사유에서 해소된다. 이와 같이 자격이 취소된 자는 소위 '3불(不)'에 해당한다. 즉, 3년간 공인중개사 자격시험 응시가 불가하며, 개업공인중개사는 물론이고 고용인으로도 종사할 수 없다.

(7) 이 법 규정에 따라 공인중개사자격이 정지된 자로서 자격정지기간 중에 있는 자

소속공인중개사가「공인중개사법」에 의한 개업공인중개사 등의 금지행위를 한 경우 등 법정된 위반사유가 있으면 6개월의 범위 내에서 시·도지사가 자격정지를 명할 수 있다. 자격정지기간 중에는 결격사유에 해당하며, 그 기간이 경과되면 결격사유에서 해소된다.

(8) 이 법 규정에 따라 중개사무소의 개설등록이 취소된 후 3년(다만, '재등록 개업공인중개사'가 이 법 규정에 따라 등록이 취소된 경우에는 3년에서 '폐업기간'을 공제한 기간을 말한다)이 지나지 아니한 자

① 등록취소일로부터 3년 결격기간 적용하는 경우: 등록취소사유는 대부분 위법행위이고, 이 때문에 등록이 취소되면 3년간은 재등록의 기회를 주지 않는다.

② 등록취소일로부터 3년 결격기간 적용하지 않는 경우: 등록취소사유에 위법성이 없거나, 또 다른 결격사유에 해당된 경우에는 그 원인만 해소되면 된다.
  ㉠ 개업공인중개사가 사망 또는 해산하여 등록취소된 경우
  ㉡ 개업공인중개사가 결격사유에 해당되어 등록취소된 경우
  ㉢ 등록기준에 미달하여 등록취소된 경우

(9) **이 법 규정에 따라 업무정지처분을 받고 폐업신고를 한 자로서 업무정지기간(폐업에 불구하고 진행되는 것으로 본다)이 지나지 아니한 자**

개업공인중개사가 업무정지처분을 받은 것이 바로 결격사유가 되는 것은 아니다. 그러나 업무정지처분기간 중에 있는 자가 폐업을 하면 결격사유에 해당하는바, 이 경우 업무정지기간이 지나야 결격사유에서 해소된다. 이는 폐업에도 불구하고 업무정지처분의 효력이 진행되는 것으로 간주하기 때문이다.

(10) **이 법 규정에 따라 업무정지처분을 받은 개업공인중개사인 법인의 업무정지의 사유가 발생한 당시의 사원 또는 임원이었던 자로서 해당 개업공인중개사에 대한 업무정지기간이 지나지 아니한 자**

법인의 경우 업무정지처분의 효력은 법인 자체는 물론 사유발생 당시 법인의 사원 또는 임원에게도 미친다. 따라서 업무정지처분 사유발생 당시 법인의 사원 또는 임원이었던 자는 법인의 업무정지기간 동안 결격사유에 해당하므로 독립하더라도 개업공인중개사 등이 될 수 없다. 주의하여야 할 것은 법인은 결격사유가 아니며, 업무정지처분 당시의 사원 또는 임원이 아니라 업무정지처분 사유발생 당시의 사원 또는 임원이 법인이 받은 업무정지 기간동안 결격사유에 해당한다는 것이다.

비교➡ 사원 또는 임원이 아닌 고용인으로 인해 법인은 결격사유에 해당하지 않는다.

(11) **이 법을 위반하여 300만원 이상의 벌금형 선고를 받고 3년이 지나지 아니한 자**

벌금액수에 따라 결격사유 해당 여부가 달라질 수 있다. 즉, 300만원 미만의 벌금형을 선고받은 경우에는 결격사유에 해당하지 않는다. 또한 「공인중개사법」이 아닌 다른 법을 위반하여 벌금형 선고를 받은 경우에는 벌금액을 불문하고 결격사유가 되지 않으며, 「공인중개사법」 위반이라 하더라도 벌금형에 대한 선고유예를 받은 자, 양벌규정에 의한 벌금형 역시 결격사유에 해당되지 않는다.

> **판례** 양벌규정에 의한 벌금형
>
> 법 제10조 제1항 제11호 규정에 중개보조인 등이 중개업무에 관하여 법 제8조에 위반하여 그 사용주인 개업공인중개사가 법 제50조의 양벌규정으로 처벌받는 경우는 포함되지 않는다고 보아야 한다(대판 2007두26568).

(12) **사원 또는 임원 중 (1)부터 (11)까지의 어느 하나에 해당하는 자가 있는 법인**

법인의 사원 또는 임원이 결격사유에 해당하는 경우 이는 당연히 중개업에 종사할 수 없으며, 법인 자체도 결격사유가 된다. 다만, 법인이 결격사유에 해당하는 사원 또는 임원을 2개월 이내에 그 사유를 해소⁺한 경우 법인 자체는 결격사유에서 해소되며, 반대로 해소하지 못하면 법인의 등록이 취소된다.

✚ 법령에서는 '해소'라고 규정하고 있는데, 현실적으로는 '해고'의 의미이다.

3 결격사유의 구분

(1) **결격사유의 종류**

① 원시적 결격사유: 개업공인중개사가 되기 전에 해당될 수 있는 결격사유를 말한다. 예를 들어, '미성년자'라는 결격사유는 개업공인중개사에게 해당할 수 있는 결격사유가 아니다.

② 후발적 결격사유: 개업공인중개사가 되고 난 후에 해당될 수 있는 결격사유를 말한다. 예를 들어, 어떤 개업공인중개사에게 '금고형 이상의 실형' 선고가 내려질 수 있고, 그 결과 그 개업공인중개사의 등록은 반드시 취소되어야 한다.

(2) **구별실익**

양자의 구별실익은 등록취소사유에 해당되는지 여부이다. 즉, 원시적 결격사유는 등록취소사유에 해당되지 않으나, **후발적 결격사유는 등록취소사유에 해당**된다.

4 개업공인중개사의 결격사유 해당시 효과

개업공인중개사가 등록의 결격사유에 해당하면 등록은 취소된다. 그러나 중개법인은 결격사유의 원인이 사원 또는 임원 때문이라면, 해당하는 사원 또는 임원을 2개월 이내에 해소하면 예외적으로 등록이 취소되지 않는다.

❺ 고용인의 결격사유

원시적으로 결격사유인자는 소속공인중개사 또는 중개보조원이 될 수 없다. 이미 고용인으로 종사하고 있는 자가 결격사유에 해당되면 중개업에서 반드시 퇴출되게 된다. 만약 결격사유에 해당하는 고용인을 개업공인중개사가 2개월 이내 해소(= 퇴출)하지 못하면 해당 고용인이 사원 또는 임원일 경우 개업공인중개사의 등록이 취소되고, 그 밖의 경우에는 업무정지처분사유에 해당된다.

> **핵심** 결격사유
>
> 1. 결격사유 효과
>
> | 결격사유 | | 효과 |
> |---|---|---|
> | 등록의 결격사유 | 등록 전 (원시적 결격) | 등록 불가 |
> | | 등록 후 (후발적 결격) | 절대적 등록취소 |
> | 고용인 결격사유 | 종사 전 (원시적 결격) | 종사 불가 |
> | | 종사 중 (후발적 결격) | 해소사유(2개월 이내) |
>
> 2. 등록취소 후 3년간 결격기간에 해당되지 않는 등록취소사유(법 제10조 제1항 제8호)
>   - 개인인 개업공인중개사가 사망하거나 개업공인중개사인 법인이 해산한 경우
>   - 결격사유에 해당하게 된 경우✢
>   - 등록기준에 미달하게 된 경우

✢ 그러나 등록취소의 원인이 결격사유에 의한 것이라면 3년의 결격기간을 다시 적용할 현실적 이유가 없게 된다. 원인이 되는 결격사유에서 해소되어야지 단순히 3년의 기간이 경과하였다고 결격사유가 해소되는 것은 아니기 때문이다.

❻ 등록관청의 결격사유 조회권

등록관청은 개업공인중개사·소속공인중개사·중개보조원 및 개업공인중개사인 법인의 사원·임원이 결격사유에 해당하는지 여부를 확인하기 위하여 관계기관에 조회할 수 있다. 이는 결격사유 대부분이 등록관청에서 직접 확인할 수 있는 사항이 아니기 때문에 그 해당 여부를 경찰청 등 관계기관에서 조회할 수 있도록 법적 근거를 마련한 것이다.

예제

1. 「공인중개사법」상 개업공인중개사 등의 결격사유에 대한 설명으로 옳은 것을 모두 고른 것은?

> ㉠ 금고 이상의 실형의 선고를 받고 가석방된 자는 가석방된 날로부터 3년이 경과하면 결격사유에 해당하지 않는다.
> ㉡ 금고 이상의 실형의 선고를 받고 일반사면을 받은 자는 개업공인중개사가 될 수 있다.
> ㉢ 금고 이상의 실형의 선고를 받고 형 집행 면제를 받은 날로부터 3년이 경과하지 않은 자는 개업공인중개사가 될 수 없다.
> ㉣ 「공인중개사법」이 아닌 다른 법률을 위반하여 300만원 이상의 벌금형을 선고받은 경우에는 결격사유에 해당한다.

① ㉠, ㉡
② ㉠, ㉢
③ ㉡, ㉢
④ ㉡, ㉣
⑤ ㉢, ㉣

해설 ㉠ 금고 이상의 실형의 선고를 받고 가석방된 자는 가석방된 날로부터 잔여 형기를 경과하고 다시 3년이 경과되어야 결격사유에 해당하지 않는다.
㉣ 다른 법률을 위반하여 벌금형을 선고받은 경우에는 결격사유에 해당하지 않는다.

정답 ③

2. 공인중개사법령상 중개사무소 개설등록의 결격사유가 있는 자를 모두 고른 것은?

제33회

> ㉠ 금고 이상의 실형의 선고를 받고 그 집행이 면제된 날부터 2년이 된 자
> ㉡ 「공인중개사법」을 위반하여 200만원의 벌금형의 선고를 받고 2년이 된 자
> ㉢ 사원 중 금고 이상의 형의 집행유예를 받고 그 유예기간 중에 있는 자가 있는 법인

① ㉠
② ㉡
③ ㉠, ㉢
④ ㉡, ㉢
⑤ ㉠, ㉡, ㉢

해설 ㉠㉢이 개설등록의 결격사유가 있는 자에 해당한다.
㉠ 금고 이상의 실형의 선고를 받고 그 집행이 면제된 날부터 3년간 결격사유이다.
㉢ 사원 중 금고 이상의 형의 집행유예를 받고 그 유예기간 중에 있는 자가 있는 법인은 결격사유에 해당한다.
㉡ 「공인중개사법」을 위반하여 300만원 이상의 벌금형을 선고받고 3년이 경과되지 아니한 자가 결격사유이므로 200만원의 벌금형은 결격사유가 아니다.

정답 ③

제3절 | 벌금형의 분리 선고

> 제10조의2【벌금형의 분리 선고】「형법」제38조에도 불구하고 제48조 및 제49조에 규정된 죄와 다른 죄의 경합범(競合犯)에 대하여 벌금형을 선고하는 경우에는 이를 분리 선고하여야 한다.

❶ 경합의 의의

한 범죄인이 수개의 행위에 의하여 수개의 범죄를 범한 경우 수죄는 하나의 재판을 받을 가능성이 있는데 이를 경합이라 한다. 즉, 경합범은 실체법적 요건과 소송법적 요건이 충족되는 경우에 발생한다.

용어
실체법적 요건
수개의 행위로 수개의 죄를 범하는 것

소송법적 요건
수죄가 하나의 재판에서 재판 받을 가능성이 있는 것

❷ 형법상 경합범의 처벌원칙

경합범을 병합하여 재판하는 경우에 그 처단형을 정하는 원칙은 다음의 세 가지가 있는데 현행법은 이 세 가지를 절충하고 있다.

> 「형법」제38조【경합범과 처벌례】① 경합범을 동시에 판결할 때에는 다음 각 호의 구분에 따라 처벌한다.
> 1. 가장 무거운 죄에 대하여 정한 형이 사형, 무기징역, 무기금고인 경우에는 가장 무거운 죄에 대하여 정한 형으로 처벌한다.
> 2. 각 죄에 대하여 정한 형이 사형, 무기징역, 무기금고 외의 같은 종류의 형인 경우에는 가장 무거운 죄에 대하여 정한 형의 장기 또는 다액(多額)에 그 2분의 1까지 가중하되 각 죄에 대하여 정한 형의 장기 또는 다액을 합산한 형기 또는 액수를 초과할 수 없다. 다만, 과료와 과료, 몰수와 몰수는 병과(倂科)할 수 있다.
> 3. 각 죄에 대하여 정한 형이 무기징역, 무기금고 외의 다른 종류의 형인 경우에는 병과한다.
> ② 제1항 각 호의 경우에 징역과 금고는 같은 종류의 형으로 보아 징역형으로 처벌한다.

③ 벌금형 분리선고의 이유

경합하는 범죄 중 「형법」상 기준인 중형으로만 처벌하게 되면 「공인중개사법」을 위반한 벌금형이 아닐 수 있으므로 결격사유에 해당되지 않을 수 있고, 이는 범죄자에게 오히려 유리하게 작용하게 되는 문제가 발생하기 때문이다. 따라서, 경합범의 경우 「공인중개사법」 위반으로 벌금형을 선고하여 결격사유에 빠트리고자 하기 위함이다.

제4절 | 등록증의 교부 등

제34회

> **제11조【등록증의 교부 등】** ① 등록관청은 제9조에 따라 중개사무소의 개설등록을 한 자에 대하여 국토교통부령으로 정하는 바에 따라 중개사무소등록증을 교부하여야 한다.
> ② 제5조 제3항의 규정은 중개사무소등록증의 재교부에 관하여 이를 준용한다.

① 등록증의 교부

(1) 등록처분 및 통지

중개사무소 개설등록신청을 받은 등록관청은 제출서류에 이상이 없고 결격사유에 해당되지 않으며 다른 법률 등에 의하여 등록에 장애가 없을 경우, 7일 이내에 개설등록을 한 후 신청인에게 서면으로 통지하여야 한다.

(2) 등록증 교부절차

개설등록통지를 받은 신청인은 중개행위로 인하여 중개의뢰인에게 손해를 끼칠 경우를 대비하여 손해배상책임을 보장하기 위한 업무보증을 설정하여야 하며, 등록관청은 보증설정 확인 후 부동산중개사무소 등록대장에 그 등록에 관한 사항을 기재한 후 신청인에게 중개사무소 개설등록증을 지체 없이 교부하여야 한다.

심화 부동산중개사무소 등록대장은 전자적 처리가 불가능한 특별한 사유가 없으면 전자적 처리가 가능한 방법으로 작성·관리하여야 한다.

❷ 등록증의 재교부

(1) 재교부사유

① 등록증의 분실·훼손: 등록증을 교부받은 개업공인중개사가 등록증을 잃어버리거나 그 등록증이 못쓰게 된 때에는 등록관청에 재교부를 신청할 수 있다. 분실이나 훼손을 원인으로 하기 때문에 종전 등록증을 첨부할 필요가 없으며, 분실·훼손의 책임을 물어 과태료처분을 받지는 않는다.

② 등록증의 기재사항 변경 또는 종별 변경: 등록증의 기재사항 변경(예 중개법인의 대표자 변경 등)으로 인하여 다시 등록증을 교부받고자 하거나, 부칙상 개업공인중개사가 공인중개사자격을 취득하여 동일 등록관청의 관할구역 안에서 공인중개사인 개업공인중개사로서 업무를 계속하고자 하는 경우에는 이미 교부받은 등록증과 변경사항을 증명하는 서류를 첨부하여 등록증 재교부신청을 하여야 한다.

(2) 수수료 납부

등록증 재교부를 신청하는 자는 해당 지방자치단체(= 시·군·구) 조례가 정하는 바에 따라 수수료를 납부하여야 한다.

✿「공인중개사법 시행규칙」[별지 제6호 서식]

제   호

중개사무소등록증

사진(여권용)
(3.5cm × 4.5cm)

성명(법인의 대표)		생년월일	
개업공인중개사 종별	[ ] 법인 [ ] 공인중개사 [ ] 법 제7638호 부칙 제6조 제2항에 따른 개업공인중개사		
중개사무소 명칭			
중개사무소 소재지			
등록인장 (중개행위시 사용)		〈변경인장〉	

「공인중개사법」제9조 제1항에 따라 위와 같이 부동산중개사무소 개설등록을 하였음을 증명합니다.

년   월   일

시장·군수·구청장   직인

210mm×297mm[백상지(1종) 120g/m²]

③ 중개업무의 개시

(1) 개업공인중개사는 중개사무소개설등록증을 교부받으면 게시물을 게시하는 등 다른 업무개시요건을 모두 갖추고 업무를 개시할 수 있다.

(2) 개업공인중개사가 등록을 한 후 일정 기간 내에 중개업무를 개시하여야 한다는 명문규정은 없으므로 부득이한 사유로 업무를 개시할 수 없는 경우, 그 사유가 해소될 때까지 개업을 미룰 수 있다. 다만, 등록을 한 후 3개월을 초과하도록 업무개시도 하지 않고 휴업신고도 하지 않은 경우 100만원 이하의 과태료처분을 받을 수 있다.

(3) 특별한 사유 없이 계속하여 6개월을 초과하도록 업무를 개시하지 않는 경우, 무단휴업으로 간주되어 등록취소처분을 받거나 업무정지처분을 받을 수 있다.

제5절 | 이중등록의 금지 등   제34회

> **제12조 【이중등록의 금지 등】** ① 개업공인중개사는 이중으로 중개사무소의 개설등록을 하여 중개업을 할 수 없다.
> ② 개업공인중개사 등은 다른 개업공인중개사의 소속공인중개사·중개보조원 또는 개업공인중개사인 법인의 사원·임원이 될 수 없다.

❶ 이중등록의 금지

개업공인중개사는 이중으로 중개사무소의 개설등록을 하여 중개업을 할 수 없다. 따라서 개업공인중개사는 반드시 1개의 중개사무소만 개설등록을 하여 그 사무소에서만 업무를 취급하여야 한다. 등록관청 관할구역 내에서는 물론 등록관청을 달리하는 경우와 개업공인중개사의 종별을 달리하여 등록을 하는 경우에도 이중등록이 금지된다.

심화 개업공인중개사가 종전의 중개사무소를 폐쇄하였으나 폐업신고를 하지 않고 새로운 중개사무소 개설등록을 한 경우에도 이중등록에 해당된다.

❷ 이중소속의 금지

개업공인중개사·소속공인중개사·중개보조원, 중개법인의 사원·임원은 다른 개업공인중개사의 소속공인중개사·중개보조원 또는 개업공인중개사인 법인의 사원·임원이 될 수 없다. 이를 이중소속이라 하며 개업공인중개사 등 모두에게 금지되는 행위이다.

✔ 다만, '이중소속'이라는 용어는 강학상(講學上) 개념으로 법률에서는 따로 구분하지 않고 있기 때문에 넓은 의미에서 이중등록이라는 법률용어에 포함된다.

❸ 위반시 제재

(1) 이중등록의 금지를 위반하는 경우

이중등록인 경우에는 1년 이하의 징역 또는 1천만원 이하의 벌금✚에 처할 수 있으며, 등록관청은 중개사무소 개설등록을 취소하여야 한다.

✚ 행정형벌이므로 사법부, 즉 법원에서 판단한다.

(2) 이중소속의 금지를 위반하는 경우

이중소속의 금지를 위반한 개업공인중개사는 그 등록이 절대적으로 취소되며, 소속공인중개사인 경우 6개월 이내의 자격정지에 처할 수 있다. 유의하여야 할 사항은 소속공인중개사가 자격정지기간 중에 이중소속에 해당하면 공인중개사자격이 취소된다는 것이다. 이중등록과 마찬가지로 개업공인중개사 등이 이중소속에 해당하면 1년 이하의 징역 또는 1천만원 이하의 벌금형에 처할 수 있다.

예제

공인중개사법령상 이중등록 및 이중소속의 금지에 관한 설명으로 옳은 것을 모두 고른 것은?
제27회

> ㉠ A군에서 중개사무소 개설등록을 하여 중개업을 하고 있는 자가 다시 A군에서 개설등록을 한 경우, 이중등록에 해당한다.
> ㉡ B군에서 중개사무소 개설등록을 하여 중개업을 하고 있는 자가 다시 C군에서 개설등록을 한 경우, 이중등록에 해당한다.
> ㉢ 개업공인중개사 甲에게 고용되어 있는 중개보조원은 개업공인중개사인 법인 乙의 사원이 될 수 없다.
> ㉣ 이중소속의 금지에 위반한 경우, 1년 이하의 징역 또는 1천만원 이하의 벌금형에 처한다.

① ㉠, ㉡
② ㉢, ㉣
③ ㉠, ㉡, ㉢
④ ㉡, ㉢, ㉣
⑤ ㉠, ㉡, ㉢, ㉣

해설 ㉠㉡㉢㉣ 모두 옳은 설명이다.

정답 ⑤

제6절 | 중개사무소등록증 대여 등의 금지

제34회

> **제19조【중개사무소등록증 대여 등의 금지】** ① 개업공인중개사는 다른 사람에게 자기의 성명 또는 상호를 사용하여 중개업무를 하게 하거나 자기의 중개사무소등록증을 양도 또는 대여하는 행위를 하여서는 아니 된다.
> ② 누구든지 다른 사람의 성명 또는 상호를 사용하여 중개업무를 하거나 다른 사람의 중개사무소등록증을 양수 또는 대여받아 이를 사용하는 행위를 하여서는 아니 된다.
> ③ 누구든지 제1항 및 제2항에서 금지한 행위를 알선하여서는 아니 된다.

1 금지되는 행위

(1) 양도 · 대여 등의 행위

개업공인중개사는 다른 사람에게 자기의 성명 또는 상호를 사용하여 중개업무를 하게 하거나 자기의 중개사무소등록증을 양도 · 대여하는 행위를 하여서는 아니 된다.

(2) 양수 · 대여 등의 행위

누구든지 다른 사람의 성명 또는 상호를 사용하여 중개업무를 하거나 다른 사람의 중개사무소등록증을 양수 · 대여받아 이를 사용하는 행위를 하여서는 아니 된다.

(3) 알선행위

누구든지 위에서 금지한 행위를 알선하여서는 아니 된다.

> **참고** 주체와 밀접한 관계가 있기 때문에 그 주체만이 향유하거나 행사할 수 있는 성질로 공인중개사자격, 중개업 개설등록 등은 일신전속성(一身專屬性)이 있다.

2 위반시 제재

(1) 행정형벌

중개사무소등록증의 양도 · 대여 등의 행위, 양수 · 대여받은 등의 행위, 그런 행위를 알선하는 행위자는 모두 1년 이하의 징역 또는 1천만원 이하의 벌금에 처한다.

(2) 행정처분

개업공인중개사가 다른 사람에게 자기의 성명 또는 상호를 사용하여 중개업무를 하게 하거나 자기의 중개사무소등록증을 양도 또는 대여하는 행위를 하면 등록관청은 중개사무소 개설등록을 반드시 취소하여야 한다.

(3) 행정형벌과 행정처분의 병과

등록증의 양도·대여 등의 행위를 한 개업공인중개사에게는 행정형벌과 행정처분이 병과(倂科)처분된다.

> **판례** 동업관계의 위법성 여부
>
> [1] 피해자가 자본을 투입하고 피고인은 자격증을 제공하는 한편, 이 사건 중개사무소에 직접 출근하여 부동산계약에 관한 최종서류를 검토하는 방법으로 동업하기로 약정한 후 피고인 명의로 중개사무소의 개설등록을 마쳤다. 그 후 피해자는 위 약정과는 달리 피고인에게 부동산 서류를 최종 확인하지 말고 피고인의 인감도장을 자신에게 맡길 것을 요청함에 따라 분쟁이 발생하여 피고인이 이 사건 중개사무소의 폐업신고를 하게 되었다.
>
> [2] 그렇다면 이 사건 중개사무소의 운영에 관한 피고인과 피해자 사이의 동업관계는 피해자의 귀책사유로 종료되었다고 볼 수 있고, 공인중개사인 피고인이 동업관계의 종료로 이 사건 부동산중개업을 그만두기로 한 이상 공인중개사가 아닌 피해자의 중개업은 법에 의하여 금지된 행위로서 형사처벌의 대상이 되는 범죄행위에 해당하는 것으로서 사회통념상 도저히 용인될 수 없는 정도로 반사회성을 띠는 경우에 해당하여 업무방해죄의 보호대상이 되는 업무라고 볼 수 없다(대판 2006도6599).

# 제4장 중개업의 경영

구분		법인인 개업공인중개사	공인중개사인 개업공인중개사	부칙상의 개업공인중개사 (중개인)
개업공인중개사의 업무범위	지역범위	전국	전국	중개사무소 소재의 특·광·도 (+ 거래정보망에 공개된 물건)
	겸업범위	법 제14조 업무	겸업제한 없음	겸업제한 없음(원칙) (다만, 경매·공매는 불가)
	중개대상물	동일	동일	동일
법 제14조의 업무	중개업, 부동산의 임대관리 등 관리대행, 부동산의 이용·개발·거래에 관한 상담, 기타 중개업에 부수되는 각종 용역업의 알선, 분양대행(주택 및 상가건물), 개업공인중개사를 대상으로 한 중개업의 경영기법 및 경영정보의 제공, 법원경매·한국자산관리공사 공매 물건의 권리분석 및 취득의 알선과 매수신청(입찰신청)의 대리			
고용 및 종료신고	① 고용신고: 고용인이 업무를 개시하기 전까지 개업공인중개사가 신고하여야 한다. ② 고용관계 종료신고: 종료일로부터 10일 이내에 개업공인중개사가 신고하여야 한다.			
개업공인중개사의 고용책임	① 고용인의 업무상 행위는 그를 고용한 개업공인중개사의 행위로 본다(간주). ② 민사상 연대책임(무과실책임) ③ 행정상 책임(개업공인중개사는 등록취소, 업무정지 / 소속공인중개사는 자격정지) ④ 형사상 양벌규정(법 제50조): 행위자(고용인)를 처벌하는 이외에 그를 고용한 개업공인중개사에게도 해당하는 벌금형을 과할 수 있다(단, 고용인에 대한 지도·감독상의 주의의무를 게을리 하지 않은 경우에는 면책 가능).			
중개사무소의 설치	① 사무소 명칭: 문자사용 '공인중개사사무소' 또는 '부동산중개' ② 옥외광고물중 간판: 성명표기하여야 한다. ③ 게시의무: 등록증(분사무소는 신고확인서), 자격증(소속공인중개사 포함), 업무보증증서, 중개보수·실비의 요율 및 한도액표, 사업자등록증			
중개사무소의 이전	① 관할구역 안에서 이전: 이전신고(이전 후 10일 이내에 등록관청에 신고), 등록증의 기재사항 변경으로 인한 변경교부도 가능 ② 관할구역 밖으로 이전: 이전신고(이전 후 10일 이내에 이전 후의 등록관청에 신고), 등록증 재교부			

법인인 개업공인중개사의 분사무소	① 설치요건(특수법인은 제외) 　㉠ 분사무소 책임자는 공인중개사이어야 하고, 실무교육을 수료하여야 하며, 결격사유가 없어야 한다. 　㉡ 2억원 이상 업무보증을 추가로 설정하여야 한다. 　㉢ 시·군·구별로 1개소를 초과할 수 없다. 　㉣ 주된 사무소 소재지 등록관청 관할 안에는 분사무소를 설치할 수 없다. ② 분사무소의 설치신고, 이전신고, 휴업신고, 폐업신고 모두 주된 사무소 소재지 등록관청에 하여야 한다.
공동사무소	개업공인중개사의 종별을 불문하고 설치 가능하다. ✔ 단, 업무정지 중인 개업공인중개사는 승낙서를 제공할 수 없으며, 이전신고로 공동 활용할 수도 없다.
인장등록	개업공인중개사와 소속공인중개사는 업무개시 전까지 인장등록을 하여야 하며, 중개사무소 개설등록 신청시나 고용신고시에도 할 수 있다. ① 공인중개사인 개업공인중개사, 부칙상 개업공인중개사, 소속공인중개사: 가족관계등록부나 주민등록표에 기재된 성명(실명)이 나타난 인장으로, 인장의 크기는 가로, 세로 각각 7mm 이상~30mm 이하이어야 한다. ② 법인인 개업공인중개사: 「상업등기규칙」에 따라 신고한 법인의 인장을 등록하여야 한다(인감증명서 제출로 갈음한다).
휴업·폐업·재개신고 및 휴업기간 변경신고	① 휴업신고(방문신고): 3개월을 초과하는 휴업을 하고자 할 때 등록증을 첨부하여 사전에 미리 방문신고하여야 한다. ② 폐업신고(방문신고): 폐업을 하고자 할 때 등록증을 첨부하여 사전에 미리 방문신고하여야 한다. ③ 휴업신고 후의 재개신고(전자문서 가능), 휴업기간 변경신고(전자문서 가능): 모두 사전신고하여야 한다.
휴업기간	① 3개월을 초과하는 휴업을 하고자 할 때 신고하여야 하며, 휴업기간은 6개월을 초과할 수 없음이 원칙이다. ✔ 예외: 부득이한 사유(징집, 질병, 취학, 임신 또는 출산, 공무 등)는 6개월을 초과할 수 있다. ② 부득이한 사유 없이 6개월을 초과하는 무단 휴업은 상대적 등록취소 사유이다.

제4장 중개업의 경영

회독 Check 1회 2회 3회

- 제1편에서 중요한 장 중 하나로 최소 3문제에서 최대 6문제까지 출제될 수 있다. 특히 이 장에서는 중개사무소의 유형, 법인의 겸업제한, 고용인 제도, 휴업 또는 폐업신고 등이 중요하다.
- 중개사무소 유형에 따른 설치절차, 법인의 겸업업무, 소속공인중개사와 중개보조원의 공통점과 차이점, 휴업·폐업신고 절차, 이전신고 절차 등을 완벽하게 정리하여야 한다.

제1절 | 중개사무소의 설치기준   제32회, 제34회, 제36회

제13조【중개사무소의 설치기준】 ① 개업공인중개사는 그 등록관청의 관할구역 안에 중개사무소를 두되, 1개의 중개사무소만을 둘 수 있다.
② 개업공인중개사는 천막 그 밖에 이동이 용이한 임시 중개시설물을 설치하여서는 아니 된다.
③ 제1항에도 불구하고 법인인 개업공인중개사는 대통령령으로 정하는 기준과 절차에 따라 등록관청에 신고하고 그 관할구역 외의 지역에 분사무소를 둘 수 있다.
④ 제3항에 따라 분사무소 설치신고를 받은 등록관청은 그 신고내용이 적합한 경우에는 국토교통부령으로 정하는 신고확인서를 교부하고 지체 없이 그 분사무소 설치예정지역을 관할하는 시장·군수 또는 구청장에게 이를 통보하여야 한다.
⑤ 제5조 제3항은 제4항에 따른 신고확인서의 재교부에 관하여 이를 준용한다.
⑥ 개업공인중개사는 그 업무의 효율적인 수행을 위하여 다른 개업공인중개사와 중개사무소를 공동으로 사용할 수 있다. 다만, 개업공인중개사가 제39조 제1항에 따른 업무의 정지기간 중에 있는 경우로서 대통령령으로 정하는 때에는 그러하지 아니하다.
⑦ 중개사무소의 설치기준 및 운영 등에 관하여 필요한 사항은 대통령령으로 정한다.

❶ 중개사무소의 설치

(1) 중개사무소 설치의 원칙

개업공인중개사는 그 등록관청의 관할구역 안에 1개➕의 중개사무소만을 둘 수 있다. 개인이든 법인이든 공통이며 이를 위반하는 경우 처벌의 대상이 된다. 다만, 법인의 경우 예외적으로 분사무소를 설치할 수 있다.

➕ '1개'의 사무소란 사실상 독자적으로 사용하는 독립된 1개의 공간을 의미한다. 따라서 개업공인중개사가 자신의 사무소가 협소하다고 하여 영업을 하고 있는 동 상가 내 다른 장소나 아파트 모델하우스 앞 등에 천막이나 파라솔 등을 이용하며 중개사무소임을 표시하고 계속하여 운영하였다면 이중사무소 설치로 본다.

(2) 이중사무소의 설치 금지
　① 개업공인중개사가 사무소를 2개 이상 설치하였다면 행정처분으로서 중개사무소 개설등록을 취소할 수 있으며(재량적 처분), 행정형벌로서 1년 이하의 징역 또는 1천만원 이하의 벌금에 처할 수 있다.
　② 개업공인중개사가 동일 상가의 연접한 1호와 2호를 하나의 사무소로 이용하는 경우 간판, 벽체, 칸막이 해체 여부 등을 고려하여 이중사무소인지를 따져보아야 한다.

(3) 임시 중개시설물의 설치 금지
「공인중개사법」에서는 '이동이 용이한 임시 중개시설물'의 설치를 금지하였다. 따라서 천막이나 파라솔 같은 임시 중개시설물도 설치가 금지된다.

> **판례** 이중사무소의 기준
>
> 1개의 중개사무소를 개설·등록한 개업공인중개사가 다른 중개사무소를 두는 경우 그 중개사무소가 「건축법」상 사무실로 사용하기에 적합한 건물이 아니더라도 중개업을 영위하는 사무소에 해당하는 한 같은 법 제11조 제1항 위반죄가 성립한다(대판 2003도7508).

❷ 분사무소의 설치

(1) 설치 개수의 제한
법인인 개업공인중개사는 주된 사무소의 소재지가 속한 시·군·구를 제외한 시·군·구별로 분사무소를 설치하되 시·군·구별로 1개소를 초과할 수 없다.

(2) 법인의 분사무소 책임자
중개법인의 분사무소에는 공인중개사를 책임자로 두어야 하나 다른 법률의 적용을 받는 법인, 즉 특수법인이 중개업을 할 경우 책임자가 공인중개사일 필요는 없다.

(3) 법인의 분사무소설치신고서의 제출
　① 분사무소의 설치신고를 하려는 자는 분사무소설치신고서에 아래 서류를 첨부하여 주된 사무소의 소재지를 관할하는 등록관청에 제출하여야 한다. 이 경우 등록관청은 공인중개사자격증을 발급한 시·도지사에게 분사무소 책임자의 공인중개사자격 확인을 요청하여야 하고, 「전자정부법」

제36조 제1항➕에 따른 행정정보의 공동이용을 통하여 법인등기사항증명서를 확인하여야 한다.

② 신고서 제출시 첨부하는 서류
  ㉠ 분사무소 책임자의 실무교육수료확인증 사본
  ㉡ 보증설정을 증명할 수 있는 서류
  ㉢ 건축물대장(가설건축물대장을 제외한다)에 기재된 건물에 분사무소를 확보(소유·전세·임대차 또는 사용대차 등의 방법에 의하여 사용권을 확보하여야 한다)하였음을 증명하는 서류(다만, 건축물대장에 기재되지 아니한 건물에 분사무소를 확보하였을 경우에는 건축물대장 기재가 지연되는 사유를 적은 서류도 포함한다)

(4) 분사무소설치신고확인서의 교부 및 통지

등록관청은 분사무소 설치신고내용이 적합한지 판단한 후, 신고내용이 적합한 경우에는 분사무소설치신고확인서를 교부하고 지체 없이 그 분사무소 설치예정지역을 관할하는 시장·군수 또는 구청장에게 이를 통보하여야 한다.

(5) 신고확인서의 재교부

① 분실·훼손에 따른 재교부: 법인인 개업공인중개사가 교부받은 분사무소설치신고확인서를 잃어버리거나 못쓰게 되어 재교부받고자 하는 때에는 주된 사무소 관할 등록관청에 재교부신청서를 제출할 수 있다.
② 기재사항 변경에 따른 재교부: 분사무소설치신고확인서의 기재사항 변경으로 인하여 분사무소설치신고확인서를 재교부받고자 하는 때에는 재교부신청서에 분사무소설치신고확인서를 첨부하여야 한다.

(6) 분사무소 관련 수수료 납부사유자

① 분사무소의 설치신고를 하는 자
② 분사무소설치신고확인서의 재교부를 신청하는 자

➕ 「전자정부법」 제36조 【행정정보의 효율적 관리 및 이용】
① 행정기관 등의 장은 수집·보유하고 있는 행정정보를 필요로 하는 다른 행정기관 등과 공동으로 이용하여야 하며, 다른 행정기관 등으로부터 신뢰할 수 있는 행정정보를 제공받을 수 있는 경우에는 같은 내용의 정보를 따로 수집하여서는 아니 된다.

📌 **주사무소의 개설등록과 분사무소의 설치신고 비교**

구분	주사무소의 개설등록	분사무소의 설치신고
대상자	공인중개사, 법인	법인
구비서류	• 등록신청서 • 실무교육수료확인증 사본 • 여권용 사진 • 중개사무소 확보를 증명하는 서류 • 외국인이나 외국에 주된 영업소를 둔 법인의 경우 결격사유에 해당하지 아니함을 증명하는 서류와 영업소등기를 증명하는 서류	• 분사무소설치신고서 • 분사무소 책임자의 실무교육수료증 사본 • 보증의 설정을 증명할 수 있는 서류 • 분사무소를 확보하였음을 증명하는 서류
수수료	지방자치단체의 조례가 정하는 수수료	
처리기간	7일	
해당 관청	중개사무소를 두려는 지역을 관할하는 시·군·구	주사무소 관할 등록관청

❸ 중개사무소의 공동사용

(1) 중개사무소의 공동사용절차

중개사무소 개설등록신청자를 포함한 개업공인중개사는 그 업무의 효율적인 수행을 위하여 다른 개업공인중개사와 중개사무소를 공동으로 사용할 수 있다. 중개사무소를 공동으로 사용하고자 하는 개업공인중개사는 중개사무소의 개설등록 또는 중개사무소의 이전신고를 하는 때에 그 중개사무소를 사용할 권리가 있는 다른 개업공인중개사의 승낙서를 첨부하여 제출하면 된다. 공동사용의 간판 명칭에 대한 규정이 없으므로 명칭을 각각 붙이거나 공동중개사무소 명칭을 사용할 수 있다.

(2) 공동사무소 설치제한

개업공인중개사가 업무정지처분기간 중에 있는 경우에 다음의 방법으로 다른 개업공인중개사와 중개사무소를 공동으로 사용할 수 없다.

> ① 업무정지 중인 개업공인중개사가 다른 공인중개사의 개설등록을 위하여 중개사무소 공동사용승낙서를 주는 방법
> ② 업무정지 중인 개업공인중개사가 다른 개업공인중개사의 이전신고를 위하여 중개사무소 공동사용승낙서를 주는 방법
> ③ 업무정지 중인 개업공인중개사가 다른 개업공인중개사의 중개사무소를 공동으로 사용하기 위하여 중개사무소의 이전신고를 하는 방법

비교 ⇨ 다만, 업무정지처분일 전부터 중개사무소를 공동으로 사용 중인 다른 개업공인중개사는 그러하지 아니하다.

> **예제**
>
> 공인중개사법령상 중개사무소의 설치에 관한 설명으로 틀린 것은? 제32회
>
> ① 법인이 아닌 개업공인중개사는 그 등록관청의 관할구역 안에 1개의 중개사무소만 둘 수 있다.
> ② 다른 법률의 규정에 따라 중개업을 할 수 있는 법인의 분사무소에는 공인중개사를 책임자로 두지 않아도 된다.
> ③ 개업공인중개사가 중개사무소를 공동으로 사용하려면 중개사무소의 개설등록 또는 이전신고를 할 때 그 중개사무소를 사용할 권리가 있는 다른 개업공인중개사의 승낙서를 첨부해야 한다.
> ④ 법인인 개업공인중개사가 분사무소를 두려는 경우 소유·전세·임대차 또는 사용대차 등의 방법으로 사용권을 확보해야 한다.
> ⑤ 법인인 개업공인중개사가 그 등록관청의 관할구역 외의 지역에 둘 수 있는 분사무소는 시·도별로 1개소를 초과할 수 없다.
>
> **해설** 법인인 개업공인중개사가 그 등록관청의 관할구역 외의 지역에 둘 수 있는 분사무소는 시·군·구별로 1개소를 초과할 수 없다.　　　　　　　　　　　　　　**정답** ⑤

제2절 │ 개업공인중개사의 겸업제한 등　제32회, 제34회, 제35회, 제36회

제14조【개업공인중개사의 겸업제한 등】 ① 법인인 개업공인중개사는 다른 법률에 규정된 경우를 제외하고는 중개업 및 다음 각 호에 규정된 업무와 제2항에 규정된 업무 외에 다른 업무를 함께 할 수 없다.
1. 상업용 건축물 및 주택의 임대관리 등 부동산의 관리대행
2. 부동산의 이용·개발 및 거래에 관한 상담
3. 개업공인중개사를 대상으로 한 중개업의 경영기법 및 경영정보의 제공
4. 상업용 건축물 및 주택의 분양대행
5. 그 밖에 중개업에 부수되는 업무로서 대통령령으로 정하는 업무
② 개업공인중개사는 「민사집행법」에 의한 경매 및 「국세징수법」 그 밖의 법령에 의한 공매대상 부동산에 대한 권리분석 및 취득의 알선과 매수신청 또는 입찰신청의 대리를 할 수 있다.
③ 개업공인중개사가 제2항의 규정에 따라 「민사집행법」에 의한 경매대상 부동산의 매수신청 또는 입찰신청의 대리를 하고자 하는 때에는 대법원규칙으로 정하는 요건을 갖추어 법원에 등록을 하고 그 감독을 받아야 한다.

> **부칙 제6조【중개사무소의 개설등록 등에 관한 경과 조치】** ② 법률 제5957호 「부동산중개업법」 중 개정 법률 부칙 제2조의 규정에 의하여 중개사무소의 개설등록을 한 것으로 보는 자(공인중개사와 법인을 제외한다)로서 제1항의 규정에 의하여 이 법에 의한 중개사무소의 개설등록을 한 것으로 보는 자는 제14조 제2항의 규정에 불구하고 동항의 업무를 할 수 없다.
> ⑥ 제2항에 규정된 개업공인중개사의 업무지역은 해당 중개사무소가 소재하는 특별시·광역시·도의 관할구역으로 하며, 그 관할구역 안에 있는 중개대상물에 한하여 중개행위를 할 수 있다. 다만, 제24조의 규정에 의한 부동산거래정보망에 가입하고 이를 이용하여 중개하는 경우에는 해당 정보망에 공개된 관할구역 외의 중개대상물에 대하여도 이를 중개할 수 있다.
> ⑦ 제2항에 규정된 개업공인중개사의 중개사무소 소재지를 관할하는 등록관청은 제2항에 규정된 개업공인중개사가 제6항에 규정된 업무지역의 범위를 위반하여 중개행위를 한 경우에는 6개월의 범위 안에서 기간을 정하여 업무의 정지를 명할 수 있다.

1 개업공인중개사의 업무범위

(1) 지역적 범위

① 법인 및 공인중개사인 개업공인중개사: 업무지역은 전국으로 한다. 즉, 전국에 있는 중개대상물을 중개할 수 있으므로 지역제한을 받지 않는다. 법인의 분사무소도 지역제한 없이 전국적으로 업무를 수행할 수 있다.

② 「공인중개사법」 부칙에 의한 개업공인중개사(= 중개인)

㉠ 부칙상의 개업공인중개사의 업무지역은 해당 중개사무소가 소재하는 특별시·광역시·도의 관할구역으로 하며, 그 관할구역 안에 있는 중개대상물에 한하여 중개행위를 할 수 있다.

㉡ 그러나 부칙상의 개업공인중개사도 부동산거래정보망에 가입하고 이를 이용하여 중개하는 경우에는 해당 정보망에 공개된 관할구역 밖의 중개대상물도 중개할 수 있다.

㉢ 주의하여야 할 것은 부칙상의 개업공인중개사가 그의 고용인으로서 소속공인중개사를 고용하거나, 공인중개사인 개업공인중개사나 법인인 개업공인중개사와 사무소를 공동으로 사용하는 경우에도 업무지역이 전국으로 확대되지 않는다.

㉣ 위반시 제재: 부칙상의 개업공인중개사가 업무범위를 위반한 경우 6개월의 범위 내에서 업무정지처분에 처할 수 있다.

(2) 중개대상물의 범위

개업공인중개사가 취급할 수 있는 중개대상물의 범위와 관련하여 개업공인중개사의 종별에 따른 중개대상물의 차이에 대한 규정이 없다.

(3) 취급업무에 따른 범위

① 개인인 개업공인중개사의 취급업무: 현행법상 겸업제한규정은 없다. 따라서 개인인 개업공인중개사는 공인중개사법령이나 다른 법령에서 제한하지 않는 범위 내에서 중개업 외 타 업무를 할 수 있다.

② 법인인 개업공인중개사의 취급업무: 다른 법률에 규정된 경우를 제외하고 다음의 7개 업무만(제한적 열거)을 취급할 수 있다. 이를 위반하면 상대적 등록취소처분사유에 해당한다.

> ㉠ 중개업
> ㉡ 상업용 건축물 및 주택의 임대관리 등 부동산의 관리대행
> ㉢ 부동산의 이용·개발 및 거래에 관한 상담
> ㉣ 개업공인중개사를 대상으로 한 중개업의 경영기법 및 경영정보의 제공
> ㉤ 상업용 건축물 및 주택의 분양대행
> ㉥ 중개의뢰인의 의뢰에 따른 도배·이사업체의 소개 등 주거이전에 부수되는 용역의 알선
> ㉦ 「민사집행법」에 의한 경매 및 「국세징수법」 그 밖의 법령에 의한 공매대상 부동산에 대한 권리분석 및 취득의 알선과 매수신청 또는 입찰신청의 대리

심화 다만, 부칙상의 개업공인중개사는 경매·공매대상 부동산에 대한 권리분석 및 취득의 알선과 매수신청 또는 입찰신청의 대리업무를 수행할 수 없다.
✔ 「변호사법」 위반

③ 특수법인의 취급업무
  ㉠ 관련 법률에서 규정하고 있는 고유의 업무와 부동산중개업을 영위할 수 있을 것이다.
  ㉡ 예를 들어, 지역농업협동조합은 그 조합설립목적을 달성하기 위하여 여러 가지 업무를 수행하며, 그중 농지의 매매·임대차·교환의 중개업무를 수행할 수 있다.

❷ 법인의 겸업업무

법인인 개업공인중개사는 다음의 업무를 중개업과 함께 영위할 수 있다.

(1) 상업용 건축물 및 주택의 임대관리 등 부동산의 관리대행

법인인 개업공인중개사가 부동산의 관리대행을 겸업으로 하되 개별법상 제한이 있는 경우가 있다.

① 공동주택관리업: 「공동주택관리법」상 일정 규모 이상의 공동주택은 주택관리업자 등이 관리하여야 하기 때문에 다음의 공동주택관리업은 제한이 있다(「공동주택관리법 시행령」 제2조).

> ㉠ 300세대 이상의 공동주택
> ㉡ 150세대 이상으로서 승강기가 설치된 공동주택
> ㉢ 150세대 이상으로서 중앙집중식 난방방식(지역 난방방식 포함)의 공동주택
> ㉣ 건축허가를 받아 주택 외의 시설과 주택을 동일 건축물로 건축한 건축물로서 주택이 150세대 이상인 건축물

② 주택임대관리업
  ㉠ 의의: 주택소유자로부터 임대관리를 위탁받아 관리하는 업(業)을 말한다(「민간임대주택에 관한 특별법」 제2조).
  ㉡ 업무의 제한: 주택임대관리업을 하려는 자 중에서 다음의 규모 이상인 경우 시장·군수·구청장에게 등록하여야 하기 때문에 중개법인의 업무에 제한이 있을 수 있다(동법 제7조).

구분	자기관리형 주택임대관리업	위탁관리형 주택임대관리업
단독주택	100호	300호
공동주택	100세대	300세대

(2) 부동산의 이용·개발 및 거래에 관한 상담

부동산의 이용·개발 및 거래에 대한 고도의 지식과 경험을 갖춘 전문가들의 사전정보를 토대로 한 상담을 필요로 하게 되었는바, 이러한 상담을 부동산컨설팅이라고 한다. 중개법인은 다른 법률에서 제한하지 않는 범위 내에서 이러한 컨설팅을 자유롭게 할 수 있다.

(3) 개업공인중개사를 대상으로 한 중개업의 경영기법 및 경영정보의 제공

개업공인중개사를 대상으로 중개업의 경영기법 및 경영정보를 제공하는 것을 업무로 취급할 수 있는데, 대개 실무에서는 프랜차이즈(Franchise) 형태로 이루어진다.

(4) 상업용 건축물 및 주택의 분양대행

① 의의: '분양대행'은 분양대상물을 판매하는 행위인데 분양대상물의 홍보나 광고, 고객응대, 주택의 경우 청약접수 및 입주자선정업무, 계약체결업무, 분양보증 등 대단히 광범위하다고 볼 수 있다.

② 범위: 따라서 중개법인은 「주택법」상 사업계획승인대상 주택의 분양과정 중 주택법령에 저촉되는 청약접수나 입주자선정 및 동·호수 배정업무, 분양보증➕ 등은 취급할 수 없으나 나머지 분양과정상의 업무는 대행할 수 있다.

③ 제한: 상업용 건축물 및 주택에 한해(단, 주상복합 건축물은 가능) 분양대행할 수 있다. 토지에 대한 분양대행 등은 불가함을 주의하여야 한다.

➕ 사업주체가 주택이 건설되는 대지의 소유권을 확보하고, 주택도시보증공사나 국토교통부장관이 지정하는 보험회사 등에서 분양보증을 받게 되면 착공과 동시에 입주자를 모집할 수 있다(「주택공급에 관한 규칙」 제15조 제1항).

(5) 중개의뢰인의 의뢰에 따른 도배·이사업체의 소개 등 주거이전에 부수되는 용역의 알선

중개업에 부수되는 업무로서 주거이전에 필요한 도배·이사업체 등을 알선할 수 있다. 주의할 것은 중개법인이 직접 용역업을 영위할 수는 없고 용역업을 하는 자를 알선, 즉 소개만 할 수 있다는 것이다.

(6) 「민사집행법」에 의한 경매 및 「국세징수법」 그 밖의 법령에 의한 공매대상 부동산에 대한 권리분석 및 취득의 알선과 매수신청 또는 입찰신청의 대리

① 경매와 공매의 의의: 경매란 「민사집행법」에 의한 강제집행으로 강제경매와 담보권 실행을 위한 경매가 있다. 이에 비해 공매는 「국세징수법」 등에 의한 '공매'가 일반적이다.

② 신청대리를 위한 등록(매수신청대리인 등록)
　㉠ 「민사집행법」에 의한 경매물건에 대한 입찰신청대리 등은 법인인 개업공인중개사와 공인중개사인 개업공인중개사만 할 수 있다.
　㉡ 경매대리업무를 수행하려면 대법원규칙이 정하는 요건을 갖추어 중개사무소 소재지 관할 지방법원에 등록을 하고 그 감독을 받아야 한다.
　㉢ 그러나 경매부동산의 권리분석 및 취득의 알선에 관하여는 법원에 별도의 등록을 요하지 않는다. 또한 경매대상이 아닌 공매대상 부동산에 대한 권리분석 및 취득의 알선과 매수신청 또는 입찰신청의 대리를 하고자 하는 경우에도 법원에 등록을 하지 않고도 업무수행이 가능하다.
　　✔ 주의할 점은 부칙상의 개업공인중개사는 경매·공매 부동산에 대한 일체의 업무를 취급할 수 있는 근거가 없다는 것이다.

Tip 👉 「국세징수법」 등에 의한 '공매'는 과세관청이 우월한 공권력의 행사로서 행하는 공법상 행정처분을 말하며 행정소송의 대상이 된다. 세무관서에서 직접 처분하거나 한국자산관리공사에 위임하여 처분하기도 하는데 이를 보통 '공매'라 한다.

> **예제**
>
> 공인중개사법령상 개업공인중개사의 겸업제한에 관한 설명으로 <u>틀린</u> 것은?
> ① 공인중개사인 개업공인중개사는 공인중개사법령 및 다른 법령에서 제한하지 않는 업무를 겸업할 수 있다.
> ② 법인이 아닌 모든 개업공인중개사는 「민사집행법」에 따른 경매대상 부동산의 매수신청대리를 할 수 있다.
> ③ 공인중개사인 개업공인중개사는 이사업체를 소개할 수 있다.
> ④ 공인중개사인 개업공인중개사는 주택의 분양대행을 할 수 있다.
> ⑤ 법인인 개업공인중개사가 겸업제한을 위반할 경우 중개사무소 개설등록을 취소할 수 있다.
>
> **해설** 부칙상의 개업공인중개사는 법원경매물건의 매수신청대리업을 할 수 없다.   **정답** ②

제3절 | 개업공인중개사의 고용인의 신고 등 제32회, 제34회, 제35회, 제36회

> **제15조【개업공인중개사의 고용인의 신고 등】** ① 개업공인중개사는 소속공인중개사 또는 중개보조원을 고용하거나 고용관계가 종료된 때에는 국토교통부령으로 정하는 바에 따라 등록관청에 신고하여야 한다.
> ② 소속공인중개사 또는 중개보조원의 업무상 행위는 그를 고용한 개업공인중개사의 행위로 본다.
> ③ 개업공인중개사가 고용할 수 있는 중개보조원의 수는 개업공인중개사와 소속공인중개사를 합한 수의 5배를 초과하여서는 아니 된다.
>
> **제18조의4【중개보조원의 고지의무】** 중개보조원은 현장안내 등 중개업무를 보조하는 경우 중개의뢰인에게 본인이 중개보조원이라는 사실을 미리 알려야 한다.

❶ 고용인의 의의

고용인이란 '소속공인중개사'와 '중개보조원'을 말하며, '소속공인중개사'는 개업공인중개사인 법인의 사원 또는 임원을 포함한다.

❷ 고용인 고용신고 및 고용관계 종료신고

(1) 고용인 고용신고

① 개업공인중개사가 소속공인중개사 또는 중개보조원을 고용한 경우에는 실무교육 또는 직무교육을 받도록 한 후 업무개시 전까지 등록관청에 신고하여야 한다. 신고는 표준서식인 '소속공인중개사 또는 중개보조원 고용신고서'에 의한 신고와 전자문서에 의한 신고를 포함한다.

② 고용신고를 받은 등록관청은 공인중개사자격증을 발급한 시·도지사에게 그 소속공인중개사의 공인중개사자격 확인을 요청하여야 하므로 소속공인중개사의 자격증 사본을 첨부하지 않는다.

③ 고용신고를 받은 등록관청은 법 제10조 제1항에 따른 결격사유 해당 여부와 교육 수료 여부를 확인하여야 한다. 다만, 외국인을 소속공인중개사 또는 중개보조원으로 고용하는 경우에는 법 제10조 제1항에 따른 결격사유 중 어느 하나에 해당되지 아니함을 증명하는 서류를 첨부하여야 한다.

(2) 고용관계 종료신고

소속공인중개사 또는 중개보조원과의 고용관계가 종료된 경우 개업공인중개사는 고용관계가 종료된 날부터 10일 이내에 등록관청에 신고하여야 한다.

(3) 신고의무 위반시 제재

개업공인중개사가 고용인 고용신고 및 고용관계 종료신고의무를 위반한 경우 「공인중개사법」 제39조 제1항 제14호 '그 밖에 이 법 또는 이 법에 의한 명령이나 처분을 위반한 경우'에 해당되어 업무정지처분을 받을 수 있다.

> **핵심** 소속공인중개사는 제한 없이 고용하거나 고용관계를 종료할 수 있다. 다만, 중개법인은 대표자가 공인중개사이어야 하며, 대표자를 제외한 임원 또는 사원의 3분의 1 이상이 공인중개사이어야 하므로 고용관계 종료에 있어서 자유롭지 않을 수 있다. 또한, 법인의 분사무소 책임자도 반드시 공인중개사이어야 한다.

❸ 중개보조원에 대한 고용상한제

(1) 중개보조원 고용상한

개업공인중개사가 고용할 수 있는 중개보조원의 수는 개업공인중개사와 소속공인중개사를 합한 수의 5배를 초과하여서는 아니 된다. 예컨대, 공인중개사인 개업공인중개사 1인이 근무하는 중개사무소의 경우 중개보조원은 5명까지만 고용할 수 있다.

(2) 위반시 제재

개업공인중개사가 중개보조원 고용상한을 위반한 경우 행정처분으로서 중개사무소 개설등록이 취소되며(기속적 처분), 행정형벌로서 1년 이하의 징역 또는 1천만원 이하의 벌금으로 처벌받을 수 있다.

4 고용인의 업무범위

(1) 소속공인중개사

소속공인중개사는 개업공인중개사와 마찬가지로 중개업무를 수행할 수 있고, 개업공인중개사의 중개업무를 보조하는 업무도 수행할 수 있다. 단, 소속공인중개사의 중개업무에 대한 책임은 소속공인중개사와 개업공인중개사가 같이 부담한다.

(2) 중개보조원

① 중개보조원의 업무범위는 중개업무와 관련된 단순한 업무의 보조이다. 따라서 중개대상물에 대한 확인·설명서 및 계약서의 작성과 같은 주요한 중개업무는 직접 할 수 없고, 전화받는 일, 경리, 현장안내, 운전 등과 같은 보조적인 업무만 할 수 있다.

② 한편, 중개보조원이 중개대상물 현장안내를 하는 때에는 자신이 중개보조원이라는 사실을 의뢰인에게 고지해야 하며, 이를 위반하는 경우 500만원 이하의 과태료 처분사유이다.

5 고용인의 업무상 행위에 대한 개업공인중개사의 책임

고용인의 업무상 행위는 그를 고용한 개업공인중개사의 행위로 본다. 따라서 개업공인중개사는 고용인의 업무상 행위에 대하여 민사·형사·행정상 책임을 부담하게 된다. 주의할 것은 고용인의 '모든 행위'에 대하여 적용되는 것은 아니라는 점과 고용인의 업무상 행위를 개업공인중개사의 행위로 '본다'는 것은 간주규정이지 추정규정이 아니라는 점이다.

> **판례** 고용인의 업무상 행위
>
> 1. '고용인의 업무상 행위'는 중개대상물의 거래에 관한 알선업무뿐만 아니라 업무와 관련이 있고, 외형상 객관적으로 중개업무 또는 그와 관련된 것으로 보이는 행위도 포함된다(서울지법 92가합14350).
> 2. '고용인의 업무상 행위'는 외형상 객관적으로 고용인의 사업활동 내지 사무집행행위 또는 그와 관련된 것이라고 보일 때에는 행위자의 주관적 사정을 고려하지 않는다(대판 94다43115).

(1) 민사책임 – 손해배상책임

① 고용인이 개업공인중개사를 보조함에 있어 고의·과실로 중개의뢰인에게 손해를 끼친 경우에는 개업공인중개사의 고의·과실에 관계없이 그를 고용한 개업공인중개사도 그 손해배상에 대한 책임을 지게 되며, 손해를 입은 중개의뢰인은 개업공인중개사와 고용인에 대하여 선택적으로 손해배상을 청구할 수 있다.

② 고용인의 불법행위에 대하여 그를 고용한 개업공인중개사가 배상을 하더라도 고용인이 책임을 면하는 것은 아니다. 의뢰인에게 배상을 한 개업공인중개사는 고용인에게 사후에 내부적으로 구상권(求償權)을 행사할 수 있다. 구상권 행사에 있어 "사용자는 신의칙상 상당하다고 인정되는 한도 내에서만 피용자에 대하여 손해배상을 청구하거나 그 구상권을 행사할 수 있다(대판 2009다59350)."라고 보는 것이 우리 대법원의 태도이다.

심화 「민법」상 사용자책임
어떤 사업을 위하여 타인을 사용하는 자는 피용자가 그 사업의 집행에 관하여 제3자에게 가한 불법행위로 인한 손해를 배상할 책임을 말한다. 다만, 사용자는 피용자의 선임 및 그 사무감독에 상당한 주의를 한 때 또는 상당한 주의를 하여도 손해가 있을 경우에는 책임을 면한다. 또한 사용자가 책임을 진 때에는 피용자에 대하여 구상권을 행사할 수 있다(「민법」 제756조).

> **판례** 손해배상책임의 범위
>
> 1. 중개보조원이 고의 또는 과실로 거래당사자에게 손해를 입힌 경우에 그 중개보조원을 고용한 개업공인중개사만이 손해배상책임을 지도록 하고 중개보조원에게는 손해배상책임을 지우지 않는다는 취지를 규정한 것은 아니다(대판 2006다29945).
> 2. 중개보조원이 업무상 행위로 거래당사자인 피해자에게 고의로 불법행위를 저지른 경우라 하더라도 그 중개보조원을 고용하였을 뿐 이러한 불법행위에 가담하지 아니한 개업공인중개사에게 책임을 묻고 있는 피해자에게 과실이 있다면, 법원은 과실상계의 법리에 좇아 손해배상의 책임 및 그 금액을 정함에 있어 이를 참작하여야 한다(대판 2008다22276).

> **예제**
>
> 개업공인중개사 甲과 그가 고용한 중개보조원 乙에 관한 설명으로 **틀린** 것은?
>
> ① 乙이 고의 또는 과실로 중개의뢰인에게 손해를 끼친 경우에 甲은 손해배상책임을 진다.
> ② 乙이 업무상 행위로 중개의뢰인에게 손해를 끼친 경우에 甲이 무과실이면 손해배상책임은 당사자인 乙에게 한정된다.
> ③ 乙로 인하여 손해를 입은 중개의뢰인은 甲과 乙에 대하여 연대 또는 선택적으로 손해배상을 청구할 수 있다.
> ④ 乙의 과실로 甲이 중개의뢰인에게 손해배상을 한 경우에는 甲은 乙에게 구상권을 행사할 수 있다.
> ⑤ 乙이 중개보수 과다수수로 300만원 이상의 벌금형을 선고받았을 경우 중개사무소 개설등록이 취소될 수 있다.
>
> **해설** 고용인의 업무상 행위는 그를 고용한 개업공인중개사의 행위로 보므로 개업공인중개사의 고의·과실에 관계없이 고용인에 대하여 개업공인중개사는 무과실책임을 부담한다.
>
> **정답** ②

(2) 형사책임 – 양벌규정

① 고용인이 중개업무와 관련하여 제48조 또는 제49조에 해당하는 위반행위(「공인중개사법」을 위반하여 징역형이나 벌금형에 해당하는 위반행위)를 한 때에는 양벌규정(兩罰規定)에 의하여 고용인을 벌하는 외에 그를 고용한 개업공인중개사도 해당 조에 규정된 벌금형에 처하게 된다. 다만, 개업공인중개사가 고용인에 대한 주의·감독을 게을리하지 아니한 경우에는 처벌할 수 없다.

② 개업공인중개사가 양벌규정의 적용을 받아 벌금형을 선고받는다 하더라도 결격사유에는 해당되지 않는다고 보는 것이 판례의 태도이므로, 고용인으로 인하여 개업공인중개사가 벌금형을 선고받아도 중개사무소 개설등록이 취소되지는 않는다.

> **판례** 양벌규정에 따른 벌금형
>
> 법 제10조 제1항 제11호 규정에 중개보조인 등이 중개업무에 관하여 법 제8조에 위반하여 그 사용주인 개업공인중개사가 법 제50조의 양벌규정으로 처벌받는 경우는 포함되지 않는다고 보아야 한다(대판 2007두26568).

(3) 행정상 책임 – 취소/정지처분

① 개업공인중개사가 고용한 고용인의 업무상 행위는 그를 고용한 개업공인중개사의 행위로 본다는 규정에 의하여 개업공인중개사는 고용인의 업무상 행위에 대하여 행정상 책임을 부담한다. 따라서 고용인이 개업공인중개사 등의 금지행위 등 법령을 위반한 경우 그를 고용한 개업공인중개사가 행정처분을 받을 수 있다. 그 행정처분에는 등록취소처분이나 업무정지처분이 해당될 수 있다.

② 소속공인중개사에게도 업무상 행위에 대하여 자격취소·자격정지 등 행정처분이 가능하므로, 결국 행정상 책임에 있어 개업공인중개사와 소속공인중개사 모두가 행정처분을 받을 수도 있다.

📌 **개업공인중개사의 고용인**

Tip 👉 소속공인중개사와 중개보조원의 차이점을 학습하는 것이 중요하다.

구분		소속공인중개사	중개보조원
공통점	고용 및 고용관계 종료 신고의무	있음	
	비밀준수의무	있음(업무를 떠난 후까지)	
	행정형벌 및 과태료 대상	해당됨	
	업무에 대한 책임	고용인 본인 + 그를 고용한 개업공인중개사	
차이점	공인중개사자격 유·무	자격 있음 (자격증 게시의무: 개·공에게)	자격 없음
	업무 내용	중개업무 수행 + 중개업무 보조	단순업무 보조
	고용 숫자의 제한	없음	개·공과 소·공을 합한 수의 5배 초과금지
	행정처분	자격취소·자격정지	없음
	교육 이수의무	실무교육 (고용신고 직전 1년 이내)	직무교육 (고용신고 직전 1년 이내)
	연수교육 이수의무	있음(2년마다)	없음
	고지의무	없음	있음 (위반시 500↓ 과태료)
	인장등록의무	있음	없음
	서명 및 날인의무	있음 (확인·설명서, 거래계약서)	없음

제4절 | 인장의 등록

제33회, 제34회, 제36회

> **제16조 【인장의 등록】** ① 개업공인중개사 및 소속공인중개사는 국토교통부령으로 정하는 바에 따라 중개행위에 사용할 인장을 등록관청에 등록하여야 한다. 등록한 인장을 변경한 경우에도 또한 같다.
> ② 개업공인중개사 및 소속공인중개사는 중개행위를 하는 경우 제1항에 따라 등록한 인장을 사용하여야 한다.

❶ 인장등록의 입법취지

본인의 의사나 행위로 인정되는 인장을 사전에 등록관청에 등록하게 함으로써 중개업무를 취급하게 되는 개업공인중개사와 소속공인중개사의 거래개입 여부와 중개행위에 대한 책임의식을 고취시키고 투명한 부동산거래질서를 확립하여 중개의뢰인이 입게 될 피해를 예방하는 데에 입법취지가 있다.

❷ 인장의 등록

(1) 인장등록의무자와 등록시기

중개업무를 취급할 수 있는 개업공인중개사 및 소속공인중개사는 늦어도 업무를 개시하기 전까지는 중개행위에 사용할 인장을 등록관청에 등록하여야 한다. 다만, 개업공인중개사의 경우 개설등록신청시, 소속공인중개사의 경우 고용신고시 인장을 등록할 수 있다.

(2) 등록할 인장

① 법인인 개업공인중개사: 「상업등기규칙」에 따라 신고한 법인의 인장을 등록관청에 등록하여야 한다.

② 법인의 분사무소: 「상업등기규칙」에 따라 법인의 대표자가 보증하는 인장을 등록할 수 있다.

✔ 제24회 시험에서 "개업공인중개사의 인장등록은 고용인의 고용신고와 같이 할 수 있다."라는 지문을 옳은 지문으로 처리하였다.

③ 개인인 개업공인중개사: 공인중개사인 개업공인중개사와 부칙상의 개업공인중개사는 가족관계등록부 또는 주민등록표에 기재되어 있는 성명이 나타난 인장으로서 그 크기가 가로·세로 각각 7mm~30mm 이내인 인장을 등록관청에 등록하여야 한다.

심화 개인들의 「인감증명법」상 인감도장 등록가능성

「인감증명법 시행령」 제3조 제1항에 "「인감증명법」과 이 영에 따른 각종 신고 및 신청은 가족관계등록부 또는 주민등록표에 기재되어 있는 성명으로 하여야 한다."라고 규정하고 있는바, 인감도장을 「공인중개사법」상 업무용 인장으로 등록하여도 무방하다. 그러나 주의하여야 할 것은 반드시 인감도장을 등록하여야 하는 것은 아니라는 점이다.

④ 소속공인중개사: 개인인 개업공인중개사와 마찬가지로 가족관계등록부 또는 주민등록표에 기재되어 있는 성명이 나타난 인장으로서 그 크기가 가로·세로 각각 7mm~30mm 이내인 인장을 개업공인중개사 관할 등록관청에 등록하여야 한다.

(3) 인장의 등록방법

법인인 개업공인중개사의 인장등록은 「상업등기규칙」에 의한 인감증명서의 제출로 갈음하고, 개인인 개업공인중개사와 소속공인중개사의 인장등록은 별지서식인 '인장등록신고서'를 제출하여야 한다. 인장의 등록은 전자문서에 의한 등록을 포함한다.

(4) 등록인장의 변경

① 변경등록의 사유 및 시기: 등록한 인장을 분실이나 훼손 등 여러 가지 사정으로 변경하고자 하는 경우에는 등록인장을 변경하고 그 **변경일로부터 7일 이내**에 다시 그 변경된 인장을 등록관청에 변경등록하여야 한다.

② 변경등록의 절차

㉠ 변경등록의 경우에도 법인인 개업공인중개사의 경우 인감증명서 제출로 갈음하며, 개인인 개업공인중개사와 소속공인중개사의 경우에는 별지서식인 '등록인장변경신고서'를 제출하여야 한다. 인장의 변경등록도 전자문서에 의한 등록을 포함한다.

㉡ 등록인장의 변경은 등록증 기재사항을 변경하는 경우와 마찬가지이므로 법인이든 개인이든 등록증 원본을 첨부하여 개설등록증 원본에 변경된 인장을 날인할 수 있도록 하여야 한다.

㉢ 인장이 변경등록되기 전에는 새로운 인장을 사용해서는 아니 된다. 왜냐하면, 미등록 인장을 사용하는 결과가 되기 때문이다.

인장의 등록방법 비교

구분		등록할 인장	등록방법	등록관청
법인인 개업공인중개사	주된 사무소	「상업등기규칙」에 따라 신고한 법인의 인장	인감증명서 제출로 갈음	등록관청
	분사무소	「상업등기규칙」에 따라 법인의 대표자가 보증하는 인장		주사무소 관할 등록관청
개인인 개업공인중개사, 소속공인중개사		가족관계등록부 또는 주민등록표에 기재되어 있는 성명이 나타난 인장으로서 그 크기가 가로·세로 각각 7mm~30mm 이내인 인장	인장등록 신고서 제출	등록관청

Tip 👆 분사무소의 인장등록은 종전 법률에서는 분사무소 소재지 관할 시장·군수·구청장에게 하도록 규정하였으나, 개정 법률에서는 주사무소 관할 등록관청에 등록하도록 하고 있다.

③ 등록인장의 사용

개업공인중개사 및 소속공인중개사가 중개행위를 하는 경우 등록된 인장을 사용하여야 한다.

(1) 개업공인중개사

개업공인중개사가 등록인장을 날인할 때에는 거래계약서, 중개대상물 확인·설명서에 반드시 자필로 서명하고 날인하여야 하며, 거래계약서와 확인·설명서를 제외한 나머지 서류에는 서명 또는 날인하면 된다.

(2) 소속공인중개사

소속공인중개사는 해당 업무를 수행한 경우에 한하여 거래계약서, 중개대상물 확인·설명서에 반드시 자필로 서명하고 날인하여야 하며, 그 밖의 서류에는 서명 또는 날인할 의무가 없다.

> **심화** 유권해석
>
> 1. 등록관청에 등록된 인장을 개업공인중개사의 고용인이 개업공인중개사가 없는 상태에서 대신 날인하는 것이나, 미리 작성된 서식에 개업공인중개사가 인감을 날인하여 주고 이를 사용하여 개업공인중개사의 고용인이 중개행위를 하는 것은 「공인중개사법」 위반에 해당된다(국토교통부 질의회신 26906호, 2000.8.24).
> 2. 개업공인중개사가 자필로 서명하지 아니하고 성명이 새겨진 고무인을 찍거나 컴퓨터를 이용하여 성명을 전산으로 출력한 계약서를 사용하는 것은 「부동산중개업법」 규정에 의한 '서명'에 해당한다고 볼 수 없다(법제처 05-0101, 2005.12.28).

④ 위반시 제재

(1) 개업공인중개사 및 소속공인중개사

개업공인중개사 및 소속공인중개사가 인장을 등록하지 않은 경우, 등록된 인장을 사용하지 않은 경우, 등록한 인장을 변경하고 변경등록하지 않은 경우 개업공인중개사에게는 업무정지처분 그리고 소속공인중개사에게는 자격정지처분을 부과할 수 있다. 한편, 거래계약서와 중개대상물 확인·설명서에 자필로 서명하고 날인하지 않은 경우에도 이와 같은 행정처분을 부과할 수 있다.

(2) 법인의 분사무소

법인의 분사무소가 인장과 관련된 의무를 위반한 경우 법인에 대하여 업무정지처분을 부과하거나 해당 분사무소 단위로 업무정지처분을 부과할 수 있다.

> **예제**
>
> 공인중개사법령상 인장의 등록에 관한 설명으로 틀린 것은? 제36회
> ① 개업공인중개사는 중개사무소 개설등록신청을 하면서 동시에 인장을 등록하여야 한다.
> ② 소속공인중개사는 업무를 개시하기 전에 중개행위에 사용할 인장을 등록관청에 등록하여야 한다.
> ③ 분사무소가 없는 법인인 개업공인중개사는 「상업등기규칙」에 따라 신고한 법인의 인장을 등록관청에 등록하여야 한다.
> ④ 법인인 개업공인중개사의 분사무소에서 사용할 인장의 경우에는 「상업등기규칙」에 따라 법인의 대표자가 보증하는 인장을 등록할 수 있다.
> ⑤ 등록관청에 등록한 인장을 변경한 개업공인중개사는 변경일부터 7일 이내에 그 변경된 인장을 등록관청에 등록하여야 한다.
>
> **해설** 개업공인중개사는 업무개시 전까지 인장을 등록 '하여야' 하며, 이 이전에 중개사무소 개설등록을 신청할 때에도 '할 수' 있다. 즉, 개설등록을 신청할 때 인장도 함께 등록을 할 의무는 없다.
> **정답** ①

제5절 | 중개사무소등록증의 게시 제32회, 제34회, 제35회

> **제17조【중개사무소등록증 등의 게시】** 개업공인중개사는 중개사무소등록증·중개보수표 그 밖에 국토교통부령으로 정하는 사항을 해당 중개사무소 안의 보기 쉬운 곳에 게시하여야 한다.

❶ 게시의 의무

개업공인중개사는 중개업무를 개시하기 위해서는 중개사무소 안에서 중개의뢰인이 쉽게 볼 수 있는 곳에 등록증 등을 게시하여야 한다. 특히, 소속공인중개사의 자격증은 게시물에 해당하나 그 게시의무자가 개업공인중개사임에 유의하여야 한다.

❷ 게시하여야 할 사항

① 중개사무소등록증 원본(법인인 개업공인중개사의 분사무소의 경우에는 분사무소 설치신고확인서 원본을 말한다)
② 중개보수·실비의 요율 및 한도액표
③ 개업공인중개사 및 소속공인중개사의 공인중개사자격증 원본(해당되는 자가 있는 경우로 한정한다)
④ 보증의 설정을 증명할 수 있는 서류
⑤ 사업자등록증

❸ 게시물 게시의무 위반시 제재

개업공인중개사가 등록증 등의 게시의무를 위반한 경우에는 100만원 이하의 과태료를 부과한다. 게시물 게시의무는 개업공인중개사에 대한 의무이므로 소속공인중개사가 자격증을 게시하지 않았다고 하여도 소속공인중개사에게 직접적인 제재는 부과하지 않는다.

❹ 지역에 따른 게시물 차이 여부

공인중개사법령이 국내법으로서의 지위가 있으므로 국내 어느 곳이나 법령상 규정된 게시물을 게시하여야 한다. 따라서 지역에 따른 게시물의 차이는 없다고 보아야 한다.

✚ 다만, 일부 지방자치단체에서 자치법규인 조례나 규칙으로 일정한 크기의 개업공인중개사 사진을 중개업소에 게시하도록 하고 있다.

제6절 | 중개사무소의 명칭   제32회, 제34회

제18조【명칭】① 개업공인중개사는 그 사무소의 명칭에 '공인중개사사무소' 또는 '부동산중개'라는 문자를 사용하여야 한다.
② 개업공인중개사가 아닌 자는 '공인중개사사무소', '부동산중개' 또는 이와 유사한 명칭을 사용하여서는 아니 된다.
③ 개업공인중개사가 「옥외광고물 등의 관리와 옥외광고산업 진흥에 관한 법률」 제2조 제1호에 따른 옥외광고물을 설치하는 경우 중개사무소등록증에 표기된 개업공인중개사(법인의 경우에는 대표자, 법인 분사무소의 경우에는 제13조 제4항의 규정에 따른 신고확인서에 기재된 책임자를 말한다)의 성명을 표기하여야 한다.

> ④ 제3항의 규정에 따른 개업공인중개사 성명의 표기방법 등에 관하여 필요한 사항은 국토교통부령으로 정한다.
> ⑤ 등록관청은 제1항부터 제3항까지의 규정을 위반한 사무소의 간판 등에 대하여 철거를 명할 수 있다. 이 경우 그 명령을 받은 자가 철거를 이행하지 아니하는 경우에는 「행정대집행법」에 의하여 대집행을 할 수 있다.

❶ 중개사무소 명칭사용 관련 의무

(1) 작위·부작위의무

개업공인중개사는 그 사무소의 명칭에 '공인중개사사무소' 또는 '부동산중개'라는 문자를 사용하여야 하고, 개업공인중개사가 아닌 자는 이러한 명칭 또는 유사한 명칭을 사용할 수 없다. 왜냐하면 일반인들은 이러한 명칭을 쓰는 사업자를 전문가로 신뢰하기 때문에 개업공인중개사가 명칭을 아무렇게나 사용할 수 없는 것이고, 반대로 개업공인중개사 아닌 자가 함부로 명칭을 사용할 수 없는 것이다.

(2) 의무내용 및 제재규정

① 개업공인중개사
  ㉠ 개업공인중개사가 그 사무소의 명칭에 '공인중개사사무소' 또는 '부동산중개'라는 문자를 사용하지 않으면 100만원 이하의 과태료에 처한다.
  ㉡ 개업공인중개사가 옥외광고물을 설치하는 경우에는 그 광고물에 중개사무소개설등록증에 표기된 개업공인중개사의 실명을 표기하여야 하는데, 이를 위반하는 경우 100만원 이하의 과태료에 처한다.
② 개업공인중개사가 아닌 자: 개업공인중개사가 아닌 자가 '공인중개사사무소', '부동산중개' 또는 이와 유사한 명칭을 사용하는 경우에는 1년 이하의 징역 또는 1천만원 이하의 벌금에 처한다.
③ 부칙상의 개업공인중개사: 공인중개사자격이 없는 부칙상의 개업공인중개사의 경우 중개사무소 명칭에 '공인중개사'라는 명칭을 사용할 수 없는데, 이를 위반한 경우 행정형벌의 규정은 없고 100만원 이하의 과태료에 처한다.

📌 **중개사무소 명칭사용 관련 의무**

구분	대상		관련 의무	제재
작위 의무	개업공인중개사	사무소 명칭	① 공인중개사사무소 ② 부동산중개	100만원 이하 과태료
		옥외 광고물 중 간판	개업공인중개사의 성명 표기(법인의 대표자 / 분사무소의 책임자)	
부작위 의무	부칙상의 개업공인중개사	사무소 명칭	공인중개사사무소	
	개업공인중개사 아닌 자	여타 명칭	① 공인중개사사무소 ② 부동산중개 ③ ①②와 유사한 명칭	1년 이하 징역 또는 1천만원 이하 벌금

❷ 문자 사용방법

(1) 개업공인중개사

개업공인중개사는 중개사무소의 명칭에 '공인중개사사무소' 또는 '부동산중개'라는 문자를 사용하여야 하고, 그 사무소 명칭은 연결하여 표기하여야 할 것이므로, 중개사무소 명칭이 'ㅇㅇ공인중개사컨설팅사무소'로 되어 있는 경우 법 규정에 적합하지 아니하므로 변경하여야 한다(국토교통부 홈페이지 민원마당 '자주하는 질문' 중).

> **판례** 개업공인중개사가 상호 등에 '법률중개사'라고 병기할 수 있는지 여부
>
> 개업공인중개사가 간판, 유리벽, 명함에 상호 또는 공인중개사 표시와 함께 '법률중개사'나 '부동산법률중개사'라는 표시·기재를 한 행위가 「변호사법」 제112조 제3호 후단에서 금지하는 '법률상담 기타 법률사무를 취급하는 뜻의 표시 또는 기재'에 해당하지 않는다(대판 2006도7899).

(2) 개업공인중개사 아닌 자

개업공인중개사가 아닌 자는 '공인중개사사무소', '부동산중개'라는 문자는 물론이고 이와 유사한 명칭도 사용해서는 아니 됨에도 불구하고 '발품부동산' 및 '부동산 Cafe'라고 표시된 옥외광고물과 명함을 사용한 것은 일반인으로 하여금 '공인중개사사무소' 또는 '부동산중개'를 하거나 공인중개사인 것으로 오인하도록 할 위험성이 있는 것이다(대판 2014도12437).

나아가 '부동산'이라는 표현은 일상생활에서 '부동산중개사무소'를 줄여 뜻하는 말로 흔히 사용되므로 개업공인중개사가 아닌 자는 사무소 명칭에 '부동산'이라는 문자를 신중하게 사용할 필요가 있다.

❸ 개업공인중개사 성명 표기방법

개업공인중개사는 옥외광고물을 설치하는 경우 옥외광고물 중 간판(벽면 이용 간판, 돌출간판 또는 옥상간판)에 개업공인중개사의 성명을 인식할 수 있는 정도의 크기로 표기해야 한다. 법인의 경우 주사무소 간판에는 대표자의 성명을, 분사무소 간판에는 신고확인서에 기재된 책임자의 성명을 표기하면 된다.

❹ 철거명령 및 대집행

등록관청은 위법한 사무소의 간판 등에 대하여 철거를 명할 수 있다. 그 명령을 받은 자가 철거를 이행하지 아니하는 경우에는 「행정대집행법」에 의하여 대집행을 할 수 있으며, 이에 따른 비용은 의무자에게 징수한다.

심화 「행정대집행법」과 대집행

행정대집행은 법률 또는 법률에 의한 행정청의 명령에 의한 행위로서, 타인이 대신하여 행할 수 있는 행위를 의무자가 이행하지 아니할 경우에 다른 수단으로 그 이행을 확보하기 곤란하고 그 불이행을 방치함이 심히 공익을 해할 것으로 인정될 때 시행한다. 이러한 경우, 해당 행정청은 의무자에게 상당한 이행기한을 정하여 그 기간까지 이행되지 아니할 때에는 대집행을 한다는 것을 문서로 계고하고, 그 기한까지 의무자가 이행하지 아니할 경우에는 대집행을 할 시기, 대집행을 하기 위하여 파견하는 집행책임자의 성명과 대집행에 요하는 비용 등을 적시한 대집행영장을 의무자에게 통지한 후 대집행을 실시하고 그 비용을 의무자에게 징수한다.

> **예제**
>
> 중개사무소의 명칭에 관한 내용 중 틀린 것은?
> ① 개업공인중개사 A는 사무소의 명칭을 '행복부동산중개'라고 하였다.
> ② 시·도지사는 사무소의 명칭을 잘못 사용한 개업공인중개사 B의 사무소 간판에 대하여 철거를 명하였다.
> ③ 공인중개사인 개업공인중개사 C는 사무소의 명칭을 '행운공인중개사사무소'라고 하였다.
> ④ 분사무소설치신고확인서를 받은 중개법인의 분사무소 책임자 D는 자기의 성명을 옥외광고물 중 간판에 표시하였다.
> ⑤ 개업공인중개사가 아닌 E는 부동산중개와 유사한 사무소의 명칭을 사용하여 100만원의 벌금에 처하여졌다.
>
> **해설** 사무소의 명칭을 잘못 사용한 개업공인중개사의 사무소 간판에 대하여 철거를 명할 수 있는 것은 등록관청이다.
> **정답** ②

제7절 │ 중개대상물의 표시·광고

제32회, 제34회, 제36회

> **제18조의2 【중개대상물의 표시·광고】** ① 개업공인중개사가 의뢰받은 중개대상물에 대하여 표시·광고(「표시·광고의 공정화에 관한 법률」제2조에 따른 표시·광고를 말한다. 이하 같다)를 하려면 중개사무소, 개업공인중개사에 관한 사항으로서 대통령령으로 정하는 사항을 명시하여야 하며, 중개보조원에 관한 사항은 명시해서는 아니 된다.
> ② 개업공인중개사가 인터넷을 이용하여 중개대상물에 대한 표시·광고를 하는 때에는 제1항에서 정하는 사항 외에 중개대상물의 종류별로 대통령령으로 정하는 소재지, 면적, 가격 등의 사항을 명시하여야 한다.
> ③ 개업공인중개사가 아닌 자는 중개대상물에 대한 표시·광고를 하여서는 아니 된다.
> ④ 개업공인중개사는 중개대상물에 대하여 다음 각 호의 어느 하나에 해당하는 부당한 표시·광고를 하여서는 아니 된다.
> 1. 중개대상물이 존재하지 않아서 실제로 거래를 할 수 없는 중개대상물에 대한 표시·광고
> 2. 중개대상물의 가격 등 내용을 사실과 다르게 거짓으로 표시·광고하거나 사실을 과장되게 하는 표시·광고
> 3. 그 밖에 표시·광고의 내용이 부동산거래질서를 해치거나 중개의뢰인에게 피해를 줄 우려가 있는 것으로서 대통령령으로 정하는 내용의 표시·광고
> ⑤ 제4항에 따른 부당한 표시·광고의 세부적인 유형 및 기준 등에 관한 사항은 국토교통부장관이 정하여 고시한다.

1 중개대상물 표시·광고

(1) 공통적 명시사항

개업공인중개사는 의뢰인으로부터 의뢰받은 중개대상물에 대하여 표시·광고+를 하려면 중개사무소, 개업공인중개사에 관하여 다음 사항을 명시하여야 한다. 다만, 중개보조원에 관한 사항은 명시해서는 아니 된다.

① 중개사무소 명칭
② 중개사무소 소재지
③ 중개사무소 연락처
④ 개업공인중개사 성명(법인인 경우에는 대표자의 성명)
⑤ 중개사무소 등록번호

+ 「표시·광고의 공정화에 관한 법률」제2조에 따른 표시·광고를 말한다.

(2) 인터넷 광고시 명시사항

개업공인중개사가 인터넷을 이용하여 중개대상물에 대한 표시·광고를 하는 때에는 공통적 명시사항 외에 중개대상물의 종류별로 다음의 사항을 명시하여야 한다.

> ① 소재지
> ② 면적
> ③ 가격
> ④ 중개대상물 종류
> ⑤ 거래 형태
> ⑥ 건축물 및 그 밖의 토지의 정착물인 경우 다음의 사항
>   ㉠ 총 층수
>   ㉡ 「건축법」 또는 「주택법」 등 관련 법률에 따른 사용승인·사용검사·준공검사 등을 받은 날
>   ㉢ 해당 건축물의 방향, 방의 개수, 욕실의 개수, 입주가능일, 주차대수 및 관리비

(3) 표시·광고 방법의 고시

중개대상물에 대한 구체적인 표시·광고방법에 대해서는 국토교통부장관이 정하여 고시한다.

❷ 중개대상물 표시·광고 부작위의무

(1) 개업공인중개사의 부당한 표시·광고

개업공인중개사는 중개대상물에 대하여 다음의 어느 하나에 해당하는 부당한 표시·광고를 하여서는 아니 된다. 부당한 표시·광고의 세부적인 유형 및 기준 등에 관한 사항은 국토교통부장관이 정하여 고시한다.

> ① 중개대상물이 존재하지 않아서 실제로 거래를 할 수 없는 중개대상물에 대한 표시·광고
> ② 중개대상물의 가격 등 내용을 사실과 다르게 거짓으로 표시·광고하거나 사실을 과장되게 하는 표시·광고
> ③ 그 밖에 표시·광고의 내용이 부동산거래질서를 해치거나 중개의뢰인에게 피해를 줄 우려가 있는 것으로서 대통령령으로 정하는 내용의 표시·광고
>   ㉠ 중개대상물이 존재하지만 실제로 중개의 대상이 될 수 없는 중개대상물에 대한 표시·광고

> ⓒ 중개대상물이 존재하지만 실제로 중개할 의사가 없는 중개대상물에 대한 표시·광고
> ⓒ 중개대상물의 입지조건, 생활여건, 가격 및 거래조건 등 중개대상물 선택에 중요한 영향을 미칠 수 있는 사실을 빠뜨리거나 은폐·축소하는 등의 방법으로 소비자를 속이는 표시·광고

(2) 개업공인중개사가 아닌 자

개업공인중개사가 아닌 자는 누구를 막론하고 중개대상물에 대한 표시·광고를 하여서는 아니 된다. 소속공인중개사도 중개대상물 표시·광고는 금지된다.

❸ 표시·광고 관련 제재

(1) 명시의무 위반

개업공인중개사가 중개대상물에 대한 표시·광고를 하면서 일정한 명시사항을 명시하지 않은 경우 100만원 이하의 과태료 처분사유에 해당한다.

(2) 부당한 표시·광고

개업공인중개사가 중개대상물에 대하여 부당한 표시·광고를 하는 경우 500만원 이하의 과태료 처분사유에 해당한다.

(3) 개업공인중개사 아닌 자의 중개대상물 표시·광고

개업공인중개사가 아닌 자가 중개대상물에 대한 표시·광고를 하면 1년 이하의 징역이나 1천만원 이하의 벌금형을 받을 수 있다.

✔ 즉, 개업공인중개사가 아닌 자의 중개대상물 표시·광고행위는 범죄행위에 해당한다.

제8절 | 중개대상물의 표시·광고 모니터링

제35회, 제36회

> **제18조의3【인터넷 표시·광고 모니터링】** ① 국토교통부장관은 인터넷을 이용한 중개대상물에 대한 표시·광고가 제18조의2의 규정을 준수하는지 여부를 모니터링할 수 있다.
> ② 국토교통부장관은 제1항에 따른 모니터링을 위하여 필요한 때에는 정보통신서비스 제공자(「정보통신망 이용촉진 및 정보보호 등에 관한 법률」 제2조 제1항 제3호에 따른 정보통신서비스 제공자를 말한다. 이하 이 조에서 같다)에게 관련 자료의 제출을 요구할 수 있다. 이 경우 관련 자료의 제출을 요구받은 정보통신서비스 제공자는 정당한 사유가 없으면 이에 따라야 한다.
> ③ 국토교통부장관은 제1항에 따른 모니터링 결과에 따라 정보통신서비스 제공자에게 이 법 위반이 의심되는 표시·광고에 대한 확인 또는 추가정보의 게재 등 필요한 조치를 요구할 수 있다. 이 경우 필요한 조치를 요구받은 정보통신서비스 제공자는 정당한 사유가 없으면 이에 따라야 한다.
> ④ 국토교통부장관은 제1항에 따른 모니터링 업무를 대통령령으로 정하는 기관에 위탁할 수 있다.
> ⑤ 국토교통부장관은 제4항에 따른 업무위탁기관에 예산의 범위에서 위탁업무 수행에 필요한 예산을 지원할 수 있다.
> ⑥ 모니터링의 내용, 방법, 절차 등에 관한 사항은 국토교통부령으로 정한다.

❶ 인터넷 표시·광고 모니터링의 주체

인터넷을 통한 부동산중개이용자가 급증하는 현실 속에서 거짓·과장광고로 인한 소비자의 피해를 방지하기 위하여, 국토교통부장관은 인터넷을 이용한 중개대상물에 대한 표시·광고가 법 제18조의2의 규정을 준수하는지 여부를 모니터링할 수 있다.

❷ 모니터링를 위한 자료제출 요구 등

(1) 자료제출 요구

국토교통부장관은 모니터링을 위하여 필요한 때에는 정보통신서비스 제공자에게 관련 자료의 제출을 요구할 수 있다.

(2) 필요조치 요구

국토교통부장관은 모니터링 결과에 따라 정보통신서비스 제공자에게 「공인중개사법」 위반이 의심되는 표시·광고에 대한 확인 또는 추가정보의 게재 등 필요한 조치를 요구할 수 있다.

(3) 정보통신서비스 제공자의 의무

국토교통부장관으로부터 자료제출과 필요한 조치의 요구를 받은 정보통신서비스 제공자는 정당한 사유가 없으면 이에 따라야 하며, 이를 위반한 경우 500만원 이하의 과태료 처분사유에 해당한다.

❸ 업무의 위탁

국토교통부장관은 모니터링 업무를 다음의 어느 하나에 해당하는 기관에 위탁할 수 있으며, 업무위탁기관에 예산의 범위에서 위탁업무 수행에 필요한 예산을 지원할 수 있다. 국토교통부장관은 업무를 위탁하는 경우에는 위탁받는 기관 및 위탁업무의 내용을 고시해야 한다.

> ① 「공공기관의 운영에 관한 법률」 제4조에 따른 공공기관
> ② 「정부출연연구기관 등의 설립·운영 및 육성에 관한 법률」 제2조에 따른 정부출연연구기관
> ③ 「민법」 제32조에 따라 설립된 비영리법인으로서 인터넷 표시·광고 모니터링 또는 인터넷 광고시장 감시와 관련된 업무를 수행하는 법인
> ④ 그 밖에 인터넷 표시·광고 모니터링 업무 수행에 필요한 전문인력과 전담조직을 갖췄다고 국토교통부장관이 인정하는 기관 또는 단체

❹ 모니터링 업무

(1) 모니터링 업무의 구분

① 기본 모니터링 업무: 모니터링 기본계획서에 따라 분기별로 실시하는 모니터링
② 수시 모니터링 업무: 법 제18조의2➕를 위반한 사실이 의심되는 경우 등 국토교통부장관이 필요하다고 판단하여 실시하는 모니터링

➕ 「공인중개사법」 제18조의2
1. 명시의무
2. 부당한 표시·광고

(2) 업무계획서의 제출

모니터링 업무 수탁기관(이하 '모니터링 기관'이라 한다)은 업무를 수행하려면 다음의 구분에 따라 계획서를 국토교통부장관에게 제출해야 한다.

① 기본 모니터링 업무: 모니터링 대상, 모니터링 체계 등을 포함한 다음 연도의 모니터링 기본계획서를 매년 12월 31일까지 제출할 것
② 수시 모니터링 업무: 모니터링의 기간, 내용 및 방법 등을 포함한 계획서를 제출할 것

(3) 결과보고서 제출

모니터링 기관은 업무를 수행한 경우 해당 업무에 따른 결과보고서를 다음의 구분에 따른 기한까지 국토교통부장관에게 제출해야 한다.
① 기본 모니터링 업무: 매 분기의 마지막 날부터 30일 이내
② 수시 모니터링 업무: 해당 모니터링 업무를 완료한 날부터 15일 이내

(4) 모니터링 업무 관련 국토교통부장관의 권한

국토교통부장관은 모니터링 기관으로부터 제출받은 결과보고서를 시·도지사 및 등록관청에 통보하고 필요한 조사 및 조치를 요구할 수 있다.

(5) 모니터링 업무 관련 시·도지사 및 등록관청의 의무

시·도지사 및 등록관청은 국토교통부장관으로부터 요구를 받으면 신속하게 조사 및 조치를 완료하고, 완료한 날부터 10일 이내에 그 결과를 국토교통부장관에게 통보해야 한다.

(6) 모니터링 세부기준 고시

모니터링의 기준, 절차 및 방법 등에 관한 세부적인 사항은 국토교통부장관이 정하여 고시한다.

예제

공인중개사법령상 개업공인중개사가 의뢰받은 중개대상물에 대하여 표시·광고를 하는 경우에 관한 설명으로 옳은 것은? 제31회

① 중개보조원이 있는 경우 개업공인중개사의 성명과 함께 중개보조원의 성명을 명시할 수 있다.
② 중개대상물에 대한 표시·광고를 위하여 대통령령으로 정해진 사항의 구체적인 표시·광고방법은 국토교통부장관이 정하여 고시한다.
③ 중개대상물의 내용을 사실과 다르게 거짓으로 표시·광고한 자를 신고한 자는 포상금 지급대상이다.
④ 인터넷을 이용하여 표시·광고를 하는 경우 중개사무소에 관한 사항은 명시하지 않아도 된다.
⑤ 인터넷을 이용한 중개대상물의 표시·광고 모니터링 업무 수탁기관은 기본계획서에 따라 6개월마다 기본 모니터링 업무를 수행한다.

해설 ① 중개보조원에 관한 사항은 표시·광고물에 명시하면 아니 된다.
③ 포상금 지급대상이 아니다.
④ 인터넷을 이용하여 표시·광고를 하는 경우에도 중개사무소의 명칭, 소재지, 연락처, 등록번호 등을 명시하여야 한다.
⑤ 분기별로 실시하는 기본 모니터링 업무를 수행한다. **정답 ②**

제9절 | 중개사무소의 이전신고 제32회, 제33회, 제34회, 제36회

> 제20조【중개사무소의 이전신고】① 개업공인중개사는 중개사무소를 이전한 때에는 이전한 날부터 10일 이내에 국토교통부령으로 정하는 바에 따라 등록관청에 이전사실을 신고하여야 한다. 다만, 중개사무소를 등록관청의 관할지역 외의 지역으로 이전한 경우에는 이전 후의 중개사무소를 관할하는 시장·군수 또는 구청장(이하 이 조에서 '이전 후 등록관청'이라 한다)에게 신고하여야 한다.
> ② 제1항 단서에 따라 신고를 받은 이전 후 등록관청은 종전의 등록관청에 관련 서류를 송부하여 줄 것을 요청하여야 한다. 이 경우 종전의 등록관청은 지체 없이 관련 서류를 이전 후 등록관청에 송부하여야 한다.
> ③ 제1항 단서에 따른 신고 전에 발생한 사유로 인한 개업공인중개사에 대한 행정처분은 이전 후 등록관청이 이를 행한다.

❶ 중개사무소의 이전

개업공인중개사의 종별과 등록관청 내·외를 불문하고 개업공인중개사가 이전하고자 하는 지역으로 중개사무소를 이전할 수 있다. 따라서 부칙상의 개업공인중개사도 전국 어디든지 중개사무소를 이전할 수 있으며, 이전한 중개사무소가 소재하는 특별시·광역시·도(특별자치도를 포함한다)의 관할 지역의 중개대상물을 중개할 수 있다. 물론 시·도를 넘어가는 이전의 경우 원칙적으로 이전 전 지역의 중개대상물은 중개할 수 없는 경우가 발생할 수도 있다.

Tip ☝ 이때 주의하여야 할 것은 사무소의 소재지에 따라 등록관청이 결정되기 때문에 중개사무소 이전으로 등록관청이 변경될 수 있다는 것이다.

❷ 중개사무소의 이전절차

개업공인중개사가 중개사무소를 이전한 경우에는 이전 후 10일 이내에 신고서와 개설등록증(분사무소의 경우 설치신고확인서), 이전 후 중개사무소를 확보하였음을 증명하는 서류를 첨부하여 이전 후 사무소(분사무소의 경우 주된사무소)를 관할하는 등록관청에 신고하여야 한다.

(1) 이전신고 처리절차

① 등록관청 관할지역 내(內)에서의 이전신고: 신고를 받은 등록관청은 그 내용이 적합한 경우에는 등록증을 재교부하여야 한다. 다만, 등록관청 관할지역 내에서의 이전이므로 등록증에 변경사항을 적어 교부할 수 있다.

② 등록관청 관할 지역 외(外)로의 이전신고: 신고를 받은 등록관청은 그 내용이 적합한 경우에는 등록증을 재교부하여야 한다. 이 경우에는 서류송부가 수반된다.

③ 분사무소의 이전신고: 신고를 받은 등록관청은 그 내용이 적합한 경우에는 분사무소설치신고확인서를 재교부하여야 한다. 다만, 분사무소가 동일 관할지역 내에서 이전된 경우에는 분사무소설치신고확인서에 변경사항을 적어 교부할 수 있다.

(2) 이전신고시 제출서류

① 중개사무소 이전신고서
② 등록증(분사무소의 경우에는 분사무소설치신고확인서)
③ 건축물대장에 기재된 건물에 중개사무소를 확보하였음을 증명하는 서류(단, 건축물대장에 기재되지 아니한 건물에 중개사무소를 확보하였을 경우에는 건축물대장 기재가 지연되는 사유를 적은 서류를 포함한다)

(3) 서류송부 요청 및 서류송부

등록관청 관할지역 외의 지역으로 이전하고 이전 후 등록관청에 이전신고를 하는 경우, 신고를 받은 이전 후 등록관청은 종전의 등록관청에 관련 서류를 송부하여 줄 것을 요청하여야 한다. 이때 종전의 등록관청은 지체 없이 관련 서류를 이전 후 등록관청에 송부하여야 한다. 단, 법인의 분사무소 이전시에는 서류송부는 필요하지 않다.

> **참고 📖 송부서류(이전 전 ⇨ 이전 후)**
> 1. 이전신고를 한 중개사무소의 부동산중개사무소 등록대장
> 2. 부동산중개사무소 개설등록신청서류
> 3. 행정처분 및 행정처분절차가 진행 중인 경우 최근 1년간의 그 관련 서류

(4) 이전신고사항의 통보(분사무소 이전의 경우에 한함)

분사무소의 이전신고를 받은 등록관청은 지체 없이 그 분사무소의 이전 전 및 이전 후의 소재지를 관할하는 시장·군수 또는 구청장에게 이를 통보하여야 한다.

❸ 위반시 제재

중개사무소 이전신고에 관한 의무를 위반한 경우에는 100만원 이하의 과태료를 부과한다.

4 행정처분의 관할

개업공인중개사가 자기의 중개사무소를 등록관청 관할 외의 지역으로 이전하고 이전 후 등록관청에 이전신고를 하는 경우, 신고 전에 발생한 사유로 인한 개업공인중개사에 대한 행정처분은 이전 후 등록관청이 행한다.

> **예제**
>
> 공인중개사법령상 공인중개사인 개업공인중개사가 중개사무소를 등록관청의 관할지역 내로 이전한 경우에 관한 설명으로 틀린 것을 모두 고른 것은? 제32회
>
> ㉠ 중개사무소를 이전한 날부터 10일 이내에 신고해야 한다.
> ㉡ 등록관청이 이전신고를 받은 경우, 중개사무소등록증에 변경사항만을 적어 교부할 수 없고 재교부해야 한다.
> ㉢ 이전신고를 할 때 중개사무소등록증을 제출하지 않아도 된다.
> ㉣ 건축물대장에 기재되지 않은 건물로 이전신고를 하는 경우, 건축물대장 기재가 지연되는 사유를 적은 서류도 제출해야 한다.
>
> ① ㉠, ㉡ ② ㉠, ㉣ ③ ㉡, ㉢
> ④ ㉢, ㉣ ⑤ ㉡, ㉢, ㉣
>
> **해설** ㉡ 등록관청의 관할지역 내로 이전한 경우 이전신고를 받은 등록관청은 원칙적으로 중개사무소등록증을 재교부하여야 한다. 다만, 중개사무소등록증에 변경사항을 적어 교부할 수도 있다.
> ㉢ 이전신고를 할 때는 중개사무소등록증을 첨부하여야 한다.
> **정답** ③

제10절 | 휴업 또는 폐업의 신고 제32회, 제34회, 제35회, 제36회

> **제21조 【휴업 또는 폐업의 신고】** ① 개업공인중개사는 3개월을 초과하는 휴업(중개사무소의 개설등록 후 업무를 개시하지 아니하는 경우를 포함한다. 이하 같다), 폐업 또는 휴업한 중개업을 재개하고자 하는 때에는 등록관청에 그 사실을 신고하여야 한다. 휴업기간을 변경하고자 하는 때에도 또한 같다.
> ② 제1항에 따른 휴업은 6개월을 초과할 수 없다. 다만, 질병으로 인한 요양 등 대통령령으로 정하는 부득이한 사유가 있는 경우에는 그러하지 아니하다.
> ③ 제1항에 따른 신고의 절차 등에 관하여 필요한 사항은 대통령령으로 정한다.

❶ 휴업·폐업 관련 신고의무

개업공인중개사는 휴업 및 폐업을 언제든지 자유로이 할 수 있다. 그러나 3개월을 초과하는 휴업(중개사무소의 개설등록 후 업무를 개시하지 아니하는 경우를 포함한다), 폐업 또는 휴업한 중개업을 재개 또는 휴업기간을 변경하고자 하는 때에는 부동산중개업 휴업(폐업·재개·휴업기간 변경)신고서에 의하여 등록관청에 미리 그 사실을 신고(부동산중개업 재개·휴업기간 변경신고의 경우 전자문서에 의한 신고를 포함한다)하여야 한다. 이를 위반하는 경우 기간에 따라 행정처분 또는 과태료에 처할 수 있다.

❷ 신고대상 및 신고방법

(1) 신고대상

① 휴업: 개업공인중개사가 3개월을 초과하는 휴업(중개사무소 개설등록 후 업무를 개시하지 아니하는 경우를 포함한다)을 하고자 하는 때에는 등록관청에 미리 신고하여야 하는데, 이때 신고서에 등록증을 첨부하여야 한다. 법인의 분사무소는 주사무소와 별개로 휴업신고할 수 있다.

② 재개: 개업공인중개사가 휴업한 중개업의 재개를 하고자 하는 때에는 부동산중개업 재개신고서에 의하여 등록관청에 미리 신고하여야 한다. 중개사무소 재개신고를 받은 등록관청은 반납받은 중개사무소등록증을 즉시 반환하여야 한다.

③ 휴업기간 변경: 휴업은 6개월을 초과할 수 없는 것이 원칙이나, 대통령령이 정하는 부득이한 사유가 있는 경우에는 기간의 제한 없이 휴업을 할 수 있다. 다만, 휴업기간의 변경시(연장도 포함된다)에도 등록관청에 미리 신고하여야 한다.

④ 폐업
  ㉠ 의의: 폐업은 개업공인중개사가 자의에 의하여 '업'을 완전히 종료시키는 것으로 자의에 의하여 언제든지 할 수 있으며 휴업 중이나 업무정지처분기간 중에도 폐업신고를 할 수 있다.
  ㉡ 신고방법: 폐업신고는 등록증을 첨부하여 등록관청에 신고서를 제출하면 되고, 법인의 분사무소의 경우에는 설치신고확인서를 첨부하여 주된 사무소 등록관청에 신고서를 제출하면 된다.
  ㉢ 폐업신고 후 중개업을 계속하는 경우: 폐업신고가 수리된 이후에 중개사무소를 폐쇄하지 않고 중개업을 계속하는 경우, 개설등록을 하지 아니하고 중개업을 한 자로 보아 처벌받을 수 있다.

핵심 ⓖ 휴업기간 6개월 초과 가능 사유
1. 질병으로 인한 요양
2. 징집(현역복무의무)으로 인한 입영
3. 취학
4. 그 밖에 위에 준하는 부득이한 사유

Tip 👆 개정 전 법률에서 개업공인중개사가 사망한 때에는 그 개업공인중개사와 세대를 같이하고 있는 자가 등록관청에 폐업신고하여야 한다는 규정이 있었으나, 개정법(2006년)에서 삭제되었음에 유의하여야 한다.

(2) 신고방법

① 휴업·폐업신고: 신고서에 등록증(분사무소의 경우 설치신고확인서)을 첨부하여 방문신고하여야 한다.
② 재개신고, 휴업기간 변경신고: 신고서에 등록증을 첨부할 필요가 없으며, 방문신고와 전자문서에 의한 신고가 가능하다.

(3) 휴업·폐업의 일괄신고

① 중개업 휴업·폐업신고를 하려는 자가 「부가가치세법」에 따른 사업자 휴업·폐업신고를 같이 하려는 경우에는 중개업 휴업·폐업신고서에 사업자 휴업·폐업신고서를 함께 제출해야 한다. 이 경우 등록관청은 함께 제출받은 사업자 휴업·폐업신고서를 지체 없이 관할 세무서장에게 송부(정보통신망을 이용한 송부를 포함한다)해야 한다.
② 반대로 관할 세무서장이 중개업 휴업·폐업신고서를 받아 해당 등록관청에 송부(정보통신망을 이용한 송부를 포함한다)한 경우에는 중개업 휴업·폐업신고서가 제출된 것으로 본다.

❸ 위반시 제재

(1) 상대적 등록취소

신고 없이 계속하여 6개월을 초과하여 휴업한 경우에는 개업공인중개사의 등록이 취소될 수 있다.

(2) 100만원 이하의 과태료

휴업·폐업신고, 재개 또는 휴업기간 변경신고를 하지 아니한 자는 100만원 이하의 과태료에 처한다.

> **예제**
>
> **공인중개사법령상 중개업의 휴업 및 재개신고 등에 관한 설명으로 옳은 것은?** 제32회
> ① 개업공인중개사가 3개월의 휴업을 하려는 경우 등록관청에 신고해야 한다.
> ② 개업공인중개사가 6개월을 초과하여 휴업을 할 수 있는 사유는 취학, 질병으로 인한 요양, 징집으로 인한 입영에 한한다.
> ③ 개업공인중개사가 휴업기간 변경신고를 하려면 중개사무소등록증을 휴업기간 변경신고서에 첨부하여 제출해야 한다.
> ④ 재개신고는 휴업기간 변경신고와 달리 전자문서에 의한 신고를 할 수 없다.
> ⑤ 재개신고를 받은 등록관청은 반납받은 중개사무소등록증을 즉시 반환해야 한다.

> **해설** ① 개업공인중개사가 3개월을 초과하는 휴업을 하려는 경우 등록관청에 신고해야 한다.
> ② 개업공인중개사가 6개월을 초과하여 휴업을 할 수 있는 사유는 취학, 질병으로 인한 요양, 징집으로 인한 입영, 그 밖에 이에 준하는 부득이한 사유가 있다. 따라서, 임신·출산 같은 사유도 포함될 수 있다.
> ③ 중개사무소등록증은 휴업신고시에 이미 등록관청에 반납된 상태이므로 휴업기간 변경 신고시에는 중개사무소등록증을 첨부할 수가 없다.
> ④ 재개신고와 휴업기간 변경신고 모두 전자문서 혹은 방문신고가 가능하다.   **정답** ⑤

제11절 | 간판철거의무 제32회

> **제21조의2 【간판의 철거】** ① 개업공인중개사는 다음 각 호의 어느 하나에 해당하는 경우에는 지체 없이 사무소의 간판을 철거하여야 한다.
> 1. 제20조 제1항에 따라 등록관청에 중개사무소의 이전사실을 신고한 경우
> 2. 제21조 제1항에 따라 등록관청에 폐업사실을 신고한 경우
> 3. 제38조 제1항 또는 제2항에 따라 중개사무소의 개설등록 취소처분을 받은 경우
> ② 등록관청은 제1항에 따른 간판의 철거를 개업공인중개사가 이행하지 아니하는 경우에는 「행정대집행법」에 따라 대집행을 할 수 있다.

❶ 간판철거의 의무

중개사무소임을 표시하는 간판은 현행법상 개업공인중개사만이 설치할 수 있다. 따라서 개업공인중개사는 다음의 사유에 의하여 간판을 설치한 장소에서 계속하여 중개업을 영위할 수 없게 된 때에는 그 간판을 철거하여야 한다.

Tip 👉 개업공인중개사가 반드시 간판을 설치하여야 할 법률적 의무가 있는 것은 아니다(국토교통부 부동산산업과 1866, 2009.6.16).

> ① 간판이 설치된 종전사무소에서 다른 곳으로 이전신고한 경우
> ② 간판이 설치된 종전사무소 폐업신고를 한 경우
> ③ 간판이 설치된 중개사무소 개설등록이 취소된 경우

❷ 위반시 처리

개업공인중개사가 간판철거의 의무가 있음에도 불구하고 이를 이행하지 아니하는 경우 등록관청은 「행정대집행법」에 따라 대집행을 할 수 있다.

제1편 메타인지 학습체크 제1장~제4장

01 중개업이라 함은 다른 사람의 의뢰에 의하여 일정한 보수를 받고 중개를 업으로 행하는 것을 말한다. [○ / ×]

02 개업공인중개사란 「공인중개사법」에 의하여 중개사무소의 개설등록을 한 공인중개사를 말한다. [○ / ×]

03 컨설팅업자가 일정한 보수를 받고 부동산중개행위를 부동산컨설팅행위에 부수하여 업으로 하는 경우, 중개업에 해당한다. [○ / ×]

04 동·호수가 특정되어 분양계약이 체결된 아파트 분양권은 중개대상물이 아니다. [○ / ×]

05 영업상 노하우 등 무형의 재산적 가치인 권리금은 중개대상물이 아니다. [○ / ×]

06 시·도지사는 공인중개사자격 시험합격자의 결정 공고일부터 [① 1개월 / ② 2개월] 이내에 시험 합격자에게 공인중개사자격증을 교부해야 한다.

07 정책심의위원회는 위원장 1명을 포함하여 7명 이상 11명 이내의 위원으로 구성한다. [○ / ×]

08 무자격자가 자신의 명함에 '부동산뉴스 대표'라는 명칭을 기재하여 사용하였다 하더라도 공인중개사와 유사한 명칭을 사용한 것에 해당하지 않는다. [○ / ×]

09 폐업신고 후 1년 이내에 중개사무소의 개설등록을 다시 신청하려는 공인중개사는 실무교육을 받지 않아도 된다. [○ / ×]

10 실무교육을 받은 개업공인중개사 및 소속공인중개사는 그 실무교육을 받은 후 [① 1년 / ② 2년]마다 연수교육을 받아야 한다.

정답

01	02	03	04	05	06	07	08	09	10
○	×	○	×	○	①	○	×	○	②

제1편 메타인지 학습체크 제1장~제4장

11 반복, 계속성이나 영업성 없이 단 1회 건물매매계약의 중개를 하고 보수를 받은 경우 중개를 업으로 한 것으로 볼 수 없다. [O / X]

12 소속공인중개사에는 개업공인중개사인 법인의 사원 또는 임원으로서 중개업무를 수행하는 공인중개사인 자가 [① 포함 / ② 제외]된다.

13 아파트 추첨기일에 신청하여 당첨되면 아파트의 분양예정자로 선정될 수 있는 지위인 입주권은 중개대상물이 아니다. [O / X]

14 주택이 철거될 경우 일정한 요건하에 택지개발지구 내에 이주자택지를 공급받을 지위인 대토권은 중개대상물이다. [O / X]

15 공인중개사자격증의 재교부를 신청하는 자는 재교부신청서를 자격증을 교부한 시·도지사에게 제출해야 한다. [O / X]

16 중개보수 변경에 관한 사항은 공인중개사 정책심의위원회의 공인중개사 업무에 관한 심의사항에 해당한다. [O / X]

17 정책심의위원회 위원장은 국토교통부장관이 된다. [O / X]

18 정책심의위원회 위원장이 부득이한 사유로 직무를 수행할 수 없을 때에는 부위원장이 그 직무를 대행한다. [O / X]

19 국토교통부장관, 시·도지사 및 등록관청은 필요하다고 인정하면 개업공인중개사 등의 부동산거래사고 예방을 위한 교육을 실시할 수 있다. [O / X]

20 고용관계 종료신고 후 1년 이내에 다시 중개보조원으로 고용신고의 대상이 된 자는 시·도지사 또는 등록관청이 실시하는 [① 실무 / ② 직무]교육을 받지 않아도 된다.

정답

11 O 12 ① 13 O 14 X 15 O 16 O 17 X 18 X 19 O 20 ②

21 법인인 개업공인중개사로 등록하기 위하여서는 자본금 5천만원 이상의 「상법」상 회사 또는 「협동조합 기본법」상 협동조합(사회적 협동조합 제외)이어야 한다. [○ / ×]

22 소속공인중개사는 자신의 중개사무소 개설등록을 신청할 수 [① 있다 / ② 없다].

23 금고 이상의 형의 집행유예를 받고 그 유예기간이 만료된 날부터 2년이 지나지 아니한 자는 중개사무소의 등록을 할 수 없다. [○ / ×]

24 개업공인중개사는 그 등록관청의 관할 구역 안에 중개사무소를 두되, 1개의 중개사무소만을 둘 수 있다. [○ / ×]

25 개업공인중개사는 그 업무의 효율적인 수행을 위하여 다른 개업공인중개사와 중개사무소를 공동으로 사용할 수 있다. [○ / ×]

26 다른 법률의 규정에 따라 중개업을 할 수 있는 법인의 분사무소에도 공인중개사를 책임자로 두어야 한다. [○ / ×]

27 개업공인중개사가 소속공인중개사를 고용한 경우 고용일로부터 10일 이내에 등록관청에 신고하여야 한다. [○ / ×]

28 중개의뢰인의 의뢰에 따른 도배·이사업체의 소개 등 주거이전에 부수되는 용역의 알선업무는 법인인 개업공인중개사가 겸업할 수 있다. [○ / ×]

29 법인인 개업공인중개사의 인장등록은 「상업등기규칙」에 따른 인감증명서의 제출로 갈음한다. [○ / ×]

30 개업공인중개사가 등록한 인장을 변경한 경우 변경일부터 [① 7일 / ② 10일] 이내에 그 변경된 인장을 등록관청에 등록해야 한다.

정답

21 ○   22 ②   23 ○   24 ○   25 ○   26 ×   27 ×   28 ○   29 ○   30 ①

메타인지 학습체크 제1장~제4장

31 법인인 개업공인중개사의 대표자는 공인중개사이어야 하며, 대표자를 [① 포함 / ② 제외]한 사원 또는 임원의 3분의 1 이상이 공인중개사이어야 한다.

32 개업공인중개사가 등록의 결격사유에 해당되는 경우 그의 등록은 취소될 수 있다. [○ / ×]

33 분사무소는 주된 사무소의 소재지가 속한 시·군·구를 [① 포함 / ② 제외]한 시·군·구별로 설치하되, 시·군·구별로 1개소를 초과할 수 없다.

34 법인인 개업공인중개사가 등록관청의 관할 구역 외의 지역에 분사무소를 두기 위해서는 등록관청에 신고를 하여야 한다. [○ / ×]

35 중개보조원뿐만 아니라 소속공인중개사의 모든 행위는 그를 고용한 개업공인중개사의 행위로 본다. [○ / ×]

36 개업공인중개사는 중개보조원과 고용관계가 종료된 경우 그 종료일부터 10일 이내에 등록관청에 신고해야 한다. [○ / ×]

37 주상복합 건물의 분양 및 관리의 대행업무는 법인인 개업공인중개사가 겸업할 수 있다. [○ / ×]

38 분사무소에서 사용할 인장으로는 「상업등기규칙」에 따라 법인이 보증하는 인장을 등록할 수 있다. [○ / ×]

39 소속공인중개사가 업무를 수행하는 기간 동안 등록하지 않은 인장을 사용하여 중개행위를 한 경우 자격정지처분을 받을 수 있다. [○ / ×]

40 개업공인중개사가 소속공인중개사를 고용한 경우에는 개업공인중개사 및 소속공인중개사의 공인중개사자격증 원본을 중개사무소에 게시하여야 한다. [○ / ×]

> **정답**
> 31 ②　32 ×　33 ②　34 ○　35 ×　36 ○　37 ○　38 ×　39 ○　40 ○

41 개업공인중개사가 아닌 자는 중개대상물에 대한 표시·광고를 해서는 안 된다. [○ / ×]

42 개업공인중개사가 아닌 자로서 중개업을 하기 위하여 중개대상물에 대한 표시·광고를 한 자는 1년 이하의 징역 또는 1천만원 이하의 벌금에 해당한다. [○ / ×]

43 개업공인중개사가 [① 3개월 / ② 6개월]을 초과하여 휴업을 할 수 있는 사유는 취학, 질병으로 인한 요양, 징집으로 인한 입영, 임신 또는 출산이나 이에 준하는 부득이한 사유가 있는 경우이다.

44 개업공인중개사는 의뢰받은 중개대상물에 대한 표시·광고에 중개보조원에 관한 사항을 명시해서는 아니 된다. [○ / ×]

45 개업공인중개사는 6개월을 초과하는 휴업을 하고자 하는 경우 미리 등록관청에 신고하여야 한다. [○ / ×]

46 개업공인중개사가 등록관청에 폐업사실을 신고한 경우에는 지체 없이 사무소의 간판을 철거하여야 한다. [○ / ×]

정답

41 ○ **42** ○ **43** ② **44** ○ **45** × **46** ○

제5장 개업공인중개사의 의무와 책임

기본윤리 (법 제29조)	① 개업공인중개사 및 소속공인중개사는 전문직업인으로서 지녀야 할 품위를 유지하고 신의와 성실로써 공정하게 중개 관련 업무를 수행하여야 한다. ② 개업공인중개사 등은 업무상 알게 된 의뢰인의 비밀을 누설하여서는 아니 된다. 개업공인중개사 등이 그 직을 떠난 후에도 또한 같다.
일반중개계약 (법 제22조)	① 중개의뢰인은 일반중개계약서 작성을 요청할 수 있다. ⇨ 개업공인중개사는 작성의무 없음 ② 국토교통부장관은 표준서식을 정하여 권장할 수 있으며, 현재 권장서식이 있다. ⇨ 개업공인중개사는 사용의무가 없으며, 보존의무도 없음

전속중개계약
(법 제23조)
	① 전속개업공인중개사의 의무
	   ㉠ 전속중개계약서(법정강제서식) 작성, 교부, 보존(3년)의무
	   ㉡ 정보공개의무(7일 이내, 비공개 요청시에는 공개 ×) ⇨ 일간신문 또는 거래정보망
	   ㉢ 공개내용의 통지의무(지체 없이, 문서로)
	   ㉣ 업무처리상황 보고의무(2주일에 1회 이상, 문서로)
	② 전속의뢰인의 의무 ⇨ 전속계약의 유효기간(원칙 3개월) 내
	   ㉠ 다른 개업공인중개사에게 의뢰하여 거래: 약정 중개보수 100%를 위약금으로 지급
	   ㉡ 소개한 전속 개업공인중개사를 배제하고 직거래: 약정 중개보수 100%를 위약금으로 지급
	   ㉢ 스스로 발견한 상대방과 직거래: 약정 중개보수의 50% 범위 내에서 소요된 비용을 지급

중개대상물 확인·설명의무 (법 제25조)	① 거래 완성 전: 권리 취득의뢰인에게 설명, 설명의 근거자료(대장, 등기부 등)를 제시하고, 성실·정확하게 설명하여야 한다. ② 거래 완성 후: 중개대상물 확인·설명서(법정강제서식 – 4종류) 작성, 서명 및 날인(담당 소속공인중개사 포함), 교부(쌍방), 보존(3년, 공인전자문서센터 보관시 제외)의무
중개대상물 확인·설명서 작성의무	① 중개대상물의 종류: ㉠ 주거용 건축물[Ⅰ], ㉡ 비주거용 건축물[Ⅱ], ㉢ 토지[Ⅲ], ㉣ 입목·광업재단·공장재단[Ⅳ] 4종류가 있다. ② 확인·설명서 서식은 법정강제서식이므로 이 서식을 반드시 사용하여야 하며, 작성·서명 및 날인(담당 소속공인중개사 포함)·교부·보존(3년, 공인전자문서센터 보관시 제외)하여야 한다.
거래계약서 작성의무 (법 제26조)	① 거래계약서는 법정강제서식이 없다. ⇨ 국토교통부장관이 표준서식을 정하여 권장할 수 있으나, 현재 권장서식도 없으며, 임의서식 사용 ② 이중계약서(거짓계약서) 작성 금지 ⇨ 개업공인중개사(상대적 등록취소), 소속공인중개사(자격정지) ✔ 1년 – 1천만원 대상은 아님에 유의하여야 한다.

금지행위
(법 제33조)
	① 법 제33조 제1항의 금지행위(개업공인중개사 등의 금지행위)
	  ㉠ 거래상의 중요사항에 대한 거짓행위
	  ㉡ 중개보수의 법정 한도를 초과하여 받은 초과금품수수
	  ㉢ 중개대상물에 대한 매매업
	  ㉣ 무등록 중개업자임을 알면서 그로부터 의뢰를 받거나 그에게 자신의 명의를 이용하게 하는 행위
	  ㉤ 관련 법령에서 거래가 금지된 부동산의 분양과 임대와 관련되는 증서(청약통장 등) 매매업, 중개
	  ㉥ 중개의뢰인과 직접거래, 쌍방대리
	  ㉦ 부동산투기조장행위
	  ㉧ 중개대상물의 시세에 부당한 영향을 주거나 줄 우려가 있는 행위
	  ㉨ 단체를 구성하여 특정 중개대상물에 대하여 중개를 제한하거나, 단체 구성원 이외의 자와 공동중개를 제한하는 행위
	② 법 제33조 제2항의 금지행위(누구든지 해서는 아니 되는 금지행위)
	  ㉠ 안내문 등을 이용하여 특정 개업공인중개사 등에 대한 중개의뢰를 제한하거나 제한을 유도하는 행위
	  ㉡ 안내문 등을 이용하여 다른 개업공인중개사 등을 부당하게 차별하는 행위
	  ㉢ 안내문 등을 이용하여 특정 가격 이하로 중개를 의뢰하지 아니하도록 유도하는 행위
	  ㉣ 정당한 사유 없이 개업공인중개사 등의 중개대상물에 대한 정당한 표시·광고 행위를 방해하는 행위
	  ㉤ 개업공인중개사 등에게 중개대상물을 시세보다 현저하게 높게 표시·광고하도록 강요하거나 대가를 약속하고 시세보다 현저하게 높게 표시·광고하도록 유도하는 행위

손해배상책임 (법 제30조)	개업공인중개사가 중개업무를 함에 있어서 고의나 과실로 거래당사자에게 재산상의 손해를 발생하게 하거나, 타인에게 자신의 중개사무소를 중개행위의 장소로 제공함으로써 거래당사자에게 재산상의 손해를 발생하게 한 경우 ⇨ 이 법에 따라 배상책임을 진다.
업무보증 설정 및 유지의무	① 중개사무소 개설등록을 한 후, 업무개시 전까지 업무보증을 설정하여야 한다. ② 최소 보증금액: 개인인 개업공인중개사 – 2억원 이상, 법인인 개업공인중개사 – 4억원 이상(분사무소 1개소마다 – 2억원 이상 추가 설정), 특수법인 – 2천만원 이상 ③ 보증설정 방법: 보증보험이나 공제에 가입하거나, 공탁하여야 한다.

제5장 개업공인중개사의 의무와 책임

> 제1편에서 가장 중요한 장이다. 최소 4문제에서 최대 8문제까지 출제될 수 있으며, 특히 이 장에서는 중개계약, 확인·설명의무, 확인·설명서 작성의무, 거래계약서, 손해배상책임, 금지행위 등이 중요하고 핵심적인 부분이다.
>
> 일반중개계약과 전속중개계약의 차이점, 확인·설명서 서식간 차이점, 손해배상책임 관련한 의무는 물론이고 금지행위에서는 9가지의 금지사유 및 이에 관한 판례까지 철저하게 학습하여야 한다.

제1절 | 개업공인중개사 등의 기본윤리

제32회, 제34회

> **제29조【개업공인중개사 등의 기본윤리】** ① 개업공인중개사 및 소속공인중개사는 전문직업인으로서 지녀야 할 품위를 유지하고 신의와 성실로써 공정하게 중개 관련 업무를 수행하여야 한다.
> ② 개업공인중개사 등은 이 법 및 다른 법률에 특별한 규정이 있는 경우를 제외하고는 그 업무상 알게 된 비밀을 누설하여서는 아니 된다. 개업공인중개사 등이 그 업무를 떠난 후에도 또한 같다.

❶ 윤리적 의무

개업공인중개사 및 소속공인중개사는 전문직업인으로서의 품위를 유지하고 신의와 성실로써 공정하게 중개 관련 업무를 수행하여야 한다.

(1) 품위유지의 의무

전문직업인으로서 지녀야 할 품위를 유지한다는 것은 개업공인중개사 및 소속공인중개사가 어떻게 행위를 하여야 한다는 구체적인 행위규범이 아니라, 추상적인 개념으로서 선언적인 규정이다.

(2) 신의성실의 의무

모든 사람은 사회공동체의 일원으로서 상대방의 신뢰에 반하지 않도록 성의 있게 행동할 것이 요구되는데, 특히 이러한 윤리적·도덕적 평가를 법적 가치판단의 한 내용으로 도입한 것이 신의성실의 원칙이다.

참고 현행 「민법」 제2조 제1항에서 "권리의 행사와 의무의 이행은 신의에 좇아 성실히 하여야 한다."라고 규정하고 있다.

(3) 공정중개의 의무

개업공인중개사와 소속공인중개사는 신의성실의 원칙에 따라 공정하게 중개행위를 하여야 하는데, 공정중개의 의무란 일방당사자의 이익에만 치우치는 것이 아니라 거래상대방의 이익도 최대한 고려하여 공정한 중개행위를 하여야 하는 의무를 말한다.

(4) 선량한 관리자의 주의의무

① 의의: 선관주의의무(善管注意義務)란 일반적으로 평균인에게 요구되는 주의를 의미한다.

② 개업공인중개사의 선관주의의무: 판례는 개업공인중개사와 중개의뢰인과의 관계를 「민법」상 위임과 유사한 관계로 보아 개업공인중개사가 중개의뢰를 받은 때에는 선량한 관리자의 주의로써 의뢰받은 중개업무를 처리하여야 할 의무가 있다고 판시하고 있다.

> **참고 선관주의의무**
> 개업공인중개사에게 부담되는 비명문의 의무라는 점에서 중요한 의미가 있으며, 의뢰인에 대한 손해배상책임의 부담과 관련하여 대단히 중요한 기준으로 작용한다.

> **판례 개업공인중개사의 선관주의의무**
>
> 1. 개업공인중개사와 중개의뢰인의 관계는 「민법」상 위임관계와 같다. 「민법」 제681조에 의하여 개업공인중개사는 중개의뢰인의 본지에 따라 선량한 관리자의 주의로써 의뢰받은 중개업무를 처리하여야 할 의무가 있고, 신의와 성실로써 공정하게 중개행위를 하여야 할 의무가 있다(대판 91다36239, 대판 92다55350 등 다수).
>
> 2. 개업공인중개사는 선량한 관리자의 주의로 중개대상물의 권리관계 등을 조사·확인하여 중개의뢰인에게 설명할 의무가 있고, 이는 **개업공인중개사나 중개보조원이 「공인중개사법」에서 정한 중개대상물의 범위 외의 물건이나 권리 또는 지위를 중개하는 경우에도 다르지 않다**(대판 2012다74342).

❷ 비밀준수의무

(1) 비밀준수의무의 의의

① 규정취지: 개업공인중개사 등은 중개의뢰인의 비밀을 지켜주어야 하고 이를 통하여 개업공인중개사와 중개의뢰인 쌍방 간에 신뢰관계도 형성될 수 있게 된다.

② 의무의 내용: 다른 법률에 특별한 규정이 있는 경우➕를 제외하고는 업무상 알게 된 비밀을 누설하여서는 아니 되며, 개업공인중개사 등이 그 업무를 떠난 후에도 또한 같다.

➕ 개업공인중개사가 소송절차에서 증인으로 채택되어 법정에 나가 증언을 하는 경우 등

③ 위반시 제재: 1년 이하의 징역 또는 1천만원 이하의 벌금형에 처할 수 있다.

(2) 반의사불벌죄(反意思不罰罪)

비밀준수의무 규정은 중개의뢰인의 이익을 보호하기 위한 것이므로 피해자가 그 처벌을 원하지 않는다는 명시적 의사표시를 하면, 그 의사표시에 반하여 처벌할 수 없는 반의사불벌죄이다.

(3) 비밀준수의무와 신의성실의 원칙과의 관계

① 비밀준수의무와 신의성실의 원칙은 상충되는 면이 있다.
② 예컨대, 매물로 나온 주택에서 살인사건이 있었던 사실을 업무상 알게 되었다고 가정하면, 개업공인중개사가 팔고자 하는 의뢰인의 비밀을 보장하는 것은 사고자 하는 의뢰인에게는 신의성실의 원칙에 위배되는 결과가 되고, 반대로 사고자 하는 의뢰인에게 신의성실의 원칙에 의하여 이러한 내용을 알려주는 것은 팔고자 하는 중개의뢰인에게는 비밀을 지키지 못하는 결과가 된다.
③ 이와같이 중개의뢰인이 해당 부동산에 대한 그러한 정보를 알았더라면 그 계약을 체결하지 않았을 것이라는 정도의 정보라면 개업공인중개사는 비밀준수의무 보다는 신의성실의 원칙에 따라 반드시 확인·설명하여야 할 것이다.

> **용어 🔊 반의사불벌죄**
> 반의사불벌죄란 일단은 소송이 진행될 수 있지만 처벌을 원하지 않는다는 피해자(중개의뢰인)의 명시적 의사표시가 있는 경우에는 이에 반하여 처벌할 수 없는 죄를 말한다. 이는 '해제조건부 범죄'라고도 하며, 고소를 전제 조건으로 죄를 논할 수 있는 '친고죄(정지조건부 범죄)'와는 구별된다.

제2절 | 일반중개계약   제33회, 제34회, 제35회, 제36회

> **제22조【일반중개계약】** 중개의뢰인은 중개의뢰내용을 명확하게 하기 위하여 필요한 경우에는 개업공인중개사에게 다음 각 호의 사항을 기재한 일반중개계약서의 작성을 요청할 수 있다.
> 1. 중개대상물의 위치 및 규모
> 2. 거래예정가격
> 3. 거래예정가격에 대하여 제32조에 따라 정한 중개보수
> 4. 그 밖에 개업공인중개사와 중개의뢰인이 준수하여야 할 사항

❶ 중개계약

(1) 중개계약의 일반적 정의

① 중개계약은 개업공인중개사와 중개의뢰인 사이에 체결되는 계약이다. 즉, 개업공인중개사가 중개의뢰인으로부터 중개대상물에 대하여 중개를 의뢰받고, 개업공인중개사가 이를 수락하여 중개가 완성되면 보수를 지급받기로 약정함으로써 성립하는 계약을 말한다.

> **판례** 중개계약의 의의 등
>
> 1. 중개계약이란 의뢰인이 개업공인중개사에게 토지, 건물 기타 토지의 정착물에 대한 매매·교환·임대차 기타 권리의 득실변경에 관한 행위에 대한 중개행위를 의뢰하고 그 목적인 중개완성에 대하여 보수를 지급할 것으로 약속하는 합의를 말하며, 고용과 혼인의 중개와 더불어 민사중개로서 상사중개와는 구별된다(서울고법 94구12069; 자격시험 불합격처분 취소 관련).
>
> 2. 중개인이 토지소유자와 사이에 중개인 자신의 비용으로 토지를 택지로 조성하여 분할한 다음, 토지 중 일부를 중개인이 임의로 정한 매매대금으로 타에 매도하되, 토지의 소유자에게는 그 매매대금의 수액에 관계없이 확정적인 금원을 지급하고 그로 인한 손익은 중개인에게 귀속시키기로 하는 약정을 한 경우, 이는 단순한 중개의뢰약정이 아니다(대판 2005도4494).

② 중개계약을 체결한 후 비로소 개업공인중개사는 중개활동에 나서게 되고, 중개가 완성되면 거래계약은 거래당사자간에 체결하게 된다. 중개계약과 거래계약의 상관관계에 있어서 반드시 중개계약이 있어야 거래계약이 성립될 수 있는 것은 아니나, 개업공인중개사의 중개를 통한 거래계약이라면 중개계약이 존재하여야 할 것이다.

> **심화** 중개계약의 의의
>
> 1. 중개계약과 거래계약

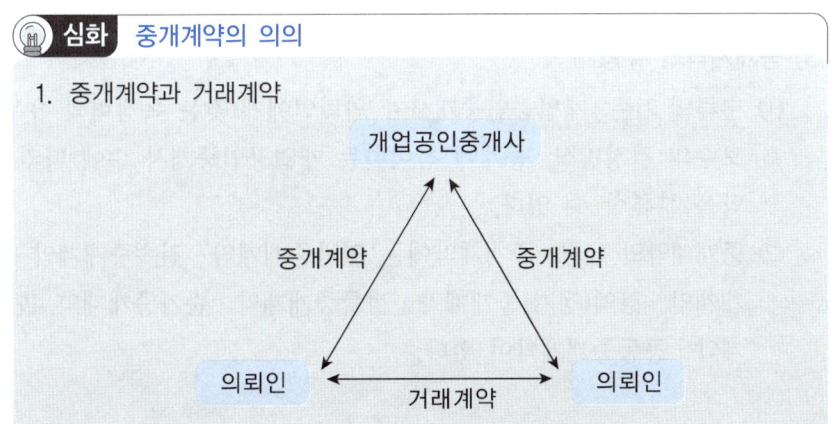

2. 제2중개계약
일반적인 중개계약의 당사자가 중개의뢰인과 개업공인중개사임에 반하여, 제2중개계약은 개업공인중개사와 개업공인중개사가 당사자인 중개계약형태이다. 개업공인중개사들이 한쪽의 보수를 포기하고 공동중개형태를 취할 때 성립되는 중개계약이다.

(2) 중개계약의 법적 성질

① 민사중개계약·낙성계약: 부동산중개계약은 상사중개와 구별되는 민사중개계약으로서 중개의뢰인의 의뢰(= 청약)와 개업공인중개사의 접수(= 승낙)로 성립되는 낙성계약이다.

② 유상계약(원칙)·무상계약(예외): 개업공인중개사는 상인으로서의 지위를 가지므로, 원칙적으로 중개계약은 유상계약이나 무상계약도 가능하다. 주의하여야 할 것은 중개계약을 무상으로 한다고 하여 개업공인중개사의 의무나 책임이 면제되거나 감소되지 않는다는 것이다.

③ 쌍무계약: 중개계약이 체결되면 개업공인중개사는 선관주의의무나 공정중개의무 등을 부담하며, 중개의뢰인은 중개완성을 대가로 중개보수를 지급하여야 할 의무를 부담하므로 쌍무계약이라고 볼 수 있다.

④ 불요식계약: 중개계약 체결에 있어서 특정의 방식이나 요식을 요구하지 않으므로 불요식계약이라고 볼 수 있다. 특히 전속중개계약의 경우 서면 작성의 의무를 개업공인중개사에게 부담시키고 있으나 이는 중개계약의 효력을 발생시키는 요건은 아니고 법률상 부담되는 의무에 지나지 않는다. 따라서 구두로 체결한 전속중개계약도 계약 자체는 유효하지만 의무를 위반한 것이기 때문에 처벌(업무정지)을 받을 수는 있다.

✚ 중개계약의 법적 성질에 관해서는 '제3편 중개실무'에서 다시 자세히 다루도록 한다.

(3) 중개계약의 유형

① 분류의 기준: 개업공인중개사가 의뢰인에게 갖는 독점력의 유무, 중개보수의 결정방식, 중개에 참여하는 개업공인중개사 수에 따라 중개계약을 분류할 수 있다.

② 중개계약의 유형: 중개계약에는 일반중개계약·전속중개계약·독점중개계약, 정액(정가)중개계약·정률중개계약·순가중개계약, 단독중개계약·공동중개계약이 있다.

③ 「공인중개사법」상 인정되는 중개계약: 「공인중개사법」은 일반중개계약과 전속중개계약에 대해서만 명문규정을 두고 있다. 나머지 중개계약에 대하여는 규정이 없다. 법에 규정이 없다고 하여 실무적으로 부정되거나 금지되는 것도 아니다. 다만, 순가중개계약의 경우 중개보수 과다수수와 같은 위법행위가 수반될 수도 있기 때문에 법의 범위 안에서만 가능하다.

♣ 중개계약의 구분

구분	종류
독점력 유무	• 일반중개계약(Open Listing) • 전속중개계약(Exclusive Agency Listing) • 독점중개계약(Exclusive Right to Sell Listing)
중개보수 결정방식	• 정가 / 정률중개계약(Fixed Listing) • 순가중개계약(Net Listing)
참여 개업 공인중개사의 수	• 단독중개계약(Individual Listing) • 공동중개계약(Multiple Listing)

Tip 👆 중개계약의 종류보다는 구분내용을 잘 이해하여야 한다.

❷ 일반중개계약(Open Listing)

(1) 일반중개계약의 의의

① 의의 및 특징: 중개의뢰인이 불특정 다수의 개업공인중개사에게 경쟁적으로 중개를 의뢰하는 유형으로서 우리나라에서 가장 일반적으로 이루어지는 중개계약의 유형이다. 일반중개계약의 특징은 중개의뢰를 받은 다수의 개업공인중개사 중에서 먼저 거래를 완성시키는 자, 즉 거래계약을 체결시키는 개업공인중개사가 중개보수를 받을 수 있고, 나머지 개업공인중개사는 중개과정에서 소요된 실비는 받을 수 있으나 중개보수를 받을 수는 없다는 점이다.

② 평가

㉠ 경쟁 개업공인중개사가 많을수록 개업공인중개사 본인이 중개를 완성시킬 수 있는 확률이 적어지므로 개업공인중개사는 중개완성을 위한 진력을 다할 수 없고, 중개의뢰인은 개업공인중개사의 적극적인 노력이 없으므로 거래상대방을 찾는 데 많은 시간이 소요된다.

㉡ 일반중개계약은 중개행위와 관련하여 개업공인중개사와 중개의뢰인과의 법률관계를 복잡하게 만들 우려가 있는 등 중개의뢰인이나 개업공인중개사 쌍방에게 이롭지 못한 계약방식으로 평가된다.

(2) 일반중개계약서 작성요청

중개의뢰인은 중개의뢰내용을 명확하게 하기 위하여 필요한 경우에는 개업공인중개사에게 일반중개계약서의 작성을 요청할 수 있다. 여기에서 중개계약서 작성은 개업공인중개사의 의무사항은 아니고, 구두체결도 가능하고 서면작성도 할 수 있다. 이 규정은 중개의뢰인이 중개계약서 작성을 요청할 수 있음을 명문화한 것임에 불과하다.

(3) 일반중개계약서의 기재사항

① 중개대상물의 위치 및 규모
② 거래예정가격
③ 거래예정가격에 대하여 「공인중개사법」 제32조에 따라 정한 중개보수
④ 그 밖에 개업공인중개사와 중개의뢰인이 준수하여야 할 사항

(4) 일반중개계약서 서식

국토교통부장관은 「공인중개사법」 제22조의 규정에 따른 일반중개계약의 표준이 되는 서식을 정하여 그 사용을 권장할 수 있다. 따라서 일반중개계약서를 반드시 사용하여야 할 의무는 없다.

> **참고** 일반중개계약서의 법정서식은 [별지 제14호]의 서식으로 정하여져 있으나, 일반중개계약서의 보존기간은 법령상 정하고 있지 않다.

🔖 「공인중개사법 시행규칙」[별지 제14호 서식]   (앞쪽)

일반중개계약서
([ ] 매도   [ ] 매수   [ ] 임대   [ ] 임차   [ ] 그 밖의 계약(   ))

※ 해당하는 곳의 [ ]란에 ✔표를 하시기 바랍니다.

중개의뢰인(갑)은 이 계약서에 의하여 뒤쪽에 표시한 중개대상물의 중개를 개업공인중개사(을)에게 의뢰하고 을은 이를 승낙한다.

1. 을의 의무사항
   을은 중개대상물의 거래가 조속히 이루어지도록 성실히 노력하여야 한다.
2. 갑의 권리·의무사항
   1) 갑은 이 계약에도 불구하고 중개대상물의 거래에 관한 중개를 다른 개업공인중개사에게도 의뢰할 수 있다.
   2) 갑은 을이 「공인중개사법」(이하 '법'이라 한다) 제25조에 따른 중개대상물의 확인·설명의무를 이행하는 데 협조하여야 한다.
3. 유효기간
   이 계약의 유효기간은   년   월   일까지로 한다.
   ※ 유효기간은 3개월을 원칙으로 하되, 갑과 을이 합의하여 별도로 정한 경우에는 그 기간에 따른다.
4. 중개보수
   중개대상물에 대한 거래계약이 성립한 경우 갑은 거래가액의 (   )%(또는   원)을 중개보수로 을에게 지급한다.
   ※ 뒤쪽 별표의 요율을 넘지 않아야 하며, 실비는 별도로 지급한다.
5. 을의 손해배상책임
   을이 다음의 행위를 한 경우에는 갑에게 그 손해를 배상하여야 한다.
   1) 중개보수 또는 실비의 과다수령: 차액 환급
   2) 중개대상물의 확인·설명을 소홀히 하여 재산상의 피해를 발생하게 한 경우: 손해액 배상
6. 그 밖의 사항
   이 계약에 정하지 않은 사항에 대하여는 갑과 을이 합의하여 별도로 정할 수 있다.

이 계약을 확인하기 위하여 계약서 2통을 작성하여 계약 당사자간에 이의가 없음을 확인하고 각자 서명 또는 날인한 후 쌍방이 1통씩 보관한다.

년   월   일

계약자

중개의뢰인 (갑)	주소(체류지)		성명	(서명 또는 인)
	생년월일		전화번호	
개업 공인중개사 (을)	주소(체류지)		성명 (대표자)	(서명 또는 인)
	상호(명칭)		등록번호	
	생년월일		전화번호	

210mm×297mm[일반용지 60g/m² (재활용품)]

(뒤쪽)

※ 중개대상물의 거래내용이 권리를 이전(매도·임대 등)하려는 경우에는 「Ⅰ. 권리이전용(매도·임대 등)」에 적고, 권리를 취득(매수·임차 등)하려는 경우에는 「Ⅱ. 권리취득용(매수·임차 등)」에 적습니다.

Ⅰ. 권리이전용(매도·임대 등)

구분	[ ] 매도 [ ] 임대 [ ] 그 밖의 사항( )			
소유자 및 등기명의인	성명		생년월일	
	주소			
중개대상물의 표시	건축물	소재지		건축연도
		면적 m^2	구조	용도
	토지	소재지		지목
		면적 m^2	지역·지구 등	현재 용도
	은행융자·권리금·제세공과금 등(또는 월임대료·보증금·관리비 등)			
권리관계				
거래규제 및 공법상 제한사항				
중개의뢰금액				
그 밖의 사항				

Ⅱ. 권리취득용(매수·임차 등)

구분	[ ] 매수 [ ] 임차 [ ] 그 밖의 사항( )	
항목	내용	세부내용
희망물건의 종류		
취득 희망가격		
희망지역		
그 밖의 희망조건		

첨부서류	중개보수 요율표(「공인중개사법」 제32조 제4항 및 같은 법 시행규칙 제20조에 따른 요율표를 수록합니다) ※ 해당 내용을 요약하여 수록하거나, 별지로 첨부합니다.

유의사항

[개업공인중개사 위법행위 신고안내]
개업공인중개사가 중개보수 과다수령 등 위법행위시 시·군·구 부동산중개업 담당 부서에 신고할 수 있으며, 시·군·구에서는 신고사실을 조사한 후 적정한 조치를 취하게 됩니다.

제3절 | 전속중개계약

제32회~제36회

> **제23조【전속중개계약】** ① 중개의뢰인은 중개대상물의 중개를 의뢰하는 경우 특정한 개업공인중개사를 정하여 그 개업공인중개사에 한정하여 해당 중개대상물을 중개하도록 하는 계약(이하 '전속중개계약'이라 한다)을 체결할 수 있다.
> ② 제1항에 따른 전속중개계약은 국토교통부령으로 정하는 계약서에 의하여야 하며, 개업공인중개사는 전속중개계약을 체결한 때에는 해당 계약서를 국토교통부령이 정하는 기간 동안 보존하여야 한다.
> ③ 개업공인중개사는 전속중개계약을 체결한 때에는 제24조에 따른 부동산거래정보망 또는 일간신문에 해당 중개대상물에 관한 정보를 공개하여야 한다. 다만, 중개의뢰인이 비공개를 요청한 경우에는 이를 공개하여서는 아니 된다.
> ④ 전속중개계약의 유효기간, 공개하여야 할 정보의 내용 그 밖에 필요한 사항은 대통령령으로 정한다.

1 전속중개계약(Exclusive Agency Listing)의 의의 및 체결

(1) 전속중개계약의 의의

① 의의: 중개의뢰인이 중개를 의뢰함에 있어서 특정한 개업공인중개사를 정하여 그 개업공인중개사에 한하여 해당 중개대상물을 중개하도록 하는 계약을 말한다.

② 특징 및 평가

㉠ 일반중개계약의 경우 개업공인중개사는 중개활동을 성실하게 하더라도 거래계약을 체결하지 못하면 중개활동의 대가를 받을 수 없기 때문에 중개활동에 소극적일 수밖에 없다.

㉡ 반면, 전속중개계약은 개업공인중개사가 거래계약을 직접 체결하지 않아도 중개보수만큼의 위약금을 받을 수 있고, 의뢰인에 의한 직접적인 거래가 이루어지더라도 최소한 중개활동에 소요된 비용을 받을 수 있으므로 개업공인중개사는 보다 적극적으로 중개활동을 할 수 있다.

㉢ 전속중개계약을 체결한 중개의뢰인도 여러 개업공인중개사를 찾아다녀야 하는 불편함과 시간을 절약할 수 있고, 개업공인중개사가 업무처리상황을 중개의뢰인에게 통보하여 주기 때문에 중개활동과 진행상황을 쉽게 파악할 수 있다는 장점이 있다.

심화 전속중개계약의 도입 이유

전속중개계약은 개업공인중개사의 책임의식을 고취시켜 중개대상물에 대한 충분한 조사·확인, 부동산거래정보망 등을 통한 다른 개업공인중개사와의 긴밀한 협조 등으로 중개업을 선진화·전문화하기 위하여 「공인중개사법」 제4차 개정 당시 도입되었다.

㉣ 전속중개계약은 중개대상물에 대한 정보공개를 원칙으로 하기 때문에 개업공인중개사의 정보공개가 촉진되어 부동산거래의 선진화를 촉진하는 효과가 있다. 또한 중개계약이 서면으로 작성되기 때문에 계약내용이 명확하게 되어 선후 분쟁을 예방하는 장점도 있다.

비교➡ **전속중개계약 vs. 독점중개계약**
독점중개계약은 개업공인중개사에게 중개에 관한 독점권이 인정된다는 점에서 전속중개계약과 유사하나, 중개의뢰인이 스스로 발견한 상대방과 거래를 성사시킨 경우에도 보수를 지급하여야 한다는 점에서 전속중개계약과 구별된다. 개업공인중개사 입장에서는 독점중개계약은 가장 확실하게 자신의 보수를 보장받을 수 있는 형태이므로, 의욕적으로 중개대상물에 대한 조사·확인, 적극적인 광고활동, 다른 개업공인중개사와의 긴밀한 협조 등을 통하여 중개업의 기업화를 촉진시킬 수 있다.

(2) 전속중개계약의 체결방식과 기간

① 전속중개계약의 체결방식: 중개의뢰인이 전속중개계약을 체결하고자 하는 경우에 개업공인중개사는 표준계약서(전속중개계약서)를 작성하고 쌍방이 서명·날인하여 각 1부씩 갖는다. 일반중개계약은 서면 또는 구두로 계약을 할 수 있지만 전속중개계약은 반드시 표준계약서(전속중개계약서)에 의하여 서면으로 작성하여야 한다.

② 전속중개계약의 유효기간: 전속중개계약의 유효기간은 원칙적으로 3개월로 한다. 다만, 당사자간에 다른 약정이 있는 경우에는 그 약정에 따른다.

❷ 전속중개계약 체결시 당사자의 의무

(1) 개업공인중개사의 의무

① 표준계약서 사용의무: '전속중개계약의 체결의무'는 없다. 다만, 전속중개계약을 체결하기로 상호 합의하였다면 표준계약서를 사용해야 한다.

② 정보공개의무·통지의무: 개업공인중개사는 전속중개계약 체결 후 7일 이내에 「공인중개사법」 제24조의 규정에 따른 부동산거래정보망 또는 일간신문에 중개대상물에 관한 정보를 공개하여야 하며, 중개대상물을 공개한 때에는 지체 없이 의뢰인에게 그 내용을 문서로써 통지하여야 한다. 다만, 의뢰인이 비공개를 요청한 경우에는 이를 공개하여서는 안 된다.

> **핵심** 중개대상물에 관하여 공개하여야 할 정보
>
> 1. 중개대상물의 종류, 소재지, 지목 및 면적, 건축물의 용도·구조 및 건축연도 등 중개대상물을 특정하기 위하여 필요한 사항
> 2. 벽면 및 도배의 상태
> 3. 수도·전기·가스·소방·열공급·승강기 설비, 오수·폐수·쓰레기 처리시설 등의 상태

4. 도로 및 대중교통수단과의 연계성, 시장·학교 등과의 근접성, 지형 등 입지조건, 일조(日照)·소음·진동 등 환경조건
5. 소유권·전세권·저당권·지상권 및 임차권 등 중개대상물의 권리관계에 관한 사항(다만, 각 권리자의 주소·성명 등 인적 사항에 관한 정보는 공개해서는 아니 된다)
6. 공법상의 이용제한 및 거래규제에 관한 사항
7. 중개대상물의 거래예정금액 및 공시지가(다만, 임대차의 경우에는 공시지가를 공개하지 아니할 수 있다)

③ 업무처리상황 통지의무: 개업공인중개사는 중개의뢰인에게 계약 체결 후 2주일에 1회 이상 중개업무 처리상황을 문서로 통지하여야 한다.

④ 확인·설명의무의 성실이행의무: 「공인중개사법」 제25조 및 동법 시행령 제21조의 규정에 따라 중개대상물에 관한 확인·설명의무를 성실하게 이행하여야 한다.

⑤ 전속중개계약서 보존의무: 개업공인중개사는 전속중개계약서를 3년간 보존하여야 한다.

(2) 중개의뢰인의 의무

① '위약금' 지급의무: 다음에 해당하는 경우 중개의뢰인은 '그가 지급하여야 할 중개보수에 해당하는 금액'을 개업공인중개사에게 위약금으로 지급하여야 한다.

> ㉠ 전속중개계약의 유효기간 내에 전속개업공인중개사 외의 다른 개업공인중개사에게 중개를 의뢰하여 거래한 경우
> ㉡ 전속중개계약의 유효기간 내에 전속개업공인중개사의 소개에 의하여 알게 된 상대방과 전속개업공인중개사를 배제하고 거래당사자간에 직접 거래한 경우

② '소요비용' 지급의무: 전속중개계약의 유효기간 내에 의뢰인 스스로 발견한 상대방과 거래한 경우에는 중개보수의 50%에 해당하는 금액의 범위 안에서 전속개업공인중개사가 중개행위를 함에 있어서 소요된 비용(사회통념에 비추어 상당하다고 인정되는 비용을 말한다)을 지급한다.

③ '확인·설명의무' 협조의무: 중개의뢰인은 「공인중개사법」 제25조의 규정에 따른 중개대상물 확인·설명의무를 개업공인중개사가 이행하는 데 협조하여야 한다.

❸ 전속중개계약 관련 의무 위반시 제재

(1) 개업공인중개사에 대한 행정처분

① 정보공개 및 비공개의무 위반: 전속중개계약을 체결하고 중개대상물에 관한 정보를 공개하지 아니하거나 중개의뢰인의 비공개요청에도 불구하고 정보를 공개한 경우 개업공인중개사의 등록을 취소하거나 업무를 정지할 수 있다.

② 중개계약서 관련 의무나 통지의무 위반: 전속중개계약을 체결하면서 국토교통부령으로 정하는 전속중개계약서에 의하지 아니하고 전속중개계약을 체결하거나 계약서를 보존하지 아니한 경우, 의뢰인에게 통지의무 등을 위반한 경우 업무정지처분을 할 수 있다.

(2) 중개의뢰인에 대한 제재

의뢰인에 대한 제재규정은 없다.

> **예제**
>
> 1. 甲은 2024년 10월 10일 자기 소유의 주택매매와 관련하여 개업공인중개사 乙과 유효기간 5개월의 전속중개계약을 체결하였다. 공인중개사법령상 옳은 설명은?
>   ① 전속중개계약의 유효기간은 3개월이므로 甲과 乙간의 전속중개계약의 기간은 3개월로 단축된다.
>   ② 乙이 전속중개계약서를 보존하여야 하는 기간은 5년이다.
>   ③ 乙이 일간신문에 중개대상물에 관한 정보를 공개한 경우 지체 없이 甲에게 그 내용을 문서로써 통지하여야 한다.
>   ④ 甲이 비공개를 요청하지 않는 한 乙은 2024년 10월 20일 이내에 중개대상물에 관한 정보를 공개하여야 한다.
>   ⑤ 乙은 甲에게 계약 체결 후 2주일에 1회 이상 중개업무 처리상황을 통지하여야 하며, 그 방법에는 제한이 없다.
>
> **해설** ① 전속중개계약 유효기간의 원칙은 3개월이나, 특약으로 달리 정할 수 있다.
> ② 전속중개계약서를 보존하여야 하는 기간은 3년이다.
> ④ 정보공개는 체결 후 7일 이내에 하여야 한다.
> ⑤ 중개업무 처리상황의 통지는 반드시 문서(서면)로 하여야 한다.   **정답 ③**

2. 공인중개사법령상 일반중개계약서와 전속중개계약서에 관한 설명으로 틀린 것은?

① 일반중개계약서·전속중개계약서 서식은 모두 별지서식으로 정하여져 있다.
② 일반중개계약이든 전속중개계약이든 중개계약이 체결된 경우 모두 법정서식을 사용하여야 한다.
③ 일반중개계약서의 보존기간에 관한 규정은 없다.
④ 일반중개계약서 서식에는 중개의뢰인의 권리·의무사항이 기술되어 있다.
⑤ 일반중개계약서와 전속중개계약서 서식상의 개업공인중개사의 손해배상책임에 관한 기술내용은 동일하다.

> **해설** 전속중개계약서는 법정서식 사용의무가 있으나, 일반중개계약서는 권장서식에 불과하므로 이 서식의 사용의무는 없다. **정답 ②**

3. 공인중개사법령상 중개계약에 관한 설명으로 옳은 것은? 제36회

① 전속중개계약의 유효기간은 당사자 간에 다른 약정이 있더라도 3개월을 초과할 수 없다.
② 개업공인중개사는 전속중개계약을 체결한 때에는 해당 계약서를 5년 동안 보존하여야 한다.
③ 중개의뢰인은 개업공인중개사에게 중개대상물의 규모를 기재한 일반중개계약서의 작성을 요청할 수 있다.
④ 임대차에 관한 전속중개계약을 체결한 개업공인중개사는 중개대상물에 관한 정보 중 공시지가를 공개하여야 한다.
⑤ 개업공인중개사가 전속중개계약을 체결한 경우 해당 중개대상물의 도배상태에 대하여 중개의뢰인이 비공개를 요청하더라도 그 정보를 공개해야 한다.

> **해설** ① 전속중개계약의 기간은 특약으로 달리 정할 수도 있다.
> ② 전속중개계약서는 개업공인중개사가 '3년'간 보존하여야 한다.
> ④ 임대차의 경우에는 공시지가를 공개하지 아니할 수도 있다.
> ⑤ 전속의뢰인의 비공개요청시에는 정보를 공개해서는 아니 된다. **정답 ③**

🦁 「공인중개사법 시행규칙」 [별지 제15호 서식] (앞쪽)

전속중개계약서

([ ] 매도 [ ] 매수 [ ] 임대 [ ] 임차 [ ] 그 밖의 계약(   ))

※ 해당하는 곳의 [ ]란에 ✔표를 하시기 바랍니다.

중개의뢰인(갑)은 이 계약서에 의하여 뒤쪽에 표시한 중개대상물의 중개를 개업공인중개사(을)에게 의뢰하고 을은 이를 승낙한다.

1. 을의 의무사항
① 을은 갑에게 **계약 체결 후 2주일에 1회 이상** 중개업무 처리상황을 문서로 통지하여야 한다.
② 을은 이 **전속중개계약 체결 후 7일 이내** 「공인중개사법」(이하 '법'이라 한다) 제24조에 따른 부동산거래정보망 또는 일간신문에 중개대상물에 관한 정보를 공개하여야 하며, 중개대상물을 공개한 때에는 지체 없이 갑에게 그 내용을 문서로 통지하여야 한다. 다만, 갑이 비공개를 요청한 경우에는 이를 공개하지 아니한다. (공개 또는 비공개 여부:)
③ 법 제25조 및 같은 법 시행령 제21조에 따라 중개대상물에 관한 확인·설명의무를 성실하게 이행하여야 한다.

2. 갑의 권리·의무사항
① 다음 각 호의 어느 하나에 해당하는 경우에는 갑은 그가 지급해야 할 중개보수에 해당하는 금액을 을에게 위약금으로 지불하여야 한다. 다만, 제3호의 경우에는 중개보수의 50%에 해당하는 금액의 범위에서 을이 중개행위를 할 때 소요된 비용(사회통념에 비추어 상당하다고 인정되는 비용을 말한다)을 지급한다.
  1. 전속중개계약의 유효기간 내에 을 외의 다른 개업공인중개사에게 중개를 의뢰하여 거래한 경우
  2. 전속중개계약의 유효기간 내에 을의 소개에 의하여 알게 된 상대방을 을을 배제하고 거래당사자간에 직접 거래한 경우
  3. 전속중개계약의 유효기간 내에 갑이 스스로 발견한 상대방과 거래한 경우
② 갑은 을이 법 제25조에 따른 중개대상물 확인·설명의무를 이행하는 데 협조하여야 한다.

3. 유효기간
이 계약의 유효기간은   년   월   일까지로 한다.
※ 유효기간은 3개월을 원칙으로 하되, 갑과 을이 합의하여 별도로 정한 경우에는 그 기간에 따른다.

4. 중개보수
중개대상물에 대한 거래계약이 성립한 경우 갑은 거래가액의 (   )%(또는   원)을 중개보수로 을에게 지급한다.
※ 뒤쪽 별표의 요율을 넘지 않아야 하며, 실비는 별도로 지급한다.

5. 을의 손해배상책임
을이 다음의 행위를 한 경우에는 갑에게 그 손해를 배상하여야 한다.
1) 중개보수 또는 실비의 과다수령: 차액 환급
2) 중개대상물의 확인·설명을 소홀히 하여 재산상의 피해를 발생하게 한 경우: 손해액 배상

6. 그 밖의 사항
이 계약에 정하지 않은 사항에 대하여는 갑과 을이 합의하여 별도로 정할 수 있다.

이 계약을 확인하기 위하여 계약서 2통을 작성하여 계약당사자간에 이의가 없음을 확인하고 각자 서명 또는 날인한 후 쌍방이 1통씩 보관한다.

년   월   일

계약자

중개의뢰인 (갑)	주소(체류지)		성명		(서명 또는 인)
	생년월일		전화번호		
개업 공인중개사 (을)	주소(체류지)		성명(대표자)		(서명 또는 인)
	상호(명칭)		등록번호		
	생년월일		전화번호		

210mm×297mm[일반용지 60g/m² (재활용품)]

(뒤쪽)

※ 중개대상물의 거래내용이 권리를 이전(매도·임대 등)하려는 경우에는 「Ⅰ. 권리이전용(매도·임대 등)」에 적고, 권리를 취득(매수·임차 등)하려는 경우에는 「Ⅱ. 권리취득용(매수·임차 등)」에 적습니다.

Ⅰ. 권리이전용(매도·임대 등)

구분	[ ] 매도　　[ ] 임대　　[ ] 그 밖의 사항(　　　　　　　　　)			
소유자 및 등기명의인	성명		생년월일	
	주소			
중개대상물의 표시	건축물	소재지		건축연도
		면적　　　　　㎡	구조	용도
	토지	소재지		지목
		면적　　　　　㎡	지역·지구 등	현재 용도
	은행융자·권리금·제세공과금 등(또는 월임대료·보증금·관리비 등)			
권리관계				
거래규제 및 공법상 제한사항				
중개의뢰금액	원			
그 밖의 사항				

Ⅱ. 권리취득용(매수·임차 등)

구분	[ ] 매수　　[ ] 임차　　[ ] 그 밖의 사항(　　　　　　　　　)	
항목	내용	세부내용
희망물건의 종류		
취득 희망가격		
희망지역		
그 밖의 희망조건		

첨부서류	중개보수 요율표(「공인중개사법」 제32조 제4항 및 같은 법 시행규칙 제20조에 따른 요율표를 수록합니다) ※ 해당 내용을 요약하여 수록하거나, 별지로 첨부합니다.

유의사항

[개업공인중개사 위법행위 신고안내]
개업공인중개사가 중개보수 과다수령 등 위법행위시 시·군·구 부동산중개업 담당 부서에 신고할 수 있으며, 시·군·구에서는 신고사실을 조사한 후 적정한 조치를 취하게 됩니다.

Tip 👉 일반중개계약과 전속중개계약의 차이점 등을 잘 이해하여야 한다.

중개계약의 비교

구분	일반중개계약	전속중개계약
공통점	명문인정 중개계약	
체결형태	의뢰인 vs. 개업공인중개사(다수)	의뢰인 vs. 개업공인중개사(특정 1인)
성격	비독점중개계약	독점중개계약
실무	多	少
체결방식	구두 / 서면 체결 가능	서면 작성만 가능
표준계약서	사용의무 없음	사용의무 있음
계약서 보존	보존의무 없음	3년간 원본 보존의무
정보공개의무	의무는 없으나 공개 가능	체결 후 7일 이내에 공개 (거래정보망 또는 일간신문)
통지의무	없음	있음
위약금	없음	있음
소요비용 정산	없음	있음
특징	양자 모두 불리 (소송에의 초대장)	양자 모두 유리한 측면 있음

제4절 | 중개대상물의 확인·설명

제32회~제36회

제25조【중개대상물의 확인·설명】① 개업공인중개사는 중개를 의뢰받은 경우에는 중개가 완성되기 전에 다음 각 호의 사항을 확인하여 이를 해당 중개대상물에 관한 권리를 취득하고자 하는 중개의뢰인에게 성실·정확하게 설명하고, 토지대장등본 또는 부동산종합증명서, 등기사항증명서, 신탁원부, 건축물대장 등본 등 설명의 근거자료를 제시하여야 한다.
1. 해당 중개대상물의 상태·입지 및 권리관계
2. 법령의 규정에 의한 거래 또는 이용제한사항
3. 그 밖에 대통령령으로 정하는 사항
② 개업공인중개사는 제1항에 따른 규정에 의한 확인·설명을 위하여 필요한 경우에는 중개대상물의 매도의뢰인·임대의뢰인 등에게 해당 중개대상물의 상태에 관한 자료를 요구할 수 있다.

③ 개업공인중개사는 중개가 완성되어 거래계약서를 작성하는 때에는 제1항에 따른 확인·설명사항을 대통령령으로 정하는 바에 따라 서면으로 작성하여 거래당사자에게 교부하고 대통령령이 정하는 기간 동안 그 원본, 사본 또는 전자문서를 보존하여야 한다. 다만, 확인·설명사항이 「전자문서 및 전자거래 기본법」 제2조 제9호에 따른 공인전자문서센터에 보관된 경우에는 그러하지 아니하다.
④ 제3항에 따른 확인·설명서에는 개업공인중개사(법인인 경우에는 대표자를 말하며, 법인에 분사무소가 설치되어 있는 경우에는 분사무소의 책임자를 말한다)가 서명 및 날인하되, 해당 중개행위를 한 소속공인중개사가 있는 경우에는 소속공인중개사가 함께 서명 및 날인하여야 한다.

제25조의2 【소유자 등의 확인】 개업공인중개사는 중개업무의 수행을 위하여 필요한 경우에는 중개의뢰인에게 주민등록증(모바일 주민등록증을 포함한다) 등 신분을 확인할 수 있는 증표를 제시할 것을 요구할 수 있다.

제25조의3 【임대차 중개시의 설명의무】 개업공인중개사는 주택의 임대차계약을 체결하려는 중개의뢰인에게 다음 각 호의 사항을 설명하여야 한다.
1. 「주택임대차보호법」 제3조의6 제4항에 따라 확정일자부여기관에 정보제공을 요청할 수 있다는 사항
2. 「국세징수법」 제109조 제1항·제2항 및 「지방세징수법」 제6조 제1항·제3항에 따라 임대인이 납부하지 아니한 국세 및 지방세의 열람을 신청할 수 있다는 사항

1 서설

(1) 확인·설명의무의 중요성
　① 중개의뢰인에게는 의사결정의 기회이자, 경제적 손해를 방지하거나 최소화 할 수 있는 기회이다.
　② 개업공인중개사에게는 확인·설명한 사항에 대해 면책을 증명할 수 있는 유용한 입증자료로 활용될 수 있다. 즉, 개업공인중개사의 면책 입증자료인 것이다.

(2) 확인·설명의무의 법적 근거
　「공인중개사법」 및 동법 시행령과 시행규칙에서 개업공인중개사의 확인·설명의무를 구체화하였고, 중개가 완성될 경우 개업공인중개사는 중개대상물 확인·설명서를 작성하여 중개의뢰인 쌍방에 제출하도록 의무를 부과하고 있다.

> 📖 **판례** 의무 위반과 손해배상책임

1. 개업공인중개사가 확인·설명의무를 게을리한 과실로 인하여 중개의뢰인에게 재산상의 손해가 발생한 때에는 그 손해를 배상할 책임이 있다(대구지법 86가합1663).
2. 개업공인중개사가 중개대상물 확인·설명서를 작성하여 교부하지 않더라도 중개대상물에 대하여 구두로 정확하게 확인·설명한 경우에는 개업공인중개사에게 민사상 손해배상책임이 없다(서울고법 98나18942).
3. 부동산중개계약에 따른 개업공인중개사의 확인·설명의무와 이에 위반한 경우의 손해배상의무는 중개의뢰인이 개업공인중개사에게 소정의 보수를 지급하지 아니하였다고 하여서 당연히 소멸되는 것이 아니다(대판 2001다71484).
4. 중개인을 통하여 하는 부동산매매거래에 있어 언제나 매수인 측에서 매매목적물을 현장에서 확인하여야 할 의무까지 있다고 할 수 없을 뿐만 아니라 매매당사자에게 개업공인중개사가 매매목적물을 혼동한 상태에 있는지의 여부까지 미리 확인하거나 주의를 촉구할 의무까지는 없다(대판 97다32772·32789).

(3) 확인·설명을 위한 '상태에 관한 자료요구권'

① 규정취지: 개업공인중개사가 중개대상물의 매도의뢰인·임대의뢰인 등에게 해당 중개대상물의 '상태에 관한 자료'를 요구할 수 있도록 한 것은 확인·설명의무를 이행하는데 꼭 필요한 조사·확인의 권한을 부여한 것이다.

② 중개의뢰인이 불응하는 경우: 매도의뢰인·임대의뢰인 등이 중개대상물의 상태에 관한 자료요구에 불응한 경우에는 그 사실을 매수의뢰인·임차의뢰인 등에게 설명하고, 중개대상물 확인·설명서에 기재하여야 한다.

(4) 신분증 제시요구권

① 규정취지: 개업공인중개사의 '신분증 제시요구권'은 진정한 권리자 확인을 위해 꼭 필요한 권한이라고 볼 수 있다.

② 의뢰인 불응시 대안: 개업공인중개사의 신분증 제시요구에 의뢰인이 거부하는 경우 개업공인중개사는 중개행위 자체를 중단하는 것이 옳다.

심화 한편, 중개의뢰인이 대상물에 관한 자료를 허위로 제공하였을 경우 그 의뢰인에 대한 「공인중개사법」상 처벌규정은 없으나 그러한 행위가 형사상으로는 사기죄를 구성할 수 있고, 민사상으로는 손해배상책임을 지게 될 수 있다.

❷ 확인·설명의무의 주체와 대상

(1) 개업공인중개사

법령상 확인·설명의무의 주체는 개업공인중개사이며, 그 대상은 권리취득의뢰인이다. 확인·설명시 제시하는 토지대장등본 또는 부동산종합증명서, 등기사항증명서 등 설명의 근거자료는 판매자가 보여주는 일종의 팸플릿이나 카탈로그 같은 것으로 이해하면 된다.

(2) 소속공인중개사

소속공인중개사도 중개의뢰인에게 성실·정확하게 설명하고, 토지대장등본 등 설명의 근거자료를 제시하여야 할 의무가 있다고 국토교통부에서 유권해석하고 있다.

> **Tip** 소속공인중개사에게 확인·설명의 의무가 있는지에 대해서는 현행법상 명문의 규정과 확정된 판례는 없다. 다만, 소속공인중개사에게 명문의 확인·설명의무는 없으나 유권해석상 의무가 있다고 정리하면 된다(국토교통부 유권해석, 2AA-0807-063498, 2008.8.4).

❸ 확인·설명의 방법

(1) 중개의뢰를 받았을 때

개업공인중개사(법인인 경우에는 대표자, 법인에 분사무소가 설치되어 있는 경우에는 분사무소의 책임자를 말한다)는 중개를 의뢰받은 경우에는 중개가 완성되기 전에 확인·설명사항을 확인하여 이를 해당 중개대상물에 관한 권리를 취득하고자 하는 중개의뢰인에게 성실·정확하게 설명하고, 토지대장등본 또는 부동산종합증명서, 등기사항증명서, 신탁원부, 건축물대장 등본 등 설명의 근거자료를 제시하여야 한다.

(2) 중개가 완성되었을 때

① 개업공인중개사는 중개가 완성되어 거래계약서를 작성하는 경우에는 중개대상물 확인·설명사항을 서면 즉, 확인·설명서를 작성하여야 한다.
② 중개대상물 확인·설명서를 작성하는 경우 개업공인중개사가 서명 및 날인하여야 하고, 해당 중개행위를 한 소속공인중개사가 있는 경우에는 소속공인중개사가 함께 서명 및 날인한 후 거래당사자에게 교부하고 3년간 보존하여야 한다.

> **심화** 개업공인중개사에게 서명 및 날인하도록 한 확인·설명서에는 개업공인중개사가 보존하는 확인·설명서는 포함되지 않는다(대판 2022두57381).

> **핵심** 확인·설명의 대상 및 시기
>
> 1. 중개대상물에 관한 확인·설명의무는 해당 중개대상물에 관한 권리를 취득하고자 하는 중개의뢰인에 대하여 인정되는 것이므로, '중개대상물 확인·설명서'의 직접적인 대상자 역시 해당 중개대상물에 관한 권리를 취득하고자 하는 중개의뢰인에 한정된다. 비록 「공인중개사법 시행령」 제21조 제3항이 공인중개사로 하여금 중개의뢰인이 아닌 거래당사자에게도 위 서면을 교부할 의무를 부과하였지만, 이는 행정적 목적을 위해 공인중개사에게 부과한 의무일 뿐 공인중개사의 중개대상물에 관한 확인·설명의무의 대상을 중개의뢰인이 아닌 거래당사자에 대해서까지 확대하는 취지라고 볼 수는 없다(대판 2023다252162).
> 2. 부동산중개인이 중개의뢰인의 요구에 따라 잔금 지급일에 거래계약서를 재작성함에 있어 중개의뢰인의 확인요청에 따라 그 시점에서의 제한물권 상황을 다시 기재하게 되었으면 중개대상물의 권리관계를 다시 확인하여 보거나 적어도 중개의뢰인에게 이를 확인하여 본 후 잔금을 지급하라고 주의를 환기시킬 의무가 있다(대판 2000다44904).
> 3. 임대차계약을 알선한 개업공인중개사가 계약 체결 후에도 보증금의 지급, 목적물의 인도, 확정일자의 취득 등과 같은 거래당사자의 계약상 의무의 실현에 관여함으로써 계약상 의무가 원만하게 이행되도록 주선할 것이 예정되어 있는 때에는 그러한 개업공인중개사의 행위는 객관적으로 보아 사회통념상 거래의 알선·중개를 위한 행위로서 중개행위의 범주에 포함된다고 하여, 계약 체결 이후에도 개업공인중개사의 확인·설명의무가 지속되는지 여부를 일률적으로 판단하지 않고 구체적인 계약마다 개별적으로 판단하여야 한다(대판 2005다55008).

❹ 확인·설명하여야 하는 사항

(1) 공통적 확인·설명 사항

> ① 중개대상물의 종류·소재지·지번·지목·면적·용도·구조 및 건축연도 등 중개대상물에 관한 기본적인 사항
> ② 소유권·전세권·저당권·지상권 및 임차권 등 중개대상물의 권리관계에 관한 사항
> ③ 거래예정금액·**중개보수** 및 실비의 금액과 그 산출내역
> ④ **토지이용계획**, 공법상의 거래규제 및 이용제한에 관한 사항
> ⑤ 수도·전기·가스·소방·열공급·승강기 및 배수 등 시설물의 상태
> ⑥ 벽면·바닥면 및 도배의 상태
> ⑦ 일조·소음·진동 등 환경조건
> ⑧ 도로 및 대중교통수단과의 연계성, 시장·학교와의 근접성 등 입지조건
> ⑨ 중개대상물에 대한 권리를 **취득함에 따라 부담하여야 할** 조세의 종류 및 세율

(2) 주택 임대차중개시 확인·설명 사항

주택의 임대차계약을 체결하려는 중개의뢰인에게 다음의 사항을 설명하여야 한다.

> ① 「주택임대차보호법」에 따라 확정일자부여기관에 정보제공을 요청할 수 있다는 사항
> ② 「국세징수법」 및 「지방세징수법」에 따라 임대인이 납부하지 아니한 국세 및 지방세의 열람을 신청할 수 있다는 사항
> ③ 관리비 금액과 그 산출내역
> ④ 「주택임대차보호법」에 따른 임대인의 정보제시의무 및 보증금 중 일정액의 보호에 관한 사항
> ⑤ 「주민등록법」에 따른 전입세대확인서의 열람 또는 교부에 관한 사항
> ⑥ 「민간임대주택에 관한 특별법」에 따른 임대보증금에 대한 보증에 관한 사항

판례 확인·설명의 범위

1. 개업공인중개사는 비록 그가 조사·확인하여 의뢰인에게 설명할 의무를 부담하지 않는 사항이더라도 의뢰인이 계약 체결 여부를 결정하는 데 중요한 자료가 되는 사항에 관하여 그릇된 정보를 제공하여서는 안 되고, 그릇된 정보를 제대로 확인하지도 않은 채 마치 그것이 진실인 것처럼 의뢰인에게 그대로 전달하여 의뢰인이 그 정보를 믿고 상대방과 계약에 이르게 되었다면, 개업공인중개사의 그러한 행위는 선량한 관리자의 주의로 신의를 지켜 성실하게 중개행위를 하여야 할 개업공인중개사의 의무에 위반되어 의뢰인에 대하여 손해배상책임을 부담한다(대판 2008다42836).

2. 개업공인중개사는 중개대상물건에 <u>근저당이 설정된 경우에는 그 채권최고액을 조사·확인하여 의뢰인에게 설명하면 족하고, 실제의 피담보채무액까지 조사·확인하여 설명할 의무까지 있다고 할 수는 없다</u>(대판 98다30667).

3. 공인중개사가 부동산을 중개하는 과정에서 채무인수의 법적 성격에 관하여 조사·확인하여 설명하지 않았다는 사정만으로 선량한 관리자의 주의로 신의를 지켜 성실하게 중개행위를 하여야 할 의무를 위반하였다고 볼 수는 없다(대판 2024다239364).

4. 甲이 조합아파트를 분양받기 위하여 개업공인중개사인 乙 등의 중개하에 丙주식회사와 조합원 충원을 위한 조합가입계약을 체결하였으나 아파트를 분양받지 못하고 丙회사에 지급한 원금도 반환받지 못한 사안에서, 乙 등은 丙회사가 甲으로 하여금 아파트에 입주하도록 할 수 있는 권한이나 능력이 있는지 등을 조사·확인하거나 그에 따른 위험성 등을 甲에게 설명하지 아니한 채 적극적으로 조합가입계약의 체결을 권유함으로써 수임인의 선관주의의무를 위반하였다(대판 2013다14903).

5. 개업공인중개사인 甲이 乙의 다가구주택 임대차계약을 중개하면서 다가구주택에 설정된 근저당권의 채권최고액과 실제 피담보채무액은 고지·설명하였으나, 다른 임차인의 임대차보증금 액수, 임대차의 시기와 종기 등에 관한 사항을 구체적으로 확인하여 설명하거나 근거자료를 제시하지 않았고, 중개대상물 확인·설명서 중 '실제 권리관계 또는 공시되지 않은 물건의 권리 사항'란에 임대인으로부터 구두로 확인받은 임차보증금 총액만을 기재하였는데, 이후 다가구주택에 대하여 경매개시결정이 이루어졌고, 확정일자 부여현황 확인 결과 乙보다 선순위의 임차인들이 갖는 임대차보증금 총액이 중개대상물 확인·설명서에 기재된 금액을 훨씬 초과하고 있었으며, 다가구주택은 감정평가액보다 낮은 가격에 매각되어 乙이 배당절차에서 소액임차인, 근저당권 등에 대한 우선배당 결과 임대차보증금반환채권에 관하여 배당을 받지 못하였다면, 중개업자로서 준수하여야 할 선량한 관리자의 주의의무를 다하지 않은 것이다(대판 2023다259743).

5 확인·설명서의 교부 및 보존

(1) 확인·설명서 서식

중개대상물 확인·설명서(영문 서식을 포함한다)✚는 네 가지 서식이 있다.
① 중개대상물 확인·설명서[Ⅰ](주거용 건축물): 별지 제20호 서식
② 중개대상물 확인·설명서[Ⅱ](비주거용 건축물): 별지 제20호의2 서식
③ 중개대상물 확인·설명서[Ⅲ](토지): 별지 제20호의3 서식
④ 중개대상물 확인·설명서[Ⅳ](입목·광업재단·공장재단): 별지 제20호의4 서식

(2) 확인·설명서 등의 교부

중개가 완성되어 거래당사자 쌍방에게 교부하는 확인·설명서는 표준서식에 의하여 2부를 작성하여 개업공인중개사(중개법인인 경우 대표자 또는 분사무소의 경우 책임자)와 해당 업무를 수행한 공인중개사가 서명 및 날인한 후 거래당사자 쌍방에게 교부하여야 한다.

(3) 확인·설명서의 보존

개업공인중개사는 거래당사자에게 교부한 중개대상물 확인·설명서의 원본, 사본 또는 전자문서를 3년 동안 보존하여야 한다(단, 확인·설명사항이 공인전자문서센터에 보관된 경우에는 그러하지 아니하다).

✚ 중개대상물 확인·설명서 [Ⅰ]~[Ⅳ]
✔ p.167~182 참고

6 확인·설명의무 위반시 제재

(1) 개업공인중개사에 대한 제재

개업공인중개사가 중개의뢰를 받은 경우 권리를 취득하는 자에게 중개대상물의 확인·설명을 성실·정확하게 하지 아니하거나 설명의 근거자료를 제시하지 아니한 경우에는 500만원 이하의 과태료 부과사유에 해당된다. 또한 중개가 완성되었을 때 거래당사자 쌍방에게 확인·설명서를 교부하지 아니한 경우, 확인·설명서를 3년간 보존하지 아니한 경우에는 6개월의 범위 내에서 업무정지처분을 받을 수 있다.

(2) 소속공인중개사에 대한 제재

소속공인중개사가 성실·정확하게 중개대상물의 확인·설명을 하지 아니하거나 설명의 근거자료를 제시하지 아니한 경우, 또한 해당 중개행위를 한 소속공인중개사가 중개대상물 확인·설명서에 서명 및 날인을 하지 아니한 경우에는 6개월의 범위 내에서 시·도지사가 자격을 정지할 수 있다.

확인·설명의무와 확인·설명서 작성·교부의무의 비교

구분	중개대상물 확인·설명의무	중개대상물 확인·설명서 작성·교부의무
시기	중개를 의뢰받은 때부터 중개완성 전까지	중개가 완성되어 거래계약서를 작성하는 때
대상	권리취득의뢰인(일방)	거래당사자(쌍방)
방법	구두 + 근거자료 제시	서면
의무자	개업공인중개사, 소속공인중개사(작성·교부·보존의 의무는 없음)	
서명 및 날인	–	• 개업공인중개사 • 소속공인중개사(해당 중개행위를 수행한)
위반시 제재	• 개업공인중개사: 설명·근거자료 미제시(500만원 이하의 과태료), 작성·교부·보존 및 서명 및 날인의무 위반 ⇨ 업무정지 • 소속공인중개사: 설명·근거자료 미제시, 서명 및 날인의무 위반 ⇨ 자격정지	

Tip 확인·설명의무는 매우 중요한 내용이므로 완벽하게 숙지하여야 한다.

비교➡ 주택임대차 중개시 확인·설명 사항은 별도로 있다.

📌 전속중개계약 체결시 공개사항과 확인·설명사항의 비교

공개하여야 할 사항	(공통적) 확인·설명하여야 할 사항
• 중개대상물의 종류·소재지, 지목 및 면적, 건축물의 용도·구조 및 건축연도 등 중개대상물을 특정하기 위하여 필요한 사항 • 벽면 및 도배의 상태 • 수도·전기·가스·소방·열공급·승강기 설비, 오수·폐수·쓰레기처리시설 등의 상태 • 도로 및 대중교통수단과의 연계성, 시장·학교 등과의 근접성, 지형 등 입지조건, 일조(日照)·소음·진동 등 환경조건 • 소유권·전세권·저당권·지상권 및 임차권 등 중개대상물의 권리관계에 관한 사항(단, 각 권리자의 주소·성명 등 인적 사항에 관한 정보는 공개해서는 아니 된다) • 공법상의 이용제한 및 거래규제에 관한 사항 • 중개대상물의 거래예정금액 및 공시지가(단, 임대차의 경우에는 공시지가를 공개하지 아니할 수 있다)	• 중개대상물의 종류·소재지·지번·지목·면적·용도·구조 및 건축연도 등 중개대상물에 관한 기본적인 사항 • 소유권·전세권·저당권·지상권 및 임차권 등 중개대상물의 권리관계에 관한 사항 • 거래예정금액·**중개보수** 및 실비의 금액과 그 산출내역 • **토지이용계획**, 공법상의 거래규제 및 이용제한에 관한 사항 • 수도·전기·가스·소방·열공급·승강기 및 배수 등 시설물의 상태 • 벽면·바닥면 및 도배의 상태 • 일조·소음·진동 등 환경조건 • 도로 및 대중교통수단과의 연계성, 시장·학교와의 근접성 등 입지조건 • 중개대상물에 대한 권리를 **취득함에 따라 부담하여야 할 조세의 종류 및 세율**

📌 확인·설명서 서식 비교

구분	I	II	III	IV
I. 개업공인중개사 기본 확인사항				
① 대상 물건의 표시	○[1] (내진설계)	○[1] (내진설계)	○	○
② 권리관계	○	○	○	○
③ 토지이용계획, 공법상 이용제한 및 거래규제	○[2]	○[2]	○[2]	
④ 임대차확인사항(서명 또는 날인란)	○			
⑤ 입지조건(도로, 대중교통, 주차장, 교육시설)	○	○ (교육시설 ×)	○ (주차장, 교육시설 ×)	
⑥ 관리에 관한 사항	○ (관리비 포함)	○		

+1
건축물의 방향은 주택의 경우 거실이나 안방 등 주실(主室)을 기준으로 하고, 그 밖의 건축물은 주된 출입구를 기준으로 한다. 기준이 불분명하면 기준을 표시(예 현관 기준 남향)하여 적는다.

+2
토지에 대한 '건폐율 상한 및 용적률 상한'은 시·군의 조례에 따라 적는다.

⑦ 비선호시설(1km 이내)	○		○	
⑧ 거래예정금액 등(공시지가 포함)	○	○	○	○
⑨ 취득시 부담할 조세의 종류 및 세율	○	○	○	○
⑩ 재단목록 또는 입목의 생육상태				○
⑪ 그 밖의 참고사항				○
Ⅱ. 개업공인중개사 세부 확인사항				
⑫ 실제 권리관계 또는 공시되지 않은 물건의 권리사항	○	○	○	○
⑬ 내·외부시설물의 상태(건축물)	○ (단독경보형 감지기)	○ (비상벨)		
⑭ 벽면·바닥면 및 도배상태	○	○ (도배 ×)		
⑮ 환경조건(일조량·소음·진동)	○			
⑯ 현장안내(현장안내자 체크)	○			
Ⅲ. 중개보수 등에 관한 사항				
⑰ 중개보수 및 실비의 금액과 산출내역(지급시기 포함)	○	○	○	○

> **예제**
>
> **1. 중개대상물 확인·설명의무에 관한 내용으로 옳은 것은?**
>
> ① 개업공인중개사는 거래계약이 체결된 때에는 권리를 취득하고자 하는 중개의뢰인에게 중개대상물의 확인·설명사항의 근거자료를 제시하고 설명할 의무가 있다.
>
> ② 소속공인중개사가 모든 중개업무를 수행하는 경우에는 해당 소속공인중개사가 중개대상물의 확인·설명사항의 근거자료를 제시하고 설명할 의무가 없다.
>
> ③ 개업공인중개사가 매도의뢰인에게 해당 중개대상물의 상태에 관한 자료를 요구한 경우에는 그러한 사실에 대하여 권리를 취득하고자 하는 중개의뢰인에게 설명할 의무는 없다.
>
> ④ 개업공인중개사는 거래계약이 체결된 때에는 거래당사자 쌍방에게 중개대상물의 확인·설명사항의 근거자료를 제시하고 설명할 의무가 있다.
>
> ⑤ 개업공인중개사가 공동으로 중개를 한 경우에는 각각의 개업공인중개사가 원칙적으로 거래당사자 쌍방에게 중개대상물의 확인·설명사항을 서면으로 제시하고 설명할 의무가 있다.

해설 ① 중개대상물의 확인·설명은 중개를 의뢰받은 경우 중개완성 전에 하여야 한다.
② 소속공인중개사에게도 확인·설명의 의무가 있다.
④ 개업공인중개사가 중개를 의뢰받은 경우에는 권리를 취득하고자 하는 의뢰인에게 중개대상물의 확인·설명사항의 근거자료를 제시하고 설명할 의무가 있다.
⑤ 확인·설명의무는 권리취득의뢰인 일방에 대한 의무이다.　　　　　　　　**정답 ③**

2. 공인중개사법령상 중개대상물 확인·설명서[Ⅱ](비주거용 건축물)에서 개업공인중개사의 확인사항으로 옳은 것을 모두 고른 것은?　　　　제29회

> ㉠ '단독경보형감지기' 설치 여부는 세부 확인사항이다.
> ㉡ '내진설계 적용 여부'는 기본 확인사항이다.
> ㉢ '실제 권리관계 또는 공시되지 않은 물건의 권리사항'은 세부 확인사항이다.
> ㉣ '환경조건(일조량·소음·진동)'은 세부 확인사항이다.

① ㉠, ㉡　　　　　② ㉠, ㉣
③ ㉡, ㉢　　　　　④ ㉠, ㉡, ㉢
⑤ ㉡, ㉢, ㉣

해설 ㉠ '단독경보형감지기' 설치 여부는 세부 확인사항에 해당하나, 중개대상물 확인·설명서[Ⅰ](주거용 건축물)에만 기재된다.
㉣ '환경조건(일조량·소음·진동)'은 세부 확인사항에 해당하나, 중개대상물 확인·설명서[Ⅰ](주거용 건축물)에만 기재된다.　　　　**정답 ③**

3. 공인중개사법령상 중개대상물 확인·설명서[Ⅰ](주거용 건축물) 서식의 기재내용으로 개업공인중개사가 기본 확인사항 중 임대차 확인사항에 해당하는 것을 모두 고른 것은?　　　　제36회

> ㉠ 국세 및 지방세 체납정보
> ㉡ 민간임대등록 여부
> ㉢ 현장안내 중개보조원 신분 고지 여부
> ㉣ 계약갱신 요구권 행사 여부

① ㉠, ㉢　　　　　② ㉡, ㉣
③ ㉠, ㉡, ㉣　　　④ ㉡, ㉢, ㉣
⑤ ㉠, ㉡, ㉢, ㉣

해설 ㉠㉡㉣ '임대차확인사항란'에 해당하며, 이외에 '확정일자 부여현황 정보', '전입세대 확인서', '최우선변제금' 등 총 6가지가 해당한다.
㉢ '현장안내'란 이라는 별도의 항목이 있으며, 개업공인중개사의 '세부'확인사항에 해당한다.　　　　**정답 ③**

📌 「공인중개사법 시행규칙」 [별지 제20호 서식] (6쪽 중 제1쪽)

중개대상물 확인·설명서[Ⅰ] (주거용 건축물)

(주택 유형: [ ] 단독주택 [ ] 공동주택 [ ] 주거용 오피스텔)
(거래 형태: [ ] 매매·교환 [ ] 임대)

확인·설명 자료	확인·설명 근거자료 등	[ ] 등기권리증 [ ] 등기사항증명서 [ ] 토지대장 [ ] 건축물대장 [ ] 지적도 [ ] 임야도 [ ] 토지이용계획확인서 [ ] 확정일자 부여현황 [ ] 전입세대확인서 [ ] 국세납세증명서 [ ] 지방세납세증명서 [ ] 그 밖의 자료( )
	대상물건의 상태에 관한 자료요구 사항	

유의사항		
개업공인중개사의 확인·설명의무		개업공인중개사는 중개대상물에 관한 권리를 취득하려는 중개의뢰인에게 성실·정확하게 설명하고, 토지대장 등본, 등기사항증명서 등 설명의 근거자료를 제시해야 합니다.
실제 거래가격 신고		「부동산 거래신고 등에 관한 법률」제3조 및 같은 법 시행령 별표 1 제1호 마목에 따른 실제 거래가격은 매수인이 매수한 부동산을 양도하는 경우 「소득세법」제97조 제1항 및 제7항과 같은 법 시행령 제163조 제11항 제2호에 따라 취득 당시의 실제 거래가액으로 보아 양도차익이 계산될 수 있음을 유의하시기 바랍니다.

Ⅰ. 개업공인중개사 기본 확인사항

① 대상물건의 표시	토지	소재지				
		면적(m²)		지목	공부상 지목	
					실제 이용 상태	
	건축물	전용면적(m²)			대지지분(m²)	
		준공년도 (증개축년도)		용도	건축물대장상 용도	
					실제 용도	
		구조			방향	(기준:)
		내진설계 적용 여부			내진능력	
		건축물대장상 위반건축물 여부	[ ] 위반 [ ] 적법	위반내용		

② 권리관계	등기부 기재사항	소유권에 관한 사항		소유권 외의 권리사항	
		토지		토지	
		건축물		건축물	

③ 토지이용계획, 공법상 이용 제한 및 거래 규제에 관한 사항(토지)	지역·지구	용도지역			건폐율 상한	용적률 상한
		용도지구			%	%
		용도구역				
	도시·군 계획시설			허가·신고 구역 여부	[ ] 토지거래허가구역	
				투기지역 여부	[ ] 토지투기지역 [ ] 주택투기지역 [ ] 투기과열지구	
	지구단위계획구역, 그 밖의 도시·군관리계획			그 밖의 이용제한 및 거래규제사항		

	확정일자 부여현황 정보	[ ] 임대인 자료 제출 [ ] 열람 동의	[ ] 임차인 권리 설명
	국세 및 지방세 체납정보	[ ] 임대인 자료 제출 [ ] 열람 동의	[ ] 임차인 권리 설명
④ 임대차 확인사항	전입세대 확인서	[ ] 확인(확인서류 첨부) [ ] 미확인(열람·교부 신청방법 설명) [ ] 해당 없음	

④ 임대차 확인사항	최우선변제금	소액임차인범위:　　　　만원 이하	최우선변제금액:　　　　만원 이하	
	민간임대등록여부	등록	[ ] 장기일반민간임대주택　[ ] 공공지원민간임대주택 [ ] 그 밖의 유형(　　　　　　　　　　)	[ ] 임대보증금 보증 설명
			임대의무기간　　　　　　임대개시일	
		미등록 [ ]		
	계약갱신 요구권 행사 여부	[ ] 확인(확인서류 첨부)　　[ ] 미확인　　[ ] 해당 없음		

개업공인중개사가 '④ 임대차 확인사항'을 임대인 및 임차인에게 설명하였음을 확인함	임대인	(서명 또는 날인)
	임차인	(서명 또는 날인)
	개업공인중개사	(서명 또는 날인)
	개업공인중개사	(서명 또는 날인)

※ 민간임대주택의 임대사업자는 「민간임대주택에 관한 특별법」 제49조에 따라 임대보증금에 대한 보증에 가입해야 합니다.
※ 임차인은 주택도시보증공사(HUG) 등이 운영하는 전세보증금반환보증에 가입할 것을 권고합니다.
※ 임대차 계약 후 「부동산 거래신고 등에 관한 법률」 제6조의2에 따라 30일 이내 신고해야 합니다(신고시 확정일자 자동부여).
※ 최우선변제금은 근저당권 등 선순위 담보물권 설정 당시의 소액임차인범위 및 최우선변제금액을 기준으로 합니다.

⑤ 입지조건	도로와의 관계	(　　m × 　　m)도로에 접함 [ ] 포장　　[ ] 비포장	접근성	[ ] 용이함　　[ ] 불편함
	대중교통	버스	(　　　　) 정류장,　소요시간: ([ ] 도보　[ ] 차량) 약　　분	
		지하철	(　　　　) 역,　소요시간: ([ ] 도보　[ ] 차량) 약　　분	
	주차장	[ ] 없음　[ ] 전용주차시설　[ ] 공동주차시설 [ ] 그 밖의 주차시설(　　　　　　)		
	교육시설	초등학교	(　　　　) 학교,　소요시간: ([ ] 도보　[ ] 차량) 약　　분	
		중학교	(　　　　) 학교,　소요시간: ([ ] 도보　[ ] 차량) 약　　분	
		고등학교	(　　　　) 학교,　소요시간: ([ ] 도보　[ ] 차량) 약　　분	

⑥ 관리에 관한 사항	경비실	[ ] 있음　[ ] 없음	관리주체	[ ] 위탁관리　[ ] 자체관리　[ ] 그 밖의 유형
	관리비	관리비 금액: 총　　　　　원		
		관리비 포함 비목: [ ] 전기료　[ ] 수도료　[ ] 가스사용료　[ ] 난방비　[ ] 인터넷 사용료 　　　　　　　　　　[ ] TV 수신료　[ ] 그 밖의 비목(　　　　　　　　　　　　)		
		관리비 부과방식: [ ] 임대인이 직접 부과　[ ] 관리규약에 따라 부과 　　　　　　　　　　[ ] 그 밖의 부과 방식(　　　　　　　　　　　　)		

⑦ 비선호시설(1km 이내)	[ ] 없음　　[ ] 있음(종류 및 위치:　　　　　　　　)

⑧ 거래예정금액 등	거래예정금액	
	개별공시지가(m² 당)	건물(주택) 공시가격

⑨ 취득시 부담할 조세의 종류 및 세율	취득세　　%　農어촌특별세　　%　地방교육세　　%
	※ 재산세와 종합부동산세는 6월 1일 기준으로 대상물건 소유자가 납세의무를 부담합니다.

(6쪽 중 제3쪽)

II. 개업공인중개사 세부 확인사항

⑩ 실제 권리관계 또는 공시되지 않은 물건의 권리 사항

⑪ 내부·외부 시설물의 상태(건축물)	수도	파손 여부	[ ] 없음　　[ ] 있음(위치:　　　　　)	
		용수량	[ ] 정상　　[ ] 부족함(위치:　　　　　)	
	전기	공급상태	[ ] 정상　　[ ] 교체 필요(교체할 부분:　　　　)	
	가스(취사용)	공급방식	[ ] 도시가스　　[ ] 그 밖의 방식(　　　)	
	소방	단독경보형 감지기	[ ] 없음 [ ] 있음(수량:　　개)	※「소방시설 설치 및 관리에 관한 법률」제10조 및 같은 법 시행령 제10조에 따른 주택용 소방시설로서 아파트(주택으로 사용하는 층수가 5개층 이상인 주택을 말한다)를 제외한 주택의 경우만 적습니다.
	난방방식 및 연료공급	공급방식	[ ] 중앙공급 [ ] 개별공급 [ ] 지역난방	시설작동　[ ] 정상　[ ] 수선 필요(　　　) ※ 개별 공급인 경우 사용연한(　　) [ ] 확인불가
		종류	[ ] 도시가스　[ ] 기름　[ ] 프로판가스　[ ] 연탄 [ ] 그 밖의 종류(　　　)	
	승강기	[ ] 있음([ ] 양호　[ ] 불량)　[ ] 없음		
	배수	[ ] 정상　　[ ] 수선 필요(　　　　　　)		
	그 밖의 시설물			
⑫ 벽면·바닥면 및 도배상태	벽면	균열	[ ] 없음　　[ ] 있음(위치:　　　　　)	
		누수	[ ] 없음　　[ ] 있음(위치:　　　　　)	
	바닥면	[ ] 깨끗함　　[ ] 보통임　　[ ] 수리 필요(위치:　　　)		
	도배	[ ] 깨끗함　　[ ] 보통임　　[ ] 도배 필요		
⑬ 환경조건	일조량	[ ] 풍부함　　[ ] 보통임　　[ ] 불충분(이유:　　　)		
	소음	[ ] 아주 작음　[ ] 보통임　[ ] 심한 편임　진동　[ ] 아주 작음　[ ] 보통임　[ ] 심한 편임		
⑭ 현장안내	현장안내자	[ ] 개업공인중개사　[ ] 소속공인중개사　[ ] 중개보조원(신분고지 여부: [ ] 예　[ ] 아니오) [ ] 해당 없음		

※ '중개보조원'이란 공인중개사가 아닌 사람으로서 개업공인중개사에 소속되어 중개대상물에 대한 현장안내 및 일반서무 등 개업공인중개사의 중개업무와 관련된 단순한 업무를 보조하는 사람을 말합니다.
※ 중개보조원은「공인중개사법」제18조의4에 따라 현장안내 등 중개업무를 보조하는 경우 중개의뢰인에게 본인이 중개보조원이라는 사실을 미리 알려야 합니다.

III. 중개보수 등에 관한 사항

⑮ 중개보수 및 실비의 금액과 산출내역	중개보수		〈산출내역〉 중개보수: 실비: ※ 중개보수는 시·도 조례로 정한 요율한도에서 중개의뢰인과 개업공인중개사가 서로 협의하여 결정하며 부가가치세는 별도로 부과될 수 있습니다.
	실비		
	계		
	지급시기		

「공인중개사법」 제25조 제3항 및 제30조 제5항에 따라 거래당사자는 개업공인중개사로부터 위 중개대상물에 관한 확인·설명 및 손해배상책임의 보장에 관한 설명을 듣고, 같은 법 시행령 제21조 제3항에 따른 본 확인·설명서와 같은 법 시행령 제24조 제2항에 따른 손해배상책임 보장 증명서류(사본 또는 전자문서)를 수령합니다.

년   월   일

매도인 (임대인)	주소		성명	(서명 또는 날인)
	생년월일		전화번호	
매수인 (임차인)	주소		성명	(서명 또는 날인)
	생년월일		전화번호	
개업 공인중개사	등록번호		성명(대표자)	(서명 및 날인)
	사무소 명칭		소속공인중개사	(서명 및 날인)
	사무소 소재지		전화번호	
개업 공인중개사	등록번호		성명(대표자)	(서명 및 날인)
	사무소 명칭		소속공인중개사	(서명 및 날인)
	사무소 소재지		전화번호	

작성방법(주거용 건축물)

〈작성일반〉

1. '[ ]' 있는 항목은 해당하는 '[ ]' 안에 ✔로 표시합니다.
2. 세부항목 작성시 해당 내용을 작성란에 모두 작성할 수 없는 경우에는 별지로 작성하여 첨부하고, 해당란에는 '별지 참고'라고 적습니다.

〈세부항목〉

1. 「확인·설명자료」 항목의 '확인·설명 근거자료 등'에는 개업공인중개사가 확인·설명 과정에서 제시한 자료를 적으며, '대상물건의 상태에 관한 자료요구 사항'에는 매도(임대)의뢰인에게 요구한 사항 및 그 관련 자료의 제출 여부와 ⑩ 실제 권리관계 또는 공시되지 않은 물건의 권리사항부터 ⑬ 환경조건까지의 항목을 확인하기 위한 자료의 요구 및 그 불응 여부를 적습니다.
2. ① 대상물건의 표시부터 ⑨ 취득시 부담할 조세의 종류 및 세율까지는 개업공인중개사가 확인한 사항을 적어야 합니다.
3. ① 대상물건의 표시는 토지대장 및 건축물대장 등을 확인하여 적고, 건축물의 방향은 주택의 경우 거실이나 안방 등 주실(主室)의 방향을, 그 밖의 건축물은 주된 출입구의 방향을 기준으로 남향, 북향 등 방향을 적고 방향의 기준이 불분명한 경우 기준(예: 남동향 – 거실 앞 발코니 기준)을 표시하여 적습니다.
4. ② 권리관계의 '등기부 기재사항'은 등기사항증명서를 확인하여 적습니다.
   가. 대상물건에 신탁등기가 되어 있는 경우에는 수탁자 및 신탁물건(신탁원부 번호)임을 적고, 신탁원부 약정사항에 명시된 대상물건에 대한 임대차계약의 요건(수탁자 및 수익자의 동의 또는 승낙, 임대차계약 체결의 당사자, 그 밖의 요건 등)을 확인하여 그 요건에 따라 유효한 임대차계약을 체결할 수 있음을 설명(신탁원부 교부 또는 ⑩ 실제 권리관계 또는 공시되지 않은 물건의 권리사항에 주요 내용을 작성)해야 합니다.
   나. 대상물건에 공동담보가 설정되어 있는 경우에는 공동담보 목록 등을 확인하여 공동담보의 채권최고액 등 해당 중개물건의 권리관계를 명확히 적고 설명해야 합니다.
   ※ 예를 들어, 다세대주택 건물 전체에 설정된 근저당권 현황을 확인·제시하지 않으면서, 계약대상 물건이 포함된 일부 호실의 공동담보 채권최고액이 마치 건물 전체에 설정된 근저당권의 채권최고액인 것처럼 중개의뢰인을 속이는 경우에는 「공인중개사법」 위반으로 형사처벌 대상이 될 수 있습니다.
5. ③ 토지이용계획, 공법상 이용제한 및 거래규제에 관한 사항(토지)의 '건폐율 상한 및 용적률 상한'은 시·군의 조례에 따라 적고, '도시·군계획시설', '지구단위계획구역, 그 밖의 도시·군관리계획'은 개업공인중개사가 확인하여 적으며, '그 밖의 이용제한 및 거래규제사항'은 토지이용계획확인서의 내용을 확인하고, 공부에서 확인할 수 없는 사항은 부동산종합공부시스템 등에서 확인하여 적습니다(임대차의 경우에는 생략할 수 있습니다).
6. ④ 임대차 확인사항은 다음 각 목의 구분에 따라 적습니다.
   가. 「주택임대차보호법」 제3조의7에 따라 임대인이 확정일자 부여일, 차임 및 보증금 등 정보(확정일자 부여 현황 정보) 및 국세 및 지방세 납세증명서(국세 및 지방세 체납 정보)의 제출 또는 열람 동의로 갈음했는지 구분하여 표시하고, 「공인중개사법」 제25조의3에 따른 임차인의 권리에 관한 설명 여부를 표시합니다.
   나. 임대인이 제출한 전입세대 확인서류가 있는 경우에는 확인에 ✔로 표시를 한 후 설명하고, 없는 경우에는 미확인에 ✔로 표시한 후 「주민등록법」 제29조의2에 따른 전입세대확인서의 열람·교부 방법에 대해 설명합니다(임대인이 거주하는 경우이거나 확정일자 부여현황을 통해 선순위의 모든 세대가 확인되는 경우 등에는 '해당 없음'에 ✔로 표시합니다).
   다. 최우선변제금은 「주택임대차보호법 시행령」 제10조(보증금 중 일정액의 범위 등) 및 제11조(우선변제를 받을 임차인의 범위)를 확인하여 각각 적되, 근저당권 등 선순위 담보물권이 설정되어 있는 경우 선순위 담보물권 설정 당시의 소액임차인범위 및 최우선변제금액을 기준으로 적어야 합니다.
   라. '민간임대 등록 여부'는 대상물건이 「민간임대주택에 관한 특별법」에 따라 등록된 민간임대주택인지 여부를 같은 법 제60조에 따른 임대주택정보체계에 접속하여 확인하거나 임대인에게 확인하여 '[ ]' 안에 ✔로 표시하고, 민간임대주택인 경우 같은 법에 따른 권리·의무사항을 임대인 및 임차인에게 설명해야 합니다.

※ 민간임대주택은 「민간임대주택에 관한 특별법」 제5조에 따른 임대사업자가 등록한 주택으로서, 임대인과 임차인 간 임대차계약(재계약 포함)시에는 다음의 사항이 적용됩니다.
 - 「민간임대주택에 관한 특별법」 제44조에 따라 임대의무기간 중 임대료 증액청구는 5%의 범위에서 주거비 물가지수, 인근 지역의 임대료 변동률 등을 고려하여 같은 법 시행령으로 정하는 증액비율을 초과하여 청구할 수 없으며, 임대차계약 또는 임대료 증액이 있은 후 1년 이내에는 그 임대료를 증액할 수 없습니다.
 - 「민간임대주택에 관한 특별법」 제45조에 따라 임대사업자는 임차인이 의무를 위반하거나 임대차를 계속하기 어려운 경우 등에 해당하지 않으면 임대의무기간 동안 임차인과의 계약을 해제·해지하거나 재계약을 거절할 수 없습니다.

　　마. '계약갱신요구권 행사 여부'는 대상물건이 「주택임대차보호법」의 적용을 받는 주택으로서 임차인이 있는 경우 매도인(임대인)으로부터 계약갱신요구권 행사 여부에 관한 사항을 확인할 수 있는 서류를 받으면 '확인'에 ✔로 표시하여 해당 서류를 첨부하고, 서류를 받지 못한 경우 '미확인'에 ✔로 표시하며, 임차인이 없는 경우에는 '해당 없음'에 ✔로 표시합니다. 이 경우 개업공인중개사는 「주택임대차보호법」에 따른 임대인과 임차인의 권리·의무사항을 매수인에게 설명해야 합니다.

7. ⑥ 관리비는 직전 1년간 월평균 관리비 등을 기초로 산출한 총 금액을 적되, 관리비에 포함되는 비목들에 대해서는 해당하는 곳에 ✔로 표시하며, 그 밖의 비목에 대해서는 ✔로 표시한 후 비목 내역을 적습니다. 관리비 부과방식은 해당하는 곳에 ✔로 표시하고, 그 밖의 부과방식을 선택한 경우에는 그 부과방식에 대해서 작성해야 합니다. 이 경우 세대별 사용량을 계량하여 부과하는 전기료, 수도료 등 비목은 실제 사용량에 따라 금액이 달라질 수 있고, 이에 따라 총 관리비가 변동될 수 있음을 설명해야 합니다.

8. ⑦ 비선호시설(1km 이내)의 '종류 및 위치'는 대상물건으로부터 1km 이내에 사회통념상 기피 시설인 화장장·봉안당·공동묘지·쓰레기처리장·쓰레기소각장·분뇨처리장·하수종말처리장 등의 시설이 있는 경우, 그 시설의 종류 및 위치를 적습니다.

9. ⑧ 거래예정금액 등의 '거래예정금액'은 중개가 완성되기 전 거래예정금액을, '개별공시지가(m^2당)' 및 '건물(주택)공시가격'은 중개가 완성되기 전 공시된 공시지가 또는 공시가격을 적습니다[임대차의 경우에는 '개별공시지가(m^2당)' 및 '건물(주택)공시가격'을 생략할 수 있습니다].

10. ⑨ 취득시 부담할 조세의 종류 및 세율은 중개가 완성되기 전 「지방세법」의 내용을 확인하여 적습니다(임대차의 경우에는 제외합니다).

11. ⑩ 실제 권리관계 또는 공시되지 않은 물건의 권리 사항은 매도(임대)의뢰인이 고지한 사항(법정지상권, 유치권, 「주택임대차보호법」에 따른 임대차, 토지에 부착된 조각물 및 정원수, 계약 전 소유권 변동 여부, 도로의 점용허가 여부 및 권리·의무 승계 대상 여부 등)을 적습니다. 「건축법 시행령」 별표 1 제2호에 따른 공동주택(기숙사는 제외합니다) 중 분양을 목적으로 건축되었으나 분양되지 않아 보존등기만 마쳐진 상태인 공동주택에 대해 임대차계약을 알선하는 경우에는 이를 임차인에게 설명해야 합니다.
 ※ 임대차계약의 경우 현재 존속 중인 임대차의 임대보증금, 월 단위의 차임액, 계약기간 및 임대차 계약의 장기수선충당금의 처리 등을 확인하여 적습니다. 그 밖에 경매 및 공매 등의 특이사항이 있는 경우 이를 확인하여 적습니다.

12. ⑪ 내부·외부 시설물의 상태(건축물), ⑫ 벽면·바닥면 및 도배 상태와 ⑬ 환경조건은 중개대상물에 대해 개업공인중개사가 매도(임대)의뢰인에게 자료를 요구하여 확인한 사항을 적고, ⑪ 내부·외부 시설물의 상태(건축물)의 '그 밖의 시설물'은 가정자동화 시설(Home Automation 등 IT 관련 시설)의 설치 여부를 적습니다.

13. ⑮ 중개보수 및 실비는 개업공인중개사와 중개의뢰인이 협의하여 결정한 금액을 적되 '중개보수'는 거래예정금액을 기준으로 계산하고, '산출내역(중개보수)'은 '거래예정금액(임대차의 경우에는 임대보증금 + 월 단위의 차임액 × 100) × 중개보수 요율'과 같이 적습니다. 다만, 임대차로서 거래예정금액이 5천만원 미만인 경우에는 '임대보증금 + 월 단위의 차임액 × 70'을 거래예정금액으로 합니다.

14. 공동중개시 참여한 개업공인중개사(소속공인중개사를 포함합니다)는 모두 서명·날인해야 하며, 2명을 넘는 경우에는 별지로 작성하여 첨부합니다.

■ 「공인중개사법 시행규칙」 [별지 제20호의2 서식]   (4쪽 중 제1쪽)

중개대상물 확인·설명서[Ⅱ] (비주거용 건축물)

([ ] 업무용   [ ] 상업용   [ ] 공업용   [ ] 매매·교환   [ ] 임대   [ ] 그 밖의 경우)

확인·설명 자료	확인·설명 근거자료 등	[ ] 등기권리증 [ ] 등기사항증명서 [ ] 토지대장 [ ] 건축물대장 [ ] 지적도 [ ] 임야도 [ ] 토지이용계획확인서 [ ] 그 밖의 자료( )
	대상물건의 상태에 관한 자료요구 사항	

유의사항

개업공인중개사의 확인·설명의무	개업공인중개사는 중개대상물에 관한 권리를 취득하려는 중개의뢰인에게 성실·정확하게 설명하고, 토지대장 등본, 등기사항증명서 등 설명의 근거자료를 제시해야 합니다.
실제 거래가격 신고	「부동산 거래신고 등에 관한 법률」 제3조 및 같은 법 시행령 별표 1 제1호 마목에 따른 실제 거래가격은 매수인이 매수한 부동산을 양도하는 경우 「소득세법」 제97조 제1항 및 제7항과 같은 법 시행령 제163조 제11항 제2호에 따라 취득 당시의 실제 거래가액으로 보아 양도차익이 계산될 수 있음을 유의하시기 바랍니다.

Ⅰ. 개업공인중개사 기본 확인사항

① 대상물건의 표시	토지	소재지				
		면적(m²)		지목	공부상 지목	
					실제이용 상태	
	건축물	전용면적(m²)			대지지분(m²)	
		준공년도 (증개축년도)		용도	건축물대장상 용도	
					실제 용도	
		구조		방향		(기준:)
		내진설계 적용 여부		내진능력		
		건축물대장상 위반건축물 여부	[ ] 위반 [ ] 적법	위반내용		

② 권리관계	등기부 기재사항		소유권에 관한 사항	소유권 외의 권리사항
		토지		
		건축물		
			토지	
			건축물	
	민간 임대 등록 여부	등록	[ ] 장기일반민간임대주택 [ ] 공공지원민간임대주택 [ ] 그 밖의 유형( )	
			임대의무기간	임대개시일
		미등록	[ ] 해당사항 없음	
	계약갱신 요구권 행사 여부		[ ] 확인(확인서류 첨부) [ ] 미확인 [ ] 해당 없음	

③ 토지이용계획, 공법상 이용제한 및 거래규제에 관한 사항(토지)	지역·지구	용도지역		건폐율 상한	용적률 상한
		용도지구		%	%
		용도구역			
	도시·군 계획시설		허가·신고 구역 여부	[ ] 토지거래허가구역	
			투기지역 여부	[ ] 토지투기지역 [ ] 주택투기지역 [ ] 투기과열지구	
	지구단위계획구역, 그 밖의 도시·군관리계획		그 밖의 이용제한 및 거래규제사항		

210mm × 297mm[백상지(80g/m²) 또는 중질지(80g/m²)]

(4쪽 중 제2쪽)

④ 입지조건	도로와의 관계	(m × m)도로에 접함 [ ] 포장 [ ] 비포장		접근성	[ ] 용이함 [ ] 불편함
	대중교통	버스	( ) 정류장,	소요시간: ([ ] 도보 [ ] 차량) 약 분	
		지하철	( ) 역,	소요시간: ([ ] 도보 [ ] 차량) 약 분	
	주차장	[ ] 없음 [ ] 전용주차시설 [ ] 공동주차시설 [ ] 그 밖의 주차시설 ( )			

⑤ 관리에 관한 사항	경비실	[ ] 있음 [ ] 없음	관리주체	[ ] 위탁관리 [ ] 자체관리 [ ] 그 밖의 유형

⑥ 거래예정금액 등	거래예정금액	
	개별공시지가(m²당)	건물(주택)공시가격

⑦ 취득시 부담할 조세의 종류 및 세율	취득세	%	농어촌특별세	%	지방교육세	%
	※ 재산세와 종합부동산세는 6월 1일 기준 대상물건 소유자가 납세의무를 부담					

Ⅱ. 개업공인중개사 세부 확인사항

⑧ 실제 권리관계 또는 공시되지 않은 물건의 권리 사항

⑨ 내부·외부 시설물의 상태 (건축물)	수도	파손 여부	[ ] 없음 [ ] 있음(위치:)
		용수량	[ ] 정상 [ ] 부족함(위치:)
	전기	공급상태	[ ] 정상 [ ] 교체 필요(교체할 부분:)
	가스(취사용)	공급방식	[ ] 도시가스 [ ] 그 밖의 방식( )
	소방	소화전	[ ] 없음 [ ] 있음(위치:)
		비상벨	[ ] 없음 [ ] 있음(위치:)
	난방방식 및 연료공급	공급방식	[ ] 중앙공급 [ ] 개별공급 / 시설작동 [ ] 정상 [ ] 수선 필요( ) ※ 개별공급인 경우 사용연한( ) [ ] 확인불가
		종류	[ ] 도시가스 [ ] 기름 [ ] 프로판가스 [ ] 연탄 [ ] 그 밖의 종류( )
	승강기	[ ] 있음([ ] 양호 [ ] 불량 [ ] 없음)	
	배수	[ ] 정상 [ ] 수선 필요( )	
	그 밖의 시설물		

⑩ 벽면 및 바닥면	벽면	균열	[ ] 없음 [ ] 있음(위치:)
		누수	[ ] 없음 [ ] 있음(위치:)
	바닥면	[ ] 깨끗함 [ ] 보통임 [ ] 수리 필요(위치:)	

(4쪽 중 제3쪽)

Ⅲ. 중개보수 등에 관한 사항

⑪ 중개보수 및 실비의 금액과 산출내역	중개보수		〈산출내역〉 중개보수: 실비:
	실비		
	계		
	지급시기		

「공인중개사법」 제25조 제3항 및 제30조 제5항에 따라 거래당사자는 개업공인중개사로부터 위 중개대상물에 관한 확인·설명 및 손해배상책임의 보장에 관한 설명을 듣고, 같은 법 시행령 제21조 제3항에 따른 본 확인·설명서와 같은 법 시행령 제24조 제2항에 따른 손해배상책임 보장 증명서류(사본 또는 전자문서)를 수령합니다.

년   월   일

매도인 (임대인)	주소		성명		(서명 또는 날인)
	생년월일		전화번호		
매수인 (임차인)	주소		성명		(서명 또는 날인)
	생년월일		전화번호		
개업 공인중개사	등록번호		성명 (대표자)		(서명 및 날인)
	사무소 명칭		소속 공인중개사		(서명 및 날인)
	사무소 소재지		전화번호		
개업 공인중개사	등록번호		성명 (대표자)		(서명 및 날인)
	사무소 명칭		소속 공인중개사		(서명 및 날인)
	사무소 소재지		전화번호		

작성방법(비주거용 건축물)

〈작성일반〉
1. '[ ]' 있는 항목은 해당하는 '[ ]' 안에 ✔로 표시합니다.
2. 세부항목 작성시 해당 내용을 작성란에 모두 작성할 수 없는 경우에는 별지로 작성하여 첨부하고, 해당란에는 '별지 참고'라고 적습니다.

〈세부항목〉
1. 「확인·설명자료」 항목의 '확인·설명 근거자료 등'에는 개업공인중개사가 확인·설명 과정에서 제시한 자료를 적으며, '대상물건의 상태에 관한 자료요구 사항'에는 매도(임대)의뢰인에게 요구한 사항 및 그 관련 자료의 제출 여부와 ⑧ 실제 권리관계 또는 공시되지 않은 물건의 권리 사항부터 ⑩ 벽면까지의 항목을 확인하기 위한 자료의 요구 및 그 불응 여부를 적습니다.
2. ① 대상물건의 표시부터 ⑦ 취득시 부담할 조세의 종류 및 세율까지는 개업공인중개사가 확인한 사항을 적어야 합니다.
3. ① 대상물건의 표시는 토지대장 및 건축물대장 등을 확인하여 적습니다.
4. ② 권리관계의 '등기부 기재사항'은 등기사항증명서를 확인하여 적습니다.
5. ② 권리관계의 '민간임대 등록 여부'는 대상물건이 「민간임대주택에 관한 특별법」에 따라 등록된 민간임대주택인지 여부를 같은 법 제60조에 따른 임대주택정보체계에 접속하여 확인하거나 임대인에게 확인하여 '[ ]' 안에 ✔로 표시하고, 민간임대주택인 경우 「민간임대주택에 관한 특별법」에 따른 권리·의무사항을 임차인에게 설명해야 합니다.

> * 민간임대주택은 「민간임대주택에 관한 특별법」 제5조에 따른 임대사업자가 등록한 주택으로서, 임대인과 임차인간 임대차계약(재계약 포함)시 다음과 같은 사항이 적용됩니다.
> ① 같은 법 제44조에 따라 임대의무기간 중 임대료 증액청구는 5%의 범위에서 주거비 물가지수, 인근 지역의 임대료 변동률 등을 고려하여 같은 법 시행령으로 정하는 증액비율을 초과하여 청구할 수 없으며, 임대차계약 또는 임대료 증액이 있은 후 1년 이내에는 그 임대료를 증액할 수 없습니다.
> ② 같은 법 제45조에 따라 임대사업자는 임차인이 의무를 위반하거나 임대차를 계속하기 어려운 경우 등에 해당하지 않으면 임대의무기간 동안 임차인과의 계약을 해제·해지하거나 재계약을 거절할 수 없습니다.

6. ② 권리관계의 '계약갱신요구권 행사 여부'는 대상물건이 「주택임대차보호법」 및 「상가건물 임대차보호법」의 적용을 받는 임차인이 있는 경우 매도인(임대인)으로부터 계약갱신요구권 행사 여부에 관한 사항을 확인할 수 있는 서류를 받으면 '확인'에 ✔로 표시하여 해당 서류를 첨부하고, 서류를 받지 못한 경우 '미확인'에 ✔로 표시합니다. 이 경우 「주택임대차보호법」 및 「상가건물 임대차보호법」에 따른 임대인과 임차인의 권리·의무사항을 매수인에게 설명해야 합니다.
7. ③ 토지이용계획, 공법상 이용제한 및 거래규제에 관한 사항(토지)의 '건폐율 상한 및 용적률 상한'은 시·군의 조례에 따라 적고, '도시·군계획시설', '지구단위계획구역, 그 밖의 도시·군관리계획'은 개업공인중개사가 확인하여 적으며, '그 밖의 이용제한 및 거래규제사항'은 토지이용계획확인서의 내용을 확인하고, 공부에서 확인할 수 없는 사항은 부동산종합공부시스템 등에서 확인하여 적습니다(임대차의 경우에는 생략할 수 있습니다).
8. ⑥ 거래예정금액 등의 '거래예정금액'은 중개가 완성되기 전 거래예정금액을, '개별공시지가(m^2당)' 및 '건물(주택)공시가격'은 중개가 완성되기 전 공시된 공시지가 또는 공시가격을 적습니다[임대차의 경우에는 '개별공시지가(m^2당)' 및 '건물(주택)공시가격'을 생략할 수 있습니다].
9. ⑦ 취득시 부담할 조세의 종류 및 세율은 중개가 완성되기 전 「지방세법」의 내용을 확인하여 적습니다(임대차의 경우에는 제외합니다).
10. ⑧ 실제 권리관계 또는 공시되지 않은 물건의 권리 사항은 매도(임대)의뢰인이 고지한 사항(법정지상권, 유치권, 「상가건물 임대차보호법」에 따른 임대차, 토지에 부착된 조각물 및 정원수, 계약 전 소유권 변동 여부, 도로의 점용허가 여부 및 권리·의무 승계 대상 여부 등)을 적습니다. 「건축법 시행령」 별표 1 제2호에 따른 공동주택(기숙사는 제외합니다) 중 분양을 목적으로 건축되었으나 분양되지 않아 보존등기만 마쳐진 상태인 공동주택에 대해 임대차계약을 알선하는 경우에는 이를 임차인에게 설명해야 합니다.
    ※ 임대차계약의 경우 임대보증금, 월 단위의 차임액, 계약기간, 장기수선충당금의 처리 등을 확인하고, 근저당 등이 설정된 경우 채권최고액을 확인하여 적습니다. 그 밖에 경매 및 공매 등의 특이사항이 있는 경우 이를 확인하여 적습니다.
11. ⑨ 내부·외부 시설물의 상태(건축물) 및 ⑩ 벽면 및 바닥면은 중개대상물에 대하여 개업공인중개사가 매도(임대)의뢰인에게 자료를 요구하여 확인한 사항을 적고, ⑨ 내부·외부 시설물의 상태(건축물)의 '그 밖의 시설물'에는 건축물이 상업용인 경우에는 오수정화시설용량, 공업용인 경우에는 전기용량, 오수정화시설용량 및 용수시설의 내용에 대하여 개업공인중개사가 매도(임대)의뢰인에게 자료를 요구하여 확인한 사항을 적습니다.
12. ⑪ 중개보수 및 실비의 금액과 산출내역은 개업공인중개사와 중개의뢰인이 협의하여 결정한 금액을 적되 '중개보수'는 거래예정금액을 기준으로 계산하고, '산출내역(중개보수)'은 '거래예정금액(임대차의 경우에는 임대보증금 + 월 단위의 차임액 × 100) × 중개보수 요율'과 같이 적습니다. 다만, 임대차로서 거래예정금액이 5천만원 미만인 경우에는 '임대보증금 + 월 단위의 차임액 × 70'을 거래예정금액으로 합니다.
13. 공동중개시 참여한 개업공인중개사(소속공인중개사를 포함합니다)는 모두 서명·날인해야 하며, 2명을 넘는 경우에는 별지로 작성하여 첨부합니다.

♣ 「공인중개사법 시행규칙」 [별지 제20호의3 서식] (3쪽 중 제1쪽)

중개대상물 확인·설명서[Ⅲ] (토지)

([ ] 매매·교환　　[ ] 임대)

확인·설명 자료	확인·설명 근거자료 등	[ ] 등기권리증　[ ] 등기사항증명서　[ ] 토지대장　[ ] 건축물대장　[ ] 지적도 [ ] 임야도　[ ] 토지이용계획확인서　[ ] 그 밖의 자료(　　　　　)
	대상물건의 상태에 관한 자료요구 사항	

유의사항

개업공인중개사의 확인·설명의무	개업공인중개사는 중개대상물에 관한 권리를 취득하려는 중개의뢰인에게 성실·정확하게 설명하고, 토지대장등본, 등기사항증명서 등 설명의 근거자료를 제시해야 합니다.
실제 거래가격 신고	「부동산 거래신고 등에 관한 법률」 제3조 및 같은 법 시행령 별표 1 제1호 마목에 따른 실제 거래가격은 매수인이 매수한 부동산을 양도하는 경우 「소득세법」 제97조 제1항 및 제7항과 같은 법 시행령 제163조 제11항 제2호에 따라 취득 당시의 실제 거래가액으로 보아 양도차익이 계산될 수 있음을 유의하시기 바랍니다.

Ⅰ. 개업공인중개사 기본 확인사항

① 대상물건의 표시	토지	소재지				
		면적(m²)		지목	공부상 지목	
					실제이용 상태	

② 권리관계	등기부 기재사항	소유권에 관한 사항	소유권 외의 권리사항
		토지	토지

③ 토지이용계획, 공법상 이용 제한 및 거래규제에 관한 사항 (토지)	지역·지구	용도지역		건폐율 상한	용적률 상한
		용도지구		%	%
		용도구역			
	도시·군 계획시설		허가·신고 구역 여부	[ ] 토지거래허가구역	
			투기지역 여부	[ ] 토지투기지역　[ ] 주택투기지역　[ ] 투기과열지구	
	지구단위계획구역 그 밖의 도시·군관리계획		그 밖의 이용제한 및 거래규제사항		

④ 입지조건	도로와의 관계	(m × m)도로에 접함　[ ] 포장　[ ] 비포장　접근성　[ ] 용이함　[ ] 불편함
	대중교통	버스　(　　) 정류장,　소요시간: ([ ] 도보, [ ] 차량) 약　　분
		지하철　(　　) 역,　소요시간: ([ ] 도보, [ ] 차량) 약　　분

⑤ 비선호시설(1km 이내)	[ ] 없음　[ ] 있음(종류 및 위치:　　　　)		
⑥ 거래예정금액 등	거래예정금액		
	개별공시지가(m²당)		건물(주택)공시가격
⑦ 취득시 부담할 조세의 종류 및 세율	취득세　　% 　농어촌특별세　　%　지방교육세　　%		
	※ 재산세는 6월 1일 기준 대상물건 소유자가 납세의무를 부담		

210mm × 297mm[백상지(80g/m²) 또는 중질지(80g/m²)]

II. 개업공인중개사 세부 확인사항

⑧ 실제 권리관계 또는 공시되지 않은 물건의 권리사항	

III. 중개보수 등에 관한 사항

⑨ 중개보수 및 실비의 금액과 산출내역	중개보수		〈산출내역〉 중개보수:
	실비		실비:
	계		※ 중개보수는 거래금액의 1천분의 9 이내에서 중개의뢰인과 개업공인중개사가 서로 협의하여 결정하며, 부가가치세는 별도로 부과될 수 있습니다.
	지급시기		

「공인중개사법」 제25조 제3항 및 제30조 제5항에 따라 거래당사자는 개업공인중개사로부터 위 중개대상물에 관한 확인·설명 및 손해배상책임의 보장에 관한 설명을 듣고, 같은 법 시행령 제21조 제3항에 따른 본 확인·설명서와 같은 법 시행령 제24조 제2항에 따른 손해배상책임 보장 증명서류(사본 또는 전자문서)를 수령합니다.

년   월   일

매도인 (임대인)	주소		성명		(서명 또는 날인)
	생년월일		전화번호		
매수인 (임차인)	주소		성명		(서명 또는 날인)
	생년월일		전화번호		
개업 공인중개사	등록번호		성명 (대표자)		(서명 및 날인)
	사무소 명칭		소속공인중개사		(서명 및 날인)
	사무소 소재지		전화번호		
개업 공인중개사	등록번호		성명 (대표자)		(서명 및 날인)
	사무소 명칭		소속공인중개사		(서명 및 날인)
	사무소 소재지		전화번호		

작성방법(토지)

〈작성일반〉

1. '[ ]' 있는 항목은 해당되는 '[ ]' 안에 ✔로 표시합니다.

2. 세부항목 작성시 해당 내용을 작성란에 모두 작성할 수 없는 경우에는 별지로 작성하여 첨부하고, 해당란에는 '별지 참고'라고 적습니다.

〈세부항목〉

1. 「확인·설명 자료」 항목의 '확인·설명 근거자료 등'에는 개업공인중개사가 확인·설명과정에서 제시한 자료를 적으며, '대상물건의 상태에 관한 자료요구 사항'에는 매도(임대)의뢰인에게 요구한 사항 및 그 관련 자료의 제출 여부와 ⑧ 실제 권리관계 또는 공시되지 않은 물건의 권리사항의 항목을 확인하기 위한 자료요구 및 그 불응 여부를 적습니다.

2. ① 대상물건의 표시부터 ⑦ 취득시 부담할 조세의 종류 및 세율까지는 개업공인중개사가 확인한 사항을 적어야 합니다.

3. ① 대상물건의 표시는 토지대장 등을 확인하여 적습니다.

4. ② 권리관계의 '등기부 기재사항'은 등기사항증명서를 확인하여 적습니다.

5. ③ 토지이용계획, 공법상 이용제한 및 거래규제에 관한 사항(토지)의 '건폐율 상한' 및 '용적률 상한'은 시·군의 조례에 따라 적고, '도시·군계획시설', '지구단위계획구역, 그 밖의 도시·군관리계획'은 개업공인중개사가 확인하여 적으며, 그 밖의 사항은 토지이용계획확인서의 내용을 확인하고, 공부에서 확인할 수 없는 사항은 부동산종합공부시스템 등에서 확인하여 적습니다(임대차의 경우에는 생략할 수 있습니다).

6. ⑥ 거래예정금액 등의 '거래예정금액'은 중개가 완성되기 전 거래예정금액을, '개별공시지가'는 중개가 완성되기 전 공시가격을 적습니다(임대차의 경우에는 '개별공시지가'를 생략할 수 있습니다).

7. ⑦ 취득시 부담할 조세의 종류 및 세율은 중개가 완성되기 전 「지방세법」의 내용을 확인하여 적습니다(임대차의 경우에는 제외합니다).

8. ⑧ 실제 권리관계 또는 공시되지 않은 물건의 권리사항은 매도(임대)의뢰인이 고지한 사항(임대차, 지상에 점유권 행사 여부, 구축물, 적치물, 진입로, 경작물, 계약 전 소유권 변동 여부 등)을 적습니다.

   ※ 임대차계약이 있는 경우 임대보증금, 월 단위의 차임액, 계약기간 등을 확인하고, 근저당 등이 설정된 경우 채권최고액을 확인하여 적습니다. 그 밖에 경매 및 공매 등의 특이사항이 있는 경우 이를 확인하여 적습니다.

9. ⑨ 중개보수 및 실비의 금액과 산출내역의 '중개보수'는 거래예정금액을 기준으로 계산하고, '산출내역(중개보수)'은 '거래예정금액(임대차의 경우에는 임대보증금 + 월 단위의 차임액 × 100) × 중개보수 요율'과 같이 적습니다. 다만, 임대차로서 거래예정금액이 5천만원 미만인 경우에는 '임대보증금 + 월 단위의 차임액 × 70'을 거래예정금액으로 합니다.

10. 공동중개시 참여한 개업공인중개사(소속공인중개사를 포함합니다)는 모두 서명·날인해야 하며, 2명을 넘는 경우에는 별지로 작성하여 첨부합니다.

❦「공인중개사법 시행규칙」[별지 제20호의4 서식] (3쪽 중 제1쪽)

중개대상물 확인·설명서[Ⅳ] (입목·광업재단·공장재단)
([ ] 매매·교환   [ ] 임대)

확인·설명 자료	확인·설명 근거자료 등	[ ] 등기권리증 [ ] 등기사항증명서 [ ] 토지대장 [ ] 건축물대장 [ ] 지적도 [ ] 임야도 [ ] 토지이용계획확인서 [ ] 그 밖의 자료( )
	대상물건의 상태에 관한 자료요구 사항	

유의사항	
개업공인중개사의 확인·설명의무	개업공인중개사는 중개대상물에 관한 권리를 취득하려는 중개의뢰인에게 성실·정확하게 설명하고, 토지대장등본, 등기사항증명서 등 설명의 근거자료를 제시해야 합니다.
실제 거래가격 신고	「부동산 거래신고 등에 관한 법률」 제3조 및 같은 법 시행령 별표 1 제1호 마목에 따른 실제 거래가격은 매수인이 매수한 부동산을 양도하는 경우 「소득세법」 제97조 제1항 및 제7항과 같은 법 시행령 제163조 제11항 제2호에 따라 취득 당시의 실제 거래가액으로 보아 양도차익이 계산될 수 있음을 유의하시기 바랍니다.

Ⅰ. 개업공인중개사 기본 확인사항

① 대상물건의 표시	토지	대상물 종별	[ ] 입목 [ ] 광업재단 [ ] 공장재단	
		소재지 (등기·등록지)		

② 권리관계	등기부 기재사항	소유권에 관한 사항	성명	
			주소	
		소유권 외의 권리사항		

③ 재단목록 또는 입목의 생육상태	

④ 그 밖의 참고사항	

⑤ 거래예정 금액 등	거래예정금액			
	개별공시지가(m²당)		건물(주택)공시가격	

210mm × 297mm[백상지(80g/m²) 또는 중질지(80g/m²)]

(3쪽 중 제2쪽)

⑥ 취득시 부담할 조세의 종류 및 세율	취득세	%	농어촌특별세	%	지방교육세	%
	※ 재산세는 6월 1일 기준 대상물건 소유자가 납세의무를 부담					

Ⅱ. 개업공인중개사 세부 확인사항

⑦ 실제 권리관계 또는 공시되지 않은 물건의 권리사항	

Ⅲ. 중개보수 등에 관한 사항

⑧ 중개보수 및 실비의 금액과 산출내역	중개보수		〈산출내역〉 중개보수: 실비: ※ 중개보수는 거래금액의 1천분의 9 이내에서 중개의뢰인과 개업공인중개사가 서로 협의하여 결정하며 부가가치세는 별도로 부과될 수 있습니다.
	실비		
	계		
	지급시기		

「공인중개사법」 제25조 제3항 및 제30조 제5항에 따라 거래당사자는 개업공인중개사로부터 위 중개대상물에 관한 확인·설명 및 손해배상책임의 보장에 관한 설명을 듣고, 같은 법 시행령 제21조 제3항에 따른 본 확인·설명서와 같은 법 시행령 제24조 제2항에 따른 손해배상책임 보장 증명서류(사본 또는 전자문서)를 수령합니다.

년   월   일

매도인 (임대인)	주소		성명	(서명 또는 날인)
	생년월일		전화번호	
매수인 (임차인)	주소		성명	(서명 또는 날인)
	생년월일		전화번호	
개업 공인중개사	등록번호		성명 (대표자)	(서명 및 날인)
	사무소 명칭		소속공인중개사	(서명 및 날인)
	사무소 소재지		전화번호	
개업 공인중개사	등록번호		성명 (대표자)	(서명 및 날인)
	사무소 명칭		소속공인중개사	(서명 및 날인)
	사무소 소재지		전화번호	

작성방법(입목·광업재단·공장재단)

〈작성일반〉

1. '[ ]' 있는 항목은 해당되는 '[ ]' 안에 ✔로 표시합니다.

2. 세부항목 작성시 해당 내용을 작성란에 모두 작성할 수 없는 경우에는 별지로 작성하여 첨부하고, 해당란에는 '별지 참고'라고 적습니다.

〈세부항목〉

1. 「확인·설명 자료」 항목의 '확인·설명 근거자료 등'에는 개업공인중개사가 확인·설명과정에서 제시한 자료를 적으며, '대상물건의 상태에 관한 자료요구 사항'에는 매도(임대)의뢰인에게 요구한 사항 및 그 관련 자료의 제출 여부와 ⑦ 실제 권리관계 또는 공시되지 않은 물건의 권리사항의 항목을 확인하기 위한 자료요구 및 그 불응 여부를 적습니다.

2. ① 대상물건의 표시부터 ⑥ 취득시 부담할 조세의 종류 및 세율까지는 개업공인중개사가 확인한 사항을 적어야 합니다.

3. ① 대상물건의 표시는 대상물건별 등기사항증명서 등을 확인하여 적습니다.

4. ② 권리관계의 '등기부 기재사항'은 등기사항증명서를 확인하여 적습니다.

5. ③ 재단목록 또는 입목의 생육상태는 공장재단의 경우에는 공장재단 목록과 공장재단 등기사항증명서를, 광업재단의 경우에는 광업재단 목록과 광업재단 등기사항증명서를, 입목의 경우에는 입목등록원부와 입목등기사항증명서를 확인하여 적습니다.

6. ⑤ 거래예정금액 등의 '거래예정금액'은 중개가 완성되기 전의 거래예정금액을 적으며, '개별공시지가' 및 '건물(주택)공시가격'은 해당하는 경우에 중개가 완성되기 전 공시된 공시지가 또는 공시가격을 적습니다[임대차계약의 경우에는 '개별공시지가' 및 '건물(주택)공시가격'을 생략할 수 있습니다].

7. ⑥ 취득시 부담할 조세의 종류 및 세율은 중개가 완성되기 전 「지방세법」의 내용을 확인하여 적습니다(임대차의 경우에는 제외합니다).

8. ⑦ 실제 권리관계 또는 공시되지 않은 물건의 권리사항은 매도(임대)의뢰인이 고지한 사항(임대차, 법정지상권, 법정저당권, 유치권, 계약 전 소유권 변동 여부 등)을 적습니다.
   ※ 임대차계약이 있는 경우 임대보증금, 월 단위의 차임액, 계약기간 등을 확인하고, 근저당 등이 설정된 경우 채권최고액을 확인하여 적습니다. 그 밖에 경매 및 공매 등의 특이사항이 있는 경우 이를 확인하여 적습니다.

9. ⑧ 중개보수 및 실비의 금액과 산출내역의 '중개보수'는 거래예정금액을 기준으로 계산하고, '산출내역(중개보수)'은 '거래예정금액(임대차의 경우에는 임대보증금 + 월 단위의 차임액 × 100) × 중개보수 요율'과 같이 적습니다. 다만, 임대차로서 거래예정금액이 5천만원 미만인 경우에는 '임대보증금 + 월 단위의 차임액 × 70'을 거래예정금액으로 합니다.

10. 공동중개시 참여한 개업공인중개사(소속공인중개사를 포함합니다)는 모두 서명·날인해야 하며, 2명을 넘는 경우에는 별지로 작성하여 첨부합니다.

> 예제

1. 공인중개사법령상 주거용 건축물의 중개대상물 확인·설명서 작성방법에 관한 설명으로 옳은 것은?

   ① 대상물건이 위반건축물인지 여부는 등기사항증명서를 확인하여 기재한다.
   ② '비선호시설', '입지조건' 및 '관리에 관한 사항'은 매도(임대)의뢰인에게 자료를 요구하여 확인한 사항을 기재한다.
   ③ 매매의 경우 '도시계획시설', '지구단위계획구역 그 밖의 도시관리계획'은 개업공인중개사가 확인하여 기재한다.
   ④ 임대차의 경우 '개별공시지가' 및 '건물(주택)공시가격'을 반드시 기재하여야 한다.
   ⑤ 취득시 부담할 조세의 종류 및 세율은 중개가 완성되기 전 「지방세법」의 내용을 확인하여 적어야 하며, 임대차의 경우에도 적어야 한다.

   해설 ① 위반건축물 해당 여부는 등기사항증명서로 확인할 수 없고, 건축물대장의 확인 또는 행정청에 대한 문의 등을 통하여 확인할 수 있다.
   ② 비선호시설, 입지조건 및 관리에 관한 사항란 등은 기본 확인사항으로 개업공인중개사가 조사하여 기재하여야 하는 항목이며, 자료요구대상이 아니다.
   ④ 임대차의 경우에는 개별공시지가, 건물(주택)공시가격의 기재를 생략할 수 있다.
   ⑤ 임대차의 경우 취득조세라는 것이 발생되지 않으므로 기재하지 않는다. **정답 ③**

2. 공인중개사법령상 중개대상물 확인·설명서[Ⅱ](비주거용 건축물)에서 개업공인중개사 기본 확인사항이 아닌 것은? 제35회

   ① 토지의 소재지, 면적 등 대상물건의 표시
   ② 소유권 외의 권리사항 등 등기부 기재사항
   ③ 관리비
   ④ 입지조건
   ⑤ 거래예정금액

   해설 관리비는 관리에 관한 사항으로서 주거용 건축물 확인·설명서[Ⅰ]에만 기재하는 란이 있다. 비주거용 건축물 확인·설명서[Ⅱ]에는 기재하는 란이 없다. **정답 ③**

제5절 | 거래계약서의 작성 등   제32회, 제33회, 제35회, 제36회

> **제26조【거래계약서의 작성 등】** ① 개업공인중개사는 중개대상물에 관하여 중개가 완성된 때에는 대통령령으로 정하는 바에 따라 거래계약서를 작성하여 거래당사자에게 교부하고 대통령령이 정하는 기간 동안 그 원본, 사본 또는 전자문서를 보존하여야 한다. 다만, 거래계약서가 공인전자문서센터에 보관된 경우에는 그러하지 아니하다.
> ② 제25조 제4항의 규정은 제1항에 따른 거래계약서의 작성에 관하여 이를 준용한다.
> ③ 개업공인중개사는 제1항에 따라 거래계약서를 작성하는 때에는 거래금액 등 거래내용을 거짓으로 기재하거나 서로 다른 둘 이상의 거래계약서를 작성하여서는 아니 된다.

1 거래계약서 작성

(1) 거래계약서의 의의

계약은 거래당사자간의 청약과 승낙의 의사의 합치로 성립하므로 반드시 계약서를 작성하여야만 계약이 성립되는 것은 아니다. 다만, 계약의 성립이나 계약의 내용을 기록하여 둔 증서를 남겨서 후일 분쟁이 발생할 때 증거로 사용하기 위하여 거래계약서를 작성하는 것이다.

(2) 거래계약서 관련 의무

① 작성·교부·보존의 의무
  ㉠ 작성의 의무: 개업공인중개사는 중개대상물에 관하여 중개가 완성된 때에는 필요적 기재사항을 모두 기재하여 거래계약서를 작성하고 거래당사자에게 교부하여야 한다.
  ㉡ 교부·보존의 의무: 개업공인중개사는 거래계약서를 작성하여 거래당사자 쌍방에게 교부하여야 하고, 그 원본, 사본 또는 전자문서를 5년 동안 보존하여야 한다(단, 거래계약서가 공인전자문서센터에 보관된 경우에는 그러하지 아니하다).
    ✔ 한편, 거래계약서와 함께 교부하여야 할 서류에는 중개대상물 확인·설명서, 보증관계증서 사본이 있다.
  ㉢ 작성·교부·보존의무의 예외: 거래계약을 부동산 전자계약시스템으로 체결하는 경우 거래계약서에 관한 여러 가지 의무의 예외가 인정되는데, 이에 관해서는 '제3편 중개실무'에서 자세히 다루기로 한다.

참고 매매계약서는 소유권이전등기시에 첨부하여야 하는 서류이고, 주택이나 상가의 임대차계약서는 그 증서 자체에 확정일자인을 날인받아야 우선변제권이 발생하기도 한다.

참고 거래계약서는 개업공인중개사가 직접 서명하고 날인하였다면 컴퓨터로 작업하여 인쇄한 것이라도 무방하다. 또한, 중개사무소를 벗어나 작성하였다고 하여 법령에 위반되는 것은 아니라고 하고 있다(국민신문고 답변자료).

> **판례** 개업공인중개사의 거래계약서 작성

1. 개업공인중개사는 중개가 완성된 때에만 거래계약서 등을 작성·교부하여야 하고, 중개를 하지 아니하였음에도 함부로 거래계약서 등을 작성·교부하여서는 아니 된다(대판 2009다78863).
2. 개업공인중개사가 자신의 중개로 전세계약이 체결되지 않았음에도 실제 계약당사자가 아닌 자에게 전세계약서와 중개대상물 확인·설명서 등을 작성·교부하여 줌으로써 이를 담보로 제공받아 금전을 대여한 대부업자가 대여금을 회수하지 못하는 손해를 입은 사안에서, 개업공인중개사의 주의의무 위반에 따른 손해배상책임을 인정한 사례(대판 2009다78870)

② 서명 및 날인의 의무
  ㉠ 의의: 거래계약서에는 개업공인중개사(법인인 경우에는 대표자를 말하며, 법인에 분사무소가 설치되어 있는 경우에는 분사무소의 책임자를 말한다)가 서명 및 날인하되, 해당 중개행위를 한 소속공인중개사가 있는 경우에는 소속공인중개사가 함께 서명 및 날인하여야 한다.
  ㉡ 규정취지: 개업공인중개사가 서명 및 날인하는 것은 그 거래계약에 관한 성립의 진정성과 책임의 소재를 입증하기 위한 것이다.
  ㉢ 개업공인중개사가 직접 수행한 경우: 개업공인중개사가 해당 중개업무를 직접 수행한 경우라면 당연히 개업공인중개사만 서명 및 날인하면 되고, 소속공인중개사는 서명 및 날인의 의무가 없다.

> **참고** '자필로 자기의 이름을 쓰고 등록인장을 날인한다'는 의미이며, 이름이 인쇄된 곳에 날인만 하는 경우 서명 및 날인의 의무를 위반한 것이다.

> **판례** '서명 및 날인'의 의미

「공인중개사법」 제26조 제2항, 제25조 제4항에서 정하는 '서명 및 날인'은 서명과 날인을 모두 하여야 한다는 의미로 해석하여야 하고, 이를 위반한 경우 업무정지사유로 규정하고 있으므로, '서명 및 날인을 하지 아니한 경우'란 서명과 날인 모두를 하지 아니한 경우뿐만 아니라 서명과 날인 중 어느 한 가지를 하지 않은 경우도 포함한다(대판 2008두16698).

③ 거짓기재 및 이중작성 금지의무
  ㉠ 의의: 개업공인중개사는 거래계약서를 작성하는 때에는 거래금액 등 거래내용을 거짓으로 기재하거나 서로 다른 둘 이상의 거래계약서를 작성하여서는 아니 된다. 이 의무는 소속공인중개사에게도 부여되는 의무이다.

ⓛ 위반시 제재: 의무를 이행하지 않거나 위반하여 중개의뢰인에게 손해를 끼친 경우 개업공인중개사는 손해배상책임을 부담하는 것 외에 등록취소처분을 받을 수도 있다. 한편, 소속공인중개사가 이 의무를 위반한 경우 자격정지처분을 받을 수 있다.

❷ 거래계약서의 필요적 기재사항

거래계약서에는 다음의 사항을 필수적으로 기재하여야 한다.

> ① 거래당사자의 인적 사항
> ② 물건의 표시
> ③ 계약일
> ④ **거래금액**·계약금액 및 그 지급일자 등 지급에 관한 사항
> ⑤ 물건의 인도일시
> ⑥ 권리이전의 내용
> ⑦ 계약의 조건이나 기한이 있는 경우에는 그 조건 또는 기한
> ⑧ 중개대상물 확인·설명서 교부일자
> ⑨ 그 밖의 약정내용

❸ 거래계약서 서식

국토교통부장관은 개업공인중개사가 작성하는 거래계약서의 표준이 되는 서식을 정하여 그 사용을 권장할 수 있다. 다만, 이것은 권장할 수 있는 법령상 근거규정의 의미일 뿐 실제로 거래계약서에 관한 표준서식은 없다.✚

✚ 이는 거래계약의 유형이 다양하고 당사자에 따라 특별한 내용들이 기재되기 때문에 거래계약서를 표준화하기 어려운 측면이 있다.

📌 확인·설명서와 거래계약서의 비교

구분	확인·설명서	거래계약서
작성 가능자	개업공인중개사 / 소속공인중개사	개업공인중개사 / 소속공인중개사
작성 의무자	개업공인중개사	개업공인중개사
작성 시기	중개완성되어 거래계약서 작성시	중개완성시
최소작성 부수	2부	2부
교부 및 보존	• 교부: 거래당사자 • 보존: 3년(원본 / 사본 / 전자문서)	• 교부: 거래당사자 • 보존: 5년(원본 / 사본 / 전자문서)
서명 및 날인	개업공인중개사 + 소속공인중개사(해당 중개행위를 수행한 자)	
표준서식	법정서식 있음	법정서식 없음(권장 가능)

> **예제**

1. 공인중개사법령상 개업공인중개사의 거래계약서 작성에 관한 설명으로 옳은 것은? 　　　　　　　　　　　　　　　　　　　　　　　　　　　　제25회

   ① 중개대상물 확인·설명서 교부일자는 거래계약서에 기재하여야 할 사항이 아니다.
   ② 해당 중개행위를 한 소속공인중개사도 거래계약서를 작성할 수 있으며, 이 경우 개업공인중개사만 서명 및 날인하면 된다.
   ③ 거래계약서는 국토교통부장관이 정하는 표준서식으로 작성하여야 한다.
   ④ 법인의 분사무소가 설치되어 있는 경우, 그 분사무소에서 작성하는 거래계약서에 분사무소의 책임자가 서명 및 날인하여야 한다.
   ⑤ 개업공인중개사가 거래계약서에 거래내용을 거짓으로 기재한 경우, 1년 이하의 징역 또는 1천만원 이하의 벌금에 처하여진다.

   해설 ① 교부일자는 거래계약서의 필요적 기재사항이다.
   ② 거래계약서를 작성할 때 소속공인중개사도 개업공인중개사와 함께 서명 및 날인하여야 한다.
   ③ 거래계약서에는 표준서식이 없다.
   ⑤ 이중계약서(거짓계약서)를 작성하는 것에 대한 행정형벌은 없다. 다만, 개업공인중개사는 상대적 등록취소사유에 해당하고, 소속공인중개사는 자격정지사유에 해당한다. 　　　　　　　　　　　　　　**정답 ④**

2. 공인중개사법령상 개업공인중개사가 중개를 완성한 때에 작성하는 거래계약서에 기재하여야 하는 사항을 모두 고른 것은? 　　　　　　　　　　　제35회

   ┌─────────────────────────────────────┐
   ⊙ 권리이전의 내용
   ⓒ 물건의 인도일시
   ⓒ 계약의 조건이나 기한이 있는 경우에는 그 조건 또는 기한
   ⓔ 중개대상물 확인·설명서 교부일자
   └─────────────────────────────────────┘

   ① ㉠, ㉣　　　　　　　　　　② ㉡, ㉢
   ③ ㉠, ㉡, ㉢　　　　　　　　④ ㉠, ㉡, ㉣
   ⑤ ㉠, ㉡, ㉢, ㉣

   해설 ㉠㉡㉢㉣ 모두 거래계약서의 필요적 기재사항에 해당된다. 　　　**정답 ⑤**

제5장 개업공인중개사의 의무와 책임

제6절 | 계약금 등의 반환채무이행의 보장   제34회, 제35회

> **제31조【계약금 등의 반환채무이행의 보장】** ① 개업공인중개사는 거래의 안전을 보장하기 위하여 필요하다고 인정하는 경우에는 거래계약의 이행이 완료될 때까지 계약금·중도금 또는 잔금(이하 이 조에서 '계약금 등'이라 한다)을 개업공인중개사 또는 대통령령으로 정하는 자의 명의로 금융기관, 제42조에 따라 공제사업을 하는 자 또는 「자본시장과 금융투자업에 관한 법률」에 따른 신탁업자 등에 예치하도록 거래당사자에게 권고할 수 있다.
> ② 제1항에 따라 계약금 등을 예치한 경우 매도인·임대인 등 계약금 등을 수령할 수 있는 권리가 있는 자는 해당 계약을 해제한 때에 계약금 등의 반환을 보장하는 내용의 금융기관 또는 보증보험회사가 발행하는 보증서를 계약금 등의 예치명의자에게 교부하고 계약금 등을 미리 수령할 수 있다.
> ③ 제1항에 따라 예치한 계약금 등의 관리·인출 및 반환절차 등에 관하여 필요한 사항은 대통령령으로 정한다.

1 계약금 등의 반환채무이행 보장제도

(1) 도입취지

① 매매계약에서 매도인이 계약금과 중도금까지 수령하고도 제3자에게 대상 부동산을 양도함으로써 계약을 이행할 수 없는 상태가 되는 경우도 있다. 이러한 경우 매수인은 예측하지 못한 손해를 입게 되고, 개업공인중개사는 중개행위에 있어서 중개의뢰인과의 분쟁에 휘말릴 수 있다.

② 이 제도를 활용하면 계약 성립 후 계약이행과정에서 발생할 수 있는 거래당사자 사이의 분쟁이나 개업공인중개사와 중개의뢰인 사이의 분쟁을 사전에 예방할 수 있게 될 것이다.

참고 이 제도는 미국의 에스크로우(Escrow)와 유사한 내용으로 거래의 안전을 위하여 제8차 개정 법률(2000.1.28)에서 처음 도입되었다.

참고 이와 같은 취지에서 개업공인중개사와 중개의뢰인을 보호하고 거래안전을 도모하기 위하여 계약금과 중도금 또는 잔금을 금융기관 등에 예치하게 하고 거래가 완성되었을 경우 예치금을 매도인에게 지급하는 제도를 마련하게 된 것이다.

(2) 예치의 권고

개업공인중개사는 거래의 안전을 보장하기 위하여 필요하다고 인정하는 경우, 거래계약의 이행이 완료될 때까지 계약금·중도금 또는 잔금을 예치명의자에 예치하도록 거래당사자에게 권고할 수 있다. 이때 거래당사자가 합의하지 않으면 강제할 수는 없다.

(3) 예치대상(= '계약금 등')

개업공인중개사가 거래계약 이행이 완료될 때까지 예치를 권고할 수 있는 예치대상은 '계약금·중도금·잔금'이다. 잔금이 예치대상이 되는 이유는 부동산거래에 있어 현실적으로 동시이행이 이루어질 수 없기 때문이다. 즉, 잔금을 지급하면서 소유권이전에 필요한 서류를 넘겨받는 것이 실무의 관례인바, 엄밀히 말하면 권리를 취득하는 쪽에서 선이행하는 셈이 된다.

(4) 예치명의자 및 예치기관

① 예치명의자
- ㉠ 개업공인중개사
- ㉡ 「은행법」에 따른 은행
- ㉢ 「보험업법」에 따른 보험회사
- ㉣ 「자본시장과 금융투자업에 관한 법률」에 따른 신탁업자
- ㉤ 「우체국예금·보험에 관한 법률」에 따른 체신관서
- ㉥ 「공인중개사법」 제42조의 규정에 따라 공제사업을 하는 자
- ㉦ 부동산거래계약의 이행을 보장하기 위하여 계약금·중도금 또는 잔금 및 계약 관련 서류를 관리하는 업무를 수행하는 전문회사

② 예치기관
- ㉠ 금융기관
- ㉡ 공제사업을 하는 자
- ㉢ 신탁업자 등

(5) 예치금의 선수령

계약금 등을 예치한 경우 매도인·임대인 등 계약금 등을 수령할 수 있는 권리가 있는 자는 해당 계약을 해제한 때에 계약금 등의 반환을 보장하는 내용의 금융기관 또는 보증보험회사가 발행하는 보증서를 계약금 등의 예치명의자에게 교부하고 계약금 등을 미리 수령할 수 있다.

❷ 계약금 등의 반환채무이행 보장 관련 개업공인중개사의 의무

(1) 거래안전을 위한 필요사항의 약정

개업공인중개사는 거래당사자가 계약금 등을 개업공인중개사의 명의로 금융기관 등에 예치할 것을 의뢰하는 경우에는 계약이행의 완료 또는 계약해제 등의 사유로 인한 계약금 등의 인출에 대한 거래당사자 동의방법, 반환채무이행 보장에 소요되는 실비 그 밖에 거래안전을 위하여 필요한 사항을 약정하여야 한다.

(2) 예치금 지급을 위한 보증

개업공인중개사는 계약금 등을 자기 명의로 금융기관 등에 예치하는 경우, 계약금 등을 거래당사자에게 지급할 것을 보장하기 위하여 예치대상이 되는 계약금 등에 해당하는 금액을 보장하는 보증보험 또는 공제에 가입하거나 공탁하여야 하며, 거래당사자에게 관계 증서의 사본을 교부하거나 관계 증서에 관한 전자문서를 제공하여야 한다.

(3) 예치금의 분리관리 및 무단인출 금지

개업공인중개사는 거래계약과 관련된 계약금 등을 자기 명의로 금융기관 등에 예치하는 경우에는 자기 소유의 예치금과 분리하여 관리될 수 있도록 하여야 하며, 예치된 계약금 등은 거래당사자의 동의 없이 인출하여서는 아니 된다.

❸ 실비청구

개업공인중개사는 계약금 등의 반환채무이행 보장에 소요되는 실비를 매수·임차 그 밖의 권리를 취득하고자 하는 중개의뢰인에게 영수증 등을 첨부하여 청구할 수 있다.

> **예제**
>
> **공인중개사법령상 계약금 등의 반환채무이행의 보장에 관한 설명으로 틀린 것은?**
> ① 개업공인중개사가 거래당사자에게 계약금 등을 예치하도록 권고할 법률상 의무는 없다.
> ② 계약금 등을 예치하는 경우 「우체국예금·보험에 관한 법률」에 따른 체신관서 명의로 공제사업을 하는 공인중개사협회에 예치할 수도 있다.
> ③ 계약금 등을 예치하는 경우 「보험업법」에 따른 보험회사 명의로 금융기관에 예치할 수 있다.
> ④ 계약금 등을 예치하는 경우 매도인 명의로 금융기관에 예치할 수 있다.
> ⑤ 계약금 등의 예치는 거래계약의 이행이 완료될 때까지로 한다.
>
> **해설** 매도인이나 매수인은 예치명의자가 될 수 없다. 예치명의자는 개업공인중개사, 은행, 체신관서, 보험회사, 신탁업자, 전문회사, 공제사업자이다. **정답 ④**

제7절 | 손해배상책임의 보장   제32회, 제33회, 제34회

> **제30조【손해배상책임의 보장】** ① 개업공인중개사는 중개행위를 하는 경우 고의 또는 과실로 인하여 거래당사자에게 재산상의 손해를 발생하게 한 때에는 그 손해를 배상할 책임이 있다.
> ② 개업공인중개사는 자기의 중개사무소를 다른 사람의 중개행위의 장소로 제공함으로써 거래당사자에게 재산상의 손해를 발생하게 한 때에는 그 손해를 배상할 책임이 있다.
> ③ 개업공인중개사는 업무를 개시하기 전에 제1항 및 제2항에 따른 손해배상책임을 보장하기 위하여 대통령령으로 정하는 바에 따라 보증보험 또는 제42조에 따른 공제에 가입하거나 공탁을 하여야 한다.
> ④ 제3항에 따라 공탁한 공탁금은 개업공인중개사가 폐업 또는 사망한 날부터 3년 이내에는 이를 회수할 수 없다.
> ⑤ 개업공인중개사는 중개가 완성된 때에는 거래당사자에게 손해배상책임의 보장에 관한 다음 각 호의 사항을 설명하고 관계 증서의 사본을 교부하거나 관계 증서에 관한 전자문서를 제공하여야 한다.
> 1. 보장금액
> 2. 보증보험회사, 공제사업을 행하는 자, 공탁기관 및 그 소재지
> 3. 보장기간

❶ 개업공인중개사의 손해배상책임의 성격

(1) 과실책임

「공인중개사법」에서는 "개업공인중개사는 중개행위를 함에 있어서 고의 또는 과실로 인하여 거래당사자에게 재산상의 손해를 발생하게 한 때에는 그 손해를 배상할 책임이 있다."라고 규정하고 있다.

(2) 무과실책임

① 고용인에 대한 책임: 「공인중개사법」 제15조 제2항에 "소속공인중개사 또는 중개보조원의 업무상 행위는 그를 고용한 개업공인중개사의 행위로 본다."라고 규정하고 있다. 이 규정은 고용인에게 '고의 또는 과실'이 있으면 개업공인중개사가 무과실이라 하더라도 연대책임을 부담시킨다는 의미이다.

② **사무소 타인 제공 책임**: 또한 동법 제30조 제2항에 "개업공인중개사는 자기의 중개사무소를 다른 사람의 중개행위의 장소로 제공함으로써 거래당사자에게 재산상의 손해를 발생하게 한 때에는 그 손해를 배상할 책임이 있다."라고 규정하는바, 이 또한 개업공인중개사에게 고의 또는 과실이 없음에도 불구하고 책임을 부담하게 하는 것이다.

✔ 중개의뢰인은 등록을 한 개업공인중개사의 사무소라는 공신력 때문에 중개사무소를 믿고 찾기 때문이다.

❷ 손해배상의 범위

(1) 개업공인중개사의 배상범위

개업공인중개사는 "그 손해를 배상할 책임이 있다."라는 규정에 따라 손해가 발생한 만큼 배상하여야 한다. 즉, 업무보증을 설정한 한도 내에서 배상하는 것이 아니라 전손해(全損害)에 대하여 배상해야 하는 것이다.

> **판례** 개업공인중개사의 손해배상범위
>
> 1. 개업공인중개사나 그 보조원이 아닌 자에게 법 제30조 제1항에 의한 손해배상책임을 물을 수는 없다고 할 것이다(대판 2007다44156).
> 2. 중개보조원이 업무상 행위로 거래당사자인 피해자에게 고의로 불법행위를 저지른 경우라 하더라도 중개보조원을 고용하였을 뿐 이러한 불법행위에 가담하지 아니한 개업공인중개사에게 책임을 묻고 있는 피해자에 과실이 있다면, 법원은 과실상계의 법리에 좇아 손해배상책임 및 그 금액을 정하면서 이를 참작하여야 한다(대판 2011다21143).
> 3. 개업공인중개사가 부동산거래를 중개하면서 진정한 권리자인지 여부 등에 관한 조사·확인의무를 다하지 못함으로써 중개의뢰인이 손해를 입은 경우, 중개의뢰인의 부주의가 손해발생 및 확대의 원인이 되었다면 과실상계가 허용된다(대판 2012다69654).

(2) 업무보증기관(단체)의 배상범위

① **배상범위**: 업무보증기관에서는 개업공인중개사를 대신하여 중개의뢰인에게 손해배상을 하게 된다. 이때에는 개업공인중개사가 보증으로 설정한 범위 안에서 배상하게 되는 것이지 무한배상책임을 지는 것은 아니다.
② **업무보증설정금액을 초과한 경우**: 업무보증설정금액을 초과한 손해에 대하여는 민사소송 등의 방법에 의하여 개업공인중개사로부터 손해를 배상받을 수 있다.

📌 손해배상금 청구·지급 관계도

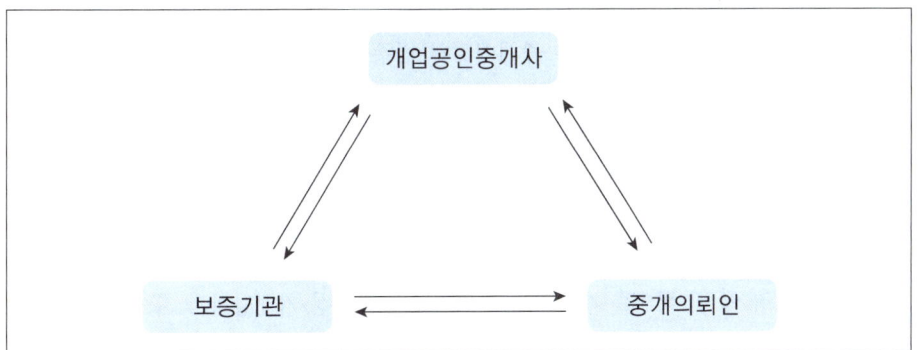

❸ 손해배상책임의 성립요건

(1) '개업공인중개사가 중개행위를 함에 있어서'

「공인중개사법」 규정에 의하여 중개사무소 개설등록을 한 개업공인중개사가 중개와 관련된 행위로 거래당사자에게 재산상의 손해를 발생하게 하였다는 의미이다. 따라서 개업공인중개사의 행위라 하더라도 중개행위와 관련 없는 행위로 거래당사자에게 재산상의 손해를 발생하게 하였다면 「공인중개사법」이 적용되지 않는다.

> **판례** 손해배상책임의 성립요건인 '중개행위'의 의미
>
> 1. 어떠한 행위가 중개행위에 해당하는지 여부는 거래당사자의 보호에 목적을 둔 법 규정의 취지에 비추어 볼 때 개업공인중개사가 진정으로 거래당사자를 위하여 거래를 알선·중개하려는 의사를 가지고 있었느냐고 하는 개업공인중개사의 주관적 의사에 의하여 결정할 것이 아니라 개업공인중개사의 행위를 객관적으로 보아 사회통념상 거래의 알선·중개를 위한 행위라고 인정되는지 여부에 의하여 결정하여야 한다(대판 2005다32197).
> 2. 「공인중개사법」 제30조 제1항의 '중개행위'는 개업공인중개사의 행위 중 반드시 법 제2조 제1호(용어의 정의) 소정의 '중개'에 속하는 것만이 해당한다고 좁게 해석할 이유는 없다. 따라서 '경매대상 부동산에 대한 권리분석 및 취득의 알선' 행위는 중개행위에 해당한다고 보아야 한다(대판 2005다40853).
> 3. 부동산매매계약 체결을 중개하고 계약 체결 후 계약금 및 중도금 지급에도 관여한 개업공인중개사가 잔금 중 일부를 횡령한 경우, '개업공인중개사가 중개행위를 함에 있어서 거래당사자에게 재산상의 손해를 발생하게 한 경우'에 해당한다(대판 2005다32197).
> 4. 임대차계약을 알선한 개업공인중개사가 계약 체결 후에도 보증금의 지급, 목적물의 인도, 확정일자의 취득 등과 같은 거래당사자의 계약상 의무의 실현에

관여함으로써 계약상 의무가 원만하게 이행되도록 주선할 것이 예정되어 있는 때에는 그러한 개업공인중개사의 행위는 객관적으로 보아 사회통념상 거래의 알선·중개를 위한 행위로서 중개행위의 범주에 포함된다(대판 2005다55008).

5. 甲이 공인중개사자격증과 중개사무소등록증을 대여받아 중개사무소를 운영하던 중 오피스텔을 임차하기 위하여 위 중개사무소를 방문한 乙에게 자신이 오피스텔을 소유하고 있는 것처럼 가장하여 직접 거래당사자로서 임대차계약을 체결한 사안에서, 비록 임대차계약서의 중개사란에 중개사무소의 명칭이 기재되고, 공인중개사 명의로 작성된 중개대상물 확인·설명서가 교부되었다고 하더라도, 甲의 위 행위를 객관적으로 보아 사회통념상 거래당사자 사이의 임대차를 알선·중개하는 행위에 해당한다고 볼 수 없다(대판 2010다101486).

6. 임대차계약에서 특약한 대로 소유권이전등기 후 바로 전세권설정등기가 이루어지도록 조치하지 아니하고 임대차보증금 담보방법으로 상대적으로 불확실한 전입신고 및 확정일자취득을 의뢰인에게 권고하였으며 임대인이 이를 틈타 근저당권설정등기를 마친 결과, 의뢰인은 보증금 중 일부를 회수하지 못하는 손해를 입었으므로, 개업공인중개사의 행위는 「공인중개사법」 제30조 제1항이 정한 개업공인중개사가 중개행위를 함에 있어서 고의 또는 과실로 거래당사자에게 재산상의 손해를 발생하게 한 때에 해당한다(대판 2012다102940).

7. 공인중개사인 甲이 乙의 **자금 부족 사정을 알면서도** 중도금 지급기일 전까지 전매할 수 있음을 전제로 적극 매수를 권유하여 乙이 甲의 중개로 丙과 부동산매매계약을 체결하였으나 부동산이 전매되지 아니하자 중도금과 잔금을 마련할 수 없게 된 乙이 계약금을 포기하고 매매계약을 해제한 사안에서, 甲의 행위는 구 「공인중개사의 업무 및 부동산 거래신고에 관한 법률」 제30조 제1항에서 정한 '개업공인중개사가 중개행위를 함에 있어서 고의 또는 과실로 인하여 거래당사자에게 재산상의 손해를 발생하게 한 때'에 해당한다(대판 2012다42154).

(2) '고의 또는 과실로'

① 고의: 자기의 행위로 인하여 일정한 결과가 발생할 것을 알면서도 그러한 행위를 하는 것을 말한다.

② 과실: 일정한 결과의 발생을 예견할 수 있었음에도 불구하고 부주의로 예견을 하지 못하여 일정한 결과를 발생시킨 것을 말한다. 여기서 과실은 중과실을 요구하지 않고 경과실이면 충분하다. 또한, 선량한 관리자의 주의의무를 게을리하여 발생하는 부주의에 의한 추상적 과실을 의미한다.

③ 고용인의 고의 또는 과실: 고용인이 중개행위와 관련된 업무수행 과정상 고의 또는 과실로 인하여 거래당사자에게 재산상 손해를 발생하게 한 경우 개업공인중개사의 행위로 보게 되므로, 개업공인중개사의 고의 또는 과실을 묻지 않고 손해배상책임을 부담한다.

용어 추상적 과실 vs. 구체적 과실

추상적 과실이란 그 직업이나 계급에 속하는 사람으로서 보통 요구되는 주의, 즉 선량한 관리자의 주의를 결여하는 것으로서 원칙적으로 「민법」·「상법」에서 과실이라고 할 때에는 추상적 과실을 의미하는 반면, 구체적 과실이란 그 사람의 일상의 주의능력 정도의 주의를 결여하는 과실을 의미한다.

> **판례** 개업공인중개사의 손해배상책임

1. 개업공인중개사는 그가 고용한 중개보조원 등의 행위가 자신의 행위로 간주되는 결과, 일반적인 사용자책임과는 달리 피용자인 중개보조원의 선임 및 사무감독에 상당한 주의를 하였더라도 손해배상책임을 면하지 못하게 된다(대판 2007두22061).
2. 중개보조원을 고용한 개업공인중개사의 손해배상금액을 정할 때에는 개업공인중개사가 중개보조원의 사용자일 뿐 불법행위에 관여하지는 않았다는 등의 개별적인 사정까지 고려하여 중개보조원보다 가볍게 책임을 제한할 수도 있다(대판 2015다242429).
3. 중개보조원이 업무상 행위로 거래당사자인 피해자에게 고의로 불법행위를 저지른 경우라 하더라도 중개보조원을 고용하였을 뿐 이러한 불법행위에 가담하지 아니한 중개업자에게 책임을 묻고 있는 피해자에 과실이 있다면, 법원은 과실상계의 법리에 좇아 손해배상책임 및 그 금액을 정하면서 이를 참작하여야 한다(대판 2011다21143).

(3) '인하여'(= 인과관계)

개업공인중개사나 고용인의 고의·과실 또는 중개사무소를 타인의 중개행위 장소로 제공한 것과 피해자의 손해발생 사이에는 인과관계가 있어야 하며, 이러한 인과관계가 있다는 것에 대한 입증책임은 손해배상을 주장하는 피해자가 부담한다.

> **판례** 중개사무소를 타인에게 제공하는 것의 의미

1. 개업공인중개사는 자기의 중개사무소를 다른 사람의 중개행위의 장소로 제공함으로써 거래당사자에게 재산상의 손해를 발생하게 한 때에는 그 손해를 배상할 책임이 있다고 규정하고 있는바, 여기서 어떠한 행위가 중개행위에 해당하는지는 거래당사자의 보호에 목적을 둔 법 규정의 취지에 비추어 중개한 자의 행위를 객관적으로 보아 사회통념상 거래의 알선·중개를 위한 행위라고 인정되는지 여부에 의하여 결정하여야 할 것이다(대판 2005다65562).
2. 개업공인중개사인 甲이 자신의 사무소를 乙의 중개행위의 장소로 제공하여 乙이 그 사무소에서 임대차계약을 중개하면서 거래당사자로부터 종전 임차인에게 임대차보증금의 반환금을 전달하여 달라는 부탁을 받고 금원을 수령한 후 이를 횡령한 경우 甲은 거래당사자가 입은 손해를 배상할 책임이 있다(대판 2000다48098).
3. 동업관계에 있는 자들이 공동으로 처리하여야 할 업무를 동업자 중 1인에게 맡겨 그로 하여금 처리하도록 한 경우 다른 동업자는 그 업무집행자의 동업자인 동시에 사용자의 지위에 있다 할 것이므로, 업무집행과정에서 발생한 사고에 대하여 사용자로서 손해배상책임이 있다(대판 2005다65562).

(4) '재산상의 손해발생'

거래당사자에게 재산상의 손해가 발생하여야 한다. 따라서 재산상 손해가 아닌 경우 「공인중개사법」에 의하여 손해를 배상받을 수 없으며, 「민법」의 규정(불법행위책임)에 의한 손해배상만 청구할 수 있다.

4 손해배상책임의 소멸시효

(1) 개업공인중개사에 대한 손해배상청구권 시효

손해배상책임의 기간은 명문규정이 없으나 「민법」상 불법행위로 인한 손해배상청구권은 피해자가 그 손해 및 가해자를 안 날부터 3년간 또는 불법행위를 한 날부터 10년간 행사하지 않으면 소멸시효가 완성된다(「민법」 제766조).

(2) 업무보증기관에 대한 손해배상청구권 시효

① 보험: 「상법」 제662조를 유추적용하여 단기소멸시효 3년을 준용한다.
② 공제: 공제사업을 영위하고 있는 한국공인중개사협회의 공제약관 제21조 공제금의 지급청구권은 공제사고 발생일로부터 3년으로 정하고 있다.

> **판례** 공제금청구권의 소멸시효 기산점
>
> 공제사고가 발생한 것인지가 객관적으로 분명하지 아니한 등의 이유로 공제금청구권자가 공제사고의 발생사실을 확인할 수 없는 사정이 있는 경우에는 보험금청구권의 경우와 마찬가지로 공제금청구권자가 공제사고발생을 알았거나 알 수 있었던 때부터 공제금청구권의 소멸시효가 진행한다고 해석하여야 한다(대판 2011다77870).

③ 공탁: 개업공인중개사가 폐업 또는 사망한 후 공탁금을 회수하여 버리면 이후에 알게 된 손해배상책임을 강제할 방법이 없으므로 중개업을 폐업하거나 개업공인중개사가 사망한 날로부터 3년 이내에는 공탁금을 회수할 수 없도록 규정하고 있다.

5 손해배상책임의 보장

(1) 업무보증의 설정

① 업무보증설정신고
  ㉠ 신고시기 및 증명서류: 개업공인중개사는 중개사무소 개설등록을 한 때에는 업무를 개시하기 전에 손해배상책임을 보장하기 위한 보증을

한 후 그 '증명서류'를 갖추어 등록관청에 신고하여야 한다. 증명서류는 보증보험증서·공제증서·공탁증서의 사본을 말하며, 전자문서를 포함한다.
- ⓒ 신고의 생략: 보증보험회사·공제사업자 또는 공탁기관이 보증사실을 등록관청에 직접 통보한 경우에는 업무보증설정신고를 생략할 수 있다.
- ⓒ 법인의 분사무소의 경우: 분사무소 설치신고시에 업무보증설정증명서를 제출하여야 하므로 사실상 분사무소 설치신고 전까지는 업무보증을 설정하여야 한다.

② 업무보증설정방법
- ⑤ 보험 가입: 손해배상책임을 보증하는 책임보험의 일종이다.
- ⓒ 공제 가입: 공인중개사협회에서 운영하는 공제에 가입하는 방법으로 업무보증을 설정하는 것을 말하며, 공제의 효력 및 설정방법·공제료는 보증보험과 동일 내지 유사하다.
- ⓒ 공탁기관에 공탁: 상대방에게 생긴 손해의 배상을 담보하기 위한 담보공탁으로서 개업공인중개사의 종별에 따라 업무보증금 전액을 일시에 공탁하여야 하므로 개업공인중개사의 경제적 부담이 크고, 개업공인중개사가 폐업·사망한 경우 3년간 공탁금 회수가 되지 않아 잘 활용되지 않는 방법이다.

> **판례** 공제계약의 성격 등
>
> 1. 공인중개사협회가 운영하는 공제제도는 개업공인중개사가 그의 불법행위 또는 채무불이행으로 인하여 거래당사자에게 부담하게 되는 손해배상책임을 보증하는 보증보험적 성격을 가진 제도라고 보아야 할 것이다(대판 94다47261).
> 2. 개업공인중개사가 장래 공제사고를 일으킬 의도를 가지고 공제계약을 체결하고 나아가 실제로 고의로 공제사고를 일으켰다고 하더라도, 그러한 사정만으로는 공제계약 당시 공제사고의 발생 여부가 객관적으로 확정되어 있다고 단정하여 우연성이 결여되었다고 보거나 공제계약을 무효라고 볼 수 없다(대판 2010다93035).
> 3. 개업공인중개사와 한국공인중개사협회 사이에 체결된 공제계약은 기본적으로 보험계약으로서의 본질을 가지고 있으므로, 적어도 공제계약이 유효하게 성립하기 위하여는 공제계약 당시에 공제사고의 발생 여부가 확정되어 있지 않아야 한다(대판 2014다212926).

참고 ▸ 현재 국내에서는 'SGI 서울보증보험주식회사'에서 '인허가 보증보험(부동산중개)' 상품을 판매하고 있으며 약 25% 내외의 시장점유율을 보이고 있다.

③ 업무보증설정금액
　㉠ 법인인 개업공인중개사: 법인인 개업공인중개사는 4억원 이상, 다만 분사무소를 두는 경우에는 분사무소마다 2억원 이상을 추가로 설정하여야 한다.
　㉡ 개인인 개업공인중개사: 공인중개사인 개업공인중개사와 부칙상의 개업공인중개사는 2억원 이상의 업무보증을 설정하여야 한다.
　㉢ 지역농업협동조합:「농업협동조합법」제13조 및 동법 제57조 제1항에 따라 설립된 지역농업협동조합이 부동산중개업을 하는 때에는 업무를 개시하기 전에 2천만원 이상의 보증을 설정하고, 그 증명서류를 갖추어 등록관청에 신고하여야 한다.

(2) 업무보증의 변경

① 다른 보증으로의 변경: 업무보증을 설정한 개업공인중개사가 그 보증을 다른 보증으로 변경하고자 하는 경우에는 이미 설정한 보증의 효력이 있는 기간 중에 다른 보증을 설정하고, 그 증빙서류를 갖추어 등록관청에 신고하여야 한다.

② 기간 만료로 인한 보증의 재설정: 보증보험 또는 공제에 가입한 개업공인중개사가 보증기간의 만료로 인하여 다시 보증을 설정하는 경우에는 그 보증기간 만료일까지 다시 보증을 설정하고 그 증빙서류를 갖추어 등록관청에 신고하여야 한다.

(3) 손해배상금의 지급청구

①「공인중개사법」상의 손해배상금 지급: 중개의뢰인이 손해배상금으로 보증보험금·공제금 또는 공탁금을 지급받고자 하는 경우에는 보증기관에 해당 중개의뢰인과 개업공인중개사간의 손해배상합의서·화해조서 또는 확정된 법원의 판결문 사본 그 밖에 이에 준하는 효력이 있는 서류를 첨부하여 손해배상금의 지급을 청구하여야 한다.

②「민법」상의 손해배상청구: 개업공인중개사에 의한 재산상 손해가 보증한도를 초과하는 경우에는 일반 민사절차에 따라 개업공인중개사에게 손해배상을 청구할 수 있다.

③ 보증금액의 보전(補塡): 개업공인중개사가 보증보험금·공제금·공탁금으로 손해배상을 한 때에는 15일 이내에 보증보험 또는 공제에 다시 가입하거나 공탁금 중 부족하게 된 금액을 보전하여야 한다.

(4) 손해배상책임의 보장 관련 사항의 설명의무 등

개업공인중개사는 중개가 완성된 때에는 거래당사자에게 손해배상책임의 보장에 관한 다음의 사항을 설명하고 관계 증서의 사본을 교부하거나 관계 증서에 관한 전자문서를 제공하여야 한다.

> ① 보장금액
> ② 보증보험회사, 공제사업을 행하는 자, 공탁기관 및 그 소재지
> ③ 보장기간

6 손해배상금 지급 후 구상권의 행사

(1) 보증기관의 구상권 행사

중개의뢰인의 손해배상금 청구에 의한 개업공인중개사의 업무보증기관은 지급사유에 해당하는 경우 손해배상금을 지급하여야 한다. 이후 보증기관(보험과 공제기관에 한함)은 지급한 손해배상금의 범위 내에서 개업공인중개사의 고의·중과실 유무를 떠나 구상권을 행사하게 된다. 다만, 공탁은 개업공인중개사가 예치한 금액을 지급하는 것이므로 구상권이 성립되지 않는다.

심화 보증기관인 한국공인중개사협회와 서울보증보험주식회사는 각각 공제 및 보증보험의 약관에 개업공인중개사의 고의·중대한 과실의 유무를 떠나 보증기관이 구상권을 가지도록 하고 있다(공제약관 제22조, 인·허가 보증보험 제19조 참고).

(2) 개업공인중개사의 구상권 행사

고용인의 불법행위에 대하여 그를 고용한 개업공인중개사가 손해를 배상하더라도 고용인이 책임을 면하는 것은 아니다. 의뢰인에게 손해를 배상한 개업공인중개사는 사후에 내부적으로 고용인에게 구상권을 행사할 수 있다. 구상권 행사에 있어 "사용자는 신의칙상 상당하다고 인정되는 한도 내에서만 피용자에 대하여 손해배상을 청구하거나 그 구상권을 행사할 수 있다(대판 2009다59350)."라고 하는 것이 우리 대법원의 태도이다.

(3) 고용인의 구상권 행사

부진정연대채무관계에서 고용인의 업무상 행위에 의한 의뢰인의 손해를 고용인이 전부 배상한 경우 고용인이 개업공인중개사를 상대로 구상권을 행사할 수 있는지도 문제가 된다. 이 경우에도 우리 대법원은 "공동불법행위자 중 1인이 자기의 부담 부분 이상을 변제하여 공동의 면책을 얻게 하였을 때에는 다른 공동불법행위자에게 그 부담 부분의 비율에 따라 구상권을 행사할 수 있다(대판 98다52469)."라고 판시하고 있다.

❼ 손해배상책임 관련 제재

(1) 행정처분

개업공인중개사가 손해배상책임을 보장하기 위한 조치를 이행하지 아니하고 업무를 개시한 경우 상대적 등록취소사유에 해당되어 등록을 취소하거나 6개월 이하의 업무정지를 명할 수 있다.

(2) 행정질서벌

중개가 완성된 때 거래당사자에게 손해배상책임에 관한 사항을 설명하고 관계 증서의 사본을 교부하거나 관계 증서에 관한 전자문서를 제공하지 아니한 자는 100만원 이하의 과태료에 처한다.

> Tip 👆 업무를 개시한다는 것은 최초의 중개사무소 개설등록뿐만 아니라, 기존의 보증기간이 경과하였음에도 불구하고 재설정 없이 업무를 계속하는 것도 포함된다.

예제

1. 공인중개사법령상 손해배상책임의 보장에 관한 설명으로 틀린 것은?

① 공탁으로 업무보증을 하는 경우, 개업공인중개사가 폐업 또는 사망한 날부터 3년 이내에는 공탁금을 회수하지 못한다.
② 개업공인중개사가 자기의 중개사무소를 다른 사람의 중개행위의 장소로 제공하여 거래당사자에게 재산상의 손해를 발생하게 한 때에는 그 손해를 배상할 책임이 있다.
③ 공제제도는 개업공인중개사가 그의 불법행위 또는 채무불이행으로 인하여 거래당사자에게 부담하게 되는 손해배상책임을 보증하는 보증보험적 성격을 가진 제도이다.
④ 지역농업협동조합이 부동산중개업을 하는 때에는 2천만원 이상의 보증을 설정하여야 한다.
⑤ 확인·설명의무를 위반하여 개업공인중개사가 중개의뢰인에게 손해를 끼친 경우 중개의뢰인이 개업공인중개사에게 소정의 보수를 지급하지 않았다면 개업공인중개사는 그에 따른 책임을 지지 않는다.

> **해설** 무상 중개 시에도 확인·설명의무를 부담하며 이를 위반하여 중개의뢰인에게 손해를 끼친 경우 개업공인중개사는 손해배상책임을 진다(대판 2001다71484). **정답 ⑤**

2. 공인중개사법령상 손해배상책임의 보장에 관한 설명으로 옳은 것은? 제25회

① 개업공인중개사의 손해배상책임을 보장하기 위한 보증보험 또는 공제 가입, 공탁은 중개사무소 개설등록신청을 할 때 하여야 한다.
② 다른 법률의 규정에 따라 중개업을 할 수 있는 법인이 부동산중개업을 하는 경우 업무보증설정을 하지 않아도 된다.
③ 공제에 가입한 개업공인중개사로서 보증기간이 만료되어 다시 보증을 설정하고자 하는 자는 그 보증기간 만료 후 15일 이내에 다시 보증을 설정하여야 한다.

④ 개업공인중개사가 손해배상책임을 보장하기 위한 조치를 이행하지 아니하고 업무를 개시한 경우 등록관청은 개설등록을 취소할 수 있다.
⑤ 보증보험금으로 손해배상을 한 경우 개업공인중개사는 30일 이내에 보증보험에 다시 가입하여야 한다.

> **해설** ① 보증보험 또는 공제 가입, 공탁은 업무개시 전에 하여야 한다.
> ② 다른 법률의 규정에 따라 중개업을 할 수 있는 법인도 업무보증설정을 하여야 한다.
> ③ 보증기간 만료일까지 다시 보증을 설정하여야 한다.
> ⑤ 보증보험금으로 손해배상을 한 경우 15일 이내에 다시 업무보증을 설정하여야 한다.
>
> 정답 ④

제8절 | 금지행위

제33회, 제34회, 제35회, 제36회

제33조 【금지행위】 ① 개업공인중개사 등은 다음 각 호의 행위를 하여서는 아니 된다.
1. 제3조에 따른 중개대상물의 매매를 업으로 하는 행위
2. 제9조에 따른 중개사무소의 개설등록을 하지 아니하고 중개업을 영위하는 자인 사실을 알면서 그를 통하여 중개를 의뢰받거나 그에게 자기의 명의를 이용하게 하는 행위
3. 사례·증여 그 밖의 어떠한 명목으로도 제32조에 따른 보수 또는 실비를 초과하여 금품을 받는 행위
4. 해당 중개대상물의 거래상의 중요사항에 관하여 거짓된 언행 그 밖의 방법으로 중개의뢰인의 판단을 그르치게 하는 행위
5. 관계 법령에서 양도·알선 등이 금지된 부동산의 분양·임대 등과 관련 있는 증서 등의 매매·교환 등을 중개하거나 그 매매를 업으로 하는 행위
6. 중개의뢰인과 직접거래를 하거나 거래당사자 쌍방을 대리하는 행위
7. 탈세 등 관계 법령을 위반할 목적으로 소유권보존등기 또는 이전등기를 하지 아니한 부동산이나 관계 법령의 규정에 의하여 전매 등 권리의 변동이 제한된 부동산의 매매를 중개하는 등 부동산투기를 조장하는 행위
8. 부당한 이익을 얻거나 제3자에게 부당한 이익을 얻게 할 목적으로 거짓으로 거래가 완료된 것처럼 꾸미는 등 중개대상물의 시세에 부당한 영향을 주거나 줄 우려가 있는 행위
9. 단체를 구성하여 특정 중개대상물에 대하여 중개를 제한하거나 단체 구성원 이외의 자와 공동중개를 제한하는 행위

② 누구든지 시세에 부당한 영향을 줄 목적으로 다음 각 호의 어느 하나의 방법으로 개업공인중개사 등의 업무를 방해해서는 아니 된다.

> 1. 안내문, 온라인 커뮤니티 등을 이용하여 특정 개업공인중개사 등에 대한 중개의뢰를 제한하거나 제한을 유도하는 행위
> 2. 안내문, 온라인 커뮤니티 등을 이용하여 중개대상물에 대하여 시세보다 현저하게 높게 표시·광고 또는 중개하는 특정 개업공인중개사 등에게만 중개의뢰를 하도록 유도함으로써 다른 개업공인중개사 등을 부당하게 차별하는 행위
> 3. 안내문, 온라인 커뮤니티 등을 이용하여 특정 가격 이하로 중개를 의뢰하지 아니하도록 유도하는 행위
> 4. 정당한 사유 없이 개업공인중개사 등의 중개대상물에 대한 정당한 표시·광고 행위를 방해하는 행위
> 5. 개업공인중개사 등에게 중개대상물을 시세보다 현저하게 높게 표시·광고하도록 강요하거나 대가를 약속하고 시세보다 현저하게 높게 표시·광고하도록 유도하는 행위

❶ 서설

금지행위는 '개업공인중개사 등'에게 적용되는 것과 '누구든지'에게 적용되는 것이 있으며, 어떤 금지행위를 위반하든 예외 없이 불법행위가 된다.

(1) 금지행위의 성격

금지행위는 모두 공법상 강행규정에 해당하며, 그중 '직접거래' 금지규정 등은 단속규정으로서 사법상 효력에는 영향을 미치지 않는다.

(2) 위반시 제재

① 금지행위 총 14개는 모두 행정형벌(징역형 또는 벌금형)이 있는 범죄행위이다. 또한 '개업공인중개사 등'의 금지행위를 위반한 경우 개업공인중개사는 재량적등록취소나 6개월의 업무정지처분을 받을 수 있으며, 소속공인중개사의 경우 자격정지처분을 받을 수 있다.

② 그러나 중개보조원과 '누구든지'에게 적용되는 금지행위를 위반한 자에게는 행정처분(취소처분 또는 정지처분)의 제재는 할 수 없다.

(3) 위반의 효과

개업공인중개사 등의 금지행위는 중개의뢰인에게 손해를 입힐 수 있으며, 손해를 입은 의뢰인은 개업공인중개사 등이나 보증기관에 손해배상을 청구할 수 있다.

> **심화** 개업공인중개사가 금지행위 위반으로 행정형벌을 받게 되면 결격사유에 해당될 수 있다. 결격사유에 해당되면 등록이 취소되며, 나아가 「공인중개사법」에 의한 징역형을 선고받은 경우에는 공인중개사자격이 취소된다. 소속공인중개사 역시 금지행위로 행정형벌의 대상이 되며, 이 경우 결격사유에 해당될 수 있다.

❷ '개업공인중개사 등'의 금지행위

(1) 중개대상물의 매매를 업으로 하는 행위

중개대상물은 모두 부동산에 속한다. 그 부동산을 가장 쉽게 구할 수 있는 개업공인중개사 등이 매매업을 하게 되면 부동산 유통질서를 교란시킬 수 있으므로 금지행위로 규정하는 것이다.

> **판례** 매매업의 판단기준
>
> 부동산매매업에 해당하는지 여부는 그 거래행위가 수익을 목적으로 하고, 그 규모, 횟수, 태양 등에 비추어 사업활동으로 볼 수 있는 정도의 계속성과 반복성이 있는지 여부 등을 고려하여 사회통념에 비추어 가려져야 할 것이다(대판 95누92).

✚ 「부가가치세법」상 1과세기간(1월 1일부터 6월 30일까지가 제1기이고, 7월 1일부터 12월 31일까지가 제2기에 해당한다) 중 1회 이상 취득하고, 2회 이상 판매하는 경우 부동산매매업에 해당한다.

(2) 중개사무소의 개설등록을 하지 아니하고 중개업을 영위하는 자인 사실을 알면서 그를 통하여 중개를 의뢰받거나 그에게 자기의 명의를 이용하게 하는 행위

① 의의: 무등록 중개업 영위자인 사실을 안다는 것은 인지하고 있는 심리상태를 의미한다. 또한, 중개를 의뢰받거나 자기 명의를 이용하게 한다는 것은 무등록중개업 영위자와의 공동중개 내지 협력을 의미한다.

② 무등록중개업 영위자인 줄 모른 경우: 범죄에 관한 일반법인 「형법」은 법률에 특별한 규정이 없는 한 고의의 행위만을 벌(「형법」 제13조)하기 때문에 무등록중개업 영위자인 줄 모르고 협력한 경우에는 처벌대상이 되지 않는다.

③ 규정취지: 「공인중개사법」에서 무등록중개업 영위자를 범죄행위로(3년 이하의 징역이나 3천만원 이하 벌금형) 보는 데 따른 무등록중개업 영위자와의 협력을 단절시키고자 하는 당연한 조치이다.

(3) 사례·증여 그 밖의 어떠한 명목으로도 동법 규정에 따른 보수 또는 실비를 초과하여 금품을 받는 행위

① 중개보수 수수의 원칙: 「공인중개사법」에 의한 중개보수와 실비는 법정한도가 규정되어 있으므로 이를 초과하여 수수할 수 없다.

② 초과수수의 효과: 중개보수 및 실비를 초과하여 중개보수를 받는 것은 강행규정 위반으로 초과수수액만큼은 무효이다. 따라서 초과 부분에 대해서는 부당이득의 법리가 적용되어 반환하여야 한다(대판 2005다32159).

심화 매도의뢰인이 희망한 금액 이상을 받아 그 차액을 취하는 순가중개계약의 경우, 그 초과액이 법정보수를 초과하게 되면 「공인중개사법」상 금지행위에 해당된다.
✔ 잠재적 위법성

제5장 개업공인중개사의 의무와 책임 | 203

> **판례** 금품 초과수수죄 관련 판례

1. 개업공인중개사가 소정의 보수를 초과하여 **사례금 명목으로 금품을 받은 행위도 부동산중개업법위반죄**에 해당된다(대판 90도1054).

2. 중개와 구별되는 이른바 '분양대행'과 관련하여 교부받은 금원이 금지행위에 해당하는지 여부에 대하여 중개와 구별되는 이른바 '분양대행'과 관련하여 교부받은 금원에 해당한다고 보아 중개업법에 의하여 초과수수가 금지되는 금원은 아니라고 본다(대판 98도1914).

3. **개업공인중개사가 중개의뢰인으로부터 보수 등의 명목으로 소정의 한도를 초과하는 액면금액의 당좌수표를 교부받았다가 그것이 사후에 부도처리되거나 중개의뢰인에게 그대로 반환되었더라도 위 죄의 성립에는 아무런 영향이 없다**(대판 2004도4136).

4. 개업공인중개사가 아파트 분양권의 매매를 중개하면서 중개보수 산정에 관한 지방자치단체의 조례를 잘못 해석하여 법에서 허용하는 금액을 초과한 중개보수를 수수한 경우가 법률의 착오에 해당하지 않는다(대판 2004도62).

5. 공인중개사가 토지와 건물의 임차권 및 권리금, 시설비의 교환계약을 중개하고 그 사례 명목으로 포괄적으로 지급받은 금원 중 어느 금액까지가 중개보수에 해당하는지를 특정할 수 없어 법정한도를 초과하여 중개보수를 지급받았다고 단정할 수 없다(대판 2005도6054).

6. '금품을 받는 행위'란 **개업공인중개사가 법정보수 등을 초과하여 금품을 약속·요구하거나 나아가 민사소송까지 제기하였다고 하더라도, 실제로 이를 받은 사실이 없다면「공인중개사법」제33조 제3호를 위반한 것이라고 할 수 없다**(법제처 07-0200, 2007.7.6).

7. 근저당권의 이전뿐만 아니라 금전채권 매매계약 중개에 대한 사례금 명목으로 포괄적으로 수수한 돈 중 얼마가 「공인중개사법」 규율대상인 중개수수료에 해당하는지 특정할 수 없으므로 피고인이 「공인중개사법」에서 정한 한도를 초과하여 중개수수료를 받았다고 단정할 수 없다(대판 2017도13559).

(4) 해당 중개대상물의 거래상의 중요사항에 관하여 거짓된 언행 그 밖의 방법으로 중개의뢰인의 판단을 그르치게 하는 행위

① '해당 중개대상물의 거래상의 중요사항': 그러한 사항을 알았다면 거래의 승낙 또는 포기의 의사표시를 할 수 있을 정도를 말한다.

② '거짓된 언행': 사실과 다른 내용을 말하거나 행동으로 상대방을 믿게 하는 행위이고, 그 밖의 방법은 숨기는 것이 대표적이다.

③ '중개의뢰인의 판단을 그르치게 하는 행위': 상대방을 착오에 빠뜨리는 행위로, 의사표시의 중요 부분에 착오가 있는 때에는 취소할 수 있다(「민법」제109조).

> **판례** '중요사항'의 의미
>
> 1. 해당 중개대상물의 거래상의 중요사항에는 해당 중개대상물 자체에 관한 사항뿐만 아니라 그 중개대상물의 가격 등에 관한 사항들도 그것이 해당 거래상의 중요사항으로 볼 수 있는 이상 포함된다(대판 2007도9149).
> 2. 부동산이 개발제한구역으로 결정되어 가격이 떨어지고 매수하려는 사람도 없어 상당한 가격으로 현금화하기가 어려운데도 바로 비싼 값에 전매할 수 있다고 기망하여 매매계약을 체결하였다면 이는 불법행위가 된다(대판 79다1746).
> 3. 중개인 등이 서로 짜고 매도의뢰가액을 숨긴 채 이에 비하여 무척 높은 가액으로 중개의뢰인에게 부동산을 매도하고 그 차액을 취득한 행위가 민사상의 불법행위를 구성한다(대판 91다25963).

(5) **관계 법령에서 양도·알선 등이 금지된 부동산의 분양·임대 등과 관련 있는 증서 등의 매매·교환 등을 중개하거나 그 매매를 업으로 하는 행위**

① '증서 등': 양도·알선 등이 금지된 부동산에 관한 증서인 입주자저축증서(주택청약통장), 주택조합원의 지위, 주택상환사채, 시장 등이 발행한 무허가건물확인서·건물철거예정증명서 또는 건물철거확인서, 공공사업의 시행으로 인한 이주대책에 의한 이주대책대상자확인서 등을 말한다.

② 규정취지: 관계 법령에서 양도 등을 허용하는 경우를 제외하고 증서는 기본적으로 중개대상물도 아니며 거래하는 것 자체가 불법이므로 이를 중개하거나 그 매매를 업으로 하는 행위 또한 당연히 금지되는 것이다.

> **판례** 상가분양계약서
>
> 상가 전부를 매도할 때 사용하려고 매각조건 등을 기재하여 인쇄해 놓은 양식에 매매대금과 지급기일 등 해당 사항을 기재한 분양계약서는 **상가의 매매계약서일 뿐 「부동산중개업법」 제15조 제4호 소정의 부동산 분양·임대 등과 관련이 있는 증서라고 볼 수 없다**(대판 93도773).

(6) 중개의뢰인과 직접거래를 하거나 거래당사자 쌍방을 대리하는 행위

① 직접거래의 금지

㉠ '직접거래': 개업공인중개사가 중개의뢰인으로부터 의뢰받은 매매·교환·임대차 등과 같은 권리의 득실·변경에 관한 행위의 직접 상대방이 되는 경우를 의미한다(대판 2005도4494).

㉡ 규정취지: 중개의뢰인과의 직접거래를 제한하는 것은 개업공인중개사와 중개의뢰인간 거래를 공정한 거래로 보지 않기 때문이다.

> **판례** '직접거래'의 성립요건과 사법상 효력
>
> 1. 「부동산중개업법」제15조 제5호에서 개업공인중개사가 직접 거래할 수 없도록 규정한 '중개의뢰인'에는 중개대상물의 소유자 외에 그로부터 거래에 관한 **대리권을 수여받은 대리인이나 거래에 관한 사무의 처리를 위탁받은 수임인 등도 포함**된다(대판 90도1872).
>
> 2. 전세계약서상 명의자는 개업공인중개사의 남편이지만 이들은 부부관계로서 경제적 공동체 관계이고, 개업공인중개사가 해당 아파트에 실제로 거주했으며, 의뢰인에게 자신이 중개하는 임차인이 남편이라는 사실을 알리지 않았을 뿐만 아니라, 의뢰인으로부터 중개를 의뢰받고 집주인이 전임차인의 전세금을 빨리 반환해 줘야 해 희망하는 금액보다 적은 금액으로 새로운 임차인을 구한다는 사정을 알고 자신이 직접 시세보다 저렴한 금액으로 임차하는 이익을 얻었기에 직접거래 금지규정의 취지를 정면으로 위배했다(대판 2021도6910).
>
> 3. 개업공인중개사 등이 중개의뢰인과 <u>직접거래를 하는 행위를 금지하는「공인중개사법」제33조 제6호의 규정은 강행규정이 아니라 단속규정이다</u>(대판 2016다259677).
>
> 4. 개업공인중개사가 <u>다른 개업공인중개사의 중개로 부동산을 매수·매도(買受·賣渡)한 행위는「부동산중개업법」제15조 제5호(직접거래)에 해당하지 아니한다</u>(대판 90도2858).

② 쌍방대리의 금지

㉠ '쌍방대리': 쌍방을 대리한다는 것은 매도측 및 매수측의 거래 관련 서류의 일체를 받아 쌍방을 대리하여 개업공인중개사 1인이 거래계약을 체결하는 것을 말한다.

㉡ 본인 승낙이 있는 경우의 쌍방대리: 쌍방대리는「민법」제124조에서 금지하고 있지만 본인승낙이 있는 경우 당사자 쌍방을 대리할 수 있으나,「공인중개사법」에서는 본인승낙이 있더라도 쌍방대리는 금지되며 위반시 처벌된다.

ⓒ 쌍방대리가 허용되는 경우: 개업공인중개사가 거래당사자 모두를 대리하여 이행업무에 대한 처리(예 중도금이나 잔금처리 등)를 하는 것은 금지되지 않는다.

(7) 탈세 등 관계 법령을 위반할 목적으로 소유권보존등기 또는 이전등기를 하지 아니한 부동산이나 관계 법령의 규정에 의하여 전매 등 권리의 변동이 제한된 부동산의 매매를 중개하는 등 부동산투기를 조장하는 행위

① '탈세': 탈세는 세법을 위반하여 적정한 세금을 회피하거나 적게 내기 위한 일련의 행위로서 위법한 것을 말한다.

② '전매 등 권리의 변동이 제한된 부동산': 「주택법」상 투기과열지구 지정에 의하여 일정 기간 전매가 금지되는 부동산과 의무임대기간이 경과하지 않은 민간임대주택 등을 말한다.

③ '부동산투기': 부동산투기는 여러 가지 형태가 있는바, 미등기 전매가 가장 전형적인 유형이다. 주의하여야 할 것은 미등기 전매행위 자체가 금지행위인 것이 아니라 이를 조장하는 행위를 금지행위로 규정하고 있다는 점이다.

> **심화** 무허가 건물은 등기 자체가 불가능하기 때문에 미등기 전매행위에 해당되지 않는다.

> **판례** 전매차익이 없는 부동산의 전매(轉賣)를 중개한 행위도 부동산투기를 조장하는 행위에 해당한다고 본 판례
> 부동산을 매수할 자력이 없는 甲이 전매차익을 노려 乙로부터 이 사건 부동산을 매수하여 계약금만 걸어 놓은 다음, 중간생략등기의 방법으로 단기전매하여 각종 세금을 포탈하려는 것을 알고도 이에 동조하여 그 전매를 중개하였는바, 甲이 결과적으로 전매차익을 올리지 못하였다고 할지라도 丙의 위 전매중개는 부동산투기를 조장하는 행위에 해당한다(대판 90누4464).

(8) 부당한 이익을 얻거나 제3자에게 부당한 이익을 얻게 할 목적으로 거짓으로 거래가 완료된 것처럼 꾸미는 등 중개대상물의 시세에 부당한 영향을 주거나 줄 우려가 있는 행위

중개대상물의 시세는 정상적인 부동산거래시장에서 형성되어야 함에도 불구하고 거짓거래(예 자전거래) 등을 통하여 중개대상물 시세에 부당한 영향을 주거나 줄 우려가 있는 행위를 의미한다.

(9) 단체를 구성하여 특정 중개대상물에 대하여 중개를 제한하거나 단체 구성원 이외의 자와 공동중개를 제한하는 행위

개업공인중개사들 스스로가 동일 거래정보망을 이용하여 '자칭 ○○회' 등의 단체를 구성하고, 거래정보망에 공개되지 않은 물건의 중개를 제한하거나

해당 단체의 회원이 아닌 또 다른 개업공인중개사들과의 공동중개를 제한하는 행위(= 담합, Kartell)를 말한다.

❸ '누구든지' 적용되는 금지행위

'누구든지' 시세에 부당한 영향을 줄 목적으로 다음의 어느 하나의 방법으로 개업공인중개사 등의 업무를 방해해서는 아니 된다.

> ① 안내문, 온라인 커뮤니티 등을 이용하여 특정 개업공인중개사 등에 대한 중개의뢰를 제한하거나 제한을 유도하는 행위
> ② 안내문, 온라인 커뮤니티 등을 이용하여 중개대상물에 대하여 시세보다 현저하게 높게 표시·광고 또는 중개하는 특정 개업공인중개사 등에게만 중개의뢰를 하도록 유도함으로써 다른 개업공인중개사 등을 부당하게 차별하는 행위
> ③ 안내문, 온라인 커뮤니티 등을 이용하여 특정 가격 이하로 중개를 의뢰하지 아니하도록 유도하는 행위
> ④ 정당한 사유 없이 개업공인중개사 등의 중개대상물에 대한 정당한 표시·광고 행위를 방해하는 행위
> ⑤ 개업공인중개사 등에게 중개대상물을 시세보다 현저하게 높게 표시·광고하도록 강요하거나 대가를 약속하고 시세보다 현저하게 높게 표시·광고하도록 유도하는 행위

❹ 금지행위에 대한 제재

(1) 행정처분
  ① '개업공인중개사 등'의 금지행위 위반: 개업공인중개사는 중개사무소 개설등록이 취소되거나 6개월 업무정지에 처할 수 있으며, 소속공인중개사의 경우 6개월 자격정지에 처할 수 있다.
  ② '누구든지' 적용되는 금지행위 위반: 행정처분은 별도로 규정되어 있지 않다.

(2) 행정형벌
  ① 1년 이하의 징역 또는 1천만원 이하의 벌금에 해당하는 행위
    ㉠ 중개대상물의 매매를 업으로 하는 행위
    ㉡ 중개사무소의 개설등록을 하지 아니하고 중개업을 영위하는 자인 사실을 알면서 그를 통하여 중개를 의뢰받거나 그에게 자기의 명의를 이용하게 하는 행위

ⓒ 사례·증여 그 밖의 어떠한 명목으로도 법정보수 또는 실비를 초과하여 금품을 받는 행위

ⓔ 해당 중개대상물의 거래상의 중요사항에 관하여 거짓된 언행 그 밖의 방법으로 중개의뢰인의 판단을 그르치게 하는 행위

② 3년 이하의 징역 또는 3천만원 이하의 벌금에 해당하는 행위

ⓐ 관계 법령에서 양도·알선 등이 금지된 부동산의 분양·임대 등과 관련 있는 증서 등의 매매·교환 등을 중개하거나 그 매매를 업으로 하는 행위

ⓑ 중개의뢰인과 직접거래를 하거나 거래당사자 쌍방을 대리하는 행위

ⓒ 탈세 등 관계 법령을 위반할 목적으로 소유권보존등기 또는 이전등기를 하지 아니한 부동산이나 관계 법령의 규정에 의하여 전매 등 권리의 변동이 제한된 부동산의 매매를 중개하는 등 부동산투기를 조장하는 행위

ⓓ 부당한 이익을 얻거나 제3자에게 부당한 이익을 얻게 할 목적으로 거짓으로 거래가 완료된 것처럼 꾸미는 등 중개대상물의 시세에 부당한 영향을 주거나 줄 우려가 있는 행위

ⓔ 단체를 구성하여 특정 중개대상물에 대하여 중개를 제한하거나 단체 구성원 이외의 자와 공동중개를 제한하는 행위

ⓕ '누구든지'에게 적용되는 금지행위 중 어느 하나를 위반하는 행위

예제

1. 공인중개사법령상 개업공인중개사 등의 금지행위에 해당하지 않는 것은? (다툼이 있으면 판례에 의함)

① 중개대상물의 매매를 업으로 하는 행위
② 중개를 의뢰한 거래당사자 쌍방을 대리하는 행위
③ 개업공인중개사가 중개의뢰인의 대리인과 직접거래하는 행위
④ 전매제한을 받지 않는 아파트 거래를 중개하는 행위
⑤ 개업공인중개사가 무등록중개업 영위자임을 알면서 자기의 명의를 이용하게 하는 행위

해설 중개대상물의 중개에 해당되며 금지행위가 아니다.　　**정답 ④**

2. 공인중개사법령상 개업공인중개사 등의 금지행위에 해당되지 <u>않는</u> 것은?
① 아파트를 분양받으려는 자에게 청약통장의 거래를 알선하였다.
② 부동산매매를 중개한 개업공인중개사가 해당 부동산을 다른 개업공인중개사의 중개를 통하여 임차하였다.
③ 주택임대차계약에서 임대의뢰인과 임차의뢰인을 대리하여 계약을 체결하였다.
④ 소유권이전등기가 불가능한 토지를 매수중개의뢰인에게 근저당설정으로 소유권을 확보할 수 있다며 거래를 성사시켰다.
⑤ 무등록중개업 영위자인 것을 알면서 그를 통하여 중개를 의뢰받았다.

해설 ① 거래가 금지된 증서의 중개로 개업공인중개사 등의 금지행위에 해당된다.
③ 쌍방대리로서 개업공인중개사 등의 금지행위이다.
④ 투기조장 및 거짓행위로서 개업공인중개사 등의 금지행위에 해당된다.
⑤ 무등록중개업 영위자와의 협력행위로서 금지행위에 해당된다. **정답** ②

제9절 | 교란행위   제35회, 제36회

제47조의2 【부동산거래질서교란행위 신고센터의 설치·운영】 ① 국토교통부장관은 부동산 시장의 건전한 거래질서를 조성하기 위하여 부동산거래질서교란행위 신고센터(이하 이 조에서 '신고센터'라 한다)를 설치·운영할 수 있다.
② 누구든지 부동산중개업 및 부동산 시장의 건전한 거래질서를 해치는 다음 각 호의 어느 하나에 해당하는 행위(이하 이 조에서 '부동산거래질서교란행위'라 한다)를 발견하는 경우 그 사실을 신고센터에 신고할 수 있다.
1. 제7조부터 제9조까지, 제18조의4 또는 제33조 제2항을 위반하는 행위
2. 제48조 제2호에 해당하는 행위
3. 개업공인중개사가 제12조 제1항, 제13조 제1항·제2항, 제14조 제1항, 제15조 제3항, 제17조, 제18조, 제19조, 제25조 제1항, 제25조의3 또는 제26조 제3항을 위반하는 행위
4. 개업공인중개사 등이 제12조 제2항, 제29조 제2항 또는 제33조 제1항을 위반하는 행위
5. 「부동산 거래신고 등에 관한 법률」 제3조, 제3조의2 또는 제4조를 위반하는 행위

> ③ 신고센터는 다음 각 호의 업무를 수행한다.
> 1. 부동산거래질서교란행위 신고의 접수 및 상담
> 2. 신고사항에 대한 확인 또는 시·도지사 및 등록관청 등에 신고사항에 대한 조사 및 조치 요구
> 3. 신고인에 대한 신고사항 처리결과 통보
>
> ④ 국토교통부장관은 제2항에 따른 신고센터의 업무를 대통령령으로 정하는 기관에 위탁할 수 있다.
> ⑤ 제1항에 따라 설치된 신고센터의 운영 및 신고방법 등에 관한 사항은 대통령령으로 정한다.

(1) 신고센터 설치·운영의 목적

국토교통부장관은 부동산 시장의 건전한 거래질서를 조성하기 위하여 부동산거래질서교란행위 신고센터(이하 '신고센터'라 한다)를 설치·운영할 수 있다.

(2) 부동산거래질서교란행위

> ① 자격증·등록증 양도·대여＋양수·대여＋알선행위, 동일명칭·유사명칭 사용행위, 무등록 중개업, 부정등록, 이중등록, 이중소속, 이중사무소
> ② 법인의 겸업제한 위반, 중개보조원 채용상한제 위반, 중개보조원의 고지의무 위반
> ③ 공인중개사법령상 금지행위(총 14개), 업무상 비밀준수의무 위반
> ④ 게시물 게시의무 위반, 사무소명칭 관련의무 위반, 확인·설명의무 위반, 임대차 중개시 설명의무 위반, 거래계약서 거짓기재·이중작성
> ⑤ 부동산거래신고법상 부동산거래신고 위반, 부동산거래의 해제 등 신고 위반, 금지행위

(3) 신고센터의 업무

신고센터는 다음의 업무를 수행한다.

> ① 부동산거래질서교란행위 신고의 접수 및 상담
> ② 신고사항에 대한 확인 또는 시·도지사 및 등록관청 등에 신고사항에 대한 조사 및 조치 요구
> ③ 신고인에 대한 신고사항 처리결과 통보

(4) 신고센터의 업무위탁

국토교통부장관은 신고센터의 업무를 한국부동산원에 위탁한다.

(5) 신고절차

① 신고형식: 신고센터에 신고하려는 자는 다음의 사항을 서면(전자문서를 포함한다)으로 제출해야 한다.

> ㉠ 신고인 및 피신고인의 인적 사항
> ㉡ 부동산거래질서교란행위의 발생일시·장소 및 그 내용
> ㉢ 신고내용을 증명할 수 있는 증거자료 또는 참고인의 인적 사항
> ㉣ 그 밖에 신고처리에 필요한 사항

② 신고센터의 보완 요청: 신고센터는 신고받은 사항에 대해 보완이 필요한 경우 기간을 정하여 신고인에게 보완을 요청할 수 있다.

③ 신고센터의 조사 등 요구: 신고센터는 신고사항에 대해 시·도지사 및 등록관청 등에 조사 및 조치를 요구해야 한다. 다만, 다음의 어느 하나에 해당하는 경우에는 국토교통부장관의 승인을 받아 접수된 신고사항의 처리를 종결할 수 있다.

> ㉠ 신고내용이 명백히 거짓인 경우
> ㉡ 신고인이 신고센터의 보완 요청에 보완을 하지 않은 경우
> ㉢ 신고인이 신고사항의 처리결과를 통보받은 사항에 대하여 정당한 사유 없이 다시 신고한 경우로서 새로운 사실이나 증거자료가 없는 경우
> ㉣ 신고내용이 이미 수사기관에서 수사 중이거나 재판이 계속 중이거나 법원의 판결에 의해 확정된 경우

(6) 처리기한

① 신고센터로부터 조사 등 요구를 받은 시·도지사 및 등록관청 등은 신속하게 조사 및 조치를 완료하고, 완료한 날부터 10일 이내에 그 결과를 신고센터에 통보해야 한다. 신고센터는 처리결과를 통보받은 경우 신고인에게 신고사항 처리결과를 통보해야 한다.

② 신고센터는 매월 10일까지 직전 달의 신고사항 접수 및 처리결과 등을 국토교통부장관에게 제출해야 한다.

(7) 한국부동산원의 승인사항

한국부동산원은 신고센터의 업무처리방법, 절차 등에 관한 운영규정을 정하여 국토교통부장관의 승인을 받아야 한다. 이를 변경하려는 경우에도 또한 같다.

예제

1. 다음 중 부동산거래질서교란행위를 모두 고른 것은?

> ㉠ 중개대상물의 매매를 업으로 하는 행위
> ㉡ 단체를 구성하여 특정 중개대상물에 대하여 중개를 제한하거나 단체 구성원 이외의 자와 공동중개를 제한하는 행위
> ㉢ 안내문, 온라인 커뮤니티 등을 이용하여 특정 가격 이하로 중개를 의뢰하지 아니하도록 유도하는 행위
> ㉣ 정당한 사유 없이 개업공인중개사 등의 중개대상물에 대한 정당한 표시·광고행위를 방해하는 행위

① ㉠
② ㉠, ㉡
③ ㉡, ㉢
④ ㉡, ㉢, ㉣
⑤ ㉠, ㉡, ㉢, ㉣

해설 ㉠㉡㉢㉣ 모두 부동산거래질서교란행위에 해당한다. **정답 ⑤**

2. 공인중개사법령상 부동산거래질서교란행위에 해당하지 <u>않는</u> 것은? 제35회

① 공인중개사자격증 양도를 알선한 경우
② 중개보조원이 중개업무를 보조하면서 중개의뢰인에게 본인이 중개보조인이라는 사실을 미리 알리지 않은 경우
③ 개업공인중개사가 중개행위로 인한 손해배상책임을 보장하기 위하여 가입해야 하는 보증보험이나 공제에 가입하지 않은 경우
④ 개업공인중개사가 동일한 중개대상물에 대한 하나의 거래를 완성하면서 서로 다른 둘 이상의 거래계약서를 작성한 경우
⑤ 개업공인중개사가 거래당사자 쌍방을 대리한 경우

해설 업무보증설정의무는 거래질서교란행위에 해당하지 않는다. **정답 ③**

제6장 중개업의 보수

중개보수 청구권	① 발생: 중개계약 체결시에 중개보수청구권이 발생한다. ② 지급 시기: 약정이 있으면 약정시기에 보수를 청구하며, 약정이 없는 경우에는 거래대금지급이 완료된 날에 보수를 받을 수 있다. ③ 소멸: 개업공인중개사의 고의 또는 과실로서 거래계약이 무효·취소 또는 해제된 경우에는 중개보수청구권은 소멸된다.

	거래 유형	중개보수 계산방법
거래대금의 산정	매매	거래가액(매매대금) × 요율 = 산출액
	교환	거래금액이 큰 물건의 가액 × 요율 = 산출액
	임대차	① [보증금 + (월세액 × 100)] = 산출액 ② 산출액이 5천만원 이상 × 요율 ③ 산출액이 5천만원 미만: [보증금 + (월세액 × 70)] = 산출액 × 요율
	분양권	실 지불금액[매도인 총 수수대금(기 계약금 + 기 납입금 + 프리미엄)] × 요율 = 산출액

	구분	내용

보수 요율	주택
	(부속토지 포함)
		① 국토교통부령으로 정하는 범위 안에서 시·도 조례로 정함
		② 일방으로부터 받는 보수 한도
		  ㉠ 매매·교환: 최고 0.7%(1천분의 7) 범위 내
		  ㉡ 임대차 등: 최고 0.6%(1천분의 6) 범위 내

	주택 외	① 국토교통부령으로 정함
		② 국토교통부령: 거래금액의 0.9% 이내에서 상호 협의
		③ 주거용 오피스텔 수수료: 전용면적이 85m^2 이하이고, 상·하수도시설이 갖추어진 전용 입식 부엌과 전용 수세식 화장실 및 목욕시설을 갖춘 오피스텔
		  ㉠ 매매·교환: 거래대금의 0.5%(1천분의 5) 범위 내에서 협의
		  ㉡ 임대차 등: 거래대금의 0.4%(1천분의 4) 범위 내에서 협의

보수 기준 및 제한	① 동일한 중개대상물에 대하여 동일 당사자 간의 매매를 포함한 둘 이상의 거래가 동일 기회에 이루어진 경우에는 매매에 대한 보수만을 받을 수 있다. ② 복합건축물 중 주택의 면적이 2분의 1 이상인 경우에는 주택에 대한 중개보수를 받아야 한다. ③ 중개대상물 소재지와 중개사무소의 소재지가 다른 경우에는 중개사무소 소재지 관할 시·도 조례에 따라 주택에 대한 중개보수를 받아야 한다.
실비	① 권리관계 등의 확인에 소요된 실비: 권리를 이전하고자 하는 의뢰인에게 청구한다. ② 계약금 등의 반환채무이행 보장과 관련된 실비(예치 실비): 권리를 취득하고자 하는 의뢰인에게 청구한다.

제6장 중개업의 보수

- 이 장은 중개보수와 실비에 대해 다루는 장으로, 최소 1문제에서 최대 2문제까지 출제될 수 있는 부분이다. 특히 중개보수와 관련하여 계산문제가 종종 출제된다.
- 중개보수청구권의 발생요건과 행사요건을 정확히 구분할 수 있어야 한다. 또한, 중개보수에서는 주택과 주택 외로 구분되는 기준을 이해해야 한다. 실비의 부담주체 등도 중요하다.

제1절 │ 중개보수 등

제33회, 제34회, 제35회, 제36회

> 제32조【중개보수 등】① 개업공인중개사는 중개업무에 관하여 중개의뢰인으로부터 소정의 보수를 받는다. 다만, 개업공인중개사의 고의 또는 과실로 인하여 중개의뢰인간의 거래행위가 무효·취소 또는 해제된 경우에는 그러하지 아니하다.
> ② 개업공인중개사는 중개의뢰인으로부터 제25조 제1항에 따른 중개대상물의 권리관계 등의 확인 또는 제31조에 따른 계약금 등의 반환채무이행 보장에 소요되는 실비를 받을 수 있다.
> ③ 제1항에 따른 보수의 지급시기는 대통령령으로 정한다.
> ④ 주택(부속토지를 포함한다. 이하 이 항에서 같다)의 중개에 대한 보수와 제2항에 따른 실비의 한도 등에 관하여 필요한 사항은 국토교통부령으로 정하는 범위 안에서 특별시·광역시·도 또는 특별자치도(이하 '시·도'라 한다)의 조례로 정하고, 주택 외의 중개대상물의 중개에 대한 보수는 국토교통부령으로 정한다.

❶ 중개보수 등

(1) 중개보수의 의의와 성격

① 의의: 부동산중개보수는 원칙적으로 개업공인중개사에게 인정하는 보수이고, 중개완성의 대가이다.

② 보수약정을 하지 않은 경우: 개업공인중개사가 의뢰인과 비록 구체적 보수약정을 하지 않았더라도 거래가 성립하면 「상법」에 의하여 당연히 보수청구권이 생긴다는 것이 대법원 판례이다(대판 68다955).

  ✔ 그러나 중개보수는 중개완성에 대한 대가이므로 개업공인중개사의 적극적인 노력과 비용의 지출에도 불구하고 거래계약을 성립시키지 못하면 중개보수의 일부조차도 청구할 수 없게 된다.

③ 중개의뢰인이 개업공인중개사를 배제한 채 계약을 체결한 경우: 중개의뢰인이 신의성실의 원칙에 반하는 행위를 하였으므로 개업공인중개사는 중개보수를 청구할 수 있다.

④ 중개와 중개업의 구분: 우리 대법원은 '중개'와 '중개업'을 구분하고 있으며, 이에 따른 중개보수약정에 대한 사법상 효력과 양자의 형평원칙에 따른 명확한 기준을 제시하고 있다.

> **판례** 중개와 중개업에 따른 중개보수청구권
>
> 1. 공인중개사자격이 없는 자가 중개사무소 개설등록을 하지 아니한 채 **부동산중개업으로서** 부동산매매계약을 중개하며 매매당사자와 **체결한 중개보수 지급약정은 강행법규에 위배되어 무효라고 할 것이다**(대판 2008다75119).
> 2. 공인중개사자격이 없는 자가 **우연한 기회에 단 1회 타인 간의 거래행위를 중개한 경우 등과 같이 '중개를 업으로 한'** 것이 아니라면 그에 따른 중개보수 지급약정이 강행법규에 위배되어 무효라고 할 것은 아니고, 다만 중개보수약정이 부당하게 과다하여 「민법」상 신의성실원칙이나 형평원칙에 반한다고 볼 만한 사정이 있는 경우에는 상당하다고 인정되는 범위 내로 감액된 보수액만을 청구할 수 있다(대판 2010다86525).

(2) 중개보수청구권의 발생요건

① 중개계약이 존재할 것: 중개보수는 중개의뢰인에게 받는 것이고 개업공인중개사와 중개계약이 체결되어야 중개의뢰인이 되는 것이다. 우리 대법원은 "개업공인중개사가 중개대상물에 대하여 거래당사자간의 매매·교환·임대차 기타 권리의 득실변경을 알선하는 행위를 하였더라도, 해당 중개업무를 의뢰하지 않은 거래당사자로부터는 별도의 지급약정 등 특별한 사정이 없는 한 원칙적으로 중개보수를 지급받을 수 없다."고 판시하고 있다(대판 2023다252162).

✔ 중개의뢰인이 아닌 거래당사자가 '중개대상물 확인·설명서'에 기명·날인을 하였더라도, 이는 공인중개사로부터 '중개대상물 확인·설명서'를 수령한 사실을 확인하는 의미에 불과할 뿐 '중개보수 등에 관한 사항'란에 기재된 바와 같이 중개수수료를 지급하기로 하는 약정에 관한 의사표시라고 단정할 수 없다.

② 중개계약의 성립 및 해지: 중개계약은 서면에 의하든 구두에 의하든 형식에 구애됨이 없이 의뢰인의 중개의뢰에 대한 의사표시와 개업공인중개사의 승낙이 있으면 성립된 것으로 볼 수 있으며, 중개의뢰인과 개업공인중개사는 특약이 없는 한 언제든지 중개계약을 해지할 수 있다(대판 98다64202).

③ 중개완성을 전제로 한 이익의 인정 여부: 개업공인중개사는 임대중개의뢰를 받은 건물 전체에 대한 중개가 가능하였음을 전제로 기대중개료 상당의 손해배상청구를 할 수 없다(대판 98다64202).

(3) 중개보수청구권의 행사요건

① 거래당사자 간의 거래행위가 성립할 것: 개업공인중개사는 아무리 중개대상물이 많더라도 거래계약이 체결되지 않을 경우에는 중개보수를 받을 수가 없다.

② 거래계약과 중개활동의 인과관계가 있을 것: 거래계약은 개업공인중개사의 중개활동의 결과로 체결되어야 하므로, 거래계약의 체결과 개업공인중개사의 중개활동 사이에는 상당한 인과관계(因果關係)가 있어야 한다.

③ 다수의 개업공인중개사에게 중개를 의뢰한 경우: 의뢰인이 일반중개계약으로 다수의 개업공인중개사에게 중개를 의뢰한 경우, 먼저 거래계약을 성립시킨 개업공인중개사만 보수청구권을 행사할 수 있으며, 나머지 개업공인중개사는 중개대상물의 권리관계 등의 확인에 소요된 실비만을 청구할 수 있다.

> **판례** 중개행위와 중개보수의 인과관계
>
> 개업공인중개사가 부동산의 매도인을 위하여 거래상대방을 소개하는 등 노력을 하였으나 개업공인중개사가 알선한 상대가 아닌 제3의 인물과 거래를 한 경우에는 중개행위와 거래계약과는 인과관계가 인정되지 않으므로 개업공인중개사에게 중개보수청구권이 인정되지 않는다(대판 77다1889).

(4) 중개보수청구권의 소멸

① 개업공인중개사의 고의·과실로 인한 경우: 중개가 완성된 경우라도 개업공인중개사의 고의 또는 과실로 인하여 중개의뢰인간의 거래행위가 무효·취소 또는 해제된 경우에는 중개보수청구권이 소멸한다. 따라서 이미 받은 중개보수는 반환하여야 하고, 불법행위로 인한 손해배상책임이 발생할 수 있다(대구지법 86가합1663).

② 개업공인중개사의 고의·과실이 아닌 경우: 중개가 완성된 후 개업공인중개사의 고의 또는 과실이 아닌 사유로 거래당사자간의 거래계약이 무효·취소 또는 해제된 경우 중개보수를 청구할 수 있음은 당연하다.

③ 중개보수청구권의 상실: 중개의 완료를 조건으로 중개보수 상당의 보수를 지급받기로 하는 내용의 계약에 있어 중개완료 이전에 계약이 해지되면 당연히 그에 대한 보수청구권을 상실한다(대판 90다18968).

④ 중개보수청구권의 소멸시효: 공인중개사법령상 규정은 없다. 따라서 일반법인「민법」규정을 적용하면 장기 소멸시효는 10년이고(「민법」제162조 제1항), 변호사·변리사·공증인·공인회계사 등의 직무에 관한 채권은 3년간 행사하지 아니하면 소멸시효가 완성된다고 규정하고 있다(「민법」제163조).

(5) 중개보수의 지급시기

개업공인중개사와 중개의뢰인간의 약정에 따르되, 약정이 없을 때에는 중개대상물의 거래대금 지급이 완료된 날로 한다.
① 원칙: 개업공인중개사와 중개의뢰인 사이의 약정시
② 예외: 약정이 없는 경우 거래대금 지급 완료일(= 잔금일)

(6) 개업공인중개사 보수의 종류 및 부담 주체

① 중개보수: 개업공인중개사는 중개업무에 관하여 원칙적으로 중개의뢰인 쌍방으로부터 소정의 보수를 받는다. 그러나 공동중개의 경우 등이 있을 수 있기 때문에 반드시 쌍방에게서 수수할 수 있는 것은 아니다.
② 실비
  ㉠ 중개대상물의 권리관계 등의 확인에 소요되는 실비: 매도·임대 그 밖의 권리를 이전하고자 하는 중개의뢰인에게 청구할 수 있다.
  ㉡ 계약금 등의 반환채무이행 보장에 소요되는 실비: 매수·임차 그 밖의 권리를 취득하고자 하는 중개의뢰인에게 청구할 수 있다.

> **심화** 쌍방의 중개보수를 어느 일방이 부담하는 것도 법 위반이라고 볼 수 없다. 이는 「민법」상 매매비용으로 보기 때문이며, 국토교통부 유권해석이기도 하다(국토교통부 전자민원 2000.9.9, 29504호).

❷ 중개보수 및 실비의 한도

주택(부속 토지를 포함한다)의 중개에 대한 보수와 실비의 한도 등에 관하여 필요한 사항은 국토교통부령이 정하는 범위 안에서 특별시·광역시 또는 도의 조례로 정하고, 주택 외의 중개대상물의 중개에 대한 보수는 국토교통부령으로 정한다.

(1) 주택의 중개보수 한도

주택의 중개에 대한 보수는 중개의뢰인 쌍방으로부터 각각 받되, 그 일방으로부터 받을 수 있는 한도는 '「공인중개사법 시행규칙」별표 1'의 상한요율 내에서 정한 시·도 조례의 범위 안에서 중개의뢰인과 개업공인중개사가 서로 협의하여 결정한다.

📚 주택 중개보수 상한요율(「공인중개사법 시행규칙」 [별표 1])

거래내용	거래금액	상한요율	한도액
매매·교환	5천만원 미만	1천분의 6 이내	25만원
	5천만원 이상~2억원 미만	1천분의 5 이내	80만원
	2억원 이상~9억원 미만	1천분의 4 이내	
	9억원 이상~12억원 미만	1천분의 5 이내	
	12억원 이상~15억원 미만	1천분의 6 이내	
	15억원 이상	1천분의 7 이내	
임대차 등	5천만원 미만	1천분의 5 이내	20만원
	5천만원 이상~1억원 미만	1천분의 4 이내	30만원
	1억원 이상~6억원 미만	1천분의 3 이내	
	6억원 이상~12억원 미만	1천분의 4 이내	
	12억원 이상~15억원 미만	1천분의 5 이내	
	15억원 이상	1천분의 6 이내	

(2) 주택 이외의 중개보수 한도

① 주택 외의 중개대상물에 대한 중개보수도 중개의뢰인 쌍방으로부터 각각 받되, 오피스텔[전용면적이 $85m^2$ 이하이면서, 상·하수도시설이 갖추어진 전용 입식 부엌, 전용 수세식 화장실 및 목욕시설(전용 수세식 화장실에 목욕시설을 갖춘 경우를 포함한다)을 모두 갖춘]의 경우➕ 매매·교환의 경우에는 거래금액의 1천분의 5 이내, 임대차 등의 경우에는 거래금액의 1천분의 4 이내에서 중개의뢰인과 개업공인중개사가 서로 협의하여 중개보수를 결정한다.

➕ 이를 '주거용 오피스텔'이라 하며, 요건에 해당하지 않으면 '비주거용 오피스텔'이라 한다.

② 그 외의 중개대상물(전용면적이 $85m^2$를 초과하거나 그 밖의 조건을 갖추지 못한 오피스텔을 포함한다)의 경우에는 거래금액의 1천분의 9 이내에서 중개의뢰인과 개업공인중개사가 서로 협의하여 결정한다.

③ 이때 협의가 잘 이루어지지 않기 때문에, 법령에서는 개업공인중개사에게 주택 외의 중개대상물에 대하여는 법정한도의 범위 안에서 실제 자기가 받고자 하는 중개보수 상한요율을 게시물인 '중개보수·실비의 요율 및 한도액표'에 명시하도록 의무화하고 있다. 한편 개업공인중개사는 명시한 요율을 초과하여 중개보수를 받아서는 아니 된다.

(3) 실비의 한도

실비의 한도는 중개대상물의 권리관계 등의 확인 또는 계약금 등의 반환채무이행 보장에 드는 비용으로 하되, 중개사무소의 소재지를 관할하는 시·도의 조례에서 정한 기준에 따라 정한다.

③ 중개보수와 부가가치세

개업공인중개사는 중개보수와 실비에 부가가치세를 별도로 받을 수 있다(법제처 유권해석 06-0211, 2006.9.25). 다만, 세법상 일반과세자는 중개보수의 10%를, 간이과세자(단, 연 매출 4,800만원 미만 사업자는 제외)는 중개보수의 4%를 부가가치세로 징수할 수 있다(법제처 유권해석 15-0523, 2016.1.18).

참고 부가가치세 관련 국토교통부 문서
1. 간이과세자는 일반과세자와 달리 공급가액의 10%의 부가가치세를 납부하는 것이 아니라, 업종별 부가가치율에 따라 납부하기 때문이다.
2. 소비자로부터 징수하는 총 수취금액이 법정중개보수와 납부부가세를 합한 금액보다 클 경우 초과수수료 본다(부동산산업과-1743, 2017. 5.25).

④ 중개보수 산출기준 및 방법

중개보수를 산출하기 위해서는 기본적으로 '거래금액'과 '요율'이 필요하다. 세법상 세액을 산출할 때 '과세표준액'과 '세율'이 필요한 것과 같다. '거래금액'은 대개 실무에서는 거래계약서에 쓰이는 금액이 되며, 시험에서는 문제에 제시된 금액이 '거래금액'이 된다. '요율'은 중개대상물, 거래유형, 물건 소재지 혹은 거래면적에 따라 각각 다르다. 그러나 중개보수를 산출하는 기본 공식은 아래와 같이 모두 동일하다.

> 산출보수액 = 거래금액 × 요율

(1) 산출보수액과 법정한도액이 다른 경우

산출액이 한도액의 범위 내인 때에는 산출액으로 하고, 산출액이 한도액의 범위를 벗어날 때에는 한도액이 보수가 된다.

- 산출액 > 한도액 ⇨ 한도액을 기준
- 산출액 < 한도액 ⇨ 산출액을 기준

(2) 임대차에 월차임이 있는 경우

임대차 중 보증금 외에 차임이 있는 경우에는 월 단위의 차임액에 100을 곱한 금액을 보증금에 합산하여 이를 거래금액으로 한다. 다만, 합산한 금액이 5천만원 미만인 경우에는 월 단위의 차임액에 70을 곱한 금액과 보증금을 합산한 금액을 거래금액으로 한다. 이런 계산방식은 주택이든 주택 외이든 모두 동일하다.

Tip 이때 주의하여야 할 점은 일단 차임액에 100을 곱하는 절차를 우선 거친 다음 5천만원 이상인지 미만인지를 판단하여야 한다는 점이다.

> - 거래금액 = 임대차보증금 + (월차임 × 100) ·········· 환산보증금 5천만원 이상
> - 거래금액 = 임대차보증금 + (월차임 × 70) ·········· 환산보증금 5천만원 미만

예제

甲은 개업공인중개사 丙에게 중개를 의뢰하여 乙 소유의 전용면적 70m² 오피스텔을 보증금 2,000만원, 월 차임 25만원에 임대차계약을 체결하였다. 이 경우 丙이 甲으로부터 받을 수 있는 중개보수의 최고한도액은? (임차한 오피스텔은 건축법령상 업무시설로 상·하수도시설이 갖추어진 전용 입식 부엌, 전용 수세식 화장실 및 목욕시설을 갖춤) 제26회

① 150,000원
② 180,000원
③ 187,500원
④ 225,000원
⑤ 337,500원

해설 전용 입식 부엌과 화장실 및 목욕시설을 갖춘 전용면적 85m² 이하의 주거용 오피스텔이므로, 임대차 중개보수는 0.4% 범위 내에서 받아야 한다.
- 거래금액 계산식은 먼저 보증금 2,000만원 + (월 차임 25만원 × 100) = 4,500만원이고, 4,500만원은 5,000만원 미만에 해당하므로 보증금 2,000만원 + (월 차임 25만원 × 70) = 3,750만원으로 변경하여야 한다.
- 따라서 거래금액 3,750만원 × 0.4% = 15만원이 받을 수 있는 중개보수의 최고한도액이 된다.

정답 ①

(3) 교환계약의 경우

교환대상 중개대상물 중 거래금액이 큰 중개대상물의 가액을 기준으로 산출된 중개보수를 단독중개의 경우 교환계약 양 당사자로부터 수수할 수 있다. 이렇게 산출할 경우 개업공인중개사에게 불리할 수도 있다. 즉, 거래금액이 조금 작은 주택 외 물건과 주택간의 교환계약에서 산출보수를 계산할 경우, 거래금액이 작은 주택 외 물건을 기준으로 하는 것이 요율적인 측면에서 개업공인중개사에게 유리할 수 있다.

참고 교환대상 물건의 거래금액과 물건의 종류까지 서로 다른 경우 개업공인중개사는 '거래금액이 큰 쪽을 기준으로 하여야 하는지' 아니면 '중개보수가 많은 쪽을 기준으로 하여야 하는지'라는 질의에 대해 국토교통부는 거래금액이 큰 쪽을 기준으로 해야 한다는 입장이다(질의회신, 2AA-1208-234998, 2012. 8.28).

Tip
1. 주택과 주택 외의 부동산의 구분은 공부를 기준으로 하여야 할 것이다.
2. 공부상에는 주택이 존재하나 사실상 주택이 멸실되고 잡종지로 사용되고 있는 경우라면 주택 외에 해당되는 중개보수를 적용하여야 할 것으로 봅니다(국토교통부 질의회신, 2006. 9.28).

(4) 겸용 건축물일 경우

중개대상물인 건축물 중 주택의 면적이 2분의 1 이상인 경우에는 주택 규정을 적용하고, 주택의 면적이 2분의 1 미만인 경우에는 주택 외의 중개대상물 규정을 적용한다. 주택과 주택 외의 중개대상물의 면적이 동일한 경우 2분의 1 이상에 해당하므로 전체를 주택으로 본다.

(5) 거래가 둘 이상일 경우

동일한 중개대상물에 대하여 동일 당사자간에 매매를 포함한 둘 이상의 거래가 동일 기회에 이루어지는 경우에는 매매계약에 관한 거래금액만을 적용한다.

- 동일 중개대상물
- 동일 당사자간
- 동일 기회
- 매매 포함 2건 이상 거래

⇨ 매매계약 1건으로 적용

> **참고** '동일 기회'라 함은 예를 들면, 동일한 중개대상물인 아파트를 거래하면서 동일한 거래당사자간에 매매와 임대차(전세)계약을 동시 체결하는 경우를 의미한다(국토교통부 질의회신, 2AA-0612-007078, 2006.12.5).

예제

Y시에 중개사무소를 둔 개업공인중개사 A의 중개로 매도인(甲)과 매수인(乙)간에 X주택을 2억원에 매매하는 계약을 체결하고, 동시에 乙이 임차인(丙)에게 X주택을 보증금 3천만원, 월 차임 20만원에 임대하는 계약을 체결하였다. A가 乙에게 받을 수 있는 중개보수의 최고액은?

〈Y시의 조례로 정한 기준〉

구분	중개보수 요율상한 및 한도액		
	거래가액	요율상한(%)	한도액
매매·교환	5천만원 이상 2억원 미만	0.5	80만원
	2억원 이상 9억원 미만	0.4	-
임대차 등	5천만원 미만	0.5	20만원
	5천만원 이상 1억원 미만	0.4	30만원

① 80만원 ② 95만원
③ 100만원 ④ 102만원
⑤ 125만원

> **해설** 동일 당사자간의 거래가 아니므로 매매와 임대차 모두 별건으로 받을 수 있다.
> - 매매에 대한 중개보수는 2억원 × 0.4% = 80만원이다.
> - 임대차에 대한 중개보수는 [3천만원 + (20만원 × 100)] × 0.4% = 20만원이다.
> - 따라서 중개보수의 최고액은 80만원 + 20만원 = 100만원이다.
>
> **정답** ③

(6) 분양권의 경우

중개보수를 계산함에 있어서 총분양가격이 아니라 계약 당시 교부한 계약금과 중도금 및 프리미엄을 기준으로 중개보수를 산출한다.

중개보수 = (계약금 + 중도금 납부액 등 + 프리미엄) × 요율

> **판례** 분양권 중개시 거래대금 산출
>
> 아파트 분양권의 매매를 중개한 경우에 있어서 거래가액이라 함은 당사자가 거래 당시 수수하게 되는 총대금(즉, 통상적으로 계약금, 기납부한 중도금, 프리미엄을 합한 금액일 것이다)을 거래가액이라고 보아야 할 것이므로(이렇게 해석하는 것이 일반적인 거래관행과 상식에도 부합한다), 이와 달리 장차 건물이 완성되었을 경우를 상정하여 총 분양대금과 프리미엄을 합산한 금액으로 거래가액을 산정하여야 한다는 취지의 상고이유의 주장도 받아들일 수 없다(대판 2004도62).

(7) 적용 조례가 서로 다른 경우

중개사무소 소재지 조례와 중개대상물인 주택 소재지 조례 또는 실비 적용 조례가 서로 다른 경우, 개업공인중개사는 **중개사무소의 소재지를 관할하는 시·도의 조례에서 정한 기준**에 따라 보수 및 실비를 받아야 한다.

(8) 주된 사무소와 분사무소의 적용 조례가 서로 다른 경우

분사무소의 중개행위를 통한 주택의 보수 및 실비의 경우 **분사무소 소재지 관할 시·도 조례에서 정한 기준**에 따라야 한다.

(9) 권리금이 있는 경우

① 임대차 등에서 권리금은 중개대상이 될 수 없으므로(대판 2000다26326) 중개보수로 수령할 수는 없으나, 별도 용역제공에 대한 보수형태로 수고비를 수령하는 것은 「공인중개사법」상 개업공인중개사 등의 금지행위에 해당하지 않는다.

> **판례** 권리금의 의의
>
> 영업용 건물의 영업시설·비품 등 유형물이나 거래처, 신용, 영업상의 노하우 또는 점포 위치에 따른 영업상의 이점 등 무형의 재산적 가치는 중개대상물이라고 할 수 없으므로, 그러한 유·무형의 재산적 가치의 양도에 대하여 이른바 '권리금' 등을 수수하도록 중개한 것은 중개행위에 해당하지 아니하고, 따라서 중개보수의 한도액 역시 이러한 거래대상의 중개행위에는 적용되지 아니한다(대판 2005도6054).

② 다만, 개업공인중개사가 권리금을 중개하는 것에서 그치지 않고 그 "권리금 양도·양수 계약서를 작성하는 행위는 「공인중개사법」 및 그 시행령에서 공인중개사의 업무범위로 정하고 있는 중개행위에 해당하지 않는다(대판 2024도1766)."라고 판시하였다.

참고 실제 이 사건에서 해당 개업공인중개사는 행정사법 위반으로 벌금형의 선고유예처분을 받았다.

(10) 공동중개의 경우

실무적으로 볼 때 의뢰를 직접 받은 개업공인중개사가 해당 의뢰인에게서만 받는 것이 일반적이다. 즉, 임대차계약에서 임대인 쪽 개업공인중개사는 임대인에게서만, 임차인 쪽 개업공인중개사는 임차인에게서만 받는다.

5 중개보수 및 실비 영수증

(1) 개업공인중개사가 중개보수 및 실비를 수령한 경우 공인중개사법령상 영수증을 발행할 의무는 없다. 다만, 중개대상물 확인·설명서상에 중개보수와 실비의 산출내역 등을 기재하여야 하므로 실질적으로 영수증 발행 효과가 있다.

(2) 이와는 별도로 부동산중개업소는「소득세법」상 '소비자 상대업종'에 해당하므로 일정한 수입금액 이상＋인 중개업소의 경우 의무적으로 현금영수증가맹점에 가입하여야 한다. 단, 계산서 또는 세금계산서를 교부한 경우에는 발급하지 아니 할 수 있다.

＋
1. 직전 과세기간의 수입금액의 합계액이 2,400만원 이상인 경우를 말한다(「소득세법 시행령」제210조의3 제1항 제1호 참고).
2. 현금영수증가맹점 의무가입의무 위반시 미발급 금액의 100분의 20을 가산세로 내야 한다(「소득세법」제81조의9 제2항 제3호).

제2절 | 중개보수 관련 제재 등

1 중개보수 한도 초과수수시 제재효과

(1) 행정형벌

1년 이하의 징역 또는 1천만원 이하의 벌금에 처한다. 이때 징역형이 부과되면 자격취소와 등록취소, 300만원 이상의 벌금형이 부과되면 등록취소가 된다.

(2) 행정처분

행정형벌과는 별개로 개업공인중개사에게는 상대적 등록취소, 소속공인중개사에게는 자격정지처분을 부과할 수 있다.

❷ 중개보수 한도 초과수수시 효과

한도액을 초과하는 보수약정은 초과한 부분에 대하여 무효가 되고, 이미 보수를 수령하였다면 이는 부당이득이 되어 반환하여야 한다.

> **판례** 법정한도를 초과하는 중개보수
>
> 부동산중개의 보수약정 중 소정의 한도액을 초과하는 부분에 대한 사법상의 효력을 제한함으로써 국민생활의 편의를 증진하고자 함에 그 목적이 있는 것이므로 이른바, 강행법규에 속하는 것으로서 그 <u>한도액을 초과하는 부분은 무효라고 보아야 한다</u>(대판 2000다54406·54413).

중개보수 적용기준

중개대상물 / 거래유형			적용기준
주택	매매·교환		국토교통부령(최고 0.7%) 이내에서 시·도 조례로 정함(요율과 한도액)
	임대차 등		국토교통부령(최고 0.6%) 이내에서 시·도 조례로 정함(요율과 한도액)
주택 외	주거용 오피스텔	매매·교환	0.5% 이내에서 결정(요율만 결정)
		임대차 등	0.4% 이내에서 결정(요율만 결정)
	그 외 (예 상가, 비주거용 오피스텔 등)		0.9% 이내에서 협의로 결정(요율만 결정)

거래유형별 거래금액

거래유형	거래금액
매매	매매가격
교환	교환대상물 중 거래금액이 큰 것을 기준으로 함
임대차(전세)	임대차보증금(전세금)
임대차(월세)	임대차보증금 + (월 단위 차임 × 100 또는 70)
분양권	기 납입액(예 계약금, 중도금 등) + 프리미엄

> 예제

1. 부동산 중개보수 등에 관한 설명 중 틀린 것은?
   ① 주택의 중개에 대한 중개보수는 국토교통부령이 정하는 범위 안에서 특별시·광역시 또는 도의 조례로 정한다.
   ② 주택 외의 중개대상물에 대한 중개보수는 중개의뢰인 쌍방에게 각각 받되, 그 쌍방으로부터 합산하여 받을 수 있는 중개보수의 한도는 거래금액의 1천분의 9 이내이다.
   ③ 건축물 중 주택의 면적이 2분의 1 이상인 경우에는 주택의 중개에 대한 중개보수의 요율을 적용한다.
   ④ 개업공인중개사는 권리관계 확인에 소요되는 실비를 권리를 이전하고자 하는 중개의뢰인에게 청구할 수 있다.
   ⑤ 교환계약의 경우 교환대상 중개대상물 중 거래금액이 큰 중개대상물의 가액을 중개보수 산정기준이 되는 거래금액으로 한다.

   > 해설 주택 외의 중개대상물에 대한 중개보수는 중개의뢰인 쌍방에게 각각 받되, 그 '일방'에게 받을 수 있는 중개보수의 한도는 거래금액의 1천분의 9 이내(단, 전용 85m^2 이내의 오피스텔의 경우 매매·교환은 1천분의 5, 임대차 등은 1천분의 4 이내)이다.

   정답 ②

2. 개업공인중개사 甲이 乙의 일반주택을 6천만원에 매매를 중개한 경우와 甲이 위 주택을 보증금 1천5백만원, 월 차임 30만원, 계약기간 2년으로 임대차를 중개한 경우를 비교하였을 때, 甲이 乙에게 받을 수 있는 중개보수 최고한도액의 차이는?

   제27회

   〈중개보수 상한요율〉
   - 매매: 거래금액 5천만원 이상 2억원 미만은 0.5% (한도 80만원)
   - 임대차: 거래금액 5천만원 미만은 0.5% (한도 20만원), 5천만원 이상 1억원 미만은 0.4% (한도 30만원)

   ① 0원　　　　　　　② 75,000원
   ③ 120,000원　　　　④ 180,000원
   ⑤ 225,000원

   > 해설
   > - 매매에 대한 중개보수는 6천만원 × 0.5% = 30만원이다.
   > - 임대차에 대한 거래금액 계산식은 [보증금 1천5백만원 + (월 차임 30만원 × 100)] = 4천5백만원이고, 이는 5천만원 미만에 해당하므로 [보증금 1천5백만원 + (월 차임 30만원 × 70)] = 3천6백만원으로 변경하여야 한다. 이에 따라 임대차에 대한 중개보수는 3천6백만원 × 0.5% = 18만원이다.
   > - 따라서 중개보수의 차이는 30만원 − 18만원 = 12만원이다.

   정답 ③

제7장 개업공인중개사 간의 상호협력

❖ 거래정보사업자

거래정보망 의의	부동산거래정보망은 개업공인중개사 상호간의 정보교환체계이다.
지정요건	거래정보사업자로 지정을 받기 위해서는 다음의 요건을 갖추어야 한다. ① 「전기통신사업법」에 따른 부가통신사업자일 것 ② 부동산거래정보망의 가입자가 이용하는 데 지장이 없는 정도로서 국토교통부장관이 정하는 용량 및 성능을 갖춘 컴퓨터설비를 확보할 것 ③ 정보처리기사 1명 이상을 확보할 것 ④ 공인중개사 1명 이상을 확보할 것 ⑤ 가입·이용 신청을 한 개업공인중개사의 수가 전국 500명 이상이고, 2개 이상의 시·도에서 각각 30명 이상의 개업공인중개사가 가입·이용 신청을 하였을 것
지정(30일)	국토교통부장관은 지정신청을 받은 때에는 30일 이내에 검토하고, 지정기준 적합시 거래정보사업자 지정대장에 기재 후 지정서를 교부한다.
운영규정(3개월)	지정받은 날로부터 3개월 이내 운영규정을 정하여 국토교통부장관에게 승인받아야 한다 (변경시에도 승인).
설치·운영(1년)	지정받은 날부터 1년 이내에 부동산거래정보망을 설치·운영하여야 한다.
지정취소 사유	다음의 어느 하나의 사유가 발생되면, 국토교통부장관은 거래정보사업자 지정을 취소할 수 있다. ① 정당한 사유 없이 지정받은 날부터 1년 이내에 부동산거래정보망을 설치·운영하지 아니한 경우 ② 거짓이나 그 밖의 부정한 방법으로 지정을 받은 경우 ③ 운영규정 위반(승인 ×, 변경승인 ×, 내용 위반)(+500만원 이하 과태료) ④ 의뢰받은 내용과 다르게 정보를 공개하거나 차별적으로 공개한 경우(+1년 − 1천만원 이하) ⑤ 개인인 거래정보사업자의 사망 또는 법인인 거래정보사업자의 해산 기타 운영이 불가능한 경우

❖ 공인중개사협회

성격	개업공인중개사들의 단체, 비영리 사단법인, 복수설립 가능, 임의설립주의, 임의가입주의, 설립의 인가주의
설립절차	발기인 총회(300명 이상)에서 정관 작성(서명·날인) ⇨ 창립총회(600명 이상 참석, 서울특별시 100명 이상, 광역시·도 및 특별자치도에서 각각 20명 이상 참석, 과반수 동의) ⇨ 국토교통부장관의 설립인가 ⇨ 주된 사무소 소재지에서 설립등기함으로써 성립
(조직)구성	① 주된 사무소는 반드시 두어야 한다(법정사항). ② 지부는 (특·광)시·도에 둘 수 있으며(정관사항), 설치한 때에는 설치신고를 하여야 한다. ③ 지회는 시·군·구에 둘 수 있으며(정관사항), 설치한 때에는 설치신고를 하여야 한다.
업무	① 고유업무: 품위유지, 자질향상, 중개제도의 개선업무, 윤리헌장, 공제사업, 거래정보 제공에 관한 업무 등 ② 수탁업무: 실무교육, 시험시행 등
지도·감독	협회(지부 및 지회 포함)에 대하여는 국토교통부장관만이 할 수 있다.
협회의 공제사업	① 협회가 공제사업을 하고자 하는 때에는 공제규정을 제정하여 국토교통부장관의 승인을 얻어야 한다. 공제규정을 변경하고자 할 때에도 또한 같다. ② 회계기준: 손해배상기금과 복지기금으로 구분하여 세부기준을 정하여야 한다. ✔ 책임준비금의 적립비율: 공제사고 발생률 및 공제금 지급액 등을 종합적으로 고려하여 정하되, 공제료 수입액의 100분의 10 이상으로 정한다.
공제사업의 운용	① 협회는 공제사업을 다른 회계와 구분하여 별도의 회계로 관리하여야 한다. ② 지급여력비율은 100분의 100 이상을 유지하여야 한다.

제7장 개업공인중개사 간의 상호협력

- 매년 1문제에서 3문제까지 출제되는 장이다. 다만, 특히 공인중개사협회에 관해서는 몇 년에 한 번 꼴로 2~3문제가 출제되기도 한다. 제30회 시험에서는 3문제, 제35회 시험에서는 2문제가 출제되었다.
- 개업공인중개사들은 자발적으로 '협회'를 설립할 수 있는데, 이 장에서는 협회의 성격 및 의무, 협회에 대한 제재규정을 정리하여야 한다. 거래정보망에 대해서도 지정절차나 지정요건 등을 알고 있어야 한다.

제1절 부동산거래정보망의 지정 및 이용 제32회, 제33회, 제35회, 제36회

제24조 【부동산거래정보망의 지정 및 이용】 ① 국토교통부장관은 개업공인중개사 상호간에 부동산매매 등에 관한 정보의 공개와 유통을 촉진하고 공정한 부동산거래질서를 확립하기 위하여 부동산거래정보망을 설치·운영할 자를 지정할 수 있다.

② 제1항에 따라 지정을 받을 수 있는 자는 「전기통신사업법」의 규정에 의한 부가통신사업자로서 국토교통부령으로 정하는 요건을 갖춘 자로 한다.

③ 제1항의 규정에 따라 지정을 받은 자(이하 '거래정보사업자'라 한다)는 지정받은 날부터 3개월 이내에 부동산거래정보망의 이용 및 정보제공방법 등에 관한 운영규정(이하 '운영규정'이라 한다)을 정하여 국토교통부장관의 승인을 얻어야 한다. 이를 변경하고자 하는 때에도 또한 같다.

④ 거래정보사업자는 개업공인중개사로부터 공개를 의뢰받은 중개대상물의 정보에 **한정하여** 이를 부동산거래정보망에 공개하여야 하며, 의뢰받은 내용과 **다르게** 정보를 공개하거나 어떠한 방법으로든지 개업공인중개사에 따라 정보가 **차별적**으로 공개되도록 하여서는 아니 된다.

⑤ 국토교통부장관은 거래정보사업자가 다음 각 호의 어느 하나에 해당하는 경우에는 그 지정을 취소할 수 있다.
1. 거짓이나 그 밖의 부정한 방법으로 지정을 받은 경우
2. 제3항의 규정을 위반하여 운영규정의 승인 또는 변경승인을 받지 아니하거나 운영규정을 위반하여 부동산거래정보망을 운영한 경우
3. 제4항의 규정을 위반하여 정보를 공개한 경우
4. 정당한 사유 없이 지정받은 날부터 1년 이내에 부동산거래정보망을 설치·운영하지 아니한 경우
5. 개인인 거래정보사업자의 사망 또는 법인인 거래정보사업자의 해산 그 밖의 사유로 부동산거래정보망의 계속적인 운영이 불가능한 경우

⑥ 국토교통부장관은 제5항 제1호부터 제4호까지의 규정에 의하여 거래정보사업자 지정을 취소하고자 하는 경우에는 청문을 실시하여야 한다.
⑦ 개업공인중개사는 부동산거래정보망에 중개대상물에 관한 정보를 거짓으로 공개하여서는 아니 되며, 해당 중개대상물의 거래가 완성된 때에는 지체 없이 이를 해당 거래정보사업자에게 통보하여야 한다.
⑧ 거래정보사업자의 지정절차, 운영규정에 정할 내용 그 밖에 필요한 사항은 국토교통부령으로 정한다.

1 부동산거래정보망

(1) 부동산거래정보망의 의의

부동산거래정보망이란 개업공인중개사가 중개의뢰인으로부터 접수받은 부동산 매물 및 매수정보를 온라인(On-line)상으로 공개하면, 매수 및 매도를 의뢰받은 개업공인중개사가 이에 적합한 정보를 검색하여 개업공인중개사 상호간에 의뢰인이 내세우는 조건을 확인하고, 그 조건이 부합하면 의뢰인간 거래계약을 체결시키는 제도를 말한다.

> 참고 부동산거래정보망의 형태를 띠는 것으로 매물정보를 개업공인중개사가 게재하되 열람대상은 개업공인중개사뿐만 아니라 일반인도 볼 수 있도록 운영되는 사이트(예 직방, 다방 등)나 대형 포털사이트(예 네이버, 다음 등)는 공인중개사법령상 거래정보망이 아니다.

(2) 부동산거래정보망의 기능

① **공동중개의 수단**: 부동산거래정보망은 개업공인중개사의 상호협력을 통하여 거래계약을 성립하게 되므로 중요한 공동중개의 수단이 된다.

② **부동산 유통시장의 기능**: 부동산거래정보망을 통하여 각종 중개대상물에 대한 정보가 축적되므로 부동산거래정보망은 부동산 유통시장의 기능을 담당하게 된다.

③ **부칙상 개업공인중개사의 업무범위 확대**: 부칙상의 개업공인중개사가 부동산거래정보망에 가입하여 이를 이용하는 경우, 거래정보망에 공개된 물건에 대해서는 전국적으로 중개할 수 있으므로 업무범위가 확대된다.

④ **개업공인중개사의 공동체로서의 기능 및 중개활동의 능률화**: 부동산거래정보망은 개업공인중개사 상호간에 정보를 교환하는 체계이므로 개업공인중개사들의 공동체가 형성될 수 있고, 중개활동의 능률화를 기대할 수 있다.

> 참고 그러나 최근 일부 지역에서 '부동산거래정보망'이 기존 개업공인중개사에 의한 신규 개업공인중개사의 시장진출을 막는 하나의 수단으로 이용되는 단점이 나타나기도 하였다.

(3) 부동산거래정보망의 이용절차

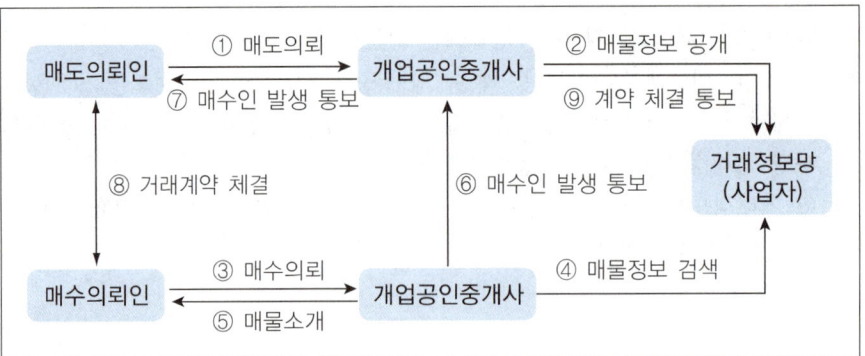

❷ 거래정보사업자의 지정

(1) 지정목적

국토교통부장관은 개업공인중개사 상호간에 부동산매매 등에 관한 정보의 공개와 유통을 촉진하고 공정한 부동산거래질서를 확립하기 위하여 부동산거래정보망을 설치·운영할 자를 지정할 수 있다.

(2) 지정요건

부동산거래정보망을 설치·운영할 자로 지정을 받고자 하는 자는 「전기통신사업법」의 규정에 의한 '부가통신사업자'로서 다음의 요건을 갖추어야 한다.

> ① 그 부동산거래정보망의 가입·이용신청을 한 개업공인중개사의 수가 500명 이상이고, 2개 이상의 시·도에서 각각 30인 이상의 개업공인중개사가 가입·이용신청을 하였을 것
> ② 정보처리기사 1명 이상을 확보할 것
> ③ 공인중개사 1명 이상을 확보할 것
> ④ 부동산거래정보망의 가입자가 이용하는 데 지장이 없는 정도로서 국토교통부장관이 정하는 용량 및 성능을 갖춘 컴퓨터설비를 확보할 것

용어 📢 **부가통신망(Value added network)**
부가가치통신망이라고도 하며 통신서비스의 일종으로 서비스업자가 순수 통신업자로부터 통신설비를 빌려 이를 컴퓨터와 결합하여 새로운 형태의 통신서비스를 제공하는 네트워크를 말한다.

(3) 지정신청

부동산거래정보망을 설치·운영할 자로 지정받고자 하는 자는 거래정보사업자 지정신청서에 다음의 서류를 첨부하여 국토교통부장관에게 제출하여야 한다. 국토교통부장관은 행정정보의 공동이용을 통하여 법인등기사항증명서(신청인이 법인인 경우에 한한다)를 확인하여야 한다.

① 지정요건에서 정한 수 이상의 개업공인중개사로부터 받은 '부동산거래정보망 가입·이용신청서' 및 그 개업공인중개사들의 중개사무소등록증 사본
② 정보처리기사자격증 사본
③ 공인중개사자격증 사본
④ 주된 컴퓨터의 용량 및 성능 등을 확인할 수 있는 서류
⑤ 「전기통신사업법」에 따라 부가통신사업신고서를 제출하였음을 확인할 수 있는 서류

Tip 👉 공인중개사자격증 사본이 첨부되는 유일한 경우이다.

(4) 지정서 교부

국토교통부장관은 지정신청을 받은 때에는 지정신청을 받은 날부터 30일 이내에 이를 검토하여 지정기준에 적합하다고 인정되는 경우, 거래정보사업자로 지정하고 다음의 사항을 거래정보사업자 지정대장에 기재한 후 거래정보사업자 지정서를 교부하여야 한다.

① 지정번호 및 지정연월일
② 상호 또는 명칭 및 대표자의 성명
③ 사무소의 소재지
④ 주된 컴퓨터설비의 내역
⑤ 전문자격자의 보유에 관한 사항

심화 👉 거래정보사업자 지정대장은 전자적 처리가 불가능한 특별한 사유가 없으면 전자적 처리가 가능한 방법으로 작성·관리하여야 한다.

(5) 운영규정의 승인

거래정보사업자로 지정을 받은 자는 지정받은 날부터 3개월 이내에 부동산거래정보망의 이용 및 정보제공방법 등에 관한 운영규정을 정하여 국토교통부장관의 승인을 얻어야 한다. 이를 변경하고자 하는 경우에도 마찬가지이다. 운영규정에는 다음의 사항을 정하여야 한다.

① 부동산거래정보망에의 등록절차
② 자료의 제공 및 이용방법에 관한 사항
③ 가입자에 대한 회비 및 그 징수에 관한 사항
④ 거래정보사업자 및 가입자의 권리·의무에 관한 사항
⑤ 그 밖에 부동산거래정보망의 이용에 관하여 필요한 사항

핵심 거래정보사업자 지정절차

지정신청 → 검토 → 대장 기재 → 지정서 교부 → 운영규정의 승인 → 설치·운영

(30일 / 3개월 / 1년)

❸ 거래정보사업자 및 개업공인중개사의 의무

(1) 거래정보사업자의 의무

① 의무: 거래정보사업자는 개업공인중개사로부터 공개를 의뢰받은 중개대상물의 정보에 한정하여 부동산거래정보망에 공개하여야 하며, 의뢰받은 내용과 다르게 정보를 공개하거나 어떠한 방법이든지 정보가 개업공인중개사에 따라 차별적으로 공개되도록 하여서는 아니 된다.

② 위반시 제재: 거래정보사업자 지정을 취소할 수 있으며, 1년 이하의 징역 또는 1천만원 이하의 벌금에 처한다.

(2) 개업공인중개사의 의무

① 의무: 개업공인중개사는 부동산거래정보망에 중개대상물에 관한 정보를 거짓으로 공개해서는 아니 되며, 해당 중개대상물의 거래가 완성된 때에는 지체 없이 이를 해당 거래정보사업자에게 통보하여야 한다.

② 위반시 제재: 6개월의 범위 내에서 업무정지처분을 받게 된다.

❹ 거래정보사업자의 지정취소

(1) 지정취소사유

국토교통부장관은 거래정보사업자가 다음의 어느 하나에 해당하는 경우에는 그 지정을 취소할 수 있다.

> ① 거짓 그 밖의 부정한 방법으로 지정을 받은 경우
> ② 운영규정의 승인 또는 변경승인을 받지 아니하거나 운영규정을 위반하여 부동산거래정보망을 운영한 경우
> ③ 거래정보사업자는 개업공인중개사로부터 공개를 의뢰받은 중개대상물의 정보에 한하여 이를 부동산거래정보망에 공개하여야 하며, 의뢰받은 내용과 다르게 정보를 공개하거나 어떠한 방법으로든지 개업공인중개사에 따라 정보가 차별적으로 공개되도록 하여서는 아니 되는데, 이를 위반하여 정보를 공개한 경우
> ④ 정당한 사유 없이 지정받은 날부터 1년 이내에 부동산거래정보망을 설치·운영하지 아니한 경우
> ⑤ 개인인 거래정보사업자의 사망 또는 법인인 거래정보사업자의 해산 그 밖의 사유로 부동산거래정보망의 계속적인 운영이 불가능한 경우

(2) 청문 실시

국토교통부장관은 거래정보사업자의 지정을 취소하고자 하는 경우에는 청문을 실시하여야 한다.

> **심화**
> 1. 청문에 응하지 아니한 경우가 아닌 한 청문절차를 거치지 아니하고 한 처분은 위법하다(대판 82누166).
> 2. 다만, 개인인 거래정보사업자의 사망 또는 법인의 해산 그 밖의 사유로 부동산거래정보망의 계속적인 운영이 불가능한 경우에는 청문을 실시하지 않는다.

예제

공인중개사법령상 부동산거래정보망의 지정 및 이용 등에 관한 설명으로 옳은 것은?

① 거래정보사업자로 지정받으려는 자는 지정받기 전에 운영규정을 정하여 국토교통부장관의 승인을 얻어야 한다.
② 거래정보사업자로 지정받으려는 자는 그 부동산거래정보망의 가입·이용신청을 한 개업공인중개사가 1천명 이상이고 10개 이상의 시·도에서 각각 30인 이상의 개업공인중개사가 가입·이용신청을 하였을 것이라는 요건을 갖추어야 한다.
③ 거래정보사업자로 지정받으려는 자는 부동산거래정보망의 가입자가 이용하는데 지장이 없는 정도로서 국토교통부장관이 정하는 용량 및 성능을 갖춘 컴퓨터 설비를 확보하여야 한다.
④ 거래정보사업자가 정당한 사유 없이 지정받은 날부터 1년 이내에 부동산거래정보망을 설치·운영하지 아니한 경우 국토교통부장관은 그 지정을 취소하여야 한다.
⑤ 거래정보사업자가 개업공인중개사로부터 의뢰받은 정보와 다른 정보를 공개한 경우에는 5백만원 이하의 과태료가 부과된다.

해설 ① 운영규정의 승인은 국토교통부장관으로부터 지정처분을 받은 날부터 3개월 이내에 받아야 한다.
② 거래정보사업자로 지정받으려는 자는 그 부동산거래정보망의 가입·이용신청을 한 개업공인중개사가 500명 이상이고 2개 이상의 시·도에서 각각 30인 이상의 개업공인중개사가 가입·이용신청을 하였을 것이라는 요건을 갖추어야 한다.
④ 거래정보사업자 지정을 취소할 수 있다.
⑤ 지정취소사유이자, 1년 이하의 징역 또는 1천만원 이하의 벌금 부과사유이다.

정답 ③

제2절 | 협회의 설립 및 업무 제33회, 제34회, 제35회

> **제41조【협회의 설립】** ① 개업공인중개사인 공인중개사(부칙 제6조 제2항에 따라 이 법에 의한 중개사무소의 개설등록을 한 것으로 보는 자를 포함한다)는 그 자질 향상 및 품위유지와 중개업에 관한 제도의 개선 및 운용에 관한 업무를 효율적으로 수행하기 위하여 공인중개사협회(이하 '협회'라 한다)를 설립할 수 있다.
> ② 협회는 법인으로 한다.
> ③ 협회는 회원 300인 이상이 발기인이 되어 정관을 작성하여 창립총회의 의결을 거친 후 국토교통부장관의 인가를 받아 그 주된 사무소의 소재지에서 설립등기를 함으로써 성립한다.
> ④ 협회는 정관으로 정하는 바에 따라 시·도에 지부를, 시(구가 설치되지 아니한 시와 특별자치도의 행정시를 말한다)·군·구에 지회를 둘 수 있다.
> ⑤ 협회의 설립 및 설립인가의 신청 등에 관하여 필요한 사항은 대통령령으로 정한다.

❶ 협회의 설립목적

개업공인중개사인 공인중개사(부칙 규정에 의하여 이 법에 의한 중개사무소의 개설등록을 한 것으로 보는 자를 포함한다)는 그 자질향상 및 품위유지와 중개업에 관한 제도의 개선 및 운용에 관한 업무를 효율적으로 수행하기 위하여 공인중개사협회를 설립할 수 있다.

❷ 협회의 성격 등

(1) 협회의 성격

① 협회는 (「민법」상) 법인으로 한다.
② 영리를 목적으로 하지 않는 비영리 사단법인이다.
③ 공공적 사무 이외의 사무를 처리하는 사법인이다.

(2) 협회의 설립

① 임의설립주의: 협회를 설립할 수 있다.
② 인가주의: 국토교통부장관의 설립인가를 받아야 한다.
③ 설립등기주의: 협회는 국토교통부장관의 인가를 받아 그 주된 사무소의 소재지에서 설립등기를 함으로써 성립한다.

④ 임의가입주의: 회원가입은 자유의사에 따른다.
⑤ 복수설립주의: 협회의 설립숫자에는 제한이 없다.

③ 협회의 설립절차 및 조직

(1) 설립절차

① 협회는 회원 300인 이상이 발기인이 되어 정관을 작성하여 창립총회의 의결을 거친 후 국토교통부장관의 인가를 받아 그 주된 사무소의 소재지에서 설립등기를 함으로써 성립한다.

② 협회를 설립하고자 하는 때에는 발기인이 작성하여 서명·날인한 정관에 대하여 회원 600인 이상이 출석한 창립총회에서 출석회원 과반수의 동의를 얻어 국토교통부장관의 설립인가를 받아야 한다. 창립총회에는 서울특별시에서 100인 이상, 그 외 시·도에서는 각각 20인 이상의 회원이 참여하여야 한다.

③ 공인중개사협회의 설립인가를 신청할 때에 제출하여야 하는 서류는 「국토교통부 및 그 소속청 소관 비영리법인의 설립 및 감독에 관한 규칙」 제3조의 규정에 따른 서류로 한다. 이 경우 '설립허가신청서'는 이를 '설립인가신청서'로 본다.

> **Tip** 주된 사무소는 협회의 본질에 해당하므로 반드시 있어야 하나, 서울특별시에 두도록 법률에서 정하던 규정이 삭제되어 서울 이외의 곳에 두어도 무방하다.

(2) 협회의 조직

협회의 조직으로는 주된 사무소와 지부 및 지회가 있다. 협회의 주된 사무소는 협회 자체를 의미하므로 협회가 존재하는 한 반드시 필요한 조직인 반면, 협회의 지부와 지회는 하부조직으로서 그 설치 여부가 임의적이다. 협회가 그 지부 또는 지회를 설치한 때에는 지부는 시·도지사에게, 지회는 등록관청에 신고하여야 한다.

> **참고** 주된 사무소는 전국 어디에 두어도 무방하며, 지부와 지회는 정관이 정하는 바에 따라 각각 특별시·광역시·도에 지부를, 시·군·구에 지회를 둘 수 있다. 만약 서울특별시에 주된 사무소를 설치한다면 서울특별시 지부와 25개의 구(區)마다 지회를 둘 수 있다.

④ 협회의 업무 및 보고의무

(1) 협회의 업무

협회는 협회의 설립목적, 즉 자질향상 및 품위유지와 중개업에 관한 제도의 개선 및 운용에 관한 업무를 효율적으로 수행하기 위하여 다음의 업무를 수행할 수 있다.

① 회원의 품위유지를 위한 업무
② 부동산중개제도의 연구·개선에 관한 업무
③ 회원의 자질향상을 위한 지도 및 교육·연수에 관한 업무
④ 회원의 윤리헌장 제정 및 그 실천에 관한 업무
⑤ 부동산 정보제공에 관한 업무
⑥ 비영리사업으로서 회원간의 상호부조를 목적으로 하는 공제사업
⑦ 그 밖에 협회의 설립목적 달성을 위하여 필요한 업무

(2) 협회의 보고의무

협회의 총회는 원칙적으로 모든 회원이 참가하는 전체회의이므로 그 의결내용은 중요한 의미를 가진다. 협회는 총회의 의결내용을 지체 없이 국토교통부장관에게 보고하여야 한다.

제3절 | 협회의 공제사업
제32회, 제36회

> **제42조【공제사업】** ① 협회는 제30조에 따른 개업공인중개사의 손해배상책임을 보장하기 위하여 공제사업을 할 수 있다.
> ② 협회는 제1항에 따른 공제사업을 하고자 하는 때에는 공제규정을 제정하여 국토교통부장관의 승인을 얻어야 한다. 공제규정을 변경하고자 하는 때에도 또한 같다.
> ③ 제2항의 공제규정에는 대통령령으로 정하는 바에 따라 공제사업의 범위, 공제계약의 내용, 공제금, 공제료, 회계기준 및 책임준비금의 적립비율 등 공제사업의 운용에 관하여 필요한 사항을 정하여야 한다.
> ④ 협회는 공제사업을 다른 회계와 구분하여 별도의 회계로 관리하여야 하며, 책임준비금을 다른 용도로 사용하고자 하는 경우에는 국토교통부장관의 승인을 얻어야 한다.
> ⑤ 협회는 대통령령으로 정하는 바에 따라 매년도의 공제사업 운용실적을 일간신문·협회보 등을 통하여 공제계약자에게 공시하여야 한다.

❶ 공제사업의 범위

협회는 개업공인중개사의 손해배상책임을 보장하기 위하여 다음과 같은 범위의 공제사업을 할 수 있다.

① 「공인중개사법」 제30조의 규정에 따른 손해배상책임을 보장하기 위한 공제기금의 조성 및 공제금의 지급에 관한 사업
② 공제사업의 부대업무로서 공제규정으로 정하는 사업

❷ 공제운용을 위한 승인 등

(1) 공제규정의 승인 등

① 협회는 공제사업을 하고자 하는 때에는 공제규정을 제정하여 국토교통부장관의 승인을 얻어야 한다. 공제규정을 변경하고자 하는 때에도 또한 같다.
② 공제규정에는 대통령령이 정하는 바에 따라 공제사업의 범위, 공제계약의 내용, 공제금, 공제료, 회계기준 및 책임준비금의 적립비율 등 공제사업의 운용에 관하여 필요한 사항을 정하여야 하는데, 공제규정에서 정할 구체적 사항은 다음과 같다.

> ㉠ 공제계약의 내용: 협회의 공제책임, 공제금, 공제료, 공제기간, 공제금의 청구와 지급절차, 구상권 및 대위권, 공제계약의 실효 그 밖의 공제계약에 필요한 사항✚
> ㉡ 회계기준: 공제사업을 손해배상기금과 복지기금으로 구분하여 각 기금별 목적 및 회계원칙에 부합되는 세부기준
> ㉢ 책임준비금의 적립비율: 공제사고 발생률 및 공제금 지급액 등을 종합적으로 고려하여 결정하되, 공제료 수입액의 100분의 10 이상으로 정할 것

✚ 이 경우 공제료는 공제사고 발생률, 보증보험료 등을 종합적으로 고려하여 결정한 금액으로 한다.

(2) 별도 회계관리

협회는 공제사업을 다른 회계와 구분하여 별도의 회계로 관리하여야 하며, 책임준비금을 다른 용도로 사용하고자 하는 경우에는 국토교통부장관의 승인을 얻어야 한다.

📌 협회의 주요 의무사항

구분	내용	담당관청
인가	설립인가	국토교통부장관
보고	총회 의결사항	
승인	• 공제규정 제정·변경 • 책임준비금 전용	
신고	지부 설치	시·도지사
	지회 설치	등록관청

❸ 운용실적 공시

(1) 운용실적 공시대상

협회는 매년도의 공제사업 운용실적을 일간신문·협회보 등을 통하여 공제계약자에게 공시하여야 한다.

(2) 운용실적 공시내용

협회가 공제사업 운용실적을 공시하고자 할 때에는 다음의 사항을 포함하여 매 회계연도 종료 후 3개월 이내에 일간신문 또는 협회보에 공시하고 협회의 인터넷 홈페이지에 게시해야 한다.

> ① 결산서인 요약 재무상태표, 손익계산서 및 감사보고서
> ② 공제료 수입액, 공제금 지급액, 책임준비금 적립액
> ③ 그 밖에 공제사업의 운용과 관련된 참고사항

제4절 │ 공제사업 운영위원회

> 제42조의2 【운영위원회】 ① 제42조 제1항에 따른 공제사업에 관한 사항을 심의하고 그 업무집행을 감독하기 위하여 협회에 운영위원회를 둔다.
> ② 운영위원회의 위원은 협회의 임원, 중개업·법률·회계·금융·보험·부동산 분야 전문가, 관계 공무원 및 그 밖에 중개업 관련 이해관계자로 구성하되, 그 수는 19명 이내로 한다.
> ③ 운영위원회의 구성과 운영에 필요한 세부사항은 대통령령으로 정한다.

❶ 운영위원회의 설치목적 및 성격

(1) 운영위원회의 설치목적

공제사업에 관한 사항을 심의하고 그 업무집행을 감독하기 위함이다.

(2) 운영위원회의 성격

공인중개사협회 내에 설치하며, 공제사업 관련 사항을 심의 및 감독하기 위한 필수위원회이다.

② 운영위원회의 구성

(1) 운영위원회의 위원

운영위원회의 위원은 협회의 임원, 중개업·법률·회계·금융·보험·부동산 분야 전문가, 관계 공무원 및 그 밖에 중개업 관련 이해관계자로 구성하되, 그 수는 19명 이내로 한다. 위원의 임기는 2년으로 하되 1회에 한하여 연임할 수 있으며, 보궐위원의 임기는 전임자 임기의 남은 기간으로 한다.

(2) 운영위원회의 위원장 및 부위원장

운영위원회에는 위원장과 부위원장 각각 1명을 두되, 위원장 및 부위원장은 위원 중에서 각각 호선한다. 운영위원회의 위원장은 운영위원회의 회의를 소집하며 그 의장이 되고, 부위원장은 위원장을 보좌하며 위원장이 부득이한 사유로 그 직무를 수행할 수 없을 때에는 그 직무를 대행한다.

용어 호선(互選)
조직의 구성원들이 서로 투표하여 그 조직구성원 가운데에서 어떠한 사람을 뽑는 것을 말한다.

③ 운영위원회의 위원자격

운영위원회는 성별을 고려하여 다음의 위원으로 구성한다. 이 경우 다음의 ② 및 ③에 해당하는 위원의 수는 전체위원 수의 3분의 1 미만으로 한다.

① 국토교통부장관이 소속 공무원 중에서 지명하는 사람 1명
② 협회의 회장
③ 협회 이사회가 협회의 임원 중에서 선임하는 사람
④ 다음의 어느 하나에 해당하는 사람으로서 협회의 회장이 추천하여 국토교통부장관의 승인을 받아 위촉하는 사람
   ㉠ 대학 또는 정부출연연구기관에서 부교수 또는 책임연구원 이상으로 재직하고 있거나 재직하였던 사람으로서 부동산 분야 또는 법률·회계·금융·보험 분야를 전공한 사람
   ㉡ 변호사·공인회계사 또는 공인중개사의 자격이 있는 사람
   ㉢ 금융감독원 또는 금융기관에서 임원 이상의 직에 있거나 있었던 사람
   ㉣ 공제조합 관련 업무에 관한 학식과 경험이 풍부한 사람으로서 해당 업무에 5년 이상 종사한 사람
   ㉤ 「소비자기본법」 제29조에 따라 등록한 소비자단체 및 같은 법 제33조에 따른 한국소비자원의 임원으로 재직 중인 사람

❹ 운영위원회의 업무

운영위원회는 협회의 공제사업에 관하여 다음의 사항을 심의하며 그 업무집행을 감독한다. 운영위원회의 사무를 처리하기 위하여 간사 및 서기를 두되, 간사 및 서기는 공제업무를 담당하는 협회의 직원 중에서 위원장이 임명한다. 간사는 회의 때마다 회의록을 작성하여 다음 회의에 보고하고 이를 보관하여야 한다.

① 사업계획·운영 및 관리에 관한 기본 방침
② 예산 및 결산에 관한 사항
③ 차입금에 관한 사항
④ 주요 예산집행에 관한 사항
⑤ 공제약관·공제규정의 변경과 공제와 관련된 내부규정의 제정·개정 및 폐지에 관한 사항
⑥ 공제금, 공제가입금, 공제료 및 그 요율에 관한 사항
⑦ 정관으로 정하는 사항
⑧ 그 밖에 위원장이 필요하다고 인정하여 회의에 부치는 사항

❺ 기타 사항

운영위원회의 회의는 재적위원 과반수의 출석으로 개의하며 출석위원 과반수의 찬성으로 심의사항을 의결한다. 운영위원회 관련 「공인중개사법 시행령」 규정사항 외에 운영위원회의 운영에 필요한 사항은 운영위원회의 심의를 거쳐 위원장이 정한다.

제5절 | 공제사업에 대한 감독 강화

제35회

제42조의3 【조사 또는 검사】 「금융위원회의 설치 등에 관한 법률」에 따른 금융감독원의 원장은 국토교통부장관의 요청이 있는 경우에는 공제사업에 관하여 조사 또는 검사를 할 수 있다.

제42조의4 【공제사업 운영의 개선명령】 국토교통부장관은 협회의 공제사업 운영이 적정하지 아니하거나 자산상황이 불량하여 중개사고 피해자 및 공제 가입자 등의 권익을 해칠 우려가 있다고 인정하면 다음 각 호의 조치를 명할 수 있다.
1. 업무집행방법의 변경
2. 자산예탁기관의 변경
3. 자산의 장부가격의 변경
4. 불건전한 자산에 대한 적립금의 보유
5. 가치가 없다고 인정되는 자산의 손실 처리
6. 그 밖에 이 법 및 공제규정을 준수하지 아니하여 공제사업의 건전성을 해할 우려가 있는 경우 이에 대한 개선명령

제42조의5 【임원에 대한 제재 등】 국토교통부장관은 협회의 임원이 다음 각 호의 어느 하나에 해당하여 공제사업을 건전하게 운영하지 못할 우려가 있는 경우 그 임원에 대한 징계·해임을 요구하거나 해당 위반행위를 시정하도록 명할 수 있다.
1. 제42조 제2항에 따른 공제규정을 위반하여 업무를 처리한 경우
2. 제42조의4에 따른 개선명령을 이행하지 아니한 경우
3. 제42조의6에 따른 재무건전성 기준을 지키지 아니한 경우

제42조의6 【재무건전성의 유지】 협회는 공제금 지급능력과 경영의 건전성을 확보하기 위하여 다음 각 호의 사항에 관하여 대통령령으로 정하는 재무건전성 기준을 지켜야 한다.
1. 자본의 적정성에 관한 사항
2. 자산의 건전성에 관한 사항
3. 유동성의 확보에 관한 사항

1 조사 또는 검사요청권

국토교통부장관은 협회의 공제사업과 관련하여 「금융위원회의 설치 등에 관한 법률」에 따른 금융감독원에 대하여 협회의 조사 또는 검사를 요청할 수 있다. 금융감독원의 원장은 국토교통부장관의 요청이 있는 경우, 공제사업에 관하여 조사 또는 검사를 할 수 있다.

❷ 개선명령권

국토교통부장관은 협회의 공제사업 운영이 적정하지 아니하거나 자산상황이 불량하여 중개사고 피해자 및 공제 가입자 등의 권익을 해칠 우려가 있다고 인정하면 다음의 조치를 명할 수 있다.

① 업무집행방법의 변경
② 자산예탁기관의 변경
③ 자산의 장부가격의 변경
④ 불건전한 자산에 대한 적립금의 보유
⑤ 가치가 없다고 인정되는 자산의 손실 처리
⑥ 그 밖에 이 법 및 공제규정을 준수하지 아니하여 공제사업의 건전성을 해할 우려가 있는 경우 이에 대한 개선명령

❸ 협회 임원에 대한 제재 등

국토교통부장관은 협회의 임원이 다음의 어느 하나에 해당하여 공제사업을 건전하게 운영하지 못할 우려가 있는 경우, 그 임원에 대한 징계·해임을 요구하거나 해당 위반행위를 시정하도록 명할 수 있다.

① 공제규정을 위반하여 업무를 처리한 경우
② 개선명령을 이행하지 아니한 경우
③ 재무건전성 기준을 지키지 아니한 경우

❹ 재무건전성의 유지의무

(1) 재무건전성 유지대상

협회는 공제금 지급능력과 경영의 건전성을 확보하기 위하여 다음의 사항에 관하여 대통령령으로 정하는 재무건전성 기준을 지켜야 한다.

① 자본의 적정성에 관한 사항
② 자산의 건전성에 관한 사항
③ 유동성의 확보에 관한 사항

(2) 재무건전성 기준

협회가 준수하여야 하는 재무건전성 기준(기준 모두를 준수하여야 한다)은 다음과 같으며, 국토교통부장관은 필요한 세부기준을 정할 수 있다.

> ① 지급여력비율은 100분의 100 이상을 유지할 것
> ② 구상채권 등 보유자산의 건전성을 정기적으로 분류하고 대손충당금을 적립할 것

용어

지급여력금액
자본금, 대손충당금, 이익잉여금 및 그 밖에 이에 준하는 것으로서 국토교통부장관이 정하는 금액을 합산한 금액에서 영업권, 선급비용 등 국토교통부장관이 정하는 금액을 뺀 금액을 말한다.

지급여력기준금액
공제사업을 운영함에 따라 발생하게 되는 위험을 국토교통부장관이 정하는 방법에 따라 금액으로 환산한 것을 말한다.

지급여력비율
지급여력금액을 지급여력기준금액으로 나눈 비율을 말한다.

예제

1. 공인중개사법령상 공제사업에 관한 설명으로 틀린 것은? (다툼이 있으면 판례에 의함)

① 협회가 공제사업을 하고자 하는 때에는 공제규정을 제정하여 국토교통부장관의 승인을 얻어야 한다.
② 협회의 공제사업은 비영리사업으로서 회원간의 상호부조를 목적으로 한다.
③ 공제규정에는 공제사업의 범위 등 공제사업의 운용에 관하여 필요한 사항을 정하여야 한다.
④ 개업공인중개사가 자기의 중개사무소를 다른 사람의 중개행위의 장소로 제공함으로써 발생한 거래당사자에 대한 재산상의 손해배상책임은 공제사업의 대상이 아니다.
⑤ 공제규정에서 정하여야 할 책임준비금의 적립비율은 공제사고 발생률 및 공제금 지급액 등을 종합적으로 고려하여 공제료 수입액의 100분의 10 이상으로 정한다.

해설 「공인중개사법」제30조 제2항에 따라 개업공인중개사가 자기의 중개사무소를 다른 사람에게 중개행위의 장소로 제공하여 거래당사자에게 재산상의 손해를 발생하게 한 경우에도 개업공인중개사는 이 법에 따라 배상책임을 부담한다. **정답 ④**

2. 공인중개사법령상 국토교통부장관이 공인중개사협회의 공제사업 운영에 대한 개선조치로서 명할 수 있는 것이 아닌 것은? 제35회

① 가치가 없다고 인정되는 자산의 손실 처리
② 공제사업의 양도
③ 불건전한 자산에 대한 적립금의 보유
④ 업무집행방법의 변경
⑤ 자산의 장부가격의 변경

해설 공제사업의 양도명령은 공제사업에 대한 개선명령(개선조치)에 해당되지 아니한다. **정답 ②**

제6절 | 민법의 준용

> **제43조【「민법」의 준용】** 협회에 관하여 이 법에 규정된 것 외에는 「민법」 중 사단법인에 관한 규정을 적용한다.

협회는 사단법인에 해당되므로 이 법에 규정된 것 외에는 「민법」 중 사단법인에 관한 규정을 적용한다.

제7절 | 지도·감독 등

> **제44조【지도·감독 등】** ① 국토교통부장관은 협회와 그 지부 및 지회를 지도·감독하기 위하여 필요한 때에는 그 업무에 관한 사항을 보고하게 하거나 자료의 제출 그 밖에 필요한 명령을 할 수 있으며, 소속 공무원으로 하여금 그 사무소에 출입하여 장부·서류 등을 조사 또는 검사하게 할 수 있다.
> ② 제1항에 따라 출입·검사 등을 하는 공무원은 국토교통부령으로 정하는 증표를 지니고 상대방에게 이를 내보여야 한다.

❶ 협회에 대한 지도·감독

국토교통부장관은 협회와 그 지부 및 지회에 대하여 감독상 필요한 때에는 그 업무에 관한 사항을 보고하게 하거나 자료의 제출 그 밖에 필요한 명령을 할 수 있으며, 소속 공무원으로 하여금 그 사무소에 출입하여 장부·서류 등을 조사 또는 검사하게 할 수 있다. 출입·검사 등을 하는 공무원은 공무원증 및 공인중개사협회 조사·검사증명서를 지니고 상대방에게 이를 내보여야 한다.

❷ 위반시 제재

보고, 자료의 제출, 조사 또는 검사를 거부·방해 또는 기피하거나 그 밖의 명령을 이행하지 아니하거나 거짓으로 보고 또는 자료제출을 한 자는 500만원 이하의 과태료에 처한다.

예제

1. 공인중개사법령상 공인중개사협회에 관한 설명으로 틀린 것은?
   ① 설립 및 설립인가의 신청 등에 관하여 필요한 사항은 대통령령으로 정한다.
   ② 설립인가신청에 필요한 서류는 국토교통부령으로 정한다.
   ③ 협회를 설립하려면 회원 300명 이상의 발기인이 요구된다.
   ④ 협회는 총회의 의결내용을 10일 이내에 국토교통부장관에게 보고하여야 한다.
   ⑤ 협회에 대한 감독을 위하여 협회 사무소에 출입하고자 하는 공무원은 국토교통부령이 정하는 증표를 지니고 상대방에게 내보여야 한다.

   해설 협회는 총회의 의결내용을 지체 없이 국토교통부장관에게 보고하여야 한다.
   정답 ④

2. 공인중개사법령상 공인중개사협회에 관한 설명으로 옳은 것을 모두 고른 것은?
   제27회

   ㉠ 협회는 총회의 의결내용을 지체 없이 국토교통부장관에게 보고하여야 한다.
   ㉡ 협회가 지회를 설치한 때에는 시·도지사에게 신고하여야 한다.
   ㉢ 공제사업 운영위원회 위원의 임기는 2년이며 연임할 수 없다.
   ㉣ 금융기관에서 임원 이상의 현직에 있는 사람은 공제사업 운영위원회 위원이 될 수 없다.

   ① ㉠
   ② ㉠, ㉢
   ③ ㉡, ㉣
   ④ ㉠, ㉢, ㉣
   ⑤ ㉡, ㉢, ㉣

   해설 ㉡ 협회가 지회를 설치한 때에는 시·도지사가 아니라 등록관청에 신고하여야 한다.
   ㉢ 위원의 임기는 2년이며 1회에 한하여 연임할 수 있다.
   ㉣ 금융기관에서 임원 이상의 현직에 있는 사람도 공제사업 운영위원회 위원이 될 수 있다.
   정답 ①

제8장 보칙

❖ 포상금제도

포상금 신고대상	등록관청은 다음의 어느 하나에 해당하는 자를 등록관청, 수사기관이나 법 제47조의2에 따른 부동산거래질서교란행위 신고센터에 신고 또는 고발한 자에 대하여 대통령령으로 정하는 바에 따라 포상금을 지급할 수 있다. ① 거짓이나 그 밖의 부정한 방법으로 중개사무소의 개설등록을 한 자 ② 중개사무소 등록증 또는 공인중개사 자격증을 다른 사람에게 양도·대여하거나 다른 사람으로부터 양수·대여받은 자 ③ 중개사무소의 개설등록을 하지 아니하고 중개업을 한 자 ④ 개업공인중개사가 아닌 자가 중개대상물에 대한 표시·광고를 한 자 ⑤ 법 제33조 제1항 제8호(개업공인중개사 등의 시세조작) 또는 제9호(개업공인중개사 등의 단체결성 카르텔담합)에 따른 행위를 한 자 ⑥ 법 제33조 제2항(누구든지 금지행위) 규정을 위반하여 개업공인중개사 등의 업무를 방해한 자
금액	① 포상금은 1건당 50만원으로 한다. ② 포상금의 지급에 소요되는 비용 중 국고에서 보조할 수 있는 비율은 100분의 50 이내로 한다.
지급절차	① 포상금은 법 제46조 제1항의 어느 하나에 해당하는 자가 행정기관에 의하여 발각되기 전에 등록관청이나 수사기관, 부동산거래질서교란행위 신고센터에 신고 또는 고발한 자에게 그 신고 또는 고발사건에 대하여 검사가 공소제기 또는 기소유예처분의 결정을 한 경우에 한하여 지급한다. ② 포상금은 지급의 결정을 한 후 1개월 이내에 등록관청이 지급하여야 한다. ③ 하나의 사건에 2건 이상의 신고·고발이 접수된 경우 최초로 신고·고발한 자에게 포상금을 지급하여야 한다. ④ 하나의 사건에 2인 이상이 공동으로 신고·고발한 경우 원칙은 균등하게 배분하여 지급한다. 다만, 미리 배분의 방법을 합의하여 신청한 경우에는 합의된 방식에 따라 지급한다.

❖ 행정수수료 납부사유(지방자치단체 조례)

다음의 경우에는 해당 지방자치단체 조례로 정하는 바에 따라 행정수수료를 납부하여야 한다.
① 공인중개사 자격시험에 응시하고자 하는 자
② 공인중개사 자격증의 재교부를 신청하는 자
③ 중개사무소 개설등록을 신청하는 자
④ 중개사무소 등록증의 재교부를 신청하는 자
⑤ 분사무소설치의 신고를 하는 자
⑥ 분사무소설치신고확인서의 재교부를 신청하는 자

✔ 1. 공인중개사 자격시험을 직접 국토교통부장관이 시행하는 경우 공인중개사 자격시험에 응시하는 자는 국토교통부장관이 결정·공고하는 수수료를 납부하여야 한다.
  2. 공인중개사 자격시험 또는 공인중개사 자격증 재교부 업무를 위탁한 경우에는 해당 업무를 위탁받은 자가 위탁한 자의 승인을 얻어 결정·공고하는 수수료를 각각 납부하여야 한다.

제8장 보칙

회독 Check 1회 2회 3회

- 이 장에서는 '제2절 포상금제도'가 특히 중요하고, '제3절 행정수수료'는 중요하게 다루지는 않지만 가끔씩 출제된다.
- 포상금에 관하여는 난도가 높은 사례형 문제로 출제되기 때문에 법 규정을 정확하게 이해하여 문제에 적용할 수 있도록 철저히 학습하여야 한다.

제1절 | 업무의 위탁

> 제45조【업무위탁】국토교통부장관, 시·도지사 또는 등록관청은 대통령령으로 정하는 바에 따라 그 업무의 일부를 협회 또는 대통령령이 정하는 기관에 위탁할 수 있다.

1 업무의 위탁권자 및 수탁기관

(1) 위탁권자

국토교통부장관, 시·도지사 또는 등록관청은 그 업무의 일부를 협회 또는 대통령령이 정하는 기관에 위탁할 수 있다.

(2) 위탁업무별 수탁기관

① 교육에 관한 업무: 시·도지사는 실무교육, 직무교육 및 연수교육에 관한 업무를 위탁하는 때에는 다음의 기관 또는 단체 중 교육에 필요한 인력 및 시설을 갖춘 기관 또는 단체를 지정하여 위탁하여야 한다.

> ㉠ 부동산 관련 학과가 개설된 「고등교육법」제2조에 따른 학교
> ㉡ 협회
> ㉢ 「공공기관의 운영에 관한 법률」제5조 제4항에 따른 공기업 또는 준정부기관

② 공인중개사 자격시험의 시행에 관한 업무: 시험시행기관장은 시험의 시행에 관한 업무를 「공공기관의 운영에 관한 법률」제5조 제4항에 따른 공기업, 준정부기관 또는 협회에 위탁할 수 있다.

(3) 교육업무 수탁기관의 인력기준 및 시설기준

교육에 관한 업무를 위탁받으려는 기관 또는 단체가 갖추어야 할 인력 및 시설기준은 다음과 같다.

인력기준 (강사확보)	① 교육과목과 관련된 분야의 박사학위 소지자 ② 「고등교육법」 제2조에 따른 학교에서 전임강사 이상으로 교육과목과 관련된 과목을 2년 이상 강의한 경력이 있는 사람 ③ 교육과목과 관련된 분야의 석사학위를 취득한 후 연구 또는 실무경력이 3년 이상인 사람 ④ 변호사자격이 있는 사람으로서 실무경력이 2년 이상인 사람 ⑤ 7급 이상의 공무원으로 6개월 이상 부동산중개업 관련 업무를 담당한 경력이 있는 사람 ⑥ 그 밖에 공인중개사·감정평가사·주택관리사·건축사·공인회계사·법무사 또는 세무사 등으로서 부동산 관련 분야에 근무한 경력이 3년 이상인 사람
시설기준	면적이 $50m^2$ 이상인 강의실을 1개소 이상 확보할 것

❷ 관보 고시

시·도지사 또는 시험시행기관의 장은 업무를 위탁한 때에는 위탁받은 기관의 명칭·대표자 및 소재지와 위탁업무의 내용 등을 관보에 고시하여야 한다.

제2절 | 포상금제도

제32회, 제33회, 제36회

> **제46조【포상금】** ① 등록관청은 다음 각 호의 어느 하나에 해당하는 자를 등록관청, 수사기관이나 제47조의2에 따른 부동산거래질서교란행위 신고센터에 신고 또는 고발한 자에 대하여 대통령령으로 정하는 바에 따라 포상금을 지급할 수 있다.
> 1. 제9조에 따른 중개사무소의 개설등록을 하지 아니하고 중개업을 한 자
> 2. 거짓이나 그 밖의 부정한 방법으로 중개사무소의 개설등록을 한 자
> 3. 중개사무소등록증 또는 공인중개사자격증을 다른 사람에게 양도·대여하거나 다른 사람으로부터 양수·대여받은 자
> 4. 제18조의2 제3항을 위반하여 표시·광고를 한 자
> 5. 제33조 제1항 제8호 또는 제9호에 따른 행위를 한 자
> 6. 제33조 제2항을 위반하여 개업공인중개사 등의 업무를 방해한 자
> ② 제1항에 따른 포상금의 지급에 소요되는 비용은 대통령령으로 정하는 바에 따라 그 일부를 국고에서 보조할 수 있다.

❶ 서설

(1) 의의

등록관청은 포상금 지급사유에 해당하는 자가 행정기관에 의하여 발각되기 전에 등록관청, 수사기관이나 부동산거래질서교란행위 신고센터에 신고 또는 고발한 자에게 그에 대하여 검사가 공소제기 또는 기소유예의 결정을 한 경우에 한하여 신고포상금을 지급할 수 있다.

(2) 포상금액

포상금액은 1건당 50만원으로 하고, 이 금액의 100분의 50 이내의 범위 안에서 국고에서 보조할 수 있다.

❷ 포상금의 지급

(1) 포상금 지급사유

① 중개사무소의 개설등록을 하지 아니하고 중개업을 한 자
② 거짓 그 밖의 부정한 방법으로 중개사무소의 개설등록을 한 자
③ 중개사무소등록증 또는 공인중개사자격증을 다른 사람에게 양도·대여하거나 다른 사람으로부터 양수·대여받은 자
④ 개업공인중개사가 아닌 자로서 중개대상물에 대한 표시·광고를 한 자
⑤ 부당한 이익을 얻거나 제3자에게 부당한 이익을 얻게 할 목적으로 거짓으로 거래가 완료된 것처럼 꾸미는 등 중개대상물의 시세에 부당한 영향을 주거나 줄 우려가 있는 행위를 한 자
⑥ 단체를 구성하여 특정 중개대상물에 대하여 중개를 제한하거나 단체 구성원 이외의 자와 공동중개를 제한하는 행위를 한 자
⑦ 누구든지 시세에 부당한 영향을 줄 목적으로 다음의 어느 하나의 방법으로 개업공인중개사 등의 업무를 방해한 자

> ㉠ 안내문, 온라인 커뮤니티 등을 이용하여 특정 개업공인중개사 등에 대한 중개의뢰를 제한하거나 제한을 유도하는 행위
> ㉡ 안내문, 온라인 커뮤니티 등을 이용하여 중개대상물에 대하여 시세보다 현저하게 높게 표시·광고 또는 중개하는 특정 공인중개사 등에게만 중개의뢰를 하도록 유도함으로써 다른 개업공인중개사 등을 부당하게 차별하는 행위

용어

신고 vs. 고발
신고란 국민이 행정관청에 일정한 사실을 보고하는 것을 말하는 반면, 고발은 범인이나 피해자가 아닌 제3자가 범죄사실을 신고하는 것을 말한다.

공소제기 vs. 기소유예
1. 공소제기, 즉 기소란 검사가 수사결과 피의자의 범죄혐의가 인정되고 유죄의 판결을 받을 수 있다고 판단된 경우 피의자를 처벌하여 달라고 법원에 청구하는 것을 말한다.
2. 기소유예란 죄를 범한 사람에 대하여 공소제기하지 않는 검사의 처분을 말한다. 피의사실이 인정되나 정상을 참작하여 소추를 필요로 하지 아니한 경우에 내리는 처분이며, 검사는 범인의 연령·성행(性行), 지능과 환경, 피해자에 대한 관계, 범행동기·수단과 결과, 범행 후의 정황 등을 참작하여 소추할 필요가 없다고 사료될 때에는 공소를 제기하지 않을 수 있다.

> ⓒ 안내문, 온라인 커뮤니티 등을 이용하여 특정 가격 이하로 중개를 의뢰하지 아니하도록 유도하는 행위
> ⓔ 정당한 사유 없이 개업공인중개사 등의 중개대상물에 대한 정당한 표시·광고행위를 방해하는 행위
> ⓜ 개업공인중개사 등에게 중개대상물을 시세보다 현저하게 높게 표시·광고하도록 강요하거나 대가를 약속하고 시세보다 현저하게 높게 표시·광고하도록 유도하는 행위

(2) 포상금 지급조건

① 포상금 지급사유 어느 하나에 해당하는 자를
② 행정기관에 의하여 발각되기 전에
③ 등록관청이나 수사기관에 신고 또는 고발하고
④ 그 신고 또는 고발사건에 대하여 검사가 공소제기 또는 기소유예의 결정을 한 경우에 한하여 지급한다.

(3) 포상금 지급방법

① 포상금을 지급받으려는 자는 '포상금지급신청서'를 등록관청에 제출해야 한다.
② 포상금지급신청서를 제출받은 등록관청은 그 사건에 관한 수사기관의 처분내용을 조회한 후 포상금의 지급을 결정하고, 그 결정일부터 1개월 이내에 포상금을 지급하여야 한다.
③ 등록관청은 하나의 사건에 대하여 2인 이상이 공동으로 신고 또는 고발한 경우에는 포상금을 균등하게 배분하여 지급한다. 다만, 포상금을 지급받을 자가 배분방법에 관하여 미리 합의하여 포상금의 지급을 신청한 경우에는 그 합의된 방법에 따라 지급한다.
④ 등록관청은 하나의 사건에 대하여 2건 이상의 신고 또는 고발이 접수된 경우에는 최초로 신고 또는 고발한 자에게 포상금을 지급한다.

> **예제**
>
> 공인중개사법령상 포상금제도에 관한 설명으로 옳은 것은?
> ① 부정한 방법으로 중개사무소의 개설등록을 한 개업공인중개사를 신고하더라도 포상금의 지급대상이 아니다.
> ② 포상금은 해당 신고사건에 관하여 검사가 불기소처분을 한 경우에도 지급한다.
> ③ 하나의 사건에 대하여 2인 이상이 공동으로 신고한 경우 포상금은 1인당 50만원이다.
> ④ 하나의 사건에 대하여 2건 이상의 신고가 접수된 경우 포상금은 균분하여 지급한다.
> ⑤ 등록관청은 포상금의 지급 결정일부터 1개월 이내에 포상금을 지급하여야 한다.
>
> **해설** ① 부정한 방법으로 중개사무소의 개설등록을 한 자를 신고한 경우는 포상금의 지급대상이다.
> ② 검사가 공소제기를 하거나 기소유예 결정을 한 경우에 한하여 포상금이 지급된다.
> ③ 하나의 사건에 대하여 2인 이상이 공동으로 신고한 경우 균등배분을 원칙으로 한다.
> ④ 하나의 사건에 대하여 2건 이상의 신고가 접수된 경우 최초로 신고한 자에게만 지급한다.
>
> **정답** ⑤

제3절 | 행정수수료

제36회

제47조【수수료】 ① 다음 각 호의 어느 하나에 해당하는 자는 해당 지방자치단체의 조례로 정하는 바에 따라 수수료를 납부하여야 한다. 다만, 공인중개사 자격시험을 제4조 제2항의 규정에 따라 국토교통부장관이 시행하는 경우 제1호에 해당하는 자는 국토교통부장관이 결정·공고하는 수수료를 납부하여야 한다.
1. 제4조에 따른 공인중개사 자격시험에 응시하는 자
2. 제5조 제3항에 따라 공인중개사자격증의 재교부를 신청하는 자
3. 제9조 제1항에 따라 중개사무소의 개설등록을 신청하는 자
4. 제11조 제2항에 따라 중개사무소등록증의 재교부를 신청하는 자
5. 제13조 제3항에 따라 분사무소 설치의 신고를 하는 자
6. 제13조 제5항에 따라 분사무소설치신고확인서의 재교부를 신청하는 자

② 제4조에 따른 공인중개사 자격시험 또는 제5조 제3항에 따른 공인중개사자격증 재교부업무를 제45조의 규정에 따라 위탁한 경우에는 해당 업무를 위탁받은 자가 위탁한 자의 승인을 얻어 결정·공고하는 수수료를 각각 납부하여야 한다.

① 행정수수료제도

관청을 상대로 민원인이 일정 행위를 신청하고자 할 때 납부하는 것이 행정수수료이다. 공인중개사법령에서도 이와 같은 행정수수료를 입법화하고 있는바, 납부의 근거는 법률에 두고 있으나 세부적인 수수료에 관하여서는 모두 국토교통부장관이나 각 지방자치단체의 조례 혹은 위탁기관이 정할 수 있도록 위임하고 있다.

② 수수료의 종류

(1) 지방자치단체의 조례가 정하는 수수료(법 제47조의 행정수수료 납부사유)

① 공인중개사 자격시험에 응시하는 자
② 공인중개사자격증의 재교부를 신청하는 자
③ 중개사무소의 개설등록을 신청하는 자
④ 중개사무소등록증의 재교부를 신청하는 자
⑤ 분사무소 설치의 신고를 하는 자
⑥ 분사무소설치신고확인서의 재교부를 신청하는 자

(2) 국토교통부장관이 결정·공고하는 수수료

공인중개사 자격시험을 국토교통부장관이 시행하는 경우 공인중개사 자격시험에 응시하는 자는 국토교통부장관이 결정·공고하는 수수료를 납부하여야 한다.

(3) 업무를 위탁받은 자가 결정·공고하는 수수료

공인중개사 자격시험 또는 공인중개사자격증 재교부업무를 위탁한 경우에는 해당 업무를 위탁받은 자가 위탁한 자의 승인을 얻어 결정·공고하는 수수료를 각각 납부하여야 한다.

> **심화** 이전신고와 행정수수료
> 개업공인중개사가 중개사무소를 이전하고 신고하는 경우는 등록증이 재교부되거나 종전 등록증에 소재지를 변경하여 다시 교부되는 두 가지 경우의 수가 있는바, 등록증이 재교부되는 경우에는 등록증 재교부신청에 따른 행정수수료를 납부하여야 한다. 다만, 주의하여야 할 것은 행정수수료의 부담이 없는 이전신고가 있기(동일 등록관청 내에서의 이전신고) 때문에 이전신고 수수료가 별도로 있는 것은 아니라는 점이다.

예제

공인중개사법령상 수수료 납부대상이 <u>아닌</u> 것은?
① 분사무소 설치신고   ② 중개사무소 개설등록신청
③ 소속공인중개사 고용신고   ④ 공인중개사자격증 재교부신청
⑤ 중개사무소등록증 재교부신청

해설 고용신고나 해고신고는 수수료 납부사유가 아니다.   **정답** ③

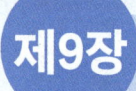

제9장 지도·감독 및 각종 규제

❖ **행정처분의 내용**

공인중개사 및 소속공인중개사 대상	① 자격취소처분과 자격정지처분 　㉠ 공인중개사 자격증을 교부한 시·도지사에게 권한이 있다. 　㉡ 자격증을 교부한 시·도지사와 공인중개사사무소의 소재지를 관할하는 시·도지사가 서로 다른 경우 ⇨ 사무소의 소재지를 관할하는 시·도지사가 자격취소처분(청문절차) 또는 자격정지처분에 필요한 절차(의견진술)를 모두 이행한 후 자격증을 교부한 시·도지사에게 통보 ⇨ 자격증을 교부한 시·도지사가 자격취소 및 자격정지 ② 주요 내용 　㉠ 자격취소처분을 할 때에는 원칙적으로 청문 절차를 거쳐야 한다. 　㉡ 자격취소처분을 한 시·도지사는 5일 이내에 이를 국토교통부장관과 다른 시·도지사에게 통보하여야 한다. 　㉢ 자격이 취소되면, 7일 이내에 자격증을 반납(분실시 사유서)하여야 한다.
개업공인중개사 대상	① 절대적 등록취소: 결격, 이중등록, 허위부정 등록, 사망·해산, 이중소속, 중개보조원의 고용 숫자 제한 위반, 등록증 양도·대여 등의 사유 발생시 등록관청은 개업공인중개사의 등록을 취소하여야 한다. ② 상대적 등록취소: 6개월을 초과하는 무단휴업, 손해배상을 위한 보증설정 위반, 미달(등록기준 미달), 금지행위, 임시시설물(떳다방), 이중사무소, (다운)이중계약서 등의 사유 발생시 등록관청은 개업공인중개사의 등록을 취소할 수 있다. ③ 주요 내용 　㉠ 등록취소처분을 할 때에는 원칙적으로 청문 절차를 거쳐야 한다. 　㉡ 등록이 취소되면, 7일 이내에 등록증을 반납하여야 한다. ④ 업무정지(6개월의 범위 내): 중개대상물 확인·설명서 위반, 거래계약서 위반, 부동산거래정보망에 허위정보공개, 범위(부칙상 개업공인중개사의 지역범위) 위반, 인장 위반 등의 사유가 발생된 경우에는 등록관청은 개업공인중개사에게 6개월 범위 내에서 업무정지처분을 할 수 있다.
거래정보사업자 대상	① 지정취소 사유: 1년 이내 설치·운영 ×, 부정 지정, 운영규정 위반, 거짓정보 공개, 해산·사망·운영불능 ② 사망·해산·운영불능은 청문을 거치지 않고 지정을 취소할 수 있다.

❖ 과태료

구분		사유	한도금액
국토교통부 장관	거래정보 사업자	① 운영규정 제정 및 변경승인 ×, 운영규정 위반 ② 지도·감독상 명령 위반	500만원 이하
	정보통신 서비스 제공자	① 국토교통부장관이 광고 관련 모니터링을 위하여 필요한 때에 요구한 자료의 제출에 불응한 경우 ② 국토교통부장관이 모니터링 결과에 따라 이 법 위반이 의심되는 표시·광고에 대한 확인 또는 추가정보의 게재 등 필요한 조치 요구에 불응한 경우	
	공인중개사 협회	① 공제사업 운용실적 미공시, 개선명령 위반 ② 공제사업 시정명령 미이행 ③ 지도·감독상 명령 위반	
시·도지사	개업공인중개사 소속공인중개사	연수교육 위반자(수료받지 ×)	500만원 이하
	공인중개사	자격취소 후 자격증(분실시 사유서) 미반납	100만원 이하
등록관청	개업 공인중개사	① 휴업·폐업·재개·휴업기간 변경신고의무 위반 ② 중개사무소 등록증 등 게시의무 위반 ③ 중개사무소 이전신고의무 위반 ④ 사무소명칭에 문자사용, 간판에 성명표기 위반 등 ⑤ 등록취소 후 등록증 미반납 ⑥ 손해배상책임에 대한 설명의무 위반 및 보증증서 사본(또는 전자문서) 미교부 ⑦ 중개대상물 표시·광고시 명시의무 위반	100만원 이하
		⑧ 중개대상물 확인·설명의무 위반(근거자료 제시 ×, 성실·정확히 설명 ×) ⑨ 개업공인중개사가 부당한 표시·광고를 한 경우 ⑩ 중개보조원의 신분고지의무 위반(양벌규정 있음. 단, 개업공인중개사가 그 위반행위 방지를 위한 상당한 주의와 감독을 게을리하지 않은 경우에는 면책)	500만원 이하

제9장 지도·감독 및 각종 규제

- 행정처분과 행정형벌 및 과태료를 다루는 장으로 3~5문제 정도가 출제되고 있다. 보통 행정처분에서 2~3문제 정도 출제되고, 행정형벌에서 1문제, 과태료에서 1문제 정도 출제된다.
- 자격취소사유, 등록취소사유, 형벌 부과사유, 과태료 부과사유 등을 암기 내지는 정확히 구분할 수 있어야 한다. 특히, 자격취소는 사전과 사후절차, 과태료에서는 부과사유는 물론 부과관청, 부과대상자 등이 중요하므로 꼼꼼히 학습하여야 한다. 양벌규정에 대한 정확한 이해도 필요하다.

제1절 | 자격의 취소
제32회, 제33회, 제34회, 제36회

> **제35조【자격의 취소】** ① 시·도지사는 공인중개사가 다음 각 호의 어느 하나에 해당하는 경우에는 그 자격을 취소하여야 한다.
> 1. 부정한 방법으로 공인중개사의 자격을 취득한 경우
> 2. 제7조 제1항의 규정을 위반하여 다른 사람에게 자기의 성명을 사용하여 중개업무를 하게 하거나 공인중개사자격증을 양도 또는 대여한 경우
> 3. 제36조에 따른 자격정지처분을 받고 그 자격정지기간 중에 중개업무를 행한 경우(다른 개업공인중개사의 소속공인중개사·중개보조원 또는 법인인 개업공인중개사의 사원·임원이 되는 경우를 포함한다)
> 4. 이 법 또는 공인중개사의 직무와 관련하여「형법」제114조, 제231조, 제234조, 제347조, 제355조 또는 제356조를 위반하여 금고 이상의 형(집행유예를 포함한다)을 선고받은 경우
>
> ② 시·도지사는 제1항에 따라 공인중개사의 자격을 취소하고자 하는 경우에는 청문을 실시하여야 한다.
> ③ 제1항에 따라 공인중개사의 자격이 취소된 자는 국토교통부령으로 정하는 바에 따라 공인중개사자격증을 시·도지사에게 반납하여야 한다.
> ④ 분실 등의 사유로 인하여 제3항에 따라 공인중개사자격증을 반납할 수 없는 자는 제3항에도 불구하고 자격증 반납을 대신하여 그 이유를 기재한 사유서를 시·도지사에게 제출하여야 한다.

❶ 행정처분

(1) 행정처분의 목적

「공인중개사법」의 제정 목적 달성을 위하여 법 위반 행위에 대해 사법기관을 통해 행정형벌이라는 제재를 할 수도 있으나, 보다 신속하게 행정관청이 행정상 의무 위반에 대한 지도·감독의 수단으로서 행정처분을 행하는 것이다.

(2) 처분관청

① 행정처분의 권한: 행정처분의 권한은 해당 행정관청에만 속하는 고유·전속적인 권한이다.

② 처분관청

㉠ 등록관청: 개업공인중개사에 대해 중개사무소 개설등록취소처분과 업무정지처분 권한을 가진다.

㉡ 국토교통부장관: 거래정보사업자에 대해 지정취소처분 권한을 가진다.

㉢ 시·도지사: 해당 공인중개사자격증을 교부한 시·도지사는 공인중개사에 대한 자격취소·자격정지처분 권한을 가진다.

📌 행정처분의 정리

처분관청	행정처분	처분의 성격	대상
등록관청	등록취소	기속 / 재량	개업공인중개사(개인, 법인)
	업무정지	재량	개업공인중개사(개인, 법인), 분사무소
시·도지사 (자격증 교부)	자격취소	기속	공인중개사(공인중개사인 개업공인중개사, 소속공인중개사 포함)
	자격정지	재량	소속공인중개사
국토교통부장관	지정취소	재량	거래정보사업자

Tip 👆 뼈대를 잡는 부분이므로 암기 내지 완벽한 이해가 필요하다.

2 자격의 취소

(1) 자격취소처분사유

시·도지사는 공인중개사가 다음의 어느 하나에 해당하는 경우에는 그 자격을 취소하여야 한다.

① 부정한 방법으로 공인중개사의 자격을 취득한 경우
② 다른 사람에게 자기의 성명을 사용하여 중개업무를 하게 하거나 공인중개사자격증을 양도 또는 대여한 경우
③ 자격정지처분을 받고 그 자격정지기간 중에 중개업무를 행한 경우(다른 개업공인중개사의 소속공인중개사·중개보조원 또는 법인인 개업공인중개사의 사원·임원이 되는 경우를 포함한다)
④ 이 법 또는 공인중개사의 직무와 관련하여 「형법」상 범죄단체조직, 사문서위조·변조, 위조사문서행사, 사기죄, 횡령·배임, 업무상 횡령과 배임으로 금고 이상의 형(집행유예 포함)을 선고받은 경우

(2) 취소권자

공인중개사의 자격취소처분은 그 공인중개사자격증을 교부한 시·도지사가 행한다. 행정처분은 고유·전속적인 권한에 해당하므로 자격증교부대장의 소관청인 교부한 시·도지사만이 처분할 수 있다.

(3) 자격취소처분절차

① 사전절차

㉠ 시·도지사는 공인중개사의 자격을 취소하고자 하는 경우 청문을 실시하여야 한다.

㉡ 자격증을 교부한 시·도지사와 공인중개사사무소의 소재지를 관할하는 시·도지사가 서로 다른 경우에는 공인중개사사무소의 소재지를 관할하는 시·도지사가 자격취소처분에 필요한 절차➕를 모두 이행한 후 자격증을 교부한 시·도지사에게 통보하여야 한다.

➕ '청문'절차를 의미한다.

② 사후절차

㉠ 자격증을 교부한 시·도지사가 공인중개사의 자격취소처분을 한 때에는 5일 이내에 이를 국토교통부장관과 다른 시·도지사에게 통보하여야 한다.

㉡ 공인중개사의 자격이 취소된 자는 자격취소처분을 받은 날부터 7일 이내에 그 공인중개사자격증을 교부한 시·도지사에게 자격증을 반납하여야 한다.

㉢ 분실 등의 사유로 인하여 공인중개사자격증을 반납할 수 없는 자는 자격증 반납을 대신하여 그 이유를 기재한 사유서를 시·도지사에게 제출하여야 한다.

(4) 관련 제재

공인중개사자격증을 반납하지 아니하거나 공인중개사자격증을 반납할 수 없는 사유서를 제출하지 아니한 자 또는 거짓으로 공인중개사자격증을 반납할 수 없는 사유서를 제출한 자는 100만원 이하의 과태료처분대상이다.

(5) 자격취소의 효과

① 공인중개사자격이 취소된 자는 3년간 결격사유에 해당된다.
② 따라서, 자격취소 후 3년간은 개업공인중개사 등으로 종사할 수 없다.

③ 자격취소 후 3년이 지나지 아니한 자는 자격시험에도 응시할 수 없다.
④ 만약, 공인중개사인 개업공인중개사가 자격이 취소되면 결격사유에 해당하므로 중개업 개설등록도 반드시 취소된다.

> **예제**
>
> 1. 공인중개사의 자격취소사유가 <u>아닌</u> 것은?
>   ① 자격정지처분을 받고 그 자격정지기간 중에 다른 개업공인중개사의 소속공인중개사로 중개업무를 행한 경우
>   ② 부정한 방법으로 공인중개사자격을 취득한 경우
>   ③ 공인중개사자격증을 양도 또는 대여한 경우
>   ④ 거래계약서에 거래금액 등 거래내용을 거짓으로 기재한 경우
>   ⑤ 공인중개사가 타인에게 자기의 성명을 사용하여 중개업무를 하게 한 경우
>
>   **해설** 거래계약서에 거래금액 등 거래내용을 거짓으로 기재한 경우는 개업공인중개사는 상대적 등록취소사유이고, 소속공인중개사이면 자격정지사유에 해당한다. **정답 ④**
>
> 2. 공인중개사법령상 공인중개사의 자격취소에 관한 설명으로 옳은 것은?
>   ① 시·도지사는 공인중개사자격증을 대여한 자의 자격을 취소할 수 있다.
>   ② 공인중개사자격이 취소된 자는 취소된 후 5년이 경과하지 않으면 공인중개사가 될 수 없다.
>   ③ 공인중개사가 자격정지처분을 받은 기간 중에 다른 법인인 개업공인중개사의 사원이 되는 경우 자격취소사유에 해당한다.
>   ④ 공인중개사자격증 교부 시·도지사와 중개사무소 소재지 관할 시·도지사가 다른 경우 자격증 반납은 소재지 관할 시·도지사에게 하여야 한다.
>   ⑤ 공인중개사자격이 취소된 자는 그 취소처분을 받은 날부터 10일 이내에 자격증을 반납하여야 한다.
>
>   **해설** ① 시·도지사는 공인중개사자격증을 대여한 자의 자격을 취소하여야 한다.
>   ② 공인중개사자격이 취소된 자는 취소된 후 3년이 경과하지 않으면 공인중개사가 될 수 없다.
>   ④ 공인중개사자격증을 교부한 시·도지사와 중개사무소 소재지 관할 시·도지사가 다른 경우 자격증 반납은 자격증을 교부한 시·도지사에게 하여야 한다.
>   ⑤ 공인중개사자격이 취소된 자는 그 취소처분을 받은 날부터 7일 이내에 자격증을 반납하여야 한다. **정답 ③**

제2절 | 자격의 정지

제32회, 제34회, 제36회

> **제36조【자격의 정지】** ① 시·도지사는 공인중개사가 소속공인중개사로서 업무를 수행하는 기간 중에 다음 각 호의 어느 하나에 해당하는 경우에는 6개월의 범위 안에서 기간을 정하여 그 자격을 정지할 수 있다.
> 1. 제12조 제2항의 규정을 위반하여 둘 이상의 중개사무소에 소속된 경우
> 2. 제16조의 규정을 위반하여 인장등록을 하지 아니하거나 등록하지 아니한 인장을 사용한 경우
> 3. 제25조 제1항의 규정을 위반하여 성실·정확하게 중개대상물의 확인·설명을 하지 아니하거나 설명의 근거자료를 제시하지 아니한 경우
> 4. 제25조 제4항의 규정을 위반하여 중개대상물 확인·설명서에 서명 및 날인을 하지 아니한 경우
> 5. 제26조 제2항의 규정을 위반하여 거래계약서에 서명 및 날인을 하지 아니한 경우
> 6. 제26조 제3항의 규정을 위반하여 거래계약서에 거래금액 등 거래내용을 거짓으로 기재하거나 서로 다른 둘 이상의 거래계약서를 작성한 경우
> 7. 제33조 제1항 각 호에 규정된 금지행위를 한 경우
>
> ② 등록관청은 공인중개사가 제1항 각 호의 어느 하나에 해당하는 사실을 알게 된 때에는 지체 없이 그 사실을 시·도지사에게 통보하여야 한다.
> ③ 제1항에 따른 자격정지의 기준은 국토교통부령으로 정한다.

1 자격정지처분의 의의 및 사유

(1) 자격정지처분의 의의

소속공인중개사는 중개업무를 수행할 수 있으므로 법규를 위반한 경우 제재가 필요하다. 이에 따라 도입된 행정처분이 소속공인중개사를 대상으로 한 자격정지처분이다.

(2) 자격정지처분의 사유 및 기준

시·도지사는 공인중개사가 소속공인중개사로서 업무를 수행하는 기간 중에 다음의 어느 하나에 해당하는 경우에는 6개월의 범위 안에서 기간을 정하여 그 자격을 정지할 수 있다.

위반행위	자격정지기준
① 둘 이상의 중개사무소에 소속된 경우	자격정지 6개월
② 인장등록을 하지 아니하거나 등록하지 아니한 인장을 사용한 경우	자격정지 3개월
③ 해당 업무를 수행한 소속공인중개사가 성실·정확하게 중개대상물의 확인·설명을 하지 아니하거나 설명의 근거자료를 제시하지 아니한 경우	자격정지 3개월
④ 해당 업무를 수행한 소속공인중개사가 중개대상물 확인·설명서에 서명 및 날인을 하지 아니한 경우	자격정지 3개월
⑤ 거래계약서에 서명 및 날인을 하지 아니한 경우	자격정지 3개월
⑥ 거래계약서에 거래금액 등 거래내용을 거짓으로 기재하거나 서로 다른 둘 이상의 거래계약서를 작성한 경우	자격정지 6개월
⑦ 개업공인중개사 등의 금지행위를 한 경우	자격정지 6개월

2 자격정지처분절차

(1) '등록관청'의 통보

등록관청은 최일선의 행정관청에 해당한다. 따라서 소속공인중개사가 자격정지처분사유에 해당하는 사실을 가장 먼저 알게 될 수밖에 없고, 그 사실을 알게 된 때에는 지체 없이 시·도지사에게 통보하여야 한다.

(2) '시·도지사'의 통보

자격증을 교부한 시·도지사와 공인중개사사무소의 소재지를 관할하는 시·도지사가 서로 다른 경우에는 공인중개사사무소의 소재지를 관할하는 시·도지사가 자격정지처분에 필요한 절차➕를 모두 이행한 후 자격증을 교부한 시·도지사에게 통보하여야 한다.

➕ '의견제출기회'를 부여하는 것을 의미한다.

3 자격정지처분권자 및 정지기간

(1) 자격정지처분권자

소속공인중개사에 대한 자격정지처분은 그 공인중개사자격증을 교부한 시·도지사가 행한다.

(2) 자격정지기간

시·도지사는 위반행위의 동기·결과 및 횟수 등을 참작하여 자격정지기간의 2분의 1의 범위 안에서 가중 또는 감경할 수 있다. 이때 가중하여 처분하는 경우에도 자격정지기간은 6개월을 초과할 수 없다.

제3절 | 감독상의 명령 등

> 제37조【감독상의 명령 등】① 국토교통부장관, 시·도지사 및 등록관청(법인인 개업공인중개사의 분사무소 소재지의 시장·군수 또는 구청장을 포함한다. 이하 이 조에서 같다)은 다음 각 호의 어느 하나의 경우에는 개업공인중개사 또는 거래정보사업자에 대하여 그 업무에 관한 사항을 보고하게 하거나 자료의 제출 그 밖에 필요한 명령을 할 수 있으며, 소속 공무원으로 하여금 중개사무소(제9조에 따른 중개사무소의 개설등록을 하지 아니하고 중개업을 하는 자의 사무소를 포함한다)에 출입하여 장부·서류 등을 조사 또는 검사하게 할 수 있다.
> 3. 부동산투기 등 거래동향의 파악을 위하여 필요한 경우
> 4. 이 법 위반행위의 확인, 공인중개사의 자격취소·정지 및 개업공인중개사에 대한 등록취소·업무정지 등 행정처분을 위하여 필요한 경우
> ② 제1항에 따라 출입·검사 등을 하는 공무원은 국토교통부령으로 정하는 증표를 지니고 상대방에게 이를 내보여야 한다.
> ③ 국토교통부장관, 시·도지사 및 등록관청은 불법 중개행위 등에 대한 단속을 하는 경우 필요한 때에는 제41조에 따른 공인중개사협회 및 관계 기관에 협조를 요청할 수 있다. 이 경우 공인중개사협회는 특별한 사정이 없으면 이에 따라야 한다.

❶ 감독관청 및 감독대상자

국토교통부장관, 시·도지사 및 등록관청(법인의 분사무소 소재지 시장·군수 또는 구청장을 포함)은 개업공인중개사 또는 거래정보사업자에 대하여 그 업무에 관한 사항을 보고하게 하거나 자료의 제출 그 밖에 필요한 명령을 할 수 있으며, 소속 공무원으로 하여금 중개사무소(중개사무소의 개설등록을 하지 아니하고 중개업을 하는 자의 사무소를 포함)에 출입하여 장부·서류 등을 조사 또는 검사하게 할 수 있다.

② 감독상의 명령 등을 할 수 있는 사유

① 부동산투기 등 거래동향의 파악을 위하여 필요한 경우
② 이 법 위반행위의 확인, 공인중개사의 자격취소·정지 및 개업공인중개사에 대한 등록취소·업무정지 등 행정처분을 위하여 필요한 경우

③ 출입·검사 등

중개사무소 등에 출입·검사 등을 하는 공무원은 국토교통부령이 정하는 증표를 지니고 상대방에게 이를 내보여야 하는데, '국토교통부령이 정하는 증표'라 함은 공무원증 및 「공인중개사법 시행규칙」의 '중개사무소 조사·검사증명서'를 말한다.

④ 관계기관 합동단속

국토교통부장관, 시·도지사 및 등록관청은 불법 중개행위 등에 대한 단속을 함에 있어서 필요한 때에는 공인중개사협회 및 관계 기관에 협조를 요청할 수 있다. 이 경우 공인중개사협회는 특별한 사정이 없는 한 이에 따라야 한다. 이 조항의 신설은 무등록·불법 중개행위에 관하여 관계 기관의 합동단속시 공인중개사협회 및 관계 기관의 단속업무 지원 근거를 마련하였다는 데 상당한 의미가 있다.

⑤ 불응시 제재

감독상 명령 등 위반시 제재는 **개업공인중개사는 6개월 이하의 업무정지처분**을 받을 수 있으며, **거래정보사업자는 500만원 이하의 과태료**에 해당한다.

> **참고** 즉, 무등록중개업 영위자의 경우 위반시 3년 이하의 징역이나 3천만원 이하의 벌금형에 처할 수 있는 범죄행위임에도 감독기관에 사법권이 없음으로 인하여 단속의 현실성이 없었다. 그러나 법 개정으로 무등록중개업 등의 단속시 경찰청 등의 지원을 받아 현장에서 범법행위를 효율적이고 실효적으로 적발할 수 있게 된 것이다.

제4절 | 등록의 취소

제32회~제36회

제38조 【등록의 취소】 ① 등록관청은 개업공인중개사가 다음 각 호의 어느 하나에 해당하는 경우에는 중개사무소의 개설등록을 취소하여야 한다.
1. 개인인 개업공인중개사가 사망하거나 개업공인중개사인 법인이 해산한 경우
2. 거짓이나 그 밖의 부정한 방법으로 중개사무소의 개설등록을 한 경우
3. 제10조 제1항 제2호부터 제6호까지 또는 같은 항 제11호·제12호에 따른 결격사유에 해당하게 된 경우. 다만, 같은 항 제12호에 따른 결격사유에 해당하는 경우로서 그 사유가 발생한 날부터 2개월 이내에 그 사유를 해소한 경우에는 그러하지 아니하다.
4. 제12조 제1항의 규정을 위반하여 이중으로 중개사무소의 개설등록을 한 경우
5. 제12조 제2항의 규정을 위반하여 다른 개업공인중개사의 소속공인중개사·중개보조원 또는 개업공인중개사인 법인의 사원·임원이 된 경우

5의2. 제15조 제3항을 위반하여 중개보조원을 고용한 경우
6. 제19조 제1항의 규정을 위반하여 다른 사람에게 자기의 성명 또는 상호를 사용하여 중개업무를 하게 하거나 중개사무소등록증을 양도 또는 대여한 경우
7. 업무정지기간 중에 중개업무를 하거나 자격정지처분을 받은 소속공인중개사로 하여금 자격정지기간 중에 중개업무를 하게 한 경우
8. 최근 1년 이내에 이 법에 의하여 2회 이상 업무정지처분을 받고 다시 업무정지처분에 해당하는 행위를 한 경우

② 등록관청은 개업공인중개사가 다음 각 호의 어느 하나에 해당하는 경우에는 중개사무소의 개설등록을 취소할 수 있다.
1. 제9조 제3항에 따른 등록기준에 미달하게 된 경우
2. 제13조 제1항의 규정을 위반하여 둘 이상의 중개사무소를 둔 경우
3. 제13조 제2항의 규정을 위반하여 임시 중개시설물을 설치한 경우
4. 제14조 제1항의 규정을 위반하여 겸업을 한 경우
5. 제21조 제2항의 규정을 위반하여 계속하여 6개월을 초과하여 휴업한 경우
6. 제23조 제3항의 규정을 위반하여 중개대상물에 관한 정보를 공개하지 아니하거나 중개의뢰인의 비공개요청에도 불구하고 정보를 공개한 경우
7. 제26조 제3항의 규정을 위반하여 거래계약서에 거래금액 등 거래내용을 거짓으로 기재하거나 서로 다른 둘 이상의 거래계약서를 작성한 경우
8. 제30조 제3항에 따른 손해배상책임을 보장하기 위한 조치를 이행하지 아니하고 업무를 개시한 경우
9. 제33조 제1항 각 호에 규정된 금지행위를 한 경우
10. 최근 1년 이내에 이 법에 의하여 3회 이상 업무정지 또는 과태료의 처분을 받고 다시 업무정지 또는 과태료의 처분에 해당하는 행위를 한 경우(제1항 제8호에 해당하는 경우는 제외한다)

11. 개업공인중개사가 조직한 사업자단체(「독점규제 및 공정거래에 관한 법률」 제2조 제2호의 사업자단체를 말한다. 이하 같다) 또는 그 구성원인 개업공인중개사가 「독점규제 및 공정거래에 관한 법률」 제51조를 위반하여 같은 법 제52조 또는 제53조에 따른 처분을 최근 2년 이내에 2회 이상 받은 경우

③ 등록관청은 제1항 제2호부터 제8호까지 및 제2항 각 호의 사유로 중개사무소의 개설등록을 취소하고자 하는 경우에는 청문을 실시하여야 한다.

④ 제1항 또는 제2항에 따라 중개사무소의 개설등록이 취소된 자는 국토교통부령으로 정하는 바에 따라 중개사무소등록증을 등록관청에 반납하여야 한다.

1 등록취소처분의 종류

(1) 등록취소처분의 종류와 효력

① 종류: 등록취소처분은 중개사무소 개설등록의 효력을 소멸시키는 행정처분으로서, 일정한 요건에 해당될 경우 반드시 취소하여야 하는 기속처분인 취소와, 일정한 사유가 발생하였을 경우 처분청의 판단에 따라 취소 여부를 결정하는 재량처분인 취소가 있다.

② 효력
  ㉠ 중개사무소 개설등록이 취소되면 개업공인중개사 등의 결격사유에 해당되어 3년간 중개사무소 개설등록을 할 수 없을 뿐 아니라 개업공인중개사의 고용인도 될 수 없다.
  ㉡ 단, 사망이나 해산, 결격사유, 등록기준 미달 등으로 등록이 취소되는 경우에는 3년의 결격기간이 적용되지 않는다. 이는 결격사유에서 살펴보았다.

(2) 기속처분인 등록취소(절대적·필요적 등록취소)

등록관청은 개업공인중개사가 다음의 어느 하나에 해당하는 경우에는 중개사무소의 개설등록을 취소하여야 한다.

① 개인인 개업공인중개사가 사망하거나 개업공인중개사인 법인이 해산한 경우: 개업공인중개사가 사망하거나 법인이 해산한 경우에는 취소처분 전에 청문을 생략하는 유일한 경우이다.

② 거짓 그 밖의 부정한 방법으로 중개사무소의 개설등록을 한 경우: 등록취소와 함께 3년 이하의 징역이나 3천만원 이하의 벌금형이 병과될 수 있다.

용어

기속처분
법규의 집행에 있어서 행정청의 판단의 여지가 허용되지 않고 법규에서 정한 그대로를 구체화시키는 처분을 말한다.

재량처분
일정한 범위 내에서 행정청의 판단의 여지가 허용되는 행정처분을 말한다.

> **판례** 부정등록죄 성립 사례
>
> 부동산중개업 허가신청과정에서 사무소의 위치를 허위로 기재한 신청서를 제출하고 관계 공무원에게 부정한 청탁을 하여 갱신허가를 받은 것이 「부동산중개업법」상 '허위 기타 부정한 방법으로 중개업의 허가를 받은 경우'에 해당한다(대판 92누2806).

③ 등록의 결격사유 중 다음의 어느 하나에 해당하는 경우

> ⊙ 피성년후견인 또는 피한정후견인
> ⓒ 파산선고를 받고 복권되지 아니한 자
> ⓒ 금고 이상의 실형의 선고를 받고 그 집행이 종료되거나 집행이 면제된 날부터 3년이 지나지 아니한 자
> ⓔ 금고 이상의 형의 집행유예를 받고 그 유예기간 만료된 날부터 2년이 지나지 아니한 자
> ⓜ 공인중개사의 자격이 취소된 후 3년이 지나지 아니한 자
> ⓗ 이 법을 위반하여 300만원 이상의 벌금형의 선고를 받고 3년이 지나지 아니한 자
> ⓢ 사원 또는 임원 중 등록의 결격사유 중 어느 하나에 해당하는 자가 있는 법인(단, 그 사유가 발생한 날부터 2개월 이내에 그 사유를 해소한 경우에는 제외한다)

Tip 결격사유를 원시적 결격과 후발적 결격으로 구분할 때, 후발적 결격에 해당하는 경우를 말한다.

④ 이중으로 중개사무소의 개설등록을 한 경우: 이를 줄여서 보통 '이중등록'이라 한다. 등록취소와 함께 1년 이하의 징역이나 1천만원 이하의 벌금형이 병과될 수 있다.

⑤ 개업공인중개사가 다른 개업공인중개사의 소속공인중개사·중개보조원 또는 개업공인중개사인 법인의 사원·임원이 된 경우: 이를 표현하는 법률용어는 없고, 강학상 '이중소속'이라고 표현한다. ✚ 등록취소와 함께 1년 이하의 징역이나 1천만원 이하의 벌금형이 병과될 수 있다.

✚ 2016년 제27회 본시험에서 이것을 '이중소속'으로 출제하여 옳은 지문으로 처리하였다.

⑥ 개업공인중개사가 고용할 수 있는 중개보조원의 수인 개업공인중개사와 소속공인중개사를 합한 수의 5배를 초과하여 중개보조원을 고용한 경우: 이를 줄여서 '고용상한제' 혹은 '채용상한제' 위반이라고 표현한다. 등록취소와 함께 1년 이하의 징역이나 1천만원 이하의 벌금형이 병과될 수 있다.

⑦ 다른 사람에게 자기의 성명 또는 상호를 사용하여 중개업무를 하게 하거나 중개사무소등록증을 양도 또는 대여한 경우: 이를 위반한 경우에는 등록취소처분과 더불어 1년 이하의 징역이나 1천만원 이하의 벌금형이 병과될 수 있다.

⑧ 업무정지기간 중에 중개업무를 하거나 자격정지처분을 받은 소속공인중개사로 하여금 자격정지기간 중에 중개업무를 하게 한 경우: 업무정지처분을 받은 개업공인중개사가 정지기간 중에 중개업무를 하면 업무정지처분보다 훨씬 중한 등록취소처분이 부과된다. 자격정지를 받은 소속공인중개사도 업무를 수행하여서는 아니 되며 이를 위반하여 업무를 하는 경우, 당사자인 소속공인중개사에게는 자격취소처분, 그리고 업무를 하게 한 개업공인중개사에게는 등록취소처분이 부과된다.

> Tip 👆 정지기간 중 업무수행은 반드시 취소로 이어진다고 기억해 두어야 한다.

판례 업무정지기간 중 광고행위

업무정지기간 중에 부동산 매매 등을 의뢰받아 인터넷 포털사이트에 부동산 매물 광고를 한 것은 '업무정지기간 중에 중개업무를 한 경우'에 해당한다(대판 2017두40372).

⑨ 최근 1년 이내에 이 법에 의하여 2회 이상 업무정지처분을 받고 다시 업무정지처분에 해당하는 행위를 한 경우: 이를 줄여서 '3진 OUT'이라고 한다. 일종의 누적처분에 대한 가중처벌로 이해하면 된다. 이에 대하여는 후술하는 '행정제재 누적에 따른 가중처벌 정리'에서 살펴보도록 한다.

(3) 재량처분인 등록취소(상대적·임의적 등록취소)

등록관청은 개업공인중개사가 다음에 해당하는 경우에는 등록을 취소하거나 업무를 정지할 수 있다.

① 등록기준에 미달하게 된 경우: 개업공인중개사가 등록을 위한 등록기준에서 미달하게 되는 경우 그 등록기준을 다시 충족하지 못하면 등록관청은 등록을 취소할 수 있다.

② 둘 이상의 중개사무소를 둔 경우: 이를 줄여서 보통 '이중사무소'라 하는데, 상대적 등록취소와 함께 1년 이하의 징역이나 1천만원 이하의 벌금형이 병과될 수 있다.

③ 임시 중개시설물을 설치한 경우: 통상 '이중사무소'에 포함시켜 같은 개념으로 처리한다. 상대적 등록취소와 함께 1년 이하의 징역이나 1천만원 이하의 벌금형이 병과될 수 있다.

④ 중개법인이 허용된 업무 외 겸업을 한 경우: 중개법인이 「공인중개사법」 제14조에 규정된 업무 이외의 것을 겸업하는 경우를 의미한다.

⑤ 부득이한 사유가 없음에도 계속하여 6개월을 초과하여 휴업한 경우: 요양이나 취학 등과 같은 부득이한 사유가 없는 한 휴업은 6개월을 초과할 수 없는 것이 원칙이다. 이를 위반하여 무단 휴업이 6개월을 초과하면 등록이 취소될 수 있다.

⑥ 전속중개계약을 체결한 개업공인중개사가 중개대상물에 관한 정보를 공개하지 아니하거나 중개의뢰인의 비공개요청에도 불구하고 정보를 공개한 경우: 정보공개와 관련해서는 공개의무와 비공개의무 둘 다 위반시 해당된다.

⑦ 거래계약서에 거래금액 등 거래내용을 거짓으로 기재하거나 서로 다른 둘 이상의 거래계약서를 작성한 경우: 실무상 용어로 통상 '다운계약서' 혹은 '업계약서'라고 부른다.

⑧ 손해배상책임을 보장하기 위한 조치를 이행하지 아니하고 업무를 개시한 경우: 개업공인중개사의 '업무보증' 설정의무 위반에 따른 조치이다.

⑨ '개업공인중개사 등'의 금지행위를 한 경우: 9가지 모두 상대적 등록취소 사유에 해당한다. 다만, '누구든지'에게 적용되는 금지행위는 제외이다.

⑩ 최근 1년 이내에 이 법에 의하여 3회 이상 업무정지 또는 과태료의 처분을 받고 다시 업무정지 또는 과태료의 처분에 해당하는 행위를 한 경우: 누적에 따른 가중처벌규정의 하나이다. 후술하는 '행정제재 누적에 따른 가중처벌 정리'를 자세히 살펴보도록 한다.

⑪ 개업공인중개사가 조직한 사업자단체(「독점규제 및 공정거래에 관한 법률」 제2조 제2호의 사업자단체를 말한다. 이하 같다) 또는 그 구성원인 개업공인중개사가 「독점규제 및 공정거래에 관한 법률」 제51조를 위반하여 같은 법 제52조(시정조치) 또는 제53조(과징금)에 따른 처분을 최근 2년 이내에 2회 이상 받은 경우: 이 조문이 가지는 중요한 의미는 개업공인중개사가 다른 법률(「독점규제 및 공정거래에 관한 법률」)을 위반하여 시정조치 등 행정처분을 부과받으면 그것을 근거로 다시 「공인중개사법」상 등록취소처분이라는 추가 제재를 받을 수 있는 근거조항이라는 점이다.

심화 최근 1년 이내에 이 법(동법)에 의하여 2회 이상 업무정지처분을 받고 다시 업무정지처분에 해당하여 절대적 등록취소처분사유에 해당하는 경우는 제외한다.

참고 개업공인중개사들 스스로가 친목회 등의 명칭으로 단체를 조직하고 그 조직의 힘으로 일반 서민들이나 소수의 또 다른 개업공인중개사에게 불이익을 주는 행위(담합, Kartell)들이 비일비재하게 자행되고 있다(연합뉴스. 2010.5.13. 보도 등).

❷ 등록취소처분의 절차

(1) 사전절차

등록관청은 중개사무소의 개설등록을 취소하고자 하는 경우에는 청문을 실시하여야 한다.

✔ 다만, 개인인 개업공인중개사가 사망하거나 개업공인중개사인 법인이 해산한 경우에는 실질적으로 청문 실시의 이유가 없으므로 청문을 실시하지 않는다.

(2) 사후절차

① 중개사무소 개설등록이 취소되어 중개사무소등록증을 반납하고자 하는 자는 등록취소처분을 받은 날부터 7일 이내에 등록관청에 그 중개사무소등록증을 반납하여야 한다. 다만, 법인의 해산으로 등록이 취소된 경우에는 그 법인의 대표자이었던 자가 등록취소처분을 받은 날부터 7일 이내에 등록관청에 중개사무소등록증을 반납하여야 한다.

② 법인의 해산과 다르게 개인인 개업공인중개사의 사망을 원인으로 하는 등록취소는 그 개업공인중개사와 세대를 같이 하고 있는 자에 대한 반납의무가 없다.

예제

1. 공인중개사법령상 개업공인중개사의 다음 행위 중 중개사무소 개설등록을 반드시 취소하여야 하는 것은?

① 중개의뢰인과 직접거래를 한 경우
② 업무정지기간 중에 중개업무를 한 경우
③ 동일 건에 대하여 서로 다른 둘 이상의 거래계약서를 작성한 경우
④ 중개대상물의 매매를 업으로 하는 행위를 한 경우
⑤ 이동이 용이한 임시 중개시설물을 설치한 경우

해설 ② 절대적 등록취소사유이다.
①③④⑤ 상대적 등록취소사유이다. **정답** ②

2. 공인중개사법령상 공인중개사인 개업공인중개사의 중개사무소 개설등록취소사유에 해당하지 않는 경우는? 제35회

① 중개대상물 확인·설명서를 교부하지 아니한 경우
② 거짓으로 중개사무소의 개설등록을 한 경우
③ 업무정지기간 중에 중개업무를 한 경우
④ 공인중개사인 개업공인중개사가 개업공인중개사인 법인의 사원·임원이 된 경우
⑤ 개업공인중개사가 사망한 경우

해설 ① 중개대상물 확인·설명서를 교부하지 아니한 경우는 '업무정지'처분사유에 해당된다.
②③④⑤ 절대적 등록취소사유에 해당된다. **정답** ①

제5절 | 업무의 정지

제32회, 제34회, 제35회

제39조【업무의 정지】 ① 등록관청은 개업공인중개사가 다음 각 호의 어느 하나에 해당하는 경우에는 6개월의 범위 안에서 기간을 정하여 업무의 정지를 명할 수 있다. 이 경우 법인인 개업공인중개사에 대하여는 법인 또는 분사무소별로 업무의 정지를 명할 수 있다.

1. 제10조 제2항의 규정을 위반하여 동조 제1항 제1호부터 제11호까지의 어느 하나에 해당하는 자를 소속공인중개사 또는 중개보조원으로 둔 경우. 다만, 그 사유가 발생한 날부터 2개월 이내에 그 사유를 해소한 경우에는 그러하지 아니하다.
2. 제16조의 규정을 위반하여 인장등록을 하지 아니하거나 등록하지 아니한 인장을 사용한 경우
3. 제23조 제2항의 규정을 위반하여 국토교통부령으로 정하는 전속중개계약서에 의하지 아니하고 전속중개계약을 체결하거나 계약서를 보존하지 아니한 경우
4. 제24조 제7항의 규정을 위반하여 중개대상물에 관한 정보를 거짓으로 공개하거나 거래정보사업자에게 공개를 의뢰한 중개대상물의 거래가 완성된 사실을 해당 거래정보사업자에게 통보하지 아니한 경우
5. 삭제 〈2014.1.28〉 ✚
6. 제25조 제3항의 규정을 위반하여 중개대상물 확인·설명서를 교부하지 아니하거나 보존하지 아니한 경우
7. 제25조 제4항의 규정을 위반하여 중개대상물 확인·설명서에 서명 및 날인을 하지 아니한 경우
8. 제26조 제1항의 규정을 위반하여 적정하게 거래계약서를 작성·교부하지 아니하거나 보존하지 아니한 경우
9. 제26조 제2항의 규정을 위반하여 거래계약서에 서명 및 날인을 하지 아니한 경우
10. 제37조 제1항에 따라 보고, 자료의 제출, 조사 또는 검사를 거부·방해 또는 기피하거나 그 밖의 명령을 이행하지 아니하거나 거짓으로 보고 또는 자료제출을 한 경우
11. 제38조 제2항 각 호의 어느 하나에 해당하는 경우
12. 최근 1년 이내에 이 법에 의하여 2회 이상 업무정지 또는 과태료의 처분을 받고 다시 과태료의 처분에 해당하는 행위를 한 경우
13. 개업공인중개사가 조직한 사업자단체 또는 그 구성원인 개업공인중개사가 「독점규제 및 공정거래에 관한 법률」 제51조를 위반하여 같은 법 제52조 또는 제53조에 따른 처분을 받은 경우
14. 그 밖에 이 법 또는 이 법에 의한 명령이나 처분을 위반한 경우

② 제1항에 따른 업무의 정지에 관한 기준은 국토교통부령으로 정한다.
③ 제1항의 규정에 따른 업무정지처분은 같은 항 각 호의 어느 하나에 해당하는 사유가 발생한 날부터 3년이 지난 때에는 이를 할 수 없다.

✚ 성실·정확하게 중개대상물의 확인·설명을 하지 아니하거나 설명의 근거자료를 제시하지 아니한 경우는 종전의 업무정지처분사유에서 500만 원 이하의 과태료처분사유로 개정되었다.

❶ 업무정지처분의 효과 및 사유

(1) 업무정지처분의 효과

① 업무정지기간 중에 있는 자는 중개업무를 수행할 수 없다. 만약 이를 위반하여 정지기간 중에 업무를 수행하는 경우 개설등록이 취소된다.
② 업무정지기간 중에 있는 개인인 개업공인중개사가 폐업을 하게 되면 해당 업무정지기간은 등록의 결격사유에 해당된다.
③ 법인의 업무정지처분사유가 발생한 당시의 사원 또는 임원이었던 자는 해당 법인에 대한 업무정지기간이 지나지 아니한 경우 결격사유에 해당된다.

(2) 업무정지처분사유

등록관청은 개업공인중개사가 다음의 어느 하나에 해당하는 경우에는 6개월의 범위 안에서 기간을 정하여 업무의 정지를 명할 수 있다. 이 경우 법인인 개업공인중개사에 대하여는 법인 또는 분사무소별로 업무의 정지를 명할 수 있다.

① 결격사유자를 소속공인중개사 또는 중개보조원으로 둔 경우(다만, 그 사유가 발생한 날부터 2개월 이내에 그 사유를 해소한 경우에는 그러하지 아니하다)
② 인장등록을 하지 아니하거나 등록하지 아니한 인장을 사용한 경우
③ 전속중개계약을 체결한 개업공인중개사가 국토교통부령이 정하는 전속중개계약서에 의하지 아니하고 전속중개계약을 체결하거나 계약서를 보존하지 아니한 경우
④ 개업공인중개사가 거래정보망에 중개대상물에 관한 정보를 거짓으로 공개하거나 거래정보사업자에게 공개를 의뢰한 중개대상물의 거래가 완성된 사실을 해당 거래정보사업자에게 통보하지 아니한 경우
⑤ 중개대상물 확인·설명서를 교부하지 아니하거나 보존하지 아니한 경우
⑥ 개업공인중개사가 중개대상물 확인·설명서에 서명 및 날인을 하지 아니한 경우
⑦ 개업공인중개사가 필요적 기재사항을 포함하여 적정하게 거래계약서를 작성·교부하지 아니하거나 보존하지 아니한 경우
⑧ 개업공인중개사가 거래계약서에 서명 및 날인하지 아니한 경우
⑨ 개업공인중개사가 행정관청의 감독상 명령과 관련하여 보고, 자료의 제출, 조사 또는 검사를 거부·방해 또는 기피하거나 그 밖의 명령을 이행하지 아니하거나 거짓으로 보고 또는 자료제출을 한 경우
⑩ 상대적(임의적·재량적) 등록취소처분사유 각 호에 해당하는 경우

⑪ 최근 1년 이내에 이 법에 의하여 2회 이상 업무정지 또는 과태료의 처분을 받고 다시 과태료의 처분에 해당하는 행위를 한 경우
⑫ 개업공인중개사가 조직한 사업자단체 또는 그 구성원인 개업공인중개사가 「독점규제 및 공정거래에 관한 법률」상 사업자단체 금지행위를 위반하여 같은 법률에 따라 시정조치 또는 과징금처분을 받은 경우
⑬ 법 부칙 제6조 제2항의 개업공인중개사가 업무지역의 범위를 위반한 경우 ✚
⑭ 그 밖에 이 법 또는 이 법에 의한 명령이나 처분을 위반한 경우

✚ 근거 조항
법률 제7638호, 2005.7.29, 개정 법률 부칙 제6조 제7항

심화 | 행정제재 누적에 따른 가중처벌 정리

1. 관련조문: 최근 1년 이내에 이 법에 의하여 2회 이상 업무정지처분을 받고 다시 업무정지처분에 해당하는 행위를 한 경우

처분	위반행위	행정처분
업 + 업 업 + 과 + 업 업 + 업 + 과 과 + 업 + 업 업 + 업 + 업	+ 업(행위)	절대적 등록취소

2. 관련조문: 최근 1년 이내에 이 법에 의하여 3회 이상 업무정지 또는 과태료의 처분을 받고 다시 업무정지 또는 과태료의 처분에 해당하는 행위를 한 경우(절대적 등록취소사유에 해당하는 경우를 제외한다)

처분	위반행위	행정처분
업 + 업 + 업	+ 과(행위)	상대적 등록취소
과 + 과 + 과	+ 업·과(행위)	
과 + 과 + 업	+ 업·과(행위)	
과 + 업 + 업	+ 과(행위)	
과 + 업 + 과	+ 업·과(행위)	
업 + 과 + 과	+ 업·과(행위)	
업 + 업 + 과	+ 과(행위)	
업 + 과 + 업	+ 과(행위)	

3. 관련조문: 최근 1년 이내에 이 법에 의하여 2회 이상 업무정지 또는 과태료 처분을 받고 다시 과태료처분에 해당하는 행위를 한 경우

처분	위반행위	행정처분
업 + 업 과 + 과 업 + 과 과 + 업	+ 과(행위)	업무정지(6개월)

❷ 업무정지처분의 시효 등

(1) 행정처분의 시효

① 업무정지처분은 업무정지처분사유 중 어느 하나에 해당하는 사유가 발생한 날부터 3년이 경과하는 때에는 이를 행할 수 없다.

② 현재 공인중개사법령상 행정처분 중 시효가 있는 것은 업무정지처분이 유일한데, 다른 자격제도를 규정한 타 법령과의 형평성에 비추어 볼 때 자격취소처분이나 자격정지처분에도 시효제도를 도입하는 것이 타당하다 할 것이다.

✔ 다만, 업무정지처분처럼 명문의 제도로 시효제도를 두지 않아도 행정법의 일반원칙 중 하나인 '신뢰보호의 원칙'에 따른 실권(verwirkung)의 법리, 즉 "행정기관의 공법상의 권리는 장기간 이를 행사하지 않고 방치하였을 때에는 그것을 행사할 수 없다."라는 법원칙에 따라 무한정 시효 없이 행정처분을 할 수 있는 것은 아니다.

③ 한편, 「공인중개사법」 개정 법률(제7710호, 2005.12.7) 부칙상에 '업무정지처분의 시효'라는 용어를 사용하고 있기 때문에 본 교재에서는 '시효'라고 사용한다.

(2) 업무정지처분의 기준(「공인중개사법 시행규칙」 [별표 4])

① 일반기준

> ㉠ 기간의 계산은 위반행위에 대하여 업무정지처분 또는 과태료부과처분을 받은 날과 그 처분 후 다시 같은 위반행위를 하여 적발된 날을 기준으로 한다.
>
> ㉡ 위반행위가 둘 이상인 경우에는 각 업무정지기간을 합산한 기간을 넘지 않는 범위에서 가장 무거운 처분기준의 2분의 1의 범위에서 가중한다. 다만, 가중하는 경우에도 총 업무정지기간은 6개월을 넘을 수 없다.
>
> ㉢ 등록관청은 다음의 어느 하나에 해당하는 경우에는 제2호의 개별기준에 따른 업무정지기간의 2분의 1 범위에서 줄일 수 있다.
> 　ⓐ 위반행위가 사소한 부주의나 오류 등 과실로 인한 것으로 인정되는 경우
> 　ⓑ 위반행위자가 법 위반행위를 시정하거나 해소하기 위하여 노력한 사실이 인정되는 경우
> 　ⓒ 그 밖에 위반행위의 동기와 결과, 위반 정도 등을 고려하여 업무정지기간을 줄일 필요가 있다고 인정되는 경우
>
> ㉣ 등록관청은 다음의 어느 하나에 해당하는 경우에는 제2호의 개별기준에 따라 업무정지기간의 2분의 1 범위에서 그 기간을 늘릴 수 있다. 다만, 법 제39조 제1항에 따라 6개월을 넘을 수 없다.

ⓐ 위반행위의 내용·정도가 중대하여 소비자 등에게 미치는 피해가 크다고 인정되는 경우
ⓑ 그 밖에 위반행위의 동기와 결과, 위반 정도 등을 고려하여 업무정지기간을 늘릴 필요가 있다고 인정되는 경우
ⓜ 업무정지기간을 늘리거나 줄이는 경우 업무정지기간 1개월은 30일로 본다.

② 개별기준

위반행위	근거 법조문	업무정지 기간
㉠ 법 제10조 제2항을 위반하여 같은 조 제1항 제1호부터 제11호까지의 어느 하나에 해당하는 자를 소속공인중개사 또는 중개보조원으로 둔 경우. 다만, 그 사유가 발생한 날부터 2개월 이내에 그 사유를 해소한 경우는 제외한다.	법 제39조 제1항 제1호	업무정지 6개월
㉡ 법 제16조를 위반하여 인장등록을 하지 않거나 등록하지 않은 인장을 사용한 경우	법 제39조 제1항 제2호	업무정지 3개월
㉢ 법 제23조 제2항을 위반하여 별지 제15호 서식의 전속중개계약서에 따르지 않고 전속중개계약을 체결하거나 계약서를 보존하지 않은 경우	법 제39조 제1항 제3호	업무정지 3개월
㉣ 법 제24조 제7항을 위반하여 중개대상물에 관한 정보를 거짓으로 공개한 경우	법 제39조 제1항 제4호	업무정지 6개월
㉤ 법 제24조 제7항을 위반하여 거래정보사업자에게 공개를 의뢰한 중개대상물의 거래가 완성된 사실을 그 거래정보사업자에게 통보하지 않은 경우	법 제39조 제1항 제4호	업무정지 3개월
㉥ 법 제25조 제3항을 위반하여 중개대상물 확인·설명서를 교부하지 않거나 보존하지 않은 경우	법 제39조 제1항 제6호	업무정지 3개월
㉦ 법 제25조 제4항을 위반하여 중개대상물 확인·설명서에 서명·날인을 하지 않은 경우	법 제39조 제1항 제7호	업무정지 3개월
㉧ 법 제26조 제1항을 위반하여 적정하게 거래계약서를 작성·교부하지 않거나 보존하지 않은 경우	법 제39조 제1항 제8호	업무정지 3개월
㉨ 법 제26조 제2항을 위반하여 거래계약서에 서명·날인을 하지 않은 경우	법 제39조 제1항 제9호	업무정지 3개월

ㅊ 법 제37조 제1항에 따른 보고, 자료의 제출, 조사 또는 검사를 거부·방해 또는 기피하거나 그 밖의 명령을 이행하지 않거나 거짓으로 보고 또는 자료제출을 한 경우	법 제39조 제1항 제10호	업무정지 3개월
ㅋ 법 제38조 제2항 각 호의 어느 하나를 최근 1년 이내에 1회 위반한 경우	법 제39조 제1항 제11호	업무정지 6개월
ㅌ 최근 1년 이내에 이 법에 따라 2회 이상 업무정지 또는 과태료의 처분을 받고 다시 과태료의 처분에 해당하는 행위를 한 경우	법 제39조 제1항 제12호	업무정지 6개월
ㅍ 개업공인중개사가 조직한 사업자단체 또는 그 구성원인 개업공인중개사가「독점규제 및 공정거래에 관한 법률」제51조를 위반하여 같은 법 제52조 또는 제53조에 따른 처분을 받은 경우	법 제39조 제1항 제13호	
ⓐ「독점규제 및 공정거래에 관한 법률」제51조 제1항 제1호를 위반하여 같은 법 제52조에 따른 처분을 받은 경우		업무정지 3개월
ⓑ「독점규제 및 공정거래에 관한 법률」제51조 제1항 제1호를 위반하여 같은 법 제53조에 따른 처분을 받은 경우 또는 같은 법 제52조와 제53조에 따른 처분을 동시에 받은 경우		업무정지 6개월
ⓒ「독점규제 및 공정거래에 관한 법률」제51조 제1항 제1호를 위반하여 같은 법 제53조에 따른 처분을 받은 경우 또는 같은 법 제52조와 제53조에 따른 처분을 동시에 받은 경우		업무정지 6개월
ⓓ「독점규제 및 공정거래에 관한 법률」제51조 제1항 제2호 또는 제4호를 위반하여 같은 법 제52조에 따른 처분을 받은 경우		업무정지 1개월
ⓔ「독점규제 및 공정거래에 관한 법률」제51조 제1항 제2호 또는 제4호를 위반하여 같은 법 제53조에 따른 처분을 받은 경우 또는 같은 법 제52조와 제53조에 따른 처분을 동시에 받은 경우		업무정지 2개월
ⓕ「독점규제 및 공정거래에 관한 법률」제51조 제1항 제3호를 위반하여 같은 법 제52조에 따른 처분을 받은 경우		업무정지 2개월
ⓖ「독점규제 및 공정거래에 관한 법률」제51조 제1항 제3호를 위반하여 같은 법 제53조에 따른 처분을 받은 경우 또는 같은 법 제52조와 제53조에 따른 처분을 동시에 받은 경우		업무정지 4개월

ⓗ	법률 제7638호 부동산중개업법 전부개정법률 부칙 제6조 제6항에 규정된 업무지역의 범위를 위반하여 중개행위를 한 경우	법률 제7638호 부동산중개업법 전부개정법률 부칙 제6조 제7항	업무정지 3개월
㉮	그 밖에 이 법 또는 이 법에 따른 명령이나 처분을 위반한 경우로서 ㉠부터 ⓗ까지에 해당하지 않는 경우	법 제39조 제1항 제14호	업무정지 1개월

업무정지와 자격정지의 비교

구분	업무정지	자격정지
성격	재량처분	
대상	개업공인중개사	소속공인중개사
처분관청	등록관청	자격증을 교부한 시·도지사
기간	6개월의 범위 내	
결격사유 해당 여부	업무정지 중 폐업시 그 기간 중 해당	자격정지기간 중 해당
협회 통보	통보됨	통보 안 됨
시효 규정	있음(3년)	없음
승계 규정	있음(1년)	없음

> **예제**
>
> 1. 공인중개사법령상 개업공인중개사의 업무정지사유인 동시에 중개행위를 한 소속공인중개사의 자격정지사유에 해당하는 것은? 제26회 수정
>   ① 최근 1년 이내에 「공인중개사법」에 의하여 2회 이상 업무정지처분을 받고 다시 과태료의 처분에 해당하는 행위를 한 경우
>   ② 거래계약서 원본, 사본 또는 전자문서를 보존기간 동안 보존하지 아니한 경우
>   ③ 거래계약서를 작성·교부하지 아니한 경우
>   ④ 중개대상물 확인·설명서에 서명 및 날인을 하지 아니한 경우
>   ⑤ 중개대상물 확인·설명서를 교부하지 아니한 경우
>
>   **해설** ④ 개업공인중개사는 업무정지사유에, 소속공인중개사는 자격정지사유에 해당한다.
>   ①②③⑤ 개업공인중개사의 업무정지사유에만 해당한다. **정답 ④**

2. 공인중개사법령상 개업공인중개사 중개사무소의 개설등록을 취소하여야 하는 경우를 모두 고른 것은? 제27회

> ㉠ 최근 1년 이내에 「공인중개사법」에 의하여 2회 업무정지처분을 받고 다시 업무정지처분에 해당하는 행위를 한 경우
> ㉡ 최근 1년 이내에 「공인중개사법」에 의하여 1회 업무정지처분, 2회 과태료처분을 받고 다시 업무정지처분에 해당하는 행위를 한 경우
> ㉢ 최근 1년 이내에 「공인중개사법」에 의하여 2회 업무정지처분, 1회 과태료처분을 받고 다시 업무정지처분에 해당하는 행위를 한 경우
> ㉣ 최근 1년 이내에 「공인중개사법」에 의하여 3회 과태료처분을 받고 다시 업무정지처분에 해당하는 행위를 한 경우

① ㉠
② ㉠, ㉢
③ ㉡, ㉣
④ ㉢, ㉣
⑤ ㉠, ㉡, ㉢

해설 ㉠㉢ 최근 1년 이내에 이 법에 의하여 '2회 이상' 업무정지처분을 받고 다시 업무정지처분에 해당하는 행위를 한 경우는 절대적 등록취소사유에 해당한다(제38조 제1항 제8호).
㉡㉣ 상대적 등록취소사유에 해당된다. 정답 ②

제6절 | 자료제공의 요청

> **제39조의2 【자료제공의 요청】** 국토교통부장관, 시·도지사 및 등록관청은 제38조 제2항 제11호 또는 제39조 제1항 제13호에 따라 처분하고자 하는 경우에는 미리 공정거래위원회에 처분과 관련된 자료의 제공을 요청할 수 있으며 공정거래위원회는 특별한 사유가 없으면 이에 따라야 한다.

국토교통부장관, 시·도지사 및 등록관청이 「독점규제 및 공정거래에 관한 법률」을 위반한 개업공인중개사에 대하여 등록취소처분을 하고자 하는 경우에는 미리 공정거래위원회에 처분(시정조치 또는 과징금)과 관련된 자료의 제공을 요청할 수 있다. 자료제공의 요청을 받은 공정거래위원회는 특별한 사유가 없으면 자료를 제공하여야 한다.

참고 📖 공정거래위원회
사업자의 시장지배적 지위의 남용과 과도한 경제력의 집중을 방지하고, 부당한 공동행위 및 불공정거래행위를 규제하여 공정하고 자유로운 경쟁을 촉진함으로써 창의적인 기업활동을 조장하고 소비자를 보호함과 아울러 국민경제의 균형 있는 발전을 도모함을 목적으로 「독점규제 및 공정거래에 관한 법률」 제35조에 의거하여 설치된 국무총리 소속하의 중앙행정기관이다.

제7절 | 행정제재처분 효과의 승계 등

제32회, 제33회, 제34회

비교 ⇨ 시효제도 vs. 승계제도
업무정지는 그 사유발생일로부터 3년이 경과되면 업무정지처분을 할 수 없는데 이는 시효제도에 해당한다. 한편, 폐업기간이 1년을 경과한 경우 폐업 전의 사유로 폐업 후 등록관청에서 업무정지처분을 할 수 없다는 규정이 있는바, 이는 승계규정에 해당한다. 전자는 중개업무를 계속하고 있는 경우에 적용되며, 후자는 중간에 중개사무소를 폐업하고 다시 재등록한 경우에 적용되는 규정이다.

> **제40조【행정제재처분 효과의 승계 등】** ① 개업공인중개사가 제21조에 따른 폐업신고 후 제9조에 따라 다시 중개사무소의 개설등록을 한 때에는 폐업신고 전의 개업공인중개사의 지위를 승계한다.
> ② 제1항의 경우 폐업신고 전의 개업공인중개사에 대하여 제39조 제1항 각 호, 제51조 제1항 각 호, 같은 조 제2항 각 호 및 같은 조 제3항 각 호의 위반행위를 사유로 행한 행정처분의 효과는 그 처분일부터 1년간 다시 중개사무소의 개설등록을 한 자(이하 이 조에서 '재등록 개업공인중개사'라 한다)에게 승계된다.
> ③ 제1항의 경우 재등록 개업공인중개사에 대하여 폐업신고 전의 제38조 제1항 각 호, 같은 조 제2항 각 호 및 제39조 제1항 각 호의 위반행위에 대한 행정처분을 할 수 있다. 다만, 다음 각 호의 어느 하나에 해당하는 경우는 제외한다.
> 1. 폐업신고를 한 날부터 다시 중개사무소의 개설등록을 한 날까지의 기간(이하 제2호에서 '폐업기간'이라 한다)이 3년을 초과한 경우
> 2. 폐업신고 전의 위반행위에 대한 행정처분이 업무정지에 해당하는 경우로서 폐업기간이 1년을 초과한 경우
> ④ 제3항에 따라 행정처분을 하는 경우에는 폐업기간과 폐업의 사유 등을 고려하여야 한다.
> ⑤ 개업공인중개사인 법인의 대표자에 관하여는 제1항부터 제4항까지를 준용한다. 이 경우 '개업공인중개사'는 '법인의 대표자'로 본다.

심화 ◈ 승계제도의 도입취지
행정처분효과의 승계제도를 도입한 취지는 폐업제도의 악용방지에 있다. 즉, 개업공인중개사들이 위법행위를 하고 행정처분을 받기 전 폐업신고를 하여 행정처분을 할 수 없게끔 하고, 후에 다시 재등록하여 현실적으로 행정처분을 받지 않는 행위와 행정처분의 누적으로 인하여 더 높은 수준의 제재가 예정되어 있는 경우 폐업을 하고 다시 재등록을 하여 기존 누적처분을 소멸시키는 행위 등 소위 폐업제도를 악용하는 탈법행위를 막기 위함이다.

1 승계의 기본개념

개업공인중개사가 폐업신고 후 다시 중개사무소의 개설등록을 한 때에는 폐업신고 전의 개업공인중개사 지위를 승계한다. 이때 승계한다는 것의 의미는 이미 받은 <u>행정제재처분의 효과</u>와 <u>폐업 전 위반행위</u>를 승계한다는 것이다.

(1) 행정제재처분 효과의 승계

폐업신고 전의 개업공인중개사에 대하여 업무정지, 과태료에 해당하는 위반행위를 사유로 행한 행정처분의 효과는 <u>그 처분일부터 1년간</u> 다시 중개사무소의 개설등록을 한 자에게 승계된다. 단, 등록취소처분을 이미 받은 경우는 결격사유 규정이 적용되어 3년간 재등록이 불가하므로 등록취소처분의 효과는 승계규정이 적용되지 않는다.

(2) 폐업 전 위반행위의 승계

① 등록취소: 재등록 개업공인중개사에 대하여 폐업신고 전의 행위에 대한 등록취소처분을 할 수 있다. 다만, 폐업신고를 한 날부터 다시 중개사무소의 개설등록을 한 날까지의 기간(= 폐업기간)이 3년을 초과한 경우에는 할 수 없다.

② 업무정지: 재등록 개업공인중개사에 대하여 폐업신고 전의 행위에 대한 업무정지처분을 할 수 있다. 다만, 폐업신고를 한 날부터 다시 중개사무소의 개설등록을 한 날까지의 기간(= 폐업기간)이 1년을 초과한 경우에는 할 수 없다.

③ 폐업기간 등의 고려: 재등록 개업공인중개사에 대한 행정처분을 함에 있어서는 폐업기간과 폐업의 사유 등을 고려하여야 한다.

📌 행정제재처분 효과의 승계

폐업 전		폐업	재등록	비고
업무정지 / 과태료처분 (이미 받은 행정제재)		⇨	승계	처분일부터 1년간
위반 행위	등록취소에 해당 (처분받지 않음)	⇨	승계되어 등록취소 가능	폐업기간 3년 초과시: 처분 불가
	업무정지에 해당 (처분받지 않음)	⇨	승계되어 업무정지 가능	폐업기간 1년 초과시: 처분 불가

❷ 법인의 대표자에게 승계규정 준용

어느 중개법인에서 금품 초과수수에 해당하는 위법행위를 하고 적발되자 바로 폐업신고를 한 경우, 종전 법인의 대표자가 단독으로 공인중개사인 개업공인중개사로 개설등록을 하여 중개업을 영위할 때 법인의 금품 초과수수행위가 공인중개사인 개업공인중개사로 독립한 종전의 법인 대표자에게 승계되어 등록이 취소될 수 있다. 물론 폐업기간이 3년을 초과한 경우 승계할 수 없다.

> 예제

1. 공인중개사법령상 지도·감독 등에 관한 설명 중 옳은 것은?

   ① 공인중개사가 「공인중개사법」을 위반하여 징역형의 선고를 받은 경우 그 자격이 취소되고, 취소된 후 3년이 지나지 아니한 자는 공인중개사가 될 수 없다.
   ② 「공인중개사법」을 위반하여 벌금형의 선고를 받아 중개사무소의 개설등록이 취소된 자는 등록취소를 받은 날부터 3년이 지나지 아니하면 등록의 결격사유에 해당한다.
   ③ 개업공인중개사가 중개사무소 개설등록 결격사유에 해당하여 등록이 취소된 경우에는 3년 동안 중개업에 종사할 수 없다.
   ④ 등록관청이 등록취소처분을 하는 경우 그에 해당하는 사유가 발생한 날부터 3년이 경과한 때에는 등록취소처분을 할 수 없다.
   ⑤ 폐업신고 전의 개업공인중개사에 대하여 위반행위를 사유로 행한 행정처분의 효과는 폐업일부터 1년간 재등록 개업공인중개사에게 승계된다.

   해설 ② 사망, 해산, 결격사유, 등록기준 미달 등으로 등록이 취소된 경우 3년의 결격기간을 적용하지 아니한다.
   ③ 결격사유 등으로 등록이 취소된 경우 3년의 결격기간을 적용하지 아니하므로 해당 결격사유에서 해소되면 언제든지 중개업에 종사할 수 있다.
   ④ 현행법상 등록취소처분에 대한 행정처분의 시효는 없다.
   ⑤ 폐업신고 전의 개업공인중개사에 대하여 위반행위를 사유로 행한 행정처분의 효과는 그 처분일부터 1년간 재등록 개업공인중개사에게 승계된다. **정답** ①

2. 공인중개사법령상 공인중개사인 개업공인중개사 甲의 중개사무소 폐업 및 재등록에 관한 설명으로 옳은 것은? 제31회

   ① 甲이 중개사무소를 폐업하고자 하는 경우, 국토교통부장관에게 미리 신고하여야 한다.
   ② 甲이 폐업사실을 신고하고 중개사무소 간판을 철거하지 아니한 경우, 과태료 부과처분을 받을 수 있다.
   ③ 甲이 공인중개사법령 위반으로 2019.2.8. 1개월의 업무정지처분을 받았으나 2019.7.1. 폐업신고를 하였다가 2019.12.11. 다시 중개사무소 개설등록을 한 경우, 종전의 업무정지처분의 효과는 승계되지 않고 소멸한다.
   ④ 甲이 공인중개사법령 위반으로 2019.1.8. 1개월의 업무정지처분에 해당하는 행위를 하였으나 2019.3.5. 폐업신고를 하였다가 2019.12.5. 다시 중개사무소 개설등록을 한 경우, 종전의 위반행위에 대하여 1개월의 업무정지처분을 받을 수 있다.
   ⑤ 甲이 공인중개사법령 위반으로 2018.2.5. 등록취소처분에 해당하는 행위를 하였으나 2018.3.6. 폐업신고를 하였다가 2020.10.16. 다시 중개사무소 개설등록을 한 경우, 그에게 종전의 위반행위에 대한 등록취소처분을 할 수 없다.

해설 ① 甲이 중개사무소를 폐업하고자 하는 경우, 등록관청에 미리 신고하여야 한다.
② 甲이 폐업사실을 신고하고 중개사무소 간판을 철거하지 아니한 경우, 「행정대집행법」에 따라 대집행을 할 수 있다.
③ 甲이 공인중개사법령 위반으로 받은 업무정지처분의 효과는 폐업 후 재등록을 하여도 처분일로부터 1년간 승계된다.
⑤ 甲이 공인중개사법령 위반으로 등록취소처분에 해당하는 행위를 하였다면 폐업 후 재등록을 하여도 3년간 위반행위가 승계되므로, 그에게 종전의 위반행위에 대한 등록취소처분을 할 수 있다.

정답 ④

제8절 | 벌칙

제32회, 제33회, 제35회, 제36회

제48조【벌칙】 다음 각 호의 어느 하나에 해당하는 자는 3년 이하의 징역 또는 3천만원 이하의 벌금에 처한다.
1. 제9조에 따른 중개사무소의 개설등록을 하지 아니하고 중개업을 한 자
2. 거짓이나 그 밖의 부정한 방법으로 중개사무소의 개설등록을 한 자
3. 제33조 제1항 제5호부터 제9호까지의 규정을 위반한 자
4. 제33조 제2항 각 호의 규정을 위반한 자

제49조【벌칙】 ① 다음 각 호의 어느 하나에 해당하는 자는 1년 이하의 징역 또는 1천만원 이하의 벌금에 처한다.
1. 제7조의 규정을 위반하여 다른 사람에게 자기의 성명을 사용하여 중개업무를 하게 하거나 공인중개사자격증을 양도·대여한 자 또는 다른 사람의 공인중개사자격증을 양수·대여받은 자
1의2. 제7조 제3항을 위반하여 같은 조 제1항 및 제2항에서 금지한 행위를 알선한 자
2. 제8조의 규정을 위반하여 공인중개사가 아닌 자로서 공인중개사 또는 이와 유사한 명칭을 사용한 자
3. 제12조의 규정을 위반하여 이중으로 중개사무소의 개설등록을 하거나 둘 이상의 중개사무소에 소속된 자
4. 제13조 제1항의 규정을 위반하여 둘 이상의 중개사무소를 둔 자
5. 제13조 제2항의 규정을 위반하여 임시 중개시설물을 설치한 자
5의2. 제15조 제3항을 위반하여 중개보조원을 고용한 자
6. 제18조 제2항의 규정을 위반하여 개업공인중개사가 아닌 자로서 '공인중개사사무소', '부동산중개' 또는 이와 유사한 명칭을 사용한 자
6의2. 제18조의2 제3항을 위반하여 개업공인중개사가 아닌 자로서 중개업을 하기 위하여 중개대상물에 대한 표시·광고를 한 자

7. 제19조의 규정을 위반하여 다른 사람에게 자기의 성명 또는 상호를 사용하여 중개업무를 하게 하거나 중개사무소등록증을 다른 사람에게 양도·대여한 자 또는 다른 사람의 성명·상호를 사용하여 중개업무를 하거나 중개사무소등록증을 양수·대여받은 자

7의2. 제19조 제3항을 위반하여 같은 조 제1항 및 제2항에서 금지한 행위를 알선한 자

8. 제24조 제4항의 규정을 위반하여 정보를 공개한 자
9. 제29조 제2항의 규정을 위반하여 업무상 비밀을 누설한 자
10. 제33조 제1항 제1호부터 제4호까지의 규정을 위반한 자

② 제29조 제2항의 규정에 위반한 자는 피해자의 명시한 의사에 반하여 벌하지 아니한다.

1 행정벌의 의의

비교➡ 행정형벌 vs. 행정질서벌
행정형벌은 전과(前科)가 되지만 행정질서벌은 그렇지 아니하며, 행정형벌은 일사부재리가 적용되어 거듭 부과할 수 없으나 행정질서벌은 거듭 부과할 수 있다.

♙「공인중개사법」상 행정벌의 종류

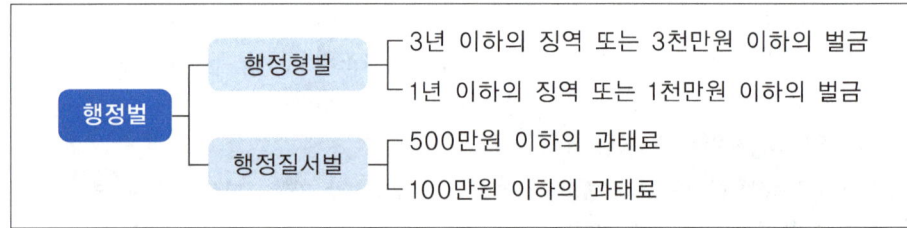

「공인중개사법」을 위반한 경우 부과하는 벌칙으로서 행정처분 외에 행정벌이 있는데, 행정벌에는 행정형벌과 행정질서벌인 과태료가 있다. 「공인중개사법」상 행정형벌은 3년 이하의 징역 또는 3천만원 이하의 벌금, 1년 이하의 징역 또는 1천만원 이하의 벌금으로 2종류이고, 과태료도 500만원 이하, 100만원 이하의 과태료 2종류가 있다.

2 행정형벌

(1) 3년 이하의 징역 또는 3천만원 이하의 벌금

징역형과 벌금형은 동일한 형벌이므로 법률에 규정이 없는 한 이를 병과할 수 없다.

① 중개사무소의 개설등록을 하지 아니하고 중개업을 한 자

📘 판례 무등록중개업 영위죄

1. 공인중개사가 개설등록을 하지 않은 채 부동산중개업을 하는 경우뿐만 아니라 공인중개사가 아니어서 애초에 중개사무소 개설등록을 할 수 없는 사람이 부동산중개업을 영위하는 경우에도 「공인중개사법」 제48조 제1호에서 정한 형사처벌의 대상이 된다(대판 2017도18292).

2. 신분관계로 인하여 성립될 범죄에 가공한 행위에 대하여는 신분관계가 없는 자도 공동정범의 책임을 지게 되는 것이다(대판 2002도6733 참고). 그리고 「형법」 제33조 소정의 이른바 신분관계라 함은 남녀의 성별, 내·외국인의 구별, 친족관계, 공무원인 자격과 같은 관계뿐만 아니라 널리 일정한 범죄행위에 관련된 범인의 인적 관계인 특수한 지위 또는 상태를 지칭하는 것이므로(대판 93도1002 참고), 「공인중개사법」 제48조 제1호의 '중개업을 한 자'의 지위는 「형법」 제33조의 신분관계에 해당한다(대판 2009도8885).

3. 중개대상물의 거래당사자들에게서 보수를 현실적으로 받지 아니하고 단지 보수를 받을 것을 약속하거나 요구하는 데 그친 경우에는 「공인중개사법」에서 정한 '중개업'에 해당한다고 할 수 없어 법 제48조 제1호에 의한 처벌대상이 아니라고 할 것이다(대판 2010도16970).

> **심화** 일회성 중개행위도 공동정범이 '중개업을 하는 자'에 해당하는 경우 무등록중개업 영위자로 보아 처벌할 수 있다. 즉, 신분관계로 인하여 성립될 범죄에 가공한 행위에 대하여는 신분관계가 없는 자도 공동정범의 책임을 지게 되므로 무등록중개업 영위자와 공모하여 부동산중개업을 하였다면 일회성 중개행위도 무등록중개업 영위자로 보아 처벌할 수 있다.

② 거짓이나 그 밖의 부정한 방법으로 중개사무소의 개설등록을 한 자
③ 관계 법령에서 양도·알선 등이 금지된 부동산의 분양·임대 등과 관련 있는 증서 등의 매매·교환 등을 중개하거나 그 매매를 업으로 하는 행위

📘 판례 증서알선죄의 공소시효

양도·알선 등이 금지된 부동산의 분양·임대 등과 관련 있는 증서 등의 매매·교환을 중개하는 행위를 함으로써 같은 법 제48조 제3호를 위반한 경우 그 공소시효는 중개업자 등이 거래당사자 간의 매매·교환을 알선하는 행위를 종료한 때로부터 진행한다고 보아야 한다(대판 2011도6873).

④ 중개의뢰인과 직접거래를 하거나 거래당사자 쌍방을 대리하는 행위
⑤ 탈세 등 관계 법령을 위반할 목적으로 소유권보존등기 또는 이전등기를 하지 아니한 부동산이나 관계 법령에 따라 전매 등 권리의 변동이 제한된 부동산의 매매를 중개하는 등 부동산투기를 조장하는 행위
⑥ 부당한 이익을 얻거나 제3자에게 부당한 이익을 얻게 할 목적으로 거짓으로 거래가 완료된 것처럼 꾸미는 등 중개대상물의 시세에 부당한 영향을 주거나 줄 우려가 있는 행위

⑦ 단체를 구성하여 특정 중개대상물에 대하여 중개를 제한하거나 단체 구성원 이외의 자와 공동중개를 제한하는 행위
⑧ 누구든지 시세에 부당한 영향을 줄 목적으로 다음의 어느 하나의 방법으로 개업공인중개사 등의 업무를 방해하는 행위

> ㉠ 안내문, 온라인 커뮤니티 등을 이용하여 특정 개업공인중개사 등에 대한 중개의뢰를 제한하거나 제한을 유도하는 행위
> ㉡ 안내문, 온라인 커뮤니티 등을 이용하여 중개대상물에 대하여 시세보다 현저하게 높게 표시·광고 또는 중개하는 특정 개업공인중개사 등에게만 중개의뢰를 하도록 유도함으로써 다른 개업공인중개사 등을 부당하게 차별하는 행위
> ㉢ 안내문, 온라인 커뮤니티 등을 이용하여 특정 가격 이하로 중개를 의뢰하지 아니하도록 유도하는 행위
> ㉣ 정당한 사유 없이 개업공인중개사 등의 중개대상물에 대한 정당한 표시·광고 행위를 방해하는 행위
> ㉤ 개업공인중개사 등에게 중개대상물을 시세보다 현저하게 높게 표시·광고하도록 강요하거나 대가를 약속하고 시세보다 현저하게 높게 표시·광고하도록 유도하는 행위

(2) 1년 이하의 징역 또는 1천만원 이하의 벌금
① 다른 사람에게 자기의 성명을 사용하여 중개업무를 하게 하거나 공인중개사자격증을 양도·대여한 자 또는 다른 사람의 공인중개사자격증을 양수·대여받은 자
② 공인중개사자격증 양도·대여 관련하여 금지한 행위를 알선한 자
③ 공인중개사가 아닌 자로서 공인중개사 또는 이와 유사한 명칭을 사용한 자
④ 이중으로 중개사무소의 개설등록을 하거나 둘 이상의 중개사무소에 소속된 자
⑤ 둘 이상의 중개사무소를 둔 자
⑥ 임시 중개시설물을 설치한 자
⑦ 개업공인중개사가 고용할 수 있는 중개보조원의 수는 개업공인중개사와 소속공인중개사를 합한 수의 5배를 초과하여서는 아니 되는바, 이를 위반하여 중개보조원을 고용한 자
⑧ 개업공인중개사가 아닌 자로서 '공인중개사사무소', '부동산중개' 또는 이와 유사한 명칭을 사용한 자

⑨ 개업공인중개사가 아닌 자로서 중개업을 하기 위하여 중개대상물에 대한 표시·광고를 한 자
⑩ 다른 사람에게 자기의 성명 또는 상호를 사용하여 중개업무를 하게 하거나 중개사무소등록증을 다른 사람에게 양도·대여한 자 또는 다른 사람의 성명·상호를 사용하여 중개업무를 하거나 중개사무소등록증을 양수·대여받은 자
⑪ 중개사무소등록증 양도·대여 관련하여 금지한 행위를 알선한 자
⑫ 거래정보사업자는 개업공인중개사로부터 공개를 의뢰받은 중개대상물의 정보에 한하여 이를 부동산거래정보망에 공개하여야 하며, 의뢰받은 내용과 다르게 정보를 공개하거나 어떠한 방법으로든지 개업공인중개사에 따라 정보가 차별적으로 공개되도록 하여서는 아니 되는 바, 이를 위반한 자
⑬ 업무상 비밀을 누설한 자(단, 피해자의 명시한 의사에 반하여는 벌하지 아니한다)
⑭ 중개대상물의 매매를 업으로 하는 행위
⑮ 중개사무소의 개설등록을 하지 아니하고 중개업을 영위하는 자인 사실을 알면서 그를 통하여 중개를 의뢰받거나 그에게 자기의 명의를 이용하게 하는 행위
⑯ 사례·증여 그 밖의 어떠한 명목으로도 법정보수 또는 실비를 초과하여 금품을 받는 행위
⑰ 해당 중개대상물의 거래상 중요사항에 관하여 거짓된 언행 그 밖의 방법으로 중개의뢰인의 판단을 그르치게 하는 행위

형벌의 정리

형벌 유형	처벌대상자
3년 이하의 징역 또는 3천만원 이하의 벌금형	개업공인중개사, 소속공인중개사, 중개보조원, 무등록 중개업 영위자, '누구든지'의 금지행위 위반자 등
1년 이하의 징역 또는 1천만원 이하의 벌금형	개업공인중개사, 소속공인중개사, 중개보조원, 거래정보사업자, 공인중개사, 자격증·등록증 양도·대여 관련 위반자 및 알선자, 동일·유사 명칭 사용자, 개업공인중개사 아닌 자로서 중개대상물 표시·광고 위반자 등

심화 미수범 처벌가능 여부
중개대상물의 거래당사자들로부터 보수를 현실적으로 받지 아니하고 단지 보수를 받을 것을 약속하거나 거래당사자들에게 보수를 요구하는 데 그친 경우에는, 보수 약속·요구행위를 별도로 처벌하는 규정 또는 미수범을 처벌하는 규정도 존재하지 않는다(대판 2006도4842).

제9절 | 양벌규정

> 제50조【양벌규정】소속공인중개사·중개보조원 또는 개업공인중개사인 법인의 사원·임원이 중개업무에 관하여 제48조 또는 제49조의 규정에 해당하는 위반행위를 한 때에는 그 행위자를 벌하는 외에 그 개업공인중개사에 대하여도 해당 조에 규정된 벌금형을 과한다. 다만, 그 개업공인중개사가 그 위반행위를 방지하기 위하여 해당 업무에 관하여 상당한 주의와 감독을 게을리하지 아니한 경우에는 그러하지 아니하다.

❶ 양벌규정의 의의

소속공인중개사·중개보조원 또는 개업공인중개사인 법인의 사원·임원이 중개업무에 관하여 행정형벌에 해당하는 위반행위를 한 때에는 그 행위자를 벌하는 외에 그 개업공인중개사에 대하여도 해당 조에 규정된 벌금형을 과할 수 있는 것이 원칙이다.

❷ 양벌규정의 적용과 면책규정

(1) 양벌규정의 적용

양벌규정의 적용에 관하여 주의하여야 할 것은 개업공인중개사와 고용인에게 항상 동일한 금액의 벌금형이 선고되는 것은 아니고 처벌되는 근거만 같다는 점이다.

✔ 즉, 고용인의 행위라 하더라도 오히려 개업공인중개사가 고용인보다 더 높은 금액의 벌금형을 받을 수도 있고 그 반대의 경우도 있을 수 있다(법제처, 법제소식 2024.6월호, 법제 Q&A 중).

(2) 면책규정

개업공인중개사가 고용인의 위반행위를 방지하기 위하여 해당 업무에 관하여 상당한 주의와 감독을 게을리하지 아니한 경우에는 벌금형을 부과받지 않는 단서 규정이 명문화되었다. 또한, 설사 개업공인중개사가 양벌규정에 의하여 벌금형에 처하더라도 결격사유에 해당되지는 않아 중개업 개설등록이 취소되지 않는다는 것이 우리 대법원의 태도이다.

참고

1. 이와 같은 양벌규정의 입법취지는 고용주인 개업공인중개사에게 고용인에 대한 주의·감독의무를 강화하여 혹시 발생할 수도 있는 고용인들에 의한 중개사고를 최소화하자는 데 있다.

2. 반면, 양벌규정은 「형법」의 일반원칙인 '최후수단성의 원칙'에 위배된다고 볼 수 있다. 즉, 고용인의 행위에 대한 개업공인중개사의 책임이 민사책임이나 행정상 책임 정도로도 충분히 그 실효성이 있음에도 불구하고 형사상 책임까지 부담시키는 것은 국가의 형벌권 남용이라는 지적도 있다.

> **판례** 양벌규정의 취지 및 결격사유 해당 여부

[1] 법 제50조의 양벌규정의 취지는 해당 법인이나 개인에게 형사처벌을 부과함으로써 중개보조원 등에 대한 지도의무를 강화하는 것에 그친다고 보아야 할 것이지, 나아가 이를 개업공인중개사 개인에 대한 행정처분의 근거로 삼겠다는 취지로까지 해석하기는 어렵다.

[2] 법 제10조(= 결격사유) 제1항 제11호의 '이 법을 위반하여 벌금형의 선고를 받고 3년이 지나지 아니한 자'의 의미도 문언상으로 '이 법을 위반하여'라는 의미를 개업공인중개사가 법을 위반하는 행위를 직접적으로 범하는 것으로 해석하는 것이 자연스러운 점 등에 비추어, 법 제10조 제1항 제11호 규정에 중개보조인 등이 중개업무에 관하여 법 제8조에 위반하여 그 사용주인 개업공인중개사가 법 제50조의 양벌규정으로 처벌받는 경우는 포함되지 않는다고 보아야 한다(대판 2007두26568).

예제

공인중개사법령상 벌칙에 관한 설명으로 틀린 것은? (다툼이 있으면 판례에 의함)

① 양벌규정은 소속공인중개사가 과태료 부과대상인 행위를 한 경우에도 적용된다.
② 등록관청의 관할구역 안에 둘 이상의 중개사무소를 둔 공인중개사인 개업공인중개사는 1년 이하의 징역 또는 1천만원 이하의 벌금에 처한다.
③ 벌금과 과태료는 병과할 수 없다.
④ 거래당사자 쌍방을 대리하는 행위를 한 개업공인중개사는 3년 이하의 징역 또는 3천만원 이하의 벌금에 처한다.
⑤ 개업공인중개사가 중개보조원의 위반행위로 양벌규정에 의하여 벌금형을 받은 경우는 이 법상 '300만원 이상 벌금형의 선고를 받고 3년이 지나지 아니한 자'에 해당하지 않는다.

해설 「공인중개사법」 제50조 양벌규정은 행정형벌(징역형이나 벌금형)에만 적용된다.

정답 ①

> ## 제10절 | 과태료
제32회, 제34회, 제36회

제51조【과태료】 ② 다음 각 호의 어느 하나에 해당하는 자에게는 500만원 이하의 과태료를 부과한다.
1. 제18조의2 제4항 각 호를 위반하여 부당한 표시·광고를 한 자
1의2. 정당한 사유 없이 제18조의3 제2항의 요구에 따르지 아니하여 관련 자료를 제출하지 아니한 자
1의3. 정당한 사유 없이 제18조의3 제3항의 요구에 따르지 아니하여 필요한 조치를 하지 아니한 자
1의4. 제18조의4를 위반하여 중개의뢰인에게 본인이 중개보조원이라는 사실을 미리 알리지 아니한 사람 및 그가 소속된 개업공인중개사. 다만, 개업공인중개사가 그 위반행위를 방지하기 위하여 해당 업무에 관하여 상당한 주의와 감독을 게을리하지 아니한 경우는 제외한다.
1의5. 제24조 제3항을 위반하여 운영규정의 승인 또는 변경승인을 얻지 아니하거나 운영규정의 내용을 위반하여 부동산거래정보망을 운영한 자
1의6. 제25조 제1항을 위반하여 성실·정확하게 중개대상물의 확인·설명을 하지 아니하거나 설명의 근거자료를 제시하지 아니한 자
5의2. 제34조 제4항에 따른 연수교육을 정당한 사유 없이 받지 아니한 자
6. 제37조 제1항에 따른 보고, 자료의 제출, 조사 또는 검사를 거부·방해 또는 기피하거나 그 밖의 명령을 이행하지 아니하거나 거짓으로 보고 또는 자료제출을 한 거래정보사업자
7. 제42조 제5항을 위반하여 공제사업 운용실적을 공시하지 아니한 자
8. 제42조의4에 따른 공제업무의 개선명령을 이행하지 아니한 자
8의2. 제42조의5에 따른 임원에 대한 징계·해임의 요구를 이행하지 아니하거나 시정명령을 이행하지 아니한 자
9. 제42조의3 또는 제44조 제1항에 따른 보고, 자료의 제출, 조사 또는 검사를 거부·방해 또는 기피하거나 그 밖의 명령을 이행하지 아니하거나 거짓으로 보고 또는 자료제출을 한 자
③ 다음 각 호의 어느 하나에 해당하는 자에게는 100만원 이하의 과태료를 부과한다.
1. 제17조를 위반하여 중개사무소등록증 등을 게시하지 아니한 자
2. 제18조 제1항 또는 제3항을 위반하여 사무소의 명칭에 '공인중개사사무소', '부동산중개'라는 문자를 사용하지 아니한 자 또는 옥외광고물에 성명을 표기하지 아니하거나 거짓으로 표기한 자
2의2. 제18조의2 제1항 또는 제2항을 위반하여 중개대상물의 중개에 관한 표시·광고를 한 자

3. 제20조 제1항을 위반하여 중개사무소의 이전신고를 하지 아니한 자
   4. 제21조 제1항을 위반하여 휴업, 폐업, 휴업한 중개업의 재개 또는 휴업기간의 변경신고를 하지 아니한 자
   5. 제30조 제5항을 위반하여 손해배상책임에 관한 사항을 설명하지 아니하거나 관계 증서의 사본 또는 관계 증서에 관한 전자문서를 교부하지 아니한 자
   6. 제35조 제3항 또는 제4항을 위반하여 공인중개사자격증을 반납하지 아니하거나 공인중개사자격증을 반납할 수 없는 사유서를 제출하지 아니한 자 또는 거짓으로 공인중개사자격증을 반납할 수 없는 사유서를 제출한 자
   7. 제38조 제4항을 위반하여 중개사무소등록증을 반납하지 아니한 자
   ⑤ 제2항 및 제3항에 따른 과태료는 대통령령으로 정하는 바에 따라 다음 각 호의 자가 각각 부과·징수한다.
   1. 제2항 제1호의2·제1호의3·제1호의5, 제6호부터 제8호까지, 제8호의2 및 제9호의 경우: 국토교통부장관
   2. 제2항 제5호의2 및 제3항 제6호의 경우: 시·도지사
   4. 제2항 제1호·제1호의4·제1호의6, 제3항 제1호·제2호·제2호의2, 제3호부터 제5호까지 및 제7호의 경우: 등록관청

1 서설

(1) 과태료의 부과

과태료는 금전벌의 일종으로 「형법」상 형벌은 아니다. 따라서, 과벌 절차는 「형사소송법」에 의하지 않고, 각 법률에 규정이 없다면 「질서위반행위규제법」에 따른다.

(2) 과태료의 누적

개업공인중개사가 과태료를 누적하여 받으면 가중처벌될 수 있다. 예컨대 최근 1년 이내에 2회의 과태료를 받은 자가 다시 과태료처분에 해당되는 행위를 하였을 경우에는 업무정지에 처하게 된다. 또한 최근 1년 이내에 3회의 과태료처분을 받고 다시 과태료처분에 해당되는 행위를 하면 등록취소를 당할 수 있으며, 이로 인하여 3년간 결격기간에 빠지므로 과태료를 가볍게 생각할 수는 없다.

❷ 과태료의 종류

(1) 500만원 이하의 과태료

① 거래정보사업자
  ㉠ 거래정보사업자가 운영규정의 승인(3개월 이내) 또는 변경승인을 얻지 아니하거나 운영규정의 내용에 위반하여 부동산거래정보망을 운영한 경우
  ㉡ 거래정보사업자가 지도·감독상의 업무보고, 자료의 제출, 조사 또는 검사를 거부·방해 또는 기피하거나 그 밖의 명령을 이행하지 아니하거나 거짓으로 보고 또는 자료제출을 한 경우

② 협회
  ㉠ 협회가 매년도의 공제사업 운용실적을 공시(3개월 이내)하지 아니한 경우
  ㉡ 협회가 국토교통부장관으로부터 받은 공제업무의 개선명령을 이행하지 아니한 경우
  ㉢ 협회 임원에 대한 국토교통부장관의 징계·해임의 요구를 이행하지 아니하거나 시정명령을 이행하지 아니한 경우
  ㉣ 협회가 국토교통부장관이나 국토교통부장관의 요청을 받은 금융감독원장의 조사 또는 검사와 관련하여 보고, 자료의 제출, 조사 또는 검사를 거부·방해 또는 기피하거나 그 밖의 명령을 이행하지 아니하거나 거짓으로 보고 또는 자료제출을 한 경우

③ 정보통신서비스 제공자
  ㉠ 국토교통부장관의 표시·광고 모니터링을 위한 관련 자료의 제출요구에 따르지 아니한 경우
  ㉡ 국토교통부장관의 표시·광고 모니터링을 위한 필요한 조치 요구에 따르지 아니한 경우

④ 개업공인중개사
  ㉠ 중개대상물에 대하여 부당한 표시·광고를 한 경우
  ㉡ 성실·정확하게 중개대상물의 확인·설명을 하지 아니하거나 설명의 근거자료를 제시하지 아니한 경우
  ㉢ 정당한 사유 없이 실무교육을 받은 후 2년마다 연수교육을 받지 아니한 경우

⑤ 소속공인중개사: 정당한 사유 없이 실무교육을 받은 후 2년마다 연수교육을 받지 아니한 경우

⑥ 중개보조원: 중개의뢰인에게 본인이 중개보조원이라는 사실을 미리 알리지 아니한 사람 및 그가 소속된 개업공인중개사. 다만, 개업공인중개사가 그 위반행위를 방지하기 위하여 해당 업무에 관하여 상당한 주의와 감독을 게을리하지 아니한 경우는 제외한다.

✔ **과태료 양벌규정**

과태료(일본에서는 過料라 한다)에 대하여도 법이론적으로 양벌규정을 둘 수 있다. 실제로「금융실명거래 및 비밀보장에 관한 법률」제8조,「부정청탁 및 금품등 수수의 금지에 관한 법률」제24조 등에 과태료 양벌규정을 두고 있다(법제처, 법제소식 2024.6월호, 법제 Q&A 중).

(2) 100만원 이하의 과태료

① 개업공인중개사

　㉠ 중개사무소등록증 등을 게시하지 아니한 경우

　㉡ 사무소의 명칭에 '공인중개사사무소', '부동산중개'라는 문자를 사용하지 아니하거나, 옥외광고물에 성명을 표기하지 아니하거나 거짓으로 표기한 경우

　㉢ 중개대상물의 표시·광고시 명시 사항 명시의무를 위반한 경우나 중개보조원에 관한 사항을 명시한 경우

　㉣ 중개사무소의 이전신고를 하지 아니한 경우

　㉤ 휴업·폐업, 휴업한 중개업의 재개 또는 휴업기간의 변경신고를 하지 아니한 경우

　㉥ 손해배상책임에 관한 사항을 설명하지 아니하거나 관계 증서의 사본 또는 관계 증서에 관한 전자문서를 교부하지 아니한 경우

　㉦ 중개사무소 개설등록취소처분을 받은 날로부터 7일 이내 등록증을 반납하지 아니한 경우

　㉧ 사무소의 명칭에 '공인중개사사무소'라는 문자를 사용한 부칙상의 개업공인중개사

② 공인중개사: 공인중개사자격증을 반납하지 아니하거나 공인중개사자격증을 반납할 수 없는 사유서를 제출하지 아니한 자 또는 거짓으로 공인중개사자격증을 반납할 수 없는 사유서를 제출한 자

❸ 과태료 부과·징수권자

공인중개사법령상의 과태료 부과·징수권자는 다음과 같다.

(1) 국토교통부장관

국토교통부장관은 협회, 거래정보사업자, 정보통신서비스 제공자에 대한 과태료 부과·징수권을 가진다.

(2) 시·도지사

시·도지사는 연수교육 이수의무자(개업공인중개사와 소속공인중개사를 말한다)와 공인중개사(자격취소 후 반납의무 위반자)에 대한 과태료 부과·징수권을 가진다.

(3) 등록관청

등록관청은 개업공인중개사와 중개보조원에 대한 과태료 부과·징수권을 가진다.

❹ 과태료 부과·징수절차

과태료의 부과·징수는 물론이고 재판 및 집행 등에 관한 세부적인 절차는 과태료 부과·징수에 관한 일반법인 「질서위반행위규제법」을 적용하여야 한다. 다만, 과태료 부과기준은 「공인중개사법 시행령」에 세부규정을 두고 있으므로 이를 적용하여야 한다.

심화 「질서위반행위규제법」
1. 과태료처분 전에 10일 이상의 기간을 두어 의견제출기회를 부여하여야 한다(동법 제16조).
2. 과태료 부과통지를 받은 날부터 60일 이내 해당 행정청에 서면으로 이의를 제기할 수 있다(동법 제20조).

핵심 과태료 정리

부과·징수권자	부과금액	부과대상자
국토교통부장관	500만원 이하	거래정보사업자, 협회, 정보통신서비스 제공자
시·도지사	500만원 이하	연수교육 이수의무자(개업공인중개사·소속공인중개사)
	100만원 이하	자격취소 후 자격증 미반납자
등록관청	500만원 이하	개업공인중개사, 중개보조원
	100만원 이하	개업공인중개사(각종 업무 관련 의무를 위반한 경우)

예제

1. 「공인중개사법」에서 규정한 과태료 부과처분대상자, 부과금액 기준, 부과권자가 바르게 연결된 것은?

   ① 중개사무소등록증을 게시하지 않은 개업공인중개사 – 100만원 이하 – 등록관청
   ② 중개사무소 개설등록이 취소되었으나 중개사무소등록증을 반납하지 않은 개업공인중개사 – 500만원 이하 – 등록관청
   ③ 성실·정확하게 확인·설명을 하지 않은 개업공인중개사 – 100만원 이하 – 국토교통부장관
   ④ 부동산거래정보망 운영규정을 승인받지 않고 부동산거래정보망을 운영한 거래정보사업자 – 100만원 이하 – 시·도지사
   ⑤ 공제사업 운용실적을 공시하지 아니한 협회 – 3천만원 이하 – 시·도지사

   해설 ② 100만원 이하
   ③ 500만원 이하 – 등록관청
   ④⑤ 500만원 이하 – 국토교통부장관
   정답 ①

2. 「공인중개사법」상 개업공인중개사 등에 대한 벌칙이 적용된 예에 관한 설명 중 **틀린** 것은?

   ① 중개사무소의 개설등록을 하지 아니하고 중개업을 한 자가 1,000만원의 벌금형을 받았다.
   ② 개업공인중개사가 중개사무소 이전신고의무 위반으로 30만원의 과태료처분을 받았다.
   ③ 공인중개사협회가 공제사업 운영실적 공시의무 위반으로 300만원의 과태료처분을 받았다.
   ④ 다른 사람에게 자기의 성명을 사용하여 중개업무를 하게 한 개업공인중개사가 1,200만원의 벌금형을 받았다.
   ⑤ 중개의뢰인과 직접 거래하였다는 이유로 개업공인중개사가 1,500만원의 벌금형을 받았다.

   해설 다른 사람에게 자기의 성명을 사용하여 중개업무를 하게 한 개업공인중개사는 1년 이하의 징역 또는 1천만원 이하의 벌금형을 받을 수 있다.
   정답 ④

📌 「공인중개사법 시행령」 [별표 2] 〈개정 2023.10.18.〉

과태료 부과기준(제38조 제1항 관련)

1. 일반기준

   가. 부과권자는 다음의 어느 하나에 해당하는 경우에는 제2호의 개별기준에 따른 과태료 금액의 2분의 1 범위에서 그 금액을 줄일 수 있다. 다만, 과태료를 체납하고 있는 위반행위자의 경우에는 그렇지 않다.
      1) 위반행위가 사소한 부주의나 오류 등 과실로 인한 것으로 인정되는 경우
      2) 위반행위자가 법 위반행위를 시정하거나 해소하기 위하여 노력한 사실이 인정되는 경우
      3) 그 밖에 위반행위의 정도, 동기와 그 결과 등을 고려하여 과태료 금액을 줄일 필요가 있다고 인정되는 경우

   나. 부과권자는 다음의 어느 하나에 해당하는 경우에는 제2호의 개별기준에 따른 과태료의 2분의 1 범위에서 그 금액을 늘릴 수 있다. 다만, 법 제51조 제2항·제3항 및 법률 제7638호 「부동산중개업법」 전부개정법률 부칙 제6조 제5항에 따른 과태료 금액의 상한을 넘을 수 없다.
      1) 위반행위의 내용·정도가 중대하여 소비자 등에게 미치는 피해가 크다고 인정되는 경우
      2) 그 밖에 위반행위의 동기와 결과, 위반 정도 등을 고려하여 과태료 금액을 늘릴 필요가 있다고 인정되는 경우

2. 개별기준

위반행위	근거 법조문	과태료 금액
가. 법 제18조의2 제4항 각 호를 위반하여 부당한 표시·광고를 한 경우	법 제51조 제2항 제1호	
1) 중개대상물이 존재하지 않아서 실제로 거래를 할 수 없는 중개대상물에 대한 표시·광고를 한 경우		500만원
2) 중개대상물의 가격 등 내용을 사실과 다르게 거짓으로 표시·광고하거나 사실을 과장되게 하는 표시·광고를 한 경우		300만원
3) 중개대상물이 존재하지만 실제로 중개의 대상이 될 수 없는 중개대상물에 대한 표시·광고를 한 경우		400만원
4) 중개대상물이 존재하지만 실제로 중개할 의사가 없는 중개대상물에 대한 표시·광고를 한 경우		250만원

	5) 중개대상물의 입지조건, 생활여건, 가격 및 거래조건 등 중개대상물 선택에 중요한 영향을 미칠 수 있는 사실을 빠트리거나 은폐·축소하는 등의 방법으로 소비자를 속이는 표시·광고를 한 경우		300만원
나.	정당한 사유 없이 법 제18조의3 제2항의 요구에 따르지 않아 관련 자료를 제출하지 않은 경우	법 제51조 제2항 제1호의2	500만원
다.	정당한 사유 없이 법 제18조의3 제3항의 요구에 따르지 않아 필요한 조치를 하지 않은 경우	법 제51조 제2항 제1호의3	500만원
라.	법 제18조의4를 위반하여 중개의뢰인에게 본인이 중개보조원이라는 사실을 미리 알리지 않은 사람 및 그가 소속된 개업공인중개사. 다만, 개업공인중개사가 그 위반행위를 방지하기 위해 해당 업무에 관하여 상당한 주의와 감독을 게을리하지 않은 경우는 제외한다.	법 제51조 제2항 제1호의4	500만원
마.	법 제24조 제3항을 위반하여 운영규정의 승인 또는 변경승인을 얻지 않거나 운영규정의 내용을 위반하여 부동산거래정보망을 운영한 경우	법 제51조 제2항 제1호의5	400만원
바.	법 제25조 제1항을 위반하여 성실·정확하게 중개대상물의 확인·설명을 하지 않거나 설명의 근거자료를 제시하지 않은 경우	법 제51조 제2항 제1호의6	
	1) 성실·정확하게 중개대상물의 확인·설명은 했으나 설명의 근거자료를 제시하지 않은 경우		250만원
	2) 중개대상물 설명의 근거자료는 제시했으나 성실·정확하게 중개대상물의 확인·설명을 하지 않은 경우		250만원
	3) 성실·정확하게 중개대상물의 확인·설명을 하지 않고, 설명의 근거자료를 제시하지 않은 경우		500만원
사.	법 제34조 제4항에 따른 연수교육을 정당한 사유 없이 받지 않은 경우	법 제51조 제2항 제5호의2	
	1) 법 위반상태의 기간이 1개월 이내인 경우		20만원
	2) 법 위반상태의 기간이 1개월 초과 3개월 이내인 경우		30만원
	3) 법 위반상태의 기간이 3개월 초과 6개월 이내인 경우		50만원
	4) 법 위반상태의 기간이 6개월 초과인 경우		100만원

아.	거래정보사업자가 법 제37조 제1항에 따른 보고, 자료의 제출, 조사 또는 검사를 거부·방해 또는 기피하거나 그 밖의 명령을 이행하지 않거나 거짓으로 보고 또는 자료제출을 한 경우	법 제51조 제2항 제6호	200만원
자.	법 제42조 제5항을 위반하여 공제사업 운용실적을 공시하지 않은 경우	법 제51조 제2항 제7호	300만원
차.	법 제42조의4에 따른 공제업무의 개선명령을 이행하지 않은 경우	법 제51조 제2항 제8호	400만원
카.	법 제42조의5에 따른 임원에 대한 징계·해임의 요구를 이행하지 않거나 시정명령을 이행하지 않은 경우	법 제51조 제2항 제8호의2	400만원
타.	법 제42조의3 또는 제44조 제1항에 따른 보고, 자료의 제출, 조사 또는 검사를 거부·방해 또는 기피하거나 그 밖의 명령을 이행하지 않거나 거짓으로 보고 또는 자료제출을 한 경우	법 제51조 제2항 제9호	200만원
파.	법 제17조를 위반하여 중개사무소등록증 등을 게시하지 않은 경우	법 제51조 제3항 제1호	30만원
하.	법 제18조 제1항 또는 제3항을 위반하여 사무소의 명칭에 '공인중개사사무소', '부동산중개'라는 문자를 사용하지 않은 경우 또는 옥외 광고물에 성명을 표기하지 않거나 거짓으로 표기한 경우	법 제51조 제3항 제2호	50만원
거.	법 제18조의2 제1항 또는 제2항을 위반하여 중개대상물의 중개에 관한 표시·광고를 한 경우	법 제51조 제3항 제2호의2	50만원
너.	법 제20조 제1항을 위반하여 중개사무소의 이전신고를 하지 않은 경우	법 제51조 제3항 제3호	30만원
더.	법 제21조 제1항을 위반하여 휴업, 폐업, 휴업한 중개업의 재개 또는 휴업기간의 변경 신고를 하지 않은 경우	법 제51조 제3항 제4호	20만원
러.	법 제30조 제5항을 위반하여 손해배상책임에 관한 사항을 설명하지 않거나 관계 증서의 사본 또는 관계 증서에 관한 전자문서를 교부하지 않은 경우	법 제51조 제3항 제5호	30만원

머.	법 제35조 제3항 또는 제4항을 위반하여 공인중개사자격증을 반납하지 않거나 공인중개사자격증을 반납할 수 없는 사유서를 제출하지 않은 경우 또는 거짓으로 공인중개사자격증을 반납할 수 없는 사유서를 제출한 경우	법 제51조 제3항 제6호	30만원
버.	법 제38조 제4항을 위반하여 중개사무소등록증을 반납하지 않은 경우	법 제51조 제3항 제7호	50만원
서.	법률 제7638호 부동산중개업법 전부개정법률 부칙 제6조 제3항을 위반하여 사무소의 명칭에 '공인중개사사무소'의 문자를 사용한 경우	법률 제7638호 부동산중개업법 전부개정법률 부칙 제6조 제5항	50만원

제1편 메타인지 학습체크 제5장~제9장

01 중개의뢰인은 중개의뢰내용을 명확하게 하기 위하여 개업공인중개사에게 거래예정가격 등을 기재한 일반중개계약서의 작성을 요청할 수 있다. [○ / ×]

02 개업공인중개사는 전속중개계약을 체결한 때에는 해당 계약서를 [① 3년 / ② 5년]간 보존하여야 한다.

03 전속중개계약을 체결한 개업공인중개사가 중개대상물의 정보를 공개할 경우에는 각 권리자의 주소·성명 등 인적사항에 관한 정보를 공개하여서는 아니 되며, 거래계약이 임대차인 경우에는 공시지가를 공개하지 아니할 수 있다. [○ / ×]

04 해당 중개행위를 한 소속공인중개사가 있는 경우, 확인·설명서에는 개업공인중개사와 그 소속공인중개사가 함께 서명 또는 날인해야 한다. [○ / ×]

05 개업공인중개사 기본 확인사항은 개업공인중개사가 확인한 사항을 적어야 한다. [○ / ×]

06 「공인중개사법 시행규칙」에 개업공인중개사가 작성하는 거래계약서의 표준이 되는 서식이 정해져 있다. [○ / ×]

07 중개대상물 확인·설명서 교부일자는 거래계약서에 기재해야 하는 사항이다. [○ / ×]

08 개업공인중개사는 거래의 안전을 보장하기 위하여 필요하다고 인정하는 경우, 계약금 등을 예치하도록 거래당사자에게 권고하여야 한다. [○ / ×]

09 개업공인중개사는 업무를 개시하기 전에 손해배상책임을 보장하기 위하여 보증보험 또는 공제에 가입하거나 공탁을 해야 한다. [○ / ×]

10 개업공인중개사는 자기의 중개사무소를 다른 사람의 중개행위의 장소로 제공함으로써 거래당사자에게 재산상의 손해를 발생하게 한 때에는 그 손해를 배상할 책임이 [① 있다 / ② 없다].

정답

01 ○   02 ①   03 ○   04 ×   05 ○   06 ×   07 ○   08 ×   09 ○   10 ①

11 개업공인중개사가 전속중개계약을 체결한 때에는 중개의뢰인이 비공개를 요청하지 않은 경우, 전속중개계약 체결 후 7일 이내 부동산거래정보망과 일간신문에 해당 중개대상물에 관한 정보를 공개해야 한다. [○ / ×]

12 당사자 간에 다른 약정이 없는 한 전속중개계약의 유효기간은 3개월로 한다. [○ / ×]

13 개업공인중개사는 중개가 완성되어 거래계약서를 작성하는 때에는 중개대상물 확인·설명사항을 확인·설명서로 작성하여 이를 거래당사자 중 권리취득의뢰인에게 교부하고 원본, 사본 또는 전자문서를 3년 동안 보존하여야 한다. [○ / ×]

14 중개대상 물건에 근저당권이 설정된 경우 개업공인중개사는 그 채권최고액을 조사·확인하여 의뢰인에게 설명하면 족한 것이고, 실제의 피담보채무액까지 조사·확인하여 설명하여야 할 의무는 없다는 것이 판례의 입장이다. [○ / ×]

15 개업공인중개사는 권리를 이전할 의뢰인이 중개대상물의 상태에 관한 자료요구에 불응한 경우 그 사실을 중개대상물 확인·설명서에 기재할 의무가 있다. [○ / ×]

16 하나의 거래계약에 대하여 서로 다른 둘 이상의 거래계약서를 작성한 경우, 등록관청은 개업공인중개사의 등록을 취소하여야 한다. [○ / ×]

17 소속공인중개사가 거래계약서에 거래금액을 거짓으로 기재한 경우 자격[① 취소 / ② 정지]사유에 해당한다.

18 개업공인중개사는 거래대금을 자기 명의로 금융기관 등에 예치하는 경우에는 자기 소유의 예치금과 분리하여 관리하여야 한다. [○ / ×]

19 개업공인중개사는 중개행위를 하는 경우 자신의 고의 또는 과실로 인하여 중개의뢰인에게 재산상의 손해를 발생하게 한 때에는 그 손해를 배상할 책임이 있다. [○ / ×]

20 업무보증금으로 공탁한 공탁금은 개업공인중개사가 폐업 또는 사망한 날부터 3개월 이내에는 이를 회수할 수 없다. [○ / ×]

> **정답**
> 11 × 12 ○ 13 × 14 ○ 15 ○ 16 × 17 ② 18 ○ 19 ○ 20 ×

메타인지 학습체크 제5장~제9장

21 개업공인중개사가 업무보증금으로 손해배상을 한 때에는 [① 15일 / ② 30일] 이내에 다시 가입하거나 부족한 만큼을 보전하여야 한다.

22 중개사무소 개설등록을 하지 않고 중개업을 영위하는 자인 사실을 알면서 그를 통하여 중개를 의뢰받은 것은 공인중개사법령상 개업공인중개사 등의 금지행위에 해당한다. [○ / ✕]

23 주택의 중개보수는 국토교통부령으로 정하고, 주택 외의 중개대상물의 중개보수는 국토교통부령으로 정하는 범위 안에서 시·도의 조례로 정한다. [○ / ✕]

24 중개보수 지급시기는 개업공인중개사와 중개의뢰인 간의 약정에 따르되, 약정이 없을 때에는 중개대상물의 거래대금 지급이 완료된 날로 한다. [○ / ✕]

25 개업공인중개사는 부동산거래정보망을 통하여 거래하는 경우 거래가 완성된 때에는 지체 없이 이를 해당 거래정보사업자에게 통보하여야 한다. [○ / ✕]

26 협회는 회원 300인 이상이 발기인이 되어 정관을 작성하여 창립총회의 의결을 거친 후 국토교통부장관의 인가를 받아 그 주된 사무소의 소재지에서 설립등기를 함으로써 [① 설립 / ② 성립]한다.

27 등록관청은 하나의 사건에 대하여 2인 이상이 공동으로 신고 또는 고발한 경우에는 포상금을 균등하게 배분하여 지급한다. [○ / ✕]

28 공인중개사의 자격취소처분은 공인중개사 사무소 소재지 관할하는 시·도지사가 행한다. [○ / ✕]

29 시·도지사는 공인중개사의 자격을 취소하고자 하는 경우에는 청문을 실시해야 한다. [○ / ✕]

30 공인중개사의 자격이 취소된 자는 취소된 날부터 5일 이내에 공인중개사자격증을 교부한 시·도지사에게 반납해야 한다. [○ / ✕]

정답
21 ① 22 ○ 23 ✕ 24 ○ 25 ○ 26 ② 27 ○ 28 ✕ 29 ○ 30 ✕

31 법정한도를 초과하는 중개보수약정은 그 한도를 초과하는 범위 내에서 무효이다. [○ / ×]

32 개업공인중개사는 사례비 명목으로 공인중개사법령상의 보수 또는 실비를 초과하여 금품을 받아서는 아니 된다. [○ / ×]

33 주택에 대한 중개보수와 실비의 경우에 중개대상물의 소재지와 중개사무소의 소재지가 다른 경우에는 개업공인중개사는 중개대상물 소재지를 관할하는 시·도의 조례에서 정한 기준에 따라 보수 및 실비를 받아야 한다. [○ / ×]

34 동일한 중개대상물에 대하여 동일 당사자 간에 매매를 포함한 둘 이상의 거래가 동일 기회에 이루어지는 경우에는 매매계약에 관한 거래금액만을 적용한다. [○ / ×]

35 거래정보사업자는 지정받은 날부터 [① 30일 / ② 3개월] 이내에 부동산거래정보망의 이용 및 정보제공방법 등에 관한 운영규정을 정하여 국토교통부장관의 승인을 얻어야 한다.

36 협회는 총회의 의결내용을 지체 없이 국토교통부장관에게 보고하여야 한다. [○ / ×]

37 등록관청은 하나의 사건에 대하여 2건 이상의 신고 또는 고발이 접수된 경우에는 균등배분하여 포상금을 지급한다. [○ / ×]

38 시·도지사는 공인중개사의 자격취소처분을 한 때에는 [① 5일 / ② 7일] 이내에 이를 국토교통부장관과 다른 시·도지사에게 통보해야 한다.

39 자격증을 교부한 시·도지사와 중개사무소의 소재지를 관할하는 시·도지사가 서로 다른 경우에 자격취소처분에 필요한 절차는 자격증을 교부한 시·도지사가 이행하고, 자격취소처분은 사무소 소재지를 관할하는 시·도지사가 하여야 한다. [○ / ×]

40 개업공인중개사인 법인이 해산한 경우 중개사무소 개설등록을 취소하여야 하는 사유에 해당한다. [○ / ×]

📍 **정답**

31 ○   32 ○   33 ×   34 ○   35 ②   36 ○   37 ×   38 ①   39 ×   40 ○

제1편 메타인지 학습체크 제5장~제9장

41 개업공인중개사가 공인중개사법령을 위반하여 둘 이상의 중개사무소를 둔 경우 중개사무소 개설등록을 취소하여야 하는 사유에 해당한다. [○ / ×]

42 자격정지기간은 2분의 1의 범위 안에서 가중 또는 감경할 수 있으며, 가중하여 처분하는 때에도 6개월을 초과할 수 없다. [○ / ×]

43 개업공인중개사가 최근 1년 이내에 공인중개사법령을 위반하여 1회 업무정지처분, 2회 과태료처분을 받고 다시 업무정지처분에 해당하는 행위를 한 경우 중개사무소 개설등록을 취소하여야 한다. [○ / ×]

44 폐업기간이 [① 1년 / ② 3년]을 초과한 재등록 개업공인중개사에 대해 폐업신고 전의 중개사무소 업무정지사유에 해당하는 위반행위를 이유로 행정처분을 할 수 없다.

45 공인중개사가 아닌 자로서 공인중개사 명칭을 사용한 자는 1년 이하의 징역 또는 1천만원 이하의 벌금에 처한다. [○ / ×]

46 중개의뢰인과 직접 거래를 하는 행위, 거래당사자 쌍방을 대리하는 행위는 공인중개사법령상 3년 이하의 징역 또는 3천만원 이하의 벌금에 처해지는 행위이다. [○ / ×]

47 부정한 방법으로 공인중개사의 자격을 취득하는 행위는 자격취소와 3년 이하의 징역 또는 3천만원 이하의 벌금에 처해지는 행위이다. [○ / ×]

48 등록관청은 개업공인중개사가 최근 1년 이내에 이 법에 의하여 2회 이상 업무정지처분을 받고 다시 업무정지처분에 해당하는 행위를 한 경우에는 중개사무소의 개설등록을 취소[① 할 수 있다 / ② 하여야 한다].

49 폐업신고 전에 개업공인중개사에게 한 업무정지처분의 효과는 그 처분일부터 3년간 재등록 개업공인중개사에게 승계된다. [○ / ×]

50 폐업신고 전에 개업공인중개사에게 한 과태료부과처분의 효과는 그 처분일부터 1년간 재등록 개업공인중개사에게 승계된다. [○ / ×]

정답
41 × 42 ○ 43 × 44 ① 45 ○ 46 ○ 47 × 48 ② 49 × 50 ○

51 폐업기간이 1년을 초과한 재등록 개업공인중개사에게 폐업신고 전의 중개사무소 개설등록 취소사유에 해당하는 위반행위를 이유로 개설등록 취소처분을 할 수 없다. [○ / ×]

52 개업공인중개사가 중개업무를 하면서 법정한도를 초과하는 중개보수를 요구하여 수령하였다면 3년 이하의 징역 또는 3천만원 이하의 벌금사유에 해당한다. [○ / ×]

53 개업공인중개사가 아닌 자가 '부동산중개'라는 명칭을 사용한 경우, 1년 이하의 징역 또는 1천만원 이하의 벌금에 처한다. [○ / ×]

54 연수교육을 정당한 사유 없이 받지 않으면 500만원 이하의 과태료를 부과한다. [○ / ×]

정답

51 ×   **52** ×   **53** ○   **54** ○

제 2 편
부동산 거래신고 등에 관한 법령

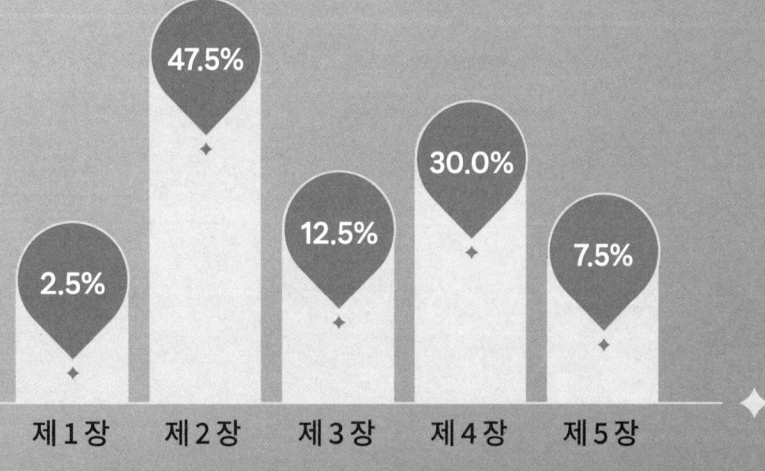

◆ 최근 5개년 **출제경향 분석**

www.megaland.co.kr

- ◆ 제 1 장 | 총칙
- ◆ 제 2 장 | 부동산거래신고제도
- ◆ 제 3 장 | 외국인 등의 부동산취득
- ◆ 제 4 장 | 토지거래허가제도
- ◆ 제 5 장 | 벌칙

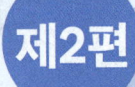

제2편 부동산 거래신고 등에 관한 법령

❖ **부동산거래신고제도**

부동산거래 신고대상	① 부동산거래신고의 대상: ㉠ 부동산의 매매계약(토지 및 건물의 매매계약), ㉡ 부동산의 공급계약(첫 분양계약), ㉢ 부동산을 취득할 수 있는 지위(권리)에 대한 매매계약[분양권, (재)분양권의 매매계약] ② 매매계약을 신고한다(증여계약 ×, 교환계약 ×). ③ 계약일로부터 30일 이내 신고관청(부동산 소재지 관할 시·군·구청장)에 신고하여야 한다(미신고는 500만원 이하 과태료).
신고방법	방문신고는 신고대행이 가능하나, 인터넷신고(전자문서)는 신고대행이 불가하다. ① 방문신고: 신고서 제출 + 신분증 제시 ② 인터넷신고: 전자문서 + 전자인증 ✔ 부동산거래 전자계약시스템을 통하여 거래를 한 경우에는 부동산거래신고를 한 것으로 본다.

신고절차	① 거래당사자 직거래시
	   ㉠ 공동신고 원칙: 거래신고서에 공동으로 서명 또는 날인, 거래신고서 제출은 거래당사자 중 1인이 제출하면 된다.
	   ㉡ 단독신고 가능: 일방이 신고 거부시 – 일방이 거래신고서에 서명 또는 날인하여 제출. 이 경우 거부사유서와 거래계약서 사본을 첨부하여야 한다.
	   ㉢ 거래당사자 중의 일방이 국가나 지방자치단체 등인 경우에는 국가나 지방자치단체 등이 신고하여야 한다.
	② 개업공인중개사 중개시: ㉠ 개업공인중개사가 신고하여야 하며, ㉡ 거래당사자는 서명 또는 날인의무조차 없다.

신고필증 교부 및 가격검증	① 신고를 받은 신고관청은 신고필증을 지체 없이 교부한다. ② 국토교통부장관은 부동산거래가격 검증체계를 구축·운영하여야 하고, 신고관청은 이를 이용하여 신고받은 가격의 적정성을 검토하여야 한다. ③ 신고관청은 가격의 적정성 검토 결과를 관할 세무서장과 시·도지사에게 통보하여야 하고, 시·도지사는 국토교통부장관에게 보고하여야 한다.
주택임대차 신고	① 「주택임대차보호법」의 적용을 받는 주택의 임대차 계약일로부터 30일 이내에 임대차 현황을 신고하여야 한다. ② 대통령령으로 정하는 지역에서 임대보증금이 6천만원을 초과하거나, 월차임이 30만원을 초과하는 주택임대차계약을 신고하여야 한다.

❖ 토지거래허가제도

① 허가구역의 지정: 국토교통부장관[둘 이상의 (특·광)시·도에 걸치는 경우] 또는 시·도지사[하나의 (특·광)시·도 안의 일부 지정]가 지정하고 공고한다.
② 효력발생: 공고일로부터 5일 후부터 효력이 발생한다.
③ 허가대상 토지: 일정한 기준 면적을 초과하는 토지만 허가를 받는다.
④ 허가대상 거래: 소유권 및 지상권의 설정 및 이전에 관한 유상의 계약(매매계약, 교환계약 등) 및 예약을 하기 전에 시장·군수·구청장의 사전허가를 받아야 한다(법원경매나 무상증여계약은 허가받지 아니한다).
⑤ 허가처분: 시·군·구청장은 15일 이내에 허가처분이나 불허가처분을 하여야 한다.
⑥ 허가처분의 효과: 허가받은 토지이용의 목적대로 토지를 이용하여야 한다(의무이용기간에 이용하지 아니하면, 이행명령과 이행강제금을 부과).
⑦ 불허가처분시: 1개월 이내에 이의제기나, 1개월 이내에 매수청구(공시지가 기준)를 할 수 있다.
⑧ 선매신청: 공익사업용 토지나 허가받은 목적대로 이용하지 않는 토지에 대하여 국가 등이 선매신청을 할 수 있다(감정가 기준).

❖ 외국인의 부동산취득의 특례

① 외국인이 계약을 원인으로 대한민국 내의 부동산의 소유권 취득시: 계약일로부터 60일 이내에 취득신고하여야 한다(위반시 300만원 이하 과태료). 다만, 외국인이 매매계약을 통하여 소유권을 취득한 경우에는 매매계약에 대한 부동산거래신고를 30일 이내에 하여야 한다.
② 외국인이 계약 이외의 원인으로 소유권 취득시: 소유권 취득일로부터 6개월 이내에 신고하여야 한다(위반시 100만원 이하 과태료).
③ 대한민국 국민이 외국인으로 국적이 변경된 경우에도 부동산을 계속 보유하고자 할 때: 국적변경일로부터 6개월 이내에 신고하여야 한다(위반시 100만원 이하 과태료).
④ 허가구역: 군사시설보호구역, 지정문화유산보호구역, 천연기념물 보호구역, 생태·경관보전지역, 야생생물 특별보호구역(허가 없이 거래한 경우에는 2년 이하의 징역 또는 2천만원 이하의 벌금)
⑤ 외국인이 부동산거래신고나 토지거래허가를 받은 경우에는 외국인 특례규정(취득신고, 취득허가)이 적용되지 아니한다.

제1장 총칙

> 「부동산 거래신고 등에 관한 법률」은 기존 「부동산 거래신고에 관한 법률」에 「국토의 계획 및 이용에 관한 법률」상 토지거래허가제도, 「외국인토지법」이 흡수되어 제정된 법률로서 제28회 시험부터 출제범위에 포함되었다. 기존 법령에서는 부동산거래신고제도에 관한 문제가 매년 1문제 정도 출제되었으며, 본법에 흡수된 「외국인토지법」과 토지거래허가제도 관련 용어들도 중요한 내용이다.

제1절 | 부동산 거래신고 등에 관한 법률 개관

❶ 부동산 거래신고 등에 관한 법률의 제정

부동산거래신고제도를 효율적으로 관리하고 필요한 사항을 입법적으로 보완하기 위하여 2014년 1월 28일 법률 제12376호(2014.7.29. 시행)로 「부동산 거래신고에 관한 법률」이 제정되었다.

❷ 부동산 거래신고 등에 관한 법률의 구성 및 성격

(1) 구성

「부동산 거래신고 등에 관한 법률」은 법률과 대통령령인 시행령, 국토교통부령인 시행규칙으로 구성된다.

(2) 성격

① 실정법·국내법·공법: 「부동산 거래신고 등에 관한 법률」은 실정법이자 국내법의 성격을 가지며, 공법에 해당한다.
② 절차법: 「부동산 거래신고 등에 관한 법률」은 공법 중에서도 부동산거래신고 및 허가에 관한 행정적인 절차를 규정하는 절차법에 해당한다고 볼 수 있다.✚

✚ 법의 분류상 실체법은 권리·의무의 발생·변경·소멸·성질·내용·범위 등을 규율하는 것이라면, 절차법은 권리의 보전·실현, 의무의 이행·강제 등을 규율하는 것을 의미한다.

제2절 | 부동산 거래신고 등에 관한 법률의 제정 목적 및 용어의 정의

❶ 제정 목적

제1조【목적】이 법은 부동산거래 등의 신고 및 허가에 관한 사항을 정하여 건전하고 투명한 부동산거래질서를 확립하고 국민경제에 이바지함을 목적으로 한다.

「부동산 거래신고 등에 관한 법률」은 부동산거래 등의 신고 및 허가에 관한 사항을 정하여 건전하고 투명한 부동산거래질서를 확립하고 국민경제에 이바지함을 목적으로 제정(제1조)되었는데, 1차적으로는 '부동산거래 등의 신고 및 허가에 관한 사항을 정하는 것'을 목적으로 한다. 그리고 '건전하고 투명한 부동산거래질서를 확립'하는 것이 2차적 목적이며, 궁극적으로는 '국민경제에 이바지함'을 최종 목적으로 한다. 「공인중개사법」의 제정 목적과 구별하여 숙지하여야 한다.

핵심 「공인중개사법」과 「부동산 거래신고 등에 관한 법률」의 제정 목적 비교

구분	「공인중개사법」	「부동산 거래신고 등에 관한 법률」
1차 목적	공인중개사의 업무 등에 관한 사항을 정함	부동산거래 등의 신고 및 허가에 관한 사항을 정함
2차 목적	전문성을 제고하고 부동산중개업을 건전하게 육성함	건전하고 투명한 부동산거래질서를 확립함
궁극 목적	국민경제에 이바지함	국민경제에 이바지함

Tip 👉 두 가지 법률의 제정 목적을 구별하여 완벽하게 숙지하여야 한다.

❷ 용어의 정의

제2조【정의】이 법에서 사용하는 용어의 뜻은 다음과 같다.
1. '부동산'이란 토지 또는 건축물을 말한다.
2. '부동산 등'이란 부동산 또는 부동산을 취득할 수 있는 권리를 말한다.
3. '거래당사자'란 부동산 등의 매수인과 매도인을 말하며, 제4호에 따른 외국인 등➕을 포함한다.
3의2. '임대차계약당사자'란 부동산 등의 임대인과 임차인을 말하며, 제4호에 따른 외국인 등을 포함한다.

➕ 제3장 '외국인 등의 부동산취득'에서 자세히 다루기로 한다.

(1) '부동산'

「부동산 거래신고 등에 관한 법률」에서 사용하는 용어인 '부동산'은 「민법」상 부동산이나 공인중개사법령상 중개대상물과 다르다. 즉, 이 법에서 사용하는 부동산은 오직 토지 또는 건축물을 의미한다. 이때 토지 또는 건축물은 위치나 면적 등을 불문하며 지목이나 건축물의 용도를 따지지 아니한다. 대장상 등록이나 등기 여부 등을 불문하지만, 매매 등 거래가 가능하여야 한다. 또한 거래가격을 불문하며, 건축물의 경우 적법·위법 여부를 묻지 아니하고 신고대상에 포함된다.

(2) '부동산 등'

'부동산 등'은 부동산 또는 부동산을 취득할 수 있는 권리를 말한다. '부동산을 취득할 수 있는 권리'란 「택지개발촉진법」, 「주택법」 등 대통령령으로 정하는 법률에 따른 부동산에 대한 공급계약을 통하여 부동산을 공급받는 자로 선정된 지위, 「도시 및 주거환경정비법」 제74조에 따른 관리처분계획의 인가 및 「빈집 및 소규모주택 정비에 관한 특례법」 제29조에 따른 사업시행계획인가로 취득한 입주자로 선정된 지위 등을 의미한다.

(3) '거래당사자'

「부동산 거래신고 등에 관한 법률」에서 '거래당사자'란 부동산 등의 매수인과 매도인을 말하며, 외국인 등을 포함한다. 즉, 부동산 또는 부동산을 취득할 수 있는 권리✚를 매매거래하거나 공급계약을 체결한 당사자(외국인 등을 포함한다)를 '거래당사자'라고 한다. 예를 들어 「공인중개사법」상 중개대상물인 '입목'을 매매한 거래당사자는 「부동산 거래신고 등에 관한 법률」에서는 거래당사자가 될 수 없음에 유의하여야 한다.

✚ 이를 '부동산 등'이라고 표현하기도 하며 '신고대상 물건'이라고 표현하기도 한다.

(4) '임대차계약당사자'

임대차계약당사자란 부동산 등의 임대인과 임차인을 말하며, 외국인 등을 포함한다.

> 예제

1. 부동산 거래신고 등에 관한 법령상 부동산거래신고에 관한 설명으로 **틀린** 것은?

    제26회 수정

    ① 「도시 및 주거환경정비법」에 따른 관리처분계획의 인가로 취득한 입주자로 선정된 지위에 관한 매매계약을 체결한 경우 거래신고를 하여야 한다.
    ② 공인중개사법령상 중개대상물에 해당한다고 하여 모두 부동산거래신고의 대상이 되는 것은 아니다.
    ③ 거래의 신고를 받은 신고관청은 그 신고내용을 확인한 후 신고인에게 부동산거래계약신고필증을 지체 없이 발급하여야 한다.
    ④ 거래의 신고를 하려는 개업공인중개사는 부동산거래계약신고서에 서명 또는 날인하여 중개사무소 소재지 신고관청에 제출하여야 한다.
    ⑤ 거래의 신고를 하여야 하는 개업공인중개사의 위임을 받은 소속공인중개사는 부동산거래계약신고서의 제출을 대행할 수 있다.

    > 해설 중개사무소 소재지 신고관청이 아니라, 부동산 소재지 관할 신고관청에 부동산거래계약신고서를 제출하여야 한다.
    >
    > **정답 ④**

2. 부동산 거래신고 등에 관한 법령상 부동산거래의 신고에 관한 설명으로 옳은 것은?

    제36회

    ① 「산업입지 및 개발에 관한 법률」에 따른 토지에 대한 공급계약은 거래신고의 대상이다.
    ② 자연인과 지방자치단체가 건축물의 매매계약을 체결한 경우 자연인이 거래신고를 하여야 한다.
    ③ 개업공인중개사가 거래계약서를 작성·교부한 경우에는 거래당사자 또는 해당 개업공인중개사가 거래신고를 할 수 있다.
    ④ 부동산의 매수인은 신고인이 부동산거래계약 신고서를 제출한 때에 「부동산등기 특별조치법」에 따른 검인을 받은 것으로 본다.
    ⑤ 거래당사자 중 일방이 신고를 거부하여 단독으로 거래신고를 하는 경우 신고기간은 거래계약의 체결일부터 60일이다.

    > 해설 ② 지방자치단체가 단독으로 신고하여야 한다.
    >   ③ 개업공인중개사가 단독으로 신고하여야 한다.
    >   ④ 부동산거래신고서를 제출하여도 수리가 되지 아니할 수도 있고, 보완 명령 등의 조치 명령을 받을 수도 있다. 신고서가 정상적으로 수리가 되고, 신고필증이 '교부'된 때에 비로소 「부동산등기 특별조치법」에 따른 검인을 받은 것으로 본다.
    >   ⑤ 단독신고의 경우에도 거래계약의 체결일로부터 '30일' 이내에 하여야 한다.
    >
    > **정답 ①**

제2장 부동산거래신고제도

> 제2편에서 가장 중요한 장이다. 이 장에 관한 문제는 매년 2~4문제 정도 출제되고 있으며, 부동산거래의 신고절차와 부동산거래계약신고서 작성방법 등이 중요하다.
> 부동산거래의 신고의무자부터 신고절차 등까지 완벽하게 학습하여야 한다. 특히, 부동산거래계약신고서 작성방법이 자주 출제되므로 여러 번 정독하여야 한다.

제1절 | 부동산거래의 신고

제32회~제36회

1 부동산거래신고제도 개관

제3조【부동산거래의 신고】 ① 거래당사자는 다음 각 호의 어느 하나에 해당하는 계약을 체결한 경우 그 실제 거래가격 등 대통령령으로 정하는 사항을 거래계약의 체결일부터 30일 이내에 그 권리의 대상인 부동산 등(권리에 관한 계약의 경우에는 그 권리의 대상인 부동산을 말한다)의 소재지를 관할하는 시장(구가 설치되지 아니한 시의 시장 및 특별자치시장과 특별자치도 행정시의 시장을 말한다)·군수 또는 구청장(이하 '신고관청'이라 한다)에게 공동으로 신고하여야 한다. 다만, 거래당사자 중 일방이 국가, 지방자치단체, 대통령령으로 정하는 자의 경우(이하 '국가 등'이라 한다)에는 국가 등이 신고를 하여야 한다.
1. 부동산의 매매계약
2. 「택지개발촉진법」, 「주택법」 등 대통령령으로 정하는 법률에 따른 부동산에 대한 공급계약
3. 다음 각 목의 어느 하나에 해당하는 지위의 매매계약
   가. 제2호에 따른 계약을 통하여 부동산을 공급받는 자로 선정된 지위
   나. 「도시 및 주거환경정비법」 제74조에 따른 관리처분계획의 인가 및 「빈집 및 소규모주택 정비에 관한 특례법」 제29조에 따른 사업시행계획인가로 취득한 입주자로 선정된 지위

② 제1항에도 불구하고 거래당사자 중 일방이 신고를 거부하는 경우에는 국토교통부령으로 정하는 바에 따라 단독으로 신고할 수 있다.
③ 「공인중개사법」 제2조 제4호에 따른 개업공인중개사(이하 '개업공인중개사'라 한다)가 같은 법 제26조 제1항에 따라 거래계약서를 작성·교부한 경우에는 제1항에도 불구하고 해당 개업공인중개사가 같은 항에 따른 신고를 하여야 한다. 이 경우 공동으로 중개를 한 경우에는 해당 개업공인중개사가 공동으로 신고하여야 한다.

④ 제3항에도 불구하고 개업공인중개사 중 일방이 신고를 거부한 경우에는 제2항을 준용한다.
⑤ 제1항부터 제4항까지에 따라 신고를 받은 신고관청은 그 신고내용을 확인한 후 신고인에게 신고필증을 지체 없이 발급하여야 한다.
⑥ 부동산 등의 매수인은 신고인이 제5항에 따른 신고필증을 발급받은 때에「부동산등기 특별조치법」제3조 제1항에 따른 검인을 받은 것으로 본다.
⑦ 제1항부터 제6항까지에 따른 신고의 절차와 그 밖에 필요한 사항은 국토교통부령으로 정한다.

(1) 신고의무자

① 거래당사자
  ㉠ 원칙적인 신고의무자는 거래당사자이다. 즉, 매도인과 매수인이 공동으로 부동산거래를 신고하여야 한다.
  ㉡ 거래당사자 중 1인이 부동산거래신고를 거부하는 때에는 거래당사자 중 다른 1인이 단독으로 신고할 수 있다.
  ㉢ 다만, 거래당사자 중 일방이 국가, 지방자치단체,「공공기관의 운영에 관한 법률」에 따른 공공기관,「지방공기업법」에 따른 지방직영기업·지방공사 또는 지방공단의 경우(이하 '국가 등'이라 한다)에는 국가 등이 신고를 하여야 한다.

② 개업공인중개사
  ㉠ 개업공인중개사가 거래계약서를 작성·교부한 때에는 거래당사자나 국가 등이 아닌 개업공인중개사가 반드시 신고를 하여야 한다.
  ㉡ 주의할 것은 개업공인중개사가 신고의무자가 되는 경우 거래당사자의 신고의무는 면제된다는 것이다.
  ㉢ 공동중개를 통한 매매계약 체결시에는 참여한 모든 개업공인중개사에게 공동신고의무가 있다.

(2) 신고대상 물건 및 신고대상 거래

① 부동산거래신고대상 물건 및 신고대상 거래는 다음과 같다.

> ㉠ 부동산의 매매계약
> ㉡ 다음의 법률에 따른 부동산에 대한 공급계약
>   ⓐ「건축물의 분양에 관한 법률」
>   ⓑ「공공주택 특별법」
>   ⓒ「도시개발법」

　　　　　　　　ⓓ「도시 및 주거환경정비법」
　　　　　　　　ⓔ「빈집 및 소규모주택 정비에 관한 특례법」
　　　　　　　　ⓕ「산업입지 및 개발에 관한 법률」
　　　　　　　　ⓖ「주택법」
　　　　　　　　ⓗ「택지개발촉진법」
　　　　　ⓒ 다음의 어느 하나에 해당하는 지위의 매매계약
　　　　　　　　ⓐ ⓛ에 따른 계약을 통하여 부동산을 공급받는 자로 선정된 지위
　　　　　　　　ⓑ「도시 및 주거환경정비법」에 따른 관리처분계획의 인가 및「빈집 및 소규모주택 정비에 관한 특례법」에 따른 사업시행계획인가로 취득한 입주자로 선정된 지위

② 따라서 교환계약, 증여계약, 저당권설정계약은 물론이고 판결서, 신탁계약 및 신탁해지계약, 대물변제계약, 매매예약 등의 경우에는 거래신고의무가 없으며, 경매나 압류부동산공매의 경우에도 당연히 부동산거래신고대상에 포함되지 않는다.

③ 임대차계약도 원칙적으로는 신고대상 계약이 아니나, 대통령령으로 정하는 일정한 조건의 주택임대차는 신고의무가 있다.✚

✚ 이 부분에 대해서는 '제3절 주택임대차계약의 신고'에서 자세히 다루기로 한다.

(3) 신고기한

신고의무자는 거래계약의 체결일부터 30일 이내에 신고하여야 한다. 주의하여야 할 점은 잔금일이나 취득일부터가 아니라 거래계약의 체결일부터라는 점이다.

(4) 신고관청

Tip 👆 신고관청 ≠ 등록관청
신고의무자가 개업공인중개사인 경우 신고관청과 사무소 소재지 관할 등록관청은 다를 수 있다는 것에 유의하여야 한다.

부동산거래신고는 부동산 등(권리에 관한 계약의 경우에는 그 권리의 대상인 부동산을 말한다)의 소재지를 관할하는 시장(구가 설치되지 아니한 시의 시장 및 특별자치시장과 특별자치도 행정시의 시장을 말한다)·군수 또는 구청장(이하 '신고관청'이라 한다)에게 하여야 한다.

(5) 타 법령상 제도와의 관계

① 검인제도와의 관계: **개업공인중개사 또는 거래당사자가 신고필증을 발급받은 때에는 매수인은「부동산등기 특별조치법」제3조 제1항의 규정에 의한 검인을 받은 것으로 본다.** 본 규정으로 개정 전 법률에 있었던 개업공인중개사의 검인신청의무는 폐지되었다.

② 농지취득자격증명제도와의 관계: **농지취득자격증명을 받았다 하더라도 부동산거래신고는 하여야 한다.**

③ 토지거래계약허가제도와의 관계: 토지거래계약허가를 받았다고 하여 부동산거래신고의무가 면제되는 것은 아니다.
④ 외국인 등의 부동산 등의 취득신고제도와의 관계
   ㉠ 외국인 등이 국내의 신고대상 부동산 등을 취득하는 경우, 취득원인에 따라 신고기한이 60일(계약원인)인 신고와 6개월(계약 이외)인 신고가 있다.
   ㉡ 또한 신고기한이 60일인 신고의 경우에도 세부적으로 매매나 공급계약을 원인으로 하는 경우에는 부동산거래신고(30일 내 신고)를 해야 하므로 외국인취득신고(60일 내 신고)의무에서 제외된다.
   ㉢ 결국 매매계약이나 공급계약 이외의 계약 즉, 교환이나 증여계약을 원인으로 외국인 등이 부동산 등을 취득하는 경우에만 60일 이내에 외국인취득신고를 하는 것이다.
   ㉣ 상속이나 경매 등 계약 외의 원인으로 외국인이 부동산 등을 취득한 경우에는 6개월 이내에 신고하여야 한다.

❷ 부동산거래신고사항 및 제출서류

(1) 공통신고사항

① 거래당사자의 인적 사항
② 계약 체결일, 중도금 지급일 및 잔금 지급일
③ 거래대상 부동산 등(부동산을 취득할 수 있는 권리에 관한 계약의 경우에는 그 권리의 대상인 부동산을 말한다)의 소재지·지번·지목 및 면적
④ 거래대상 부동산 등의 종류(부동산을 취득할 수 있는 권리에 관한 계약의 경우에는 그 권리의 종류를 말한다)
⑤ 실제 거래가격
⑥ 계약의 조건이나 기한이 있는 경우에는 그 조건 또는 기한
⑦ 매수인이 국내에 주소 또는 거소를 두지 않을 경우(매수인이 외국인인 경우로서 외국인등록을 하거나 국내거소신고를 한 경우에는 그 체류기간 만료일이 잔금 지급일부터 60일 이내인 경우를 포함한다)에는 위탁관리인의 인적사항
⑧ 개업공인중개사가 거래계약서를 작성·교부한 경우에는 다음의 사항
   ㉠ 개업공인중개사의 인적 사항
   ㉡ 개업공인중개사가 「공인중개사법」 제9조에 따라 개설등록한 중개사무소의 상호·전화번호 및 소재지

> 참고 「주택법」상 주택
> '주택'이란 「건축법 시행령」 [별표 1] 제1호 또는 제2호의 단독주택 또는 공동주택(공관 및 기숙사는 제외한다)을 말하며, 단독주택 또는 공동주택을 취득할 수 있는 권리에 관한 계약의 경우에는 그 권리를 포함한다.

(2) 법인이 주택의 거래계약을 체결하는 경우

> ① 법인의 현황에 관한 다음의 사항(단, 거래당사자 중 국가 등이 포함되어 있거나 거래계약이 공급계약 또는 공급받는 자로 선정된 지위의 매매계약은 제외한다)
>   ㉠ 법인의 등기 현황
>   ㉡ 법인과 거래상대방간의 관계가 다음의 어느 하나에 해당하는지 여부
>   ⓐ 거래상대방이 개인인 경우: 그 개인이 해당 법인의 임원이거나 법인의 임원과 친족관계가 있는 경우
>   ⓑ 거래상대방이 법인인 경우: 거래당사자인 매도법인과 매수법인의 임원 중 같은 사람이 있거나 거래당사자인 매도법인과 매수법인의 임원간 친족관계가 있는 경우
> ② 주택 취득목적 및 취득자금 등에 관한 다음의 사항(법인이 주택의 매수자인 경우만 해당한다)
>   ㉠ 거래대상인 주택의 취득목적
>   ㉡ 거래대상 주택의 취득에 필요한 자금의 조달계획 및 지급방식. 이 경우 투기과열지구에 소재하는 주택의 거래계약을 체결한 경우에는 자금의 조달계획을 증명하는 서류로서 국토교통부령으로 정하는 서류를 첨부하여야 한다.
>   ㉢ 임대 등 거래대상 주택의 이용계획

(3) 법인 외의 자가 실제 거래가격이 6억원 이상인 주택을 매수하거나 투기과열지구 또는 조정대상지역에 소재하는 주택을 매수하는 경우(매수인 중 국가 등이 포함되어 있는 경우는 제외한다)

> ① 거래대상 주택의 취득에 필요한 자금의 조달계획 및 지급방식. 이 경우 투기과열지구에 소재하는 주택의 거래계약을 체결한 경우 매수자는 자금의 조달계획을 증명하는 서류로서 국토교통부령으로 정하는 서류를 첨부해야 한다.
> ② 거래대상 주택에 매수자 본인이 입주할지 여부, 입주 예정 시기 등 거래대상 주택의 이용계획

(4) 실제 거래가격이 다음의 구분에 따른 금액 이상인 토지를 매수하는 경우에는 거래대상 토지의 취득에 필요한 자금의 조달계획과 거래대상 토지의 이용계획을 신고해야 함(매수인이 국가 등이거나 매수인에 국가 등이 포함되어 있는 토지 거래와 토지거래허가를 받아야 하는 토지거래의 경우 신고대상에서 제외한다)

> ✚ '수도권 등'이란 「수도권정비계획법」에 따른 수도권, 광역시(인천광역시는 제외) 및 세종특별자치시를 말한다.

> ① 수도권 등✚에 소재하는 토지의 경우: 1억원(지분으로 매수하는 경우는 거래가 불문한다)
> ② 수도권 등 외의 지역에 소재하는 토지의 경우: 6억원(지분으로 매수하는 경우를 포함한다)

> **심화** 거래가격 산정방법
>
> 1. 1회의 토지거래계약으로 매수하는 토지가 둘 이상인 경우에는 매수한 각각의 토지 가격을 모두 합산할 것
> 2. 신고대상 토지거래계약 체결일부터 역산하여 1년 이내에 매수한 다른 토지(서로 맞닿은 토지로 한정)가 있는 경우에는 그 토지가격을 거래가격에 합산할 것. 다만, 신고사항을 이미 제출한 토지는 합산하지 않는다.
> 3. 「건축법」에 따른 사용승인을 받은 건축물이 소재하는 필지가격은 거래가격에서 제외할 것

핵심 공통 신고사항 이외에 신고사항 핵심정리

취득부동산		자금조달계획	자금조달 증명서류	이용계획	취득 목적
주택	법인	○	○ (투기과열지구)	○	○
	개인	○ (6억원 이상 / 규제지역)	○ (투기과열지구)	○ (6억원 이상 / 규제지역)	–
토지	수도권 등	○ (1억원 이상) (지분은 거래가 불문)	–	○ (1억원 이상) (지분은 거래가 불문)	–
	수도권 등 外	○ (6억원 이상) (지분매수 포함)	–	○ (6억원 이상) (지분매수 포함)	–

(5) 신고시 제출서류

① 일정한 조건에 해당하는 주택거래의 경우 매수인이 단독으로 서명 또는 날인한 주택취득자금 조달 및 입주계획서를 신고관청에 함께 제출하여야 한다. 이 경우 자금의 조달계획을 증명하는 국토교통부령으로 정하는 서류란 다음의 서류를 말한다. 단, 자금조달·입주계획서의 제출일을 기준으로 주택취득에 필요한 자금의 대출이 실행되지 않았거나 본인 소유 부동산의 매매계약이 체결되지 않은 경우 등 항목별 금액 증명이 어려운 경우에는 그 사유서를 첨부해야 한다.

> ㉠ 자금조달·입주계획서에 금융기관 예금액 항목을 적은 경우: 예금잔액증명서 등 예금 금액을 증명할 수 있는 서류
> ㉡ 자금조달·입주계획서에 주식·채권 매각대금 항목을 적은 경우: 주식거래내역서 또는 예금잔액증명서 등 주식·채권 매각 금액을 증명할 수 있는 서류
> ㉢ 자금조달·입주계획서에 증여·상속 항목을 적은 경우: 증여세·상속세 신고서 또는 납세증명서 등 증여 또는 상속받은 금액을 증명할 수 있는 서류
> ㉣ 자금조달·입주계획서에 현금 등 그 밖의 자금 항목을 적은 경우: 소득금액증명원 또는 근로소득 원천징수영수증 등 소득을 증명할 수 있는 서류
> ㉤ 자금조달·입주계획서에 부동산 처분대금 등 항목을 적은 경우: 부동산 매매계약서 또는 부동산 임대차계약서 등 부동산 처분 등에 따른 금액을 증명할 수 있는 서류
> ㉥ 자금조달·입주계획서에 금융기관 대출액 합계 항목을 적은 경우: 금융거래확인서, 부채증명서 또는 금융기관 대출신청서 등 금융기관으로부터 대출받은 금액을 증명할 수 있는 서류
> ㉦ 자금조달·입주계획서에 임대보증금 항목을 적은 경우: 부동산 임대차계약서
> ㉧ 자금조달·입주계획서에 회사지원금·사채 또는 그 밖의 차입금 항목을 적은 경우: 금전을 빌린 사실과 그 금액을 확인할 수 있는 서류

② 법인이 주택거래계약신고를 하는 경우 부동산거래신고서와 '법인 주택 거래계약신고서'를 신고관청에 함께 제출하여야 한다.

③ 부동산거래계약을 신고하려는 자 중 법인 또는 매수인 외의 자가 법인신고서 또는 자금조달·입주계획서를 제출하는 경우 **법인 또는 매수인은 부동산거래계약을 신고하려는 자에게 거래계약의 체결일부터 25일 이내에 법인신고서 또는 자금조달·입주계획서를 제공**하여야 하며, 이 기간 내에 제공하지 아니한 경우에는 법인 또는 매수인이 별도로 법인신고서 또는 자금조달·입주계획서를 제출하여야 한다.

④ 법인 또는 매수인이 법인신고서 또는 자금조달·입주계획서를 부동산 거래계약신고서와 분리하여 제출하기를 희망하는 경우, 법인 또는 매수인은 자금조달·입주계획서를 거래계약의 체결일부터 30일 이내에 별도로 제출할 수 있다.

⑤ 매수인이 외국인등록을 하였거나 국내거소신고를 한 경우에는 부동산 거래신고서를 제출할 때 '외국인등록 사실증명' 또는 '국내거소신고 사실증명'을 신고관청에 함께 제출해야 한다.

③ 부동산거래신고절차

(1) 신고방법

부동산거래신고는 신고의무자가 직접 신고관청인 시·군·구에 방문하여 하는 '방문신고'와 부동산거래관리시스템(rtms.molit.go.kr)에 접속해서 하는 '전자적 신고'의 방법이 있다. 한편, 「공인중개사법」 제25조에 따라 구축된 '부동산거래계약 관련 정보시스템에 의한 전자계약을 체결하는 경우 신고가 간주되기도 한다. 신고의무자인 거래당사자나 개업공인중개사는 신고방법 중 어느 것을 하든 무방하며, 반드시 본인이 직접 신고할 필요도 없다. 다만, 전자적 신고의 경우 대리인에 의한 신고는 불가하다.

① 방문신고
- ㉠ 거래당사자가 신고하는 경우
    - ⓐ 부동산거래의 신고를 하려는 거래당사자는 **부동산거래계약신고서에 공동으로 서명 또는 날인하여 거래당사자 중 일방이 신고관청에 제출**하여야 한다.

        거래당사자 중 일방이 신고를 거부하여 단독으로 부동산거래의 신고를 하려는 자는 부동산거래계약신고서에 단독으로 서명 또는 날인을 한 후, 상대방이 신고를 거부하는 사유를 적은 단독신고사유서와 부동산거래계약서 사본을 첨부하여 신고관청에 제출하여야 한다.

    - ⓑ **거래당사자 중 일방이 서명 또는 날인을 거부하여 단독으로 신고하는** 경우 신고관청은 단독신고사유에 해당하는지를 확인하여야 한다.

- ㉡ 국가 등이 신고하는 경우: 거래당사자 중 일방이 국가 등인 경우에는 국가 등이 부동산거래계약신고서에 단독으로 서명 또는 날인하여 신고관청에 제출하여야 한다. 이는 국가 등의 단독신고에 해당한다.

- ㉢ 개업공인중개사가 신고하는 경우
    - ⓐ 개업공인중개사가 부동산거래의 신고를 하는 경우에는 부동산거래계약신고서에 서명 또는 날인을 하여 신고관청에 제출하여야 한다.
    - ⓑ 공동중개의 경우에는 해당 개업공인중개사가 공동으로 서명 또는 날인하여야 한다(단, 개업공인중개사 중 일방이 신고를 거부한 경우에는 단독신고가 가능하다). 개업공인중개사가 신고하는

➕ 부동산거래계약신고서
✔ p.324~325 참고

경우 개업공인중개사만 서명 또는 날인하면 되고(공동중개시 공동으로 서명 또는 날인한다), 거래당사자는 서명 또는 날인할 필요는 없다.

② 전자적 신고: 거래당사자 또는 개업공인중개사는 부동산거래관리시스템(rtms.molit.go.kr)에 접속하여 신고사항을 직접 입력하는 방법으로 전자적 신고를 할 수 있다.

③ 부동산거래계약 관련 정보시스템에 의한 신고간주: 「공인중개사법」 제25조에 따라 구축된 부동산거래계약 관련 정보시스템(이하 '부동산거래계약 시스템'이라 한다)을 통하여 부동산거래계약을 체결한 경우에는 부동산거래계약이 체결된 때에 부동산거래계약신고서를 제출한 것으로 본다.

(2) 대리인에 의한 신고

① '거래당사자'와 '국가 등'의 대리신고

㉠ 거래당사자 및 거래당사자의 일방이 국가 등인 경우에 위임을 받은 사람(법인 또는 매수인이 단독으로 '자금조달·입주계획서'를 제출하는 경우 그 법인 또는 매수인의 위임을 받은 사람을 포함한다. 이하 같다)은 부동산거래계약신고서의 제출을 대행할 수 있다. 이 경우 부동산거래계약신고서의 제출을 대행하는 사람은 신분증명서를 신고관청에 보여주고, 다음 서류를 함께 제출하여야 한다.

> ⓐ 신고서의 제출을 위임한 거래당사자의 자필서명(법인의 경우에는 법인인감을 말한다. 이하 같다)이 있는 위임장
> ⓑ 신고서의 제출을 위임한 거래당사자의 신분증명서 사본

㉡ 위임을 받을 수 있는 자격에는 특별한 제한은 없으나, 이를 '업(業)'으로 하게 되면 「변호사법」 등에 저촉될 수 있다.

② '개업공인중개사'의 대리인: 개업공인중개사에 의한 부동산거래계약신고서의 제출은 해당 거래계약을 중개한 개업공인중개사의 위임을 받은 소속공인중개사가 대행할 수 있다. 이 경우 소속공인중개사는 개업공인중개사의 위임장을 제출할 필요는 없고, 다만 소속공인중개사 자신의 신분을 확인할 수 있는 신분증명서(주민등록증 등)를 신고관청에 보여주어야 한다.

(3) 신분확인

부동산거래신고를 하려는 사람(매수인이 단독으로 '자금조달·입주계획서'를 제출하는 경우를 포함한다)은 주민등록증, 운전면허증, 여권 등 본인의 신분을 증명할 수 있는 증명서(이하 '신분증명서'라 한다)를 신고관청에 보여주어야 한다.

(4) 신고필증의 발급

① 부동산거래신고를 받은 신고관청은 그 신고내용을 확인한 후 부동산거래계약신고서('자금조달·입주계획서'를 제출하여야 하는 경우에는 '자금조달·입주계획서'를 포함한다)가 제출된 때 부동산거래계약신고필증을 지체 없이 발급하여야 한다.

② 신고필증의 발급은 방문신고의 경우 인쇄본을 교부하는 형태로 이루어지고, 전자적 신고의 경우 직접 출력하는 형태로 교부한다.

③ 신고필증의 용도는 매수인의 소유권이전등기신청시 첨부서류 혹은 부동산취득권리의 경우 명의변경시에 필요하다.

➕ 부동산거래계약신고필증
✔ p.326 참고

♣「부동산 거래신고 등에 관한 법률 시행규칙」[별지 제1호 서식] 〈개정 2023.8.22.〉   부동산거래관리시스템(rtms.molit.go.kr)
에서도 신청할 수 있습니다.

부동산거래계약신고서

※ 뒤쪽의 유의사항·작성방법을 읽고 작성하시기 바라며, [ ]에는 해당하는 곳에 ✔표를 합니다.   (앞쪽)

접수번호		접수일시			처리기간	지체 없이

① 매도인	성명(법인명)		주민등록번호(법인·외국인등록번호)		국적	
	주소(법인 소재지)				거래지분비율 (분의)	
	전화번호			휴대전화번호		

② 매수인	성명(법인명)		주민등록번호(법인·외국인등록번호)		국적	
	주소(법인 소재지)				거래지분비율 (분의)	
	전화번호			휴대전화번호		
	③ 법인신고서 등	[ ] 제출		[ ] 별도 제출		[ ] 해당 없음
	외국인의 부동산 등 매수용도	[ ] 주거용(아파트) [ ] 주거용(단독주택) [ ] 주거용(그 밖의 주택) [ ] 레저용 [ ] 상업용 [ ] 공업용 [ ] 그 밖의 용도					
	위탁관리인 (국내에 주소 또는 거소가 없는 경우)	성명	주민등록번호			
		주소				
		전화번호	휴대전화번호			

개업 공인중개사	성명(법인명)		주민등록번호(법인·외국인등록번호)	
	전화번호		휴대전화번호	
	상호		등록번호	
	사무소 소재지			

거래대상	종류	④ [ ] 토지 [ ] 건축물 ( ) [ ] 토지 및 건축물 ( )
		⑤ [ ] 공급계약 [ ] 전매 [ ] 분양권 [ ] 입주권 [ ] 준공 전 [ ] 준공 후 [ ] 임대주택 분양전환
	⑥ 소재지/지목/면적	소재지 / 지목 / 토지면적 m² / 토지 거래지분 (분의) / 대지권비율 (분의) / 건축물면적 m² / 건축물 거래지분 (분의)
	⑦ 계약대상 면적	토지 m² 건축물 m²
	⑧ 물건별 거래가격	공급계약 또는 전매 분양가격 원 발코니 확장 등 선택비용 원 추가 지급액 등 원

⑨ 총 실제 거래가격(전체)	합계 원	계약금 원	계약 체결일
		중도금 원	중도금 지급일
		잔금 원	잔금 지급일

⑩ 종전 부동산	소재지/지목/면적	소재지 / 지목 / 토지면적 m² / 토지 거래지분 (분의) / 대지권비율 (분의) / 건축물면적 m² / 건축물 거래지분 (분의)
	계약대상 면적	토지 m² 건축물 m² 건축물 유형( )
	거래금액	합계 원 추가 지급액 등 원 권리가격 원 계약금 원 중도금 원 잔금 원

⑪ 계약의 조건 및 참고사항	

「부동산 거래신고 등에 관한 법률」제3조 제1항부터 제4항까지 및 같은 법 시행규칙 제2조 제1항부터 제4항까지의 규정에 따라 위와 같이 부동산거래계약 내용을 신고합니다.
                                                                                            년   월   일

                                            매도인: (서명 또는 인)
                      신고인   매수인: (서명 또는 인)
                                            개업공인중개사: (서명 또는 인)
                                            (개업공인중개사 중개시)

시장·군수·구청장   귀하

210mm × 297mm[백상지(80g/m²) 또는 중질지(80g/m²)]

첨부서류	1. 부동산거래계약서 사본(「부동산 거래신고 등에 관한 법률」 제3조 제2항 또는 제4항에 따라 단독으로 부동산거래의 신고를 하는 경우에만 해당합니다) 2. 단독신고사유서(「부동산 거래신고 등에 관한 법률」 제3조 제2항 또는 제4항에 따라 단독으로 부동산거래의 신고를 하는 경우에만 해당합니다)

유의사항

1. 「부동산 거래신고 등에 관한 법률」 제3조 및 같은 법 시행령 제3조의 실제 거래가격은 매수인이 매수한 부동산을 양도하는 경우 「소득세법」 제97조 제1항·제7항 및 같은 법 시행령 제163조 제11항 제2호에 따라 취득 당시의 실제 거래가격으로 보아 양도차익이 계산될 수 있음을 유의하시기 바랍니다.
2. 거래당사자간 직접거래의 경우에는 공동으로 신고서에 서명 또는 날인을 하여 거래당사자 중 일방이 신고서를 제출하고, 중개거래의 경우에는 개업공인중개사가 신고서를 제출해야 하며, 거래당사자 중 일방이 국가 및 지자체, 공공기관인 경우(국가 등)에는 국가 등이 신고해야 합니다.
3. 부동산거래계약 내용을 기간 내에 신고하지 않거나, 거짓으로 신고하는 경우 「부동산 거래신고 등에 관한 법률」 제28조 제1항부터 제3항까지의 규정에 따라 과태료가 부과되며, 신고한 계약이 해제, 무효 또는 취소가 된 경우 거래당사자는 해제 등이 확정된 날로부터 30일 이내에 같은 법 제3조의2에 따라 신고를 해야 합니다.
4. 담당 공무원은 「부동산 거래신고 등에 관한 법률」 제6조에 따라 거래당사자 또는 개업공인중개사에게 거래계약서, 거래대금지급 증명 자료 등 관련 자료의 제출을 요구할 수 있으며, 이 경우 자료를 제출하지 않거나, 거짓으로 자료를 제출하거나, 그 밖의 필요한 조치를 이행하지 않으면 같은 법 제28조 제1항 또는 제2항에 따라 과태료가 부과됩니다.
5. 거래대상의 종류가 공급계약(분양) 또는 전매계약(분양권, 입주권)인 경우 ⑧ 물건별 거래가격 및 ⑨ 총 실제거래가격에 부가가치세를 포함한 금액을 적고, 그 외의 거래대상의 경우 부가가치세를 제외한 금액을 적습니다.
6. "거래계약의 체결일"이란 거래당사자가 구체적으로 특정되고, 거래목적물 및 거래대금 등 거래계약의 중요 부분에 대하여 거래당사자가 합의한 날을 말합니다. 이 경우 합의와 더불어 계약금의 전부 또는 일부를 지급한 경우에는 그 지급일을 거래계약의 체결일로 보되, 합의한 날이 계약금의 전부 또는 일부를 지급한 날보다 앞서는 것이 서면 등을 통해 인정되는 경우에는 합의한 날을 거래계약의 체결일로 봅니다.

작성방법

1. ①·② 거래당사자가 다수인 경우 매도인 또는 매수인의 주소란에 ⑥의 거래대상별 거래지분을 기준으로 각자의 거래 지분 비율(매도인과 매수인의 거래지분 비율은 일치해야 합니다)을 표시하고, 거래당사자가 외국인인 경우 거래당사자의 국적을 반드시 적어야 하며, 외국인이 부동산등을 매수하는 경우 매수용도란의 주거용(아파트), 주거용(단독주택), 주거용(그 밖의 주택), 레저용, 상업용, 공장용, 그 밖의 용도 중 하나에 ✔표시를 합니다.
2. ③ "법인신고서 등"란은 별지 제1호의2 서식의 법인 주택 거래계약 신고서, 별지 제1호의3 서식의 주택취득자금 조달 및 입주계획서, 제2조 제7항 각 호의 구분에 따른 서류, 같은 항 후단에 따른 사유서 및 별지 제1호의4 서식의 토지취득자금 조달 및 토지이용계획서를 이 신고서와 함께 제출하는지 또는 별도로 제출하는지에 ✔표시하고, 그 밖의 경우에는 해당 없음에 ✔표시를 합니다.
3. ④ 부동산 매매의 경우 "종류"란에는 토지, 건축물 또는 토지 및 건축물(복합부동산의 경우)에 ✔표시를 하고, 해당 부동산이 "건축물" 또는 "토지 및 건축물"인 경우에는 ( )에 건축물의 종류를 "아파트, 연립, 다세대, 단독, 다가구, 오피스텔, 근린생활시설, 사무소, 공장" 등 「건축법 시행령」 별표 1에 따른 용도별 건축물의 종류를 적습니다.
4. ⑤ 공급계약은 시행사 또는 건축주 등이 최초로 부동산을 공급(분양)하는 계약을 말하며, 준공 전과 준공 후 계약 여부에 따라 ✔표시하고, "임대주택 분양전환"은 임대주택사업자(법인으로 한정)가 임대기한이 완료되어 분양전환하는 주택인 경우에 ✔표시합니다. 전매는 부동산을 취득할 수 있는 권리의 매매로서, "분양권" 또는 "입주권"에 ✔표시를 합니다.
5. ⑥ 소재지는 지번(아파트 등 집합건축물의 경우에는 동·호수)까지, 지목/면적은 토지대장상의 지목·면적, 건축물대상상의 건축물 면적(집합건축물의 경우 호수별 전용면적, 그 밖의 건축물의 경우 연면적), 등기사항증명서상의 대지권 비율, 각 거래대상의 토지와 건축물에 대한 거래 지분을 정확하게 적습니다.
6. ⑦ "계약대상 면적"란에는 실제 거래면적을 계산하여 적되, 건축물 면적은 집합건축물의 경우 전용면적을 적고, 그 밖의 건축물의 경우 연면적을 적습니다.
7. ⑧ "물건별 거래가격"란에는 각각의 부동산별 거래가격을 적습니다. 최초 공급계약(분양) 또는 전매계약(분양권, 입주권)의 경우 분양가격, 발코니 확장 등 선택비용 및 추가 지급액 등(프리미엄 등 분양가격을 초과 또는 미달하는 금액)을 각각 적습니다. 이 경우 각각의 비용에 부가가치세가 있는 경우 부가가치세를 포함한 금액으로 적습니다.
8. ⑨ "총 실제 거래가격"란에는 전체 거래가격(둘 이상의 부동산을 함께 거래하는 경우 각각의 부동산별 거래가격의 합계 금액)을 적고, 계약금/중도금/잔금 및 그 지급일을 적습니다.
9. ⑩ "종전 부동산"란은 입주권 매매의 경우에만 작성하고, 거래금액란에는 추가 지급액 등(프리미엄 등 분양가격을 초과 또는 미달하는 금액) 및 권리가격, 합계 금액, 계약금, 중도금, 잔금을 적습니다.
10. ⑪ "계약의 조건 및 참고사항"란은 부동산 거래계약 내용에 계약조건이나 기한을 붙인 경우, 거래와 관련한 참고내용이 있을 경우에 적습니다.
11. 다수의 부동산, 관련 필지, 매도·매수인, 개업공인중개사 등 기재사항이 복잡한 경우에는 다른 용지에 작성하여 간인 처리한 후 첨부합니다.
12. 소유권이전등기 신청은 「부동산등기 특별조치법」 제2조 제1항 각 호의 구분에 따른 날부터 60일 이내에 신청해야 하며, 이를 이행하지 않는 경우에는 같은 법 제11조에 따라 과태료가 부과될 수 있으니 유의하시기 바랍니다.

처리절차

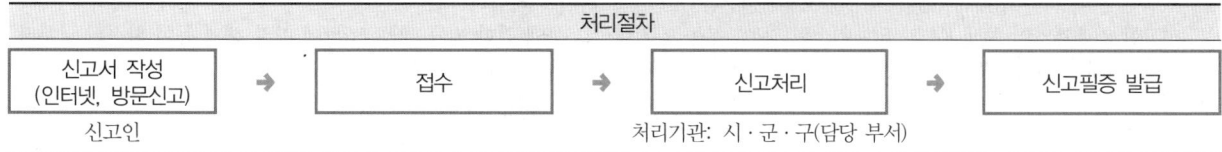

■「부동산 거래신고 등에 관한 법률 시행규칙」[별지 제2호 서식]

관리번호	제 호	접수일	

부동산거래계약신고필증

매도인	성명(법인명)		생년월일(법인·외국인등록번호)		국적	
	주소(법인 소재지)				거래지분비율 (분의)	
	전화번호		휴대전화번호			

매수인	성명(법인명)		생년월일(법인·외국인등록번호)		국적	
	주소(법인 소재지)				거래지분비율 (분의)	
	전화번호		휴대전화번호			
	위탁관리인	성명		생년월일		
		주소				
		전화번호		휴대전화번호		

개업 공인중개사	성명(법인명)	생년월일(법인·외국인등록번호)
	전화번호	휴대전화번호
	상호	등록번호
	사무소 소재지	

거래대상	종류	[ ] 토지 [ ] 건축물( ) [ ] 토지 및 건축물( )		
		[ ] 공급계약 [ ] 전매	[ ] 분양권 [ ] 입주권	[ ] 준공 전 [ ] 준공 후 [ ] 임대주택 분양전환
	소재지/지목/면적	소재지			
		지목	토지면적 m²	토지 거래지분 (분의)	
		대지권비율 (분의)	건축물면적 m²	건축물 거래지분 (분의)	
	계약대상 면적	토지 m²	건축물 m²		
	물건별 거래가격	거래금액	원			
		공급계약 또는 전매	분양가격 원	발코니 확장 등 선택비용 원	추가 지급액 등 원

총 실제 거래가격 (전체)	합계 원	계약금	원	계약체결일	
		중도금	원	중도금 지급일	
		잔금	원	잔금 지급일	

계약의 조건 및 참고사항	

「부동산 거래신고 등에 관한 법률」 제3조 제5항 및 같은 법 시행규칙 제2조 제13항에 따라 부동산거래계약신고필증을 발급합니다.

시장·군수·구청장 직인   QR코드

관리번호 제 호

유의사항

1. 입주권 거래신고의 경우에는 입주권 거래가격이 표시된 신고필증과 종전 토지 거래가격이 표시된 신고필증 등 2부가 발급됩니다. 소유권을 이전하려는 부동산의 종류에 맞는 신고필증을 부동산등기 신청서에 첨부하고, 「부동산등기 특별조치법」 제2조 제1항 각 호의 구분에 따른 날부터 60일 이내에 소유권이전등기 신청을 하시기 바랍니다.
2. 신고한 거래계약이 해제, 무효 또는 취소된 경우 「부동산 거래신고 등에 관한 법률」 제3조의2에 따라 해제 등이 확정된 날부터 30일 이내에 거래계약을 신고한 관청에 거래당사자가 공동으로 신고해야 합니다.

위·변조 방지 표시 홀로그램

210mm × 297mm[백상지(80g/m²) 또는 중질지(80g/m²)]

> 예제

1. 부동산거래의 신고대상 등에 관한 설명 중 <u>틀린</u> 것은?

    ① 부동산거래의 신고대상은 「부동산 거래신고 등에 관한 법률」에서 규정하고 있는 부동산 등에 한정된다.
    ② 「도시 및 주거환경정비법」에 따른 관리처분계획의 인가로 인하여 취득한 입주자로 선정된 지위에 관한 매매계약을 체결한 때에는 부동산거래의 신고를 하여야 한다.
    ③ 「주택법」 또는 「택지개발촉진법」에 따라 조성한 택지를 공급받을 수 있는 권리에 관한 매매계약을 체결한 때에는 부동산거래의 신고를 할 필요가 없다.
    ④ 「주택법」에 따른 투기과열지구 내 단독주택에 대한 매매계약의 경우에는 개업공인중개사의 중개를 통한 경우 개업공인중개사가, 거래당사자간의 거래계약인 경우 거래당사자가 계약 체결일부터 30일 이내에 부동산거래신고를 하여야 한다.
    ⑤ 토지거래허가구역 내에서 「부동산 거래신고 등에 관한 법률」에 따라 토지거래허가를 받더라도 부동산거래의 신고를 하여야 한다.

    해설 「주택법」 또는 「택지개발촉진법」에 따라 조성된 택지를 공급받을 수 있는 권리에 관한 매매계약을 체결한 때에도 부동산거래의 신고를 하여야 한다.

    ✔ 부동산거래신고대상 계약 및 물건
    - 토지 또는 건축물
    - 「택지개발촉진법」, 「주택법」 등 대통령령으로 정하는 법률에 따른 부동산에 대한 공급계약
    - 「택지개발촉진법」, 「주택법」 등 대통령령으로 정하는 법률에 따른 부동산에 대한 공급계약을 통하여 부동산을 공급받는 자로 선정된 지위
    - 「도시 및 주거환경정비법」 제74조에 따른 관리처분계획의 인가 및 「빈집 및 소규모주택 정비에 관한 특례법」 제29조에 따른 사업시행계획인가로 취득한 입주자로 선정된 지위

    정답 ③

2. 「부동산 거래신고 등에 관한 법률」상 '부동산거래계약신고서'의 신고대상에 따른 기재사항이 옳게 짝지어진 것을 모두 고른 것은?

    ㉠ 분양권 매매의 경우 – 분양가액과 옵션금액, 추가지급액 등
    ㉡ 외국인이 토지를 매수할 경우 – 토지매수 용도
    ㉢ 매매의 목적물이 집합건축물인 경우 – 전용면적
    ㉣ 매매의 목적물이 아파트인 경우 – 동·호수

    ① ㉠, ㉡ 　② ㉠, ㉡, ㉢ 　③ ㉠, ㉢, ㉣
    ④ ㉡, ㉢, ㉣ 　⑤ ㉠, ㉡, ㉢, ㉣

    해설 ㉠㉡㉢㉣ 모두 부동산거래계약신고서의 신고대상에 따른 기재사항이 옳게 짝지어져 있다.

    정답 ⑤

✚「부동산 거래신고 등에 관한 법률 시행규칙」 [별지 제1호 서식] '작성방법'
✔ p. 324 참고

❹ 부동산거래의 해제·정정·변경 등

> **제3조의2 【부동산거래의 해제 등 신고】** ① 거래당사자는 제3조에 따라 신고한 후 해당 거래계약이 해제, 무효 또는 취소(이하 '해제 등'이라 한다)된 경우 해제 등이 확정된 날부터 30일 이내에 해당 신고관청에 공동으로 신고하여야 한다. 다만, 거래당사자 중 일방이 신고를 거부하는 경우에는 국토교통부령으로 정하는 바에 따라 단독으로 신고할 수 있다.
> ② 개업공인중개사가 제3조 제3항에 따라 신고를 한 경우에는 제1항에도 불구하고 개업공인중개사가 같은 항에 따른 신고(공동으로 중개를 한 경우에는 해당 개업공인중개사가 공동으로 신고하는 것을 말한다)를 할 수 있다. 다만, 개업공인중개사 중 일방이 신고를 거부한 경우에는 제1항 단서를 준용한다.
> ③ 제1항 및 제2항에 따른 신고의 절차와 그 밖에 필요한 사항은 국토교통부령으로 정한다.

(1) 해제 등 신고

① **거래당사자의 해제 등 신고의무**: 거래당사자는 부동산거래신고를 한 뒤 해당 거래계약이 해제, 무효 또는 취소(='해제 등')된 경우 해제 등이 확정된 날부터 30일 이내에 해당 신고관청에 공동으로 신고하여야 한다. 다만, 거래당사자 중 일방이 신고를 거부하는 경우에는 확정된 법원의 판결문 등 해제 등이 확정된 사실을 입증할 수 있는 서류와 단독신고사유서를 첨부하여 단독으로 신고할 수 있다.

② **개업공인중개사의 해제 등 신고**: 개업공인중개사가 부동산거래신고를 한 경우에는 개업공인중개사가 해제 등 신고(공동으로 중개를 한 경우에는 해당 개업공인중개사가 공동으로 신고)를 할 수 있다(단, 단독신고시 ①의 단서 준용).

③ 신고방법

㉠ **방문신고**: 거래당사자 또는 개업공인중개사는 부동산거래계약 해제 등 신고서에 공동으로 서명 또는 날인하여 신고관청에 제출해야 한다. 이 경우 거래당사자 중 일방이 국가 등인 경우 국가 등이 단독으로 서명 또는 날인하여 신고관청에 제출할 수 있다.

㉡ **전자적 신고**: '부동산거래관리시스템'을 통한 전자적 신고를 할 수 있다. 단, '부동산거래계약시스템'을 통하여 부동산거래계약 해제 등을 한 경우에는 부동산거래계약 해제 등 신고서를 제출한 것으로 본다.

④ 신고관청의 조치: 신고관청은 신고내용을 확인한 후 '해제 등 확인서'를 신고인에게 지체 없이 발급해야 한다.

⑤ 위반시 제재

㉠ 해제 등 신고를 위반한 거래당사자는(공동신고를 거부한 자를 포함한다) 500만원 이하, 해제 등이 되지 않았음에도 해제 등 신고를 한 경우 3천만원 이하 과태료 처분사유에 해당한다.

㉡ 개업공인중개사에게는 해제 등 신고의 무신고에 대한 과태료는 없고, 해제 등이 되지 않았음에도 해제 등 신고를 한 경우 3천만원 이하 과태료 처분사유에만 해당한다.

(2) 정정신청

거래당사자 또는 개업공인중개사는 부동산거래계약 신고내용 중 다음의 어느 하나에 해당하는 사항이 잘못 기재된 경우에는 신고관청에 신고내용의 정정을 신청할 수 있다. 정정신청을 하려는 거래당사자 또는 개업공인중개사는 발급받은 부동산거래 신고필증에 정정사항을 표시하고 해당 정정 부분에 서명 또는 날인을 하여 신고관청에 제출하여야 한다. 다만, ①의 사항을 정정하는 경우에는 해당 거래당사자 일방이 단독으로 서명 또는 날인하여 정정을 신청할 수 있다.

> ① 거래당사자의 주소·전화번호 또는 휴대전화번호
> ② 거래지분비율
> ③ 개업공인중개사의 전화번호·상호 또는 사무소 소재지
> ④ 거래대상 건축물의 종류
> ⑤ 거래대상 부동산 등(부동산을 취득할 수 있는 권리에 관한 계약의 경우에는 그 권리의 대상인 부동산을 말한다. 이하 같다)의 지목, 면적, 거래지분 및 대지권비율

(3) 변경신고

① 거래당사자 또는 개업공인중개사는 부동산거래계약 신고내용 중 다음의 어느 하나에 해당하는 사항이 변경된 경우에는 「부동산등기법」에 따른 부동산에 관한 등기신청 전에 신고관청에 신고내용의 변경을 신고할 수 있다.

비교➡ 정정 vs. 변경
정정(訂正)의 사전적 의미는 잘못된 데를 고쳐서 바로잡음을 의미하고, 변경(變更)은 다르게 바뀜을 의미한다. 절차법 영역에서는 원시적 불일치를 바로잡는 것을 정정이라 하고, 후발적 불일치를 일치로 바꾸는 것을 변경이라 한다.

> ⊙ 거래지분비율
> ⓒ 거래지분
> ⓒ 거래대상 부동산 등의 면적
> ⓔ 계약의 조건 또는 기한
> ⓜ 거래가격
> ⓑ 중도금·잔금 및 지급일
> ⓢ 공동매수의 경우 일부 매수인의 변경(매수인 중 일부가 제외되는 경우만 해당한다)
> ⓞ 거래대상 부동산 등이 다수인 경우 일부 부동산 등의 변경(거래대상 부동산 등 중 일부가 제외되는 경우만 해당한다)
> ⓩ 위탁관리인의 성명, 주민등록번호, 주소 및 전화번호(휴대전화번호를 포함한다)

② 변경신고를 하는 거래당사자 또는 개업공인중개사는 부동산거래계약 변경신고서에 서명 또는 날인하여 신고관청에 제출하여야 한다. 다만, 부동산 등의 면적 변경이 없는 상태에서 거래가격이 변경된 경우에는 거래계약서 사본 등 그 사실을 증명할 수 있는 서류를 첨부하여야 한다.

③ 공급계약과 지위에 대한 매매계약의 경우 변경신고사항에서 거래가격 중 분양가격 및 선택품목은 거래당사자 일방이 단독으로 변경신고를 할 수 있다. 이 경우 거래계약서 사본 등 그 사실을 증명할 수 있는 서류를 첨부해야 한다.

(4) 신고관청의 조치

부동산거래계약 해제 등 신고를 받은 신고관청은 그 내용을 확인한 후 부동산거래계약 해제 등 확인서를 신고인에게 지체 없이 발급하여야 하고, 정정신청 또는 변경신고를 받은 신고관청은 정정사항 또는 변경사항을 확인한 후 지체 없이 해당 내용을 정정 또는 변경하고, 정정사항 또는 변경사항을 반영한 부동산거래 신고필증을 재발급해야 한다.

 **핵심** 정정신청과 변경신고

구분	부동산거래신고
정정신청	• 거래당사자의 주소·전화번호 또는 휴대전화번호 • **거래지분비율** • 개업공인중개사의 전화번호·상호 또는 사무소 소재지 • 거래대상 건축물의 종류 • 거래대상 부동산 등(부동산을 취득할 수 있는 권리에 관한 계약의 경우에는 그 권리의 대상인 부동산을 말한다. 이하 같다)의 지목, **면적, 거래지분 및 대지권비율**
변경신고 (등기신청 전까지)	• 거래지분비율 • 거래지분 • 거래대상 부동산 등의 **면적** • 계약의 조건 또는 기한 • 거래가격 • 중도금·잔금 및 지급일 • 공동매수의 경우 일부 매수인의 변경(매수인 중 일부가 제외되는 경우만 해당한다) • 거래대상 부동산 등이 다수인 경우 일부 부동산 등의 변경(거래대상 부동산 등 중 일부가 제외되는 경우만 해당한다) • 위탁관리인의 성명, 주민등록번호, 주소 및 전화번호(휴대전화번호를 포함한다)

제2절 | 금지행위 및 사후관리 등 제36회

① 금지행위

> **제4조【금지행위】** 누구든지 제3조 또는 제3조의2에 따른 신고에 관하여 다음 각 호의 어느 하나에 해당하는 행위를 하여서는 아니 된다.
> 1. 개업공인중개사에게 제3조에 따른 신고를 하지 아니하게 하거나 거짓으로 신고하도록 요구하는 행위
> 2. 제3조 제1항 각 호의 어느 하나에 해당하는 계약을 체결한 후 같은 조에 따른 신고 의무자가 아닌 자가 거짓으로 같은 조에 따른 신고를 하는 행위
> 3. 거짓으로 제3조 또는 제3조의2에 따른 신고를 하는 행위를 조장하거나 방조하는 행위

> 4. 제3조 제1항 각 호의 어느 하나에 해당하는 계약을 체결하지 아니하였음에도 불구하고 거짓으로 같은 조에 따른 신고를 하는 행위
> 5. 제3조에 따른 신고 후 해당 계약이 해제 등이 되지 아니하였음에도 불구하고 거짓으로 제3조의2에 따른 신고를 하는 행위

(1) 신고 관련 부작위의무

거래당사자와 개업공인중개사는 물론이고 누구든지 부동산거래신고에 관하여 다음의 행위를 하여서는 아니 된다.

> ① 개업공인중개사에게 부동산거래신고를 하지 아니하게 하거나 거짓으로 신고하도록 요구하는 행위: 500만원 이하 과태료
> ② 부동산거래신고대상 계약을 체결한 후 신고의무자가 아닌 자가 거짓으로 부동산거래신고를 하는 행위: 취득가액의 100분의 10 이하 과태료
> ③ 거짓으로 부동산거래신고 또는 해제 등 신고를 하는 행위를 조장하거나 방조하는 행위: 500만원 이하 과태료
> ④ 부동산거래신고대상 계약을 체결하지 아니하였음에도 불구하고 거짓으로 부동산거래신고를 하는 행위: 3,000만원 이하 과태료
> ⑤ 부동산거래신고 후 해당 계약이 해제 등이 되지 아니하였음에도 불구하고 거짓으로 해제 등 신고를 하는 행위: 3,000만원 이하 과태료
> ✔ 부당하게 재물이나 재산상 이득을 취득하거나 제3자로 하여금 이를 취득하게 할 목적으로 ④, ⑤를 위반한 경우 3년 이하의 징역 또는 3천만원 이하의 벌금에 해당한다. 단, 행정형벌이 선고되는 경우 3,000만원 이하 과태료 처분은 제외한다.

(2) 금지행위와 교란행위

「부동산 거래신고 등에 관한 법률」 제4조의 금지행위는 「공인중개사법」상 교란행위에도 해당한다.

❷ 거래신고내용의 검증

> **제5조【신고내용의 검증】** ① 국토교통부장관은 제3조에 따라 신고받은 내용, 「부동산 가격공시에 관한 법률」에 따라 공시된 토지 및 주택의 가액, 그 밖의 부동산 가격정보를 활용하여 부동산거래가격 검증체계를 구축·운영하여야 한다.
> ② 신고관청은 제3조에 따른 신고를 받은 경우 제1항에 따른 부동산거래가격 검증체계를 활용하여 그 적정성을 검증하여야 한다.
> ③ 신고관청은 제2항에 따른 검증결과를 해당 부동산의 소재지를 관할하는 세무관서의 장에게 통보하여야 하며, 통보받은 세무관서의 장은 해당 신고내용을 국세 또는 지방세 부과를 위한 과세자료로 활용할 수 있다.

④ 제1항부터 제3항까지에 따른 검증의 절차, 검증체계의 구축·운영, 그 밖에 필요한 세부사항은 국토교통부장관이 정한다.

(1) 검증체계 구축·운영

① 국토교통부장관은 부동산거래신고로 받은 내용, 「부동산 가격공시에 관한 법률」에 따라 공시된 토지 및 주택의 가액, 그 밖의 부동산가격정보를 활용하여 부동산거래가격 검증체계를 구축·운영하여야 한다.

② 이때 국토교통부장관은 부동산거래가격 검증체계의 구축·운영을 위하여 신고관청에 신고가격(주택임대차신고를 포함)의 적정성 검증결과, 신고내용(주택임대차신고를 포함)의 조사결과, 그 밖에 검증체계의 구축·운영을 위하여 필요한 사항 등에 관한 자료의 제출을 요구할 수 있다.

(2) 거래가격의 적정성 검증

신고관청은 부동산거래신고를 받은 경우 국토교통부장관이 구축·운영하는 부동산거래가격 검증체계를 활용하여 그 적정성을 검증하여야 한다.

(3) 검증결과의 과세자료 활용

신고관청은 부동산거래가격 검증결과를 해당 부동산 소재지 관할 세무관서의 장에게 통보하여야 하며, 통보받은 세무관서의 장은 해당 신고내용을 국세 또는 지방세 부과를 위한 과세자료로 활용할 수 있다.

(4) 업무위탁

국토교통부장관은 부동산거래가격 검증체계의 구축·운영업무를 「한국부동산원법」에 따른 한국부동산원에 위탁한다.

❸ 거래신고내용의 조사 등

제6조【신고내용의 조사 등】 ① 신고관청은 제3조, 제3조의2 또는 제8조에 따라 신고받은 내용이 누락되어 있거나 정확하지 아니하다고 판단하는 경우에는 국토교통부령으로 정하는 바에 따라 신고인에게 신고내용을 보완하게 하거나 신고한 내용의 사실 여부를 확인하기 위하여 소속 공무원으로 하여금 거래당사자 또는 개업공인중개사에게 거래계약서, 거래대금 지급을 증명할 수 있는 자료 등 관련 자료의 제출을 요구하는 등 필요한 조치를 취할 수 있다.

② 제1항에 따라 신고내용을 조사(이하 이 조에서 '신고내용조사'라 한다)한 경우 신고관청은 조사결과를 특별시장, 광역시장, 특별자치시장, 도지사, 특별자치도지사(이하 '시·도지사'라 한다)에게 보고하여야 하며, 시·도지사는 이를 국토교통부령으로 정하는 바에 따라 국토교통부장관에게 보고하여야 한다.

③ 제1항에도 불구하고 국토교통부장관은 제3조, 제3조의2 또는 제8조에 따라 신고받은 내용의 확인을 위하여 필요한 때에는 신고내용조사를 직접 또는 신고관청과 공동으로 실시할 수 있다.

④ 국토교통부장관 및 신고관청은 제1항 및 제3항에 따른 신고내용조사를 위하여 국세·지방세에 관한 자료, 소득·재산에 관한 자료 등 대통령령으로 정하는 자료를 관계 행정기관의 장에게 요청할 수 있다. 이 경우 요청을 받은 관계 행정기관의 장은 정당한 사유가 없으면 그 요청에 따라야 한다.

⑤ 국토교통부장관 및 신고관청은 신고내용조사 결과 그 내용이 이 법 또는 「주택법」, 「공인중개사법」, 「상속세 및 증여세법」 등 다른 법률을 위반하였다고 판단되는 때에는 이를 수사기관에 고발하거나 관계 행정기관에 통보하는 등 필요한 조치를 할 수 있다.

(1) 신고내용조사

① 신고관청의 조사: 신고관청은 부동산거래신고, 해제 등 신고 또는 외국인 부동산취득 및 보유신고에 따라 신고받은 내용이 누락되어 있거나 정확하지 아니하다고 판단하는 경우에는 신고인에게 신고내용을 보완하게 하거나 신고한 내용의 사실 여부를 확인하기 위하여 소속 공무원으로 하여금 거래당사자 또는 개업공인중개사에게 거래계약서, 거래대금 지급을 증명할 수 있는 자료 등 관련 자료의 제출을 요구하는 등 필요한 조치를 취할 수 있다.

② 국토교통부장관의 조사: 국토교통부장관은 부동산거래신고, 해제 등 신고 또는 외국인 부동산취득 및 보유신고에 따라 신고받은 내용의 확인을 위하여 필요한 때에는 신고내용조사를 직접 또는 신고관청과 공동으로 실시할 수 있다.

③ 국토교통부장관 및 신고관청은 신고내용조사를 위하여 국세·지방세에 관한 자료, 소득·재산에 관한 자료 등을 관계 행정기관의 장에게 요청할 수 있다. 이 경우 요청을 받은 관계 행정기관의 장은 정당한 사유가 없으면 그 요청에 따라야 한다.

④ 국토교통부장관 및 신고관청은 신고내용조사 결과 그 내용이 이 법 또는 「주택법」, 「공인중개사법」, 「상속세 및 증여세법」 등 다른 법률을 위반하였다고 판단되는 때에는 이를 수사기관에 고발하거나 관계 행정기관에 통보하는 등 필요한 조치를 할 수 있다.

(2) 관련 자료인 '거래대금 지급을 증명할 수 있는 자료'

① 국토교통부장관 또는 신고관청은 신고내용을 조사하기 위하여 거래당사자 또는 개업공인중개사에게 다음의 자료를 제출하도록 요구할 수 있다.

> ㉠ 거래계약서 사본
> ㉡ 거래대금의 지급을 확인할 수 있는 입금표 또는 통장 사본
> ㉢ 매수인이 거래대금의 지급을 위하여 다음의 행위를 하였음을 증명할 수 있는 자료
>   ⓐ 대출
>   ⓑ 정기예금 등의 만기수령 또는 해약
>   ⓒ 주식·채권 등의 처분
> ㉣ 매도인이 매수인으로부터 받은 거래대금을 예금 외의 다른 용도로 지출한 경우 이를 증명할 수 있는 자료
> ㉤ 그 밖에 신고내용의 사실 여부를 확인하기 위하여 필요한 자료

② 자료제출요구는 요구사유, 자료의 범위와 내용, 제출기한 등을 명시한 서면으로 하여야 하며, 신고관청의 제출요구에 불응하는 경우에는 과태료처분을 받을 수 있다.

(3) 조사결과 보고

신고관청은 부동산거래신고내용을 조사한 경우에는 그 조사결과를 특별시장, 광역시장, 특별자치시장, 도지사 또는 특별자치도지사에게 보고하여야 하며, 특별시장, 광역시장, 특별자치시장, 도지사 또는 특별자치도지사는 신고관청이 보고한 내용을 취합하여 매월 1회 국토교통부장관에게 보고(전자문서에 의한 보고 또는 부동산정보체계에 입력하는 것을 포함한다)하여야 한다.

(4) 신고내용조사를 위한 요청자료

국토교통부장관 및 신고관청은 신고내용조사를 위하여 국세·지방세에 관한 자료, 소득·재산에 관한 자료 등 다음의 자료를 관계 행정기관의 장에게 요청할 수 있다. 이 경우 요청을 받은 관계 행정기관의 장은 정당한 사유가 없으면 그 요청에 따라야 한다.

① 「부동산등기법」 제2조 제1호에 따른 등기부
② 「공간정보의 구축 및 관리 등에 관한 법률」 제2조 제19호에 따른 지적공부
③ 「주택임대차보호법」 제3조의6 제2항에 따른 확정일자부
④ 「건축법」 제38조에 따른 건축물대장
⑤ 「공인중개사법」 제35조, 제36조, 제38조 및 제39조에 따른 공인중개사의 자격취소, 자격정지, 등록취소 및 업무정지에 관한 자료
⑥ 조사대상인 법인의 「법인세법」에 따른 비사업용 토지에 대한 양도차익 신고자료. 다만, 납부내역은 제외한다.
⑦ 법 제5조 제3항에 따라 신고내용을 통보받은 세무관서의 장이 그 내용을 과세자료로 활용하여 실제 거래가격이 거짓으로 신고된 사실을 확인한 자료
⑧ 「주민등록법」 제30조 제1항에 따른 주민등록전산정보자료
⑨ 「가족관계의 등록 등에 관한 법률」 제11조 제6항에 따른 등록전산정보자료
⑩ 「국적법」 제14조에 따른 국적이탈신고 및 같은 법 제16조에 따른 국적상실신고에 관한 자료
⑪ 「출입국관리법」 제31조에 따른 외국인등록에 관한 자료
⑫ 「재외동포의 출입국과 법적 지위에 관한 법률」 제6조에 따른 외국국적동포의 국내거소신고에 관한 자료
⑬ 「재외국민등록법」 제6조 및 제10조에 따른 재외국민등록부
⑭ 법률 제8435호 가족관계의 등록 등에 관한 법률 부칙 제4조에 따른 제적부 등에 관한 자료
⑮ 「공공주택 특별법」 제49조 제6항에 따른 임대차계약 신고에 관한 자료
⑯ 「민간임대주택에 관한 특별법」 제60조에 따른 임대주택정보체계에 등록된 자료 중 임대차계약에 관한 자료
⑰ 「주거급여법」 제17조에 따른 정보시스템에서 보유하고 있는 자료 중 같은 법 제10조 제1항 제1호 및 제11조 제1항 제1호에 관한 자료

Tip 👉 신고제도의 핵심사항이므로 완벽하게 숙지하여야 한다.

핵심 부동산거래신고제도 핵심정리

신고대상 물건 및 신고대상 계약	1. 토지 또는 건축물의 매매계약 2. 다음의 법률에 따른 부동산에 대한 공급계약 • 「건축물의 분양에 관한 법률」 • 「공공주택 특별법」 • 「도시개발법」 • 「도시 및 주거환경정비법」 • 「빈집 및 소규모주택 정비에 관한 특례법」 • 「산업입지 및 개발에 관한 법률」 • 「주택법」 • 「택지개발촉진법」

	3. 다음의 어느 하나에 해당하는 지위의 매매계약 • 2.에 따른 계약을 통하여 부동산을 공급받는 자로 선정된 지위 •「도시 및 주거환경정비법」에 따른 관리처분계획의 인가 및「빈집 및 소규모주택 정비에 관한 특례법」에 따른 사업시행계획인가로 취득한 입주자로 선정된 지위
신고관청	물건 소재지 관할 시장·군수·구청장
신고의무자	• 거래당사자(일방이 '국가 등'인 경우 '국가 등'이 신고) • 개업공인중개사(거래계약서를 작성·교부한 경우 신고)
신고대상 거래	매매계약(전매계약 포함), 공급계약
신고기한	체결일부터 30일
신고사항	• 거래당사자 신고시: 개업공인중개사의 인적 사항 등 제외 • 개업공인중개사 신고시: 개업공인중개사의 인적 사항 등 포함
신고시 의제 / 면제	• 검인의제 • 외국인 등의 취득신고의무 제외(단, 매매나 공급계약을 원인으로 취득한 경우)
위반시 제재	• 3천만원 이하 과태료 • 500만원 이하 과태료 • 취득가액의 100분의 10 이하 과태료

예제

부동산 거래신고 등에 관한 법령상 부동산거래신고의 대상이 되는 계약을 모두 고른 것은?　　　　　　　　　　　　　　　　　　　　　　　　　　제28회

> ㉠「건축물의 분양에 관한 법률」에 따른 부동산에 대한 공급계약
> ㉡「도시개발법」에 따른 부동산에 대한 공급계약
> ㉢「주택법」에 따른 부동산에 대한 공급계약을 통하여 부동산을 공급받는 자로 선정된 지위의 매매계약
> ㉣「도시 및 주거환경정비법」에 따른 관리처분계획의 인가로 취득한 입주자로 선정된 지위의 매매계약

① ㉠, ㉡　　　　　　　　　　② ㉢, ㉣
③ ㉠, ㉡, ㉢　　　　　　　　④ ㉡, ㉢, ㉣
⑤ ㉠, ㉡, ㉢, ㉣

해설　토지, 건축물에 대한 매매계약, 분양권·입주권에 대한 전매계약, 토지·건축물에 대한 공급계약이 부동산거래신고대상이므로 모두 신고대상이다.　　　　　　　　**정답 ⑤**

제3절 | 주택임대차계약의 신고   제32회, 제34회, 제35회, 제36회

❶ 개관

제6조의2 【주택임대차계약의 신고】 ① 임대차계약당사자는 주택(「주택임대차보호법」 제2조에 따른 주택을 말하며, 주택을 취득할 수 있는 권리를 포함한다. 이하 같다)에 대하여 대통령령으로 정하는 금액을 초과하는 임대차계약을 체결한 경우 그 보증금 또는 차임 등 국토교통부령으로 정하는 사항을 임대차계약의 체결일부터 30일 이내에 주택 소재지를 관할하는 신고관청에 공동으로 신고하여야 한다. 다만, 임대차계약당사자 중 일방이 국가 등인 경우에는 국가 등이 신고하여야 한다.
② 제1항에 따른 주택임대차계약의 신고는 임차가구 현황 등을 고려하여 대통령령으로 정하는 지역에 적용한다.
③ 제1항에도 불구하고 임대차계약당사자 중 일방이 신고를 거부하는 경우에는 국토교통부령으로 정하는 바에 따라 단독으로 신고할 수 있다.
④ 제1항에 따라 신고를 받은 신고관청은 그 신고내용을 확인한 후 신고인에게 신고필증을 지체 없이 발급하여야 한다.
⑤ 신고관청은 제1항부터 제4항까지의 규정에 따른 사무에 대한 해당 권한의 일부를 그 지방자치단체의 조례로 정하는 바에 따라 읍·면·동장 또는 출장소장에게 위임할 수 있다.
⑥ 제1항, 제3항 또는 제4항에 따른 신고 및 신고필증 발급의 절차와 그 밖에 필요한 사항은 국토교통부령으로 정한다.

(1) 신고대상 주택

신고대상 주택은 「주택임대차보호법」 제2조에 따른 주택, 즉 '주거용 건물의 전부 또는 일부의 임대차이며, 그 임차주택의 일부가 주거 외의 목적으로 사용되는 경우에도 또한 같다'를 의미하며, 이 주택 중 다음의 요건을 갖춘 주택이다.

> ① 주택임대차계약의 신고대상 계약은 보증금이 6천만원을 초과하거나 월 차임이 30만원을 초과하는 주택임대차계약(계약을 갱신하는 경우로서 보증금 및 차임의 증감 없이 임대차기간만 연장하는 계약은 제외한다)을 말한다.
> ② 주택임대차계약의 신고지역은 '특별자치시·특별자치도➕·시·군(광역시 및 경기도의 관할구역에 있는 군으로 한정한다)·구(자치구를 말한다)'를 말한다.

➕ 제주특별자치도는 단층제 구조의 지방자치단체이므로, 제주도 전역이 주택임대차신고지역이다. 그러나 강원과 전북특별자치도는 중층제구조의 지방자치단체이기 때문에, 도내 시(市) 지역을 제외하고는 주택임대차신고지역이 아니다.

(2) 신고의무자 및 신고기한

임대차계약당사자(외국인 등을 포함한다)는 임대차계약의 **체결일부터 30일** 이내에 주택 소재지를 관할하는 신고관청에 공동으로 신고하여야 한다. 임대차계약당사자 중 일방이 신고를 거부하는 경우에는 국토교통부령으로 정하는 바에 따라 단독으로 신고할 수 있다. 다만, 임대차계약당사자 중 일방이 국가 등인 경우에는 국가 등이 신고하여야 한다.

(3) 신고사항

주택임대차계약의 신고사항은 다음의 사항을 말한다.

> ① 임대차계약당사자의 인적 사항
>   ㉠ 자연인인 경우: 성명, 주소, 주민등록번호(외국인인 경우에는 외국인등록번호를 말한다) 및 연락처
>   ㉡ 법인인 경우: 법인명, 사무소 소재지, 법인등록번호 및 연락처
>   ㉢ 법인 아닌 단체인 경우: 단체명, 소재지, 고유번호 및 연락처
> ② 임대차 목적물(주택을 취득할 수 있는 권리에 관한 계약인 경우에는 그 권리의 대상인 주택을 말한다)의 소재지, 종류, 임대 면적 등 임대차 목적물 현황
> ③ 보증금 또는 월 차임
> ④ 계약 체결일 및 계약 기간
> ⑤ 「주택임대차보호법」 제6조의3에 따른 계약갱신요구권의 행사 여부(계약을 갱신한 경우만 해당한다)
> ⑥ 해당 주택 임대차 계약을 중개한 개업공인중개사의 사무소 명칭, 사무소 소재지, 대표자 성명, 등록번호, 전화번호 및 소속공인중개사 성명

(4) 신고절차 및 방법

① 원칙 – 공동신고: 주택임대차계약을 신고하려는 임대차계약당사자는 주택임대차계약신고서(이하 '임대차신고서'라 한다)에 공동으로 서명 또는 날인해 신고관청에 제출해야 한다. 단, 임대차계약당사자 중 일방이 국가 등이어서 국가 등이 주택임대차계약을 신고하려는 경우에는 임대차신고서에 단독으로 서명 또는 날인해 신고관청에 제출해야 한다.

② 예외 – 단독신고: 임대차계약당사자 일방이 임대차신고서에 단독으로 서명 또는 날인한 후 다음의 서류 등과 단독신고사유서를 첨부해 신고관청에 제출해야 한다. 이 경우 신고관청은 단독신고사유에 해당하는지를 확인해야 한다. 당사자 중 일방이 단독신고를 위한 자료 등을 첨부해 신고관청에 제출한 경우에는 임대차계약당사자가 공동으로 임대차신고서를 제출한 것으로 본다.

> ⑤ 주택임대차계약서(계약서를 작성한 경우만 해당한다)
> ⓒ 입금증, 주택임대차계약과 관련된 금전거래내역이 적힌 통장 사본 등 주택임대차계약 체결 사실을 입증할 수 있는 서류 등(주택임대차계약서를 작성하지 않은 경우만 해당한다)
> ⓒ 「주택임대차보호법」 제6조의3에 따른 계약갱신요구권을 행사한 경우 이를 확인할 수 있는 서류 등

③ 신분증명서 제시: 주택임대차신고를 하려는 자는 신분증명서를 신고관청에 보여줘야 한다.

④ 신고특례: 앞의 규정에도 불구하고 임대차계약당사자 일방 또는 임대차신고서 제출대행에 관한 임대차계약당사자의 위임을 받은 사람이 주택임대차신고사항이 모두 적혀 있고 임대차계약당사자의 서명이나 날인이 되어 있는 주택임대차계약서를 신고관청에 제출하면 임대차계약당사자가 공동으로 임대차신고서를 제출한 것으로 본다.

(5) 신고관청의 조치

신고를 받은 신고관청은 그 신고내용을 확인한 후 신고인에게 주택임대차계약 신고필증을 지체 없이 발급하여야 한다.

(6) 사무의 위임

신고관청은 주택임대차신고 사무에 대한 해당 권한의 일부를 그 지방자치단체의 조례로 정하는 바에 따라 읍·면·동장 또는 출장소장에게 위임할 수 있다.

(7) 신고의무 위반에 대한 제재

주택임대차계약의 신고를 하지 아니하거나(공동신고를 거부한 자를 포함한다) 그 신고를 거짓으로 한 자에게는 100만원 이하의 과태료가 부과될 수 있다.✚

✚ 단, 허위로 주택임대차신고를 하는 경우에는 금지행위로 보아 3,000만원 이하 과태료사유이다.

> **예제**
>
> 개업공인중개사 甲이 A도 B시 소재의 X주택에 관한 乙과 丙간의 임대차계약 체결을 중개하면서 「부동산 거래신고 등에 관한 법률」에 따른 주택임대차계약의 신고에 관하여 설명한 내용의 일부이다. ( )에 들어갈 숫자를 바르게 나열한 것은? (X주택은 「주택임대차보호법」의 적용대상이며, 乙과 丙은 자연인임) 제32회
>
> > 보증금이 (㉠)천만원을 초과하거나 월 차임이 (㉡)만원을 초과하는 주택임대차계약을 신규로 체결한 계약당사자는 그 보증금 또는 차임 등을 임대차계약의 체결일부터 (㉢)일 이내에 주택 소재지를 관할하는 신고관청에 공동으로 신고해야 한다.
>
> ① ㉠: 3, ㉡: 30, ㉢: 60
> ② ㉠: 3, ㉡: 50, ㉢: 30
> ③ ㉠: 6, ㉡: 30, ㉢: 30
> ④ ㉠: 6, ㉡: 30, ㉢: 60
> ⑤ ㉠: 6, ㉡: 50, ㉢: 60
>
> **해설** 보증금이 (㉠ 6)천만원을 초과하거나 월 차임이 (㉡ 30)만원을 초과하는 주택임대차계약을 신규로 체결한 계약당사자는 그 보증금 또는 차임 등을 임대차계약의 체결일부터 (㉢ 30)일 이내에 주택 소재지를 관할하는 신고관청에 공동으로 신고해야 한다.
>
> **정답 ③**

❷ 주택임대차계약의 변경 및 해제신고

> **제6조의3【주택임대차계약의 변경 및 해제신고】** ① 임대차계약당사자는 제6조의2에 따라 신고한 후 해당 주택임대차계약의 보증금, 차임 등 임대차가격이 변경되거나 임대차계약이 해제된 때에는 변경 또는 해제가 확정된 날부터 30일 이내에 해당 신고관청에 공동으로 신고하여야 한다. 다만, 임대차계약당사자 중 일방이 국가 등인 경우에는 국가 등이 신고하여야 한다.
> ② 제1항에도 불구하고 임대차계약당사자 중 일방이 신고를 거부하는 경우에는 국토교통부령으로 정하는 바에 따라 단독으로 신고할 수 있다.
> ③ 제1항에 따라 신고를 받은 신고관청은 그 신고내용을 확인한 후 신고인에게 신고필증을 지체 없이 발급하여야 한다.
> ④ 신고관청은 제1항부터 제3항까지의 규정에 따른 사무에 대한 해당 권한의 일부를 그 지방자치단체의 조례로 정하는 바에 따라 읍·면·동장 또는 출장소장에게 위임할 수 있다.
> ⑤ 제1항부터 제3항까지의 규정에 따른 신고 및 신고필증 발급의 절차와 그 밖에 필요한 사항은 국토교통부령으로 정한다.

(1) 변경 및 해제신고대상

신고대상 주택임대차계약을 신고한 후 해당 주택임대차계약의 보증금, 차임 등 임대차가격이 변경되거나 임대차계약이 해제된 때에는 변경 및 해제신고를 하여야 한다.

(2) 신고의무자 및 신고기한

임대차계약당사자(외국인 등을 포함한다)는 변경 또는 해제가 확정된 날부터 30일 이내에 주택 소재지를 관할하는 신고관청에 공동으로 신고하여야 한다. 임대차계약당사자 중 일방이 신고를 거부하는 경우에는 국토교통부령으로 정하는 바에 따라 단독으로 신고할 수 있다. 다만, 임대차계약당사자 중 일방이 국가 등인 경우에는 국가 등이 신고하여야 한다.

(3) 신고절차 및 방법

① 원칙 – 공동신고: 주택임대차 가격의 변경 또는 주택임대차계약의 해제를 신고하려는 임대차계약당사자는 주택임대차계약 변경신고서(이하 '임대차변경신고서'라 한다) 또는 주택임대차계약 해제신고서(이하 '임대차해제신고서'라 한다)에 공동으로 서명 또는 날인해 신고관청에 제출해야 한다.

② 예외 – 단독신고: 임대차계약당사자 중 일방이 신고를 거부해 단독으로 변경 및 해제신고를 하려는 자는 임대차변경신고서 또는 임대차해제신고서에 단독으로 서명 또는 날인한 후 다음의 구분에 따른 서류를 첨부해 신고관청에 제출해야 한다. 이 경우 신고관청은 단독신고사유에 해당하는지를 확인해야 한다.

> ⊙ 변경신고의 경우: 단독신고사유서와 주택임대차 변경계약서 또는 임대차가격이 변경된 사실을 입증할 수 있는 서류 등
> ⓒ 해제신고의 경우: 단독신고사유서와 주택임대차계약 해제합의서 또는 주택임대차계약이 해제된 사실을 입증할 수 있는 서류 등

③ 주택임대차신고의 준용: 위 규정사항 외에 주택임대차계약의 변경신고 및 해제신고에 관하여는 주택임대차신고규정을 준용한다(단, 전자계약 체결시 신고의제 규정은 해제신고로 한정한다). 이 경우 '주택임대차계약'은 '주택임대차 변경계약' 또는 '주택임대차계약 해제합의'로, '주택임대차계약서'는 '주택임대차 변경계약서' 또는 '주택임대차 해제합의서'로, '임대차신고서'는 '임대차변경신고서' 또는 '임대차해제신고서'로 각각 본다.

(4) 신고관청의 조치

신고를 받은 신고관청은 신고사항의 누락 여부 등을 확인한 후 지체 없이 변경사항을 반영한 임대차 신고필증 또는 주택임대차계약 해제확인서를 내줘야 한다.

(5) 사무의 위임

신고관청은 변경신고 및 해제신고 규정에 따른 사무에 대한 해당 권한의 일부를 그 지방자치단체의 조례로 정하는 바에 따라 읍·면·동장 또는 출장소장에게 위임할 수 있다.

(6) 신고의무 위반에 대한 제재

주택임대차계약의 변경 및 해제신고를 하지 아니하거나(공동신고를 거부한 자를 포함한다) 그 신고를 거짓으로 한 자에게는 100만원 이하의 과태료가 부과될 수 있다.

❸ 주택임대차계약 신고내용의 정정

(1) 정정신청대상

임대차계약당사자는 주택임대차 신고사항 또는 주택임대차계약 변경신고의 내용이 잘못 적힌 경우에는 신고관청에 신고내용의 정정을 신청할 수 있다.

(2) 정정신청절차 및 신고관청의 조치

① 정정신청을 하려는 임대차계약당사자는 임대차 신고필증에 정정사항을 표시하고 해당 정정 부분에 공동으로 서명 또는 날인한 후 주택임대차계약서 또는 주택임대차 변경계약서를 첨부해 신고관청에 제출해야 한다.
② 정정신청을 하려는 자는 신분증명서를 신고관청에 보여줘야 한다.
③ 정정신청을 받은 신고관청은 정정할 사항을 확인한 후 지체 없이 해당 내용을 정정하고, 정정사항을 반영한 임대차 신고필증을 신청인에게 다시 내줘야 한다.

(3) 신고의무 위반에 대한 제재

위 규정사항 외에 주택임대차계약 신고내용의 정정에 관하여는 주택임대차신고 단독신고규정을 준용한다. 이 경우 '임대차신고서 제출'은 '주택임대차계약 신고내용 정정신청'으로 본다.

4 주택임대차계약신고서 등의 제출대행

(1) 제출대행가능 신고 등

임대차계약당사자의 위임을 받은 사람은 임대차신고서, 임대차변경신고서 및 임대차해제신고서(이하 '임대차신고서 등'이라 한다)의 작성·제출 및 정정신청을 대행할 수 있다.

(2) 제출대행자의 의무

임대차신고서 등의 작성·제출 및 정정신청을 대행하는 사람은 신분증명서를 신고관청에 보여줘야 하며, 임대차신고서 등의 작성·제출 및 정정신청을 위임한 임대차계약당사자의 자필서명이 있는 위임장과 신분증명서 사본을 함께 제출해야 한다.

5 준용규정

> 제6조의4 【주택임대차계약신고에 대한 준용규정】 ① 주택임대차계약신고의 금지행위에 관하여는 제4조를 준용한다.
> ② 주택임대차계약 신고내용의 검증에 관하여는 제5조를 준용한다.
> ③ 주택임대차계약 신고내용의 조사 등에 관하여는 제6조를 준용한다.

(1) 금지행위규정 준용

주택임대차계약신고와 관련하여 「부동산 거래신고 등에 관한 법률」상 '금지행위' 규정을 준용한다. 따라서 신고대상 주택임대차계약이 체결되지 아니하였음에도 불구하고 거짓으로 주택임대차계약 신고를 하는 경우에는 3천만원 이하의 과태료 처분대상이 된다.

(2) 신고내용의 검증규정 준용

신고관청은 주택임대차계약신고를 받은 경우 부동산거래가격 검증체계를 활용하여 그 적정성을 검증하여야 한다.

(3) 신고내용의 조사 등 규정 준용

신고관청은 주택임대차계약신고를 받은 내용이 누락되어 있거나 정확하지 아니하다고 판단하는 경우에는 신고인에게 신고내용을 보완하게 하거나 신고한 내용의 사실 여부를 확인하기 위하여 소속 공무원으로 하여금 거래당사자에게 임대차계약서 등 관련 자료의 제출을 요구하는 등 필요한 조치를 취할 수 있다.

⑥ 다른 법률에 따른 신고 등의 의제

> **제6조의5【다른 법률에 따른 신고 등의 의제】** ① 제6조의2에도 불구하고 임차인이 「주민등록법」에 따라 전입신고를 하는 경우 이 법에 따른 주택임대차계약의 신고를 한 것으로 본다.
> ② 제6조의2 또는 제6조의3에도 불구하고 「공공주택 특별법」에 따른 공공주택사업자 및 「민간임대주택에 관한 특별법」에 따른 임대사업자는 관련 법령에 따른 주택임대차계약의 신고 또는 변경신고를 하는 경우 이 법에 따른 주택임대차계약의 신고 또는 변경신고를 한 것으로 본다.
> ③ 제6조의2, 제6조의3에 따른 신고의 접수를 완료한 때에는 「주택임대차보호법」 제3조의6 제1항에 따른 확정일자를 부여한 것으로 본다(임대차계약서가 제출된 경우로 한정한다). 이 경우 신고관청은 「주택임대차보호법」 제3조의6 제2항에 따라 확정일자부를 작성하거나 「주택임대차보호법」 제3조의6의 확정일자부여기관에 신고사실을 통보하여야 한다.

(1) 전입신고시 주택임대차계약 신고의제

주택임차인이 「주민등록법」에 따라 전입신고를 하는 경우 주택임대차계약의 신고를 한 것으로 본다. 이 경우 임차인은 주택임대차계약서 또는 임대차신고서(주택임대차계약서를 작성하지 않은 경우로 한정한다)를 제출해야 한다.

(2) 임대사업자 등의 신고에 따른 주택임대차계약 신고의제

「공공주택 특별법」에 따른 공공주택사업자 및 「민간임대주택에 관한 특별법」에 따른 임대사업자가 관련 법령에 따른 주택임대차계약의 신고 또는 변경신고를 하는 경우 주택임대차계약의 신고 또는 변경신고를 한 것으로 본다.

(3) 주택임대차계약신고시 확정일자 의제

주택임대차계약의 신고 및 변경신고의 접수를 완료한 때에는 「주택임대차보호법」에 따른 확정일자를 부여한 것으로 본다(임대차계약서가 제출된 경우로 한정한다). 이 경우 신고관청은 「주택임대차보호법」에 따라 확정일자부를 작성하거나 「주택임대차보호법」상 확정일자부여기관에 신고사실을 통보하여야 한다.

(4) 전자계약 체결시 주택임대차계약 신고의제

부동산거래계약시스템을 통해 주택임대차계약을 체결한 경우에는 임대차계약당사자가 공동으로 임대차신고서를 제출한 것으로 본다.

■ 「부동산 거래신고 등에 관한 법률 시행규칙」 [별지 제5호의2 서식]   부동산거래관리시스템(rtms.molit.go.kr)
에서도 신청할 수 있습니다.

주택임대차계약신고서

※ 뒤쪽의 유의사항·작성방법을 읽고 작성하시기 바라며, [ ]에는 해당하는 곳에 ✔표를 합니다.   (앞쪽)

접수번호		접수일시		처리기간	지체 없이

① 임대인	성명(법인·단체명)		주민등록번호(법인·외국인등록·고유번호)	
	주소(법인·단체 소재지)			
	전화번호		휴대전화번호	

② 임차인	성명(법인·단체명)		주민등록번호(법인·외국인등록·고유번호)	
	주소(법인·단체 소재지)			
	전화번호		휴대전화번호	

③ 임대목적물 현황	종류	아파트[ ] 연립[ ] 다세대[ ] 단독[ ] 다가구[ ] 오피스텔[ ] 고시원[ ] 그 밖의 주거용[ ]
	④ 소재지(주소)	
	건물명( ) 동 층 호	
	⑤ 임대 면적(m^2) m^2 방의 수(칸) 칸	

임대 계약내용	⑥ 신규계약 [ ]	임대료	보증금	원
			월 차임	원
		계약기간	년 월 일 ~ 년 월 일	
		체결일	년 월 일	
	⑦ 갱신계약 [ ]	종전 임대료	보증금	원
			월 차임	원
		갱신 임대료	보증금	원
			월 차임	원
		계약기간	년 월 일 ~ 년 월 일	
		체결일	년 월 일	
	⑧ 「주택임대차보호법」 제6조의3에 따른 계약갱신요구권 행사 여부	[ ] 행사 [ ] 미행사		

개업공인 중개사	사무소 명칭		사무소 명칭	
	사무소 소재지		사무소 소재지	
	대표자 성명		대표자 성명	
	등록번호		등록번호	
	전화번호		전화번호	
	소속공인중개사 성명		소속공인중개사 성명	

「부동산 거래신고 등에 관한 법률」 제6조의2 및 같은 법 시행규칙 제6조의2에 따라 위와 같이 주택 임대차 계약 내용을 신고합니다.

년   월   일

신고인   임대인: (서명 또는 인)
         임차인: (서명 또는 인)
         제출인: (서명 또는 인)
         (제출 대행시)

시장·군수·구청장 (읍·면·동장·출장소장)   귀하

첨부서류	1. 주택임대차계약서(「부동산 거래신고 등에 관한 법률」 제6조의5 제3항에 따른 확정일자를 부여받으려는 경우 및 「부동산 거래신고 등에 관한 법률 시행규칙」 제6조의2 제3항·제5항·제9항에 따른 경우만 해당합니다) 2. 입금표·통장사본 등 주택임대차계약 체결사실을 입증할 수 있는 서류 등(주택임대차계약서를 작성하지 않은 경우만 해당합니다) 및 계약갱신요구권 행사 여부를 확인할 수 있는 서류 등 3. 단독신고사유서(「부동산 거래신고 등에 관한 법률」 제6조의2 제3항 및 같은 법 시행규칙 제6조의2 제5항에 따라 단독으로 주택임대차신고서를 제출하는 경우만 해당합니다)

유의사항

1. 「부동산 거래신고 등에 관한 법률」 제6조의2 제1항 및 같은 법 시행규칙 제6조의2 제1항에 따라 주택임대차계약당사자는 이 신고서에 공동으로 서명 또는 날인해 계약 당사자 중 일방이 신고서를 제출해야 하고, 계약당사자 중 일방이 국가, 지방자치단체, 공공기관, 지방직영기업, 지방공사 또는 지방공단인 경우(국가 등)에는 국가 등이 신고해야 합니다.
2. 주택임대차계약의 당사자가 다수의 임대인 또는 임차인인 경우 계약서에 서명 또는 날인한 임대인 및 임차인 1명의 인적사항을 적어 제출할 수 있습니다.
3. 「부동산 거래신고 등에 관한 법률 시행규칙」 제6조의2 제3항에 따라 주택임대차계약당사자 일방이 이 신고서에 주택임대차계약서 또는 입금증, 주택임대차계약과 관련된 금전거래내역이 적힌 통장사본 등 주택임대차계약 체결 사실을 입증할 수 있는 서류 등(주택임대차계약서를 작성하지 않은 경우만 해당합니다), 「주택임대차보호법」 제6조의3에 따른 계약갱신요구권 행사 여부를 확인할 수 있는 서류 등을 제출하는 경우에는 계약당사자가 공동으로 신고한 것으로 봅니다.
4. 「부동산 거래신고 등에 관한 법률 시행규칙」 제6조의2 제9항에 따라 신고인이 같은 조 제1항 각 호의 사항이 모두 적힌 주택임대차계약서를 신고관청에 제출하면 주택임대차계약신고서를 제출하지 않아도 됩니다. 이 경우 신고관청에서 주택임대차계약서로 주택임대차신고서 작성 항목 모두를 확인할 수 없으면 주택임대차계약신고서의 제출을 요구할 수 있습니다.
5. 「부동산 거래신고 등에 관한 법률 시행규칙」 제6조의5에 따라 주택임대차계약당사자로부터 신고서의 작성 및 제출을 위임받은 자는 제출인란에 서명 또는 날인해 제출해야 합니다.
6. 주택임대차계약의 내용을 계약 체결일부터 30일 이내에 신고하지 않거나, 거짓으로 신고하는 경우 「부동산 거래신고 등에 관한 법률」 제28조 제5항 제3호에 따라 100만원 이하의 과태료가 부과됩니다.
7. 신고한 주택임대차계약의 보증금, 차임 등 임대차 가격이 변경되거나 임대차계약이 해제된 경우에도 변경 또는 해제가 확정된 날부터 30일 이내에 「부동산 거래신고 등에 관한 법률」 제6조의3에 따라 신고해야 합니다.

작성방법

① · ② 임대인 및 임차인의 성명·주민등록번호 등 인적사항을 적으며, 주택임대차계약의 당사자가 다수의 임대인 또는 임차인인 경우 계약서에 서명 또는 날인한 임대인 및 임차인 1명의 인적사항을 적어 제출할 수 있습니다.
③ 임대 목적물 현황의 종류란에는 임대차대상인 주택의 종류에 ✔표시를 하고, 주택의 종류를 모를 경우 건축물대장(인터넷 건축행정시스템 세움터에서 무료 열람 가능)에 적힌 해당 주택의 용도를 참고합니다.
④ 소재지(주소)란에는 임대차대상 주택의 소재지(주소)를 적고, 건물명이 있는 경우 건물명(예 ○○아파트, ○○빌라, 다가구건물명 등)을 적으며, 동·층·호가 있는 경우 이를 적고, 구분 등기가 되어 있지 않은 다가구주택 및 고시원 등의 일부를 임대한 경우에도 동·층·호를 적습니다.
⑤ 임대 면적란에는 해당 주택의 건축물 전체에 대해 임대차계약을 체결한 경우 집합건축물은 전용면적을 적고, 그 밖의 건축물은 연면적을 적습니다. 건축물 전체가 아닌 일부를 임대한 경우에는 임대차계약대상 면적만 적고 해당 면적을 모르는 경우에는 방의 수(칸)를 적습니다.
⑥ · ⑦ 신고하는 주택임대차계약이 신규 계약 또는 갱신 계약 중 해당하는 하나에 ✔표시를 하고, 보증금 또는 월 차임(월세) 금액을 각각의 란에 적으며, 임대차계약기간과 계약 체결일도 각각의 란에 적습니다.
⑧ 갱신 계약란에 ✔표시를 한 경우 임차인이 「주택임대차보호법」 제6조의3에 따른 계약갱신요구권을 행사했는지를 '행사' 또는 '미행사'에 ✔표시를 합니다.

※ 같은 임대인과 임차인이 소재지(주소)가 다른 다수의 주택에 대한 임대차계약을 일괄하여 체결한 경우에도 임대 목적물별로 각각 주택임대차신고서를 작성해 제출해야 합니다.

처리절차

신고서 작성 (인터넷, 방문신고)	⇨	접수	⇨	신고처리	⇨	주택임대차계약 신고필증 발급
신고인		처리기관: 시·군·구(읍·면·동장·출장소) 담당부서				

210mm × 297mm[백상지(80g/m^2) 또는 중질지(80g/m^2)]

※ 「부동산 거래신고 등에 관한 법률 시행규칙」 [별지 제5호의3 서식]

주택임대차계약 신고필증

관리번호	제 호	접수번호	제 호	접수완료일		확정일자번호	제 호

임대인	성명(법인·단체명)		생년월일(법인·고유번호)	
	주소(법인·단체 소재지)			
	전화번호		휴대전화번호	

임차인	성명(법인·단체명)		생년월일(법인·고유번호)	
	주소(법인·단체 소재지)			
	전화번호		휴대전화번호	

임대 목적물 현황	종류					
	소재지 (주소)					
	건물명( )		동	층	호	
	임대 면적(㎡)		㎡	방의 수(칸)		칸

임대 계약내용	( ) 계약	임대료	보증금	원	변경 보증금	원
			월 차임	원	변경 월 차임	원
		계약기간	년 월 일 ~ 년 월 일			
		체결일		변경 계약 체결일		
		계약갱신요구권 행사 여부				

개업공인 중개사	사무소 명칭		사무소 명칭	
	사무소 소재지		사무소 소재지	
	대표자 성명		대표자 성명	
	등록번호		등록번호	
	전화번호		전화번호	
	소속공인중개사 성명		소속공인중개사 성명	

「부동산 거래신고 등에 관한 법률」 제6조의2 제4항, 제6조의3 제3항 및 같은 법 시행규칙 제6조의2 제7항, 제6조의3 제3항 및 제6조의4 제3항에 따라 주택임대차계약 신고필증을 발급합니다.

년 월 일

**시장·군수·구청장
(읍·면·동장·출장소장)** 　[직인]

210mm × 297mm[백상지(80g/㎡) 또는 중질지(80g/㎡)]

제3장 외국인 등의 부동산취득

💬 본 장은 과거에는 중개실무에 포함되었던 내용으로, 제28회 시험부터 「부동산 거래신고 등에 관한 법률」에 통합되었다. 이 장에서는 매년 1문제 정도가 출제되고 있다.

💬 외국인 등의 부동산취득시 신고와 허가절차 등을 잘 정리하여야 한다. 또한 의무 위반시 과태료 부과금액과 형벌 부과내용 등도 꼼꼼하게 학습하여야 한다. 특히, 부동산거래신고제도와의 상관관계 등을 정확히 이해하고 있어야 한다.

제1절 | 외국인 등의 국내 부동산취득

제33회

❶ 국내 부동산의 취득 가능 여부

대한민국의 국적이 없거나 없는 것으로 된(예 국적변경 등) 외국인 등도 국내 부동산을 취득할 수 있다. 다만, 취득하기 전이나 취득 후에 「부동산 거래신고 등에 관한 법률」에 의한 허가(단, 토지에 한한다. 이하 같다)를 받거나 신고를 하여야 한다. 이 법은 외국인 등이 대한민국 영토 안의 부동산 등에 대한 소유권을 취득할 때 적용되는 것이므로 부동산 등의 처분, 담보·용익물권의 설정 계약의 체결 등에는 적용되지 않는다.

❷ 용어의 정의

> 제2조 【정의】 이 법에서 사용하는 용어의 뜻은 다음과 같다.
> 4. '외국인 등'이란 다음 각 목의 어느 하나에 해당하는 개인·법인 또는 단체를 말한다.
>   가. 대한민국의 국적을 보유하고 있지 아니한 개인
>   나. 외국의 법령에 따라 설립된 법인 또는 단체
>   다. 사원 또는 구성원의 2분의 1 이상이 가목에 해당하는 자인 법인 또는 단체
>   라. 업무를 집행하는 사원이나 이사 등 임원의 2분의 1 이상이 가목에 해당하는 자인 법인 또는 단체
>   마. 가목에 해당하는 사람이나 나목에 해당하는 법인 또는 단체가 자본금의 2분의 1 이상이나 의결권의 2분의 1 이상을 가지고 있는 법인 또는 단체
>   바. 외국 정부
>   사. 대통령령으로 정하는 국제기구

「부동산 거래신고 등에 관한 법률」에서 사용하는 '외국인 등'이란 아래의 개인이나 법인 또는 단체를 의미한다.

> ① 대한민국의 국적을 보유하고 있지 아니한 개인
> ② 외국의 법령에 따라 설립된 법인 또는 단체
> ③ 사원 또는 구성원의 2분의 1 이상이 ①에 해당하는 자인 법인 또는 단체
> ④ 업무를 집행하는 사원이나 이사 등 임원의 2분의 1 이상이 ①에 해당하는 자인 법인 또는 단체
> ⑤ ①에 해당하는 사람이나 ②에 해당하는 법인 또는 단체가 자본금의 2분의 1 이상이나 의결권의 2분의 1 이상을 가지고 있는 법인 또는 단체
> ⑥ 외국 정부
> ⑦ 대통령령으로 정하는 국제기구

참고 **외국인 등에 해당하는 국제기구**
국제연합과 그 산하기구·전문기구, 정부간 기구, 준정부간 기구, 비정부간 국제기구를 말한다(영 제2조).

제2절 | 외국인 등의 부동산취득 등에 관한 특례 제32회~제36회

1 상호주의

> **제7조【상호주의】** 국토교통부장관은 대한민국 국민, 대한민국의 법령에 따라 설립된 법인 또는 단체나 대한민국 정부에 대하여 자국(自國) 안의 **토지의 취득 또는 양도**를 금지하거나 제한하는 국가의 개인·법인·단체 또는 정부에 대하여 대통령령으로 정하는 바에 따라 대한민국 안의 토지의 취득 또는 양도를 금지하거나 제한할 수 있다. 다만, 헌법과 법률에 따라 체결된 조약의 이행에 필요한 경우에는 그러하지 아니하다.

「부동산 거래신고 등에 관한 법률」 제7조에서는 상호주의를 규정하고 있는바, 이는 외국인 등의 대한민국 영토 안에 있는 토지취득의 기본원칙을 밝히고 있는 것이다. 상호주의는 국내 토지에만 적용됨을 유의하여야 한다.

2 외국인 등의 부동산취득·보유신고

> **제8조【외국인 등의 부동산취득·보유신고】** ① 외국인 등이 대한민국 안의 부동산 등을 취득하는 계약(제3조 제1항 각 호에 따른 계약은 제외한다)을 체결하였을 때에는 계약 체결일부터 60일 이내에 대통령령으로 정하는 바에 따라 신고관청에 신고하여야 한다.

② 외국인 등이 상속·경매, 그 밖에 대통령령으로 정하는 계약 외의 원인으로 대한민국 안의 부동산 등을 취득한 때에는 부동산 등을 취득한 날부터 6개월 이내에 대통령령으로 정하는 바에 따라 신고관청에 신고하여야 한다.
③ 대한민국 안의 부동산 등을 가지고 있는 대한민국 국민이나 대한민국의 법령에 따라 설립된 법인 또는 단체가 외국인 등으로 변경된 경우 그 외국인 등이 해당 부동산 등을 계속보유하려는 경우에는 외국인 등으로 변경된 날부터 6개월 이내에 대통령령으로 정하는 바에 따라 신고관청에 신고하여야 한다.

(1) 계약을 원인으로 취득하는 경우

외국인 등이 대한민국 안의 부동산 등을 취득하는 계약(단, 부동산거래신고대상 계약은 제외한다)을 체결하였을 때에는 계약 체결일부터 60일 이내에 신고서에 서명 또는 날인한 후 증여의 경우 증여계약서를 첨부하여 신고관청에 제출하여야 한다.

(2) 계약 외의 원인으로 취득하는 경우

외국인 등이 상속·경매,「공익사업을 위한 토지 등의 취득 및 보상에 관한 법률」및 그 밖의 법률에 따른 환매권의 행사, 법원의 확정판결, 법인의 합병, 건축물의 신축·증축·개축·재축 등 계약 외의 원인으로 대한민국 안의 부동산 등을 취득한 때에는 부동산 등을 취득한 날부터 6개월 이내에 신고서에 서명 또는 날인한 후 다음의 서류를 첨부하여 신고관청에 제출하여야 한다.

① 상속의 경우: 상속인임을 증명할 수 있는 서류
② 경매의 경우: 경락결정서
③ 환매권 행사의 경우: 환매임을 증명할 수 있는 서류
④ 법원의 확정판결의 경우: 확정판결문
⑤ 법인의 합병의 경우: 합병사실을 증명할 수 있는 서류

(3) 계속보유의 경우

대한민국 안의 부동산 등을 가지고 있는 대한민국 국민이나 대한민국의 법령에 따라 설립된 법인 또는 단체가 외국인 등으로 변경된 경우, 그 외국인 등이 해당 부동산 등을 계속보유하려는 경우에는 외국인 등으로 변경된 날부터 6개월 이내에 신고서에 서명 또는 날인한 후 대한민국 국민이나 대한민국의 법령에 따라 설립된 법인 또는 단체가 외국인 등으로 변경되었음을 증명할 수 있는 서류를 첨부하여 신고관청에 제출하여야 한다.

(4) 신분증 제시의무

외국인 등의 부동산취득·보유신고를 하려는 사람은 본인의 신분증명서를 신고관청에 보여주어야 한다.

(5) 신고관청의 조치

① 신고를 받은 신고관청은「전자정부법」에 따라 행정정보의 공동이용을 통해 건축물대장, 토지등기사항증명서 및 건물등기사항증명서를 확인하여야 하고, 제출된 첨부서류를 확인한 후 외국인 부동산 등 취득·계속보유신고확인증을 발급하여야 한다.

② 외국인 등의 부동산취득·보유신고를 받은 신고관청은 그 신고내용을 매 분기 종료일부터 1개월 이내에 특별시장·광역시장·도지사 또는 특별자치도지사에게 제출(전자문서에 의한 제출을 포함한다)하여야 한다. 다만, 특별자치시장은 직접 국토교통부장관에게 제출하여야 한다.

③ 신고내용을 제출받은 특별시장·광역시장·도지사 또는 특별자치도지사는 제출받은 날부터 1개월 이내에 그 내용을 국토교통부장관에게 제출하여야 한다.

❸ 외국인 등의 토지거래허가

> 제9조【외국인 등의 토지거래허가】① 제3조 및 제8조에도 불구하고 외국인 등이 취득하려는 토지가 다음 각 호의 어느 하나에 해당하는 구역·지역 등에 있으면 토지를 취득하는 계약(이하 '토지취득계약'이라 한다)을 체결하기 전에 대통령령으로 정하는 바에 따라 신고관청으로부터 토지취득의 허가를 받아야 한다. 다만, 제11조에 따라 토지거래계약에 관한 허가를 받은 경우에는 그러하지 아니하다.
> 1. 「군사기지 및 군사시설 보호법」제2조 제6호에 따른 군사기지 및 군사시설보호구역, 그 밖에 국방 목적을 위하여 외국인 등의 토지취득을 특별히 제한할 필요가 있는 지역으로서 대통령령으로 정하는 지역
> 2. 「문화유산의 보존 및 활용에 관한 법률」제2조 제3항에 따른 지정문화유산과 이를 위한 보호물 또는 보호구역
> 2의2. 「자연유산의 보존 및 활용에 관한 법률」에 따라 지정된 천연기념물 등과 이를 위한 보호물 또는 보호구역
> 3. 「자연환경보전법」제2조 제12호에 따른 생태·경관보전지역
> 4. 「야생생물 보호 및 관리에 관한 법률」제27조에 따른 야생생물특별보호구역

② 신고관청은 관계 행정기관의 장과 협의를 거쳐 외국인 등이 제1항 각 호의 어느 하나에 해당하는 구역·지역 등의 토지를 취득하는 것이 해당 구역·지역 등의 지정 목적 달성에 지장을 주지 아니한다고 인정하는 경우에는 제1항에 따른 허가를 하여야 한다.
③ 제1항을 위반하여 체결한 토지취득계약은 그 효력이 발생하지 아니한다.

(1) 사전허가구역

① 부동산거래신고나 외국인 등의 부동산취득·보유신고 규정에도 불구하고 외국인 등이 취득하려는 토지가 다음의 어느 하나에 해당하는 구역·지역 등에 있으면 토지를 취득하는 계약(이하 '토지취득계약이라 한다)을 체결하기 전에 외국인 토지 취득허가신청서에 서명 또는 날인한 후 토지거래계약 당사자간의 합의서를 첨부하여 신고관청에 제출하고 토지취득의 허가를 받아야 한다.

> ⊙ 「군사기지 및 군사시설 보호법」에 따른 군사기지 및 군사시설보호구역, 그 밖에 국방 목적을 위하여 외국인 등의 토지취득을 특별히 제한할 필요가 있는 지역으로, 국방 목적상 필요한 섬 지역으로서 국토교통부장관이 국방부장관 등 관계 중앙행정기관의 장과 협의하여 고시하는 지역
> ⓒ 「문화유산의 보존 및 활용에 관한 법률」에 따른 지정문화유산과 이를 위한 보호물 또는 보호구역
> ⓒ 「자연유산의 보존 및 활용에 관한 법률」에 따라 지정된 천연기념물 등과 이를 위한 보호물 또는 보호구역
> ⓔ 「자연환경보전법」에 따른 생태·경관보전지역
> ⓜ 「야생생물 보호 및 관리에 관한 법률」에 따른 야생생물 특별보호구역

② 신청을 하려는 사람은 본인의 신분증명서를 신고관청에 보여주어야 한다.
③ 허가신청서 처리기간
  ⊙ 허가신청서를 받은 신고관청은 신청서를 받은 날부터 15일 안에 허가 또는 불허가 처분을 해야 한다.
  ⓒ 다만, 위 ⊙에 따른 구역·지역은 30일 이내에 처리하고 부득이한 사유로 허가 또는 불허가 처분을 할 수 없는 경우에는 30일의 범위에서 그 기간을 연장할 수 있으며, 기간을 연장하는 경우에는 연장사유와 처리예정일을 지체 없이 신청인에게 알려야 한다.

(2) 허가처분 및 허가의 면제

① **허가처분**: 신고관청은 관계 행정기관의 장과 협의를 거쳐 외국인 등이 외국인 등의 토지거래허가구역·지역 등의 토지를 취득하는 것이 해당 구역·지역 등의 지정 목적 달성에 지장을 주지 아니한다고 인정하는 경우에는 허가를 하여야 한다.

② **허가의 면제**: 외국인 등이「부동산 거래신고 등에 관한 법률」제11조에 따라 토지거래계약에 관한 허가를 받은 경우에는 동법 제9조의 외국인 등의 토지거래허가구역·지역 등의 토지거래허가는 따로 받을 필요가 없다.

(3) 신고관청의 조치

① **토지거래의 허가**: 허가신청을 받은 신고관청은「전자정부법」에 따라 행정정보의 공동이용을 통하여 토지등기사항증명서 및 건물등기사항증명서를 확인하여야 하고, 제출된 첨부서류를 확인한 후 외국인 토지취득허가증을 발급하여야 한다.

② **허가내용의 제출**: 신고관청은 허가내용을 매 분기 종료일부터 1개월 이내에 특별시장·광역시장·도지사 또는 특별자치도지사에게 제출(전자문서에 의한 제출을 포함한다)하여야 한다. 다만, 특별자치시장은 직접 국토교통부장관에게 제출하여야 한다. 허가내용을 제출받은 특별시장·광역시장·도지사 또는 특별자치도지사는 제출받은 날부터 1개월 이내에 그 내용을 국토교통부장관에게 제출하여야 한다.

(4) 무허가계약의 효력

토지거래허가를 위반하여 체결한 토지취득계약은 그 효력이 발생하지 아니하며, 그 무효는 '확정적 무효'에 해당한다. 또한, 2년 이하의 징역 또는 2천만원 이하의 벌금형의 대상이 된다.

> **판례** 외국인의 토지취득
>
> [1] 외국인이 소정의 신고를 하지 아니한 권리취득의 경우는 허가를 받지 아니한 경우와는 달리 거래계약의 효력 그 자체는 부인되지 아니한다.
> [2] 외국인이「집합건물의 소유 및 관리에 관한 법률」이 적용되는 집합건물의 대지권을 그 건물 부분과 함께 취득하는 경우라 하더라도 그 대지권에 관한 소유권이전등기를 함에 있어서는「부동산 거래신고 등에 관한 법률」에 정한 허가 또는 신고를 요하는 것이라 할 것이다(대판 91다18262).

❹ 작성 및 제출 대행

외국인 등의 위임을 받은 사람은 외국인 부동산 등 취득·계속보유신고서 또는 외국인 토지취득허가신청서의 작성 및 제출을 대행할 수 있다. 이 경우 다음의 서류를 함께 제출하여야 하며, 대행하려는 사람 본인의 신분증명서를 신고관청에 보여주어야 한다.

① 신고서 또는 신청서 제출을 위임한 외국인 등의 서명 또는 날인이 있는 위임장
② 신고서 또는 신청서 제출을 위임한 외국인 등의 신분증명서 사본

> **예제**
>
> 1. 개업공인중개사가 대한민국 영토 안의 토지를 취득하고자 하는 외국인에게 설명한 내용 중 옳은 것은?
>   ① 경매로 토지를 취득한 경우 취득일부터 6개월 이내에 시장·군수 또는 구청장에게 신고하여야 한다.
>   ② 대한민국 안의 토지를 취득하는 계약을 체결한 경우에는 계약 체결일부터 90일 이내에 신고하여야 한다.
>   ③ 「문화유산의 보존 및 활용에 관한 법률」에 의한 지정문화유산보호구역 내 토지는 취득할 수 없다.
>   ④ 군사시설보호구역 내 토지의 경우에는 취득일부터 30일 이내에 신고하여야 한다.
>   ⑤ 토지취득허가의무에 위반하여 체결한 토지취득계약이라도 그 효력은 발생한다.
>
>   **해설** ② 대한민국 안의 토지를 취득하는 계약을 체결한 경우에는 계약 체결일부터 60일 이내에 신고하여야 한다.
>   ③ 「문화유산의 보존 및 활용에 관한 법률」에 의한 지정문화유산보호구역 내 토지는 허가를 받아 취득할 수 있다.
>   ④ 군사시설보호구역 내 토지의 취득의 경우에는 사전허가를 받아야 한다.
>   ⑤ 토지취득허가의무에 위반하여 체결한 토지취득계약은 그 효력이 발생하지 아니한다.
>   **정답** ①

2. 부동산 거래신고 등에 관한 법령상 외국인 등의 국내 부동산의 취득·보유 등에 관한 설명으로 틀린 것은? (단, 헌법과 법률에 따라 체결된 조약의 이행에 필요한 경우는 고려하지 않음) 　　제29회

① 대한민국 국적을 보유하고 있지 아니한 자가 토지를 증여받은 경우 계약 체결일부터 60일 이내에 취득신고를 하여야 한다.
② 외국의 법령에 의하여 설립된 법인이 합병을 통하여 부동산을 취득한 경우에는 취득한 날부터 6개월 이내에 취득신고를 하여야 한다.
③ 부동산을 소유한 대한민국 국민이 대한민국 국적을 상실한 경우 부동산을 계속 보유하려면 국적을 상실한 때부터 6개월 이내에 계속보유신고를 하여야 한다.
④ 외국 정부가 「군사기지 및 군사시설 보호법」에 따른 군사시설보호지역 내 토지를 취득하려는 경우 계약 체결 전에 국토교통부장관에게 취득허가를 받아야 한다.
⑤ 국제연합의 산하기구가 허가 없이 「자연환경보전법」상 생태·경관보전지역의 토지를 취득하는 계약을 체결한 경우 그 효력은 발생하지 않는다.

해설 외국 정부가 외국인 등의 사전허가구역인 「군사기지 및 군사시설 보호법」에 따른 군사시설보호지역 내 토지를 취득하려는 경우 계약 체결 전에 시장·군수·구청장에게 취득허가를 받아야 한다. **정답 ④**

3. 부동산 거래신고 등에 관한 법령상 외국인 등의 부동산취득 등에 관한 설명으로 옳은 것을 모두 고른 것은? 　　제31회

㉠ 국제연합도 외국인 등에 포함된다.
㉡ 외국인 등이 대한민국 안의 부동산에 대한 매매계약을 체결하였을 때에는 계약 체결일부터 60일 이내에 신고관청에 신고하여야 한다.
㉢ 외국인이 상속으로 대한민국 안의 부동산을 취득한 때에는 부동산을 취득한 날부터 1년 이내에 신고관청에 신고하여야 한다.
㉣ 외국인이 「수도법」에 따른 상수원보호구역에 있는 토지를 취득하려는 경우 토지취득계약을 체결하기 전에 신고관청으로부터 토지취득의 허가를 받아야 한다.

① ㉠　　　　　　　　② ㉠, ㉣　　　　　　　③ ㉡, ㉢
④ ㉠, ㉡, ㉣　　　　　⑤ ㉠, ㉡, ㉢, ㉣

해설 ㉡ 외국인 등이 대한민국 안의 부동산에 대한 매매계약을 체결하였을 때에는 계약 체결일부터 30일 이내에 신고관청에 신고하여야 한다.
㉢ 외국인이 상속으로 대한민국 안의 부동산을 취득한 때에는 부동산을 취득한 날부터 6개월 이내에 신고관청에 신고하여야 한다.
㉣ 외국인이 「수도법」에 따른 상수원보호구역에 있는 토지를 취득하려는 경우 사전허가구역이 아니므로, 토지취득계약을 체결하기 전에 신고관청으로부터 토지취득의 허가를 받을 필요가 없다. **정답 ①**

제4장 토지거래허가제도

토지거래허가구역의 지정절차·신청절차 등은 기본적으로 알고 있어야 하며, 용도지역별 허가대상 거래·면적과 허가기준 등도 반드시 출제되는 부분이다. 또한 무허가계약의 효력, 허가 이후 토지이용의무 위반에 따른 사후조치 등을 확실하게 정리하고 관련 판례들을 꼼꼼하게 학습하여야 한다.

제1절 | 서설

토지거래허가제도는 토지 소유의 편중 및 무절제한 사용을 시정하고, 투기로 인한 비합리적인 지가형성을 방지하기 위한 토지거래의 공적 규제를 강화하기 위하여 1978년 「국토이용관리법」의 개정으로 도입되었다. 이후 토지거래허가제도의 근거법이 「국토의 계획 및 이용에 관한 법률」로 개정되었고, 현재는 「부동산 거래신고 등에 관한 법률」에 근거를 두고 있다. 이 제도의 핵심내용은 허가구역 안에서 **토지의 소유권 및 지상권을 유상으로 이전 또는 설정하는 계약을 체결하려는 경우, 사전에 시장·군수·구청장에게 허가**를 받아야 하는 행정규제라는 점이다.

제2절 | 토지거래허가구역 등   제32회~제36회

❶ 토지거래허가구역의 지정

제10조【토지거래허가구역의 지정】① 국토교통부장관 또는 시·도지사는 국토의 이용 및 관리에 관한 계획의 원활한 수립과 집행, 합리적인 토지 이용 등을 위하여 토지의 투기적인 거래가 성행하거나 지가(地價)가 급격히 상승하는 지역과 그러한 우려가 있는 지역으로서 대통령령으로 정하는 지역에 대해서는 다음 각 호의 구분에 따라 5년 이내의 기간을 정하여 제11조 제1항에 따른 토지거래계약에 관한 허가구역(이하 '허가구역'이라 한다)으로 지정할 수 있다. 이 경우 국토교통부장관 또는 시·도지사는 대통령령으로 정하는 바에 따라 허가대상자(외국인등을 포함한다. 이하 이 조에서 같다), 허가대상 용도와 지목 등을 특정하여 허가구역을 지정할 수 있다.

1. 허가구역이 둘 이상의 시·도의 관할구역에 걸쳐 있는 경우: 국토교통부장관이 지정
2. 허가구역이 동일한 시·도 안의 일부 지역인 경우: 시·도지사가 지정. 다만, 국가가 시행하는 개발사업 등에 따라 투기적인 거래가 성행하거나 지가가 급격히 상승하는 지역과 그러한 우려가 있는 지역 등 대통령령으로 정하는 경우에는 국토교통부장관이 지정할 수 있다.

② 국토교통부장관 또는 시·도지사는 제1항에 따라 허가구역을 지정하려면 「국토의 계획 및 이용에 관한 법률」 제106조에 따른 중앙도시계획위원회(이하 '중앙도시계획위원회'라 한다) 또는 같은 법 제113조 제1항에 따른 시·도 도시계획위원회(이하 '시·도 도시계획위원회'라 한다)의 심의를 거쳐야 한다. 다만, 지정기간이 끝나는 허가구역을 계속하여 다시 허가구역으로 지정하려면 중앙도시계획위원회 또는 시·도 도시계획위원회의 심의 전에 미리 시·도지사(국토교통부장관이 허가구역을 지정하는 경우만 해당한다) 및 시장·군수 또는 구청장의 의견을 들어야 한다.

③ 국토교통부장관 또는 시·도지사는 제1항에 따라 허가구역으로 지정한 때에는 지체 없이 허가대상자, 허가대상 용도와 지목 등 대통령령으로 정하는 사항을 공고하고, 그 공고내용을 국토교통부장관은 시·도지사를 거쳐 시장·군수 또는 구청장에게 통지하고, 시·도지사는 국토교통부장관, 시장·군수 또는 구청장에게 통지하여야 한다.

④ 제3항에 따라 통지를 받은 시장·군수 또는 구청장은 지체 없이 그 공고내용을 그 허가구역을 관할하는 등기소의 장에게 통지하여야 하며, 지체 없이 그 사실을 7일 이상 공고하고, 그 공고내용을 15일간 일반이 열람할 수 있도록 하여야 한다.

⑤ 허가구역의 지정은 제3항에 따라 허가구역의 지정을 공고한 날부터 5일 후에 그 효력이 발생한다.

⑥ 국토교통부장관 또는 시·도지사는 허가구역의 지정사유가 없어졌다고 인정되거나 관계 시·도지사, 시장·군수 또는 구청장으로부터 받은 허가구역의 지정해제 또는 축소요청이 이유 있다고 인정되면 지체 없이 허가구역의 지정을 해제하거나 지정된 허가구역의 일부를 축소하여야 한다.

⑦ 제6항에 따른 해제 또는 축소의 경우에는 제2항 본문, 제3항 및 제4항을 준용한다.

(1) 지정권자

국토교통부장관 또는 시·도지사는 국토의 이용 및 관리에 관한 계획의 원활한 수립과 집행, 합리적인 토지 이용 등을 위하여 대통령령으로 정하는 지정대상 지역에 대해서는 다음의 구분에 따라 5년 이내의 기간을 정하여 토지거래계약에 관한 허가구역(이하 '허가구역'이라 한다)으로 지정할 수 있다.

> ① 허가구역이 둘 이상의 시·도의 관할구역에 걸쳐 있는 경우: 국토교통부장관이 지정한다.
> ② 허가구역이 동일한 시·도 안의 일부 지역인 경우: 시·도지사가 지정한다. 다만, 국가가 시행하는 개발사업 등에 따라 투기적인 거래가 성행하거나 지가가 급격히 상승하는 지역과 그러한 우려가 있는 지역 등 다음의 요건을 모두 충족하는 경우에는 국토교통부장관이 지정할 수 있다.
>   ㉠ 국가 또는 「공공기관의 운영에 관한 법률」에 따른 공공기관이 관련 법령에 따른 개발사업을 시행하는 경우일 것
>   ㉡ 해당 지역의 지가변동률 등이 인근지역 또는 전국 평균에 비하여 급격히 상승하거나 상승할 우려가 있는 경우일 것

(2) 지정대상 지역

토지거래허가구역으로 지정할 수 있는 지역은 토지의 투기적인 거래가 성행하거나 지가(地價)가 급격히 상승하는 지역과 그러한 우려가 있는 지역으로서 다음의 어느 하나에 해당하는 지역을 말한다.

> ① 「국토의 계획 및 이용에 관한 법률」에 따른 광역도시계획, 도시·군기본계획, 도시·군관리계획 등 토지이용계획이 새로 수립되거나 변경되는 지역
> ② 법령의 제정·개정 또는 폐지나 그에 따른 고시·공고로 인하여 토지이용에 대한 행위제한이 완화되거나 해제되는 지역
> ③ 법령에 따른 개발사업이 진행 중이거나 예정되어 있는 지역과 그 인근지역
> ④ 그 밖에 국토교통부장관 또는 특별시장·광역시장·특별자치시장·도지사·특별자치도지사가 투기우려가 있다고 인정하는 지역 또는 관계 행정기관의 장이 특별히 투기가 성행할 우려가 있다고 인정하여 국토교통부장관 또는 시·도지사에게 요청하는 지역

(3) 지정시 특정 가능사항

국토교통부장관 또는 시·도지사는 다음의 사항을 특정하여 허가구역을 지정할 수 있다.

> ① 허가대상자: 위 ④에 따른 지역에서 지가변동률 및 거래량 등을 고려할 때 투기우려가 있다고 인정되는 자(외국인 포함)
> ② 허가대상 용도: 다음의 어느 하나에 해당하는 토지 중 위 ④에 따른 지역에서 투기우려가 있다고 인정되는 토지의 용도
>   ㉠ 나대지
>   ㉡ 「건축법」상 건축물의 용도로 사용되는 부지
> ③ 허가대상 지목: 위 ④에 따른 지역에서 투기우려가 있다고 인정되는 「공간정보의 구축 및 관리 등에 관한 법률」에 따른 지목

(4) 지정절차

① 지정 전 절차

㉠ 국토교통부장관 또는 시·도지사는 허가구역을 지정하려면 「국토의 계획 및 이용에 관한 법률」에 따른 중앙도시계획위원회 또는 동 법상의 시·도 도시계획위원회의 심의를 거쳐야 한다.

㉡ 다만, 지정기간이 끝나는 허가구역을 계속하여 다시 허가구역으로 지정하려면 중앙도시계획위원회 또는 시·도 도시계획위원회의 심의 전에 미리 시·도지사(국토교통부장관이 허가구역을 지정하는 경우만 해당한다) 및 시장·군수 또는 구청장의 의견을 들어야 한다.

② 지정 후 절차

㉠ 국토교통부장관 또는 시·도지사는 허가구역으로 지정한 때에는 지체 없이 다음의 사항을 공고하고(단, '토지거래허가구역지정 토지조서'에 의한다), 그 공고내용을 국토교통부장관은 시·도지사를 거쳐 시장·군수 또는 구청장에게 통지하며, 시·도지사는 국토교통부장관, 시장·군수 또는 구청장에게 통지하여야 한다.

㉡ 통지를 받은 시장·군수 또는 구청장은 지체 없이 그 공고내용을 그 허가구역을 관할하는 등기소의 장에게 통지하여야 하며, 지체 없이 그 사실을 7일 이상 공고하고, 그 공고내용을 15일간 일반이 열람할 수 있도록 하여야 한다.

ⓐ 토지거래계약에 관한 허가구역의 지정기간
ⓑ 허가대상자, 허가대상 용도와 지목
ⓒ 허가구역 내 토지의 소재지·지번·지목·면적 및 용도지역(「국토의 계획 및 이용에 관한 법률」에 따른 용도지역을 말한다)
ⓓ 허가구역에 대한 축척 5만분의 1 또는 2만5천분의 1의 지형도
ⓔ 허가면제대상 토지면적

(5) 지정의 효력발생

허가구역의 지정을 공고한 날부터 5일 후에 허가구역의 지정효력이 발생한다.

(6) 지정의 해제 또는 축소

① 해제 또는 축소 전 절차
  ㉠ 국토교통부장관 또는 시·도지사는 허가구역의 지정사유가 없어졌다고 인정되거나 관계 시·도지사, 시장·군수 또는 구청장으로부터 받은 허가구역의 지정해제 또는 축소요청이 이유 있다고 인정되면 지체 없이 허가구역의 지정을 해제하거나 지정된 허가구역의 일부를 축소하여야 한다.
  ㉡ 허가구역의 지정해제 또는 축소의 경우에도 중앙도시계획위원회 또는 시·도 도시계획위원회의 심의를 거쳐야 한다.

② 해제 또는 축소 후 절차
  ㉠ 허가구역을 지정해제 또는 축소한 때에는 지체 없이 그 사항을 공고하고, 그 공고내용을 국토교통부장관은 시·도지사를 거쳐 시장·군수 또는 구청장에게 통지하며, 시·도지사는 국토교통부장관, 시장·군수 또는 구청장에게 통지하여야 한다.
  ㉡ 통지를 받은 시장·군수 또는 구청장은 지체 없이 그 공고내용을 그 허가구역을 관할하는 등기소의 장에게 통지하여야 하며, 지체 없이 그 사실을 7일 이상 공고하고, 그 공고내용을 15일간 일반이 열람할 수 있도록 하여야 한다.

2 토지거래허가절차

> **제11조【허가구역 내 토지거래에 대한 허가】** ① 허가구역에 있는 토지에 관한 소유권·지상권(소유권·지상권의 취득을 목적으로 하는 권리를 포함한다)을 이전하거나 설정(대가를 받고 이전하거나 설정하는 경우만 해당한다)하는 계약(예약을 포함한다. 이하 '토지거래계약'이라 한다)을 체결하려는 당사자는 공동으로 대통령령으로 정하는 바에 따라 시장·군수 또는 구청장의 허가를 받아야 한다. 허가받은 사항을 변경하려는 경우에도 또한 같다.
> ② 제1항에도 불구하고 다음 각 호의 어느 하나에 해당하는 경우에는 제1항에 따른 허가가 필요하지 아니하다.
> 1. 경제 및 지가의 동향과 거래단위면적 등을 종합적으로 고려하여 대통령령으로 정하는 용도별 면적 이하의 토지에 대한 토지거래계약을 체결하려는 경우
> 2. 토지거래계약을 체결하려는 당사자 또는 그 계약의 대상이 되는 토지가 제10조 제3항에 따라 공고된 사항에 해당하지 아니하는 경우

③ 제1항에 따른 허가를 받으려는 자는 그 허가신청서에 계약내용과 그 토지의 이용계획, 취득자금 조달계획 등을 적어 시장·군수 또는 구청장에게 제출하여야 한다. 이 경우 토지이용계획, 취득자금 조달계획 등에 포함되어야 할 사항은 국토교통부령으로 정한다. 다만, 시장·군수 또는 구청장에게 제출한 취득자금 조달계획이 변경된 경우에는 취득토지에 대한 등기일까지 시장·군수 또는 구청장에게 그 변경사항을 제출할 수 있다.

④ 시장·군수 또는 구청장은 제3항에 따른 허가신청서를 받으면 「민원 처리에 관한 법률」에 따른 처리기간에 허가 또는 불허가의 처분을 하고, 그 신청인에게 허가증을 발급하거나 불허가처분사유를 서면으로 알려야 한다. 다만, 제15조에 따라 선매협의(先買協議)절차가 진행 중인 경우에는 위의 기간 내에 그 사실을 신청인에게 알려야 한다.

⑤ 제4항에 따른 기간에 허가증의 발급 또는 불허가처분사유의 통지가 없거나 선매협의사실의 통지가 없는 경우에는 그 기간이 끝난 날의 다음 날에 제1항에 따른 허가가 있는 것으로 본다. 이 경우 시장·군수 또는 구청장은 지체 없이 신청인에게 허가증을 발급하여야 한다.

⑥ 제1항에 따른 허가를 받지 아니하고 체결한 토지거래계약은 그 효력이 발생하지 아니한다.

⑦ 제2항 제1호에 따른 토지의 면적 산정방법에 관하여 필요한 사항은 대통령령으로 정한다.

(1) 허가대상 토지거래

허가구역에 있는 토지에 관한 소유권·지상권(소유권·지상권의 취득을 목적으로 하는 권리를 포함한다)을 이전하거나 설정(대가를 받고 이전하거나 설정하는 경우만 해당한다)하는 계약(예약을 포함한다. 이하 '토지거래계약'이라 한다)을 체결하려는 당사자는 공동으로 시장·군수 또는 구청장(이하 '허가관청'이라 한다)의 허가를 받아야 한다.

(2) 토지거래허가의 면제

① 허가면제대상 토지면적

㉠ 허가구역지정에도 불구하고 경제 및 지가의 동향과 거래단위면적 등을 종합적으로 고려하여 다음의 용도별 면적 이하의 토지에 대한 토지거래계약은 허가가 필요하지 아니하다.

㉡ 다만, 국토교통부장관 또는 시·도지사가 허가구역을 지정할 당시 해당 지역의 거래실태 등을 고려하여 다음의 면적으로 하는 것이 타당하지 아니하다고 인정하여 해당 기준면적의 10% 이상 300% 이하 범위에서 따로 정하여 공고한 경우에는 그에 따른다.

도시지역 안의 지역	도시지역 외의 지역
ⓐ 주거지역: $60m^2$ 이내 ⓑ 상업지역: $150m^2$ 이내 ⓒ 공업지역: $150m^2$ 이내 ⓓ 녹지지역: $200m^2$ 이내 ⓔ 기타 미지정지역: $60m^2$ 이내	ⓐ 원칙: $250m^2$ 이내 ⓑ 농지: $500m^2$ 이내 ⓒ 임야: $1,000m^2$ 이내

② 탈법행위의 방지: 허가대상 면적을 산정할 때 탈법행위(예 허가대상 면적을 피하기 위하여 조금씩 나누어서 거래하거나, 토지를 분할하는 방법 등)를 방지하기 위한 대책이 필요하다.

㉠ 계속적 거래: 일단(一團)의 토지이용을 위하여 토지거래계약을 체결한 날부터 1년 이내에 일단의 토지 일부에 대하여 토지거래계약을 체결한 경우에는 그 일단의 토지 전체에 대한 거래로 본다.

📌 토지의 계속적 거래

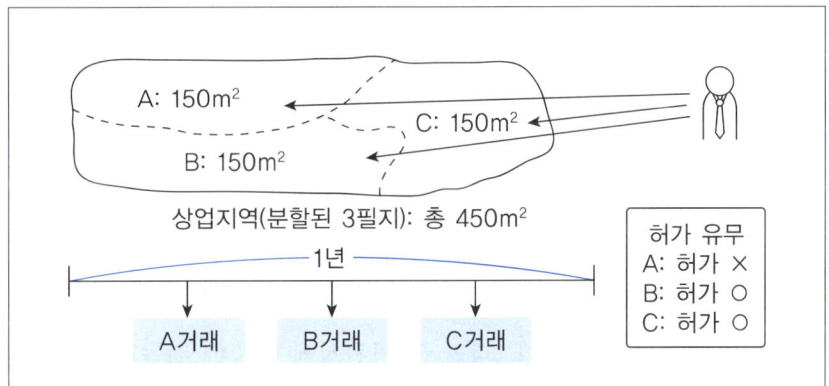

㉡ 분할거래: 허가구역지정 당시 허가대상 면적인 토지가 허가구역지정 후에 분할(「국토의 계획 및 이용에 관한 법률」에 따른 도시·군계획사업의 시행 등 공공 목적으로 인한 분할은 제외한다)로 허가면제대상 토지가 된 경우 분할된 해당 토지에 대한 분할 후 최초의 토지거래계약은 허가대상인 토지거래계약으로 본다. 허가구역지정 후 해당 토지가 공유 지분으로 거래되는 경우에도 또한 같다.

📌 토지의 분할거래

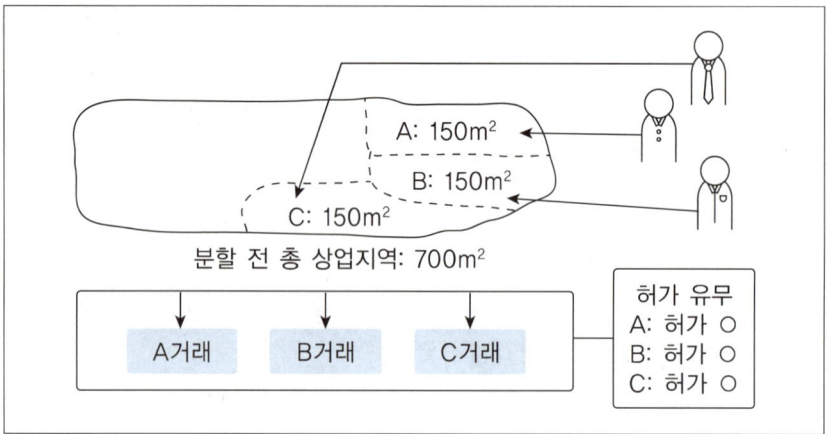

③ 허가구역 지정공고사항에 비해당시 면제: 토지거래계약을 체결하려는 당사자 또는 그 계약의 대상이 되는 토지가 국토교통부장관 또는 시·도지사가 허가구역 지정공고한 사항에 해당하지 아니하는 경우는 허가가 필요하지 아니하다.

(3) 허가신청서 등의 제출

① **허가신청서 기재사항**: 허가를 받으려는 자는 계약내용 등 다음의 사항을 기재한 토지거래계약허가신청서➕에 그 토지이용계획서(「농지법」 제8조에 따라 농지취득자격증명을 발급받아야 하는 농지의 경우에는 농업경영계획서를 말한다), 토지취득자금조달계획서를 첨부하여 허가관청에 제출하여야 한다. 다만, 허가관청에 제출한 취득자금조달계획이 변경된 경우에는 취득토지에 대한 등기일까지 허가관청에 그 변경사항을 제출할 수 있다.

➕ 토지거래계약허가신청서
✔ p.367~368 참고

> ㉠ 당사자의 성명 및 주소(법인인 경우에는 법인의 명칭 및 소재지와 대표자의 성명 및 주소)
> ㉡ 토지의 지번·지목·면적·이용현황 및 권리설정현황
> ㉢ 토지의 정착물인 건축물·공작물 및 입목 등에 관한 사항
> ㉣ 이전 또는 설정하려는 권리의 종류
> ㉤ 계약예정금액
> ㉥ 토지의 이용에 관한 계획
> ㉦ 토지를 취득(토지에 관한 소유권·지상권 또는 소유권·지상권의 취득을 목적으로 하는 권리를 이전하거나 설정하는 것을 말한다. 이하 같다)하는 데 필요한 자금조달계획

② 토지이용계획 등에 포함되어야 할 사항: 토지이용계획 등에 포함되어야 할 사항은 다음과 같다. 다만, 토지의 개발 및 이용계획 중 착공일은 토지를 취득한 날부터 2년을 초과하지 아니하는 범위 내에서만 정할 수 있다. 이 경우 관계 법령에 따른 허가·인가·승인 또는 심의 등에 소요되는 기간은 산입하지 아니한다.

> ㉠ 토지를 주거용·복지시설용·사업용 건축물 또는 공작물을 건축(신축·증축·개축 또는 재축만 해당한다)하는 데 이용하는 경우 또는 그 밖의 형질 변경을 수반하는 용도로 이용하는 경우
>   ⓐ 토지의 개발 및 이용계획(착공일·준공일 등 추진일정을 포함한다)
>   ⓑ 소요자금의 개략적인 산출내역
> ㉡ 토지를 축산업 또는 어업용으로 이용하고자 하는 경우
>   ⓐ 토지의 개발 및 이용계획(착공일·준공일 등 추진일정을 포함한다)
>   ⓑ 시설의 설치 또는 기계·기구의 구입이 필요한 경우에는 그 내역 및 설치·구입일정
>   ⓒ 소요자금의 개략적인 산출내역
> ㉢ 토지를 임업용으로 이용하고자 하는 경우
>   ⓐ 토지에 대한 2년 이상의 산림경영계획(반기별로 구체적인 작업일정을 포함하여야 한다)
>   ⓑ 소요자금의 개략적인 산출내역
> ㉣ 토지를 ㉠부터 ㉢까지 외의 용도로 이용하고자 하는 경우
>   ⓐ 토지의 이용 및 관리계획(필요한 경우 추진일정을 포함한다)
>   ⓑ 소요자금의 개략적인 산출내역

(4) 변경허가신청서의 제출

허가받은 사항을 변경하려는 경우에도 허가관청에 허가를 받아야 한다. 토지거래계약 변경허가를 받으려는 자는 공동으로 다음의 사항을 기재한 토지거래계약 변경허가신청서에 토지이용계획서(농지의 경우 농업경영계획서)와 토지취득자금조달계획서를 첨부(단, 계약예정금액을 변경하려는 경우에만 첨부한다)하여 허가관청에 제출하여야 한다.

> ① 당사자의 성명 및 주소(법인인 경우에는 법인의 명칭 및 소재지와 대표자의 성명 및 주소)
> ② 토지의 지번·지목·면적·이용현황 및 권리설정현황
> ③ 토지의 정착물인 건축물·공작물 및 입목 등에 관한 사항
> ④ 토지거래계약 허가번호
> ⑤ 변경내용
> ⑥ 변경사유

+ 토지거래계약허가증
✓ p.375 참고

용어 🔊 선매(先買)
토지거래계약에 관한 허가신청이 있는 경우 공익사업용 토지 등에 대하여 국가나 지방자치단체 등이 해당 토지매수를 원하는 경우, 일반인의 사적 거래에 우선하여 국가나 지방자치단체 등이 먼저 협의매수하는 것을 말한다. 법률적 근거는 「부동산 거래신고 등에 관한 법률」이다.

(5) 허가신청의 처리

① 허가신청의 처리절차

㉠ 허가관청은 허가신청서를 받으면 「민원 처리에 관한 법률」상 처리기간에 따라 허가 또는 불허가의 처분을 하고, 그 신청인에게 허가증+을 발급하거나 불허가처분사유를 서면으로 알려야 한다.

㉡ 이때 처리기간은 15일 이내이며, 신청서를 받은 허가관청은 지체 없이 필요한 조사(허가를 신청한 토지에 대한 현황을 파악할 수 있는 사진을 촬영·보관하여야 한다)를 하고 허가·변경허가 또는 불허가처분을 하여야 한다.

㉢ 다만, 「부동산 거래신고 등에 관한 법률」에 따라 선매협의(先買協議) 절차가 진행 중인 경우에는 위의 기간 내에 그 사실을 신청인에게 알려야 한다.

② 허가의 간주

㉠ 「민원 처리에 관한 법률」에 따른 처리기간에 허가증의 발급 또는 불허가처분사유의 통지가 없거나 선매협의사실의 통지가 없는 경우에는 *그 기간이 끝난 날의 다음 날에 허가가 있는 것으로 본다*.

㉡ 이 경우 허가관청은 지체 없이 신청인에게 허가증을 발급하여야 하고, 허가증을 발급한 경우에는 해당 토지의 소재지·지번·지목 및 이용 목적을 해당 기관의 인터넷 홈페이지에 게재하여야 한다.

■ 「부동산 거래신고 등에 관한 법률 시행규칙」 [별지 제9호 서식] 온나라 부동산정보통합포털(onnara.go.kr)에서도 신청할 수 있습니다.

토지거래계약허가신청서

※ 뒤쪽의 유의사항·작성방법을 읽고 작성하시기 바라며, 색상이 어두운 란은 신청인이 작성하지 않습니다. (앞쪽)

접수번호		접수일시		처리기간	15일

매도인	① 성명(법인명)	② 주민등록번호(법인·외국인등록번호)
	③ 주소(법인 소재지)	(휴대)전화번호

매수인	④ 성명(법인명)	⑤ 주민등록번호(법인·외국인등록번호)
	⑥ 주소(법인 소재지)	(휴대)전화번호

| ⑦ 허가신청하는 권리 | [ ] 소유권   [ ] 지상권 |

토지에 관한 사항

번호	⑧ 소재지	⑨ 지번	지목		⑫ 면적(m²)	⑬ 용도지역·용도지구	⑭ 이용현황
			⑩ 법정	⑪ 현실			
1							
2							
3							

| ⑮ 권리설정현황 | |

토지의 정착물에 관한 사항

번호	⑯ 종류	⑰ 정착물의 내용	이전 또는 설정에 관한 권리	
			⑱ 종류	⑲ 내용
1				
2				
3				

이전 또는 설정하는 권리의 내용에 관한 사항

번호	⑳ 소유권의 이전 또는 설정의 형태	그 밖의 권리의 경우		㉓ 특기사항
		㉑ 존속기간	㉒ 지대(연액)	
1				
2				
3				

계약예정금액에 관한 사항

번호	토지				정착물		㉚ 예정금액합계(원) ㉗ + ㉙
	㉔ 지목(현실)	㉕ 면적(m²)	㉖ 단가(원/m²)	㉗ 예정금액(원)	㉘ 종류	㉙ 예정금액(원)	
1							
2							
3							
	계	평균	계			계	계

「부동산 거래신고 등에 관한 법률」 제11조 제1항, 같은 법 시행령 제9조 제1항 및 같은 법 시행규칙 제9조에 따라 위와 같이 허가를 신청합니다.

년   월   일

매도인   (서명 또는 인)
매수인   (서명 또는 인)

시장·군수·구청장   귀하

신청인 제출서류	1. 「부동산 거래신고 등에 관한 법률 시행규칙」 제11조 제1항 각 호의 사항을 적은 토지이용계획서(「농지법」 제8조에 따라 농지취득자격증명을 발급받아야 하는 농지의 경우에는 같은 조 제2항에 따른 농업경영계획서를 말합니다) 2. 「부동산 거래신고 등에 관한 법률 시행규칙」 제9조 제2항에 따른 별지 제10호 서식의 토지취득자금조달계획서	수수료 없음
담당 공무원 확인사항	토지등기사항증명서	

210mm × 297mm[백상지(80g/m²) 또는 중질지(80g/m²)]

(뒤쪽)

유의사항

1. 「부동산 거래신고 등에 관한 법률」 제11조 제1항에 따른 허가를 받지 아니하고 체결한 토지거래계약은 그 효력을 발생하지 아니합니다.
2. 「부동산 거래신고 등에 관한 법률」 제11조 제1항에 따라 허가 또는 변경허가를 받지 아니하고 토지거래계약을 체결하거나 거짓 그 밖의 부정한 방법으로 토지거래계약허가를 받은 자는 2년 이하의 징역 또는 계약 체결 당시의 개별공시지가에 따른 해당 토지가격의 100분의 30에 상당하는 금액 이하의 벌금이 부과됩니다.
3. 「부동산 거래신고 등에 관한 법률」 제11조 제1항에 따라 토지거래계약허가를 받아 취득한 토지를 허가받은 목적대로 이용하지 아니한 경우에는 토지취득가액의 100분의 10의 범위 안에서 이행강제금이 부과됩니다.

※ 허가신청사항이 많은 경우에는 다른 용지에 작성하여 간인 처리한 후 첨부할 수 있습니다.

작성방법

1. ①④란에는 법인인 경우는 법인의 명칭을 기재합니다.
2. ⑦란에는 해당하는 권리에 ✔표시합니다.
3. ⑩⑪란에는 전·답·대·잡종지·임야 등으로 기재합니다.
4. ⑰란에는 건축물 및 공작물의 경우에는 연면적·구조·사용년수 등을, 입목의 경우에는 수종·본수·수령 등을 기재합니다.
5. ⑱⑲란에는 권리가 이전 또는 설정되는 정착물의 종류와 내용을 기재합니다.
6. ⑳란에는 매매·교환 등의 등기원인의 구분에 따라 기재합니다.

처리절차

이 신청서는 아래와 같이 처리됩니다.

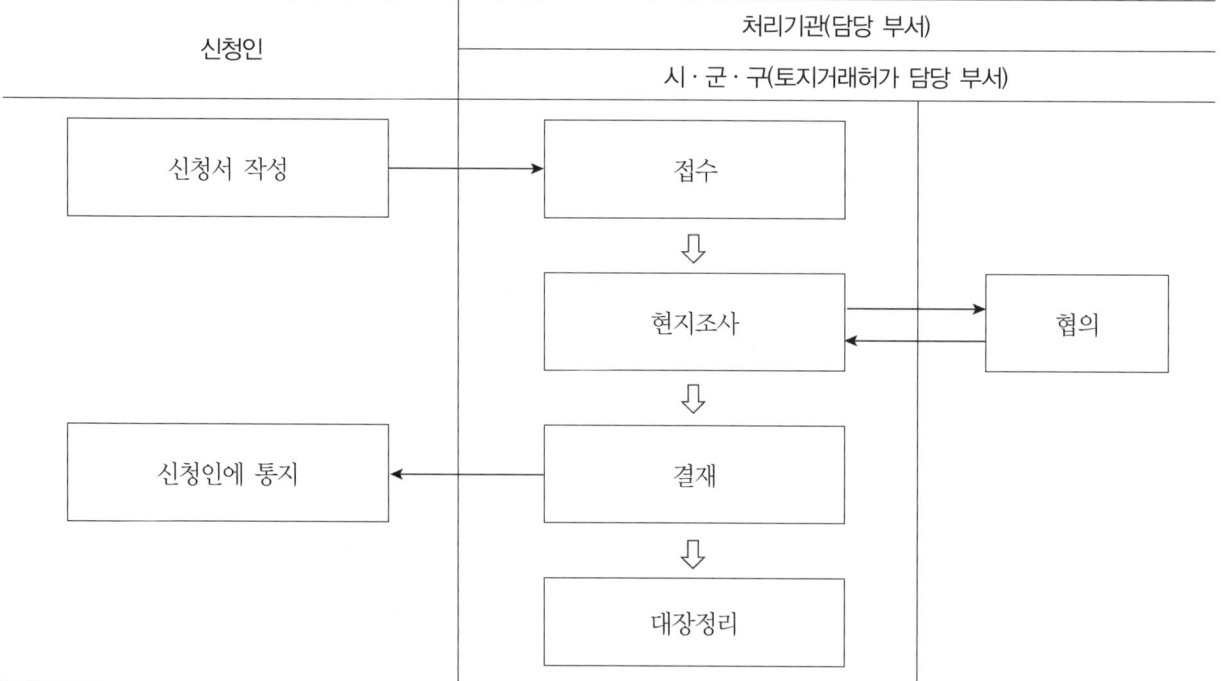

(6) 허가의무를 위반한 거래계약의 효력

「부동산 거래신고 등에 관한 법률」에 따른 허가를 받지 아니하고 체결한 토지거래계약은 그 효력이 발생하지 아니한다. 여기에서 효력이 발생하지 아니한다는 것은 '확정적 무효'를 의미한다. 무효는 사법상 아무런 의미가 없지만, 공법상으로는 범죄행위를 구성한다. 즉, 허가를 받지 않고 계약을 체결하거나 허위 기타 부정한 방법으로 허가를 받은 행위는 2년 이하의 징역 또는 계약 체결 당시의 해당 토지가격의 30%에 상당하는 금액 이하의 벌금에 처한다. 허가받을 것을 전제로 매매계약 등을 체결한 경우에는 '유동적 무효'로서 처벌의 대상이 되지 않는다.

> **판례** 허가구역 내 거래계약의 법률관계

1. 유동적 무효와 확정적 무효
   ① 유동적 무효와 확정적 무효의 의미
   토지거래허가구역 내에 있는 토지에 관하여 소유권 등 권리를 이전 또는 설정하는 내용의 거래계약은 관할 시장·군수 또는 구청장의 허가를 받아야만 효력이 발생하고 허가를 받기 전에는 물권적 효력은 물론 채권적 효력도 발생하지 아니하여 무효라고 보아야 할 것이므로, 따라서 허가받을 것을 전제로 하는 거래계약은 허가를 받을 때까지는 법률상 미완성의 법률행위로서 소유권 등 권리의 이전 또는 설정에 관한 거래의 효력이 전혀 발생하지 않으나 일단 허가를 받으면 그 계약은 소급하여 유효한 계약이 되고, 이와 달리 불허가가 된 때에 무효로 확정되므로 허가를 받기까지는 유동적 무효의 상태에 있다(대판 97다4357).
   ② 유동적 무효에서 당사자 의사표시 - 협력의무 한도 내에서 유효
   유동적 무효상태에 있는 계약을 효력이 있는 것으로 완성하여야 할 협력의무를 부담하는 한도 내에서의 당사자의 의사표시까지 무효상태에 있는 것은 아니다(대판 93다26397).

2. 거래계약이행의 문제
   ① 이행청구 - 불가
   허가받을 것을 전제로 하는 거래계약은 허가를 받을 때까지는 법률상 미완성의 법률행위로서 소유권 등 권리의 이전 또는 설정에 관한 거래의 효력이 전혀 발생하지 않는다. 따라서 허가받기 전의 상태에서는 거래계약의 채권적 효력도 전혀 발생하지 않으므로 권리의 이전 또는 설정에 관한 어떠한 내용의 이행청구도 할 수 없다(대판 97다4357).
   ② 의무 불이행을 이유로 한 해제 - 불가
   토지거래허가를 받지 않아 유동적 무효상태인 매매계약에 있어서는 그 계약내용대로의 효력이 있을 수 없는 것이어서 매수인으로서는 아직 그 계약내용에 따른 대금 지급의무가 있다고 할 수 없어 매도인이 매수인의 대금 지급의무 불이행을 이유로 매매계약을 해제할 수 없다(대판 전합 90다12243).

③ 의무 불이행을 이유로 한 손해배상청구 - 불가
허가를 받을 것을 전제로 한 거래계약의 당사자로서는 허가받기 전의 상태에서 상대방의 거래계약상 채무불이행을 이유로 거래계약을 해제하거나 그로 인한 손해배상을 청구할 수 없다(대판 97다4357).

④ 의무 불이행에 따른 자동해제약정 - 가능
토지거래허가를 받지 않아 유동적 무효상태인 매매계약 당사자 사이에 별개의 약정으로 매매 잔금이 그 지급기일에 지급되지 아니하는 경우 매매계약을 자동적으로 해제하기로 약정하는 것은 가능하다(대판 2010다1456).

⑤ 해약금 해제 - 가능
특별한 사정이 없는 한 토지거래허가를 받지 않아 유동적 무효상태인 매매계약에 있어서도 당사자 사이의 매매계약은 매도인이 계약금의 배액을 상환하고 계약을 해제함으로써 적법하게 해제된다(대판 97다9369).

⑥ 허가신청행위를 이행의 착수로 볼 수 있는지 여부 - 부정
당사자가 토지거래허가신청을 하고 이에 따라 관할 관청으로부터 그 허가를 받았다 하더라도, 그러한 사정만으로는 아직 이행의 착수가 있다고 볼 수 없어 매도인으로서는 「민법」 제565조에 의하여 계약금의 배액을 상환하여 매매계약을 해제할 수 있다(대판 2008다62427).

⑦ 계약금반환청구 - 유동적 무효상태에서는 불가
유동적 무효상태의 매매계약을 체결하고 매수인이 이에 기하여 임의로 지급한 계약금은 그 계약이 유동적 무효상태로 있는 한 이를 부당이득으로 반환을 구할 수는 없고 유동적 무효상태가 확정적으로 무효로 되었을 때 비로소 부당이득으로 그 반환을구할 수 있다(대판 91다41316).

⑧ 귀책사유 있는 자의 무효 주장 - 가능
허가신청을 하지 아니하여 유동적 무효인 상태에 있던 거래계약이 확정적으로 무효가 된 경우에는 거래계약이 확정적으로 무효로 됨에 있어서 귀책사유가 있는 자라고 하더라도 그 계약의 무효를 주장하는 것이(이 경우 상대방은 그로 인한 손해의 배상을 청구할 수는 있다) 신의칙에 반한다고 할 수는 없다(대판 94다51789).

3. 협력의무 발생
① 협력의무의 소구(訴求) - 가능
토지거래계약허가구역 내의 토지에 관하여 관할 관청의 허가 없이 체결된 매매계약이라 하더라도 거래당사자 사이에는 계약이 효력이 있는 것으로 완성될 수 있도록 서로 협력할 의무가 있어 매매계약의 쌍방당사자는 공동으로 관할 관청의 허가를 신청할 의무가 있고, 이러한 의무에 위배하여 허가신청절차에 협력하지 않는 당사자에 대하여 상대방은 협력의무의 이행을 구할 수 있는 것이다(대판 95다28236; 대판 98다44376).

② 협력의무 위반을 이유로 한 해제 - 불가
유동적 무효의 상태에 있는 거래계약의 당사자는 상대방이 그 거래계약의 효력이 완성되도록 협력할 의무를 이행하지 아니하였음을 들어 일방적으로 유동적 무효의 상태에 있는 거래계약 자체를 해제할 수 없다(대판 98다40459).

③ 협력의무 위반을 이유로 한 손해배상청구 – 가능
    유동적 무효상태에 있는 매매계약에 대하여 허가를 받을 수 있도록 허가신청을 하여야 할 협력의무를 이행하지 아니하고 매수인이 그 매매계약을 일방적으로 철회함으로써 매도인이 손해를 입은 경우에 매수인은 이 협력의무 불이행과 인과관계가 있는 손해는 이를 배상하여야 할 의무가 있다(대판 93다26397).

④ 협력의무 위반을 대비한 손해배상약정 – 가능
    유동적 무효상태에 있는 계약을 체결한 당사자는 쌍방이 그 계약이 효력이 있는 것으로 완성될 수 있도록 서로 협력할 의무가 있는 것이므로, 이러한 매매계약을 체결할 당시 당사자 사이에 당사자 일방이 토지거래허가를 받기 위한 협력 자체를 이행하지 아니하거나 허가신청에 이르기 전에 매매계약을 철회하는 경우 상대방에게 일정한 손해액을 배상하기로 하는 약정을 유효하게 할 수 있다(대판 96다49933).

⑤ 협력의무와 대금 지급이 동시이행관계에 있는지 여부 – 부정
    토지거래허가신청절차에 협력할 의무의 이행을 청구하는 경우, 매도인의 토지거래계약허가신청절차에 협력할 의무와 토지거래허가를 받으면 매매계약내용에 따라 매수인이 이행하여야 할 매매대금 지급의무나 이에 부수하여 매수인이 부담하기로 특약한 양도소득세 상당 금원의 지급의무 사이에는 상호 이행상의 견련성이 있다고 할 수 없으므로, 매도인으로서는 그러한 의무이행의 제공이 있을 때까지 그 협력의무의 이행을 거절할 수 있는 것은 아니다(대판 96다23825).

4. 확정적 무효로 되는 경우
 ① 허가를 배제하거나 잠탈하는 계약을 체결한 경우
    토지거래허가구역 내의 토지에 대한 토지거래계약은 관할 관청의 허가를 받아야만 그 효력이 발생하고 허가를 받기 전에는 원칙적으로 무효라 할 것인바, 다만 허가받을 것을 전제로 체결한 거래계약은 일단 허가를 받으면 소급하여서 유효한 계약이 되는 것이지만, 처음부터 허가를 배제하거나 잠탈하는 내용의 계약을 체결한 경우에는 확정적으로 무효라고 할 것이다(대판 90다12243).
 ② 허가신청 협력의무이행 거절의사를 명백히 표시한 경우
    유동적 무효상태의 계약은 관할 관청의 불허가처분이 있을 때뿐만 아니라 당사자 쌍방이 허가신청 협력의무의 이행 거절의사를 명백히 표시한 경우에는 허가 전 거래계약관계, 즉 계약의 유동적 무효상태가 더 이상 지속된다고 볼 수 없고 그 계약관계는 확정적으로 무효가 된다(대판 2007다30393).
 ③ 불허가처분된 경우
    토지거래허가를 받지 아니하여 유동적 무효상태에 있는 계약이라고 하더라도 일단 거래허가신청을 하여 불허되었다면 특별한 사정이 없는 한 불허가된 때로부터 그 거래계약은 확정적으로 무효로 되었다고 할 것이다(대판 98다44376).

④ 채무가 이행불능임이 명백한 경우
　　토지거래허가를 받지 않아 거래계약이 유동적 무효의 상태에 있는 경우 거래계약상 일방의 채무가 이행불능임이 명백하고 나아가 그 상대방이 거래계약의 존속을 더 이상 바라지 않고 있는 경우에도 마찬가지이다(대판 2010다31860·31877).

⑤ 경매절차에서 제3자가 대금을 납부하여 소유권을 취득한 경우
　　토지거래허가구역 내 토지의 매매계약으로서 그 거래허가가 나지 아니한 상태에서 경매절차에서 해당 토지가 제3자에게 매각되어 그 대금 납부가 완료됨으로써 제3자에게 그 소유권이 이전된 이상 매도인의 매수인에 대한 소유권이전의무는 이행불능 상태에 이르렀고, 나아가 매수인이 매도인에 대하여 매매계약이 무효가 되었음을 이유로 매매대금의 반환을 구한다는 취지의 의사를 표시한 경우 매매계약은 확정적으로 무효가 된다(대판 2011다11009).

⑥ 다른 사람의 명의로 매매계약을 체결한 경우
　　토지거래계약허가구역 내의 토지에 관한 매매계약을 체결하면서 허가요건을 갖추지 못한 매수인이 허가요건을 갖춘 사람의 명의를 도용하여 매매계약서에 그를 매수인으로 기재한 것은 매매계약을 체결하면서 처음부터 토지거래허가를 잠탈한 경우에 해당하므로 위 매매계약은 처음 체결된 때부터 확정적으로 무효이다(대판 2009다96328; 대판 2010도1116).

⑦ 허가를 받을 수 있도록 계약서를 허위로 작성한 경우
　　'허가의 배제나 잠탈행위'에는 토지거래허가가 필요한 계약을 허가가 필요하지 않은 것에 해당하도록 계약서를 허위로 작성하는 행위뿐만 아니라, 정상적으로는 토지거래허가를 받을 수 없는 계약을 허가를 받을 수 있도록 계약서를 허위로 작성하는 행위도 포함된다(대판 2009다96328; 대판 2011도614).

5. 확정적 무효로 볼 수 없는 경우
① 불허가처분이 보정 가능한 경우
　　토지거래허가신청에 대한 불허가의 취지가 미비된 요건의 보정을 명하는 데에 있고 그러한 흠결된 요건을 보정하는 것이 객관적으로 불가능하지도 아니한 경우라면 그 불허가로 인하여 거래계약이 확정적으로 무효가 되는 것은 아니다(대판 98다44376).

② 가처분된 토지의 낙찰로 제3자에게 소유권이 이전된 경우
　　토지거래허가신청절차청구권을 피보전권리로 하는 처분금지가처분의 집행을 이미 마친 채권자로서는 그 후 해당 부동산의 소유권이 낙찰로 인하여 타인에게 이전된 경우라도 그 가처분의 효력으로 새로운 토지소유자에게 대항할 수 있어 여전히 그 거래계약의 효력이 발생될 여지가 있으므로 그 때문에 해당 거래계약이 확정적으로 무효로 된다고 볼 수 없다(대판 98다44376).

③ 약정한 허가신청기간이 경과된 경우
매매계약 체결 당시 일정한 기간 안에 토지거래허가를 받기로 약정하였다고 하더라도 그 약정된 기간 내에 토지거래허가를 받지 못할 경우 계약해제 등의 절차 없이 곧바로 매매계약을 무효로 하기로 약정한 취지라는 등의 특별한 사정이 없는 한 이를 쌍무계약에서 이행기를 정한 것과 달리 볼 것이 아니므로, 위 약정기간이 경과하였다는 사정만으로 곧바로 매매계약이 확정적으로 무효가 된다고 할 수 없다(대판 2008다50615).

6. 확정적 유효로 되는 경우

① 허가처분
토지거래허가구역 내에 있는 토지에 관하여 소유권 등 권리를 이전 또는 설정하는 내용의 거래계약은 관할 시장·군수 또는 구청장의 허가를 받아야만 효력이 발생하고, 일단 허가를 받으면 그 계약은 소급하여 유효한 계약이 된다(대판 97다4357).

② 허가구역지정해제
허가구역지정기간 중에 허가구역 안의 토지에 대하여 토지거래허가를 받지 아니하고 토지거래계약을 체결한 후 허가구역지정해제 등이 된 때에는 그 토지거래계약이 허가구역지정이 해제되기 전에 확정적으로 무효로 된 경우를 제외하고는, 더 이상 관할 행정청으로부터 토지거래허가를 받을 필요가 없이 확정적으로 유효로 된다(대판 전합 98다40459).

③ 허가구역 지정해제 후 추인
토지거래계약 허가구역 내의 토지에 관하여 허가를 배제하거나 잠탈하는 내용으로 매매계약이 체결된 경우에는 그 계약은 체결된 때부터 확정적으로 무효이다. 다만, 그 후 해당 토지가 토지거래계약 허가구역의 지정에서 해제되고, 매매계약 당사자들이 기존 매매계약이 무효임을 알면서 이를 추인하였다면 무효였던 기존 매매계약은 추인한 때로부터 새로운 법률행위로서 유효하게 된다(대판 2024다255328).

7. 허가구역 내 등기문제

① 중간생략등기 - 무효
중간생략등기의 합의하에 최종 매수인과 최초 매도인을 당사자로 하는 토지거래허가를 받아 최초 매도인으로부터 최종 매수인 앞으로 경료된 소유권이전등기의 효력은 무효이다(대판 96다22464).

② 허가를 받을 것을 조건으로 한 소유권이전등기청구권의 피보전권리 - 부정
토지거래계약허가구역 내의 토지에 관하여 관할 관청의 허가를 받을 것을 전제로 한 매매계약은 법률상 미완성의 법률행위로서 허가받기 전의 상태에서는 아무런 효력이 없어 그 매수인이 매도인을 상대로 하여 권리의 이전 또는 설정에 관한 어떠한 이행청구도 할 수 없고, 이행청구를 허용하지 않는 취지에 비추어 볼 때 그 매매계약에 기한 소유권이전등기청구권 또는 토지거래계약에 관한 허가를 받을 것을 조건으로 한 소유권이전등기청구권을 피보전권리로 한 부동산처분금지가처분신청 또한 허용되지 않는다(대결 2010마818).

③ 토지거래허가신청절차청구권을 피보전권리로 한 가처분 - 인정
토지거래허가신청절차청구권을 피보전권리로 하여 매매목적물의 처분을 금하는 가처분을 구할 수 있고, 매도인이 그 매매계약을 다투는 경우 그 보전의 필요성도 있다고 보아야 할 것이며, 이러한 가처분이 집행된 후에 진행된 강제경매절차에서 해당 토지를 낙찰받은 제3자는 특별한 사정이 없는 한 이로써 가처분채권자인 매수인의 권리보전에 대항할 수 없다(대판 98다44376).

④ 허가 없는 매매예약에 기한 가등기 이후 제3자에게 소유권이전 - 가등기 무효
토지거래허가 없이 체결된 매매예약에 기하여 소유권이전청구권 보전을 위한 가등기가 경료되어 있는 상태에서 해당 토지가 제3자에게 낙찰되어 소유권이 이전된 경우에는 그 후 그 가등기에 기한 본등기까지 경료되었더라도 이는 효력이 없는 무효의 등기이다(대판 2012다89900).

⑤ 일괄매매에서 건물만의 이전등기 - 불가
허가구역 내의 토지와 건물을 일괄하여 매매한 경우 일반적으로 토지와 그 지상의 건물은 법률적인 운명을 같이하는 것이 거래의 관행이고, 당사자의 의사나 경제의 관념에도 합치되는 것이므로, 토지에 관한 당국의 거래허가가 없으면 건물만이라도 매매하였을 것이라고 볼 수 있는 특별한 사정이 인정되는 경우에 한하여 토지에 대한 매매거래허가가 있기 전에 건물만의 소유권이전등기를 명할 수 있다고 보아야 할 것이고, 그렇지 않은 경우에는 토지에 대한 거래허가가 있어 그 매매계약의 전부가 유효한 것으로 확정된 후에 토지와 함께 이전등기를 명하는 것이 옳을 것이다(대판 92다16836).

✿ 「부동산 거래신고 등에 관한 법률 시행규칙」 [별지 제12호 서식]

제   호

토지거래계약허가증

매도인	성명(법인명)				생년월일(법인·외국인등록번호)		
	주소(법인 소재지)				(휴대)전화번호		
매수인	성명(법인명)				생년월일(법인·외국인등록번호)		
	주소(법인 소재지)				(휴대)전화번호		
허가사항	대상 권리				예정금액(원)		
	번호	소재지	지목		면적(m^2)	이용 목적	
			법정	현실			
정착물	종류		내용		예정금액(원)		

「부동산 거래신고 등에 관한 법률」 제11조 제4항 및 같은 법 시행규칙 제12조 제1항에 따라 위와 같이 허가합니다.

년   월   일

시장·군수·구청장   귀하   [직인]

※ 유의사항

토지거래계약허가를 받아 취득한 토지는 허가를 받은 자가 직접 이용하여야 하며, 허가를 받은 자가 실제 이용 목적대로 이용하지 아니하고 타인에게 임대하는 등의 행위를 할 경우에는 「부동산 거래신고 등에 관한 법률」 제18조 제2항에 따라 토지취득가액의 100분의 10의 범위 안에서 이행강제금이 부과됩니다.

210mm × 297mm[백상지(80g/m^2) 또는 중질지(80g/m^2)]

❸ 허가기준

제12조【허가기준】 시장·군수 또는 구청장은 제11조에 따른 허가신청이 다음 각 호의 어느 하나에 해당하는 경우를 제외하고는 허가하여야 한다.
1. 토지거래계약을 체결하려는 자의 토지이용 목적이 다음 각 목의 어느 하나에 해당되지 아니하는 경우
   가. 자기의 거주용 주택용지로 이용하려는 경우
   나. 허가구역을 포함한 지역의 주민을 위한 복지시설 또는 편익시설로서 관할 시장·군수 또는 구청장이 확인한 시설의 설치에 이용하려는 경우
   다. 허가구역에 거주하는 농업인·임업인·어업인 또는 대통령령으로 정하는 자가 그 허가구역에서 농업·축산업·임업 또는 어업을 경영하기 위하여 필요한 경우
   라. 「공익사업을 위한 토지 등의 취득 및 보상에 관한 법률」이나 그 밖의 법률에 따라 토지를 수용하거나 사용할 수 있는 사업을 시행하는 자가 그 사업을 시행하기 위하여 필요한 경우
   마. 허가구역을 포함한 지역의 건전한 발전을 위하여 필요하고 관계 법률에 따라 지정된 지역·지구·구역 등의 지정 목적에 적합하다고 인정되는 사업을 시행하는 자나 시행하려는 자가 그 사업에 이용하려는 경우
   바. 허가구역의 지정 당시 그 구역이 속한 특별시·광역시·특별자치시·시(「제주특별자치도 설치 및 국제자유도시 조성을 위한 특별법」 제10조 제2항에 따른 행정시를 포함한다. 이하 이 조에서 같다)·군 또는 인접한 특별시·광역시·특별자치시·시·군에서 사업을 시행하고 있는 자가 그 사업에 이용하려는 경우나 그 자의 사업과 밀접한 관련이 있는 사업을 하는 자가 그 사업에 이용하려는 경우
   사. 허가구역이 속한 특별시·광역시·특별자치시·시 또는 군에 거주하고 있는 자의 일상생활과 통상적인 경제활동에 필요한 것 등으로서 대통령령으로 정하는 용도에 이용하려는 경우
2. 토지거래계약을 체결하려는 자의 토지이용 목적이 다음 각 목의 어느 하나에 해당되는 경우
   가. 「국토의 계획 및 이용에 관한 법률」 제2조 제2호에 따른 도시·군계획이나 그 밖에 토지의 이용 및 관리에 관한 계획에 맞지 아니한 경우
   나. 생태계의 보전과 주민의 건전한 생활환경 보호에 중대한 위해(危害)를 끼칠 우려가 있는 경우
3. 그 면적이 그 토지의 이용 목적에 적합하지 아니하다고 인정되는 경우

허가관청은 허가신청이 다음의 (1)~(3)의 기준에 모두 적합한 경우[주의하여야 할 것은 (1)~(3)의 허가기준에 해당하는 경우를 제외하고 허가하여야 하므로, (1)의 허가기준은 문법적으로 보아 부정의 부정이므로 세부내용에 해당되어야

허가를 받을 수 있고, (2)·(3)은 세부내용이나 기준에 해당되는 경우 허가를 받을 수 없다는 점이다]에는 허가를 하여야 한다. 토지거래의 허가기준은 첫째, 토지이용 목적의 적합성이다. 둘째, 도시·군계획 등 토지의 이용 및 관리에 관한 계획이나 생태계 보전과 생활환경 보호 등의 적합성이다. 그리고 마지막으로 취득토지면적의 적합성이다. 허가기준에 가격의 적합성은 포함되지 않는다는 점에 유의하여야 한다.

(1) 토지거래계약을 체결하려는 자의 토지 이용목적이 다음의 어느 하나에 해당되지 아니하는 경우

> ① 자기의 거주용 주택용지로 이용하려는 경우
> ② 허가구역을 포함한 지역의 주민을 위한 복지시설 또는 편익시설로서 관할 시장·군수 또는 구청장이 확인한 시설의 설치에 이용하려는 경우
> ③ 허가구역에 거주하는 농업인·임업인·어업인 또는 다음에 정하는 자가 그 허가구역에서 농업·축산업·임업 또는 어업을 경영하기 위하여 필요한 경우
>   ㉠ 다음의 어느 하나에 해당하는 사람(이하 '농업인 등'이라 한다)으로서 본인이 거주하는 특별시·광역시(광역시의 관할구역에 있는 군은 제외한다)·특별자치시·특별자치도·시 또는 군(광역시의 관할구역에 있는 군을 포함한다)에 소재하는 토지를 취득하려는 사람
>   ⓐ 「농업·농촌 및 식품산업 기본법」 제3조 제2호에 따른 농업인
>   ⓑ 「수산업·어촌 발전 기본법」 제3조 제3호에 따른 어업인
>   ⓒ 「임업 및 산촌 진흥촉진에 관한 법률」 제2조 제2호에 따른 임업인
>   ㉡ 농업인 등으로서 본인이 거주하는 주소지로부터 30km 이내에 소재하는 토지를 취득하려는 사람
>   ㉢ 다음의 어느 하나에 해당하는 농업인 등으로서 협의양도하거나 수용된 날부터 3년 이내에 협의양도하거나 수용된 농지를 대체하기 위하여 본인이 거주하는 주소지로부터 80km 안에 소재하는 농지✚를 취득하려는 사람
>   ⓐ 「공익사업을 위한 토지 등의 취득 및 보상에 관한 법률」 또는 그 밖의 법령에 따라 공익사업용으로 농지를 협의양도하거나 농지가 수용된 사람(실제 경작자로 한정한다)
>   ⓑ ⓐ에 해당하는 농지를 임차하거나 사용차(使用借)하여 경작하던 사람으로서 「공익사업을 위한 토지 등의 취득 및 보상에 관한 법률」에 따른 농업의 손실에 대한 보상을 받은 사람
>   ㉣ ㉠~㉢까지에 해당하지 아니하는 자로서 그 밖에 거주지·거주기간 등에 관하여 다음의 요건을 갖춘 자
>   ⓐ 농업을 영위하기 위하여 토지를 취득하려는 경우: 「농지법」 제8조에 따른 농지취득자격증명을 발급받았거나 그 발급요건에 적합한 사람으로서 다음의 어느 하나에 해당하는 사람

✚ 행정기관의 장이 관계 법령에서 정하는 바에 따라 구체적인 대상을 정하여 대체농지의 취득을 알선하는 경우를 제외하고는 종전의 토지가액(「부동산 가격공시에 관한 법률」에 따른 개별공시지가를 기준으로 하는 가액을 말한다. 이하 같다) 이하인 농지로 한정한다.

- 다음의 요건을 모두 충족하는 사람
  - 세대주를 포함한 세대원(세대주와 동일한 세대별 주민등록표상에 등재되어 있지 아니한 세대주의 배우자와 미혼인 직계비속을 포함하되, 세대주 또는 세대원 중 취학·질병요양·근무지 이전 또는 사업상 형편 등 불가피한 사유로 인하여 해당 지역에 거주하지 아니하는 자는 제외한다. 이하 같다) 전원이 해당 토지가 소재하는 지역[특별시·광역시(광역시의 관할구역에 있는 군은 제외한다)·특별자치시·특별자치도·시 또는 군(광역시의 관할구역에 있는 군을 포함한다)을 말한다. 이하 이 조에서 같다]에 주민등록이 되어 있을 것
  - 세대주를 포함한 세대원 전원이 실제로 해당 토지가 소재하는 지역에 거주할 것
- 해당 토지가 소재하는 지역 또는 그와 연접한 지역에 사무소가 있는 농업법인(「농지법」 제2조 제3호에 따른 농업법인을 말한다. 이하 이 조에서 같다)

ⓑ 축산업·임업 또는 어업을 영위하기 위하여 토지를 취득하려는 경우: 다음의 어느 하나에 해당하는 사람
- 다음의 요건을 모두 충족하는 사람
  - 세대주를 포함한 세대원 전원이 해당 토지가 소재하는 지역에 주민등록이 되어 있을 것
  - 세대주를 포함한 세대원 전원이 실제로 해당 토지가 소재하는 지역에 거주할 것
  - 축산업·임업 또는 어업을 자영할 수 있을 것
- 해당 토지가 소재하는 지역 또는 그와 연접한 지역에 사무소가 있는 농업법인
- 해당 토지가 소재하는 지역 또는 그와 연접한 지역에 사무소가 있는 어업법인(「농어업경영체 육성 및 지원에 관한 법률」 제2조 제5호에 따른 어업법인을 말한다)

④ 「공익사업을 위한 토지 등의 취득 및 보상에 관한 법률」이나 그 밖의 법률에 따라 토지를 수용하거나 사용할 수 있는 사업을 시행하는 자가 그 사업을 시행하기 위하여 필요한 경우

⑤ 허가구역을 포함한 지역의 건전한 발전을 위하여 필요하고 관계 법률에 따라 지정된 지역·지구·구역 등의 지정 목적에 적합하다고 인정되는 사업을 시행하는 자나 시행하려는 자가 그 사업에 이용하려는 경우

⑥ 허가구역의 지정 당시 그 구역이 속한 특별시·광역시·특별자치시·시(「제주특별자치도 설치 및 국제자유도시 조성을 위한 특별법」 제10조 제2항에 따른 행정시를 포함한다. 이하 이 조에서 같다)·군 또는 인접한 특별시·광역시·특별자치시·시·군에서 사업을 시행하고 있는 자가 그 사업에 이용

하려는 경우나 그 자의 사업과 밀접한 관련이 있는 사업을 하는 자가 그 사업에 이용하려는 경우
⑦ 허가구역이 속한 특별시·광역시·특별자치시·시 또는 군에 거주하고 있는 자의 일상생활과 통상적인 경제활동에 필요한 것 등으로서 다음의 용도에 이용하려는 경우

㉠ 「공익사업을 위한 토지 등의 취득 및 보상에 관한 법률」 또는 그 밖의 법령에 따라 농지 외의 토지를 공익사업용으로 협의양도하거나 수용된 사람이 그 협의양도하거나 수용된 날부터 3년 이내에 그 허가구역에서 협의양도하거나 수용된 토지에 대체되는 토지(종전의 토지가액 이하인 토지로 한정한다)를 취득하려는 경우
㉡ 관계 법령에 따라 개발·이용행위가 제한되거나 금지된 토지로서 다음으로 정하는 토지에 대하여 현상 보존의 목적으로 토지를 취득하려는 경우
　ⓐ 나대지·잡종지 등의 토지(임야 및 농지는 제외한다. 이하 같다)로서 「건축법」 제18조에 따른 건축허가의 제한 등 관계 법령에 따라 건축물 또는 공작물의 설치행위가 금지되는 토지
　ⓑ 나대지·잡종지 등의 토지로서 「국토의 계획 및 이용에 관한 법률」 제63조에 따른 개발행위허가의 제한 등 관계 법령에 따라 형질변경이 금지되거나 제한되는 토지
　ⓒ 「국토의 계획 및 이용에 관한 법률」 제2조 제7호에 따른 도시·군계획시설에 편입되어 있는 토지로서 그 사용·수익이 제한되는 토지
㉢ 「민간임대주택에 관한 특별법」 제2조 제7호에 따른 임대사업자 등 관계 법령에 따라 임대사업을 할 수 있는 자가 임대사업을 위하여 건축물과 그에 딸린 토지를 취득하려는 경우

(2) 토지거래계약을 체결하려는 자의 토지 이용목적이 다음의 어느 하나에 해당되는 경우

① 「국토의 계획 및 이용에 관한 법률」 제2조 제2호에 따른 도시·군계획이나 그 밖에 토지의 이용 및 관리에 관한 계획에 맞지 아니한 경우
② 생태계의 보전과 주민의 건전한 생활환경 보호에 중대한 위해(危害)를 끼칠 우려가 있는 경우

(3) 그 면적이 그 토지의 이용목적에 적합하지 아니하다고 인정되는 경우

④ 이의신청과 매수청구

> **제13조【이의신청】** ① 제11조에 따른 처분에 이의가 있는 자는 그 처분을 받은 날부터 1개월 이내에 시장·군수 또는 구청장에게 이의를 신청할 수 있다.
> ② 제1항에 따른 이의신청을 받은 시장·군수 또는 구청장은 「국토의 계획 및 이용에 관한 법률」제113조 제2항에 따른 시·군·구 도시계획위원회의 심의를 거쳐 그 결과를 이의신청인에게 알려야 한다.
>
> **제16조【불허가처분 토지에 관한 매수청구】** ① 제11조 제1항에 따른 허가신청에 대하여 불허가처분을 받은 자는 그 통지를 받은 날부터 1개월 이내에 시장·군수 또는 구청장에게 해당 토지에 관한 권리의 매수를 청구할 수 있다.
> ② 제1항에 따른 매수청구를 받은 시장·군수 또는 구청장은 국가, 지방자치단체, 한국토지주택공사, 그 밖에 대통령령으로 정하는 공공기관 또는 공공단체 중에서 매수할 자를 지정하여, 매수할 자로 하여금 예산의 범위에서 공시지가를 기준으로 하여 해당 토지를 매수하게 하여야 한다. 다만, 토지거래계약허가신청서에 적힌 가격이 공시지보다 낮은 경우에는 허가신청서에 적힌 가격으로 매수할 수 있다.

(1) 이의신청

허가신청에 따른 처분에 이의가 있는 자는 그 처분을 받은 날부터 **1개월 이내**에 허가관청에 이의를 신청할 수 있다. 이의신청을 받은 허가관청은 「국토의 계획 및 이용에 관한 법률」에 따른 시·군·구 도시계획위원회의 심의를 거쳐 그 결과를 이의신청인에게 알려야 한다.

(2) 불허가처분 토지에 관한 매수청구

① 허가신청에 대하여 불허가처분을 받은 자는 그 통지를 받은 날부터 **1개월 이내**에 허가관청에 해당 토지에 관한 권리의 매수를 청구할 수 있다. 이것은 허가신청에 대한 불허가처분을 받은 자가 허가권자에게 토지매수를 요구하는 일종의 청구권이다. 토지의 매수청구를 하려는 자는 다음 사항을 기재한 청구서를 허가관청에 제출하여야 한다.

> ㉠ 토지에 관한 권리의 종류 및 내용
> ㉡ 토지의 면적
> ㉢ 그 밖에 다음의 사항
>   ⓐ 토지소유자의 성명 및 주소
>   ⓑ 토지의 소재지·지번·지목·면적·용도지역 및 이용현황
>   ⓒ 토지에 있는 공작물의 종류·내용 및 매수청구에 관계되는 권리
>   ⓓ 토지에 소유자 외의 권리가 있는 경우에는 그 권리의 종류 및 내용, 권리자의 성명 및 주소

② 매수청구를 받은 시장·군수 또는 구청장은 국가, 지방자치단체, 한국토지주택공사, 그 밖에 다음의 공공기관 또는 공공단체 중에서 매수할 자를 지정하여, 매수할 자로 하여금 예산의 범위에서 **공시지가를 기준**으로 하여 해당 토지를 매수하게 하여야 한다. 다만, 토지거래계약허가신청서에 적힌 가격이 공시지가보다 낮은 경우에는 허가신청서에 적힌 가격으로 매수할 수 있다.

> ㉠ 「한국농수산식품유통공사법」에 따른 한국농수산식품유통공사
> ㉡ 「대한석탄공사법」에 따른 대한석탄공사
> ㉢ 「한국토지주택공사법」에 따른 한국토지주택공사
> ㉣ 「한국관광공사법」에 따른 한국관광공사
> ㉤ 「한국농어촌공사 및 농지관리기금법」에 따른 한국농어촌공사
> ㉥ 「한국도로공사법」에 따른 한국도로공사
> ㉦ 「한국석유공사법」에 따른 한국석유공사
> ㉧ 「한국수자원공사법」에 따른 한국수자원공사
> ㉨ 「한국전력공사법」에 따른 한국전력공사
> ㉩ 「한국철도공사법」에 따른 한국철도공사

5 선매(先買)

> **제15조【선매】** ① 시장·군수 또는 구청장은 제11조 제1항에 따른 토지거래계약에 관한 허가신청이 있는 경우 다음 각 호의 어느 하나에 해당하는 토지에 대하여 국가, 지방자치단체, 한국토지주택공사, 그 밖에 대통령령으로 정하는 공공기관 또는 공공단체가 그 매수를 원하는 경우에는 이들 중에서 해당 토지를 매수할 자[이하 '선매자(先買者)'라 한다]를 지정하여 그 토지를 협의매수하게 할 수 있다.
> 1. 공익사업용 토지
> 2. 제11조 제1항에 따른 토지거래계약허가를 받아 취득한 토지를 그 이용 목적대로 이용하고 있지 아니한 토지
> ② 시장·군수 또는 구청장은 제1항 각 호의 어느 하나에 해당하는 토지에 대하여 토지거래계약허가신청이 있는 경우에는 그 신청이 있는 날부터 1개월 이내에 선매자를 지정하여 토지소유자에게 알려야 하며, 선매자는 지정 통지를 받은 날부터 1개월 이내에 그 토지소유자와 대통령령으로 정하는 바에 따라 선매협의를 끝내야 한다.
> ③ 선매자가 제1항과 제2항에 따라 토지를 매수할 때의 가격은 「감정평가 및 감정평가사에 관한 법률」에 따라 감정평가법인 등이 감정평가한 감정가격을 기준으로 하되, 토지거래계약허가신청서에 적힌 가격이 감정가격보다 낮은 경우에는 허가신청서에 적힌 가격으로 할 수 있다.

④ 시장·군수 또는 구청장은 제2항에 따른 선매협의가 이루어지지 아니한 경우에는 지체 없이 허가 또는 불허가의 여부를 결정하여 통보하여야 한다.

(1) 선매제도의 의의

토지거래허가구역 내에서 허가신청이 있는 토지에 대하여 공익사업을 위한 용지확보를 위하여 공적인 이용 주체(선매자)가 사적인 거래에 우선하여 토지를 취득할 수 있는 협의권을 부여하는 제도이다. 2005년에 선매가격이 공시지가에서 감정가격으로 변경되어 선매협의제도의 실질적 협의가능성을 높였다.

(2) 선매대상 토지

① 시장·군수 또는 구청장은 토지거래계약에 관한 허가신청이 있는 경우 다음의 어느 하나에 해당하는 토지에 대하여 국가, 지방자치단체, 한국토지주택공사, 그 밖에 대통령령으로 정하는 공공기관 또는 공공단체가 그 매수를 원하는 경우에는 이들 중에서 해당 토지를 매수할 자[이하 '선매자(先買者)'라 한다]를 지정하여 그 토지를 협의매수하게 할 수 있다.

㉠ 공익사업용 토지
㉡ 토지거래계약허가를 받아 취득한 토지를 그 이용 목적대로 이용하고 있지 아니한 토지

② 대통령령으로 정하는 공공기관 또는 공공단체

㉠ 「한국농수산식품유통공사법」에 따른 한국농수산식품유통공사
㉡ 「대한석탄공사법」에 따른 대한석탄공사
㉢ 「한국토지주택공사법」에 따른 한국토지주택공사
㉣ 「한국관광공사법」에 따른 한국관광공사
㉤ 「한국농어촌공사 및 농지관리기금법」에 따른 한국농어촌공사
㉥ 「한국도로공사법」에 따른 한국도로공사
㉦ 「한국석유공사법」에 따른 한국석유공사
㉧ 「한국수자원공사법」에 따른 한국수자원공사
㉨ 「한국전력공사법」에 따른 한국전력공사
㉩ 「한국철도공사법」에 따른 한국철도공사

(3) 선매협의

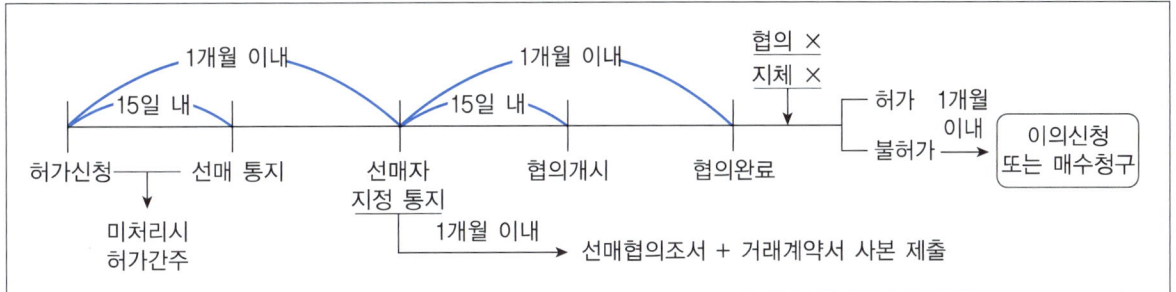

① 시장·군수 또는 구청장은 선매대상 토지에 대하여 토지거래계약허가 신청이 있는 경우에는 그 신청이 있는 날부터 1개월 이내에 선매자를 지정하여 토지소유자에게 알려야 하며, 선매자는 지정 통지를 받은 날부터 15일 이내에 매수가격 등 선매조건을 기재한 서면을 토지소유자에게 통지하여 선매협의를 하여야 한다.

② 선매자는 지정 통지를 받은 날부터 1개월 이내에 선매협의를 끝내고 선매협의조서를 허가관청에 제출하여야 한다. 선매협의가 이루어져 협의조서를 제출하는 자는 거래계약서 사본을 첨부하여야 한다.

③ 선매협의가 이루어지지 아니한 경우에는 시장·군수 또는 구청장은 지체 없이 허가 또는 불허가의 여부를 결정하여 통보하여야 한다.

(4) 선매가격

선매자가 토지를 매수할 때의 가격은 「감정평가 및 감정평가사에 관한 법률」에 따라 감정평가법인 등이 감정평가한 감정가격을 기준으로 하되, 토지거래계약허가신청서에 적힌 가격이 감정가격보다 낮은 경우에는 허가신청서에 적힌 가격으로 할 수 있다.

6 토지 이용의무 및 이행명령

> **제17조【토지 이용에 관한 의무 등】** ① 제11조에 따라 토지거래계약을 허가받은 자는 대통령령으로 정하는 사유가 있는 경우 외에는 5년의 범위에서 대통령령으로 정하는 기간에 그 토지를 허가받은 목적대로 이용하여야 한다.
> ② 시장·군수 또는 구청장은 토지거래계약을 허가받은 자가 허가받은 목적대로 이용하고 있는지를 국토교통부령으로 정하는 바에 따라 조사하여야 한다.

> **제18조【이행강제금】** ① 시장·군수 또는 구청장은 제17조 제1항에 따른 토지의 이용의무를 이행하지 아니한 자에 대하여는 상당한 기간을 정하여 토지의 이용의무를 이행하도록 명할 수 있다. 다만, 대통령령으로 정하는 사유가 있는 경우에는 이용의무의 이행을 명하지 아니할 수 있다.
> ② 시장·군수 또는 구청장은 제1항에 따른 이행명령이 정하여진 기간에 이행되지 아니한 경우에는 토지취득가액의 100분의 10의 범위에서 대통령령으로 정하는 금액의 이행강제금을 부과한다.
> ③ 시장·군수 또는 구청장은 최초의 이행명령이 있었던 날을 기준으로 1년에 한 번씩 그 이행명령이 이행될 때까지 반복하여 제2항에 따른 이행강제금을 부과·징수할 수 있다.
> ④ 시장·군수 또는 구청장은 제17조 제1항에 따른 이용의무기간이 지난 후에는 이행강제금을 부과할 수 없다.
> ⑤ 시장·군수 또는 구청장은 제1항에 따른 이행명령을 받은 자가 그 명령을 이행하는 경우에는 새로운 이행강제금의 부과를 즉시 중지하되, 명령을 이행하기 전에 이미 부과된 이행강제금은 징수하여야 한다.
> ⑥ 제2항에 따른 이행강제금의 부과처분에 불복하는 자는 시장·군수 또는 구청장에게 이의를 제기할 수 있다.
> ⑦ 제2항 및 제3항에 따라 이행강제금 부과처분을 받은 자가 이행강제금을 납부기한까지 납부하지 아니한 경우에는 국세 체납처분의 예 또는 「지방행정제재·부과금의 징수 등에 관한 법률」에 따라 징수한다.
> ⑧ 이행강제금의 부과, 납부, 징수 및 이의제기방법 등에 필요한 사항은 대통령령으로 정한다.

(1) 토지 이용의무 및 예외

토지거래계약을 허가받은 자는 다음에 정하는 사유가 있는 경우 외에는 5년의 범위에서 대통령령으로 정하는 기간에 그 토지를 허가받은 목적대로 이용하여야 한다. 시장·군수 또는 구청장은 토지거래계약을 허가받은 자가 허가받은 목적대로 이용하고 있는지 등 토지의 개발 및 이용 등의 실태를 매년 1회 이상 조사하여야 한다.

> ① 토지를 취득한 후 「국토의 계획 및 이용에 관한 법률」 또는 관계 법령에 따라 용도지역 등 토지의 이용 및 관리에 관한 계획이 변경됨으로써 「국토의 계획 및 이용에 관한 법률」 또는 관계 법령에 따른 행위제한으로 인하여 당초의 목적대로 이용할 수 없게 된 경우
> ② 토지를 이용하기 위하여 관계 법령에 따른 허가·인가 등을 신청하였으나 국가 또는 지방자치단체가 아래에 정하는 사유로 일정 기간 허가·인가 등을 제한하는 경우로서 그 제한기간 내에 있는 경우

㉠ 「건축법」 제18조에 따른 건축허가의 제한으로 인하여 건축을 할 수 없는 경우
㉡ 건축자재의 수급조절 등을 위한 행정지도에 따라 착공 또는 시공이 제한된 경우

③ 법 제12조에 따른 허가기준에 맞게 당초의 이용 목적을 변경하는 경우로서 허가관청의 승인[토지의 이용에 관한 변경계획서를 첨부하여야 하며, 허가관청은 이용목적변경승인신청을 받은 때에는 신청일부터 15일 이내에 승인여부를 결정하여 신청인에게 서면으로 통지(전자문서에 의한 통지를 포함한다)하여야 한다]을 받은 경우
④ 다른 법률에 따른 행위허가를 받아 법 제12조에 따른 허가기준에 맞게 당초의 이용 목적을 변경하는 경우로서 해당 행위의 허가권자가 이용 목적 변경에 관하여 허가관청과 협의를 한 경우
⑤ 「해외이주법」 제6조에 따라 이주하는 경우
⑥ 「병역법」 제18조 또는 「대체역의 편입 및 복무 등에 관한 법률」 제17조에 따라 복무하는 경우
⑦ 「자연재해대책법」 제2조 제1호에 따른 재해로 인하여 허가받은 목적대로 이행하는 것이 불가능한 경우
⑧ 공익사업의 시행 등 토지거래계약허가를 받은 자에게 책임 없는 사유로 허가받은 목적대로 이용하는 것이 불가능한 경우
⑨ 다음의 건축물을 취득하여 실제로 이용하는 자가 해당 건축물의 일부를 임대하는 경우
㉠ 「건축법 시행령」 [별표 1] 제1호의 단독주택[다중주택 및 공관(公館)은 제외한다]
㉡ 「건축법 시행령」 [별표 1] 제2호의 공동주택(기숙사는 제외한다)
㉢ 「건축법 시행령」 [별표 1] 제3호의 제1종 근린생활시설
㉣ 「건축법 시행령」 [별표 1] 제4호의 제2종 근린생활시설
⑩ 「산업집적활성화 및 공장설립에 관한 법률」 제2조 제1호에 따른 공장을 취득하여 실제로 이용하는 자가 해당 공장의 일부를 임대하는 경우
⑪ 토지거래계약허가를 받은 자가 다음의 요건을 모두 갖춘 경우
㉠ 토지거래계약허가를 받은 목적이 「주택법」 제2조 제1호의 주택(주택과 주택 외의 시설을 동일 건축물로 건축하는 경우를 포함한다) 또는 같은 조 제4호의 준주택을 건축·분양하는 것일 것
㉡ 토지거래계약허가를 받은 자가 「자본시장과 금융투자업에 관한 법률」 제8조 제7항에 따른 신탁업자에게 해당 토지의 개발, 담보 또는 분양관리를 하게 하는 내용으로 신탁계약을 체결할 것
㉢ 토지거래계약허가를 받은 자와 ㉡의 신탁업자가 ㉠의 목적으로 토지를 이용할 것
⑫ 그 밖에 토지거래계약허가를 받은 자가 불가피한 사유로 허가받은 목적대로 이용하는 것이 불가능하다고 「국토의 계획 및 이용에 관한 법률」 제113조 제2항에 따른 시·군·구 도시계획위원회에서 인정한 경우

(2) 토지 이용의무기간

토지 이용의무기간은 다음의 구분에 따른 기간을 말한다(영 제14조 제2항).

> 1. 다음의 목적으로 허가를 받은 경우: 토지 취득일부터 2년
>   ① 자기의 거주용 주택용지로 이용하려는 경우
>   ② 허가구역을 포함한 지역의 주민을 위한 복지시설 또는 편익시설로서 관할 시장·군수 또는 구청장이 확인한 시설의 설치에 이용하려는 경우
>   ③ 허가구역에 거주하는 농업인·임업인·어업인 또는 다음에 정하는 자가 그 허가구역에서 농업·축산업·임업 또는 어업을 경영하기 위하여 필요한 경우
>   ㉠ 다음의 어느 하나에 해당하는 사람(이하 '농업인 등'이라 한다)으로서 본인이 거주하는 특별시·광역시(광역시의 관할구역에 있는 군은 제외한다)·특별자치시·특별자치도·시 또는 군(광역시의 관할구역에 있는 군을 포함한다)에 소재하는 토지를 취득하려는 사람
>   ⓐ 「농업·농촌 및 식품산업 기본법」 제3조 제2호에 따른 농업인
>   ⓑ 「수산업·어촌 발전 기본법」 제3조 제3호에 따른 어업인
>   ⓒ 「임업 및 산촌 진흥촉진에 관한 법률」 제2조 제2호에 따른 임업인
>   ㉡ 농업인 등으로서 본인이 거주하는 주소지로부터 30km 이내에 소재하는 토지를 취득하려는 사람
>   ㉢ 다음의 어느 하나에 해당하는 농업인 등으로서 협의양도하거나 수용된 날부터 3년 이내에 협의양도하거나 수용된 농지를 대체하기 위하여 본인이 거주하는 주소지로부터 80km 안에 소재하는 농지✚를 취득하려는 사람
>   ⓐ 「공익사업을 위한 토지 등의 취득 및 보상에 관한 법률」 또는 그 밖의 법령에 따라 공익사업용으로 농지를 협의양도하거나 농지가 수용된 사람(실제 경작자로 한정한다)
>   ⓑ ⓐ에 해당하는 농지를 임차하거나 사용차(使用借)하여 경작하던 사람으로서 「공익사업을 위한 토지 등의 취득 및 보상에 관한 법률」에 따른 농업의 손실에 대한 보상을 받은 사람
>   ㉣ ㉠부터 ㉢까지에 해당하지 아니하는 자로서 그 밖에 거주지·거주기간 등에 관하여 다음의 요건을 갖춘 자
>   ⓐ 농업을 영위하기 위하여 토지를 취득하려는 경우: 「농지법」 제8조에 따른 농지취득자격증명을 발급받았거나 그 발급요건에 적합한 사람으로서 다음의 어느 하나에 해당하는 사람
>   • 다음의 요건을 모두 충족하는 사람
>   – 세대주를 포함한 세대원(세대주와 동일한 세대별 주민등록표상에 등재되어 있지 아니한 세대주의 배우자와 미혼인 직계비속을 포함하되, 세대주 또는 세대원 중 취학·질병요양·근무지 이전 또는 사업상 형편 등 불가피한 사유로 인하여 해당 지역에 거주하지 아니하는 자는 제외한다. 이하 같다) 전원이 해당

✚ 행정기관의 장이 관계 법령에서 정하는 바에 따라 구체적인 대상을 정하여 대체농지의 취득을 알선하는 경우를 제외하고는 종전의 토지가액(「부동산 가격공시에 관한 법률」에 따른 개별공시지가를 기준으로 하는 가액을 말한다. 이하 같다) 이하인 농지로 한정한다.

토지가 소재하는 지역[특별시·광역시(광역시의 관할구역에 있는 군은 제외한다)·특별자치시·특별자치도·시 또는 군(광역시의 관할구역에 있는 군을 포함한다)을 말한다. 이하 이 조에서 같다]에 주민등록이 되어 있을 것
- 세대주를 포함한 세대원 전원이 실제로 해당 토지가 소재하는 지역에 거주할 것
- 해당 토지가 소재하는 지역 또는 그와 연접한 지역에 사무소가 있는 농업법인(「농지법」 제2조 제3호에 따른 농업법인을 말한다. 이하 이 조에서 같다)

ⓑ 축산업·임업 또는 어업을 영위하기 위하여 토지를 취득하려는 경우: 다음의 어느 하나에 해당하는 사람
- 다음의 요건을 모두 충족하는 사람
  - 세대주를 포함한 세대원 전원이 해당 토지가 소재하는 지역에 주민등록이 되어 있을 것
  - 세대주를 포함한 세대원 전원이 실제로 해당 토지가 소재하는 지역에 거주할 것
  - 축산업·임업 또는 어업을 자영할 수 있을 것
- 해당 토지가 소재하는 지역 또는 그와 연접한 지역에 사무소가 있는 농업법인
- 해당 토지가 소재하는 지역 또는 그와 연접한 지역에 사무소가 있는 어업법인(「농어업경영체 육성 및 지원에 관한 법률」 제2조 제5호에 따른 어업법인을 말한다)

2. **다음의 목적으로 허가를 받은 경우: 토지 취득일부터 4년**
   다만, 분양을 목적으로 허가를 받은 토지로서 개발에 착수한 후 토지 취득일부터 4년 이내에 분양을 완료한 경우에는 분양을 완료한 때에 4년이 지난 것으로 본다.
   ① 「공익사업을 위한 토지 등의 취득 및 보상에 관한 법률」이나 그 밖의 법률에 따라 토지를 수용하거나 사용할 수 있는 사업을 시행하는 자가 그 사업을 시행하기 위하여 필요한 경우
   ② 허가구역을 포함한 지역의 건전한 발전을 위하여 필요하고 관계 법률에 따라 지정된 지역·지구·구역 등의 지정 목적에 적합하다고 인정되는 사업을 시행하는 자나 시행하려는 자가 그 사업에 이용하려는 경우
   ③ 허가구역의 지정 당시 그 구역이 속한 특별시·광역시·특별자치시·시(「제주특별자치도 설치 및 국제자유도시 조성을 위한 특별법」 제10조 제2항에 따른 행정시를 포함한다. 이하 이 조에서 같다)·군 또는 인접한 특별시·광역시·특별자치시·시·군에서 사업을 시행하고 있는 자가 그 사업에 이용하려는 경우나 그 자의 사업과 밀접한 관련이 있는 사업을 하는 자가 그 사업에 이용하려는 경우

3. 「공익사업을 위한 토지 등의 취득 및 보상에 관한 법률」 또는 그 밖의 법령에 따라 농지 외의 토지를 공익사업용으로 협의양도하거나 수용된 사람이 그 협의양도하거나 수용된 날부터 3년 이내에 그 허가구역에서 협의양도하거나 수용된 토지에 대체되는 토지(종전의 토지가액 이하인 토지로 한정한다)를 취득하기 위하여 허가를 받은 경우: 토지 취득일부터 2년

4. 관계 법령에 따라 개발·이용행위가 제한되거나 금지된 토지로서 다음으로 정하는 토지에 대하여 현상 보존의 목적으로 토지를 취득하기 위하여 허가를 받은 경우: 토지 취득일부터 5년
   ① 나대지·잡종지 등의 토지(임야 및 농지는 제외한다. 이하 같다)로서 「건축법」 제18조에 따른 건축허가의 제한 등 관계 법령에 따라 건축물 또는 공작물의 설치행위가 금지되는 토지
   ② 나대지·잡종지 등의 토지로서 「국토의 계획 및 이용에 관한 법률」 제63조에 따른 개발행위허가의 제한 등 관계 법령에 따라 형질변경이 금지되거나 제한되는 토지
   ③ 「국토의 계획 및 이용에 관한 법률」 제2조 제7호에 따른 도시·군계획시설에 편입되어 있는 토지로서 그 사용·수익이 제한되는 토지

5. 1.~4. 외의 경우: 토지 취득일부터 5년
   「민간임대주택에 관한 특별법」 제2조 제7호에 따른 임대사업자 등 관계 법령에 따라 임대사업을 할 수 있는 자가 임대사업을 위하여 취득한 건축물과 그에 딸린 토지

(3) 이행명령

시장·군수 또는 구청장은 허가받은 목적대로의 토지 이용의무를 이행하지 아니한 자에 대하여는 상당한 기간을 정하여 토지의 이용의무를 이행하도록 명할 수 있다. 이행명령은 문서로 하여야 하며, 이행기간은 3개월 이내로 정하여야 한다. 다만, 「농지법」 제10조 제1항 제1호부터 제4호까지 어느 하나를 위반하여 동법 제62조에 따른 이행강제금을 부과한 경우에는 이용의무의 이행을 명하지 아니할 수 있다.

> **심화** 「농지법」 제10조 제1항 제1호~제4호
>
> 1. 소유 농지를 자연재해·농지개량·질병 등 대통령령으로 정하는 정당한 사유 없이 자기의 농업경영에 이용하지 아니하거나 이용하지 아니하게 되었다고 시장(구를 두지 아니한 시의 시장을 말한다. 이하 이 조에서 같다)·군수 또는 구청장이 인정한 경우
> 2. 농지를 소유하고 있는 농업회사법인이 제2조 제3호의 요건에 맞지 아니하게 된 후 3개월이 지난 경우

3. 제6조 제2항 제2호에 따라 농지를 취득한 자가 그 농지를 해당 목적사업에 이용하지 아니하게 되었다고 시장·군수 또는 구청장이 인정한 경우
4. 제6조 제2항 제3호에 따라 농지를 취득한 자가 자연재해·농지개량·질병 등 대통령령으로 정하는 정당한 사유 없이 그 농지를 주말·체험영농에 이용하지 아니하게 되었다고 시장·군수 또는 구청장이 인정한 경우

(4) 이행강제금 부과기준

허가관청은 이행명령이 정하여진 기간에 이행되지 아니한 경우에는 토지취득가액의 100분의 10의 범위에서 다음의 구분에 따른 이행강제금을 부과한다. 이행강제금 부과기준이 되는 토지취득가액은 실제 거래가격으로 한다. 다만, 실제 거래가격이 확인되지 아니하는 경우에는 취득 당시를 기준으로 가장 최근에 발표된 개별공시지가(「부동산 가격공시에 관한 법률」에 따른 개별공시지가를 말한다)를 기준으로 산정한다.

① 토지거래계약허가를 받아 토지를 취득한 자가 당초의 목적대로 이용하지 아니하고 **방치**한 경우: 토지취득가액의 100분의 10에 상당하는 금액
② 토지거래계약허가를 받아 토지를 취득한 자가 직접 이용하지 아니하고 **임대**한 경우: 토지취득가액의 100분의 7에 상당하는 금액
③ 토지거래계약허가를 받아 토지를 취득한 자가 허가관청의 승인 없이 당초의 이용 목적을 **변경**하여 이용하는 경우: 토지취득가액의 100분의 5에 상당하는 금액
④ ①~③에 해당하지 아니하는 경우: 토지취득가액의 100분의 7에 상당하는 금액

(5) 이행강제금 부과절차

① 문서에 의한 계고: 허가관청은 이행강제금을 부과하기 전에 이행기간 내에 이행명령을 이행하지 아니하면 이행강제금을 부과·징수한다는 뜻을 미리 문서로 계고(戒告)하여야 하며, 이행강제금의 금액·부과사유·납부기한 및 수납기관, 이의제기방법 및 이의제기기관 등을 명시하여야 한다.
② 이행강제금의 부과·징수: 이행강제금은 최초의 이행명령이 있었던 날을 기준으로 1년에 한 번씩 그 이행명령이 이행될 때까지 반복하여 부과·징수할 수 있다.

③ 불복시 이의제기: 이행강제금의 부과처분에 불복하는 자는 허가관청에 이의를 제기할 수 있다. 이의를 제기하려는 경우에는 부과처분을 고지 받은 날부터 30일 이내에 하여야 한다.

④ 기타
    ㉠ 허가관청은 토지 이용의무기간이 지난 후에는 이행강제금을 부과할 수 없다. 또한 이행명령을 받은 자가 **그 명령을 이행하는 경우에는 새로운 이행강제금의 부과를 즉시 중지하되, 명령을 이행하기 전에 이미 부과된 이행강제금은 징수하여야 한다.**
    ㉡ 이행강제금 부과처분을 받은 자가 이행강제금을 납부기한까지 납부하지 아니한 경우에는 국세 체납처분의 예 또는 「지방행정제재·부과금의 징수 등에 관한 법률」에 따라 징수하며, 이행강제금의 부과, 납부, 징수 및 이의제기방법 등에 필요한 사항은 대통령령으로 정한다.

예제

부동산 거래신고 등에 관한 법령상 토지거래허가구역 등에 관한 설명으로 옳은 것을 모두 고른 것은? 제28회

㉠ 허가구역의 지정은 그 지정을 공고한 날부터 5일 후에 그 효력이 발생한다.
㉡ 「민사집행법」에 따른 경매의 경우에는 허가구역 내 토지거래에 대한 허가의 규정은 적용하지 아니한다.
㉢ 자기의 거주용 주택용지로 이용할 목적으로 토지거래계약을 허가받은 자는 대통령령으로 정하는 사유가 있는 경우 외에는 토지취득일부터 2년간 그 토지를 허가받은 목적대로 이용하여야 한다.
㉣ 토지의 이용의무를 이행하지 않아 이행명령을 받은 자가 그 명령을 이행하는 경우에는 새로운 이행강제금의 부과를 즉시 중지하고, 명령을 이행하기 전에 이미 부과된 이행강제금을 징수해서는 안 된다.

① ㉠, ㉡
② ㉡, ㉢
③ ㉠, ㉡, ㉢
④ ㉠, ㉢, ㉣
⑤ ㉠, ㉡, ㉢, ㉣

해설 ㉣ 토지의 이용의무를 이행하지 않아 이행명령을 받은 자가 그 명령을 이행하는 경우에는 새로운 이행강제금의 부과를 즉시 중지하고, 명령을 이행하기 전에 이미 부과된 이행강제금은 징수하여야 한다. **정답** ③

7 특례와 의제규정

제14조【국가 등의 토지거래계약에 관한 특례 등】 ① 제11조 제1항을 적용할 때에 그 당사자의 한쪽 또는 양쪽이 국가, 지방자치단체, 「한국토지주택공사법」에 따른 한국토지주택공사(이하 '한국토지주택공사'라 한다), 그 밖에 대통령령으로 정하는 공공기관 또는 공공단체인 경우에는 그 기관의 장이 시장·군수 또는 구청장과 협의할 수 있고, 그 협의가 성립된 때에는 그 토지거래계약에 관한 허가를 받은 것으로 본다.
② 다음 각 호의 경우에는 제11조를 적용하지 아니한다.
1. 「공익사업을 위한 토지 등의 취득 및 보상에 관한 법률」에 따른 토지의 수용
2. 「민사집행법」에 따른 경매
3. 그 밖에 대통령령으로 정하는 경우

제20조【다른 법률에 따른 인가·허가 등의 의제】 ① 농지에 대하여 제11조에 따라 토지거래계약허가를 받은 경우에는 「농지법」 제8조에 따른 농지취득자격증명을 받은 것으로 본다. 이 경우 시장·군수 또는 구청장은 「농업·농촌 및 식품산업 기본법」 제3조 제5호에 따른 농촌(「국토의 계획 및 이용에 관한 법률」에 따른 도시지역의 경우에는 같은 법에 따른 녹지지역만 해당한다)의 농지에 대하여 토지거래계약을 허가하는 경우에는 농지취득자격증명의 발급요건에 적합한지를 확인하여야 하며, 허가한 내용을 농림축산식품부장관에게 통보하여야 한다.
② 제11조 제4항 및 제5항에 따라 허가증을 발급받은 경우에는 「부동산등기 특별조치법」 제3조에 따른 검인을 받은 것으로 본다.

(1) 국가 등의 허가의제

토지거래에 대한 허가규정을 적용할 때에 그 당사자의 한쪽 또는 양쪽이 국가, 지방자치단체, 「한국토지주택공사법」에 따른 한국토지주택공사, 그 밖에 다음에 정하는 공공기관 또는 공공단체인 경우에는 그 기관의 장이 시장·군수 또는 구청장과 협의할 수 있고, 그 협의가 성립된 때에는 그 토지거래계약에 관한 허가를 받은 것으로 본다. 또한, 「국유재산법」에 따른 총괄청 또는 중앙관서의 장 등이 같은 법에 따른 국유재산종합계획에 따라 국유재산을 취득하거나 처분하는 경우로서 토지거래허가기준에 적합하게 취득하거나 처분한 후 허가관청에 그 내용을 통보한 때에는 협의가 성립된 것으로 본다.

① 「한국농수산식품유통공사법」에 따른 한국농수산식품유통공사
② 「대한석탄공사법」에 따른 대한석탄공사
③ 「한국토지주택공사법」에 따른 한국토지주택공사
④ 「한국관광공사법」에 따른 한국관광공사
⑤ 「한국농어촌공사 및 농지관리기금법」에 따른 한국농어촌공사
⑥ 「한국도로공사법」에 따른 한국도로공사
⑦ 「한국석유공사법」에 따른 한국석유공사
⑧ 「한국수자원공사법」에 따른 한국수자원공사
⑨ 「한국전력공사법」에 따른 한국전력공사
⑩ 「한국철도공사법」에 따른 한국철도공사
⑪ 「산림조합법」에 따른 산림조합 및 산림조합중앙회
⑫ 「농업협동조합법」에 따른 농업협동조합·축산업협동조합 및 농업협동조합중앙회
⑬ 「수산업협동조합법」에 따른 수산업협동조합 및 수산업협동조합중앙회
⑭ 「중소기업진흥에 관한 법률」에 따른 중소벤처기업진흥공단
⑮ 「한국은행법」에 따른 한국은행
⑯ 「지방공기업법」에 따른 지방공사와 지방공단
⑰ 「공무원연금법」에 따른 공무원연금공단
⑱ 「인천국제공항공사법」에 따른 인천국제공항공사
⑲ 「국민연금법」에 따른 국민연금공단
⑳ 「사립학교교직원 연금법」에 따른 사립학교교직원연금공단
㉑ 「금융회사부실자산 등의 효율적 처리 및 한국자산관리공사의 설립에 관한 법률」에 따른 한국자산관리공사(이하 '한국자산관리공사'라 한다)
㉒ 「항만공사법」에 따른 항만공사

(2) 토지거래허가규정 적용 제외

다음의 경우에는 허가규정을 적용하지 아니한다.

① 「공익사업을 위한 토지 등의 취득 및 보상에 관한 법률」에 따른 **토지의 수용**
② 「민사집행법」에 따른 **경매**
③ 그 밖에 다음에 정하는 경우
  ㉠ 「공익사업을 위한 토지 등의 취득 및 보상에 관한 법률」에 따라 토지를 협의취득·사용하거나 **환매**하는 경우
  ㉡ 「국유재산법」 제9조에 따른 국유재산종합계획에 따라 국유재산을 일반경쟁입찰로 처분하는 경우
  ㉢ 「공유재산 및 물품 관리법」 제10조에 따른 공유재산의 관리계획에 따라 공유재산을 일반경쟁입찰로 처분하는 경우

② 「도시 및 주거환경정비법」 제74조에 따른 관리처분계획 또는 「빈집 및 소규모주택 정비에 관한 특례법」 제29조에 따른 사업시행계획에 따라 분양하거나 보류지 등을 매각하는 경우

⑪ 「도시개발법」 제26조에 따른 조성토지 등의 공급계획에 따라 토지를 공급하는 경우, 같은 법 제35조에 따라 환지 예정지로 지정된 종전 토지를 처분하는 경우, 같은 법 제40조에 따른 환지처분을 하는 경우 또는 같은 법 제44조에 따라 체비지 등을 매각하는 경우

ⓑ 「주택법」 제15조에 따른 사업계획의 승인을 받아 조성한 대지를 공급하는 경우 또는 같은 법 제54조에 따라 주택(부대시설 및 복리시설을 포함하며, 주택과 주택 외의 시설을 동일 건축물로 건축하여 공급하는 경우에는 그 주택 외의 시설을 포함한다)을 공급하는 경우

ⓢ 「택지개발촉진법」 제18조에 따라 택지를 공급하는 경우

ⓞ 「산업입지 및 개발에 관한 법률」 제2조 제9호에 따른 산업단지개발사업 또는 같은 조 제12호에 따른 준산업단지를 개발하기 위한 사업으로 조성된 토지를 같은 법 제16조에 따른 사업시행자(같은 법 제38조에 따라 사업시행자로부터 분양에 관한 업무를 위탁받은 산업단지관리공단을 포함한다)가 분양하는 경우

ⓩ 「농어촌정비법」 제25조 또는 제26조에 따른 환지계획에 따라 환지처분을 하는 경우 또는 같은 법 제43조에 따라 농지 등의 교환·분할·합병을 하는 경우

ⓒ 「농어촌정비법」에 따른 사업시행자가 농어촌정비사업을 시행하기 위하여 농지를 매입하는 경우

ⓚ 「상법」 제3편 제4장 제10절·제11절, 「채무자 회생 및 파산에 관한 법률」의 절차에 따라 법원의 허가를 받아 권리를 이전하거나 설정하는 경우

ⓔ **국세 및 지방세의 체납처분 또는 강제집행을 하는 경우**

ⓟ 국가 또는 지방자치단체가 법령에 따라 비상재해시 필요한 응급조치를 위하여 권리를 이전하거나 설정하는 경우

ⓗ 「한국농어촌공사 및 농지관리기금법」에 따라 한국농어촌공사가 농지의 매매·교환 및 분할을 하는 경우

㉮ **법 제9조에 따라 외국인 등이 토지취득의 허가를 받은 경우**

㉯ 한국자산관리공사가 「금융회사부실자산 등의 효율적 처리 및 한국자산관리공사의 설립에 관한 법률」 제4조 또는 제5조에 따라 토지를 취득하거나 경쟁입찰을 거쳐서 매각하는 경우 또는 **한국자산관리공사에 매각이 의뢰되어 3회 이상 공매하였으나 유찰된 토지를 매각하는 경우**

㉰ 「국토의 계획 및 이용에 관한 법률」 제47조 또는 「개발제한구역의 지정 및 관리에 관한 특별조치법」 제17조에 따라 매수청구된 토지를 취득하는 경우

㉔ 「신행정수도 후속대책을 위한 연기·공주지역 행정중심복합도시 건설을 위한 특별법」, 「혁신도시 조성 및 발전에 관한 특별법」 또는 「기업도시개발 특별법」에 따라 조성된 택지 또는 주택을 공급하는 경우
㉕ 「건축물의 분양에 관한 법률」에 따라 건축물을 분양하는 경우
㉖ 「산업집적활성화 및 공장설립에 관한 법률」 제28조의4에 따라 지식산업센터를 분양하는 경우
㉗ 법령에 따라 조세·부담금 등을 토지로 물납하는 경우

Tip 👉 허가 필요 여부에 대하여 정확하게 구분하여야 한다.

🎯 핵심 토지거래계약허가 필요 여부

허가 필요	허가 불요
• 소유권·지상권의 이전 및 설정	• 증여·상속·무상 지상권설정
• 대물변제계약 및 예약	• 경매(압류부동산공매)
• 교환계약	• 공매[비업무용 부동산공매(3회 이상 유찰시)]
• 소유권이전청구권보전가등기	• 저당권설정계약
• 지상권청구권보전가등기	• 전세권·임차권의 설정계약
• 담보가등기	• 점유로 인한 시효취득
• 공매(비업무용 부동산)	• 「공익사업을 위한 토지 등의 취득 및 보상에 관한 법률」에 따른 수용, 환매
• 확정판결·화해·조정조서로 취득한 경우	

(3) 다른 법률과의 관계

① 농지취득자격증명의 의제: 농지에 대하여 토지거래계약허가를 받은 경우에는 「농지법」상 농지취득자격증명을 받은 것으로 본다. 이 경우 시장·군수 또는 구청장은 「농업·농촌 및 식품산업 기본법」 제3조 제5호에 따른 농촌(「국토의 계획 및 이용에 관한 법률」에 따른 도시지역의 경우에는 같은 법에 따른 녹지지역만 해당한다)의 농지에 대하여 토지거래계약을 허가하는 경우에는 농지취득자격증명의 발급요건에 적합한지 확인하여야 하며, 허가한 내용을 농림축산식품부장관에게 통보하여야 한다.

② 검인의제: 허가증을 발급받은 경우에는 「부동산등기 특별조치법」에 따른 검인을 받은 것으로 본다. 단, 부동산거래신고는 거래계약 체결일부터 30일 이내에 사후신고하는 제도로, 거래를 하기 전 사전에 허가를 받아야 하는 토지거래허가제도와는 무관하다. 즉, 허가를 받았다 하더라도 「부동산 거래신고 등에 관한 법률」상 부동산거래신고는 하여야 한다.

> **예제**
>
> 부동산 거래신고 등에 관한 법령상 '허가구역 내 토지거래에 대한 허가'의 규정이 적용되지 않는 경우를 모두 고른 것은? 제35회
>
> ㄱ. 「부동산 거래신고 등에 관한 법률」에 따라 외국인이 토지취득의 허가를 받은 경우
> ㄴ. 「공익사업을 위한 토지 등의 취득 및 보상에 관한 법률」에 따라 토지를 환매하는 경우
> ㄷ. 「한국농어촌공사 및 농지관리기금법」에 따라 한국농어촌공사가 농지의 매매를 하는 경우
>
> ① ㄱ
> ② ㄴ
> ③ ㄱ, ㄷ
> ④ ㄴ, ㄷ
> ⑤ ㄱ, ㄴ, ㄷ
>
> **해설** ㄱㄴㄷ 모두 토지거래허가대상이 아니다.
> ㄱ 「부동산 거래신고 등에 관한 법률」에 따라 외국인이 토지취득의 허가를 받은 경우에는 토지거래허가를 받은 것으로 본다. **정답 ⑤**

8 허가 취소 등 제재처분

> **제21조【제재처분 등】** 국토교통부장관, 시·도지사, 시장·군수 또는 구청장은 다음 각 호의 어느 하나에 해당하는 자에게 제11조에 따른 허가 취소 또는 그 밖에 필요한 처분을 하거나 조치를 명할 수 있다.
> 1. 제11조에 따른 토지거래계약에 관한 허가 또는 변경허가를 받지 아니하고 토지거래계약 또는 그 변경계약을 체결한 자
> 2. 제11조에 따른 토지거래계약에 관한 허가를 받은 자가 그 토지를 허가받은 목적대로 이용하지 아니한 자
> 3. 부정한 방법으로 제11조에 따른 토지거래계약에 관한 허가를 받은 자
>
> **제23조【청문】** 국토교통부장관, 시·도지사, 시장·군수 또는 구청장은 제21조에 따라 토지거래계약허가의 취소처분을 하려면 청문을 하여야 한다.

국토교통부장관, 시·도지사, 시장·군수 또는 구청장은 다음의 어느 하나에 해당하는 자에게 허가 취소 또는 그 밖에 필요한 처분을 하거나 조치를 명할 수 있다. 이때 국토교통부장관, 시·도지사, 시장·군수 또는 구청장이 토지거래계약허가의 취소처분을 하려면 청문을 하여야 한다.

① 토지거래계약에 관한 허가 또는 변경허가를 받지 아니하고 토지거래계약 또는 그 변경계약을 체결한 자
② 토지거래계약에 관한 허가를 받은 자가 그 토지를 허가받은 목적대로 이용하지 아니한 자
③ 부정한 방법으로 토지거래계약에 관한 허가를 받은 자

> **판례** 허가 취소시 거래계약의 효력
>
> 토지거래허가를 받지 아니하여 유동적 무효상태에 있는 계약이라고 하더라도 일단 거래허가신청을 하여 불허되었다면 특별한 사정이 없는 한 불허가된 때로부터 그 거래계약은 확정적으로 무효가 되었다고 할 것이고, 나아가 어떠한 매매계약에 대한 토지거래허가처분이 소송이나 다른 행정행위에 의하여 <u>적법하게 취소되어 더 이상 그 매매계약에 대하여 토지거래허가를 받을 수 없게 된 경우에는 그 매매계약은 그때에 이르러 확정적으로 무효</u>로 된다(광주고법 98나2807 상고기각).

❾ 권리 · 의무의 승계

> **제22조 【권리 · 의무의 승계 등】** ① 제10조부터 제20조까지에 따라 토지의 소유권자, 지상권자 등에게 발생되거나 부과된 권리 · 의무는 그 토지 또는 건축물에 관한 소유권이나 그 밖의 권리의 변동과 동시에 그 승계인에게 이전한다.
> ② 이 법 또는 이 법에 따른 명령에 의한 처분, 그 절차 및 그 밖의 행위는 그 행위와 관련된 토지 또는 건축물에 대하여 소유권이나 그 밖의 권리를 가진 자의 승계인에 대하여 효력을 가진다.

(1) 토지거래허가와 관련하여 토지의 소유권자, 지상권자 등에게 발생되거나 부과된 권리 · 의무는 그 토지 또는 건축물에 관한 소유권이나 그 밖의 권리의 변동과 동시에 그 승계인에게 이전한다.

(2) 「부동산 거래신고 등에 관한 법률」 또는 동법에 따른 명령에 의한 처분, 그 절차 및 그 밖의 행위는 그 행위와 관련된 토지 또는 건축물에 대하여 소유권이나 그 밖의 권리를 가진 자의 승계인에 대하여 효력을 가진다.

제3절 | 그 밖의 부속 규정   제32회

❶ 지가동향의 조사

> **제19조【지가동향의 조사】** 국토교통부장관이나 시·도지사는 토지거래허가제도를 실시하거나 그 밖에 토지정책을 수행하기 위한 자료를 수집하기 위하여 대통령령으로 정하는 바에 따라 지가의 동향과 토지거래의 상황을 조사하여야 하며, 관계 행정기관이나 그 밖의 필요한 기관에 이에 필요한 자료를 제출하도록 요청할 수 있다. 이 경우 자료제출을 요청받은 기관은 특별한 사유가 없으면 요청에 따라야 한다.

(1) 서설

국토교통부장관이나 시·도지사는 토지거래허가제도를 실시하거나 그 밖에 토지정책을 수행하기 위한 자료를 수집하기 위하여 지가의 동향과 토지거래의 상황을 조사하여야 하며, 관계 행정기관이나 그 밖의 필요한 기관에 이에 필요한 자료를 제출하도록 요청할 수 있다. 이 경우 자료제출을 요청받은 기관은 특별한 사유가 없으면 요청에 따라야 한다.

(2) 구체적 내용

① 국토교통부장관의 지가변동률 조사 및 행정안전부장관에 대한 자료요청: 국토교통부장관은 연 1회 이상 전국의 지가변동률을 조사하여야 하며, 필요한 경우에는 「한국부동산원법」에 따른 한국부동산원의 원장으로 하여금 매월 1회 이상 지가동향, 토지거래상황 및 그 밖에 필요한 자료를 제출하게 할 수 있다. 이 경우 실비의 범위에서 그 소요 비용을 지원하여야 한다.

② 시·도지사의 지가동향 및 토지거래상황의 조사: 시·도지사는 관할구역의 지가동향 및 토지거래상황을 다음의 순서에 따라 조사하여야 하며, 그 결과 허가구역을 지정·축소하거나 해제할 필요가 있다고 인정하는 경우에는 국토교통부장관에게 그 구역의 지정·축소 또는 해제를 요청할 수 있다.

> ㉠ 개황조사: 관할구역 안의 토지거래상황을 파악하기 위하여 분기별로 1회 이상 개괄적으로 실시하는 조사
> ㉡ 지역별 조사: ㉠의 개황조사를 실시한 결과 등에 따라 토지거래계약에 관한 허가구역(이하 '허가구역'이라 한다)의 지정요건을 충족시킬 수 있는 개연성이 높다고 인정되는 지역에 대하여 지가동향 및 토지거래상황을 파악하기 위하여 매월 1회 이상 실시하는 조사
> ㉢ 특별집중조사: ㉡의 지역별 조사를 실시한 결과 허가구역의 지정요건을 충족시킬 수 있는 개연성이 특히 높다고 인정되는 지역에 대하여 지가동향 및 토지거래상황을 파악하기 위하여 실시하는 조사

❷ 부동산정보관리

> **제24조【부동산정책 관련 자료 등 종합관리】** ① 국토교통부장관 또는 시장·군수·구청장은 적절한 부동산정책의 수립 및 시행을 위하여 부동산거래상황, 주택임대차계약상황, 외국인 부동산취득현황, 부동산가격동향 등 이 법에 규정된 사항에 관한 정보를 종합적으로 관리하고, 이를 관련 기관·단체 등에 제공할 수 있다.
> ② 국토교통부장관 또는 시장·군수·구청장은 제1항에 따른 정보의 관리를 위하여 관계 행정기관이나 그 밖에 필요한 기관에 필요한 자료를 요청할 수 있다. 이 경우 관계 행정기관 등은 특별한 사유가 없으면 요청에 따라야 한다.
> ③ 제1항 및 제2항에 따른 정보의 관리·제공 및 자료요청은 「개인정보 보호법」에 따라야 한다.
>
> **제25조【부동산정보체계의 구축·운영】** 국토교통부장관은 효율적인 정보의 관리 및 국민편의 증진을 위하여 대통령령으로 정하는 바에 따라 부동산거래 및 주택임대차의 계약·신고·허가·관리 등의 업무와 관련된 정보체계를 구축·운영할 수 있다.

(1) 부동산정책 관련 자료 등 종합관리

① 정보의 관리 및 제공: 국토교통부장관 또는 시장·군수·구청장은 적절한 부동산정책의 수립 및 시행을 위하여 부동산거래상황, 주택임대차계약상황, 외국인 부동산취득현황, 부동산가격동향 등 「부동산 거래신고 등에 관한 법률」에 규정된 사항에 관한 정보를 종합적으로 관리하고, 이를 관련 기관·단체 등에 제공할 수 있다.

② 자료요청: 국토교통부장관 또는 시장·군수·구청장은 부동산거래상황, 주택임대차계약상황, 외국인 부동산취득현황, 부동산가격동향 등 「부동산 거래신고 등에 관한 법률」에 규정된 사항에 관한 정보의 관리를

위하여 관계 행정기관이나 그 밖에 필요한 기관에 필요한 자료를 요청할 수 있다. 이 경우 관계 행정기관 등은 특별한 사유가 없으면 요청에 따라야 한다.

③ 법적 근거: 국토교통부장관 또는 시장·군수·구청장의 정보의 관리·제공 및 자료요청은 「개인정보 보호법」에 따라야 한다.

(2) 부동산정보체계의 구축·운영

① 정보체계의 구축 및 운영: 국토교통부장관은 효율적인 정보의 관리 및 국민편의 증진을 위하여 부동산거래 및 주택임대차의 계약·신고·허가·관리 등의 업무와 관련된 다음의 정보를 관리할 수 있는 정보체계를 구축·운영할 수 있다.

> ㉠ 부동산거래신고 정보
> ㉡ 부동산거래신고내용의 검증체계 관련 정보
> ㉢ 주택임대차계약신고 정보
> ㉣ 주택임대차계약의 변경 및 해제신고 정보
> ㉤ 외국인 등의 부동산취득·보유신고 자료 및 관련 정보
> ㉥ 토지거래계약의 허가 관련 정보
> ㉦ 「부동산등기 특별조치법」에 따른 검인 관련 정보
> ㉧ 부동산거래계약 등 부동산거래 관련 정보

② 정보의 제공 및 제한: 국토교통부장관은 정보체계에 구축되어 있는 정보를 수요자에게 제공할 수 있다. 이 경우 정보체계 운영을 위하여 불가피한 사유가 있거나 개인정보의 보호를 위하여 필요하다고 인정할 때에는 제공하는 정보의 종류와 내용을 제한할 수 있다. 그 외 필요한 사항은 국토교통부장관이 정한다.

3 신고포상금의 지급 제31회, 제32회, 제34회

> **제25조의2 【신고포상금의 지급】** ① 시장·군수 또는 구청장은 다음 각 호의 어느 하나에 해당하는 자를 관계 행정기관이나 수사기관에 신고하거나 고발한 자에게 예산의 범위에서 포상금을 지급할 수 있다.
> 1. 제3조 제1항부터 제4항까지 또는 제4조 제2호를 위반하여 부동산 등의 실제 거래가격을 거짓으로 신고한 자
> 1의2. 제4조 제4호를 위반하여 거짓으로 제3조에 따른 신고를 한 자

> 1의3. 제4조 제5호를 위반하여 거짓으로 제3조의2에 따른 신고를 한 자
> 1의4. 제6조의2 또는 제6조의3을 위반하여 주택임대차계약의 보증금·차임 등 계약금액을 거짓으로 신고한 자
> 2. 제11조 제1항에 따른 허가 또는 변경허가를 받지 아니하고 토지거래계약을 체결한 자 또는 거짓이나 그 밖의 부정한 방법으로 토지거래계약허가를 받은 자
> 3. 토지거래계약허가를 받아 취득한 토지에 대하여 제17조 제1항을 위반하여 허가받은 목적대로 이용하지 아니한 자
>
> ② 제1항에 따른 포상금의 지급에 드는 비용은 시·군이나 구의 재원으로 충당한다.
> ③ 제1항에 따른 포상금 지급의 대상·기준·방법 및 절차 등에 관한 구체적인 사항은 대통령령으로 정한다.

(1) 포상금 지급대상

시장·군수 또는 구청장은 다음의 어느 하나에 해당하는 자를 행정기관이나 수사기관에 신고하거나 고발한 자에게 예산의 범위에서 포상금을 지급할 수 있다. 이때 포상금의 지급에 드는 비용은 시·군이나 구의 재원으로 충당한다.

> ① 부동산 등의 실제 거래가격을 거짓으로 신고한 자(신고의무자가 아닌 자가 하는 거짓신고 포함)
> ② 부동산거래신고대상 계약을 체결하지 아니하였음에도 불구하고 거짓으로 신고를 하는 행위
> ③ 부동산거래신고대상 계약이 해제 등이 되지 아니하였음에도 불구하고 거짓으로 해제 등 신고를 하는 행위
> ④ 주택임대차계약 또는 변경 및 해제신고의 보증금·차임 등 계약금액을 거짓으로 신고한 자
> ⑤ **허가 또는 변경허가를 받지 아니하고** 토지거래계약을 체결한 자 또는 거짓이나 그 밖의 부정한 방법으로 토지거래계약허가를 받은 자
> ⑥ 토지거래계약허가를 받아 취득한 토지에 대하여 **허가받은 목적대로 이용하지 아니한 자**

(2) 포상금 지급사유

① 포상금의 지급사유: 신고관청 또는 허가관청은 다음의 어느 하나에 해당하는 경우에는 포상금을 지급하여야 한다.

> ㉠ 신고관청이 적발하기 전에 포상금 지급대상에 해당하는 자를 신고하고 이를 입증할 수 있는 증거자료를 제출한 경우로서 그 신고사건에 대하여 **과태료가 부과된 경우**
> ㉡ 허가관청 또는 수사기관이 적발하기 전에 허가 또는 변경허가를 받지 아니하고 토지거래계약을 체결한 자 또는 거짓이나 그 밖의 부정한 방법으로 토지거래계약허가를 받은 자를 신고하거나 고발한 경우로서 그 신고 또는 고발사건에 대한 공소제기 또는 기소유예 결정이 있는 경우
> ㉢ 허가관청이 적발하기 전에 토지거래계약허가를 받아 취득한 토지에 대하여 허가받은 목적대로 이용하지 아니한 자를 신고한 경우로서 그 신고사건에 대한 허가관청의 이행명령이 있는 경우

② 포상금을 지급하지 아니할 수 있는 사유: 다음의 어느 하나에 해당하는 경우에는 포상금을 지급하지 아니할 수 있다.

> ㉠ 공무원이 직무와 관련하여 발견한 사실을 신고하거나 고발한 경우
> ㉡ 해당 위반행위를 하거나 위반행위에 관여한 자가 신고하거나 고발한 경우
> ㉢ 익명이나 가명으로 신고 또는 고발하여 신고인 또는 고발인을 확인할 수 없는 경우

(3) 포상금 지급기준

포상금은 신고 또는 고발 건별로 다음의 구분에 따라 지급한다.

> ① 부동산거래신고를 거짓으로 한 자, 계약을 체결하지 아니하였음에도 불구하고 거짓으로 신고한 자, 해제 등이 되지 아니하였음에도 불구하고 거짓으로 해제 등 신고한 자, 주택임대차계약 또는 변경 및 해제신고를 거짓으로 한 자를 신고한 자에 대한 포상금: 부과되는 과태료의 100분의 20에 해당하는 금액(단, 취득가액의 100분의 10 이하에 상당하는 금액의 과태료가 부과된 경우의 지급한도액 1천만원)
> ② 토지거래허가 관련 포상금: 50만원(같은 목적을 위하여 취득한 일단의 토지에 대한 신고 또는 고발은 1건으로 본다)

(4) 포상금 지급절차

① 포상금 지급사유에 해당하는 자를 신고하려는 자는 '위반행위 신고서' 및 증거자료(부동산거래신고나 주택임대차신고 관련한 경우로 한정한다)를 신고관청 또는 허가관청에 제출하여야 한다.

② 수사기관은 토지거래허가 또는 변경허가를 받지 아니하고 토지거래계약을 체결한 자 또는 거짓이나 그 밖의 부정한 방법으로 토지거래계약허가를 받은 자에 대한 신고 또는 고발사건을 접수하여 수사를 종료하거나 공소제기 또는 기소유예의 결정을 하였을 때에는 지체 없이 허가관청에 통보하여야 한다.

③ 위 ①에 따라 신고서를 제출받거나 ②에 따라 수사기관의 통보를 받은 신고관청 또는 허가관청은 포상금 지급 여부를 결정하고 이를 신고인 또는 고발인에게 알려야 한다.

④ 포상금 지급결정을 통보받은 신고인 또는 고발인은 '포상금 지급신청서'를 작성하여 신고관청 또는 허가관청에 제출하여야 한다.

⑤ 신고관청 또는 허가관청은 신청서가 접수된 날부터 2개월 이내에 포상금을 지급하여야 한다.

⑥ 신고관청 또는 허가관청은 자체조사 등에 따라 포상금 지급사유에 해당하는 위반행위를 알게 된 때에는 지체 없이 그 내용을 '부동산정보체계'에 기록하여야 한다.

(5) 포상금 지급방법

① 하나의 위반행위에 대하여 2명 이상이 공동으로 신고·고발한 경우: 신고관청 또는 허가관청은 하나의 위반행위에 대하여 2명 이상이 공동으로 신고 또는 고발한 경우에는 포상금을 균등하게 배분하여 지급한다. 다만, 포상금을 지급받을 사람이 배분방법에 관하여 미리 합의하여 포상금의 지급을 신청한 경우에는 그 합의된 방법에 따라 지급한다.

② 하나의 위반행위에 대하여 2명 이상이 각각 신고·고발한 경우: 신고관청 또는 허가관청은 하나의 위반행위에 대하여 2명 이상이 각각 신고 또는 고발한 경우, 최초로 신고 또는 고발한 사람에게 포상금을 지급한다.

> **예제**

부동산 거래신고 등에 관한 법령상 포상금의 지급에 관한 설명으로 **틀린** 것을 모두 고른 것은? 　　　　　　　　　　　　　　　　　　　　　　　　제34회

> ㉠ 가명으로 신고하여 신고인을 확인할 수 없는 경우에는 포상금을 지급하지 아니할 수 있다.
> ㉡ 신고관청에 포상금지급신청서가 접수된 날부터 1개월 이내에 포상금을 지급하여야 한다.
> ㉢ 신고관청은 하나의 위반행위에 대하여 2명 이상이 각각 신고한 경우에는 포상금을 균등하게 배분하여 지급한다.

① ㉠
② ㉠, ㉡
③ ㉠, ㉢
④ ㉡, ㉢
⑤ ㉠, ㉡, ㉢

해설 ㉡ 신고관청에 포상금지급신청서가 접수된 날부터 2개월 이내에 포상금을 지급하여야 한다.
　　　 ㉢ 신고관청 또는 허가관청은 하나의 위반행위에 대하여 2명 이상이 각각 신고 또는 고발한 경우에는 최초로 신고 또는 고발한 사람에게 포상금을 지급한다. 　　**정답** ④

❹ 권한 등의 위임 및 위탁

> **제25조의3 【권한 등의 위임 및 위탁】** ① 이 법에 따른 국토교통부장관의 권한은 그 일부를 대통령령으로 정하는 바에 따라 시·도지사, 시장·군수 또는 구청장에게 위임할 수 있다.
> ② 국토교통부장관은 제5조의 부동산거래가격 검증체계 구축·운영, 제6조 제3항에 따른 신고내용조사 및 제25조의 부동산정보체계의 구축·운영 업무를 대통령령으로 정하는 바에 따라 부동산시장 관련 전문성이 있는 공공기관에 위탁할 수 있다.

(1) 권한의 위임

국토교통부장관은 「부동산 거래신고 등에 관한 법률」에 따른 권한의 일부를 대통령령으로 정하는 바에 따라 시·도지사, 시장·군수 또는 구청장에게 위임할 수 있다.

(2) 업무의 위탁

국토교통부장관은 부동산거래가격 검증체계 구축·운영 업무 등을 「한국부동산원법」에 따른 한국부동산원에 위탁한다.

① 부동산거래가격(주택임대차신고 포함) 검증체계의 구축·운영
② 부동산거래신고 내용(주택임대차신고 포함)의 조사 업무 중 다음의 업무
  ㉠ 조사 대상자의 선정
  ㉡ 신고 관련 제출한 자료 중 누락되었거나 정확하지 않은 자료 및 신고한 내용의 사실 여부를 확인하기 위한 자료의 제출 요구 및 접수
  ㉢ 제출받은 자료의 적정성 검토
  ㉣ 위 규정에 따른 업무를 수행하기 위하여 필요한 업무
③ 부동산정보체계의 구축·운영

5 고유식별정보의 처리

국토교통부장관, 신고관청 및 허가관청은 다음의 사무를 수행하기 위하여 불가피한 경우 「개인정보 보호법 시행령」 제19조 제1호·제2호 또는 제4호에 따른 주민등록번호, 여권번호 또는 외국인등록번호가 포함된 자료를 처리할 수 있다.

① 부동산거래신고
② 부동산거래의 해제 등 신고
③ 부동산거래신고내용(주택임대차신고를 포함)의 검증
④ 부동산거래신고내용(주택임대차신고를 포함)의 조사 등
⑤ 주택임대차계약의 신고
⑥ 주택임대차계약의 변경 및 해제신고
⑦ 외국인 등의 부동산취득·보유신고
⑧ 외국인 등의 토지거래허가
⑨ 토지거래허가구역 내 토지거래에 대한 허가
⑩ 부동산정보체계 운영

6 업무의 전자적 처리

(1) 전자문서의 접수

다음의 어느 하나에 해당하는 신고서 또는 신청서는 신고관청 또는 허가관청에 전자문서를 접수하는 방법으로 제출할 수 있다.

> ① 부동산거래계약신고서(일방 거부시 단독신고 제외, 매수인이 단독으로 제출하는 '자금조달·입주계획서' 포함), 법인신고서, 자금조달·입주계획서 등
> ② 부동산거래계약의 해제 등 신고서
> ③ 부동산거래계약의 정정신청에 따른 신고필증(단, 거래당사자의 주소·전화번호 또는 휴대전화번호를 일방이 정정신청하는 경우 제외)
> ④ 부동산거래계약변경신고서(다만, 거래가격이 변경되어 거래계약서 사본 등 그 사실을 증명할 수 있는 서류를 첨부하는 경우는 제외)
> ⑤ 임대차신고서(일방 거부시 단독신고 포함) 및 주택임대차계약서
> ⑥ 임대차변경신고서 및 임대차해제신고서(일방 거부시 단독신고 포함)
> ⑦ 정정 사항을 표시한 임대차 신고필증(첨부해야 하는 주택임대차계약서 등을 포함한다)
> ⑧ 임대차신고서 등의 작성·제출 및 정정신청을 대행하는 사람이 신고관청에 제출하는 제5호부터 제7호까지의 사항(제출대행에 따라 함께 제출해야 하는 위임장 등을 포함)
> ⑨ 외국인 등의 부동산 등 취득·계속보유신고서 또는 외국인 토지취득허가신청서
> ⑩ 토지거래계약허가신청서 또는 토지거래계약변경허가신청서
> ⑪ 불허가처분된 토지거래계약허가신청에 대한 이의신청서
> ⑫ 토지매수청구서
> ⑬ 취득토지의 이용 목적변경 승인신청서

(2) 우편 또는 팩스로 제출

외국인 등의 부동산 등 취득·계속보유신고 또는 토지취득허가신청을 하는 경우, 외국인 등이 서류를 전자문서로 제출하기 곤란한 경우에는 신고일 또는 신청일부터 14일 이내에 우편 또는 팩스로 제출할 수 있으며, 이 경우 신고관청은 신고확인증 또는 허가증을 신고인에게 송부하여야 한다.

제5장 벌칙

- 새로운 법률이 제정됨에 따라 기존의 내용에다 다른 법률에서 이동된 내용이 합해져 출제범위가 상당히 넓어졌다. 이에 따라 출제비중이 커진 장이며, 1문제 정도 출제될 것으로 예상된다.
- 행정형벌은 물론이고 과태료 부과금액과 부과사유 등에 대한 정리가 필요하며, 특히 개업공인중개사가 받을 수 있는 과태료 부분에 대한 꼼꼼한 학습이 요구된다.

제1절 | 서설

① 서설

마을버스 운전자가 교통신호를 위반한 경우 운전자를 구속하는 것(이를 '행정형벌'이라고 한다)은 위반행위에 비하여 과벌의 정도가 과하다고 볼 수 있다. 또한 마을버스 운영회사에 영업정지를 부과하는 것(이를 '행정처분'이라고 한다)은 마을버스를 이용하는 주민에게 상당한 피해를 줄 수 있으므로 적절하지 않다. 바로 이러한 경우에 행정관청에서 사인(私人)에게 벌칙으로 부과하는 것이 행정질서벌이고, 이는 과태료 형태로 부과된다.

> **용어 🔊 행정질서벌**
> 행정상 질서에 장애를 줄 우려가 있는 정도의 단순한 의무태만에 대하여 금전적인 벌을 부과하는 것이다. 과태료는 '행정벌'에 해당하지만 「형법」상 형벌이 아니므로 형법총칙의 규정이 적용되지 않는다.

② 부동산 거래신고 등에 관한 법률상 벌칙

형벌과 과태료를 합하여 '벌칙'이라고 하는데, 「부동산 거래신고 등에 관한 법률」상 벌칙에는 행정형벌과 과태료가 있다.

제2절 | 행정형벌

제32회, 제33회, 제36회

> **제26조 【벌칙】** ① 부당하게 재물이나 재산상 이득을 취득하거나 제3자로 하여금 이를 취득하게 할 목적으로 제4조 제4호 또는 제5호를 위반하여 거짓으로 제3조 또는 제3조의2에 따라 신고한 자는 3년 이하의 징역 또는 3천만원 이하의 벌금에 처한다.

② 제9조 제1항에 따른 허가를 받지 아니하고 토지취득계약을 체결하거나 부정한 방법으로 허가를 받아 토지취득계약을 체결한 외국인 등은 2년 이하의 징역 또는 2천만원 이하의 벌금에 처한다.
③ 제11조 제1항에 따른 허가 또는 변경허가를 받지 아니하고 토지거래계약을 체결하거나, 속임수나 그 밖의 부정한 방법으로 토지거래계약 허가를 받은 자는 2년 이하의 징역 또는 계약 체결 당시의 개별공시지가에 따른 해당 토지가격의 100분의 30에 해당하는 금액 이하의 벌금에 처한다.
④ 제21조에 따른 허가 취소, 처분 또는 조치명령을 위반한 자는 1년 이하의 징역 또는 1천만원 이하의 벌금에 처한다.

제27조【양벌규정】법인의 대표자나 법인 또는 개인의 대리인, 사용인, 그 밖의 종업원이 그 법인 또는 개인의 업무에 관하여 제26조의 위반행위를 하면 그 행위자를 벌하는 외에 그 법인 또는 개인에게도 해당 조문의 벌금형을 과(科)한다. 다만, 법인 또는 개인이 그 위반행위를 방지하기 위하여 해당 업무에 관하여 상당한 주의와 감독을 게을리하지 아니한 경우에는 그러하지 아니하다.

1 행정형벌의 종류

형벌	위반내용
3년 이하의 징역 또는 3천만원 이하의 벌금형	부당하게 재물이나 재산상 이득을 취득하거나 제3자로 하여금 이를 취득하게 할 목적으로 허위로 부동산거래신고를 하거나 허위로 해제 등 신고를 한 자
2년 이하의 징역 또는 2천만원 이하의 벌금형	허가를 받지 아니하고 토지취득계약을 체결하거나 부정한 방법으로 허가를 받아 토지취득계약을 체결한 외국인 등
2년 이하의 징역 또는 계약 체결 당시의 개별공시지가에 따른 해당 토지가격의 100분의 30에 해당하는 금액 이하의 벌금형	허가 또는 변경허가를 받지 아니하고 토지거래계약을 체결하거나, 속임수나 그 밖의 부정한 방법으로 토지거래계약허가를 받은 자
1년 이하의 징역 또는 1천만원 이하의 벌금형	토지거래허가 취소 또는 그 밖에 필요한 처분이나 조치명령을 위반한 자

> **판례** '허가 없이 거래계약을 체결하는 행위'의 의미

「부동산 거래신고 등에 관한 법률」위반죄로 처벌되는 '토지거래허가 없이 토지 등의 거래계약을 체결하는 행위'라 함은 처음부터 위 법 소정의 토지거래허가를 배제하거나 잠탈하는 내용의 계약을 체결하는 행위를 가리키고, 허가받을 것을 전제로 한 거래계약을 체결하는 것은 여기에 해당하지 아니한다(대판 2010도1116).

2 양벌규정

법인의 대표자나 법인 또는 개인의 대리인, 사용인, 그 밖의 종업원이 그 법인 또는 개인의 업무에 관하여 「부동산 거래신고 등에 관한 법률」상 행정형벌에 해당하는 위반행위를 하면 그 행위자를 벌하는 외에 그 법인 또는 개인에게도 해당 조문의 벌금형을 과(科)한다. 다만, 법인 또는 개인이 그 위반행위를 방지하기 위하여 해당 업무에 관하여 상당한 주의와 감독을 게을리하지 아니한 경우에는 그러하지 아니하다.

제3절 | 과태료

제32회, 제33회

> 제28조【과태료】① 다음 각 호의 어느 하나에 해당하는 자에게는 3천만원 이하의 과태료를 부과한다.
> 1. 제4조 제4호를 위반하여 거짓으로 제3조에 따라 신고한 자(제26조 제1항에 따라 벌칙을 부과받은 경우는 제외한다)
> 2. 제4조 제5호를 위반하여 거짓으로 제3조의2에 따라 신고한 자(제26조 제1항에 따라 벌칙을 부과받은 경우는 제외한다)
> 3. 제6조를 위반하여 거래대금 지급을 증명할 수 있는 자료를 제출하지 아니하거나 거짓으로 제출한 자 또는 그 밖의 필요한 조치를 이행하지 아니한 자
> ② 다음 각 호의 어느 하나에 해당하는 자에게는 500만원 이하의 과태료를 부과한다.
> 1. 제3조 제1항부터 제4항까지의 규정을 위반하여 같은 항에 따른 신고를 하지 아니한 자(공동신고를 거부한 자를 포함한다)
> 1의2. 제3조의2 제1항을 위반하여 같은 항에 따른 신고를 하지 아니한 자(공동신고를 거부한 자를 포함한다)
> 2. 제4조 제1호를 위반하여 개업공인중개사에게 제3조에 따른 신고를 하지 아니하게 하거나 거짓으로 신고하도록 요구한 자
> 3. 제4조 제3호를 위반하여 거짓으로 제3조에 따른 신고를 하는 행위를 조장하거나 방조한 자
> 4. 제6조를 위반하여 거래대금 지급을 증명할 수 있는 자료 외의 자료를 제출하지 아니하거나 거짓으로 제출한 자
> ③ 제3조 제1항부터 제4항까지 또는 제4조 제2호를 위반하여 그 신고를 거짓으로 한 자에게는 해당 부동산 등의 취득가액의 100분의 10 이하에 상당하는 금액의 과태료를 부과한다.
> ④ 제8조 제1항에 따른 신고를 하지 아니하거나 거짓으로 신고한 자에게는 300만원 이하의 과태료를 부과한다.

⑤ 다음 각 호의 어느 하나에 해당하는 자에게는 100만원 이하의 과태료를 부과한다.
1. 제8조 제2항에 따른 취득의 신고를 하지 아니하거나 거짓으로 신고한 자
2. 제8조 제3항에 따른 토지의 계속보유신고를 하지 아니하거나 거짓으로 신고한 자
3. 제6조의2 또는 제6조의3에 따른 신고를 하지 아니하거나(공동신고를 거부한 자를 포함한다) 그 신고를 거짓으로 한 자

⑥ 제1항부터 제5항까지에 따른 과태료는 대통령령으로 정하는 바에 따라 신고관청이 부과·징수한다. 이 경우 개업공인중개사에게 과태료를 부과한 신고관청은 부과일부터 10일 이내에 해당 개업공인중개사의 중개사무소(법인의 경우에는 주된 중개사무소를 말한다)를 관할하는 시장·군수 또는 구청장에 과태료 부과사실을 통보하여야 한다.

1 과태료의 종류

(1) 부동산거래신고 관련 과태료의 종류

과태료	부과대상
3천만원 이하	① 부동산거래신고대상 계약을 체결하지 아니하였음에도 불구하고 거짓으로 신고를 하는 행위(3년↓/3천↓의 형벌을 부과받은 경우는 제외) ② 부동산거래신고대상 계약이 '해제 등'이 되지 아니하였음에도 불구하고 거짓으로 해제 등의 신고를 하는 행위(3년↓/3천↓의 형벌을 부과받은 경우는 제외) ③ 거래대금 지급을 증명할 수 있는 자료를 제출하지 아니하거나 거짓으로 제출한 자 또는 그 밖의 필요한 조치를 이행하지 아니한 자
취득가액의 100분의 10 이하	부동산거래신고를 거짓으로 한 자(신고의무자가 아닌 자를 포함)
500만원 이하	① 부동산거래의 신고를 하지 아니한 자(공동신고를 거부한 자를 포함) ② 신고된 거래계약이 해제, 무효 또는 취소된 경우 '해제 등'이 확정된 날부터 30일 이내에 '해제 등' 신고를 하지 아니한 거래당사자(공동신고를 거부한 자를 포함) ③ 개업공인중개사로 하여금 부동산거래신고를 하지 아니하게 하거나 거짓된 내용을 신고하도록 요구한 자 ④ 거짓신고를 조장하거나 방조한 자 ⑤ 거래대금 지급 증명자료 외의 자료를 제출하지 아니하거나 거짓으로 자료를 제출한 자

비교 ➡ 주택임대차계약신고를 허위로 신고하는 경우 3,000만원 이하 과태료 처분사유에 해당한다.

(2) 주택임대차계약신고 관련 과태료의 종류

과태료	부과대상
100만원 이하	주택임대차계약신고 또는 변경 및 해제신고를 하지 아니하거나 (공동신고를 거부한 자를 포함한다) 그 신고를 거짓으로 한 자

> **판례** 거짓신고행위의 범죄 성립 여부
>
> 부동산의 거래당사자가 거래가액을 시장 등에게 거짓으로 신고하여 신고필증을 받은 뒤 이를 기초로 사실과 다른 내용의 거래가액이 부동산등기부에 등재되도록 하였다면 「부동산 거래신고 등에 관한 법률」에 따른 과태료의 제재를 받게 됨은 별론으로 하고, 「형법」상의 '공전자기록 등 부실기재죄'가 성립하지는 아니한다(대판 2012도12363).

심화 📖 **공전자기록 위작·변작**
사무처리를 그르치게 할 목적으로 공무원 또는 공무소의 전자기록 등 특수매체기록을 위작 또는 변작한 자는 10년 이하의 징역에 처한다(「형법」 제227조의2).

(3) 외국인 등의 취득·보유신고 관련 과태료의 종류

과태료	구분	신고기간
300만원 이하	계약의 원인	체결일부터 60일 이내
100만원 이하	계약 외의 원인	취득한 날부터 6개월 이내
	계속보유	국적이 변경된 날부터 6개월 이내

❷ 과태료의 부과 및 통보

(1) 부동산거래신고 관련 과태료의 등록관청으로의 통보

과태료는 대통령령으로 정하는 바에 따라 신고관청이 부과·징수한다. 이경우 개업공인중개사에게 과태료를 부과한 신고관청은 부과일부터 10일 이내에 해당 개업공인중개사의 중개사무소(법인의 경우에는 주된 중개사무소를 말한다)를 관할하는 시장·군수 또는 구청장에 과태료 부과사실을 통보하여야 한다.

(2) 과태료의 부과·징수 절차 및 기준

과태료 부과·징수와 관련한 세부적인 절차는 과태료 부과·징수와 관련된 일반법인「질서위반행위규제법」을 적용하여야 한다. 다만, 과태료 부과기준은 「부동산 거래신고 등에 관한 법률 시행령」에 세부적인 규정을 두고 있으므로 이를 적용하여야 한다.

❸ 자진 신고자에 대한 감면 등

> **제29조【자진 신고자에 대한 감면 등】** 신고관청은 제28조 제2항 제1호부터 제3호까지 및 제3항부터 제5항까지의 어느 하나에 따른 위반사실을 자진 신고한 자에 대하여 대통령령으로 정하는 바에 따라 같은 규정에 따른 과태료를 감경 또는 면제할 수 있다.

신고관청은 과태료에 해당하는 위반사실을 자진 신고한 자에 대하여 대통령령으로 정하는 바에 따라 과태료를 감경 또는 면제할 수 있다.

(1) 자진 신고자에 대한 감경 또는 면제의 기준

자진 신고자에 대한 감경 또는 면제기준을 적용할 때에 '조사가 시작된 시점'은 조사기관(국토교통부장관 또는 신고관청을 의미한다)이 거래당사자 또는 개업공인중개사 등에게 자료제출 등을 요구하는 서면을 발송한 때로 한다.

① 조사기관의 부동산거래신고내용(주택임대차신고 포함)의 조사(이하 '조사'라 한다)가 **시작되기 전에 자진 신고한 자**로서 다음의 요건을 모두 충족한 경우: **과태료 면제**
  ㉠ 자진 신고한 위반행위가 다음의 어느 하나에 해당할 것
    ⓐ 개업공인중개사에게 부동산거래신고를 하지 아니하게 하거나 거짓으로 신고하도록 요구한 자
    ⓑ 거짓으로 부동산거래신고를 하는 행위를 조장하거나 방조한 자
    ⓒ 신고의무자 또는 신고의무자가 아닌 자가 부동산거래신고를 거짓으로 한 자
    ⓓ 계약을 원인으로 한 외국인 등의 취득신고를 하지 아니하거나 거짓으로 신고한 자
    ⓔ 계약 외의 원인으로 외국인 등의 취득신고를 하지 아니하거나 거짓으로 신고한 자
    ⓕ 외국인 등의 계속보유신고를 하지 아니하거나 거짓으로 신고한 자
  ㉡ 조사기관에 단독(거래당사자 일방이 여러 명인 경우 그 일부 또는 전부가 공동으로 신고한 경우를 포함한다)으로 신고한 최초의 자일 것
  ㉢ 위반사실 입증에 필요한 자료 등을 제공하는 등 조사가 끝날 때까지 성실하게 협조하였을 것
② 조사기관의 조사가 **시작된 후 자진 신고한 자**로서 다음의 요건을 모두 충족한 경우: **과태료의 100분의 50 감경**
  ㉠ 위 ①의 과태료 면제요건에 해당할 것

ⓒ 조사기관이 허위신고사실 입증에 필요한 증거를 충분히 확보하지 못한 상태에서 조사에 협조하였을 것
ⓓ 조사기관에 단독(거래당사자 일방이 여러 명인 경우 그 일부 또는 전부가 공동으로 신고한 경우를 포함한다)으로 신고한 최초의 자일 것

(2) 과태료 감경 또는 면제 제외대상

과태료 중 3천만원 이하 과태료사유와 **거래대금 지급을 증명할 수 있는 자료 외**의 자료를 제출하지 아니하거나 거짓으로 제출한 자(500만원 이하 과태료)는 감면대상에서 제외된다. 또한 (1)의 과태료 감경 또는 면제 대상에 해당된다고 하더라도 다음의 어느 하나에 해당하는 경우에는 과태료를 감경·면제하지 아니한다.

① 자진 신고하려는 부동산 등의 거래계약과 관련하여 「국세기본법」 또는 「지방세법」 등 관련 법령을 위반한 사실 등이 관계기관으로부터 조사기관에 통보된 경우
② 자진 신고한 날부터 과거 1년 이내에 자진 신고를 하여 3회 이상 해당 신고관청에서 과태료의 감경 또는 면제를 받은 경우

(3) 자진 신고시 제출서류 등

① 자진 신고를 하려는 자는 신고서 및 다음의 어느 하나에 해당하는 위반행위를 입증할 수 있는 서류를 조사기관에 제출하여야 한다.

ⓐ 계약서, 거짓신고합의서, 입출금내역서 등 위반사실을 직접적으로 입증할 수 있는 자료
ⓑ 진술서, 확인서, 그 밖에 위반행위를 할 것을 논의하거나 실행한 사실을 육하원칙에 따라 기술한 자료
ⓒ 당사자간 의사연락을 증명할 수 있는 전자우편, 통화기록, 팩스 수신·발신 기록, 수첩 기재내용 등
ⓓ 그 밖에 위반행위를 입증할 수 있는 자료

② 조사기관은 자진 신고를 한 자에 대하여 과태료 감경 또는 면제 대상에 해당하는지 여부, 감경 또는 면제의 내용 및 사유를 통보하여야 하며, 조사기관의 담당 공무원은 자진 신고자 등의 신원이나 제보내용, 증거자료 등을 해당 사건의 처리를 위한 목적으로만 사용하여야 하며 제3자에게 누설해서는 아니 된다.

(4) 과태료의 부과기준(「부동산 거래신고 등에 관한 법률 시행령」[별표 3])

① 일반기준: 신고관청은 위반행위의 동기·결과 및 횟수 등을 고려하여 ②의 개별기준에 따른 과태료의 2분의 1(법 제28조 제1항 및 제3항을 위반한 경우에는 5분의 1) 범위에서 그 금액을 늘리거나 줄일 수 있다. 다만, 늘리는 경우에도 과태료의 총액은 법 제28조 제1항부터 제5항까지에서 규정한 과태료의 상한을 초과할 수 없다.

② 개별기준

  ㉠ 법 제28조 제1항 관련

위반행위	과태료
ⓐ 법 제4조 제4호를 위반하여 거짓으로 법 제3조에 따라 신고한 경우	3,000만원
ⓑ 법 제4조 제5호를 위반하여 거짓으로 법 제3조의2에 따라 신고한 경우	3,000만원
ⓒ 법 제6조를 위반하여 거래대금 지급을 증명할 수 있는 자료를 제출하지 않거나 거짓으로 제출한 경우 또는 그 밖의 필요한 조치를 이행하지 않은 경우	
• 신고가격이 1억 5천만원 이하인 경우	500만원
• 신고가격이 1억 5천만원 초과 2억원 이하인 경우	700만원
• 신고가격이 2억원 초과 2억 5천만원 이하인 경우	900만원
• 신고가격이 2억 5천만원 초과 3억원 이하인 경우	1,100만원
• 신고가격이 3억원 초과 3억 5천만원 이하인 경우	1,300만원
• 신고가격이 3억 5천만원 초과 4억원 이하인 경우	1,500만원
• 신고가격이 4억원 초과 4억 5천만원 이하인 경우	1,700만원
• 신고가격이 4억 5천만원 초과 5억원 이하인 경우	1,900만원
• 신고가격이 5억원 초과 6억원 이하인 경우	2,100만원
• 신고가격이 6억원 초과 7억원 이하인 경우	2,300만원
• 신고가격이 7억원 초과 8억원 이하인 경우	2,500만원
• 신고가격이 8억원 초과 9억원 이하인 경우	2,700만원
• 신고가격이 9억원 초과 10억원 이하인 경우	2,900만원
• 신고가격이 10억원을 초과한 경우	3,000만원

✔ 비고
  1. 부동산 매매계약의 신고가격이 시가표준액(「지방세법」 제4조에 따른 신고사유 발생연도의 시가표준액을 말한다) 미만인 경우에는 그 시가표준액을 신고가격으로 한다.
  2. 부동산에 대한 공급계약 및 부동산을 취득할 수 있는 권리에 관한 계약의 신고가격이 해당 부동산 등의 분양가격 미만인 경우에는 그 분양가격을 신고가격으로 한다.

ⓒ 법 제28조 제2항 관련

위반행위	근거 법조문	과태료
ⓐ 법 제3조 제1항부터 제4항까지 또는 제3조의2 제1항을 위반하여 같은 항에 따른 신고를 하지 않은 경우(공동신고를 거부한 경우를 포함한다)	법 제28조 제2항 제1호 및 제1호의2	
• 신고 해태기간이 3개월 이하인 경우		
– 실제 거래가격이 1억원 미만인 경우		10만원
– 실제 거래가격이 1억원 이상 5억원 미만인 경우		25만원
– 실제 거래가격이 5억원 이상인 경우		50만원
• 신고 해태기간이 3개월을 초과하는 경우 또는 공동신고를 거부한 경우		
– 실제 거래가격이 1억원 미만인 경우		50만원
– 실제 거래가격이 1억원 이상 5억원 미만인 경우		200만원
– 실제 거래가격이 5억원 이상인 경우		300만원
ⓑ 법 제4조 제1호를 위반하여 개업공인중개사에게 법 제3조에 따른 신고를 하지 않게 하거나 거짓으로 신고하도록 요구한 경우	법 제28조 제2항 제2호	400만원
ⓒ 법 제4조 제3호를 위반하여 거짓으로 법 제3조에 따른 신고를 하는 행위를 조장하거나 방조한 경우	법 제28조 제2항 제3호	400만원
ⓓ 법 제6조를 위반하여 거래대금 지급을 증명할 수 있는 자료 외의 자료를 제출하지 않거나 거짓으로 제출한 경우	법 제28조 제2항 제4호	500만원

✓ 비고

'신고 해태기간'이란 신고기간 만료일의 다음 날부터 기산하여 신고를 하지 않은 기간을 말한다. 다만, 다음의 사유가 있는 기간은 신고 해태기간에 산입하지 아니할 수 있다.
1. 천재지변 등 불가항력적인 경우
2. 천재지변 등에 준하는 그 밖의 사유로 신고의무를 이행하지 못한 상당한 사유가 있다고 인정되는 경우

ⓒ 법 제28조 제3항 관련

위반행위	과태료
법 제3조 제1항부터 제4항까지 또는 제4조 제2호를 위반하여 그 신고를 거짓으로 한 경우	
ⓐ 부동산 등의 실제 거래가격 외의 사항을 거짓으로 신고한 경우	취득가액(실제 거래가격을 말한다. 이하 이 목에서 같다)의 100분의 2
ⓑ 부동산 등의 실제 거래가격을 거짓으로 신고한 경우	
• 실제 거래가격과 신고가격의 차액이 실제 거래가격의 10% 미만인 경우	취득가액의 100분의 2
• 실제 거래가격과 신고가격의 차액이 실제 거래가격의 10% 이상 20% 미만인 경우	취득가액의 100분의 4
• 실제 거래가격과 신고가격의 차액이 실제 거래가격의 20% 이상 30% 미만인 경우	취득가액의 100분의 5
• 실제 거래가격과 신고가격의 차액이 실제 거래가격의 30% 이상 40% 미만인 경우	취득가액의 100분의 7
• 실제 거래가격과 신고가격의 차액이 실제 거래가격의 40% 이상 50% 미만인 경우	취득가액의 100분의 9
• 실제 거래가격과 신고가격의 차액이 실제 거래가격의 50% 이상인 경우	취득가액의 100분의 10

ⓔ 법 제28조 제4항 관련

위반행위	과태료
법 제8조 제1항에 따른 부동산 등의 취득신고를 하지 않거나 거짓으로 신고한 경우	
ⓐ 신고 해태기간이 3개월 이하인 경우	
• 취득가액이 1억원 미만인 경우	10만원
• 취득가액이 1억원 이상 5억원 미만인 경우	25만원
• 취득가액이 5억원 이상인 경우	50만원
ⓑ 신고 해태기간이 3개월을 초과하는 경우	
• 취득가액이 1억원 미만인 경우	50만원
• 취득가액이 1억원 이상 5억원 미만인 경우	200만원
• 취득가액이 5억원 이상인 경우	300만원
ⓒ 거짓으로 신고한 경우	300만원

✔ 비고
1. '신고 해태기간'이란 신고기간 만료일의 다음 날부터 기산하여 신고를 하지 않은 기간을 말한다. 다만, 다음의 사유가 기간은 신고 해태기간에 산입하지 아니할 수 있다.

- 천재지변 등 불가항력적인 경우
- 천재지변 등에 준하는 그 밖의 사유로 신고의무를 이행하지 못한 상당한 사유가 있다고 인정되는 경우

2. 취득가액은 신고서에 기재된 취득가액을 기준으로 한다. 다만, 취득가액이 시가표준액(「지방세법」 제4조에 따른 신고사유 발생연도의 시가표준액을 말한다) 미만인 경우 또는 신고서에 취득가액을 기재하지 않은 경우에는 그 시가표준액을 취득가액으로 한다.

ⓜ 법 제28조 제5항 관련

위반행위	과태료
ⓐ 법 제6조의2 또는 제6조의3에 따른 신고를 하지 않거나(공동신고를 거부한 경우를 포함한다) 그 신고를 거짓으로 한 경우	
• 신고하지 않은 기간이 3개월 이하인 경우	
– 계약금액이 1억원 미만인 경우	2만원
– 계약금액이 1억원 이상 3억원 미만인 경우	3만원
– 계약금액이 3억원 이상 5억원 미만인 경우	4만원
– 계약금액이 5억원 이상인 경우	5만원
• 신고하지 않은 기간이 3개월 초과 6개월 이하인 경우	
– 계약금액이 1억원 미만인 경우	4만원
– 계약금액이 1억원 이상 3억원 미만인 경우	8만원
– 계약금액이 3억원 이상 5억원 미만인 경우	12만원
– 계약금액이 5억원 이상인 경우	15만원
• 신고하지 않은 기간이 6개월 초과 1년 이하인 경우	
– 계약금액이 1억원 미만인 경우	6만원
– 계약금액이 1억원 이상 3억원 미만인 경우	10만원
– 계약금액이 3억원 이상 5억원 미만인 경우	16만원
– 계약금액이 5억원 이상인 경우	20만원
• 신고하지 않은 기간이 1년 초과 2년 이하인 경우	
– 계약금액이 1억원 미만인 경우	8만원
– 계약금액이 1억원 이상 3억원 미만인 경우	13만원
– 계약금액이 3억원 이상 5억원 미만인 경우	20만원
– 계약금액이 5억원 이상인 경우	25만원
• 신고하지 않은 기간이 2년을 초과한 경우 또는 공동신고를 거부한 경우	
– 계약금액이 1억원 미만인 경우	10만원
– 계약금액이 1억원 이상 3억원 미만인 경우	15만원
– 계약금액이 3억원 이상 5억원 미만인 경우	25만원
– 계약금액이 5억원 이상인 경우	30만원
• 거짓으로 신고한 경우	100만원

ⓑ 법 제8조 제2항에 따른 부동산 등의 취득신고 또는 같은 조 제3항에 따른 계속보유 신고를 하지 않거나 거짓으로 신고한 경우	
• 신고하지 않은 기간이 3개월 이하인 경우	
− 취득가액이 1억원 미만인 경우	5만원
− 취득가액이 1억원 이상 5억원 미만인 경우	10만원
− 취득가액이 5억원 이상인 경우	15만원
• 신고하지 않은 기간이 3개월 초과 6개월 이하인 경우	
− 취득가액이 1억원 미만인 경우	15만원
− 취득가액이 1억원 이상 5억원 미만인 경우	30만원
− 취득가액이 5억원 이상인 경우	45만원
• 신고하지 않은 기간이 6개월 초과 1년 이하인 경우	
− 취득가액이 1억원 미만인 경우	30만원
− 취득가액이 1억원 이상 5억원 미만인 경우	50만원
− 취득가액이 5억원 이상인 경우	70만원
• 신고하지 않은 기간이 1년 초과 3년 이하인 경우	
− 취득가액이 1억원 미만인 경우	40만원
− 취득가액이 1억원 이상 5억원 미만인 경우	60만원
− 취득가액이 5억원 이상인 경우	80만원
• 신고하지 않은 기간이 3년을 초과한 경우	
− 취득가액이 1억원 미만인 경우	50만원
− 취득가액이 1억원 이상 5억원 미만인 경우	80만원
− 취득가액이 5억원 이상인 경우	100만원
• 거짓으로 신고한 경우	100만원

✔ 비고

1. '신고하지 않은 기간'이란 신고기간 만료일의 다음 날부터 기산하여 신고를 하지 않은 기간을 말한다. 다만, 다음의 사유가 있는 기간은 신고하지 않은 기간에 산입하지 않을 수 있다.
   - 천재지변 등 불가항력적인 경우
   - 천재지변 등에 준하는 그 밖의 사유로 신고의무를 이행하지 못한 상당한 사유가 있다고 인정되는 경우
2. 계약금액은 다음의 구분에 따른다.
   - 보증금만 있는 경우: 신고서에 기재된 보증금액
   - 월 차임만 있는 경우: 신고서에 기재된 월 차임액의 200배에 해당하는 금액
   - 보증금과 월 차임이 모두 있는 경우: 신고서에 기재된 보증금액에 월 차임액의 200배에 해당하는 금액을 합산한 금액
3. 취득가액은 신고서에 기재된 취득가액을 기준으로 한다. 다만, 취득가액이 시가표준액(「지방세법」 제4조에 따른 신고사유 발생연도의 시가표준액을 말한다) 미만인 경우 또는 신고서에 취득가액을 기재하지 않은 경우에는 그 시가표준액을 취득가액으로 한다.

핵심 벌칙 정리

구분		부동산거래신고 관련 (주택임대차신고 포함)	외국인 등 허가 / 신고 관련	토지거래허가 관련
형벌		3년 이하의 징역 또는 3천만원 이하의 벌금	2년 이하의 징역 또는 2천만원 이하의 벌금	• 2년 이하의 징역 또는 토지가격의 100분의 30 이하의 벌금 • 1년 이하의 징역 또는 1천만원 이하의 벌금
과태료		• 3천만원 이하 • 취득가액의 100분의 10 이하 • 500만원 이하 • 100만원 이하	• 300만원 이하 • 100만원 이하	-

예제

부동산 거래신고 등에 관한 법령상 2년 이하의 징역 또는 계약 체결 당시의 개별공시지가에 따른 해당 토지가격의 100분의 30에 해당하는 금액 이하의 벌금에 처해지는 자는? 제33회

① 신고관청의 관련 자료의 제출요구에도 거래대금 지급을 증명할 수 있는 자료를 제출하지 아니한 자
② 토지거래허가구역 내에서 토지거래계약허가를 받은 사항을 변경하려는 경우 변경허가를 받지 아니하고 토지거래계약을 체결한 자
③ 외국인이 경매로 대한민국 안의 부동산을 취득한 후 취득신고를 하지 아니한 자
④ 개업공인중개사에게 부동산거래신고를 하지 아니하게 한 자
⑤ 부동산의 매매계약을 체결한 후 신고의무자가 아닌 자가 거짓으로 부동산거래신고를 한 자

해설 ① 신고관청의 관련 자료의 제출요구에도 거래대금 지급을 증명할 수 있는 자료를 제출하지 아니한 자는 3,000만원 이하의 과태료사유이다.
③ 외국인이 경매로 대한민국 안의 부동산을 취득한 후 취득신고를 하지 아니한 경우 100만원 이하의 과태료사유이다.
④ 개업공인중개사에게 부동산거래신고를 하지 아니하게 한 자는 500만원 이하의 과태료사유이다.
⑤ 부동산의 매매계약을 체결한 후 신고의무자가 아닌 자가 거짓으로 부동산거래신고를 한 경우 취득가액의 100분의 10 이하 과태료사유이다.   정답 ②

제2편 메타인지 학습체크

01 부동산거래신고대상 물건에 대한 매매계약을 중개한 개업공인중개사는 거래계약의 체결일부터 30일 이내에 신고서를 작성하여 매매대상 부동산 등의 소재지 관할 시장·군수·구청장에게 신고하여야 한다. [○ / ×]

02 부동산거래신고를 하여 신고필증을 교부받은 때에는 검인을 받은 것으로 본다. [○ / ×]

03 소속공인중개사는 개업공인중개사의 위임을 받아 부동산거래계약신고서의 제출을 대행할 수 있으며, 이 경우 소속공인중개사는 [① 위임장 / ② 신분증명서]을(를) 신고관청에 보여주어야 한다.

04 거래대상의 종류가 공급계약(분양) 또는 전매계약(분양권·입주권)인 경우 물건별 거래가격 및 총 실제 거래가격에 부가가치세를 [① 포함 / ② 제외]한 금액을 적는다.

05 거래당사자가 외국인인 경우 거래당사자의 국적을 반드시 적어야 하며, 외국인이 부동산 등을 매수하는 경우 매수용도란의 하나에 표시한다. [○ / ×]

06 계약대상 면적에는 실제 거래면적을 계산하여 적되, 건축물면적은 집합건축물의 경우 연면적을 적고, 그 밖의 건축물의 경우 전용면적을 적는다. [○ / ×]

07 종전 부동산란은 분양권 매매의 경우에만 작성한다. [○ / ×]

08 보증금이 6천만원을 초과하거나 월 차임이 30만원을 초과하는 주택임대차계약을 신규로 체결한 계약당사자는 그 보증금 또는 차임 등을 임대차계약의 체결일부터 30일 이내에 주택 소재지를 관할하는 신고관청에 공동으로 신고해야 한다. [○ / ×]

09 외국인 등이 일정한 주택을 제외한 부동산 임대차계약을 체결하는 경우 신고할 필요 없다. [○ / ×]

10 시·도지사가 허가구역으로 지정하려면 중앙도시계획위원회의 심의를 거쳐야 한다. [○ / ×]

정답

01 ○   02 ○   03 ②   04 ①   05 ○   06 ×   07 ×   08 ○   09 ○   10 ×

메타인지 학습체크

11 부동산거래신고대상 물건에 대한 매매계약을 중개한 개업공인중개사는 체결일로부터 30일 이내에 거래계약서를 첨부하여 물건 소재지 관할 시장·군수·구청장에게 신고하여야 한다. [○ / ×]

12 공인중개사법령상 모든 중개대상물은 부동산거래신고대상물에 해당한다. [○ / ×]

13 「부동산 거래신고 등에 관한 법률」상의 부동산거래신고를 하여 신고필증을 발급받아도 매수인이 소유권이전등기를 하는 때에는 거래계약서에 검인을 받아야 한다. [○ / ×]

14 부동산거래신고의무가 있는 거래에 있어 개업공인중개사가 중개한 경우 반드시 개업공인중개사가 거래신고를 하여야 하며, 거래당사자의 신고의무는 면제된다. [○ / ×]

15 개업공인중개사의 중개를 통하지 않은 경우라 하더라도 「부동산 거래신고 등에 관한 법률」상 부동산거래신고 대상 거래계약을 체결한 경우라면 거래당사자('국가 등'을 포함)들은 부동산거래신고를 하여야 한다. [○ / ×]

16 거래당사자는 부동산거래신고를 한 후 그 거래계약이 해제, 무효 또는 취소된 경우 해제 등이 확정된 날부터 [① 30일 / ② 60일] 이내에 공동으로 '해제 등 신고'를 하여야 한다.

17 개업공인중개사가 부동산거래신고를 한 경우에는 '해제 등 신고'를 할 수 있다. [○ / ×]

18 주택임대차계약신고 의무자는 해당 거래계약을 중개한 개업공인중개사이다. [○ / ×]

19 「주민등록법」상 전입신고를 한 경우 주택임대차계약신고를 한 것으로 보며, 주택임대차계약신고를 하면 확정일자를 받은 것으로 본다. [○ / ×]

20 부동산거래신고의무를 위반(신고를 하지 않거나 거짓으로 신고)한 자는 모두 당해 물건에 대한 취득가액의 100분의 10 이하에 상당하는 금액의 과태료에 처한다. [○ / ×]

정답
11 × 12 × 13 × 14 ○ 15 ○ 16 ① 17 ○ 18 × 19 ○ 20 ×

21 허가구역의 지정은 그 지정을 공고한 날부터 [① 5일 / ② 15일] 후에 그 효력이 발생한다.

22 토지거래허가신청에 대해 불허가처분을 받은 자는 그 통지를 받은 날부터 30일 이내에 시장·군수·구청장에게 해당 토지에 관한 권리의 매수를 청구할 수 있다. [O / X]

23 토지거래계약을 허가받은 자는 법령상의 사유가 있는 경우 외에는 토지취득일부터 5년의 범위 내에서 그 토지를 허가받은 목적대로 이용해야 한다. [O / X]

24 토지의 이용의무를 이행하지 아니한 자에 대하여 3개월 이내의 기간을 정하여 토지의 이용의무를 이행하도록 구두로 명할 수 있다. [O / X]

25 토지의 이용의무를 이행하지 않아 이행명령을 받은 자가 그 명령을 이행하는 경우에는 새로운 이행강제금의 부과를 즉시 중지하고, 명령을 이행하기 전에는 이미 부과된 이행강제금은 징수하여야 한다. [O / X]

26 허가받은 목적대로 토지를 이용하지 않았음을 이유로 이행강제금 부과처분을 받은 자가 시장·군수·구청장에게 이의를 제기하려면 그 처분을 고지받은 날부터 [① 30일 / ② 1개월] 이내에 해야 한다.

27 외국인이 부동산거래신고의 대상인 계약을 체결하여 부동산거래신고를 한 때에는 외국인 부동산취득특례 신고는 면제된다. [O / X]

28 부동산을 소유한 대한민국 국민이 대한민국 국적을 상실한 경우 부동산을 계속 보유하려면 국적을 상실한 때부터 60일 이내에 계속보유신고를 하여야 한다. [O / X]

29 외국인이 상속, 경매, 확정판결을 원인으로 대한민국 안의 부동산을 취득한 때에는 부동산을 취득한 날부터 6개월 이내에 신고관청에 신고하여야 한다. [O / X]

정답

21 ① 22 X 23 O 24 X 25 O 26 ① 27 O 28 X 29 O

제2편 메타인지 학습체크

30 「자연환경보전법」에 따른 생태·경관보전지역에서 외국인이 토지취득의 허가를 받지 아니하고 체결한 토지취득계약은 무효이다. [○ / ×]

31 외국인 등이 「부동산 거래신고 등에 관한 법률」상 부동산거래신고 대상 계약을 개업공인중개사의 중개 없이 체결한 경우 부동산거래신고와 외국인 등의 부동산취득신고 두 가지 모두를 하여야 한다. [○ / ×]

32 외국인 등이 사전허가구역 내 토지를 취득하는 계약을 허가 없이 체결하는 경우 그 사법상 효력은 발생하지 않는다. [○ / ×]

33 외국인 등이 국내 건축물을 신축·증축·개축·재축한 경우 취득일로부터 [① 60일 / ② 6개월] 이내에 신고관청에 신고하여야 한다.

34 토지거래허가구역에서 토지거래허가를 받으면 「부동산등기 특별조치법」상의 검인은 받은 것으로 보나, 토지거래허가구역 안에 있는 농지에 대하여 토지거래허가를 받은 경우라도 농지취득자격증명은 있어야 한다. [○ / ×]

35 토지거래허가구역에서 토지거래허가를 받은 경우에도 「부동산 거래신고 등에 관한 법률」상의 부동산거래신고대상이면 신고를 하여야 한다. [○ / ×]

36 토지거래허가구역에서 선매대상 토지의 선매협의가 결렬되는 경우 「부동산 거래신고 등에 관한 법률」상 수용할 수 있다. [○ / ×]

37 부동산거래신고를 거짓으로 한 자를 신고한 경우 포상금은 신고 건에 대하여 부과되는 과태료의 100분의 20에 해당하는 금액이며 한도는 없다. [○ / ×]

> **정답**
> 30 ○   31 ×   32 ○   33 ②   34 ×   35 ○   36 ×   37 ×

38 토지거래허가구역 내 허가대상 면적의 토지에 대한 소유권·지상권(소유권·지상권취득 목적권리 포함)을 유상으로 이전하거나 설정하는 계약(예약 포함)을 체결하고자 하는 자는 사전에 허가를 받아야 한다.
[○ / ×]

39 토지거래허가의무를 위반한 경우 2년 이하의 징역이나 [① 2천만원 / ② 토지가격의 30%] 이하의 벌금형에 처해질 수 있다.

40 토지거래허가의무와 외국인 토지취득허가의무가 중복되는 경우 어느 것이든 하나의 허가를 득하면 된다.
[○ / ×]

> **정답**
>
> **38** ○ **39** ② **40** ○

제 3 편
중개실무

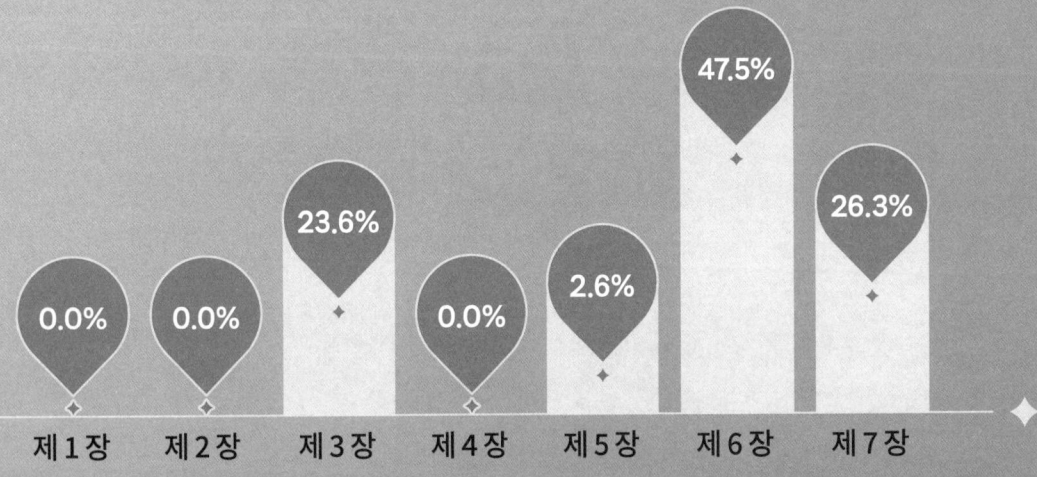

◆ **최근 5개년 출제경향 분석**

- 제 1 장 | 총설
- 제 2 장 | 중개의뢰(중개계약)
- 제 3 장 | 중개대상물의 조사 · 확인
- 제 4 장 | 중개활동
- 제 5 장 | 거래의 체결(거래계약서 작성)
- 제 6 장 | 부동산거래 관련 실무법
- 제 7 장 | 경매 · 공매 관련 실무

제3편 중개실무

❖ 중개실무와 중개계약

중개실무 절차	중개계약 ⇨ 중개대상물 조사·확인 ⇨ 영업(판매)활동 ⇨ 거래계약의 체결
중개계약	① 성격: 민사중개계약, 낙성·불요식계약, 유상·쌍무계약, 위임유사계약 ② 종류: 독점성을 기준(일반, 전속, 독점), 보수지급방식 기준(정가, 정률, 순가), 개업공인중개사의 수(단독, 공동) 등으로 구별

❖ 중개대상물의 조사·확인·설명

① 방법: 공부상 검토(대장, 등기부 등) + 현장답사(유치권 등) + 자료요구(권리이전의뢰인)
② 설명사항: 물건의 기본적인 사항, 권리관계, 토지이용계획, 공법상 이용제한·거래규제, 내·외부시설물의 상태, 벽면·바닥면 및 도배상태, 환경조건, 도로 및 대중교통수단과의 연계성, 입지조건, 취득 조세, 거래예정가격, 중개보수 등

❖ 분묘기지권 및 장사 등에 관한 법률

분묘기지권	① 의의: 분묘의 수호와 봉제사를 위하여 타인의 토지를 사용·수익하는 권리이다. ② 요건: 봉분과 유골이 있는 형태로서 다음의 3가지 경우에 인정된다. 　㉠ 타인 소유의 토지에 승낙 없이 설치한 후, 시효취득(20년 이상)한 경우 　㉡ 토지소유자의 승낙을 얻어서 설치한 경우 　㉢ 자기 소유의 토지에 분묘를 설치한 후, 분묘에 대한 이장·철거의 특약 없이 토지만 거래된 경우 ③ 효과: 분묘를 수호·봉제사를 하는 동안은 분묘기지권은 계속 존속된다. 분묘기지뿐만 아니라, 필요한 주위의 빈 땅까지 효력이 미친다.
「장사 등에 관한 법률」	① 개인묘지: 사후신고, 30일 이내, 30m^2 이하 ② 가족묘지: 사전허가, 가족당 1개소, 100m^2 이하 ③ 종중(문중)묘지: 사전허가, 종중(문중)당 1개소, 면적은 1천m^2 이하 ④ 법인묘지: 사전허가, 면적은 10만m^2 이상

❖ **부동산 실권리자명의 등기에 관한 법률**

적용범위	누구든지 부동산에 대한 물권등기를 할 때에는 실명으로 등기를 하여야 하며, 타인의 명의를 차용하면 안 된다.
특례	① 원칙: 명의신탁 약정은 무효이다. ② 예외: 종중 및 배우자, 종교단체(특례 인정: 탈세, 탈법, 강제집행면탈을 목적으로 하지 않는 경우)는 명의신탁약정이 유효하다.

벌칙	① 명의신탁자에 대한 과징금: 부동산평가액의 30% 범위 내
	② 이행강제금
	    ㉠ 1차: 과징금 부과일로부터 1년 경과(부동산평가액의 10%)
	    ㉡ 2차: 다시 1년 경과(부동산평가액의 20%)
	③ 벌칙
	    ㉠ 신탁자: 5년 또는 2억원 이하
	    ㉡ 수탁자: 3년 또는 1억원 이하

제3편 중개실무

❖ **주택임대차보호법과 상가건물 임대차보호법**

구분	「주택임대차보호법」	「상가건물 임대차보호법」
적용범위	① 주거용 건물의 임대차 ② 사실상의 주된 용도가 주거용이면 적용 　✔ 공부가 기준 ×, 일부용도가 다른 용도 ○, 미등기·무허가건물 ○, 미등기 전세 ○ ③ 법인은 보호되지 ×, 외국인 ○ 　✔ 다만, 한국토지주택공사, 지방공사, 중소기업은 보호 인정 ○ ④ 일시사용을 위한 임대차는 적용 ×	① (사업자등록 가능) 상가건물 임대차 ② 대통령령으로 정한 보증금(환산보증금)을 초과하는 임대차는 적용 × 　✔ 다만, 대항력, 계약갱신요구권, 권리금 보호 규정, 3기 연체시 해지, 표준임대차계약서 권장제도, 폐업으로 인한 임차인의 해지권은 환산보증금액에 관계없이 적용된다. ③ 법인 ○, 외국인 ○ ④ 일시사용을 위한 임대차는 적용 ×
계약기간 (존속기간)	2년 보장 ① 기간의 미정 및 2년 미만 약정시: 2년 보장 ② 임차인은 2년 미만을 주장할 수도 있다.	1년 보장 ① 기간의 미정 및 1년 미만 약정시: 1년 보장 ② 임차인은 1년 미만을 주장할 수도 있다.
대항력	대항요건 = 주택의 인도 + 주민등록(전입신고) ① 전입신고: 주민센터 ② 익일 오전 0시부터 대항력 발생	대항요건 = 상가건물의 인도 + 사업자등록(신청) ① 사업자 등록신청: 관할 세무서장 ② 익일 오전 0시부터 대항력 발생
우선변제권 (후순위보다 우선)	대항요건 + 확정일자 　✔ 확정일자: 주민센터, 공증인사무소, 등기소	대항요건 + 확정일자 　✔ 확정일자: 관할 세무서장
최우선변제권 (선순위보다도 우선배당)	대항요건 + 소액보증금(보증금의 일정액보호) ① 소액보증금(2023년 2월 21일 이후) 　✔ 서울특별시: 1억 6천 5백만원 이하의 경우 5천 5백만원 한도 ② 주택가액(배당금액)의 2분의 1 범위 내에서 가능하다.	대항요건 + 소액보증금(보증금의 일정액보호) ① 소액보증금(2014년 이후) 　✔ 서울특별시: 6천 5백만원 이하의 경우 2천 200만원 한도 ② 상가건물가액(배당금액)의 2분의 1 범위 내에서 가능하다.

❖ 경매 · 공매 관련 실무

구분	경매절차
경매개시결정	채무자에게 송달 및 경매개시등기를 하며, 둘 중 먼저 된 시점에서 압류의 효력이 발생한다.
배당요구	① 배당요구종기: 첫 매각기일 이전(법원에서 결정) ② 배당요구종기가 지난 후 매수인의 부담이 달라지는 경우에는 철회가 불가하다.
매각기일	① 매각방법: 기일입찰(1기일 2입찰 가능), 기간입찰, 호가경매 ② 매수신청보증금: 최저매각가격의 10%
매각결정기일	① 매각기일로부터 1주 이내로 정한다. ② 매각허부결정에 대하여 이해관계인은 1주 이내에 즉시항고가 가능하다. ③ 매각허가결정에 대한 항고: 매각대금의 10%를 공탁하여야 한다.
대금납부	매수인은 대금지급기한(1개월 이내)까지 납부하여야 한다. 기한 내에 납부하면 대금납부시에 소유권을 취득한다.

❖ 매수신청대리업

등록기관	개업공인중개사는 중개사무소(법인인 개업공인중개사의 경우 주된 중개사무소)가 있는 곳을 관할하는 지방법원장에게 등록하여야 한다.
등록요건	개업공인중개사가 경매물건에 대한 매수신청대리업자로 등록을 하려면 다음의 요건을 모두 갖추어야 한다. ① (경매)실무교육을 수료할 것: 법원행정처장이 지정하는 교육기간에서 신청일 전 1년 이내에 수료하여야 한다. ② 업무보증(보증보험, 공제, 공탁)을 설정할 것: 업무보증금은 공인중개사인 개업공인중개사는 2억원 이상, 법인인 개업공인중개사는 4억원 이상(분사무소는 2억원 이상 추가 설정) 설정하여야 한다.

제1장 총설

- 이 장은 중개실무의 전반적인 과정을 이해할 수 있는 단원이다. 그동안 이 장에서 시험문제가 출제된 적은 없으나, 중개실무의 개념 정도는 파악하고 있어야 한다.
- 중개실무의 세세한 부분을 이해하기 위하여 중개실무의 개념과 과정 정도는 파악하고 있어야 한다.

제1절 중개실무의 의의

① 중개실무의 개념

개업공인중개사와 중개의뢰인간의 중개계약부터 중개행위에 의한 중개완성까지 개업공인중개사의 중개업무활동 일체를 말한다.

② 중개실무의 범위

부동산매매계약 체결을 중개하고 계약 체결 후 계약금 및 중도금 지급에도 관여한 개업공인중개사가 잔금 중 일부를 횡령한 경우, 「공인중개사법」상 '개업공인중개사가 중개행위를 함에 있어서 거래당사자에게 재산상의 손해를 발생하게 한 경우'에 해당한다고 본 판례(대판 2005다32197) 등의 태도를 보면 중개행위의 범위를 넓게 보는 경향도 있음을 알 수 있다.

제2절 중개실무의 과정

① 상담 및 중개의뢰 접수

권리를 이전하려는 중개의뢰인 또는 권리를 취득하려는 중개의뢰인에게 상담을 요청받으면서 중개활동이 시작된다.

❷ 중개활동 업무계획 수립

중개활동 업무계획은 중개활동의 목표와 그 목표를 달성하기 위한 개별적인 계획 및 방법을 선택하는 것을 말한다.

❸ 중개대상물 조사·확인

개업공인중개사는 중개의뢰인에게 중개를 의뢰받으면 중개대상물의 기본적인 사항, 상태·입지, 권리관계, 공법상 이용제한 및 거래규제, 권리를 취득함에 따라 부담하여야 하는 조세에 관한 개략적인 사항, 거래예정가격 및 미공시된 중요시설·물건의 소유에 관한 사항 등을 조사·확인하여야 한다.

> 참고 중개대상물의 조사·확인은 각종 공부(公簿)를 통한 확인 이외에 중개의뢰인에게 중개대상물의 상태에 관한 자료의 요구나 현장답사를 통한 실지조사(實地調査)의 방법 등으로 할 수 있다.

❹ 중개(판매)활동

중개활동이란 중개의뢰를 받은 중개대상물을 정확하게 조사·확인한 뒤 구매자를 찾아내어 확인·설명하면서 현장에 안내하고, AIDA의 원리를 활용하여 그의 구매의욕을 끌어낸 후 거래조건과 가격의 조정을 통하여 거래가 성립되도록 조력하는 일련의 절차를 말한다.✚

> ✚ 예를 들어, 부동산이 위치한 어느 지역에 어린이가 많은데도 소아과 병원이 없다면 소아과 전문의를 찾아가서 소아과 병원으로 사용하기에 적당한 매물이 있음을 알선하는 것 등을 말한다.

심화 중개과정상 가격의 결정과정

희망가격 (= 의뢰가격)	의뢰인이 희망하는 가격을 말한다. 일반적으로 매매에 있어 매도의뢰인의 희망가격은 최고가격이 되고, 매수의뢰인의 희망가격은 최저가격이 된다.
의견가격 (= 거래예정가격, 거래예정금액)	개업공인중개사가 중개대상물에 대하여 합리적으로 추산한 가격(개업공인중개사가 중개대상물을 거래사례비교법 등을 통하여 감정평가한 가격)을 말하는데, 대개 이 가격대에서 거래가 성립되는 경우가 많다.
조정가격 (= 매개가격)	의뢰인들간에 조정을 거친 가격을 말한다. 물론 이 과정에서 개업공인중개사의 매개역할이 필요하다.
성약가격 (= 거래가격)	거래가 성립되는 가격을 말하는데, 최종적으로 이 가격이 거래계약서에 기재된다.

❺ 거래계약의 체결(중개완성)

개업공인중개사의 노력으로 중개가 완성되어 거래계약이 체결되면 확인·설명서 및 거래계약서를 작성하여 양 당사자에게 교부하여야 하며, 업무보증내용에 대하여 설명하고 보증관계증서 사본을 교부하면 개업공인중개사의 중개행위는 종결된다.

❻ 물건의 인도 및 거래계약의 완결

거래계약이 체결되고 계약의 내용에 따라 매수인 등이 중도금 및 잔금을 지급하게 되면 매도인 등은 매수인 등에게 중개대상물을 인도함으로써 거래계약이 완결되는데, 이러한 계약이행행위는 개업공인중개사가 중개의뢰인에 대하여 서비스 차원에서 도와주는 것일 뿐, 「공인중개사법」상 개업공인중개사의 책임이나 의무사항은 아니다.

제2장 중개의뢰(중개계약)

- 최근 10여년 동안은 출제가 없었으나 중개실무를 강조하는 출제위원이라면 1문제 정도 출제하는 부분이기도 하다.
- 개업공인중개사가 중개의뢰인의 의뢰를 접수하는 것은 하나의 계약관계로 성립하는데, 이를 중개계약이라 한다. 이 장에서는 이러한 중개계약의 유형과 특징 등을 파악하고 있어야 하며, 중개계약의 서면화에 따른 장점 등도 알고 있어야 한다.

제1절 | 중개계약의 의의 등

1 중개계약의 의의

중개의뢰인의 의뢰를 개업공인중개사가 접수하는 것은 하나의 계약관계로 성립하는데 이를 중개계약이라 한다. 중개계약은 부동산의 매도, 매입, 임대차, 교환, 전세권설정 등 거래의 중개를 의뢰하는 자와 개업공인중개사 사이에 체결된다.

> **판례** 중개계약의 의의
>
> 1. 중개계약이란 의뢰인이 개업공인중개사에게 토지·건물 기타 토지의 정착물에 대한 매매·교환·임대차 기타 권리의 득실변경에 관한 행위에 대한 중개행위를 의뢰하고 그 목적인 중개완성에 대하여 보수를 지급할 것으로 약속하는 합의를 말한다(서울고법 94구12069).
> 2. 중개인이 토지소유자와 사이에 중개인 자신의 비용으로 토지를 택지로 조성하여 분할한 다음 토지 중 일부를 중개인이 임의로 정한 매매대금으로 타에 매도하되, 토지의 소유자에게는 그 매매대금의 수액에 관계없이 확정적인 금원을 지급하고, 그로 인한 손익은 중개인에게 귀속시키기로 하는 약정을 한 경우, 이는 단순한 중개의뢰약정이 아니라 위임 및 도급의 복합적인 성격을 가지는 약정이다(대판 2005도4494).

참고 중개계약은 중개실무의 실질적인 출발점이라고 할 수 있으며, 미국에서는 리스팅(Listing)으로 표현된다.

2 중개계약의 체결 등

중개계약은 통상 구두에 의하여 체결되지만 중개내용을 명확히 하고 분쟁의 소지를 방지하기 위하여 서면, 즉 중개계약서를 작성하는 것이 바람직하다. 중개계약이 체결됨으로써 개업공인중개사의 중개행위가 시작되고, 중개보수청구권의 발생근거가 되며, 중개행위가 완성됨으로써 개업공인중개사는 중개보수청구권을 행사할 수 있게 된다.

③ 중개계약의 법적 성질

(1) 민사중개계약

부동산중개계약은 타인간의 상행위가 아닌 부동산거래행위를 중개할 것을 약정하는 것이므로 민사중개계약(民事仲介契約)에 해당된다. 즉, 당사자 중 어느 일방 혹은 쌍방이 상인이 되는「상법」의 적용을 받는 상사중개와는 성격이 다르다.

> **판례** 부동산중개계약의 민사중개계약으로서의 성질
>
> 중개계약은 고용과 혼인의 중개와 더불어 민사중개로서 상사중개와는 구별된다(서울고법 94구12069).

(2) 위임유사계약

부동산중개계약을 민사상 위임계약과 유사한 계약으로 보는 것이 판례의 입장이다. 그러므로 개업공인중개사에게도 선량한 관리자의 주의의무를 요구하고 있다.

> **판례** 부동산중개계약의 위임유사계약으로서의 성질
>
> 1. 개업공인중개사와 중개의뢰인과의 법률관계는「민법」상의 위임관계와 같으므로 개업공인중개사는 중개의뢰의 본지에 따라 선량한 관리자의 주의로 의뢰받은 중개업무를 처리할 의무가 있을 뿐 아니라 법 제16조에 의하여 신의와 성실로 공정하게 중개행위를 할 의무가 있다(대판 2007다44156).
> 2. 개업공인중개사는 중개의뢰의 본지(본뜻)에 따라 선량한 관리자의 주의와 신의·성실로써 매도 등 처분을 하려는 자가 진정한 권리자와 동일인인지의 여부를 부동산등기사항증명서와 주민등록증 등에 의하여 조사·확인할 의무가 있다(대판 92다55350).

(3) 낙성·불요식계약

중개계약은 당사자간의 중개의뢰라는 청약(請約)과 중개행위라는 용역의 제공에 대한 승낙(承諾)의 의사표시가 합치함으로써 성립하므로 낙성계약이고, 그 방식은 구두나 서면으로 자유로이 할 수 있으므로 불요식계약이다.

Tip 주의할 것은 전속중개계약처럼 중개계약서의 서면 작성을 법령에서 강제하더라도 불요식계약으로서의 성질이 변하는 것은 아니며, 다만 의무를 부여한다는 측면이 존재할 뿐이라는 것이다.

(4) 유상·쌍무계약

① 유상계약: 중개계약은 유상계약으로서 거래가 성사되면 중개보수를 받는 것을 전제로 하므로 중개보수청구권은 중개계약 체결시 당연히 발생하게 된다.

② 쌍무계약: 중개계약은 개업공인중개사의 중개완성을 위한 신의칙준수 의무 등과 중개의뢰인의 보수 지급의 의무가 서로 대가적인 채무관계에 있으므로 일종의 쌍무계약으로서의 성질을 가진다. 주의하여야 할 것은 개업공인중개사에게 채무로서 중개하여야 하는 의무는 생기지 않는다는 점이다(서울고법 94구12069).

> **판례** 부동산중개계약의 쌍무계약으로서의 성질
>
> 부동산중개계약은 비록 유상계약이지만 계약의 체결에 의하여 급부와 반대급부에 대하여 강제적 이행청구권이 발생하지 않는다는 점에서 순수한 쌍무계약이라고는 말할 수 없다. 그러나 개업공인중개사의 급부가 의뢰인의 마음에 들어 거래가 성립할 때에는 개업공인중개사의 진력에 대하여는 보수를 지불할 의무를 발생시킴과 동시에 개업공인중개사도 그 진력에 당하여 신의칙에 따를 의무가 있는 점에서 볼 때는 쌍무계약이라고 말할 수 있다. 그러므로 부동산중개계약은 편무계약에 가까운 특수한 쌍무계약이며, 조건부 쌍무계약이라고 말할 수 있다(서울고법 94구12069).

(5) 계속적·임의적 계약

① 계속적 계약: 중개계약의 유효기간이 종료될 때까지 또는 중개완성이 될 때까지 중개의뢰인과 개업공인중개사간의 법률관계가 계속 유지된다는 점에서 계속적 계약에 해당된다.

> **판례** 중개계약의 해지 가능 여부
>
> 「민법」상의 위임계약은 그것이 유상계약이든 무상계약이든 당사자 쌍방의 특별한 대인적 신뢰관계를 기초로 하는 위임계약의 본질상 각 당사자는 언제든지 이를 해지할 수 있다(대판 90다18968).

② 임의적 계약: 중개계약은 체결상 강제성이 없으므로 임의적 계약에 해당된다. 즉, 중개의뢰라는 청약에 대한 개업공인중개사의 승낙의무는 없다는 것이다. 또한 중개계약 체결 이후에도 개업공인중개사는 중개를 완성할 의무까지 부담하는 것은 아니므로 계약내용의 완성을 강제하는 것은 아니다.

(6) 비전형계약(무명계약)·혼합계약

① 비전형계약(무명계약): 부동산중개계약은 「민법」상 전형계약(유명계약)에 해당되지 않으므로 비전형계약(무명계약)에 해당한다.

② 혼합계약: 중개계약은 여러 가지 전형계약의 성질이 혼합된 혼합계약의 성질을 가진다. 판례는 "중개계약은 중개의뢰인이 여러 명의 개업공인중개사에게 동일한 목적물에 대한 거래의 알선을 의뢰할 수 있으며, 의뢰받은 여러 명의 개업공인중개사 중 1인의 알선에 의하여 매매가 성사된다면 중개의뢰인과 여타 개업공인중개사들 사이에서 형성된 계약관계는 당사자간에 특별한 의사가 없으면 그때부터 자동으로 해지되는 것이라 볼 수 있으므로 중개계약의 도급적 성격을 인정할 수 있다."라고 판시하고 있다(서울지법 83나2098).

제2절 | 중개계약의 유형과 종료

1 중개계약의 유형 및 특징

(1) 중개권한의 독점력 유무에 따른 구분

① 일반중개계약(Open Listing)
  ㉠ 의의: 중개의뢰인이 불특정 다수의 개업공인중개사에게 경쟁적으로 중개를 의뢰하는 유형으로서 우리나라에서 가장 많이 쓰이는 중개계약의 유형이다.
  ㉡ 특징
    ⓐ 일반중개계약은 중개의뢰를 받은 개업공인중개사 중에서 먼저 거래계약을 성립시킨 자가 중개보수를 차지하게 되는 전근대적인 중개형태로, 개업공인중개사와 중개의뢰인 모두에게 불리한 방법이다.
    ⓑ 어느 개업공인중개사이든지 먼저 계약을 체결한 자를 우선하므로 어느 개업공인중개사이든지 거래성사에 대한 책임관념이 희박하다.
    ⓒ 개업공인중개사가 서로 경쟁적으로 계약만 체결하려고 하므로 거래가격이 정상적인 가격보다 낮게 형성될 가능성이 있다.

② 전속중개계약(Exclusive Agency Listing)
  ㉠ 의의: 중개의뢰인이 중개대상물의 중개를 의뢰함에 있어서 특정 개업공인중개사를 정하여 그 개업공인중개사에 한하여 해당 중개대상물을 중개하도록 하는 계약을 말한다.

> **참고 전속중개계약**
> 현재 주로 일본에서 전속중개계약을 많이 하고 있으며, 우리나라에는 1993년 「부동산중개업법」 제4차 개정시 거래정보망제도와 함께 도입되었다.

- ⓛ 특징
    - ⓐ 전속중개계약은 독점중개계약보다 독점성이 완화된 형태로, 특정 개업공인중개사에게 중개권을 독점적으로 부여하되 독점중개계약과 달리 중개의뢰인이 스스로 발견한 상대방과 직접 거래를 성사시킨 경우에는 중개보수를 개업공인중개사에게 지급하지 않아도 된다.
    - ⓑ 개업공인중개사는 중개보수권을 어느 정도 확보할 수 있고, 중개의뢰인은 특정된 개업공인중개사로부터 책임 있는 서비스(책임중개)를 받을 수 있는 장점이 있다.
- ③ 독점중개계약(Exclusive Right to Sell Listing)
    - ㉠ 의의: 특정 개업공인중개사에게 독점적으로 중개의뢰를 하는 계약형태를 말한다. 일단 중개계약이 체결되면 중개의뢰된 거래계약을 누가 성립시키는지에 관계없이 독점계약한 개업공인중개사가 그 중개보수를 받게 된다. 미국에서 보편화되어 있는 중개계약형태이다.
    - ㉡ 특징
        - ⓐ 보수면에서 개업공인중개사에게 가장 유리하며, 개업공인중개사가 집중적인 활동의욕을 가지고 다른 개업공인중개사와 긴밀한 협동을 통하여 중개계약을 성사시킬 수 있는 계약형태이다.
        - ⓑ 중개의뢰인이 개업공인중개사를 잘못 선정하여 독점권을 부여한 경우, 시간과 비용을 낭비할 수 있는 단점이 있다.
        - ⓒ 개업공인중개사의 중개기술과 지식 그리고 신뢰도 등이 있는 경우에 가능한 계약형태이며, 개업공인중개사가 기업화·대형화 될 수 있다.

(2) 참여 개업공인중개사의 수에 따른 구분

- ① 단독중개계약(Individual Listing)
    - ㉠ 의의: 개업공인중개사 1인이 중개를 의뢰받아 다른 개업공인중개사의 협력 없이 단독으로 완성시키는 중개형태를 말한다. 계약의 형태로 보면 1인의 의뢰인과 1인의 개업공인중개사와의 계약관계를 말한다.
    - ㉡ 특징
        - ⓐ 단독으로 중개를 완성시킨 개업공인중개사가 거래당사자 쌍방으로부터 중개보수를 받게 된다.

> 참고 단독중개계약
> 공인중개사법령상 중개 관련 규정들은 원칙적으로 단독중개를 중심으로 중개행위를 규율하고 있다.

ⓑ 단독중개계약은 다른 개업공인중개사와 상호 협력하여 중개를 할 수 있는 방식이 아니기 때문에 단독개업공인중개사의 능력, 경험 등이 특히 요구되는 계약형태라고 볼 수 있다.

② 공동중개계약(Multiple Listing)

> 참고 **공동중개계약**
> 공동중개계약은 개업공인중개사간의 협력이고 중개의뢰인이 직접적으로 관련되지 않는다는 점에서 중개계약의 한 형태로 보기보다는 중개방식 중 하나로 보는 견해가 있다.

㉠ 의의: 독점중개계약형태를 변형 내지 보완한 것으로서, 의뢰인이 개업공인중개사에게 타 협력개업공인중개사들과 공동으로 거래를 성사시키도록 요청하는 계약형태를 말한다.

㉡ 특징

ⓐ 직접 의뢰를 받지 않은 다른 협력개업공인중개사들도 거래를 성사시킬 수 있으며, 성사시킨 때에는 의뢰받은 개업공인중개사와 협력개업공인중개사가 보수를 나눈다.

ⓑ 개업공인중개사가 상호 협력하여 중개하는 형태이기 때문에 시간과 비용이 절약되어 부동산중개의 능률성을 추구할 수 있다. 공동중개계약은 중개완성을 위하여 가장 효율적이고 이상적인 계약형태라고 볼 수 있다.

ⓒ 이 방식이 활성화되기 위하여는 실시간으로 개업공인중개사간 정보를 공유할 수 있는 통신체계가 필요하다. 즉, 선진화된 사회에서 보편화할 수 있는 계약형태이다.

(3) 중개보수 결정방식에 따른 구분

① 정가중개계약·정률중개계약(Fixed Listing)

㉠ 의의

ⓐ 정가중개계약(定價仲介契約): 중개완성에 의한 거래가액이 변동되더라도 법정보수의 범위 내에서 중개계약에서 정한 일정액(정가)의 보수를 지급할 것을 약정하는 중개계약의 형태를 말한다.

ⓑ 정률중개계약(定率仲介契約): 중개완성에 의한 거래가액에 대하여 법정보수의 범위 내에서 중개계약에서 정한 일정 비율(정률)의 보수를 지급할 것을 약정하는 중개계약의 형태를 말한다.

㉡ 특징: 현행 「공인중개사법」상 중개계약은 거래가액에 따른 정률중개계약을 원칙으로 보수를 규정하고 있으나, 중개계약시 법정보수의 범위 내에서 정가중개계약을 체결할 수도 있다.

② 순가중개계약(Net Listing)
　㉠ 의의: 의뢰인이 개업공인중개사에게 미리 매도가격 또는 매입가격을 제시한 후 이를 초과하거나 미달되는 금액으로 물건이 거래된 경우에는 그 초과되거나 미달되는 금액을 개업공인중개사가 중개보수로 취득하게 하는 계약형태를 말한다.
　㉡ 특징
　　ⓐ 순가중개계약은 개업공인중개사의 능력에 따라 보수가 결정되는 형태로 중개계약의 당사자들이 선호할 수 있는 방식이다. 그러나 자칫하면 중개보수가 지나치게 커지기 쉽고 부동산투기를 초래할 우려가 있기 때문에 공정한 거래를 해할 수 있다.
　　ⓑ 순가중개계약은 그 자체로서 위법성은 없으나 개업공인중개사가 폭리를 취하면 금지행위로서 위법행위가 된다. 따라서 잠재적 위법성이 있다고 할 수 있다.
　　ⓒ 부동산중개행위를 규율하는 법령이 제정된 나라에서는 거의 모두가 원칙적으로 금지하고 있는 계약형태이다.

❷ 중개계약의 종료

(1) 중개의 완성
중개계약은 목적달성을 위한 계약으로서 거래계약의 체결이라는 본래의 목적이 달성되면 중개는 완성된 것이고 중개계약도 종료된다.

(2) 중개계약기간의 경과
중개계약을 체결하면서 그 유효기간을 미리 정한 경우에 그 유효기간이 경과되면 중개계약은 종료하게 된다.

(3) 중개계약의 해지
중개계약기간 중에 양 당사자는 거래계약 체결 이전에는 언제든지 일방적으로 중개계약을 해지할 수 있다. 즉, 계약의 양 당사자가 해지권을 보유하고 있으므로 이를 상대방에게 표시하거나 상대방에 의하여 표시될 때 계약이 해지된다.

(4) 중개대상물의 멸실
중개의 목적물인 중개대상물이 멸실되었다면 중개계약의 이행이 불가능하므로 중개계약이 종료된다.

심화 우리나라에서는 순가중개계약의 체결 자체는 금지되지 않으나, 이를 통하여 법정범위를 초과하여 중개보수를 받은 경우, 금지행위로서 행정처분과 1년 이하의 징역 또는 1천만원 이하의 벌금의 행정형벌에 처하도록 규정하고 있다.

(5) 다른 개업공인중개사를 통한 중개완성

일반중개계약에서 다른 개업공인중개사가 먼저 중개를 완성하게 되면 기존에 중개업무를 수행하던 개업공인중개사와 당사자 사이의 중개계약은 자동 해지된다.✚

✚ 이 경우 중개를 완성하지 못한 개업공인중개사는 중개보수를 청구할 수 없다(서울지법 83나2098).

(6) 당사자의 사망

당사자가 사망하거나 법인이 해산하는 경우에 원칙적으로 중개계약이 종료된다.

예제

중개계약에 관한 설명으로 틀린 것은?

① 중개계약은 중개대상물의 매매·교환·임대차, 그 밖의 권리의 득실변경을 하도록 하는 중개의뢰인과 개업공인중개사간의 계약이다.
② 중개계약은 구두로 할 수 있으나, 전속중개계약 체결시에는 법정서식을 사용하여야 한다.
③ 개업공인중개사의 숫자에 따라 공동중개계약과 단독중개계약으로 구분할 수 있다.
④ 중개보수를 정하는 방법에 따라 일반중개계약·전속중개계약·독점중개계약으로 구분할 수 있다.
⑤ 「공인중개사법」에서는 순가중개계약을 명문으로 금지하고 있지는 않으나, 법정중개보수를 초과할 경우에는 위법이 된다.

해설 중개보수를 정하는 방법에 따라 정가중개계약·정률중개계약·순가중개계약 등으로 구분할 수 있다. 일반중개계약·전속중개계약·독점중개계약은 개업공인중개사의 중개권한 독점력 유무에 따른 구분이다.

정답 ④

제3장 중개대상물의 조사·확인

- '제3편 중개실무'에서 중요한 장으로, 매년 2~3문제가 출제되고 있다. 이 장에서는 중개대상물의 조사·확인에 필요한 개별법상의 제도가 중요하다.
- 분묘기지권, 「장사 등에 관한 법률」상 분묘설치제한, 농지취득자격증명제 등을 완벽하게 학습하여야 한다.

제1절 | 중개대상물의 조사·확인의 의의

(1) 중개대상물을 확인·설명하기 위하여 개업공인중개사는 중개대상물에 대한 조사·확인활동을 성실히 수행하여야 한다. 조사·확인활동을 통하여 파악한 사실관계 및 법률관계는 중개대상물 확인·설명의 기초자료이자 중개대상물 확인·설명서 작성의 근거가 된다.

(2) 개업공인중개사가 중개대상물의 조사·확인활동을 성실히 수행함으로써 책임중개를 실현할 수 있을 뿐만 아니라, 손해발생도 예방할 수 있다. 이는 또한 개업공인중개사가 의뢰인을 설득함에 있어서 중요한 의미를 가지는 셀링포인트를 수집하는 단계이며, 고객을 관리하기 위한 필수적 요건이기도 하다.

제2절 | 중개대상물의 조사·확인 방법 및 사항   제32회

❶ 중개의뢰인에 의한 확인

매도 또는 임대를 의뢰받았을 때 개업공인중개사가 매도 또는 임대의뢰인으로부터 대상 중개대상물의 상태에 관한 자료 등을 요구하여 부동산에 대한 세부정보를 얻는 방법이다.

> **참고** 미국에서는 부동산 매도시 중개의뢰인이 중개대상물확인서를 작성하여 개업공인중개사에게 제출한다. 이와 같이 매도의뢰인이 직접 작성한 중개대상물확인서는 신뢰도가 높고, 사후에 중개대상물건에 하자가 발생하는 경우 책임소재를 명확히 밝히는 자료가 될 수 있는 등 여러 가지 이점이 있다.

❷ 공부상(公簿上) 조사·확인

(1) 의의

공부상 조사·확인이란 토지대장·임야대장, 지적도·임야도, 건축물대장, 토지이용계획확인서·등기사항증명서·가족관계증명서(구 호적등본) 등을 통하여 중개대상물의 권리관계 및 사실관계, 공법상 제한사항 등의 내용을 조사·확인하는 일체의 활동을 의미한다.

> **심화** 공부의 유효기간 등
>
> 인감증명, 법인등기사항증명서, 주민등록표등본·초본, 가족관계등록사항별증명서, 토지대장·임야대장, 건축물대장 등은 발행일로부터 3개월 이내의 것만 부동산등기신청시 첨부할 수 있다(「부동산등기규칙」 제62조 참고).

(2) 조사·확인사항

① 기본적인 사항(사실관계): 소재지·지목·용도·면적·구조 등 중개대상물의 기본적인 사항은 지적공부 및 건축물대장과 같은 대장을 통하여 조사·확인한다.

② 권리관계에 관한 사항: 소유자와 그 밖의 권리에 대해서는 등기사항증명서를 통하여서 조사·확인한다.

③ 공법상 이용제한 및 거래규제에 관한 사항: 토지이용계획확인서 등을 통하여 조사·확인한다.

참고 📖 다만, 토지이용계획확인서를 통하여 공법상 제한이나 규제가 빠짐 없이 확인되는 것은 아니기 때문에 현장조사 등을 병행하여야 한다.

> **핵심** 공법상 제한내용 구분
>
> | 이용제한 | 거래규제 |
> | --- | --- |
> | • 용도지역·지구·구역의 지정에 따른 행위제한
• 건폐율·용적률
• 「도로법」상 접도구역
• 묘지 등 설치제한지역
• 상수원보호구역
• 교육환경보호구역
• 수변구역 등 | • 토지거래계약허가제
• 농지취득자격증명제
• 외국인 토지취득시 허가 및 신고제
• 「사립학교법」상 기본 재산처분시 허가제
• 「향교재산법」상 재산처분시 허가제
• 「전통사찰의 보존 및 지원에 관한 법률」상 재산처분시 허가제
• 투기과열지구 등 |

③ 현장답사를 통한 조사·확인

개업공인중개사는 현장답사를 통하여 중개대상물의 실체를 조사·확인하고, 공부상 표시된 내용이 실체와 일치하는지 여부 및 공부상으로는 확인할 수 없는 사항에 대하여 조사·확인하여야 한다.

(1) 물적 현황의 확인

① 토지: 지세(토지의 경사), 지반, 토질, 도로상황 등을 조사·확인한다.
② 건물: 건물의 방향,✚ 부대시설, 노후 정도, 외관상의 구조·특징 등을 조사·확인한다.
③ 입목: 입목등록원부를 통하여 일차적으로 수량이나 수종 등을 확인한 다음, 현장조사를 통하여 생육상태 등을 조사·확인한다.
④ 공장재단·광업재단: 공장재단목록과 등기사항증명서를 통하여 기본적 사항을 확인한 다음, 재단목록상 내용과 실체 현황이 일치하는지 여부 등은 현장조사를 통하여 조사·확인한다.

> ✚ 주거용 건축물의 경우 주실(主室)을 기준으로 하고, 비주거용 건축물의 경우에는 주된 출입구를 기준으로 결정한다.

(2) 법률관계의 진정성 확인

우리나라는 등기부에 공신력이 인정되지 않으므로 등기부만 믿고 진정한 권리자가 아닌 자와 거래계약을 체결한 경우 원칙적으로 보호를 받을 수 없다.

> **판례** 등기필정보의 소지 여부 조사의무
>
> 등기필정보는 소유권이전등기 단계에서뿐 아니라 그 이전의 거래에 있어서도 당사자 본인의 증명이나 처분권한의 유무의 확인 등을 위하여 중요한 자료가 되는 것이므로 개업공인중개사로서는 매도의뢰인이 알지 못하는 사람인 경우 필요할 때에는 등기필정보의 소지 여부나 그 내용을 확인·조사하여 보아야 할 주의의무가 있다(대판 92다55350).

(3) 등기부로 확인할 수 없는 권리에 대한 확인

① 등기를 요하지 않는 권리: 법정지상권이나 유치권, 분묘기지권·채석권·점유권·특수지역권과 같이 등기를 요하지 않는 권리는 공부상으로 확인할 수 없으므로 반드시 현장답사를 통해 조사하고, 이를 권리이전의뢰인에게 최종적으로 확인하여 확인·설명서에 기재하여야 한다.
② 주택 및 상가: 주택의 경우에는 「주택임대차보호법」에 의하여 보호받는 선순위 임차인이 있는지 여부를 조사·확인하여야 하고, 상가의 경우에는 「상가건물 임대차보호법」에 의하여 보호받는 선순위 임차인이 있는지 여부를 반드시 조사·확인하여야 한다.

> **판례** 전입신고 관련 판례
>
> 1. 다세대주택의 전입신고
>   임차인들이 다세대주택의 동·호수 표시 없이 그 부지 중 일부 지번으로만 주민등록을 한 경우, 임차인들은 그 임차주택에 관한 임대차의 유효한 공시방법을 갖추었다고 볼 수 없다(대판 95다48421).
>
> 2. 다가구주택의 전입신고
>   다가구용 단독주택의 경우 임차인이 위 건물의 일부나 전부를 임차하여 전입신고를 하는 경우 지번만 기재하는 것으로 충분하다(대판 97다47828).

③ 임대차보호법상 보호받는 선순위 임차인의 확인은 등기부에 기입된 저당권을 확인하는 것과 동일한 의미를 가진다. 실제 실무에서 중개사고의 대부분은 바로 이 등기부로 확인할 수 없는 권리에 의한 경우가 대부분이다.

심화 ⓘ 특히, 다가구 임대차계약에 있어 기존 임차인들의 전입신고 정보나 확정일자부여 정보 등은 아주 중요한 의미를 지닌다. 실제로 확인·설명서 개정서식에 '임대차확인사항'란을 신설하여 이 부분을 철저히 조사토록 하고 있다.

> **심화** '등기와 대장' 그리고 '실제'
>
> 1. 표시관계: 대장 > 등기
> 2. 권리관계: 대장 < 등기
> 3. 표시·권리관계: 대장·등기 ≠ 실제 ⇨ 양자 모두를 설명하고 기재

(4) 중개대상물의 입지조건 등의 확인

중개대상물의 도로 및 대중교통수단과의 연계성, 시장·학교 등과의 근접성 등 입지관련 사항은 현장답사를 거치지 않고는 확인할 수 없으므로 현장답사의 중요성이 특히 강조된다.

(5) 비선호시설의 확인

중개대상물로부터 1km 이내에 사회통념상 기피 시설인 화장장, 봉안당, 공동묘지, 쓰레기 처리장·소각장, 분뇨처리장, 하수종말처리장 등의 시설이 있는 경우 종류 및 위치를 조사하여 확인·설명서(단, 주거용과 토지용에 한함)에 기재하여야 한다.

(6) 미공시 중요시설 및 물건의 소유관계 확인

종물이나 부합물로 취급하기 어려운 시설이나 물건의 경우에는 소유관계를 명확히 할 필요가 있다.

> **판례** 증축 부분의 소유권 귀속문제

1. 소유자가 기존 건축물에 증축을 한 경우에 증축 부분이 구조상·이용상 독립성을 갖추었다 하더라도 소유자의 구분행위가 있어야 비로소 구분소유권이 성립한다(대판 98다35020).
2. 임차인이 임차한 건물에 그 권원에 의하여 증축을 한 경우에 증축된 부분이 부합으로 인하여 기존 건물의 구성 부분이 된 때에는 증축된 부분에 별개의 소유권이 성립될 수 없으나, 증축된 부분이 구조상으로나 이용상으로 기존 건물과 구분되는 독립성이 있는 때에는 구분소유권이 성립하여 증축된 부분은 독립한 소유권의 객체가 된다(대판 99다14518).

(7) 토지경계의 확인

① 토지의 경계(境界)란 **필지별로 경계점 간을 직선으로 연결하여 지적공부에 등록한 선**을 말한다. 여기에서 경계를 일컫는 선은 지적도와 임야도에 존재하는 굵기 0.1mm의 선을 말한다.

② 따라서 지상에 설치된 담장·둑·논두렁 등의 현실의 경계를 의미하지는 않는다. 결국 개업공인중개사의 경계 확인은 지적도·임야도를 통하여 하면 되는 것이지, 개업공인중개사가 중개대상물의 현황을 측량까지 하여 중개의뢰인에게 확인·설명할 의무는 없는 것이다(서울고법 95다46199).

③ 또한 매매계약의 매수인에게도 특단의 사정이 없는 한 측량까지 할 주의의무는 없다(대판 84다카2344).

④ 다만, 실제 토지를 공부상 경계대로 사용하지 않는 경우가 실무적으로 많이 있으며, 측량의 오류나 토지 일부매매 등의 경우 등과 같이 특별한 사정이 있는 경우에는 사실상의 경계를 현장에서 확인하는 것을 병행해야 한다.

> **판례** 토지의 경계에 관한 판례

1. 토지경계확정의 소의 대상이 되는 '경계'의 의미
   '경계'란 공적으로 설정 인증된 지번과 지번과의 경계선을 가리키는 것이고, 사적인 소유권의 경계선을 가리키는 것은 아니다(대판 96다36517).
2. 등록된 토지의 특정(공부상 경계)
   ① 어떤 특정한 토지가 지적공부에 1필의 토지로 등록되었다면 그 토지의 소재·지번·지목·면적 및 경계는 다른 특별한 사정이 없는 한 이 등록으로써 특정되었다고 할 것이므로 그 토지의 소유권의 범위는 지적공부상의 경계에 의하여 확정된다(대판 2001다37699).

② 토지에 대한 매매는 매매당사자가 지적공부에 의하여 소유권의 범위가 확정된 토지를 매매할 의사가 아니고 사실상의 경계대로의 토지를 매매할 의사를 가지고 매매한 사실이 인정되는 등 특별한 사정이 없으면, 현실의 경계와 관계없이 지적공부상의 경계와 지적에 의하여 확정된 토지를 매매의 대상으로 하는 것으로 보아야 할 것이다(대판 90다12977).

③ 매매당사자가 그 토지의 실제의 경계가 지적공부상의 경계와 상이한 것을 모르는 상태에서 당시 실제의 경계를 대지의 경계로 알고 매매하였다고 하여서 매매당사자들이 지적공부상의 경계를 떠나 현실의 경계에 따라 매매목적물을 특정하여 매매한 것이라고 볼 수는 없다(대판 2004다71522·71539).

3. 특별한 경계확정(실제 경계)

① 지적공부를 작성함에 있어 기점을 잘못 선택하는 등의 기술적인 착오로 말미암아 지적공부상의 경계가 진실한 경계선과 다르게 잘못 작성되었다는 등의 특별한 사정이 있는 경우에는 그 토지의 경계는 지적공부에 의하지 않고 실제의 경계에 의하여 확정하여야 한다(대판 98다15446; 대판 94다57879).

② 매매당사자들이 사실상의 경계대로의 토지를 매매할 의사를 가지고 거래를 한 경우 등과 같이 당사자가 사실상의 경계를 매매목적물의 범위로 삼은 특별한 사정이 있는 때에는 그 토지의 경계는 실제의 경계에 의하여야 한다(대판 84다카490).

③ 1필지의 토지 중 일부만을 매매의 목적물로 삼은 경우에는 구체적인 증거에 터 잡아 그 목적물의 범위를 확정하여야 한다(대판 91다44193; 대판 94다30324).

4. 실제 경계로 경계확정 후 이해관계인이 다시 지적공부상 경계로 합의한 경우(공부상 경계)

특별한 사정이 있는 경우에는 그 토지의 경계는 지적공부에 의하지 않고 실제의 경계에 의하여 확정하여야 하지만, 그 후 그 토지에 인접한 토지의 소유자 등 이해관계인들이 그 토지의 실제의 경계선을 지적공부상의 경계선에 일치시키기로 합의하였다면 적어도 그때부터는 지적공부상의 경계에 의하여 그 토지의 공간적 범위가 특정된다(대판 2006다24971).

(8) 기타 확인

전철역의 유·무, 상권형성의 정도, 장래 발전가능성 등 지역현황도 현장답사를 통하여 조사·확인한다. 특히, 상가의 경우 자체적인 규약 등으로 업종을 제한하는 경우가 많이 있는바, 철저히 확인하여야 중개사고를 예방할 수 있다.

판례 업종제한의 적법성

분양계약 또는 수분양자들 상호간의 약정에 의한 업종제한은 모두 사적 자치의 영역에 속하는 사항으로서 계약자유의 원칙에 따른 것이고, 그 내용 또한 점포소유자 등이 업종을 변경하고자 할 때에는 그들의 자치적인 모임인 상가자치관리위원회의 동의를 받도록 한 것에 불과하여 영업활동을 본질적으로 제한하는 것은 아니며, 한편 서로 중복되지 않도록 권장업종을 지정하는 것은 인근 주민들의 생활상의 편의를 도모하고 입주 상인들의 영업상 이익을 존중하여 상호간의 이해관계를 조정하는 측면에서 현실적인 필요성도 있는 것이므로, 당해 업종제한약정이 헌법상 직업선택의 자유를 침해하는 것이라거나 불공정 거래행위로서 무효라고 볼 수 없다(대판 97다42540).

핵심 현장 확인사항

구분	확인사항
기본적인 사항	• 토지: 지세, 지반, 토질, 도로상황, 실제 이용지목 등 • 건물: 방향, 외관상 구조와 특징, 기능상 문제점, 부대시설, 입지, 상태 • 입목: 생육상태 • 공장·광업재단: 목록상 내용과 실제의 일치 여부 • 기타: 비선호시설 유무
실제 권리관계	• 유치권·점유권·분묘기지권·채석권·특수지역권, 주택 및 상가의 임차권 • 법정지상권, 법정저당권
미공시 중요시설	미공시 중요시설 물건의 소유에 관한 사항(예 정원수, 정원석, 조명시설 등)

Tip 현장 확인사항과 공부상 확인사항을 구별하여야 한다.

제3절 | 조사·확인을 위한 개별법상 제도 등   제32회~제36회

❶ 법정지상권

(1) 「민법」 제305조에 의한 법정지상권

대지와 건물이 동일한 소유자에게 속한 경우, 건물에 전세권을 설정한 후에 대지소유자만이 변경된 때에는 전세권설정자에 대하여 새로운 대지소유자는 지상권을 설정한 것으로 본다(「민법」 제305조 제1항). 「민법」 제305조의 법정지상권은 전세권자를 보호하기 위한 것이므로 전세권이 소멸하면 함께 소멸한다.

> Tip 👆 이 경우 법정지상권을 취득하는 것은 전세권자가 아닌 전세권설정자(건물소유자)임에 주의하여야 한다.

(2) 관습법상의 법정지상권

① 의의: 동일인에게 속하는 토지와 건물 중 어느 한쪽이 매매 기타의 원인으로 소유자가 각각 다르게 되는 경우, 당사자 사이에 특약이 없는 이상 건물소유자는 당연히 지상권을 취득하게 된다는 것이 관습법상 인정되고 있다.

② 법정지상권의 성립 여부
  ㉠ 원래 토지와 건물의 소유자가 동일인인 경우이어야 한다. 따라서 대지소유자의 승낙을 얻어 신축한 건물을 매수한 자는 관습법상의 법정지상권을 취득할 수 없다.
  ㉡ 토지와 건물 중의 어느 한쪽이 매매 기타 원인으로 그 소유자가 각각 다르게 된 경우이어야 한다.
  ㉢ 당사자 사이의 건물을 철거한다는 특약이 없어야 한다.
  ㉣ 토지와 건물 중 건물만을 양도하면서 따로 건물을 위하여 토지에 대한 임대차계약을 체결한 경우에는 관습법상의 법정지상권을 포기한 것으로 본다.
  ㉤ 미등기 건물을 전매한 자는 관습법상의 법정지상권을 취득할 수 없다.
  ㉥ 토지와 건물을 함께 매매하면서 토지의 소유권이전등기를 매수인에게 경료하고 건물의 등기는 매도인에게 남아 있는 경우, 매도인은 관습법상의 법정지상권을 취득할 수 없다.
  ㉦ 토지를 매도한 후에 장차 철거될 것을 예상하면서 건물을 신축한 경우에는 관습법상의 법정지상권을 인정하지 않는다.

◎ 토지의 공유자 중 한 사람이 다른 공유자의 동의를 얻어 건물을 신축한 후 건물을 양도한 경우에는 관습법상의 법정지상권이 성립하지 아니한다. 그러나 토지공유자 중 1인 또는 수인 소유의 건물이 있는 공유대지를 분할하여 대지의 소유권이 단독 소유로 바뀐 경우, 건물소유자는 관습법상의 법정지상권을 취득한다.

(3) 「민법」 제366조에 의한 법정지상권

① 의의: 대지와 건물이 동일인에게 속하는 경우에 저당권이 설정된 후 저당물의 경매로 인하여 토지와 건물의 소유자가 다르게 되었을 때, 토지소유자는 건물소유자에 대하여 지상권을 설정한 것으로 본다(「민법」 제366조).

② 법정지상권의 성립 여부

㉠ 법정지상권은 저당권설정 당시 대지 위에 건물이 존재하는 경우에만 인정된다. 즉, 건물이 없는 토지에 저당권을 설정한 후에 건물을 신축한 때에는 저당권이 실행되어도 법정지상권은 성립하지 않는다. 또한 토지를 목적으로 한 저당권을 설정한 후 건물이 신축되어 저당권설정자가 함께 소유하고 있는 때에는 저당권자는 토지와 함께 건물의 경매까지도 청구할 수 있다(일괄경매). 그러나 건물의 경매대금(매각대금)에 대하여는 우선변제를 받지 못한다(「민법」 제365조).

㉡ 저당권설정 당시에 건물이 실제로 존재하고 있으면 미등기 건물이라도 법정지상권을 인정한다. 그러나 미등기 건물인 상태에서 토지와 건물이 양도되고 토지만 이전등기된 경우, 미등기 전매를 한 자에게는 관습법상의 법정지상권이 인정되지 않는다. 또한 이러한 상태에서 토지에 저당권이 설정되어 후에 경매가 실행된 경우에는 「민법」 제366조의 법정지상권도 인정하지 않는다.

㉢ 건물이 저당권설정 후에 멸실·훼손되어 재·개축된 경우 그 동일성을 인정할 수 있는 범위 내에서 법정지상권이 성립한다.

㉣ 저당권을 설정할 당시에 대지와 건물이 동일한 소유자에게 속하고 있어야 한다. 즉, 저당권설정 당시에 토지와 건물이 각각 다른 자의 소유에 속하고 있었던 때에는 법정지상권의 성립은 인정되지 않는다.

㉤ 저당권설정 당시에 대지와 건물이 동일한 소유자에게 속하였다가 저당권설정 후에 대지와 건물의 소유자가 다르게 된 때에도 법정지상권은 인정된다.

참고 건물이 없는 토지에 저당권을 설정할 경우 저당권자는 토지의 담보가치를 높이 평가하게 되는데, 그 후에 신축한 건물에 관하여 법정지상권의 성립을 인정하게 되면 토지의 교환가치가 현저하게 떨어지게 되어 저당권자가 예측하지 못한 손해를 입게 되기 때문이다.

참고 건물소유자에게 이미 일정한 용익권(用益權)이 설정되어 있어 법정지상권을 인정하지 않아도 건물이 존속할 수 있기 때문이다.

참고 건물을 위하여 용익권을 설정하였더라도 그러한 용익권은 저당권보다 후순위의 것으로서 대항력이 없고, 저당권 실행으로 소멸하기 때문이다.

ⓑ 토지에 저당권이 설정된 후에 건물의 양수인이 취득한 관습법상 법정지상권은 저당권의 실행으로 소멸하지만 그와 동시에「민법」제366조의 법정지상권을 취득하게 된다.

ⓐ 「민법」제366조의 법정지상권은 저당권 실행에 따른 경매(담보권 실행을 위한 경매)로 대지와 건물의 소유자가 달라진 경우에 대한 것이지만, 저당권이 설정된 부동산에 일반 채권자에 의한 강제경매가 실행된 경우에도 적용된다.

> 참고 📖 저당권이 설정된 부동산에 강제경매가 실행되면 저당권은 소멸하고 저당권자부터 우선변제(배당)를 받으므로 저당권자가 경매를 실행한 것이나 마찬가지이기 때문이다.

(4)「가등기담보 등에 관한 법률」제10조에 의한 법정지상권

토지 및 그 지상의 건물이 동일한 소유자에게 속하는 경우 그 토지 또는 건물에 대한 담보권의 실행을 통하여 소유권을 취득하거나, 담보가등기에 기한 본등기가 행하여진 경우에는 그 건물의 소유를 목적으로 그 토지 위에 지상권이 설정된 것으로 본다. 이 경우 존속기간 및 지료는 당사자의 청구에 의하여 법원이 정한다.

(5)「입목에 관한 법률」제6조에 의한 법정지상권

입목의 경매 기타 사유로 인하여 토지와 그 입목이 각각 다른 소유자에게 속하게 되는 경우, 토지소유자는 입목소유자에 대하여 지상권을 설정한 것으로 본다. 이 경우 지료에 관하여는 당사자의 약정에 따른다.

(6) 법정지상권 관련 주요 판례

① 법정지상권이 성립하는 경우

㉠ 건물 철거특약이 없는 경우: 토지와 건물이 같은 소유자의 소유에 속하였다가 그 건물 또는 토지가 매각 또는 그 외의 원인으로 인하여 양자의 소유자가 다르게 될 때에는 특히 그 건물을 철거한다는 조건이 없는 이상, 당연히 건물소유자는 토지소유자에 대하여 관습에 의한 법정지상권을 취득한다(대판 4294민상1103).

㉡ 단독저당 후 건물의 개축·증축·재축·신축:「민법」제366조 소정의 법정지상권이 성립하려면 저당권의 설정 당시 저당권의 목적이 되는 토지 위에 건물이 존재할 경우이어야 하는바, 저당권설정 당시 건물이 존재한 이상 그 이후 건물을 개축·증축하는 경우는 물론이고 건물이 멸실되거나 철거된 후 재축·신축하는 경우에도 법정지상권이 성립한다 할 것이고, 이 경우 법정지상권의 내용인 존속기간, 범위 등은 구 건물을 기준으로 하여 그 이용에 일반적으로 필요한 범위 내로 제한되는 것이다(대판 90다카6399).

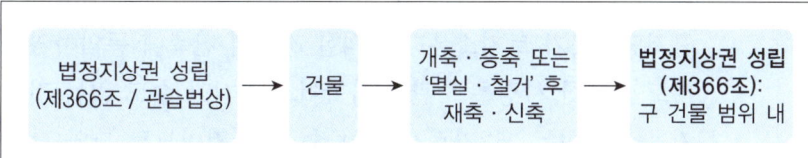

ⓒ 법정지상권 성립 후 건물의 개축·증축·재축·신축: 「민법」 제366조 소정의 법정지상권이나 관습상의 법정지상권이 성립한 후에 건물을 개축 또는 증축하는 경우는 물론, 건물이 멸실되거나 철거된 후에 신축하는 경우에도 법정지상권은 성립하나, 다만 그 법정지상권의 범위는 구 건물을 기준으로 하여 그 유지 또는 사용을 위하여 일반적으로 필요한 범위 내의 대지 부분에 한정된다(대판 96다40080).

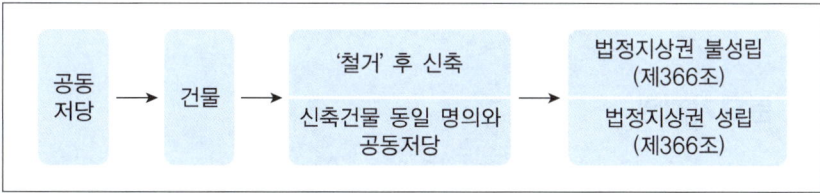

② 법정지상권이 성립하지 않는 경우

㉠ 공동저당 후 건물의 신축: 동일인의 소유에 속하는 토지 및 그 지상건물에 관하여 공동저당권이 설정된 후 그 지상건물이 철거되고 새로 건물이 신축된 경우에는 그 신축건물의 소유자가 토지의 소유자와 동일하고 토지의 저당권자에게 신축건물에 관하여 토지의 저당권과 동일한 순위의 공동저당권을 설정하여 주는 등 특별한 사정이 없는 한 저당물의 경매로 인하여 토지와 그 신축건물이 다른 소유자에게 속하게 되더라도 그 신축건물을 위한 법정지상권은 성립하지 않는다(대판 전합 98다43601).

㉡ 자전거보관소와 철봉이 있는 토지의 법정지상권: 관습법상의 법정지상권은 지상구조물인 자전거보관소와 철봉이 있는 토지에는 미치지 아니한다(대판 92다49218).

ⓒ 나대지에 저당권이 설정된 경우: 건물 없는 토지에 저당권이 설정된 후 저당권설정자가 그 위에 건물을 건축하였다가 담보권의 실행을 위한 경매절차에서 경매로 인하여 그 토지와 지상건물이 소유자를 달리하였을 경우에는 「민법」 제366조의 법정지상권이 인정되지 아니할 뿐만 아니라 관습상의 법정지상권도 인정되지 아니한다(대결 95마1262).

ⓔ 토지의 저당권설정 당시 건물이 건축 개시 전인 경우: 「민법」 제366조의 법정지상권은 저당권설정 당시부터 저당권의 목적되는 토지 위에 건물이 존재할 경우에 한하여 인정되며, 토지에 관하여 저당권이 설정될 당시 그 지상에 토지소유자에 의한 건물의 건축이 개시되기 이전이었다면 건물이 없는 토지에 관하여 저당권이 설정될 당시 근저당권자가 토지소유자에 의한 건물의 건축에 동의하였다고 하더라도 그러한 사정은 주관적 사항이고 공시할 수도 없는 것이어서 토지를 낙찰받는 제3자로서는 알 수 없는 것이므로 그와 같은 사정을 들어 법정지상권의 성립을 인정한다면 토지소유권을 취득하려는 제3자의 법적 안정성을 해하는 등 법률관계가 매우 불명확하게 되므로 법정지상권이 성립되지 않는다(대판 2003다26051).

핵심 「민법」상 지상권의 최단기간(제280조)

존속기간	지상물
30년	석조, 석회조, 연와조 또는 이와 유사한 견고한 건물이나 수목의 소유 목적
15년	그 밖의 건물(예 목조 등)의 소유 목적
5년	건물 이외의 공작물 소유 목적

❷ 분묘기지권

(1) 의의

분묘기지권이란 타인의 토지에 분묘를 설치한 자가 그 분묘를 소유하기 위하여 그 묘지 부분의 타인 소유 토지를 사용하는 것을 내용으로 하는 지상권과 유사한 물권으로 인정하고 있는 제도이다.

(2) 성립요건

① 소유자의 승낙을 얻어 그의 토지에 분묘를 설치한 때
② 타인의 토지에 승낙 없이 분묘를 설치한 경우 20년간 평온·공연하게 그 분묘기지를 점유한 때

> **판례** 분묘기지권의 시효취득
>
> 타인 소유의 토지에 분묘를 설치한 경우에 20년간 평온·공연하게 분묘의 기지를 점유하면 지상권과 유사한 관습상의 물권인 분묘기지권을 시효로 취득한다는 점은 오랜 세월 동안 지속되어 온 관습 또는 관행으로서 법적 규범으로 승인되어 왔고, 이러한 법적 규범이 개정된「장사 등에 관한 법률」의 시행일인 2001.1.13. 이전에 설치된 분묘에 관하여 현재까지 유지되고 있다고 보아야 한다(대판 2013다17292).

③ 자기 소유의 토지에 분묘를 설치한 자가 분묘에 관하여서는 별도의 특약 없이 토지만을 타인에게 처분한 때

비교 ➡ 장래의 묘소인 가묘(假墓)는 분묘에 해당하지 않는다.

참고 2001년 1월 13일 이후에 설치된 분묘는 시효에 의한 분묘기지권의 신규취득은 발생할 수 없다.

(3) 분묘기지권자

분묘의 수호관리나 봉제사에 대하여 현실적으로 또는 관습상 호주상속인인 종손이 그 권리를 가지고 있다면 그 권리는 종손에게 전속하는 것이고, 종손이 아닌 다른 후손이나 종중에서 관여할 수는 없다고 할 것이나, 공동선조의 후손들로 구성된 종중이 선조 분묘를 수호관리하여 왔다면 분묘의 수호관리권 내지 분묘기지권은 종중에 귀속한다(대판 2005다44114).

(4) 공시의 기능

분묘기지권의 취득에 관해서는 봉분 그 자체가 공시의 기능을 하고 있기 때문에 등기는 필요하지 않다. 이와 같이 봉분이 공시기능을 하므로 분묘가 평장(平葬)되거나 암장(暗葬)된 경우에는 분묘기지권을 취득할 수 없다.

(5) 범위

분묘기지권은 분묘의 기지 자체(봉분의 기저 부분)뿐만 아니라 그 분묘의 수호 및 제사에 필요한 범위 내에서 분묘의 기지 주위의 공지를 포함한 지역에까지 미치는 것이고 그 확실한 범위는 각 구체적인 경우에 개별적으로 정하여야 할 것인바, 사성(莎城)이 조성되어 있다 하여 반드시 그 사성 부분을 포함한 지역에까지 분묘기지권이 미치는 것은 아니다(대판 95다29086).

✔ 한편, 분묘의 점유면적이라 함은 분묘의 기지면적만을 가리키며 분묘기지 외에 분묘의 수호 및 제사에 필요한 분묘기지 주위의 공지까지 포함한 묘지면적을 가리키는 것은 아니다(대판 94다15530).

용어 사성(莎城)
무덤 뒤를 반달형으로 둘러쌓은 둔덕을 말한다.

(6) 지료와 존속기간

① 지료(地料)

㉠ 토지소유자의 승낙을 얻어 분묘를 설치한 때에는 지료에 관한 당사자의 약정이 있으면 그에 따르고 약정이 없는 때에는 무상이라고 본다.

㉡ 자기 소유 토지에 분묘를 설치한 사람이 그 토지를 양도하면서 분묘를 이장하겠다는 특약을 하지 않음으로써 분묘기지권을 취득한 경우, 특별한 사정이 없는 한 분묘기지권자는 분묘기지권이 성립한 때부터 토지소유자에게 그 분묘의 기지에 대한 토지사용의 대가로서 지료를 지급할 의무가 있다(대판 2020다295892).

㉢ 「장사 등에 관한 법률」 시행일 이전에 타인의 토지에 분묘를 설치한 다음 20년간 평온·공연하게 그 분묘의 기지를 점유함으로써 분묘기지권을 시효로 취득하였더라도, 분묘기지권자는 토지소유자가 분묘기지에 관한 지료를 청구하면 그 청구한 날부터의 지료를 지급할 의무가 있다(대판 2017다228007).

㉣ 자기 소유의 토지 위에 분묘를 설치한 후 토지의 소유권이 경매 등으로 타인에게 이전되면서 분묘기지권을 취득한 자가, 판결에 따라 분묘기지권에 관한 지료의 액수가 정해졌음에도 판결확정 후 책임 있는 사유로 상당한 기간 동안 지료의 지급을 지체하여 지체된 지료가 판결확정 전후에 걸쳐 2년분 이상이 되는 경우에는 「민법」 제287조를 유추적용하여 새로운 토지소유자는 분묘기지권자에 대하여 분묘기지권의 소멸을 청구할 수 있다. 분묘기지권자가 판결확정 후 지료 지급청구를 받았음에도 책임 있는 사유로 상당한 기간 지료의 지급을 지체한 경우에만 분묘기지권의 소멸을 청구할 수 있는 것은 아니다(대판 2015다206850).

② 존속기간: 판례이론은 분묘기지권의 성질은 지상권에 유사한 물권이기는 하지만 그 존속기간에 관하여는 「민법」의 지상권에 관한 규정에 따를 것이 아니라 당사자 사이에 약정이 있으면 그에 따르고 그 약정이 없는 경우에는 권리자가 분묘의 수호와 봉사를 계속하고 그 분묘가 존속하는 동안은 분묘기지권도 존속한다고 한다(대판 94다28970).

➕ 「민법」 제287조 【지상권소멸청구권】
지상권자가 2년 이상의 지료를 지급하지 아니한 때에는 지상권설정자는 지상권의 소멸을 청구할 수 있다.

(7) 새로운 분묘의 설치제한

기존의 분묘 외에 새로운 분묘를 신설할 권능은 분묘기지권에 포함되지 않는다. 따라서 부부 중 일방이 먼저 사망하여 이미 그 분묘가 설치되고 그 분묘기지권이 미치는 범위 내일지라도, 그 후에 사망한 다른 일방의 합장을 위하여 쌍분형태의 분묘를 설치하는 것은 허용되지 않는다(대판 95다29086).

> **판례** 분묘기지권의 권능 등
>
> 1. 분묘기지권은 그 효력이 미치는 범위 안에서 새로운 분묘를 설치하거나 원래의 분묘를 다른 곳으로 이장할 권능은 포함되지 않는다(대판 2007다16885).
> 2. 분묘가 집단으로 설치된 경우, 분묘기지권은 그 집단 설치된 전 분묘의 보전수호를 위한 것이므로 그 분묘기지권에 기하여 보전되어 오던 분묘들 가운데 일부가 그 분묘기지권이 미치는 범위 내에서 이장되었다면 그 이장된 분묘를 위하여서도 그 분묘기지권의 효력이 그대로 유지된다고 보아야 할 것이고, 다만 그 이장으로 인하여 더 이상 분묘 수호와 봉제사에 필요 없게 된 부분이 생겨났다면 그 부분에 대한 만큼은 분묘기지권이 소멸한다고 할 것이다(대판 94다15530).
> 3. 분묘가 멸실된 경우라고 하더라도 유골이 존재하여 분묘의 원상회복이 가능하여 일시적인 멸실에 불과하다면 분묘기지권은 소멸하지 않고 존속하고 있다고 해석함이 상당하다(대판 2005다44114).
> 4. 토지를 매수·취득하여 점유를 개시함에 있어서 매수인이 인접 토지와의 경계선을 정확하게 확인하여 보지 아니하고 착오로 인접 토지의 일부를 그가 매수·취득한 토지에 속하는 것으로 믿고서 점유하고 있다면 인접 토지의 일부에 대한 점유는 소유의 의사에 기한 것으로 보아야 하며, 이 경우 그 인접 토지의 점유방법이 분묘를 설치·관리하는 것이었다고 하여 점유자의 소유 의사를 부정할 것은 아니다(대판 2006다84423).

(8) 분묘기지권의 소멸

분묘의 기지에 대한 지상권 유사의 물권인 관습상의 법정지상권이 점유를 수반하는 물권으로서 권리자가 의무자에 대하여 그 권리를 포기하는 의사표시를 하는 외에 점유까지도 포기하여야만 그 권리가 소멸하는 것은 아니다(대판 92다14762).

> 예제

1. 개업공인중개사가 묘지가 있는 토지를 매수하려는 중개의뢰인에게 설명한 내용 중 틀린 것은? (다툼이 있으면 판례에 의함)
   ① 「장사 등에 관한 법률」의 규정에서 말하는 분묘의 점유면적은 분묘의 기지면적만을 가리킨다.
   ② 분묘기지권의 효력이 미치는 범위 내에서 기존의 분묘에 단분(單墳)형태로 합장(合葬)하여 새로운 분묘를 설치하는 것은 허용되지 않는다.
   ③ 분묘기지권이 시효취득된 경우, 사망자의 연고자는 종손이 분묘를 관리할 수 있는 때에도 토지소유자에 대하여 분묘기지권을 주장할 수 있다.
   ④ 분묘기지권을 시효취득하는 경우, 토지소유자가 지료를 청구한 날부터 지료를 지급하여야 한다.
   ⑤ 분묘가 멸실된 경우, 유골이 존재하여 분묘의 원상회복이 가능한 정도의 일시적인 멸실에 불과하다면 분묘기지권은 존속하고 있다.

   해설 분묘기지권은 종손에게 전속하는 권리에 해당한다(대판 2005다44114). **정답 ③**

2. 개업공인중개사가 토지를 중개하면서 분묘기지권에 대하여 설명한 내용으로 틀린 것을 모두 고른 것은? (다툼이 있으면 판례에 의함) 제25회

   ㉠ 장래의 묘소(가묘)는 분묘에 해당하지 않는다.
   ㉡ 분묘의 특성상 타인의 승낙 없이 분묘를 설치한 경우에도 즉시 분묘기지권을 취득한다.
   ㉢ 평장되어 있어 객관적으로 인식할 수 있는 외형을 갖추고 있지 아니한 경우에는 분묘기지권이 인정되지 아니한다.
   ㉣ 분묘기지권의 효력이 미치는 범위는 분묘의 기지 자체에 한정된다.

   ① ㉠, ㉢   ② ㉡, ㉣
   ③ ㉢, ㉣   ④ ㉠, ㉡, ㉢
   ⑤ ㉠, ㉡, ㉣

   해설 ㉡ 타인의 승낙 없이 분묘를 설치한 경우에는 20년이 경과하여야 시효로서 취득할 수 있다(시효취득).
   ㉣ 분묘기지권은 분묘의 기지 자체(봉분의 기저 부분)뿐만 아니라, 그 분묘의 설치 목적인 분묘의 수호 및 제사에 필요한 범위 내에서 분묘의 기지 주위의 공지를 포함한 지역에까지 미치는 것이고, 그 확실한 범위는 각 구체적인 경우에 개별적으로 정하여야 한다(대판 2006다84423). **정답 ②**

❸ 장사 등에 관한 법률+

+ 2001.1.13. 시행

(1) 목적

이 법은 장사(葬事)의 방법과 장사시설의 설치·조성 및 관리 등에 관한 사항을 정하여 보건위생상의 위해(危害)를 방지하고, 국토의 효율적 이용과 공공복리 증진에 이바지하는 것을 목적으로 한다(「장사 등에 관한 법률」 제1조).

(2) 매장·화장 및 개장의 신고

① 매장: 매장을 한 자는 매장 후 30일 이내에 매장지를 관할하는 특별자치시장·특별자치도지사·시장·군수·구청장(이하 '시장 등'이라 한다)에게 신고하여야 한다(동법 제8조 제1항).

② 화장: 화장을 하려는 자는 화장시설을 관할하는 시장 등에게 신고하여야 한다(동법 제8조 제2항).

③ 개장: 개장을 하려는 자는 시신 또는 유골의 현존지(現存地) 또는 개장지를 관할하는 시장 등에게 각각 신고하여야 한다(동법 제8조 제3항).

(3) 분묘의 점유면적

① 공설묘지·가족묘지·종중 및 문중묘지 또는 법인묘지 안의 분묘 1기 및 그 분묘의 상석·비석 등 시설물의 설치구역 면적은 $10m^2$(합장의 경우에는 $15m^2$)를 초과하여서는 아니 된다(동법 제18조 제1항).

② 개인묘지는 $30m^2$를 초과하여서는 아니 된다(동법 제18조 제2항).

(4) 분묘의 설치기간 등

① 분묘의 설치기간

㉠ 공설묘지 및 사설묘지에 설치된 분묘의 설치기간은 30년으로 한다(동법 제19조 제1항).

㉡ 설치기간이 지난 분묘의 연고자가 시·도지사, 시장·군수·구청장 또는 법인묘지의 설치·관리를 허가받은 자에게 그 설치기간의 연장을 신청하는 경우에는 1회에 한하여 그 설치기간을 30년으로 하여 연장하여야 한다(동법 제19조 제2항).

㉢ 설치기간을 계산할 때 합장분묘의 경우에는 합장된 날을 기준으로 계산한다(동법 제19조 제3항).

② 시·도지사 또는 시장·군수·구청장은 관할구역 안의 묘지 수급을 위하여 필요하다고 인정되면 조례가 정하는 바에 따라 5년 이상 30년 미만의 기간 안에서 분묘설치기간의 연장기간을 단축할 수 있다(동법 제19조 제4항).

② 설치기간이 종료된 분묘의 처리
㉠ 설치기간이 끝난 분묘의 연고자는 설치기간이 끝난 날부터 1년 이내에 분묘에 설치된 시설물을 철거하고 매장된 유골을 화장하거나 봉안하여야 한다(동법 제20조 제1항).
㉡ 설치기간이 종료된 분묘의 처리의무를 위반한 자는 **1년 이하의 징역 또는 1천만원 이하의 벌금**에 처한다(동법 제40조 제6호).

(5) 무연고분묘의 처리

① 토지소유자의 승낙 없이 해당 토지에 설치한 분묘·묘지설치자 또는 연고자의 승낙 없이 해당 묘지에 설치한 분묘의 연고자는 해당 토지소유자, 묘지설치자 또는 연고자에게 토지사용권이나 그 밖에 분묘의 보존을 위한 권리를 주장할 수 없다(동법 제27조 제3항).

② 토지소유자(점유자나 그 밖의 관리인을 포함한다), 묘지설치자 또는 연고자는 무연고분묘에 해당하는 분묘에 대하여 보건복지부령으로 정하는 바에 따라 그 분묘를 관할하는 시장 등의 허가를 받아 분묘에 매장된 시체 또는 유골을 개장할 수 있다(동법 제27조 제1항).

③ 토지소유자, 묘지설치자 또는 연고자는 무연고분묘의 개장을 하려면 미리 3개월 이상의 기간을 정하여 그 뜻을 해당 분묘의 설치자 또는 연고자에게 알려야 한다(동법 제27조 제2항).

④ 시·도지사 또는 시장·군수·자치구청장은 무연고분묘의 정리 등을 위하여 필요하다고 인정하는 때에는 일제조사 결과 연고자가 없는 분묘에 매장된 시신 또는 유골을 화장하여 일정 기간 봉안(유골을 봉안당 등 봉안시설에 안치)할 수 있다(동법 제28조 제1항).

> **참고** 다만, 해당 분묘의 연고자를 알 수 없으면 그 뜻을 공고하여야 한다.
> ✔ 중앙일간신문을 포함한 둘 이상의 일간신문 또는 관할 시·도 및 시·군·구 인터넷 홈페이지와 하나 이상의 일간신문에 2회 이상 공고하되, 두 번째 공고는 첫 번째 공고일부터 40일이 지난 후에 다시 한다.

(6) 사설묘지의 설치 등

① 설치절차
㉠ 개인묘지를 설치한 자는 보건복지부령으로 정하는 바에 따라 묘지를 설치한 후 30일 이내에 해당 묘지를 관할하는 시장 등에게 신고하여야 한다(동법 제14조 제2항).

ⓒ 가족묘지, 종중·문중묘지 또는 법인묘지를 설치·관리하려는 자는 보건복지부령으로 정하는 바에 따라 해당 묘지를 관할하는 시장 등의 허가를 받아야 한다(동법 제14조 제4항).

② 사설묘지의 설치기준: 묘지는 도로·철도·하천 또는 그 예정지역으로부터 300m 이상(개인묘지와 가족묘지는 200m), 20호 이상의 인가가 밀집한 지역, 학교, 그 밖에 공중이 수시로 집합하는 시설 또는 장소로부터 500m 이상(개인묘지와 가족묘지는 300m) 떨어진 곳에 설치하여야 한다(동법 시행령 제15조).

구분	개인묘지	가족묘지	종중·문중묘지	법인묘지
설치절차	사후신고 (30일 이내)	사전허가		
관청	시장 등			
설치면적	30m² 이하	100m² 이하	1,000m² 이하	10만m² 이상
분묘 1기의 점유면적	30m² 초과 금지	10m² 초과 금지(합장시 15m² 초과 금지)		
설치방법	① 묘지 안에 분묘의 형태는 봉분, 평분 또는 평장으로 하되, 봉분의 높이는 지면으로부터 1m, 평분의 높이는 50cm 이하여야 한다. ② 법인묘지에는 폭 5m 이상의 도로와 그 도로로부터 각 분묘로 통하는 충분한 진출입로를 설치하고, 주차장을 마련하여야 한다.			

(7) 자연장지 조성에 따른 규제

사람의 장례절차에는 여러 가지가 있다. 직접 매장을 하는 방법에서부터 화장 후 납골형태로 작은 용기에 모시는 방법에 이르기까지 다양하다. 그러나 이를 크게 두 가지로 분류할 수 있는데 그중 하나는 시신을 직접 매장하는 방법이고, 다른 하나는 시신을 화장하여 이를 매장하거나 뿌리는 방법이다. 자연장은 2008년도에 도입된 제도인데, 도입 후 짧은 기간 동안 인식이 많이 좋아진 제도라고 할 수 있다.

① 의의
  ㉠ 자연장: 화장한 유골의 골분(骨粉)을 수목·화초·잔디 등의 밑이나 주변에 묻거나 해양, 골분을 뿌릴 수 있는 시설 또는 장소가 마련된 묘지·화장시설·봉안시설·자연장지 등에 뿌려 장사하는 것을 말한다.

참고 한국장례문화진흥원에 따르면 2025년 5월 현재 전국 화장률은 무려 94.5%이다. 이는 1993년도 화장률 19.1%에 비해 약 5배 가까이 증가했다.

참고 자연장은 분묘가 아니며 자연장지의 지목은 묘지가 아니다.

ⓒ 자연장지: 자연장으로 장사할 수 있는 구역을 의미한다.
　　　ⓔ 수목장림: 수목을 이용한 자연장으로 산림에 조성하는 자연장지를 '수목장림'이라 한다.
　② 자연장의 방법
　　㉠ 화장한 유골의 골분을 묻는 경우
　　　ⓐ 지면으로부터 30cm 이상의 깊이에 골분을 묻되, 용기를 사용하지 않는 경우에는 흙과 섞어서 묻어야 한다.
　　　ⓑ 골분, 흙, 용기만(단, 생분해성수지제품이나 생화학적으로 분해가 가능한 것에 한함)을 묻을 수 있고, 그 밖의 유품(遺品) 등을 함께 묻어서는 안 된다.
　　㉡ 화장한 유골의 골분을 뿌리는 경우
　　　ⓐ 해양에 뿌리는 경우에는 육지의 해안선으로부터 5km 이상 떨어진 곳에서 골분이 흩날리지 않도록 수면 가까이 뿌려야 하고, 다른 선박의 항행·어업행위, 수산동식물의 양식 등을 방해하지 않아야 한다. 이 경우 골분, 생화(生花)만을 뿌릴 수 있고, 그 밖의 용기·유품 등을 해양으로 배출해서는 안 된다.
　　　ⓑ 묘지·화장시설·봉안시설·자연장지 등에 뿌리는 경우에는 골분이 흩날리지 않도록 해야 한다. 이 경우 골분을 뿌릴 수 있는 시설이 없는 장소에 뿌리는 경우에는 골분을 뿌린 후 잔디를 덮거나, 골분을 깨끗한 흙과 함께 섞어 뿌린 후 지면에 흡수될 수 있도록 충분한 물을 뿌려야 한다.
　③ 자연장지의 종류별 설치기준

구분	개인	가족	종중·문중	종교단체	공공법인·재단법인
설치 절차	사후신고 (30일 이내)	사전신고	사전신고	사전허가	사전허가
관청	시장 등				
설치 면적	30m² 미만	100m² 미만	2,000m² 이하	4만m² 이하	5만m² 이상

　　㉠ 개인·가족 자연장지의 경우 타인 소유지(토지소유자의 사용승낙서 첨부시)에도 설치가 가능하다.

ⓛ 자연장지는 사설묘지 설치시 적용하는 도로·철도·하천 및 인가나 공중밀집지역 등의 거리제한을 적용하지 않는다.
ⓒ 자연장지는 분묘의 설치기간에 대한 제한이 없다.

④ 자연장지 등의 설치제한지역: 다음의 어느 하나에 해당하는 지역에는 지역에는 원칙적으로 묘지·화장시설·봉안시설 또는 자연장지를 설치·조성할 수 없다(동법 제17조, 영 제22조).

> ㉠ 「국토의 계획 및 이용에 관한 법률」에 따른 녹지지역 및 수산자원보호구역 중 묘지·화장시설·봉안시설·자연장지의 설치·조성이 제한되는 지역
> ㉡ 「수도법」 제7조 제1항에 따른 상수원보호구역: 다만, 기존거주자의 소규모 봉안시설 또는 자연장지는 예외 허용
> ㉢ 「문화유산의 보존 및 활용에 관한 법률」에 따른 지정문화유산 보호구역: 다만, 10만m^2 미만의 자연장지로서 국가유산청장의 허가를 받은 경우에는 설치·조성할 수 있다.
> ㉣ 「국토의 계획 및 이용에 관한 법률」상 주거지역·상업지역 및 공업지역: 다만, 다음의 지역은 설치·조성할 수 있다.
>> ⓐ 화장시설, 봉안시설 및 자연장지의 경우: 국토의 계획 및 이용에 관한 법령에 따라 해당 시설을 설치·조성할 수 있는 지역
>> ⓑ 개인·가족자연장지의 경우: 「국토의 계획 및 이용에 관한 법률 시행령」의 주거지역 중 일반주거지역·준주거지역, 상업지역 중 일반상업지역·근린상업지역·유통상업지역, 공업지역 중 일반공업지역·준공업지역
> ㉤ 수변구역 또는 특별대책지역, 해양보호구역, 어장관리해역, 항만구역중 수상구역, 수산자원 관리수면
> ㉥ 「도로법」 제40조에 따라 지정·고시된 접도구역
> ㉦ 「하천법」 제10조에 따라 지정·고시된 하천구역
> ㉧ 「농지법」 제28조에 따라 지정된 농업진흥지역
> ㉨ 「산림보호법」 제7조에 따른 산림보호구역과 「산림자원의 조성 및 관리에 관한 법률」 제19조, 제47조 및 제48조에 따른 채종림 등, 시험림 및 특별산림보호구역
> ㉩ 「국유림의 경영 및 관리에 관한 법률」 제16조 제1항 제1호에 따른 보전국유림: 다만, 자연장지는 보전국유림 내에 조성할 수 있다.
> ㉪ 「백두대간보호에 관한 법률」 제6조에 따라 지정·고시된 백두대간보호지역
> ㉫ 「사방사업법」 제4조에 따라 지정·고시된 사방지(砂防地)

- ㉤ 「군사기지 및 군사시설 보호법」 제4조에 따라 지정된 군사기지 및 군사시설 보호구역과 「군사기밀 보호법」 제5조에 따라 설정된 군사보호구역: 다만, 국방부장관의 인정을 받거나 관할 부대장의 승인을 받은 경우에는 조성할 수 있다.
- ㉥ 붕괴·침수 등으로 보건위생상 위해를 끼칠 우려가 있는 지역으로서 지방자치단체의 조례로 정하는 지역

⑤ 무단설치된 자연장: 토지소유자 또는 자연장지조성자의 승낙 없이 다른 사람 소유의 토지 또는 자연장지에 자연장을 한 자 또는 그 연고자는 해당 토지소유자 또는 자연장지조성자에 대하여 토지사용권이나 그 밖에 자연장의 보존을 위한 권리를 주장할 수 없다(동법 제27조 제4항).

예제

개업공인중개사가 분묘와 관련된 토지에 관하여 매수의뢰인에게 설명한 내용으로 옳은 것은? (다툼이 있으면 판례에 의함)

① 가족묘지 1기 및 그 시설물의 총면적은 합장하는 경우 $20m^2$까지 가능하다.
② 최종으로 연장받은 설치기간이 종료한 분묘의 연고자는 설치기간 만료 후 2년 내에 분묘에 설치된 시설물을 철거하여야 한다.
③ 평장의 경우에도 유골이 매장되어 있는 때에는 분묘기지권이 인정된다.
④ 단순히 토지소유자의 설치 승낙만을 받아 분묘를 설치한 경우 분묘의 설치자는 사용대차에 따른 차주의 권리를 취득한다.
⑤ 토지소유자의 승낙 없이 타인 소유의 토지에 자연장을 한 자는 토지소유자에 대하여 시효취득을 이유로 자연장의 보존을 위한 권리를 주장할 수 없다.

해설 ⑤ 토지소유자의 승낙 없이 자연장을 한 자는 분묘 등에 관한 권리 일체를 주장할 수 없다(「장사 등에 관한 법률」 제27조).
① 공동묘지의 경우 분묘 1기당 $10m^2$, 합장시에도 $15m^2$를 초과할 수 없다.
② 설치기간이 종료한 분묘의 연고자는 설치기간 만료 후 1년 내에 분묘에 설치된 시설물을 철거하여야 한다.
③ 평장이나 암장은 분묘기지권이 인정되지 않는다.
④ 토지소유자의 승낙을 얻어서 분묘를 설치한 경우 분묘기지권이 인정되며, 이는 사용대차 등 채권적 권리가 아니라 물권으로서의 권리가 성립된다.

정답 ⑤

④ 농지법상 농지취득자격증명제

농지에 관하여 국가는 경자유전의 원칙이 달성될 수 있도록 노력하여야 하며(헌법 제121조), 이를 위해서「농지법」에서는 농지의 소유·이용 및 보전에 관하여 여러 가지 규제를 정하고 있다. 농지의 소작제도는 금지되는 것이 원칙이며, 농업생산성의 제고와 농지의 합리적인 이용을 위하거나 불가피한 사정으로 발생하는 농지의 임대차와 위탁경영에 한하여 법률이 정하는 바에 따라 예외적으로 인정하는 만큼 농지에 대한 소유·이용 등이 매우 까다롭다는 사실을 알 수 있다.

(1)「농지법」상 농지의 의의

다음의 어느 하나에 해당하는 토지를 말한다(「농지법」제2조 제1호).

① 「공간정보의 구축 및 관리 등에 관한 법률」상 지목이 전·답, 과수원인 토지
② 그 밖에 법적 지목(地目)을 불문하고 실제로 농작물 경작지로 이용되는 토지
③ 그 밖에 법적 지목(地目)을 불문하고 다년생식물 재배지로 이용되는 토지
④ ①~③의 토지의 개량(改良)시설과 ①~③의 토지에 설치하는 농축산물 생산시설로서 대통령령으로 정하는 시설의 부지

> **심화**「농지법」상 농지에서 제외되는 토지
>
> 1. 「공간정보의 구축 및 관리 등에 관한 법률」에 따른 지목이 전·답, 과수원이 아닌 토지로서(지목이 임야인 토지는 제외) 농작물 경작지 또는 다년생식물 재배지로 계속하여 이용되는 기간이 3년 미만인 토지
> 2. 「공간정보의 구축 및 관리 등에 관한 법률」에 따른 지목이 임야인 토지로서「산지관리법」에 따른 산지전용허가(다른 법률에 따라 산지전용허가가 의제되는 인가·허가·승인 등을 포함)를 거치지 아니하고 다년생식물의 재배에 이용되는 토지
> 3. 「초지법」에 따라 조성된 초지

> **판례** 농지의 판단 기준
>
> 1. 지목이 답으로 되어 있는 토지에 대하여 제3자 명의로 주택 부지로의 농지전용허가가 되었다는 점만으로는 이미 농지로서의 성질을 상실하고 사실상 대지화되었다고 보기 어렵고, 여름철에 야영장 등으로 이용되면서 사실상 잡종지로 활용될 뿐 농작물의 경작에 이용되지 않고 있다고 하여도 그 토지에 별다른 견고한 구조물이 축조되어 있지 아니하고 터파기작업 등이 이루어져 현상이 크게 변동된 것도 아니어서 그 원상회복이 비교적 용이하여 보이는 점 등에 비추어 그 현상 변경이 일시적인 것에 불과하다면 그 토지는「농지법」상의 농지이다(대결 98마2604).

2. 농지의 현상이 변경되었다고 하더라도 그 변경상태가 일시적인 것에 불과하고 농지로서의 원상회복이 용이하게 이루어질 수 있다면 그 토지는 여전히 「농지법」에서 말하는 농지에 해당하며, 공부상 지목이 잡종지인 토지의 경우에도 이를 달리 볼 것은 아니다(대판 2006두8235).
3. 어떠한 토지가 농지인지 여부는 공부상의 지목 여하에 불구하고 해당 토지의 사실상의 현상에 따라 가려야 하므로, 공부상 지목이 전(田)인 토지가 농지로서의 현상을 상실하고 그 상실한 상태가 일시적이라고 볼 수 없다면 더 이상 '농지'에 해당하지 않는다(대판 2010두6175).

(2) 농지의 소유제한

농지는 자기의 농업경영에 이용하거나 이용할 자가 아니면 소유하지 못한다(「농지법」 제6조 제1항). 다만, 다음의 어느 하나에 해당하는 경우에는 농지를 소유할 수 있으나, 소유 농지는 농업경영에 이용되도록 하여야 한다(② 및 ③은 제외한다)(동법 제6조 제2항).

① 국가나 지방자치단체가 농지를 소유하는 경우
② 「초·중등교육법」 및 「고등교육법」에 따른 학교, 농림축산식품부령으로 정하는 공공단체·농업연구기관·농업생산자단체 또는 종묘나 그 밖의 농업 기자재 생산자가 그 목적사업을 수행하기 위하여 필요한 시험지·연구지·실습지·종묘생산지 또는 과수 인공수분용 꽃가루생산지로 쓰기 위하여 농림축산식품부령으로 정하는 바에 따라 농지를 취득하여 소유하는 경우
③ 주말·체험영농(농업인이 아닌 개인이 주말 등을 이용하여 **취미생활이나 여가활동으로 농작물을 경작하거나 다년생식물을 재배하는 것**)을 하려고 농업진흥지역 외의 농지를 소유하는 경우
④ 상속[상속인에게 한 유증(遺贈)을 포함]으로 농지를 취득하여 소유하는 경우
⑤ 8년 이상 농업경영을 하던 자가 이농(離農)한 후에도 이농 당시 소유하고 있던 농지를 계속 소유하는 경우(영 제4조)
⑥ 담보농지를 취득하여 소유하는 경우(「자산유동화에 관한 법률」에 따른 유동화전문회사 등이 「농지법」 제13조 제1항 제1호부터 제4호까지에 규정된 저당권자로부터 농지를 취득하는 경우를 포함)
⑦ 농지전용허가[다른 법률에 따라 농지전용허가가 의제(擬制)되는 인가·허가·승인 등을 포함]를 받거나 농지전용신고를 한 자가 그 농지를 소유하는 경우
⑧ 농지전용협의를 마친 농지를 소유하는 경우
⑨ 「한국농어촌공사 및 농지관리기금법」에 따른 농지의 개발사업지구에 있는 농지로서 대통령령으로 정하는 1,500m² 미만의 농지(한국농어촌공사가 개발하여 매도하는 다음의 어느 하나에 해당하는 농지)나 「농어촌정비법」 제98조 제3항에 따른 농지를 취득하여 소유하는 경우(영 제5조 제1항)

㉠ 도·농간의 교류촉진을 위한 1,500m² 미만의 농원부지
㉡ 농어촌관광휴양지에 포함된 1,500m² 미만의 농지
⑩ 제28조에 따른 농업진흥지역 밖의 농지 중 최상단부부터 최하단부까지의 평균 경사율이 15% 이상인 농지로서 대통령령으로 정하는 농지[다음의 요건을 모두 갖춘 농지로서 시장·군수가 조사하여 고시한 농지(이하 '영농여건불리농지')]를 소유하는 경우(영 제5조의2 제1항)
㉠ 「지방자치법」에 따른 시·군의 읍·면 지역의 농지일 것
㉡ 집단화된 농지의 규모가 2만m² 미만인 농지일 것
㉢ 시장·군수가 일정 사항(농업용수·농로 등 농업생산기반의 정비 정도, 농기계의 이용 및 접근가능성, 통상적인 영농관행)을 고려하여 영농여건이 불리하고 생산성이 낮다고 인정하는 농지일 것
⑪ 다음의 어느 하나에 해당하는 경우
㉠ 「한국농어촌공사 및 농지관리기금법」에 따라 한국농어촌공사가 농지를 취득하여 소유하는 경우
㉡ 「농어촌정비법」 제16조·제25조·제43조·제82조 또는 제100조에 따라 농지를 취득하여 소유하는 경우
㉢ 「공유수면 관리 및 매립에 관한 법률」에 따라 매립농지를 취득하여 소유하는 경우
㉣ 토지수용으로 농지를 취득하여 소유하는 경우
㉤ 농림축산식품부장관과 협의를 마치고 「공익사업을 위한 토지 등의 취득 및 보상에 관한 법률」에 따라 농지를 취득하여 소유하는 경우
㉥ 「공공토지의 비축에 관한 법률」에 해당하는 토지 중 공공토지비축 심의위원회가 비축이 필요하다고 인정하는 토지로서 계획관리지역과 자연녹지지역 안의 농지를 한국토지주택공사가 취득하여 소유하는 경우. 이 경우 그 취득한 농지를 전용하기 전까지는 한국농어촌공사에 지체 없이 위탁하여 임대하거나 사용대(使用貸)하여야 한다.

참고 시장·군수는 영농여건불리농지를 고시한 때에는 그 내용을 관할 광역시장 또는 도지사를 거쳐 농림축산식품부장관에게 보고하여야 한다(영 제5조의2 제2항).

(3) 농지의 소유상한

① 농업인의 농지 소유: 농업경영을 하는 농업인은 농지 소유면적에 제한이 없다.
② 비농업인의 농지 소유: 농업경영을 하지 아니하는 자는 (2)의 법정된 사유에 해당하는 경우에만 농지를 소유하되, 다음에 해당하는 자는 법정된 면적까지 취득할 수 있다(동법 제7조).

비교➡ 상속인이 농업경영을 하는 경우에는 소유면적의 제한이 없다.

⊙ 상속농지: 상속으로 농지를 취득한 사람으로서 농업경영을 하지 아니하는 사람은 그 상속농지 중에서 총 1만m²까지만 소유할 수 있다.
⊙ 이농농지: 8년 이상 농업경영을 한 후 이농한 사람은 이농 당시의 소유 농지 중에서 총 1만m²까지만 소유할 수 있다.
⊙ 주말·체험영농: 주말·체험영농을 하고자 하는 사람은 총 1,000m² 미만의 농지를 소유할 수 있다. 이 경우 면적 계산은 그 세대원 전부가 소유하는 총면적으로 한다.

Tip 👍 비농업인은 원칙적으로 농지를 소유할 수 없으나 상속농지, 이농농지, 주말·체험영농의 경우에 한하여 규정된 면적까지만 예외적으로 소유가 가능하다. 법정면적을 정확히 기억하여야 한다.

핵심 농지의 취득제한 및 소유제한 정리

구분		법정면적
비농업인에 대한 농지의 취득제한 (농업인으로 되는 경우에 소유허용)	해당 농지취득 후 농업경영 이용 농지	1,000m² 이상
	버섯사 등 특수작물재배용	330m² 이상
비농업인에 대한 농지의 소유제한	상속농지	1만m² 이내
	8년 이상 자경 후 이농	✔ 한국농어촌공사 등에 위탁 임대·무상사용 ➡ 기간 중 면적 제한 없이 소유 가능
	주말·체험영농	한 세대당 1,000m² 미만 (법인의 취득 목적으로 불가)

(4) 농지취득자격증명

① 농지를 취득하고자 하는 자는 농지의 소재지를 관할하는 '시장·구청장·읍장 또는 면장'으로부터 농지취득자격증명을 발급받아야 한다(동법 제8조). ✚ 취득자격증명 발급시 농지관리위원 확인절차(농지 소재지 관할 이장들의 확인절차)와 「농지법」상 통작거리제한(20km) 규정은 폐지되었다.

✚ 발급받은 농지취득자격증명원은 소유권이전등기시 필요하며 가등기, 저당권·지상권설정등기시에는 필요하지 않으나 경매·공매, 증여, 판결 등으로 취득시에는 필요하다.

② 토지거래계약허가구역 내 농지의 경우에는 통작거리제한(농업인 등의 거주지 주소로부터 30km 등)이 있기 때문에 현지인으로 농업경영을 직접하고 있거나 농업경영을 하고자 하는 자가 아니면 취득할 수 없다.

> **판례** 농지취득자격증명

1. 「농지법」 규정의 농지취득자격증명은 농지를 취득하는 자가 그 소유권에 관한 등기를 신청할 때에 첨부하여야 할 서류로서, 농지를 취득하는 자에게 농지취득의 자격이 있다는 것을 증명하는 것일 뿐 농지취득의 원인이 되는 법률행위(매매 등)의 효력을 발생시키는 요건은 아니다(대판 97다49251).
2. 농지에 관한 경매절차에서 이러한 농지취득자격증명 없이 매각허가결정 및 대금납부가 이루어지고 그에 따른 소유권이전등기까지 경료되었다 하더라도 농지취득자격증명은 그 후에 추완하여도 무방하다 할 것이다(대판 2006다27451).
3. 농지를 취득하려는 자가 농지에 대한 매매계약을 체결하는 등으로 농지에 관한 소유권이전등기청구권을 취득하였다면, 농지취득자격증명 발급신청권을 보유하게 된다. 이러한 농지취득자격증명 발급신청권은 채권자대위권의 행사대상이 될 수 있다(대판 2014두36518).

심화 경매절차에서 농지취득자격증명은 원칙적으로 매각허가결정 전까지 제출하여야 한다(대결 98마2604).

(5) 농지취득자격증명 발급자격

① 농지의 취득 목적: 취득의 목적은 농업경영, 주말·체험영농, 농지전용허가 등을 받은 경우, 시험·연구 등 법정된 경우에 한한다.

취득 목적	내용

농업경영	㉠ 농업인, 법인 등
	㉡ 신규영농: 신청 당시 농업경영을 하지 아니하는 자가 자기의 농업경영에 이용하고자 하여 농지를 취득하는 경우에는 해당 농지의 취득 후 농업경영에 이용하고자 하는 농지의 총면적이 다음에 해당할 것
	  ⓐ 고정식 온실·버섯재배사·비닐하우스·축사, 그 밖의 농업생산에 필요한 시설로서 농림축산식품부령으로 정하는 시설이 설치되어 있거나 설치하려는 농지: $330m^2$ 이상
	  ⓑ 곤충사육사가 설치되어 있거나 곤충사육사를 설치하려는 농지: $165m^2$ 이상
	  ⓒ ⓐ 및 ⓑ 외의 농지: $1,000m^2$ 이상

주말·체험영농	$1,000m^2$ 미만의 농지에 한하여 이를 소유할 수 있다. 이 경우 면적 계산은 그 세대원 전부가 소유하는 총면적으로 한다.

② 농지취득자격증명의 발급: 농지취득자격증명을 발급받고자 하는 자는 농업경영계획서를 작성하여 농지 소재지를 관할하는 시장·구청장·읍장·면장에게 그 발급을 신청하여야 한다(이 경우 농림축산식품부장관이 정하는 전자적인 방법을 활용하여 제출할 수 있다).

③ 농지위원회의 심의: 시·구·읍·면의 장은 농지 투기가 성행하거나 성행할 우려가 있는 지역의 농지를 취득하려는 자 등 농림축산식품부령으로 정하는 자가 농지취득자격증명 발급을 신청한 경우 농지위원회의 심의를 거쳐야 한다.

④ 농지취득자격증명의 발급기간: 시·구·읍·면의 장은 농지취득자격증명의 발급 신청을 받은 때에는 그 신청을 받은 날부터 7일(농업경영계획서를 작성하지 아니하는 경우에는 4일, 농지위원회의 심의 대상의 경우에는 14일) 이내에 신청인에게 농지취득자격증명을 발급하여야 한다.

⑤ 농지취득자격증명의 발급제한: 시·구·읍·면의 장은 농지취득자격증명을 발급받으려는 자가 농업경영계획서 또는 주말·체험영농계획서에 포함하여야 할 사항을 기재하지 아니하거나 첨부하여야 할 서류를 제출하지 아니한 경우 농지취득자격증명을 발급하여서는 아니 된다. 또한, 1필지를 공유로 취득하려는 자가 시·군·구의 조례로 정한 수(최대인원수를 7인 이하의 범위로 제한, 단 상속 제외)를 초과한 경우에는 농지취득자격증명을 발급하지 아니할 수 있다(동법 제8조의3).

⑥ 농업경영계획서 불필요사유: 다음의 경우는 농업경영계획서를 작성하지 아니하고 발급신청을 할 수 있다(동법 제8조 제2항).

> ㉠ 「초·중등교육법」 및 「고등교육법」에 따른 학교, 농림축산식품부령으로 정하는 공공단체·농업연구기관·농업생산자단체 또는 종묘나 그 밖의 농업 기자재 생산자가 그 목적사업을 수행하기 위하여 필요한 시험지·연구지·실습지·종묘생산지 또는 과수 인공수분용 꽃가루생산지로 쓰기 위하여 농림축산식품부령으로 정하는 바에 따라 농지를 취득하여 소유하는 경우
> ㉡ 주말·체험영농(농업인이 아닌 개인이 주말 등을 이용하여 취미생활이나 여가활동으로 농작물을 경작하거나 다년생식물을 재배하는 것을 말한다)을 하려고 농업진흥지역 외의 농지를 소유하는 경우
> ㉢ 농지전용허가[다른 법률에 따라 농지전용허가가 의제(擬制)되는 인가·허가·승인 등을 포함한다]를 받거나 「농지법」 제35조 또는 동법 제43조에 따른 농지전용신고를 한 자가 그 농지를 소유하는 경우
> ㉣ 「한국농어촌공사 및 농지관리기금법」에 따른 농지의 개발사업지구에 있는 농지로서 대통령령으로 정하는 1,500m^2 미만의 농지나 「농어촌정비법」 제98조 제3항에 따른 농지를 취득하여 소유하는 경우

ⓜ 제28조에 따른 농업진흥지역 밖의 농지 중 최상단부부터 최하단부까지의 평균경사율이 15% 이상인 농지로서 대통령령으로 정하는 농지를 소유하는 경우
ⓑ 「공공토지의 비축에 관한 법률」 제2조 제1호 가목에 해당하는 토지 중 공공토지비축 심의위원회가 비축이 필요하다고 인정하는 토지로서 계획관리지역과 자연녹지지역 안의 농지를 한국토지주택공사가 취득하여 소유하는 경우. 이 경우 그 취득한 농지를 전용하기 전까지는 한국농어촌공사에 지체 없이 위탁하여 임대하거나 무상사용하게 하여야 한다.

⑦ 농지취득자격증명원 불필요사유: 다음의 어느 하나에 해당하는 경우 농지취득자격증명원을 발급받지 아니하고 농지를 취득할 수 있다(동법 제8조 제1항).

㉠ 국가 또는 지방자치단체가 농지를 소유하는 경우
㉡ 상속(상속인에게 한 유증을 포함한다)에 의하여 농지를 취득하여 소유하는 경우
㉢ 담보농지를 취득하여 소유하는 경우
㉣ 농지전용협의를 완료한 농지를 소유하는 경우
㉤ 「국토의 계획 및 이용에 관한 법률」에 의한 도시지역 안에 주거지역·상업지역·공업지역 또는 도시계획시설을 지정 또는 결정할 때에 해당 지역 또는 시설예정지 안에 농지가 포함되어 있는 경우. 다만, 이미 지정된 주거지역·상업지역·공업지역을 다른 지역으로 변경하거나 이미 지정된 주거지역·상업지역·공업지역에 도시계획시설을 결정하는 경우를 제외한다.
㉥ 「국토의 계획 및 이용에 관한 법률」에 의한 도시지역 안의 녹지지역 및 개발제한구역 안의 농지에 대하여 개발행위의 허가를 하거나 토지형질변경허가를 하는 경우
㉦ 한국농어촌공사가 농지를 취득하여 소유하는 경우
㉧ 「공유수면 관리 및 매립에 관한 법률」에 의하여 매립농지를 취득하여 소유하는 경우
㉨ 토지수용으로 농지를 취득하여 소유하는 경우
㉩ 농업법인의 합병으로 농지를 취득하는 경우
㉪ 공유농지의 분할
㉫ 시효의 완성으로 농지를 취득하는 경우
㉬ 농림축산식품부장관과 협의를 마치고 「공익사업을 위한 토지 등의 취득 및 보상에 관한 법률」에 따라 농지를 취득하여 소유하는 경우

Tip 👆 표를 이미지화하여 기억하면 된다.

> **핵심** 농업경영계획서와 농지취득자격증명원의 비교
>
> | 구분 | 농업경영계획서 | 주말·체험영농계획서 | 농지취득자격증명원 |
> |---|---|---|---|
> | 농업경영 | ○ | × | ○ |
> | 주말·체험영농 | × | ○ | ○ |
> | 농지전용협의 | × | × | × |
> | 농지전용허가·신고 | × | × | ○ |

(6) 농업경영에 이용하지 아니하는 농지 등의 처분

① 농지의 처분의무사유의 통지: 농지 소재지 관할 시장·군수·구청장이 다음의 어느 하나에 해당하여 처분의무기간 등을 명시하여 농지처분통지를 하게 되면 농지소유자는 그 사유가 발생한 날부터 1년 이내 농지를 처분하여야 한다(동법 제10조).

> ㉠ 소유농지를 자연재해·농지개량·질병 등 다음의 정당한 사유 없이 자기의 농업경영에 이용하지 아니하거나 이용하지 아니하게 되었다고 시장(구를 두지 아니한 시의 시장)·군수 또는 구청장이 인정한 경우(영 제9조 제1항)
> ⓐ 「농지법」 제23조에 따라 소유농지를 임대 또는 무상사용하게 하는 경우
> ⓑ 「농지법」 제26조에 따라 임대인의 지위를 승계한 양수인이 그 임대차 잔여기간 동안 계속하여 임대하는 경우
> ⓒ 다음의 어느 하나에 해당하는 경우
> • 자연재해 등으로 인하여 영농이 불가능하게 되어 휴경(休耕)하는 경우
> • 농지개량 또는 영농준비를 위하여 휴경하는 경우
> • 「병역법」에 따라 징집 또는 소집되어 휴경하는 경우
> • 질병 또는 취학으로 인하여 휴경하는 경우
> • 선거에 따른 공직취임으로 휴경하는 경우
> • 「농지법 시행령」 제24조 제1항의 어느 하나에 해당하는 사유로 휴경하는 경우
> • 농산물의 생산조정 또는 출하조절을 위하여 휴경하는 경우
> • 연작으로 인한 피해가 예상되는 작목의 경작이나 재배 전후에 피해 예방을 위하여 필요한 기간 동안 휴경하는 경우
> • 「가축전염병 예방법」에 따라 가축사육시설이 폐쇄되거나 가축의 사육이 제한되어 해당 축사에서 가축을 사육하지 못하게 된 경우

- 「곤충산업의 육성 및 지원에 관한 법률」에 따라 곤충의 사육 및 유통이 제한되거나 폐기 명령을 받은 경우
- 소유농지가 「자연공원법」 제18조 제1항 제1호에 따른 공원자연보존지구로 지정된 경우

ⓛ 농지를 소유하고 있는 농업회사법인이 농업회사법인의 성립요건에 맞지 아니하게 된 후 3개월이 지난 경우

ⓒ 학교, 공공단체·농업연구기관·농업생산자단체 또는 종묘나 그 밖의 농업 기자재 생산자가 그 목적사업을 수행하기 위하여 필요한 시험지·연구지·실습지·종묘생산지 또는 과수 인공수분용 꽃가루생산지로 쓰기 위하여 농지를 취득한 자가 그 농지를 해당 목적사업에 이용하지 아니하게 되었다고 시장·군수 또는 구청장이 인정한 경우

ⓔ 주말·체험영농에 따라 농지를 취득한 자가 자연재해·농지개량·질병 등 대통령령으로 정하는 정당한 사유(㉠의 사유) 없이 그 **농지를 주말·체험영농에 이용하지 아니하게 되었다고 시장·군수 또는 구청장이 인정한 경우**

ⓜ 상속을 원인으로 농지를 취득하여 소유한 자가 농지를 「농지법」에 따라 임대하거나 한국농어촌공사에 위탁하여 임대하는 등 대통령령으로 정하는 정당한 사유 없이 자기의 농업경영에 이용하지 아니하거나 이용하지 아니하게 되었다고 시장·군수 또는 구청장이 인정한 경우

ⓗ 8년 이상 농업경영을 하던 자가 이농 농지를 「농지법」에 따라 임대하거나 한국농어촌공사에 위탁하여 임대하는 등 대통령령으로 정하는 정당한 사유 없이 자기의 농업경영에 이용하지 아니하거나, 이용하지 아니하게 되었다고 시장·군수 또는 구청장이 인정한 경우

ⓢ 농지전용허가나 농지전용신고에 따라 농지를 취득한 자가 취득한 날부터 2년 이내에 그 목적사업에 착수하지 아니한 경우

ⓞ 농림축산식품부장관과의 협의를 마치지 아니하고 「공익사업을 위한 토지 등의 취득 및 보상에 관한 법률」에 따라 농지를 소유한 경우

ⓩ 한국토지주택공사가 공공토지 비축용으로 소유한 농지를 한국농어촌공사에 지체 없이 위탁하지 아니한 경우

ⓧ 농지소유 상한을 초과하여 농지를 소유한 것이 판명된 경우(초과소유한 부분만 처분)

ⓚ 거짓이나 그 밖의 부정한 방법으로 농지취득자격증명을 발급받아 농지를 소유한 것이 판명된 경우

ⓣ 자연재해·농지개량·질병 등 대통령령으로 정하는 정당한 사유(㉠의 사유 또는 위탁경영하는 경우) 없이 농업경영계획서 내용을 이행하지 아니하였다고 시장·군수 또는 구청장이 인정한 경우

심화 처분명령을 받지 아니하고 그 유예기간을 경과한 때에는 처분의무에 대하여 처분명령이 유예된 해당 농지의 그 처분의무만 소멸된 것으로 본다.

② 처분명령: 시장·군수·구청장은 **거짓이나 그 밖의 부정한 방법으로 농지취득자격증명을 발급받아 농지를 소유한 것으로 인정**되거나, **농업경영에 이용하지 않는 농지**를 처분의무기간 내에 처분하지 아니한 농지소유자에 대하여 다시 처분명령을 할 수 있고, 이 경우 6개월 이내에 처분하여야 한다. 다만, 다음의 경우에는 처분의무기간이 지난 날부터 3년간 처분명령을 직권으로 유예할 수 있다(동법 제11조 제1항, 제12조 제1항).

> ㉠ 자기의 농업경영에 이용하는 경우
> ㉡ 한국농어촌공사나 그 밖에 대통령령으로 정하는 자와 해당 농지의 매도위탁계약을 체결한 경우

③ 이행강제금 부과: 시장·군수 또는 구청장은 처분명령을 받은 후 정당한 사유 없이 지정기간까지 그 처분명령을 이행하지 아니한 자에게 해당 토지의 감정가격 또는 개별공시지가 중 더 높은 가액의 100분의 25에 해당하는 이행강제금을 부과한다(동법 제63조).
 ㉠ 이행강제금은 최초 처분명령이 있는 날을 기준으로 처분이 이행될 때까지 매년 1회 부과·징수한다.
 ㉡ 이행강제금을 부과하기 전에 이행강제금을 부과·징수한다는 뜻을 미리 문서로 알려야 한다.
 ㉢ 이행강제금의 부과처분에 불복하는 자는 그 처분의 고지를 받은 날부터 30일 이내에 시장·군수 또는 구청장에게 이의를 제기할 수 있다.

> **심화** 매수청구
> 농지의 소유자는 처분명령을 받으면 한국농어촌공사에 그 농지의 매수를 청구할 수 있다. 한국농어촌공사는 공시지가를 기준으로 해당 농지를 매수할 수 있다. 이 경우 인근지역의 실제 거래가액이 공시지가보다 낮으면 실제 거래가격을 기준으로 매수할 수 있다.

> **예제**
>
> 개업공인중개사가 중개의뢰인에게 설명한 내용으로 틀린 것은?
>
> ① 농지는 자기의 농업경영에 이용하거나 이용할 자가 아니면 소유하지 못함이 원칙이다.
> ② 공유농지의 분할을 원인으로 농지를 취득하는 경우 농지취득자격증명을 요하지 않는다.
> ③ 농지소유자는 6개월 이상 국외여행 중인 경우에 한하여 소유농지를 위탁경영하게 할 수 있다.
> ④ 외국인이 경매로 대한민국 안의 토지를 취득한 때에는 취득한 날부터 6개월 이내에 이를 신고하여야 한다.
> ⑤ 외국인이 상속으로 대한민국 안의 토지를 취득한 후 법정기간 내에 신고하지 않으면 과태료가 부과된다.
>
> **해설** 농지소유자는 3개월 이상 국외여행 중인 경우에 한하여 소유농지를 위탁경영하게 할 수 있다.
>
> **정답** ③

(7) 대리경작제도

① 의의: 대리경작제도란 법정된 유휴농지에 대하여 해당 농지의 소유권 또는 임차권을 가진 자에 대신하여 대리경작자를 지정(직권 또는 신청으로 한다)하고, 그로 하여금 대신하여 농작물을 경작한 후 수확량의 100분의 90을 대리경작자가 수취하는 제도를 말한다.

② 유휴농지: 시장·군수 또는 구청장은 유휴농지에 대하여 대리경작자를 직권으로 지정하거나 유휴농지를 경작하려는 자의 신청을 받아 대리경작자를 지정할 수 있다. 다만, 다음의 어느 하나의 경우는 유휴농지에 해당하지 아니한다(영 제18조).

> ㉠ 지력의 증진이나 토양의 개량·보전을 위하여 필요한 기간 동안 휴경하는 농지
> ㉡ 연작으로 인하여 피해가 예상되는 작목의 경작 또는 재배 전후에 지력의 증진 또는 회복을 위하여 필요한 기간 동안 휴경하는 농지
> ㉢ 농지전용허가를 받거나 농지전용협의(다른 법률에 따라 농지전용허가가 의제되는 협의를 포함한다)를 거친 농지
> ㉣ 농지전용신고를 한 농지
> ㉤ 농지의 타 용도 일시사용허가를 받거나 협의를 거친 농지
> ㉥ 농지의 타 용도 일시사용신고를 하거나 협의를 거친 농지
> ㉦ 그 밖에 농림축산식품부장관이 정하는 ㉠부터 ㉥까지의 농지에 준하는 농지

용어 유휴농지
농작물 경작이나 다년생식물 재배에 이용되지 아니하는 농지를 말한다.

③ 대리경작자
  ㉠ 1차적 대리경작자: 시장(자치구가 설치되지 아니한 시)·군수 또는 구청장은 대리경작자를 지정하려는 경우에는 해당 농지의 인근지역에서 농업경영을 하는 농업인 또는 농업법인으로서 대리경작을 하려는 자 중 해당 농지를 효율적으로 경작할 능력이 있다고 인정되는 자를 대리경작자로 지정하여야 한다.
  ㉡ 2차적 대리경작자: 시장·군수 또는 구청장은 ㉠에 따라 대리경작자를 지정하기가 곤란한 경우에는 인근지역의 농업생산자단체·학교나 그 밖에 해당 농지를 경작하려는 자를 대리경작자로 지정할 수 있다.
④ 대리경작기간: 대리경작기간은 따로 정하지 아니하면 3년으로 한다.
⑤ 대리경작자의 의무(수확량의 일정 부분의 지급): 대리경작자는 수확량의 100분의 10을 농림축산식품부령으로 정하는 바에 따라 그 농지의 소유권자나 임차권자에게 토지사용료로 지급하여야 한다(수확일부터 2개월 내).

> **심화** 이 경우 수령을 거부하거나 지급이 곤란한 경우에는 토지사용료를 공탁할 수 있다.

(8) 농지임대차
① 임대차금지의 원칙: 농지는 원칙적으로 '경자유전의 원칙'에 따라 임대하거나 무상사용하게 할 수 없는 것이 원칙이다.
② 예외적 허용: 다음의 어느 하나에 해당하는 경우나 「농지법」 제23조에 규정된 경우에는 예외적으로 가능하다.

㉠ 국가 또는 지방자치단체가 농지를 소유하는 경우
㉡ 상속[상속인에게 한 유증(遺贈)을 포함한다]으로 농지를 취득하여 소유하는 경우
㉢ 8년 이상 농업경영을 하던 자가 이농(離農)한 후에도 이농 당시 소유하고 있던 농지를 계속 소유하는 경우
㉣ 담보농지를 취득하여 소유하는 경우(「자산유동화에 관한 법률」에 따른 유동화전문회사 등이 제13조 제1항 제1호부터 제4호까지에 규정된 저당권자로부터 농지를 취득하는 경우를 포함한다)
㉤ 농지전용허가[다른 법률에 따라 농지전용허가가 의제(擬制)되는 인가·허가·승인 등을 포함한다]를 받거나 농지전용신고를 한 자가 그 농지를 소유하는 경우
㉥ 농지전용협의를 마친 농지를 소유하는 경우
㉦ 「한국농어촌공사 및 농지관리기금법」에 따른 농지의 개발사업지구에 있는 농지로서 대통령령으로 정하는 1,500㎡ 미만의 농지나 「농어촌정비법」 제98조 제3항에 따른 농지를 취득하여 소유하는 경우

ⓞ 제28조에 따른 농업진흥지역 밖의 농지 중 최상단부부터 최하단부까지의 평균경사율이 15% 이상인 농지로서 대통령령으로 정하는 농지를 소유하는 경우
ⓩ 다음의 어느 하나에 해당하는 경우
  ⓐ 「한국농어촌공사 및 농지관리기금법」에 따라 한국농어촌공사가 농지를 취득하여 소유하는 경우
  ⓑ 「농어촌정비법」 제16조, 제25조, 제43조, 제82조 또는 제100조에 따라 농지를 취득하여 소유하는 경우
  ⓒ 「공유수면 관리 및 매립에 관한 법률」에 따라 매립농지를 취득하여 소유하는 경우
  ⓓ 토지수용으로 농지를 취득하여 소유하는 경우
  ⓔ 농림축산식품부장관과 협의를 마치고 「공익사업을 위한 토지 등의 취득 및 보상에 관한 법률」에 따라 농지를 취득하여 소유하는 경우
  ⓕ 「공공토지의 비축에 관한 법률」에 해당하는 토지 중 같은 법 제7조 제1항에 따른 공공토지비축 심의위원회가 비축이 필요하다고 인정하는 토지로서 「국토의 계획 및 이용에 관한 법률」에 따른 계획관리지역과 자연녹지지역 안의 농지를 한국토지공사가 취득하여 소유하는 경우. 이 경우 그 취득한 농지를 전용하기 전까지는 한국농어촌공사에 지체 없이 위탁하여 임대하거나 무상사용하게 하여야 한다.
ⓧ 농지이용증진사업 시행계획에 따라 농지를 임대하거나 무상사용하게 하는 경우
ⓚ 질병·징집·취학·선거에 따른 공직취임, 그 밖에 대통령령으로 정하는 부득이한 다음 사유로 인하여 일시적으로 농업경영에 종사하지 아니하게 된 자가 소유하고 있는 농지를 임대하거나 무상사용하게 하는 경우
  ⓐ 부상으로 3개월 이상의 치료가 필요한 경우
  ⓑ 교도소·구치소 또는 보호감호시설에 수용 중인 경우
  ⓒ 3개월 이상 국외여행을 하는 경우
  ⓓ 농업법인이 청산 중인 경우
  ⓔ 임신 중이거나 분만 후 6개월 미만인 경우
ⓔ 60세 이상인 사람으로서 농업인 또는 농업경영에 더 이상 종사하지 않게 된 사람이 소유하고 있는 농지(농지소유자가 거주하는 특별시·광역시·시 또는 군 또는 이에 연접한 시·군에 있는 소유농지) 중에서 자기의 농업경영에 이용한 기간이 5년이 넘은 농지를 임대하거나 무상사용하게 하는 경우
ⓟ 개인이 소유하고 있는 농지 중 3년 이상 소유한 농지를 주말·체험영농을 하려는 자에게 임대하거나 무상사용하게 하는 경우, 또는 주말·체험영농을 하려는 자에게 임대하는 것을 업(業)으로 하는 자에게 임대하거나 무상사용하게 하는 경우

⑤ 농업법인이 소유하고 있는 농지를 주말·체험영농을 하려는 자에게 임대하거나 무상사용하게 하는 경우
㉮ 개인이 소유하고 있는 농지 중 3년 이상 소유한 농지를 한국농어촌공사나 그 밖에 대통령령으로 정하는 자에게 위탁하여 임대하거나 무상사용하게 하는 경우
㉯ 다음의 어느 하나에 해당하는 농지를 한국농어촌공사나 그 밖에 대통령령으로 정하는 자에게 위탁하여 임대하거나 무상사용하게 하는 경우
  ⓐ 상속으로 농지를 취득한 자로서 농업경영을 하지 아니하는 자가 「농지법」 제7조 제1항에서 규정한 소유상한을 초과하여 소유하고 있는 농지
  ⓑ 대통령령으로 정하는 기간 이상 농업경영을 한 후 이농한 자가 「농지법」 제7조 제2항에서 규정한 소유상한을 초과하여 소유하고 있는 농지
㉰ 자경 농지를 농림축산식품부장관이 정하는 이모작을 위하여 8개월 이내로 임대하거나 무상사용하게 하는 경우

③ 계약의 방식: 임대차계약과 사용대차계약은 서면계약을 원칙으로 한다. 농림축산식품부장관은 「농지법」 제24조에 따라 임대차 또는 사용대차에 관한 표준계약서 양식을 정하여 이를 임대차 또는 사용대차계약서의 작성기준으로 사용할 것을 권장할 수 있다.

④ 대항요건과 대항력: 임대차계약은 그 등기가 없는 경우에도 임차인이 농지 소재지를 관할하는 시·구·읍·면의 장의 확인을 받고, 해당 농지를 인도(引渡)받은 경우에는 그 다음 날부터 제3자에 대하여 효력이 생긴다.

⑤ '시장·구청장·읍장·면장'의 조치: 시·구·읍·면의 장은 농지임대차계약확인대장을 갖추어 두고, 임대차계약증서를 소지한 임대인 또는 임차인의 확인 신청이 있는 때에는 다음의 내용을 확인하고, 확인한 계약증서의 내용을 농지임대차계약확인대장에 등재하여 계약증서 여백에 확인일자인을 찍고, 인영(印影) 안에 확인일자와 농지임대차계약확인대장의 등재번호를 부여하여야 한다.

㉠ 임대인과 임차인의 인적 사항, 임대차계약 농지의 소재지 및 면적, 임대차계약기간, 임차료 등이 적혀 있는 완성된 문서일 것
㉡ 계약당사자의 서명 또는 기명날인이 있을 것
㉢ 계약증서에 정정한 부분이 있는 경우에는 계약당사자가 그 부분에 서명하거나 날인하였을 것

참고 📖

확인일자
(등재번호   20 -   )
   20 . . .
     ○○○기관명

⑥ 농지임대차의 공시: 시·구·읍·면의 장은 농지임대차계약의 당사자와 이해관계가 있다고 소명한 제3자가 농지임대차계약확인대장의 열람을 요청한 경우에는 열람하게 하여야 한다.

⑦ 임대차기간
  ㉠ 이모작을 위해 8개월 이내로 하는 경우를 제외하고 임대차기간은 3년 이상으로 하여야 한다. 다만, 다년생식물 재배지 등의 경우에는 5년 이상으로 하여야 한다.
  ㉡ 기간을 정하지 아니하거나 ㉠ 규정에 따른 기간 미만으로 정한 경우에는 ㉠의 원칙적 최단기간(3년)으로 약정된 것으로 본다. 다만, 임차인은 ㉠ 규정에 따른 기간 미만으로 정한 기간이 유효함을 주장할 수 있다.
  ㉢ ㉠㉡ 규정에도 불구하고 임대인은 질병, 징집, 취학, 선거에 의한 공직(公職)에 취임, 부상으로 3개월 이상의 치료가 필요한 경우 등 불가피한 사유가 있는 경우에는 임대차기간을 ㉠㉡ 규정에 따른 기간 미만으로 정할 수 있다.

⑧ 묵시적 갱신: 임대인이 임대차기간이 끝나기 3개월 전까지 임차인에게 임대차계약을 갱신하지 아니한다는 뜻이나, 임대차계약조건으로 변경한다는 뜻을 통지하지 아니하면 그 임대차기간이 끝난 때에 이전의 임대차계약과 같은 조건으로 다시 임대차한 것으로 본다.

⑨ 임대차계약 조정: 임대차계약의 당사자는 기간이나 차임 등 임대차계약에 관하여 협의가 이루어지지 아니한 경우에는 농지 소재지를 관할하는 시장·군수·자치구청장에게 조정을 신청할 수 있다. 시장·군수 또는 자치구청장은 조정신청이 있으면 지체 없이 농지임대차조정위원회⁺를 구성하여 조정절차를 개시하여야 한다.
  ✔ 농지임대차조정위원회에서 작성한 조정안을 임대차계약 당사자가 수락한 때에는 이를 해당 임대차의 당사자 간에 체결된 계약의 내용으로 본다.

⑩ 임대차 종료명령: 농지를 임차하거나 사용대차한 임차인 또는 사용대차인이 그 농지를 정당한 사유 없이 농업경영에 사용하지 아니할 때에는 시장·군수·구청장이 임대차 또는 사용대차의 종료를 명할 수 있다. 종료명령은 종료명령서에 따르며, 종료명령을 받은 임차인 또는 사용대차인은 그 종료명령을 받은 날부터 3개월 이내에 해당 계약을 종료하여야 한다. 시장·군수·구청장은 종료명령을 한 경우에는 임대인에게 그 사실을 즉시 알려야 한다.

✚ 위원장 1명 포함 3명의 위원으로 구성, 위원장은 부시장·부군수·자치구 부구청장이 되고, 위원은 시·군·자치구청장이 위촉한다.

종료명령을 따르지 아니한 자는 1천만원 이하의 벌금형에 처하며, 종료명령에 이의가 있는 자는 통지일부터 60일 안에 서면으로 이의를 제기하여야 한다.
⑪ **임대인의 지위승계**: 임대농지의 양수인은「농지법」에 따른 임대인의 지위를 승계한 것으로 본다.
⑫ **강행규정**:「농지법」에 규정된 농지임대차 규제내용에 위반된 약정으로서 임차인에게 불리한 것은 그 효력이 없다.

(9)「농지법」상 금지행위

누구든지 다음의 어느 하나에 해당하는 행위를 하여서는 아니되며, 이를 위반하는 경우 3년 이하의 징역 또는 3천만원 이하의 벌금에 처한다.
① 농지소유 제한이나 농지소유 상한에 대한 위반 사실을 알고도 농지를 소유하도록 권유하거나 중개하는 행위
② 농지의 위탁경영 제한에 대한 위반 사실을 알고도 농지를 위탁경영하도록 권유하거나 중개하는 행위
③ 농지의 임대차 또는 사용대차 제한에 대한 위반 사실을 알고도 농지임대차나 사용대차하도록 권유하거나 중개하는 행위
④ ①부터 ③까지의 행위와 그 행위가 행하여지는 업소에 대한 광고행위

예제

개업공인중개사가 중개의뢰인에게「농지법」상 농지의 임대차에 대하여 설명한 내용으로 틀린 것은? 제26회

① 선거에 따른 공직취임으로 인하여 일시적으로 농업경영에 종사하지 아니하게 된 자가 소유하고 있는 농지는 임대할 수 있다.
② 농업경영을 하려는 자에게 농지를 임대하는 임대차계약은 서면계약을 원칙으로 한다.
③ 농지이용증진사업 시행계획에 따라 농지를 임대하는 경우 임대차기간은 5년 이상으로 하여야 한다.
④ 농지임대차계약의 당사자는 임차료에 관하여 협의가 이루어지지 아니한 경우 농지소재지를 관할하는 시장·군수 또는 자치구구청장에게 조정을 신청할 수 있다.
⑤ 임대농지의 양수인은「농지법」에 따른 임대인의 지위를 승계한 것으로 본다.

해설 농지 임대차계약의 최단기간은 '3년' 이상이다.
✔ 농지 임대차기간(「농지법」제24조의2)
 • 임대차기간은 3년 이상으로 하여야 한다.
 • 임대차기간을 정하지 아니하거나 3년보다 짧은 경우에는 3년으로 약정된 것으로 본다.

정답 ③

❺ 기타 공법상 거래규제 및 이용제한

(1) 「주택법」상 투기과열지구

① 투기과열지구 지정대상 지역: 국토교통부장관 또는 시·도지사는 주택가격의 안정을 위하여 필요한 경우에는 주거정책심의위원회(시·도지사의 경우에는 시·도 주거정책심의위원회를 말한다)의 심의를 거쳐 해당 지역의 주택가격상승률이 물가상승률보다 현저히 높은 지역으로서 그 지역의 청약경쟁률·주택가격·주택보급률 및 주택공급계획 등과 지역 주택시장 여건 등을 고려하였을 때 주택에 대한 투기가 성행하고 있거나 성행할 우려가 있는 지역 중 대통령령으로 정하는 기준을 충족하는 곳을 투기과열지구로 지정하거나 이를 해제할 수 있다. 이 경우 투기과열지구의 지정은 그 지정 목적을 달성할 수 있는 최소한의 범위로 한다.

② 투기과열지구 지정·해제절차: 국토교통부장관 또는 시·도지사는 투기과열지구에서 지정사유가 없어졌다고 인정하는 경우에는 지체 없이 투기과열지구 지정을 해제하여야 한다(동법 제63조 제4항). 국토교통부장관이 투기과열지구를 지정하거나 해제할 경우에는 미리 시·도지사의 의견을 듣고 그 의견에 대한 검토의견을 회신하여야 하며, 시·도지사가 투기과열지구를 지정하거나 해제할 경우에는 국토교통부장관과 협의하여야 한다(동법 제63조 제5항).

③ 투기과열지구에서의 금지행위: 투기과열지구가 지정되면 그 지구 안에서 건설·공급되는 주택의 입주자로 선정된 지위(입주자로 선정되어 그 주택에 입주할 수 있는 권리·자격·지위 등을 말한다)를 전매(매매·증여나 그 밖에 권리의 변동을 수반하는 모든 행위를 포함하되, 상속의 경우는 제외한다)하거나 이의 전매를 알선할 수 없다(동법 제64조 제1항).

> **심화** 이를 위반하여 투기과열지구 안에서 입주자로 선정된 지위 또는 주택을 전매하거나 이의 전매를 알선한 자는 3년 이하의 징역 또는 3천만원 이하의 벌금에 처한다(「주택법」 제101조).

> 💡 **심화** 증서 알선행위
>
> 개업공인중개사의 경우 투기과열지구 내 분양권 전매의 알선은 금지행위, 즉 '권리변동 제한 부동산'에 해당하기 때문에 「공인중개사법」상의 행정형벌인 3년 이하의 징역 또는 3천만원 이하의 벌금형에도 해당된다. 다만, 실제 형량을 정할 때에는 개개의 법률에서 정한 형벌을 모두 과하는 것은 아니고 중형으로 처벌하는 것이 원칙이다(상상적 경합).

(2) 「사립학교법」상 기본재산 거래규제

① 사립학교(특수학교, 유치원 등을 포함한다)의 기본재산에 편입되어 학교교육에 직접 사용되는 부동산(교지, 교사, 체육장, 실습 또는 연구시설 등)은 그것이 학교법인이 아닌 사립학교경영자 개인 소유라 하더라도 이를 매도하거나 담보에 제공할 수 없다(동법 제28조 제2항).

② 학교교육에 직접 사용 중에 있지 않은 학교법인 소유 부동산에 관하여 매매, 증여, 교환, 그 밖의 처분행위를 원인으로 한 소유권이전등기를 신청하거나 근저당권 등의 제한물권 또는 임차권의 설정등기를 신청하는 경우에는 그 등기신청서에 관할청✚의 허가를 증명하는 서면을 첨부하여야 한다(동법 제28조 제1항, 학교법인의 부동산 취득 또는 처분 등에 따른 등기예규 제3조 제1항).

✚ 「사립학교법」 제4조
1. 유치원, 초·중·고등학교: 시·도 교육감
2. 사립대학 이상: 교육부장관

> **판례** 학교법인의 기본재산처분 제한
>
> 1. 학교법인이 「사립학교법」 제47조 제1항에 의한 해산명령을 받아 해산되고 「고등교육법」 제62조 제1항에 의한 학교폐쇄처분을 받아 사실상 학교법인으로서 실체를 상실하고 기능을 수행할 수 없게 된 경우에도 「사립학교법」 제28조 제1항이 여전히 적용되어 그 기본재산을 처분하고자 할 때에는 관할청의 허가를 받아야 한다고 해석함이 상당하다(대판 2009다93329).
> 2. 「사립학교법」상의 사립학교에 해당하는 유치원 설립자 겸 경영자 소유의 재산으로서, 유치원교육에 직접 사용되는 교지 등 「사립학교법 시행령」 제12조 소정의 재산의 경우에는 관할 관청의 처분허가 유무에 관계없이 처분할 수 없다(대결 2004마97).

(3) 「공공주택 특별법」상 공공임대주택의 전대제한·매각제한

① 공공임대주택의 전대제한

㉠ 원칙: 공공임대주택의 임차인은 임차권을 다른 사람에게 양도(매매, 증여, 그 밖에 권리변동이 따르는 모든 행위를 포함하되, 상속의 경우는 제외한다)하거나 공공임대주택을 다른 사람에게 전대(轉貸)할 수 없다(동법 제49조의4 본문). 이를 위반하여 공공임대주택의 임차권을 양도하거나 공공임대주택을 전대한 자 및 이를 알선한 자는 3년 이하의 징역이나 3천만원 이하의 벌금에 처한다(동법 제57조의3).

㉡ 예외: 근무·생업·질병치료 등 대통령령으로 정하는 경우로서 공공주택사업자의 동의를 받은 경우에는 양도하거나 전대할 수 있다(동법 제49조의4 단서).

② 공공임대주택의 매각제한: 공공주택사업자(국가, 지방자치단체, 한국토지주택공사, 지방공사 등)는 공공임대주택을 임대의무기간이 지나지 아니하면 매각할 수 없다(동법 제50조의2 제1항).

(4) 「민간임대주택에 관한 특별법」상 임대의무기간

① 계속 임대 및 양도금지: 임대사업자는 임대의무기간 동안 민간임대주택을 계속 임대하여야 하며, 그 기간이 지나지 아니하면 이를 양도할 수 없다(동법 제43조 제1항). 이를 위반하여 임대의무기간 중에 민간임대주택을 임대하지 아니하거나 양도한 자에게는 3천만원 이하의 과태료를 부과한다(동법 제67조 제1항).

② 구「임대주택법」을 적용하는 경우: 이 법 시행(2015.12.29) 전에 이미 종전의 「임대주택법」에 따라 등록한 임대주택은 종전의 「임대주택법」을 적용한다(개정 법률 제13499호, 2015.8.28, 부칙 제3조). 종전「임대주택법」을 적용받는 임대주택은 의무임대기간 중 임대주택의 매각제한 및 임대주택임차권의 전매제한 등을 위반하여 임대주택을 매각한 자 또는 임대주택의 임차권을 양도하거나 임대주택을 전대한 자 및 이를 알선한 자는 「임대주택법」 제41조에 의거 2년 이하의 징역 또는 2천만원 이하의 벌금에 처하도록 정하고 있다.

(5) 「전통사찰의 보존 및 지원에 관한 법률」상 동산·부동산의 허가

① 양도허가: 전통사찰의 주지는 동산이나 부동산➕을 양도하려면 사찰이 속한 단체 대표자의 승인서를 첨부(사찰이 속한 단체가 없는 경우에는 제외한다)하여 문화체육관광부장관의 허가를 받아야 한다.

② 대여 등 허가: 전통사찰 소유의 동산이나 부동산을 대여하거나 담보제공시에는 소속 대표단체 대표자의 승인서를 첨부하여 시·도지사의 허가를 받아야 한다(동법 제9조 제2항).

✔ 문화체육관광부장관의 허가를 받지 않고 행한 양도행위, 시·도지사의 허가를 받지 않고 행한 대여·담보제공행위 등은 무효이다.

(6) 「향교재산법」상 허가사항

향교재단이 향교재산에 속한 동산이나 부동산을 처분 또는 담보에 제공하고자 할 때에는 시·도지사의 허가를 받아야 한다(동법 제8조 제1항).

➕ 해당 전통사찰의 전통사찰보존지에 있는 그 사찰 소유 또는 사찰이 속한 대표 소유의 부동산을 말한다.

(7) 「사회복지사업법」상 사회복지법인의 기본재산 거래규제

사회복지법인은 기본재산에 관하여 매도·증여·교환·임대·담보제공 또는 용도변경 등을 하고자 할 때 시·도지사의 허가를 받아야 한다(동법 제23조 제3항 제1호).

(8) 「교육환경 보호에 관한 법률」상 교육환경보호구역

① 교육환경보호구역의 설정·고시: 교육환경(학생의 보건·위생, 안전, 학습 등에 지장이 없도록 하기 위한 학교 및 학교 주변의 모든 요소)의 보호를 위하여 시·도 교육감은 학교 경계 또는 학교설립예정지 경계로부터 직선거리 200m의 범위 안의 지역을 다음의 구분에 따라 교육환경보호구역으로 설정·고시하여야 한다(동법 제8조 제1항).

  ㉠ 절대보호구역: 학교 출입문으로부터 직선거리로 50m까지인 지역(학교설립예정지의 경우 학교 경계로부터 직선거리 50m까지인 지역)
  ㉡ 상대보호구역: 학교 경계 등으로부터 직선거리로 200m까지인 지역 중 절대보호구역을 제외한 지역

② '학교'의 의미: 이 법에서 학교란 「유아교육법」에 따른 유치원, 「초·중등교육법」 및 「고등교육법」에 따른 학교, 그 밖에 다른 법률에 따라 설치된 각급학교를 말한다(동법 제2조 제2호).

> **심화** 교육환경보호구역이 설정되면 누구든지 보호구역에서는 인터넷컴퓨터게임시설제공업(= PC방) 등 법령에서 정하는 금지행위에 해당하는 행위 및 시설을 하여서는 아니 되며, 이를 위반한 경우 2년 이하의 징역 또는 2천만원 이하의 벌금에 처한다(「교육환경 보호에 관한 법률」 제16조).

판례 교육환경보호구역

1. 학교교육은 실질적으로 그 교사(校舍)와 운동장 및 강당 등 학교의 시설 내에서 이루어지므로, 교육환경보호구역의 범위를 설정하는 기준으로 삼고 있는 '학교경계선'은 지적공부상 학교용지의 경계선이 아니라 '학교교육이 실질적으로 이루어지는 공간의 경계선'이라고 보아야 한다(대판 2008도2152).

2. 인터넷컴퓨터게임시설제공업(피시방) 시설이 교육환경보호구역 내에 있는지의 여부를 판단하는 기준은 해당 피시방 전용시설(피시방 전용 출입구 등)의 경계선으로 보아야 하고, 이러한 전용시설의 경계선이 교육환경보호구역 밖에 있다면 해당 시설을 교육환경보호구역 내의 금지시설로 보아 설치를 금지할 수 없다고 할 것이다(대판 2010두17946).

제4장 중개활동

회독 Check 1회 2회 3회

- 이 장은 출제비중이 낮은 편이므로 중개실무상 용어 정도만 정리하면 된다.
- 이 장은 순수한 중개실무와 관련된 장이다. 즉, 법령상 내용보다는 실제 실무상에서 활용할 수 있는 실무기법 등을 정리한 부분으로 AIDA의 원리, 부동산의 셀링포인트, 클로징 등을 학습하여야 한다.

제1절 | 서설

중개대상물에 대한 조사·확인을 마친 개업공인중개사는 중개활동에 임하게 된다. 개업공인중개사는 중개의뢰인에게 중개대상물을 의뢰받아 그가 원하는 상대방을 찾아 거래계약을 체결하여 주는 것을 주된 업무로 하므로, 중개업에는 반드시 고객과 중개대상물이 등장하게 된다. 그러나 아무리 많은 고객과 중개대상물을 확보하였다 하더라도 그것을 계약으로 연결시키지 못하면 무의미한 것이다. 따라서 중개활동의 수행과정에 있어서는 다양한 중개활동의 기법을 통하여 효과적인 고객 설득과 계약 체결을 이끌어 내기 위한 판매술의 중요성이 강조된다.

제2절 | 부동산의 판매과정

중개활동은 부동산이라는 상품을 판매하는 과정인데, 이는 6단계로 정리된다.

(1) 고객과 중개대상물 확보
중개의뢰물건과 고객에 관한 정보수집이 전제되어야 하며, 이는 중개업무의 가장 기본적인 요소이다.

(2) 준비
고객과 물건을 분석하여 물건에 알맞은 고객과 고객에 알맞은 물건을 준비한다. 예를 들어 고객은 주택·점포·토지 중 어떤 물건을 원하며, 주택 중에서도 단독주택과 공동주택 중 어떤 것을 원하는지를 검토하여야 한다.

또한 해당 부동산이 지닌 장점과 특징을 분석하여 고객에게 효과적으로 설득할 수 있도록 공부상 확인과 현장답사 등을 통하여 철저히 준비하여야 한다.

(3) 접근(Approach)

개업공인중개사는 고객 설득을 위하여 용의주도한 준비를 한 다음, 고객에게 접근하여 물건에 관심을 가지도록 하고 흥미를 불러일으키도록 한다. AIDA의 원리가 최초로 적용되는 단계이다.

(4) 현지안내·제시

적절한 시기에 적절한 경로로 적당한 물건 수를 가지고 현지안내를 하여야 하며 동시에 그 물건의 장점에 대한 구체적 특징을 들어 강조함으로써 구매의욕을 가지도록 한다.

① 적절한 시기: 비가 오거나 바람이 많이 부는 날은 가급적 피하고 화창한 날에 안내하는 것이 효과적이며, 하루 중에서도 낮이 좋고 석양일 때는 피하는 것이 좋다.

② 적절한 경로: 개업공인중개사는 출발 전에 먼저 적절한 안내경로를 선택하여 슬럼가나 주변환경이 좋지 않은 곳은 피하고 가급적 전망이 좋고 학교나 유명인사의 저택, 명승지 등이 있는 곳을 경유하며 주변지역의 편의시설 등의 위치를 적절하게 설명하면서 안내한다.

③ 적당한 물건 수: 개업공인중개사가 현지안내를 하여 대상 부동산을 제시한 때에는 일반적으로 규모가 큰 부동산이나 고급주택의 경우에는 하루에 1~2건이, 소규모 부동산이나 서민주택의 경우에는 3~4건이 적당하다.

(5) 클로징(Closing) 시도

질문과 설명으로 불만요소를 제거하면서 특징을 구체적으로 강조함으로써 마지막 결정을 하도록 한다.

(6) 클로징

마지막 결정을 하여 계약에 이르도록 한다.

Tip 👉 일반적으로 신축가옥은 낮에, 고옥(古屋)은 밤에 대상 부동산을 좋게 볼 수가 있으나 이것이 지나쳐서 고객의 착각을 일으키지 않도록 주의하여야 한다.

📌 **부동산판매의 6단계**

부동산 중심	주 판매과정	고객 중심
물건정보	(1) 고객과 중개대상물 확보	고객정보
물건분석	(2) 준비	고객분석
자료 작성	(3) 접근	주목·흥미
셀링포인트	(4) 현지안내·제시	욕망
	불만 ⇩ 설득	
셀링포인트 요약	(5) 클로징 시도	고객요구 요약
결정 촉진	(6) 클로징	행동

제3절 | 중개활동 용어 및 기법

❶ AIDA의 원리

(1) 의의

① 부동산의 중개활동에 있어서는 AIDA의 원리를 적용하는 것이 도움이 되는데, 이는 주목(Attention), 흥미(Interest), 욕망(Desire), 행동(Action)의 영문 머리글자를 따서 만든 용어로서 사람이 물건을 구입하기까지의 심리적 발전단계를 표현한 것이다.

② 이를테면 어떤 고객이 부동산의 새로운 특징을 발견하면 일단 주목하게 되고, 다음에는 그것의 용법과 장점을 알고 흥미를 가지게 되며, 구입하고 싶다는 욕망을 거쳐 계약 체결에 나서게 된다는 것이다.

③ 중개활동에 있어서 중요한 것은 구매고객의 심리단계마다 개업공인중개사가 각각 어떠한 방법으로 대응하여 계약 체결을 이끌어 내느냐 하는 점이다.

> **참고** AIDA에 S를 추가하여 AIDAS기법이라고도 하는데, S는 'Satisfaction(만족·흡족)'으로 고객에게 만족감을 준다는 뜻이다.

(2) 내용

① 주목단계(Attention): 개업공인중개사는 중개대상물에 관하여 신문을 통하여 광고하거나 중개업소에 전시를 한다. 점포를 찾아온 고객에게는 부동산의 특징과 개요를 요약하여 설명함으로써 고객을 유인하는 단계이다.

② 흥미단계(Interest): 중개대상물에 대하여 관심을 가지기 시작한 고객은 개업공인중개사의 설득에 의하여 더욱 흥미를 가지게 된다. 개업공인중개사는 중개대상물의 특징과 장점을 더욱 구체적으로 명시하여 고객의 불안감을 해소하고 구입하고자 하는 욕망을 이끌어 내도록 한다.

③ 욕망단계(Desire): 고객이 중개대상물의 어떤 점에 관심과 흥미를 가지고 있는가를 파악하고 보다 유리한 사실을 제시하여 욕망을 촉구하며, 고객의 반응이 긍정적이면 개업공인중개사는 클로징(Closing)을 일단 시도하여 본다.

④ 행동단계(Action): 위의 결과에 따라서 개업공인중개사는 고객을 클로징으로 유도한다. 고객이 결심을 하도록 모든 자료를 제시하고 설득하여 계약 체결로 연결한다.

❷ 고객의 분석과 부동산의 셀링포인트(Selling Point)

부동산중개활동은 대인활동이자 대물활동으로서의 성격을 지니고 있다. 따라서 개업공인중개사는 먼저 고객이 어떠한 유형의 사람인지, 무엇을 원하고 있는지를 파악하고, 아울러 중개대상물에 내포된 여러 특징을 분석하여 그중에서 고객이 원하는 특징을 적절히 제시·설득함으로써 효과적인 중개활동을 전개할 수 있게 된다.

(1) 고객의 분석

중개활동에서 고객의 유형을 몇 가지로 나누어 볼 수 있다. 개업공인중개사는 고객의 유형을 분석하여 그 성격에 알맞은 중개활동을 하여야 한다.

① 우유부단형: 생각이 여러 갈래로 흩어져 구입의사를 쉽게 결정하지 못하는 유형의 고객을 말한다. 이런 사람에게는 여러 가지 중개대상물을 제시하지 말고 적당한 물건 하나를 제시하여 쉽게 결정하도록 유도한다.

② 가격의식형: 가격에만 집착하여 타당한 가격을 제시하더라도 반드시 가격을 깎아야만 직성이 풀리는 고객형이다. 이런 사람에게는 그러한 가격이 형성된 이유와 가격대비 물건의 장점을 설명하는 것이 좋다.

용어 🔊 클로징
고객의 욕망을 촉구하여 계약서에 서명을 하게 하는 행위로서, 클로징의 예행으로 고객과 복수의 중개대상물을 놓고 가벼운 의견 교환을 해보는 것이 좋다.

③ 다변사교형: 말솜씨와 붙임성이 좋은 고객형으로, 접근하기는 쉬우나 자기중심적이며 다른 사람의 이야기에 전혀 귀를 기울이지 않는 유형이다. 부동산을 매수할 가망고객이라면 고객의 대화에 따르면서 기분이 상하지 않게 적당한 시기에 계약에 대하여 유도하는 것이 좋다.

④ 침묵방어형: 개업공인중개사의 설득에 거의 반응을 나타내지 않으며 과묵하여 무리하게 말을 시키면 역효과가 오는 유형이다. 그 원인은 대개 개업공인중개사에 대한 불신, 부동산거래에 대한 불안 등이므로 그러한 요인을 제거하여 신뢰감을 주도록 하여야 한다.

⑤ 자신과잉형: 매사에 언행이 거리낌 없이 자신감 넘치는 고객형이다. 이런 유형의 고객은 자기중심적이고 타인에게 이끌려 가는 것을 싫어하므로 충분하고 빈틈없는 자료를 제공하여 고객 자신이 판단하도록 하는 것이 좋다.

⑥ 만사긍정형: 모든 것이 그렇다고 긍정하고 이의를 제기하지 않는 고객형이다. 이런 유형의 고객은 심중을 알 수가 없으므로 그 진의를 확인하기 위하여 간단한 질문을 하여 그 의사를 타진하여 보아야 한다.

⑦ 자기현시형: 부동산 관련 지식을 내세워 아는 척하는 고객형이다. 이러한 고객은 대개 개업공인중개사를 믿지 못하고 경계하므로 신뢰감을 주도록 하고 확실한 자료 등을 제시하면서 가볍게 권유하는 것이 좋다.

⑧ 자기과장형: 자신의 지위, 소득 등을 과장하여 위세를 부리는 고객형이다. 이런 경우에는 긴 대화는 필요 없고 간단명료하게 물어보는 것에만 대답하면 된다.

⑨ 놀림형: 유효중개의 3요소라 할 수 있는 거래의 의사·준비·능력이 없으면서 개업공인중개사를 놀리러 다니는 유형이다.

(2) 부동산의 셀링포인트(Selling Point)

셀링포인트란 상품으로서의 부동산이 지니는 여러 특징 중 구매자에게 만족을 주는 특징을 의미하는 것으로서 판매소구점이라고도 한다. 부동산에는 부동성과 개별성이 있기 때문에 각각의 부동산이 지니는 특징은 서로 다른 것이 보통이다. 따라서 구매자에게 만족을 줄 수 있는 특징(Selling Point)도 다양하게 제시할 수가 있다. 개업공인중개사는 이 특징을 잘 분석하고 체계화하여 고객에게 기술적으로 설명하여야 한다. 셀링포인트에 관하여 이를 부동산의 기술적·경제적·법률적·환경적 측면으로, 그리고 부동산의 종류별로 각각 나누어 설명하기로 한다.

심화 셀링포인트의 다양화
중개대상물의 종류에 따라 셀링포인트를 다양하게 제시할 수 있으며 중개대상물의 지역요인 및 개별요인을 분석하여 셀링포인트화하면 고객 설득의 효과적인 수단으로 활용될 수 있다.

① 관점에 따른 셀링포인트
　㉠ 기술적 측면의 셀링포인트: 부동산의 기능을 중요시한다. 예컨대 대상물건이 주택이라면 설비와 기초가 얼마나 잘되어 있으며, 동선(動線)이 어느 정도 합리적인가 하는 점 등이다. 그런데 건축공법이나 건축설비 등 기술적 측면의 셀링포인트는 시간이 흐름에 따라 신공법이나 신소재 개발 등으로 점차 소멸되어 가는 경향이 있다는 점에 유의하여야 한다.
　㉡ 경제적 측면의 셀링포인트: 부동산의 가격이나 임료의 하자 유무를 중요시한다. 즉, 부동산을 매도하는 경우에는 가격이, 임대하는 경우에는 임료가 적정한 것이 경제적 측면의 셀링포인트 중에서 가장 중요한 내용이 된다. 그 밖에 부동산의 수요·공급동향·경기순환 그리고 가격의 상승을 가져올 수 있는 요인들이 경제적 측면의 셀링포인트가 될 수 있다.
　㉢ 법률적 측면의 셀링포인트: 소유권의 진정성, 토지이용의 공법상 규제내용, 세법의 내용들이 중요한 셀링포인트가 된다.
　㉣ 환경적 측면의 셀링포인트: 중개대상물 중 절대 다수를 차지하는 주택의 경우에는 기술적·경제적·법률적 측면보다는 교통·학군 등의 측면이, 상가의 경우에는 배후지와 같은 그 부동산의 환경적 측면이 가장 중요한 셀링포인트가 된다.

② 부동산의 종류별 셀링포인트: 셀링포인트는 부동산의 종류에 따라서도 달리 선정되어야 한다. 즉, 단독주택의 경우 아파트와 같은 공동주택에 비하여 사생활이 자유롭다. 그리고 주인의 취향에 따라 증축·개축을 자유롭게 할 수 있으며, 정원의 손질, 원예 등으로 여가를 즐길 수 있는 것도 하나의 셀링포인트가 될 수 있다. 이에 비하여 아파트의 경우 시설보존을 자기가 할 필요가 없어서 관리하기가 편리하며, 도로·근린생활시설 등 부대시설 완비로 생활여건이 좋고 환금성이 높은 것도 하나의 셀링포인트가 될 수 있다.

Tip 이와 같이 셀링포인트는 부동산의 종류에 따라서 그 기준이 달라지게 되는데, 주거용 부동산인 경우에는 주거의 쾌적성에, 상업용 부동산은 수익성에, 농업 및 공업용 부동산은 생산성 등에 초점을 맞추는 것이 무난할 것이다.

> **예제**
>
> 부동산의 셀링포인트(Selling Point)에 관한 설명 중 틀린 것은?
> ① 부동산이 가지고 있는 여러 가지 특징 중 고객인 중개의뢰인의 욕구를 충족시켜 줄 수 있는 특징을 말한다.
> ② 각각의 셀링포인트는 중개대상물이 가지는 고유의 특성이라고 할 수 있지만 모든 특성이 절대적인 것은 아니기 때문에 상대성이 있을 수 있다.
> ③ 부동산가격 및 임료수준의 적정성 등은 기술적 측면의 셀링포인트에서 가장 중요한 내용이다.
> ④ 과다한 셀링포인트는 중개의뢰인의 매수의사결정에 결정적으로 작용할 수 있는 셀링포인트 제시효과를 떨어뜨릴 수 있다.
> ⑤ 주택의 경우 교육여건, 투자가치 등을 셀링포인트로 활용할 수 있다.
>
> **해설** 부동산가격 및 임료수준의 적정성 등은 경제적 측면의 셀링포인트에서 가장 중요한 내용이다.
>
> **정답** ③

❸ 불만처리와 설득

고객을 현지로 안내하여 물건을 설명하는 과정에서 고객은 개업공인중개사에게 자기의 불안이나 불만을 이야기하게 되는 경우가 있다. 이때에는 불만의 내용을 적절하게 처리하여 오해를 풀어 주고, 조건을 수정하며 물건을 손질하는 등 여러 가지 방법을 구사하여 계약 체결로 이끌 수 있어야 한다.

(1) 개업공인중개사에 대한 불만

중개보수가 너무 비싸다든가 개업공인중개사의 능력 부족, 고용인에 대한 불만을 나타내는 경우에는 고객의 불만을 겸허하게 수용하고 최선을 다하는 모습을 보이려고 노력함으로써 신뢰를 회복하여야 한다.

(2) 가격에 대한 불만

부동산의 개별성과 부동성으로 인하여 동일한 토지나 건물은 존재하지 않는다는 점을 설명하고 부동산의 가격형성요인이 다르다는 점 등을 강조한다.

(3) 부동산에 대한 불만

부동산은 완벽한 장점만을 가진 부동산도 없고, 반대로 단점만 가진 부동산도 없으므로 단점만을 부각시키는 고객에게는 그 부동산이 가지는 장점, 즉 셀링포인트를 강조하여 불만이 해소되도록 노력하여야 한다.

참고 일반적으로 클로징이란 부동산매매계약서에 서명·날인시키는 행위 또는 부동산 소유권을 현실적으로 이전시키는 행위를 말한다.

심화 클로징 룸(Closing Room)
클로징 단계에 있어 제3자가 입회하면 자기현시욕에 급급한 제3자 등이 무책임한 언행을 통하여 고객의 결심을 동요시키는 경우가 많다. 따라서 개업공인중개사는 제3자의 개입을 차단하고 의사결정의 당사자들만의 공간을 확보하여 클로징을 시도하는 것이 바람직하다. 이러한 공간을 클로징 룸(Closing Room)이라고 한다. 다만, 클로징 룸을 만들 때 이중사무소에 해당될 소지가 있기 때문에 주의하여야 한다. 출입문을 같이 하는 하나의 공간에 내부 인테리어 공사를 통한 공간 확보라면 무방하다.

④ 클로징(Closing)

(1) 의의

부동산의 중개과정에서 가장 최종적이며 마무리단계에 해당되는 것이 클로징이다. 지금까지의 모든 중개활동단계는 이러한 마감을 위한 준비단계이자 수단이 된다. 클로징의 기회는 한 번으로 한정된 것이 아니고 여러 번 있을 수 있는바, 고객의 행동, 표정, 언행 등을 파악하여 클로징의 단계로 이행하는 것이 좋다.

(2) 클로징의 방법

① 점진적 확인법: 고객이 우선 안심하고 동의할 수 있는 질문을 먼저 하면서 계약을 유도하는 클로징 방법이다.

② 계약전제법: "이달 말에 집을 비우라고 할까요?"라는 식의 계약을 전제로 한 질문을 던져 좋은 반응을 보일 때 클로징 절차를 진행하는 방법이다.

③ 부분선결법(세부선결법): 계약금·보증금·입주일 등에 대하여 부분적으로 결정을 유도하고 거래를 성사시키는 방법이다.

④ 장단비교법: 복수의 부동산을 비교 제시하며 그 장점을 강조함으로써 클로징으로 연결시키는 방법이다.

⑤ 결과강조법: 과거부터 현재까지의 실례적인 결과(예 '지가상승률이 예금이자율보다 몇 배 되었다' 등)를 강조함으로써 클로징으로 유도하는 방법이다.

⑥ 만족강조법: 예를 들어, 지금 부동산을 구입하면 5년 후에는 얼마만큼 만족할 수 있는가 등을 구체적으로 설명하여 장래의 만족을 강조함으로써 클로징으로 접근하는 방법이다.

제5장 거래의 체결(거래계약서 작성)

> 개업공인중개사는 중개가 완성된 때에 거래계약서를 서면으로 작성하여야 하는 의무를 부담하는데, 이 장에서는 거래계약서 작성과 관련된 실무내용을 다룬다. 특히, 2차 시험만 준비하는 수험생들에게 철저한 학습이 요구되는 부분이다.

제1절 | 계약의 체결 및 계약서 작성

제35회

1 서설

(1) 거래계약서 작성의 의의

중개의뢰인으로부터 중개의뢰를 받아 중개대상물의 확인·설명 등에 이르는 개업공인중개사의 중개활동은 궁극적으로 거래당사자간의 거래계약 체결을 위한 것이며, 거래계약이 체결된 때에 계약의 내용을 서면화한 것이 거래계약서이다.

(2) 「민법」상 계약의 자유

「민법」은 계약의 자유를 기본원리로 하고 있으며 언제, 어디서, 어떠한 내용과 방식으로 계약을 체결하느냐는 원칙상 당사자들의 자유에 따라 결정할 문제이다. 이 중에서 '방식의 자유'란 거래당사자간에 청약과 승낙의 의사표시가 합치되면 계약은 성립하고, 그 방식은 구두로 하든 문서로 하든 자유라는 것이다.➕

➕ 다만, 거래계약서는 계약의 체결을 증명하는 서면으로 계약의 성립 여부와 계약의 내용에 대하여 분쟁이 발생할 때 증거로 활용되기 때문에 일반적으로 작성하게 된다.

(3) 「공인중개사법」상 계약서 작성

① 계약서의 작성의무: 사법적으로 볼 때 거래계약서가 계약의 성립요건은 아니므로 중개활동의 결과로 당사자간에 거래계약이 성립되었다고 하여 반드시 계약서를 작성하여야 하는 것은 아니다. 그러나 「공인중개사법」에서는 중개가 완성된 경우 개업공인중개사는 필요한 사항을 빠트리지 않고 확인하여 거래계약서를 작성하고 이에 서명 및 날인하여야 한다고 규정(법 제26조)하고 있다.

② **계약서의 필요적 기재사항**: 계약의 내용은 거래당사자가 자유로이 정할 수 있다는 내용결정의 자유에 따라 어떠한 내용이든 계약을 체결할 수 있지만, 「공인중개사법 시행령」에서는 거래계약서에 의무적으로 기재하여야 할 사항을 규정하고 있다.

❷ 거래계약서 작성시 주의사항

(1) 당사자의 확인

계약을 체결할 때에 기본적으로 가장 중요한 것은 거래대상물에 관하여 권리를 이전하고 취득하는 데 있어서 책임질 수 있는 사람과 계약을 하여야 한다는 점이다. 예를 들어 매매의 경우, 매도인이 실제 소유자인지 매도에 관하여 권한을 가진 대리인인지, 그렇지 않으면 실제 소유자도 대리인도 아닌지를 반드시 확인하여야 한다. 또한 매도인이 실제 소유자이더라도 그 부동산을 처분할 수 있는 능력이 있는지를 확인하여야 한다.

> **참고** 법률상 제한능력자인 미성년자·피성년후견인·피한정후견인이 거래를 할 때에는 원칙적으로 법정대리인에 의하거나, 그렇지 않은 경우 동의가 필요한 경우가 있다.

(2) 권리의 진정성 확인

① 「민법」상 타인의 물건이나 권리도 매매의 목적물이 될 수 있다. 이 경우 매도인은 그 권리를 취득하여 매수인에게 이전하여야 하며, 매도인이 이전할 수 없는 경우에는 매수인은 담보책임을 물어 계약을 해제하고 손해배상을 청구할 수 있다(「민법」 제570조). 그러나 매수인이 계약을 해제하고 손해배상청구를 하더라도 매도인이 변제능력을 상실하였거나 잠적한 경우에는 매수인은 유형·무형의 손해를 입게 된다.

✔ 그러므로 매도인이 진정한 소유자인지를 조사하는 것은 매우 중요한 일이다. 우리나라 등기부는 공신력이 인정되지 않으므로 등기부상 소유자를 믿고 거래한 경우 원칙적으로 매수인은 권리를 취득하지 못한다.

② 등기부상 소유자와 실제 소유자가 불일치하는 경우, 당사자들을 직접 면담하고 등기필정보 등 소유권이전에 필요한 서류를 제시받아 진정한 소유자임을 확인하여야 한다. 일반적으로 등기부상 명의인은 소유자로 일단 추정되지만, 가능한 한 계약은 등기명의인으로 되어 있는 진정한 소유자와 체결하는 것이 바람직하다.

> **판례** 개업공인중개사의 진정한 권리자 확인 관련 주의의무
>
> 개업공인중개사는 선량한 관리자의 주의와 신의·성실로써 매도 등 처분을 하려는 자가 진정한 권리자와 동일인인지의 여부를 부동산등기부와 주민등록증 등에 의하여 조사·확인할 의무가 있다고 할 것이다(대판 91다36239).

(3) 권리를 이전하고자 하는 중개의뢰인의 처분능력 확인

매도인이 진정한 소유자라고 하더라도 그 부동산을 처분할 능력이 있는지 여부를 확인하여야 한다. 의사무능력자의 법률행위는 무효로 되고, 제한능력자의 법률행위는 취소할 수 있으므로 개업공인중개사는 당사자가 의사능력과 행위능력이 있는지 확인하여야 한다. 처분능력 확인을 소홀히 하여 당사자 사이에 체결된 거래계약이 취소되는 경우에는 개업공인중개사는 보수를 받을 수 없고 경우에 따라 손해배상책임을 부담하게 된다.

(4) 권리를 취득하고자 하는 중개의뢰인의 능력 확인

① 자연인인 경우

㉠ 미성년자·피한정후견인의 법률행위: 미성년자 또는 피한정후견인(종전 한정치산자)과 거래를 할 때에는 원칙적으로 이들의 법정대리인과 계약을 체결하거나 동의를 받아 계약을 체결하여야 한다.

㉡ 미성년자·피한정후견인의 공시 필요성: 미성년자나 피한정후견인은 반드시 공시되어야 거래의 안전을 꾀할 수 있다. 따라서 새로운 공시제도의 창설이 불가피한 것이다. 개업공인중개사가 부동산거래를 중개함에 있어 당사자들의 '가족관계증명서'는 물론이고 인적으로 편성되는 '후견등기부'를 반드시 확인하여야 한다.

➕ 가족관계증명서
✔ p.495 참고

Tip 행위능력제한자를 정확히 파악하여야 한다.

핵심 「민법」상 능력의 개념

권리 능력	• 권리·의무의 주체가 될 수 있는 법률상 자격을 말하며, 법인격(法人格)이라고도 한다. • 권리능력은 자연인과 국가·회사·학교·재단법인 등의 법인이 가진다. • 자연인은 출생과 동시에 권리능력을 취득하고, 사망에 의해서만 권리능력을 상실한다. • 법인도 정관으로 정한 목적의 범위 내에서 권리와 의무의 주체가 된다(「민법」 제34조). • 권리무능력자가 한 법률행위의 효력은 무효이다.
의사 능력	• 자기의 행위 결과를 인식하여 정상적 의사결정을 할 수 있는 정신능력을 말한다. • 유아나 광인(狂人) 또는 만취자와 같이 의사능력이 결여된 자를 의사무능력자라 한다. • 의사능력의 유무는 해당 구체적인 법률행위와 관련하여 개별적으로 판단된다. • 의사무능력자가 한 법률행위의 효력은 무효이다.

심화 「민법」 제3조에서 "사람은 생존하는 동안 권리와 의무의 주체가 된다."라고 규정하고 있으며, 태아에게도 「민법」상 예외적으로 상속권과 손해배상청구권 등을 인정하는 경우가 있다.

행위 능력	• 의사능력을 가진 자가 법률행위를 단독으로 할 수 있는 능력을 행위능력이라고 한다. • 행위능력 여부의 판단은 획일적이며 객관적이다. • 미성년자, 피성년후견인, 피한정후견인 등이 제한능력자에 해당한다. • 제한능력자의 법률행위(특히, 부동산처분행위)는 원칙적으로 취소될 수 있다.

ⓒ 피성년후견인의 법률행위: 가정법원이 취소할 수 없는 법률행위의 범위로 정한 것과 법률에 규정된 일용품의 구입 등 일상생활에 필요하고 그 대가가 과도하지 아니한 법률행위를 제외하고는 피성년후견인과의 직접 계약은 피하여야 한다. 개업공인중개사는 부동산거래를 중개함에 있어 당사자들의 '후견등기부'를 반드시 확인하여야 한다.

ⓔ 행위능력의 확인: 계약을 체결함에 있어서 행위능력의 유무는 주민등록증이나 가족관계증명서, 후견등기사항증명서 등을 통하여 확인할 수 있으나, 개인 신상정보와 관련된 것들이기 때문에 관련 대장이나 등기부의 열람 및 교부를 인정하되, 그 대상자를 엄격히 제한할 필요가 있다.

가족관계증명서

등록기준지	서울특별시 영등포구 여의도동 1번지 1234

구분	성명	출생연월일	주민등록번호	성별	본
본인	김본인(金本人)	1965년 01월 01일	650101-1234567	남	金海

가족사항

구분	성명	출생연월일	주민등록번호	성별	본
부	김일남(金一男)	1941년 02월 01일	410201-1555555	남	金海
모	이일녀(李一女)	1938년 03월 01일	380301-2333333	여	全州
배우자	박여인(朴女人)	1968년 02월 02일	680202-2345678	여	密陽
자녀	정이군(鄭二君)	1973년 11월 20일	731120-1234566	남	全州
자녀	김일순(金一順)	1993년 01월 01일	930101-2777777	여	金海
자녀	김순희(金順喜) 사망	1995년 11월 11일	951111-2888888	여	金海
자녀	김상준(金上樽)	2008년 05월 08일	080508-3325626	남	金海

위 가족관계증명서는 가족관계등록부의 기록사항과 틀림없음을 증명합니다.

년   월   일

○○시(읍·면)장   ○ ○ ○   직인

📌 「후견등기에 관한 규칙」 [별지 양식]

후견등기기록

등기고유번호 0000-000000

[사건본인]		
(사건본인에 관한 사항)		
사항번호	구분	내용

등기일련번호 0000-000000-000000

[○○후견사항]		
(후견개시 및 종료에 관한 사항)		
사항번호	등기 목적	내용
(후견인에 관한 사항)		
사항번호	등기 목적	내용
(후견감독인에 관한 사항)		
사항번호	등기 목적	내용

🎯 **핵심** 제한능력자와 법정대리인

제한 능력자	법정대리인	법정대리인의 권한	후견인의 부동산 처분 행위시 후견감독인 동의 요부(要否)	공시
미성년자	친권자	대리권·동의권	–	가족관계 등록부
	미성년후견인 (친권자가 없을 때)	대리권·동의권	동의 필요	
피성년 후견인	성년후견인	대리권	동의 필요	후견등기부 (인적 편성주의)
피한정 후견인	한정후견인	대리권·동의권	동의 필요	

Tip 👉 사례형 문제로 출제될 것으로 예상된다.

② 법인인 경우: 법인격 유무, 대표자의 처분권한 유무 등을 법인의 등기사항증명서를 통하여 확인하여야 한다. 법인의 종류에 따라서 부동산을 처분할 때 이해관계인의 동의나 감독자의 허가를 얻어야 하는 경우도 있다.

③ 임의대리인과 계약을 체결하는 경우
  ㉠ 개업공인중개사는 대리인에게 대리권이 있는지 여부를 입증하는 서면, 즉 본인의 인감증명을 첨부한 위임장과 등기필정보를 제시하도록 요구하여 확인하여야 한다.
  ㉡ 이때 비록 인감증명이 첨부되었다 하더라도 조금이라도 의심스러운 점이 있으면 본인에게 직접 문의하여 대리권 수여(授與)사실과 그 권한의 내용 등에 관하여 확인하는 것이 바람직하다.

🔍 **심화** 대리인의 거래상 위험성

매도인의 대리인 > 매수인의 대리인

⚖️ **판례** 대리인과의 계약

1. 부동산의 소유자로부터 매매계약을 체결할 대리권을 수여받은 대리인은 특별한 사정이 없는 한 그 매매계약에서 약정한 바에 따라 중도금이나 잔금을 수령할 권리가 있다고 보아야 할 것이다(대판 90다9247).
2. 위임장에 인감도장과 일치하는 인감증명서가 첨부되어 있다면 특별한 사정이 없는 한 본인이나 그로부터 정당한 권한을 위임을 받은 자에 의하여 그 권한의 범위 안에서 적법하게 작성된 것으로 보아야 한다(대판 94도1286).

3. 부동산의 소유자로부터 매매계약을 체결할 대리권을 수여받은 대리인은 특별한 다른 사정이 없는 한 그 매매계약에서 약정한 바에 따라 중도금이나 잔금을 수령할 수도 있다고 보아야 하고, 매매계약의 체결과 이행에 관하여 포괄적으로 대리권을 수여받은 대리인은 특별한 다른 사정이 없는 한 상대방에 대하여 약정된 매매대금 지급기일을 연기하여 줄 권한도 가진다고 보아야 할 것이다(대판 91다43107).

(5) 공동소유인 재산의 계약을 체결하는 경우

여러 사람이 한 개의 소유권을 공동으로 소유하는 관계를 공동소유라 하며, 「민법」상 공동소유에는 공유·합유·총유의 세 가지 형태가 있다.

핵심 공동소유의 형태 비교

형태	지분의 처분	공동소유물의 처분	비고
공유	자유	전원의 동의	지분에 의하여 수인 소유
합유	전원의 동의		조합체로서 물건 소유
총유	지분 없음	• 원칙: 규약이나 정관에 따름 • 예외: 사원총회의 결의	법인 아닌 사단의 사원이 집합체로서 물건 소유

심화 ▶ 총유재산인 경우 규약이나 총회결의의 절차를 거치지 아니한 행위는 무효이다.

① 공유
   ㉠ 공유에 있어서 공유자는 각자가 목적물에 대하여 가지는 권리, 즉 지분은 다른 공유자의 동의 없이 처분할 수 있으며 특별한 제한이 없다. 그러나 공유물의 처분을 위하여는 공유자 전원의 동의가 필요하므로 공유물 자체 거래시에는 공유자 전원의 동의 여부를 확인하여야 한다.
   ㉡ 상속재산인 경우: 개업공인중개사가 상속재산의 중개를 의뢰받은 경우에는 의뢰인이 상속인인지 여부와 공동상속인의 존부 등을 가족관계증명서를 통하여 확인하여야 하며, 공동상속재산인 경우에는 공유물이므로 그 처분에 있어서 상속인 전원의 동의 여부를 확인하여야 한다.

♣ 공유물의 보존·관리·처분요건

구분		요건
보존행위		각자
관리행위		지분의 과반수로 결정
처분행위✛	공유물	전원의 동의
	지분	자유

✛ 예컨대 매매, 설정, 건축, 지목변경 등이 해당한다.

> **판례** 공유부동산

1. 공유자간에 공유물을 사용·수익할 구체적 방법을 정하는 것은 공유물의 관리에 관한 사항이므로 토지공유자는 그 토지의 일부라고 하더라도 공유지분의 과반수의 결의에 의한 것이 아닌 이상 자의로 배타적인 사용을 할 수 없다(대판 71다1040).
2. 구체적인 사용·수익방법에 관하여 공유자들 사이에 지분 과반수의 합의가 없는 이상 1인이 특정 부분을 배타적으로 점유·사용할 수 없는 것이므로, 공유자 중의 일부가 특정 부분을 배타적으로 점유·사용하고 있다면 그들은 비록 그 특정 부분의 면적이 자신들의 지분 비율에 상당하는 면적범위 내라고 할지라도 다른 공유자들 중 지분은 있으나 사용·수익은 전혀 하지 않고 있는 자에 대하여는 그 자의 지분에 상응하는 부당이득을 하고 있다고 보아야 할 것인바, 이는 모든 공유자는 공유물 전부를 지분의 비율로 사용·수익할 권리가 있기 때문이다(대판 2000다13948).

② **합유**: 합유란 수인이 조합체로서 물건을 공동소유하는 것을 말한다. 합유자는 합유물에 대한 지분을 갖지만 합유자의 지분은 공동의 목적을 위하여 자유로이 처분하지 못하며 합유자 전원의 동의가 필요하다. 따라서 다른 합유자들의 동의 여부를 확인하여야 한다.

③ **총유**: 총유는 법인이 아닌 사단의 소유형태로 총유재산으로는 종중재산, 교회재산, 동창회재산 등이 있다. 사단 자신이 목적물에 대한 처분권한을 가지므로 구성원들은 지분을 갖지 못하며, 부동산인 경우에는 사단의 명의로 등기하여야 한다. 총유물의 처분에 관하여는 사단의 정관 기타 규약에 의하며, 정함이 없는 경우에는 사원총회의 결의에 따르도록 하고 있다.

핵심 교회대표자나 종중의 종손인 자에 의한 재산의 처분이라 하더라도 그러한 절차를 거치지 아니한 거래는 무효가 되므로 반드시 이를 조사·확인하여야 한다.

> **판례** 총유재산의 처분

1. 종중 소유의 재산은 종중원의 총유에 속하는 것이므로 그 관리 및 처분에 관하여 먼저 종중규약에 정하는 바가 있으면 이에 따라야 하고, 그 점에 관한 종중규약이 없으면 종중총회의 결의에 의하여야 하므로, 비록 종중대표자에 의한 종중재산의 처분이라 하더라도 그러한 절차를 거치지 아니한 채 한 행위는 무효이다(대판 96다18656).
2. 비법인사단에 있어서 총유물의 관리 및 처분은 정관 기타 계약에 정함이 없으면 사원총회의 결의에 의하여야 하고(「민법」 제275조 제2항, 제276조 제1항), 비법인사단의 사원이 총유자의 한 사람으로서 총유물인 임야를 사용·수익할 수 있다 하여도 위 임야에 대한 분묘설치행위는 단순한 사용·수익에 불과한 것이 아니고, 관습에 의한 지상권 유사의 물권을 취득하게 되는 처분행위에 해당된다 할 것이므로 사원총회의 결의가 필요하다(대판 2007다16885).

❸ 거래계약서의 작성(서면)

(1) 계약서의 작성부수

계약서는 같은 내용의 것을 최소한 2부 이상 작성하여야 한다. 예를 들어 매매계약 같은 거래에 있어서는 거래당사자인 매도인·매수인에게 각각 교부하고 개업공인중개사는 거래계약서의 원본, 사본 또는 전자문서를 5년 동안 보존하여야 한다. 다만, 거래계약서가 공인전자문서센터에 보관된 경우에는 그러하지 아니하다.

(2) 계약서의 서식

부동산의 거래는 획일적인 계약서로는 불충분한 경우가 있으므로 그때마다 거래 실정에 맞는 계약서를 작성하고, 인쇄물을 사용할 때에는 거래 실정에 따라 적정하게 보정하는 것이 좋다. 현행법에는 계약서에 관하여 국토교통부장관이 표준서식을 정하여 그의 사용을 개업공인중개사에게 권장할 수 있도록 하고 있으나, 아직 법정된 서식은 없다. 따라서 임의서식으로 사용하되, 거래당사자 중 어느 한쪽에 유리하게 작성된 서식을 사용하게 되면 공인중개사법령상 공정중개의무에 위반될 수 있다.

> **핵심** 필요적 기재사항이 일부 누락되었더라도 계약 자체의 효력에 영향을 미치는 것은 아니지만 공인중개사법령상 의무를 위반한 것이 된다.

(3) 필요적 기재사항

거래계약서에 필요적으로 기재하여야 할 사항에 대하여 공인중개사법령에서 다음과 같이 규정하고 있다(영 제22조 제1항).

① 거래당사자의 인적 사항
② 물건의 표시
③ 계약일
④ 거래금액·계약금액 및 그 지급일자 등 지급에 관한 사항
⑤ 물건의 인도일시
⑥ 권리이전의 내용
⑦ 계약의 조건이나 기한이 있는 경우에는 그 조건 또는 기한
⑧ 중개대상물 확인·설명서 교부일자
⑨ 그 밖의 약정내용

예제

1. 개업공인중개사는 중개과정에서 중개사고가 발생하지 않도록 각별히 주의하여야 한다. 다음 중 틀린 것은?

   ① 남편 명의의 부동산을 처가 매도하는 경우 처가 남편의 주민등록등본과 인감을 소지하고 있는 것만으로는 대리권이 있다고 볼 수 없다.
   ② 우리나라는 등기의 공신력을 인정하지 않으므로 매도인이 진정한 권리자인지 여부를 탐문 등을 통하여 확인하는 것이 필요하다.
   ③ 개업공인중개사는 최소한 등기사항증명서와 주민등록증을 대조하여 진정한 권리자인지를 확인하여야 한다.
   ④ 중개의뢰인이 법인인 경우 법인격 유무, 대표자의 처분권한 유무 등을 법인등기사항증명서를 통하여 조사하여야 한다.
   ⑤ 매도의뢰인이 미성년자인 경우 혼인을 하였더라도 자기 소유의 주택처분시 법정대리인의 동의를 받아야 한다.

   해설 미성년자가 혼인을 한 경우에는 성년으로 의제되어 단독으로 법률행위를 할 수 있다.
   정답 ⑤

2. 개업공인중개사가 X토지를 공유로 취득하고자 하는 甲, 乙에게 설명한 내용으로 옳은 것을 모두 고른 것은? (다툼이 있으면 판례에 따름) 제35회

   ㉠ 甲의 지분이 2분의 1, 乙의 지분이 2분의 1인 경우, 乙과 협의 없이 X토지 전체를 사용·수익하는 甲에 대하여 乙은 X토지의 인도를 청구할 수 있다.
   ㉡ 甲의 지분이 3분의 2, 乙의 지분이 3분의 1인 경우, 甲이 X토지를 임대하였다면 乙은 그 임대차의 무효를 주장할 수 없다.
   ㉢ 甲의 지분이 3분의 1, 乙의 지분이 3분의 2인 경우, 乙은 甲의 동의 없이 X토지를 타인에게 매도할 수 없다.

   ① ㉠ ② ㉡ ③ ㉠, ㉢
   ④ ㉡, ㉢ ⑤ ㉠, ㉡, ㉢

   해설 ㉡ 甲의 지분이 과반수이므로, 단독으로 관리방법을 결정할 수 있다.
   ㉢ 공유물의 처분은 '전원'의 '동의'가 있어야 한다. 유효한 법률행위가 되기 위해서는 전원의 동의가 있어야 한다.
   ㉠ 乙의 지분도 2분의 1 밖에 되지 않기 때문에 乙은 X토지의 인도를 청구할 수는 없고, 방해배제청구와 부당이득반환청구를 할 수 있을 뿐이다(대판 2018다287522).
   정답 ④

제2절 | 부동산 전자계약

제32회

부동산 전자계약은 여러 가지 정보통신기술이 집약된 세계 최초의 부동산 전자거래시스템으로서의 의미를 가진다.

① 부동산 전자계약 일반

(1) 의의

첨단 ICT(Information & Communication Technology) 기술과 접목하여 공인인증·전자서명, 부인방지 기술을 적용하여 종이·인감이 없더라도 온라인 서명으로 부동산 전자계약을 체결하고, 실거래신고 및 확정일자 부여를 자동화하며, 거래계약서 및 확인·설명서 등 계약서류를 공인된 문서보관센터에 보관하는 전자적 방식(예 공인인증 등)의 부동산거래계약서 작성 및 체결 시스템을 말한다.

(2) 법적 근거

부동산거래 전자계약시스템은 「전자정부법」 제16조와 제64조, 「전자문서 및 전자거래 기본법」 제4조와 제5조, 「전자서명법」 제3조, 「부동산 거래신고 등에 관한 법률」 제25조와 제25조의3, 동법 시행령 제19조 제1항 제6호와 제19조의4 등에 법적 근거가 있다. 또한 「공인중개사법」에서는 제25조(확인·설명서)와 제26조(거래계약서)에 개업공인중개사가 작성하여 서명 및 날인하여 교부하고 보존하는 확인·설명서와 거래계약서를 전자적으로 처리할 수 있도록 규정하고 있다.

(3) 운영주체

부동산거래 전자계약시스템(https://irts.molit.go.kr)의 운영주체는 국토교통부장관이다. 다만, 「부동산 거래신고 등에 관한 법률 시행령」 제19조의4에 따라 「한국부동산원법」에 따른 한국부동산원에 위탁하여 운영되고 있다.

(4) 부동산 전자계약 체결형태 및 법적 효력

① 체결형태: 부동산 전자계약은 공인중개사(개업공인중개사와 소속공인중개사를 포함한다)가 부동산거래 전자계약시스템(https://irts.molit.go.kr)에 접속하여 계약사항과 확인·설명서를 전자적으로 입력하고, 거래당사자는 이를 확인한 후 전자서명을 함으로써 체결된다.

② 법적 효력: 체결된 전자계약이 법적으로 효력을 가지는지에 관하여 「전자문서 및 전자거래 기본법」 제4조 제1항에서는 "전자문서는 다른 법률에 특별한 규정이 있는 경우를 제외하고는 전자적 형태로 되어 있다는 이유로 문서로서의 효력이 부인되지 아니한다."라고 정하여 전자계약의 유효성을 분명히 규정하고 있다.

(5) 부동산 전자계약의 장점

① 편리성: 전자계약을 체결하게 되면 부동산거래신고와 '해제 등' 신고를 한 것으로 간주되고, 주택임대차계약서상의 확정일자가 자동으로 부여된다. 또한 종이계약서나 확인·설명서 등을 따로 보존할 필요가 없으며, 개업공인중개사는 물론이고 거래당사자의 인장도 필요하지 않다. 거래당사자 입장에서는 별도의 회원가입 없이(단, 법인이 거래당사자인 경우 회원가입 필요) 본인 명의의 휴대폰만 있으면 개업공인중개사를 통한 전자계약 체결이 가능하다는 편리성이 있다.

✔ 단, 공인중개사(개업공인중개사와 소속공인중개사를 포함하는 개념이다)는 회원가입을 반드시 하여야 한다.

② 경제성: 부동산 전자계약을 이용하면 대출 금리를 우대하는 정책(실제 0.1~0.2% 내외로 할인)이 있으며, 등기신청수수료(전자등기 법무대리인 선택시 30% 할인된다) 등이 할인된다. 또한 건축물대장과 토지대장 같은 각종 부동산서류 발급을 최소화할 수 있다(예 건축물정보, 토지정보 등 자동 조회).

③ 안전성: 개인정보가 암호화되어 있기 때문에 개업공인중개사나 거래당사자의 본인확인절차가 보다 안전하게 이루어질 수 있다(대리인에 의한 전자계약이 불가하다). 확인·설명서를 완벽히 입력하여야 거래계약을 체결할 수 있도록 시스템화(확인·설명서 작성 없이 전자계약 체결이 불가하다)되어 있기 때문에 부실한 확인·설명을 차단할 수 있다. 또한 타임스탬프(TSA, 시점확인필) 기술을 도입하여 계약내용의 위조·변조를 방지할 수 있다.

④ 개업공인중개사의 주도성: 등록관청에 등록된 개업공인중개사가 아니면 전자계약을 체결할 수 없기 때문에 무등록·무자격자에 의한 불법중개업이 원천적으로 차단되는 효과가 있을 뿐 아니라, 거래당사자 입장에서는 공인중개사를 통한 전자계약만이 가능하기 때문에 개업공인중개사 주도의 부동산거래시장이 형성될 수 있다.

② 부동산 전자계약 체결절차

(1) 준비사항

부동산 전자계약을 체결하기 위해서 공인중개사는 부동산거래 전자계약시스템에 회원가입을 하여야 하며, 전자서명을 하기 위해서 공동인증서가 있어야 하고 휴대폰을 통하여 본인인증을 하므로 휴대폰이 있어야 한다. 거래의뢰인은 본인인증을 위하여 휴대폰과 신분증이 있어야 한다.

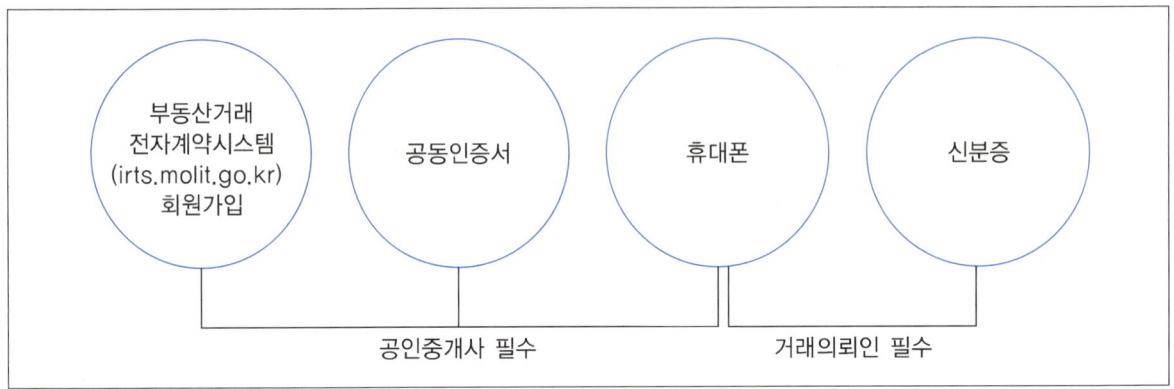

(2) 계약서 작성절차

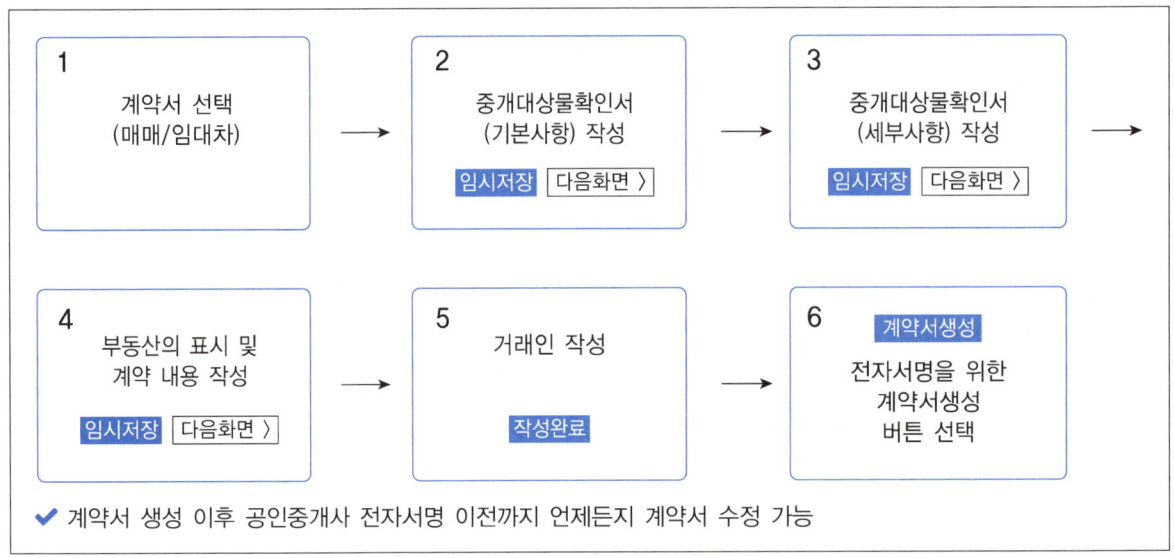

✔ 계약서 생성 이후 공인중개사 전자서명 이전까지 언제든지 계약서 수정 가능

(3) 거래의뢰인 전자서명절차

1. 부동산 전자계약 앱 로그인 →
2. 전자서명 계약서 선택 →
3. 개인정보 활용 동의 및 휴대폰 본인인증 선택 →
4. 공인중개사 신분확인 →
5. 거래의뢰인 휴대폰 본인인증 →
6. 거래의뢰인 신분증 촬영 (선택사항) →
7. 거래의뢰인 지문서명 (선택사항) →
8. 중개대상물 확인설명서 내용 설명 및 확인 →
9. 신분증 사진, 지문서명, 공제증서 내용 확인 →
10. 계약 내용 확인 →
11. 거래의뢰인 전자서명 및 저장 →
12. 전자서명 완료

✔ 거래의뢰인의 수만큼 3단계부터 7단계까지 반복 수행, 계약서 출력 가능

(4) 공인중개사 전자서명절차

1. 부동산 전자계약 시스템 로그인 →
2. 마이페이지 확정대기 계약 조회 →
3. 계약 내용 및 거래의뢰인 서명 확인 →
4. 공인중개사 휴대폰 본인인증 →
5. 공인중개사 공동인증전자서명 →
6. 부동산거래 전자계약 완료

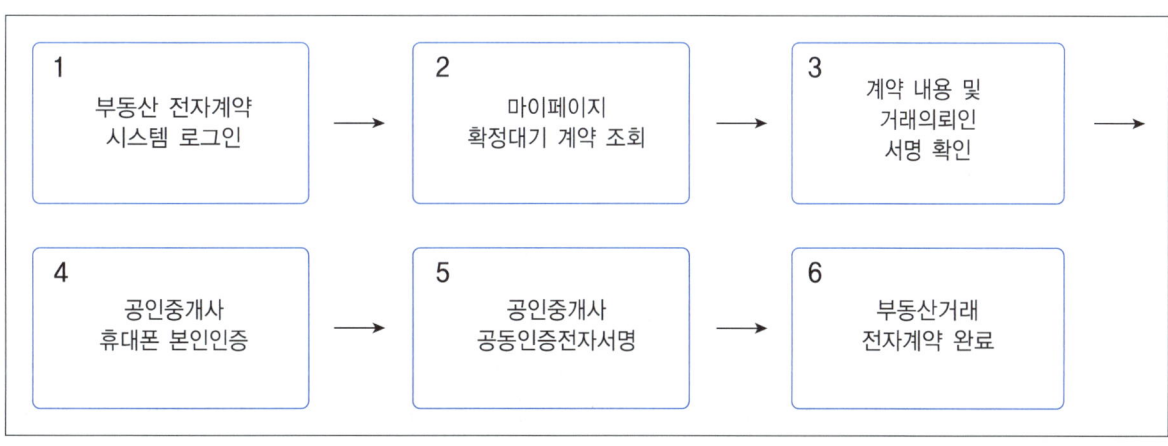

❸ 부동산 전자계약과 공인중개사법령상 의무의 상관성

(1) 작성의 의무

개업공인중개사는 중개대상물에 관하여 중개가 완성된 때에는 필요적 기재사항을 포함하여 거래계약서를 작성하여야 한다(「공인중개사법」 제26조 제1항). 그런데 이를 부동산 전자계약 형태로 체결하는 경우 「전자문서 및 전자거래 기본법」 제4조 제1항에 "전자문서는 전자적 형태로 되어 있다는 이유만으로 법적 효력이 부인되지 아니한다."라고 규정하고 있다. 즉, 전자적으로 체결된 거래계약이 서면에 의한 작성행위를 갈음한다.

(2) 교부의 의무

개업공인중개사는 중개대상물에 관하여 중개가 완성된 때에는 거래계약서를 작성하여 이를 거래당사자에게 교부하여야 한다(「공인중개사법」 제26조 제1항). 그러나 개업공인중개사가 거래계약을 전자적으로 처리한 경우에는 교부의 의무가 문제된다. 이때 거래당사자는 부동산거래 전자계약시스템(https://irts.molit.go.kr)에 로그인하면 계약완료 문건조회를 통하여 전자적으로 체결된 거래계약서를 조회할 수 있고 출력할 수도 있다. 이를 통하여 교부의 의무는 이행된 것이다.

(3) 보존의 의무

개업공인중개사는 중개대상물에 관하여 중개가 완성된 때에는 거래계약서를 작성하여 거래당사자에게 교부하고 5년 동안 그 원본, 사본 또는 전자문서를 보존하여야 한다. 다만, 거래계약서가 공인전자문서센터에 보관된 경우에는 그러하지 아니하다(「공인중개사법」 제26조 제1항 단서). 실제로 계약성사가 완료된 전자계약문서는 공인전자문서센터로 보관되며, 보관된 문서는 5년간 보관된다.

(4) 서명 및 날인의 의무

서면으로 작성하는 거래계약서에는 개업공인중개사(법인인 경우에는 대표자를 말하며, 법인에 분사무소가 설치되어 있는 경우에는 분사무소의 책임자를 말한다)가 서명 및 날인하되, 해당 중개행위를 한 소속공인중개사가 있는 경우에는 소속공인중개사가 함께 서명 및 날인하여야 한다(「공인중개사법」 제26조 제2항). 이 의무와 관련하여 「전자서명법」 제3조 제1항에 "전자서명은 전자적 형태라는 이유만으로 서명, 서명날인 또는 기명날인으로서의 효력이 부인되지 않는다."라고 규정하고 있다.

즉, 개업공인중개사는 전자계약시스템에 의하여 공동인증서의 인증을 통한 전자서명을 진행하면 된다.

(5) '확인·설명서' 관련 의무

① 개업공인중개사가 부동산거래 전자계약시스템(https://irts.molit.go.kr)에 의한 전자계약을 진행할 때에는 해당 건에 대한 확인·설명서를 같이 작성하도록 프로그램화되어 있다. 따라서 서면으로 계약서를 작성하는 경우와는 달리 전자계약시스템에서는 거래계약서 작성과 동시에 확인·설명서 작성을 진행하여 부실한 확인·설명을 할 수 없도록 차단하고 있는 것이다.

② 이와 같이 거래계약 체결과 동시에 진행된 확인·설명서로 인하여 개업공인중개사는 작성의 의무, 교부의 의무, 보존의 의무, 서명 및 날인 의무 등을 별도로 이행하지 않아도 된다.

④ 그 밖의 사항

(1) 공동중개시 전자계약

공동중개 방식에 의한 전자계약을 체결하는 경우 각 공인중개사는 모두 부동산거래 전자계약시스템(https://irts.molit.go.kr)에 '회원가입'을 하고 '공동인증서 등록'을 하여야 한다.

(2) 계약내용의 수정

공인중개사의 최종 전자서명(공동인증서)이 완료되기 전까지는 계약내용을 수정할 수 있다. 최종 전자서명이 완료된 이후에 내용을 수정하기 위해서는 계약해제 후 계약서를 다시 작성하여야 한다. 다만, 해제한 계약서를 '불러오기'하여 일부 내용 수정을 통하여 다시 계약서를 손쉽게 작성할 수 있다.

> Tip 계약해제 코너에서 '계약해제 후 계약복사'를 클릭하여 수정하는 것도 가능하다.

(3) 계약의 해제

개업공인중개사는 부동산거래 전자계약시스템(https://irts.molit.go.kr)에 로그인한 후에 계약완료된 계약 건에 대하여 계약을 해제할 수 있다. 구체적으로 '매매(또는 임대차)계약 조회' 메뉴에서 해제하고자 하는 계약완료 건에 대하여 '계약해제' 버튼을 클릭하면 된다. 생성된 '부동산거래계약 해제합의서'에 해제사유, 해제사유 발생일 등을 입력한 후 '계약해제(거래당사자로부터 계약해제 위임을 받은 경우)' 또는 '당사자 서명 후 계약해제

(거래당사자로부터 계약해제 위임을 받지 않은 경우)' 버튼을 클릭하여 해제절차를 진행할 수 있다. 해제서명이 완료된 기존 계약 건에 대해서는 계약해제 스탬프처리가 된다.

> **예제**
>
> **부동산 전자계약에 관한 설명으로 옳은 것은?** 제30회
>
> ① 시·도지사는 부동산거래의 계약·신고·허가·관리 등의 업무와 관련된 정보체계를 구축·운영하여야 한다.
> ② 부동산거래계약의 신고를 하는 경우 전자인증의 방법으로 신분을 증명할 수 없다.
> ③ 정보처리시스템을 이용하여 주택임대차계약을 체결하였더라도 해당 주택의 임차인은 정보처리시스템을 통하여 전자계약증서에 확정일자 부여를 신청할 수 없다.
> ④ 개업공인중개사가 부동산거래계약시스템을 통하여 부동산거래계약을 체결한 경우 부동산거래계약이 체결된 때에 부동산거래계약 신고서를 제출한 것으로 본다.
> ⑤ 거래계약서 작성시 확인·설명사항이 「전자문서 및 전자거래 기본법」에 따른 공인전자문서센터에 보관된 경우라도 개업공인중개사는 확인·설명사항을 서면으로 작성하여 보존하여야 한다.
>
> **해설** ① 국토교통부장관은 부동산거래의 계약·신고·허가·관리 등의 업무와 관련된 정보체계를 구축·운영할 수 있다(「부동산 거래신고 등에 관한 법률」 제25조).
> ② 부동산거래계약의 신고를 전자적 방식으로 하는 경우 전자인증의 방법으로 신분을 증명할 수 있다.
> ③ 정보처리시스템을 이용하여 주택임대차계약을 체결할 때 물건정보 입력시 확정일자 주민센터를 추가로 선택하여야 하고, 해당 주민센터에서는 주택임대차계약서에 확정일자를 전자적 방식으로 부여하게 된다.
> ⑤ 거래계약서 작성시 확인·설명사항이 「전자문서 및 전자거래 기본법」에 따른 공인전자문서센터에 보관된 경우, 개업공인중개사는 확인·설명사항과 거래계약서를 따로 서면으로 작성하여 보존할 필요 없다.
>
> **정답 ④**

제6장 부동산거래 관련 실무법

> 이 장은 중개실무에서 발생되는 특별법을 다루는 장으로서, 구체적으로 「주택임대차보호법」, 「상가건물 임대차보호법」, 「부동산 실권리자명의 등기에 관한 법률」, 「집합건물의 소유 및 관리에 관한 법률」, 「부동산등기 특별조치법」 등 부동산거래와 관련된 실무 관련 법에 대해 설명하고 있다. 이 장에서는 고난도 문제가 자주 출제되는 편이므로, 사례형 문제 및 판례의 태도를 묻는 문제 등에 대비한 심화학습이 필요하다.

제1절 | 주택임대차보호법

제32회~제36회

1 서설

(1) 제정 목적

이 법은 주거용 건물의 임대차(賃貸借)에 관하여 「민법」에 대한 특례를 규정함으로써 국민 주거생활의 안정을 보장함을 목적으로 1981년 3월 5일 법률 제3379호로 제정되었다.

(2) 의의

이 법은 임대차의 일반법인 「민법」에 우선하는 특별법으로 임차인을 보호하기 위한 제도이며, 임대차약정으로서 임차인에게 불리한 것은 그 효력이 없다(「주택임대차보호법」 제10조).

2 주택임대차보호법의 적용범위

(1) 계약의 당사자범위(인적 범위)

① 원칙적으로 임차인이 자연인인 경우에 한하여 적용된다.
② 임차인이 자연인이면 내국인은 물론이고 외국인도 적용된다. 외국인은 「출입국관리법」 제88조의2에 따라 외국인등록과 체류지 변경신고를 하면 내국인의 주민등록과 전입신고로 갈음하며, 「주택임대차보호법 시행령」 제4조에 따라 외국인등록번호로 확정일자를 부여받을 수 있다.
③ 한국토지주택공사, 주택사업을 목적으로 설립된 지방공사도 법인인 임차인으로 적용대상이 된다(동법 제3조 제2항).

④ 「중소기업기본법」 제2조에 따른 중소기업에 해당하는 법인이 소속 직원의 주거용으로 주택을 임차한 후 그 법인이 선정한 직원이 해당 주택을 인도받고 주민등록을 마쳤을 때에도 적용된다(동법 제3조 제3항).

(2) 계약의 목적물범위(물적 범위)

① 주거용 건물의 전부 또는 일부의 임대차에 관하여 적용된다(동법 제2조).
② 임차주택의 일부가 주거 외의 목적으로 사용되는 경우에도 적용된다(동법 제2조). 그러나 비주거용 건물의 일부가 주거의 목적으로 사용되는 경우에는 적용되지 아니한다(대판 86다카2407). ✛ 다만, 주거용과 비주거용으로 겸용되는 경우에는 구체적인 경우에 따라 합목적적으로 결정한다(대판 94다52522).
③ 미등기·무허가 건축물 임대차에도 적용된다(대판 전합 2004다26133).
④ 미등기 주택의 전세에도 적용되며, 전세금은 보증금으로 다루어진다(동법 제12조).
⑤ 적용되는 건축물의 대지에도 적용된다(대판 96다7595).
⑥ 단, 일시사용을 위한 임대차임이 명백한 경우에는 적용되지 아니한다(동법 제11조).

✛ 주거용 건물인지 여부는 실제 현황에 따라 판단한다.

3 임차권의 대항력(對抗力)

임차권의 대항력이란 임대차의 목적물이 매매 또는 경매된 경우에 임차인이 제3자에게 임차권을 주장할 수 있는 힘을 말하며, 「주택임대차보호법」은 이에 관하여 다음과 같이 규정하고 있다.

(1) 대항요건

① 자연인인 임차인의 대항요건: 주택임대차는 그 등기가 없는 경우에도 임차인이 주택의 인도와 주민등록을 마친 때, 즉 대항요건을 갖춘 때에는 그 다음 날부터 제3자에 대하여 효력이 생긴다. 이 경우 전입신고를 한 때에 주민등록이 된 것으로 본다(동법 제3조 제1항).
  ㉠ 임차인 가족 중 1인의 주민등록도 무방하다.
  ㉡ 전입신고시에 다가구주택은 지번만 기재하면 되지만, 다세대주택은 지번과 호수를 기재하여야 한다.
  ㉢ 임차인의 과실 없이 전입신고가 된 경우, 담당 직원의 과실로 주민등록부에 기재가 잘못되더라도 대항요건을 갖춘 것이 된다.

ㄹ. 임대인이 융자를 받기 위하여 임차인 모르게 주민등록을 다른 곳으로 이전한 경우에도 임차인의 대항요건은 상실되지 않는다.

ㅁ. 주민등록 직권말소 후 「주민등록법」 소정의 이의절차에 의하여 재등록이 이루어진 경우, 그 재등록이 이루어지기 전에 임차주택에 새로운 이해관계를 맺은 선의의 제3자에 대해서도 주택에 대한 기존 임차권의 대항력이 인정된다.

ㅂ. 임대인의 동의를 얻어 전대차한 경우 직접 점유자인 전차인이 주민등록을 마쳐야 임차인은 대항력을 가지게 된다.

ㅅ. 채권자가 기존 채권을 임대차보증금으로 대체하여 채무자 소유의 주택에 대하여 인도를 받고 주민등록을 마쳤다면 임차인으로서 대항력을 가지게 된다. 그러나 오직 채권담보만을 위한 것이라면 통정허위표시에 해당하여 대항력을 가지지 못한다.

심화 그러나 이의절차에 의하지 않고 직권말소 후 재등록을 하였다면 재등록 이전에 이해관계를 맺은 선의의 제3자에게 기존 임차권으로 대항할 수 없다.

판례 대항요건과 대항력

1. 무허가 건축물을 실제 생활의 근거지로 삼아 10년 이상 거주하여 온 사람의 주민등록 전입신고를 거부한 사안에서, 부동산투기나 이주대책요구 등을 방지할 목적으로 주민등록 전입신고를 거부하는 것은 「주민등록법」의 입법 목적과 취지 등에 비추어 허용될 수 없다(대판 전합 2008두10997).

2. 주민등록은 단순히 주민의 거주관계를 파악하고 인구의 동태를 명확히 하는 것 외에도 주민등록에 따라 공법관계상의 여러 가지 법률상 효과가 나타나게 되는 것으로서, 주민등록의 신고는 행정청에 도달하기만 하면 신고로서의 효력이 발생하는 것이 아니라 행정청이 수리한 경우에 비로소 신고의 효력이 발생한다 할 것이고, 따라서 주민등록신고서를 행정청에 제출하였다가 행정청이 이를 수리하기 전에 신고서의 내용을 수정하여 이와 같이 수정된 전입신고서가 수리되었다면 수정된 사항에 따라서 주민등록신고가 이루어진 것으로 보는 것이 타당하다(대판 2006다17850).

3. 「주택임대차보호법」상의 대항요건인 주민등록은 임차인 본인뿐 아니라 그 배우자나 자녀 등 가족의 주민등록을 포함한다(대결 94마2134).

4. 주택임차인이 임차주택을 직접 점유하여 거주하지 않고 간접 점유하여 자신의 주민등록을 이전하지 아니한 경우라 하더라도 임대인의 승낙을 받아 임차주택을 전대하고 그 전차인이 주택을 인도받아 자신의 주민등록을 마친 때에는 그때로부터 임차인은 제3자에 대하여 대항력을 취득한다(대판 94다3155).

5. 간접 점유자에 불과한 임차인 자신의 주민등록으로는 대항력의 요건을 적법하게 갖추었다고 할 수 없으며, 임차인과의 점유매개관계에 기하여 해당 주택에 실제로 거주하는 직접 점유자가 자신의 주민등록을 마친 경우에 한하여 비로소 그 임차인의 임대차가 제3자에 대하여 적법하게 대항력을 취득할 수 있다고 할 것이다(대판 2000다55645).

> **심화** 판례상 유효한 주민등록으로 인정하지 않는 경우
>
> 1. 현관문 표시대로 2층 101호로 신고하였으나, 실제 주택 공부상에는 1층 101호인 경우(대판 95다177)
> 2. 실제 동·호수는 A동 301호인데, 신고는 C동 301호로 되어 있는 경우(대판 96다43577)
> 3. 전출신고는 260의 3으로 하였으나, 전입신고를 206의 3으로 한 경우(대판 97다10024)
> 4. 등기사항증명서상 표시는 디(D)동 103호인데 주민등록은 라동 103호로 되어 있는 경우(대판 99다42071)

② **법인인 임차인의 대항요건**

㉠ **한국토지주택공사와 지방공사**: 「한국토지주택공사법」에 따른 한국토지주택공사와 「지방공기업법」 제49조에 따라 주택사업을 목적으로 설립된 지방공사가 주택도시기금을 재원으로 하여 저소득층 무주택자에게 주거생활안정을 목적으로 전세임대주택을 지원하는 법인이 주택을 임차한 후 지방자치단체의 장 또는 그 법인이 선정한 입주자가 그 주택을 인도받고 주민등록을 마쳤을 때에는 그 다음 날부터 대항력이 인정된다(동법 제3조 제2항).

㉡ **중소기업**: 「중소기업기본법」 제2조에 따른 중소기업에 해당하는 법인이 소속 직원[일반 평직원을 의미한다. 예컨대, 주식회사의 대표이사 또는 사내이사로 등기된 사람 등 소위 '임원'은 '직원'에서 제외된다(대판 2023다226866)]의 주거용으로 주택을 임차한 후 그 법인이 선정한 직원이 해당 주택을 인도받고 주민등록을 마쳤을 때에는 그 다음 날부터 대항력이 인정된다. 임대차가 끝나기 전에 그 직원이 변경된 경우에는 그 법인이 선정한 새로운 직원이 주택을 인도받고 주민등록을 마친 다음 날부터 제3자에 대하여 효력이 생긴다(동법 제3조 제3항).

(2) 대항력

대항요건을 갖춘 주택의 임차인(대항력이 인정되는 법인을 포함한다)은 그 다음 날부터 제3자에 대하여 대항할 수 있다.

① **선순위 권리자가 있는 경우**: 주택임차인이 대항요건을 갖춘 경우에도 선순위 권리자가 있을 때는 대항력을 가지지 못한다. 예를 들어 임차인이 대항요건을 갖춘 후에 임차주택이 매매되었을 때 주택의 양수인에

Tip 여기서 "대항할 수 있다."라고 함은 자기보다 후순위 권리자에 대하여 임차권을 주장하고 임차주택의 인도를 거절할 수 있다는 것이다.

대해서는 대항할 수 있으나, 선순위의 저당권·전세권·가등기담보권자가 경매를 실행할 때 주택임차인은 경락인에게 대항할 수 없게 된다.
② 동일한 일자에 주택임차인의 전입신고와 저당권설정등기가 된 경우: 임차인은 경매절차에서 경락인에게 대항할 수 없다. 그러나 주택임차인의 전입신고가 저당권설정등기보다 하루 빠른 경우에는 경락인에게 대항할 수 있다.
③ 근저당설정등기와 강제경매신청의 경우: 근저당설정등기와 제3자인 집행채권자의 강제경매신청 사이에 대항요건을 갖춘 주택임차인은 경락인에게 대항할 수 없다.
④ 경매에 의한 임차권의 소멸: 임차주택에 대하여 「민사집행법」에 따른 경매가 행하여진 경우에는 그 임차주택의 경락에 따라 임차권이 소멸한다. 다만, 보증금이 모두 변제되지 아니한 대항력이 있는 임차권은 그러하지 아니하다(동법 제3조의5).

(3) 임대인 지위의 승계

① 임차주택의 양수인은 임대인의 모든 지위를 승계하게 된다(동법 제3조 제4항). 따라서 대항력 있는 임차인은 양수인에 대하여 임차권(보증금반환채권을 포함한다)을 주장할 수 있다.
② 주택임대차에서는 임대차가 종료한 경우에도 임차인이 보증금을 반환받을 때까지는 임대차관계는 존속하는 것으로 본다(동법 제4조 제2항).
③ 임차인이 임대인의 지위를 양수인이 승계하는 것을 원하지 않는 경우에는 임차주택의 양도사실을 안 때로부터 상당한 기간 내에 이의를 제기함으로써 양도인의 임차인에 대한 보증금반환채무는 소멸하지 않게 된다(대판 2001다64615).

④ 보증금의 회수

(1) 보증금의 우선변제

① **보증금의 우선변제요건: 대항력과 임대차계약증서상의 확정일자를 갖춘 임차인, 대항요건과 임대차계약증서상의 확정일자를 갖춘 임차인은 경매절차에서 임차주택의 환가대금에서 후순위 권리자 기타 채권자보다 우선하여 보증금을 변제받을 권리가 있다**(동법 제3조의2 제2항).

> 참고 📖 대항력이 인정되는 법인도 확정일자를 갖춘 경우 우선변제권이 인정된다(동법 제3조의2 제2항).

② 대항요건의 충족시기에 따른 우선변제의 효력: 대항요건을 갖춘 그 다음 날 이후에 계약증서에 확정일자를 갖추면 그날부터 보증금의 우선변제권이 인정된다. 그러나 계약증서에 확정일자를 먼저 갖추고 그 후에 대항요건을 갖추었을 때에는 대항요건을 갖춘 날의 다음 날부터 보증금의 우선변제권이 생긴다. 동일한 일자에 대항요건과 계약증서상에 확정일자를 갖춘 경우도 마찬가지이다.

③ 임대차계약서에 아파트의 명칭이나 동·호수의 기재를 누락한 경우: 확정일자의 요건을 규정한 것은 임대인과 임차인 사이의 담합으로 보증금 액수를 사후에 변경하는 것을 방지하고자 하는 취지일 뿐, 대항요건으로 규정된 주민등록과 같이 해당 임대차의 존재사실을 제3자에게 공시하고자 하는 것은 아니다. 따라서 확정일자를 받은 임대차계약서가 진정하게 작성된 이상 임대차계약서에 아파트의 명칭이나 전유 부분의 동·호수의 기재를 누락하였다는 사실만으로 확정일자의 요건을 갖추지 못하였다고 볼 수 없다(대판 99다7992).

④ 임차인이 계약서를 분실·멸실한 경우: 대항요건을 갖추고 확정일자를 받아 우선변제권을 취득한 임차인이 그 계약서를 분실·멸실하였더라도 우선변제권은 소멸되지 않는다.

⑤ 보증금의 우선변제권이 인정되는 경우: 보증금의 우선변제권은 강제경매, 담보권 실행을 위한 경매, 국세체납으로 인한 공매에서 인정되며 대지를 포함한 주택의 경매대금에서 우선변제를 받는다.

⑥ 토지의 경매대금에 대한 우선변제: 토지에 저당권이 설정된 후에 신축한 주택의 임차인은 토지의 경매대금에서는 저당권자보다 우선변제를 받지 못한다.

⑦ 보증금을 증액한 경우 증액 부분의 대항력: 주택임차인이 대항력을 갖춘 후 저당권설정등기가 경료되고, 그 후 보증금을 증액한 경우 그 증액된 부분은 저당권자와 경락인에게 대항할 수 없다.

⑧ 확정일자의 부여일자가 가압류일자보다 늦은 경우: 임차인이 대항요건을 미리 갖추었다고 하더라도 확정일자를 부여받은 날짜가 가압류일자보다 늦은 경우에는 가압류채권자가 선순위가 되어 가압류채권자와 주택임차인이 채권액에 비례하여 평등배당을 받게 된다.

⑨ 임차인이 전세권설정등기를 한 경우: 임차인이 자신의 지위를 강화하기 위하여 전세권설정등기를 한 경우에 등기필정보에 등기관의 접수인이 찍혀 있다면 계약증서에 확정일자가 있는 것으로 본다.

⑩ **보증금을 수령하기 위한 요건**: 임차인은 임차주택을 양수인에게 인도하지 아니하면 보증금을 수령할 수 없다(동법 제3조의2 제3항). 이 규정은 임차주택의 명도가 선이행의무라는 것이 아니라 명도사실을 증명하여야 보증금을 수령할 수 있다는 취지이다.

⑪ **주택임대차표준계약서의 우선사용**: 주택임대차계약을 서면으로 체결할 때에는 법무부장관이 국토교통부장관과 협의하여 정하는 주택임대차표준계약서를 우선적으로 사용한다. 다만, 당사자가 다른 서식을 사용하기로 합의한 경우에는 그러하지 아니하다(동법 제30조).

> **판례** 우선변제권의 양도·양수
>
> 「주택임대차보호법」의 입법 목적과 주택임차인의 임차보증금반환채권에 우선변제권을 인정한 제도의 취지, 「주택임대차보호법」상 관련 규정의 문언내용 등에 비추어 볼 때, 비록 채권양수인이 우선변제권을 행사할 수 있는 주택임차인으로부터 임차보증금반환채권을 양수하였다고 하더라도 임차권과 분리된 임차보증금반환채권만을 양수한 이상 그 채권양수인이 「주택임대차보호법」상의 우선변제권을 행사할 수 있는 임차인에 해당한다고 볼 수 없다(대판 2010다10276).

> **심화** 대항력과 대항요건
>
> 1. 대항력 + 확정일자 ⇨ 선택적 ┬ 대항력 주장
>   └ 해지 ⇨ 보증금의 우선변제
> 2. 대항요건 + 확정일자 ⇨ 보증금의 우선변제

(2) 소액보증금 중 일정액의 우선변제

① **의의**: 주택임차인은 소액보증금 중 다음에 정하는 금액을 다른 담보물권자보다 우선하여 변제받을 권리가 있다. 이 경우 임차인은 주택에 대한 경매개시결정등기 전에 대항요건을 갖추어야 하며, 임차권등기명령의 집행에 따른 임차권등기가 끝난 주택을 그 이후에 임차한 임차인은 소액보증금 중 일정액에 대한 우선변제를 받을 권리가 없다(동법 제8조, 제3조의3 제6항).✚

> ㉠ 서울특별시: 1억 6천5백만원 이하의 보증금 중 5천5백만원
> ㉡ 과밀억제권역(인천·세종·용인·화성·김포시 포함): 1억 4천5백만원 이하의 보증금 중 4천8백만원
> ㉢ 광역시·안산·광주·파주·이천·평택시: 8천5백만원 이하의 보증금 중 2천8백만원
> ㉣ 그 밖의 지역: 7천5백만원 이하의 보증금 중 2천5백만원

✚ 2023.2.21.~현재
(단, 시행일 전 임차주택에 대하여 담보물권을 취득한 자에 대하여는 종전의 규정에 의한다)

② 소액보증금 합계액의 제한: 소액보증금의 합계액은 주택가격의 2분의 1을 초과하지 못한다. 예를 들어 수도권 서울특별시에서 경매대금이 1억원이고 소액임차인 5명(모두 임차보증금은 2천만원이라고 가정)과 피담보채권이 1억 2천만원인 저당권자가 있는 경우, 소액임차인들은 각각 1천만원씩 배당을 받게 되고 저당권자는 5천만원을 배당받게 된다.

③ 배당요구를 하지 않은 경우 부당이득 주장 가능 여부: 임차주택의 경매절차에서 소액보증금 중 일정액에 대한 배당요구를 하지 않은 임차인은 배당받은 후순위 권리자에게 부당이득을 이유로 배당금의 반환을 청구할 수 없다.

④ 소액임차인의 우선변제 금액의 보호: 소액임차인이 우선변제를 받을 수 있는 금액의 채권은 압류하지 못한다(「민사집행법」 제246조 제1항 제6호).

> **판례** 최우선변제권
>
> 1. 점포 및 사무실로 사용되던 건물에 근저당권이 설정된 후 그 건물이 주거용 건물로 용도변경되어 이를 임차한 소액임차인도 특별한 사정이 없는 한 「주택임대차보호법」 제8조에 의하여 보증금 중 일정액을 근저당권자보다 우선하여 변제받을 권리가 있다(대판 2009다26879).
> 2. 대지에 관한 저당권설정 후에 비로소 건물이 신축되고 그 신축건물에 대하여 다시 저당권이 설정된 후 대지와 건물이 일괄 경매된 경우, 「주택임대차보호법」상 확정일자를 갖춘 임차인 및 같은 법의 소액임차인은 대지의 환가대금에서는 우선하여 변제를 받을 권리가 없다고 하겠지만, 신축건물의 환가대금에서는 확정일자를 갖춘 임차인이 신축건물에 대한 후순위 권리자보다 우선하여 변제받을 권리가 있다(대판 2009다101275).

(3) 임차권등기명령

① 임차권등기명령의 신청: 임대차가 끝난 후 보증금이 반환되지 아니한 경우에는 임차인은 임차주택의 소재지를 관할하는 지방법원·지방법원지원 또는 시·군법원에 가압류절차에 의하여 임차권등기명령을 신청할 수 있다(동법 제3조의3 제1항·제3항).

② 임차권등기명령에 의한 우선변제권의 취득: 임대차가 종료된 후 보증금을 반환받지 못한 임차인이 임차권등기명령의 집행에 따른 등기를 마치면 대항력과 보증금의 우선변제권을 취득한다(동법 제3조의3 제5항 본문).

③ 등기 이전에 대항력 또는 우선변제권을 취득한 경우: 임차인이 임차권등기명령에 의한 등기 이전에 이미 대항력 또는 우선변제권을 취득한 경우에는 임차권등기 이후에 대항요건을 상실하더라도, 즉 이사를 가거나 주민등록을 이전할지라도 이미 취득한 대항력 또는 우선변제권을 상실하지 아니한다(동법 제3조의3 제5항 단서).

④ 「민법」에 따른 주택임대차등기의 효력: 주택임차인이 「민법」 제621조에 의하여 등기를 경료한 경우에도 임차권등기명령의 집행에 의한 등기를 경료한 경우와 동일한 효력이 인정된다(동법 제3조의4).

⑤ 임차인의 항고: 임차권등기명령신청을 기각하는 결정에 대하여 임차인은 항고(抗告)할 수 있다(동법 제3조의3 제4항).

⑥ 임차인의 비용청구: 임차인은 임차권등기명령의 신청 및 그에 따른 임차권등기와 관련하여 든 비용을 임대인에게 청구할 수 있다(동법 제3조의3 제8항).

⑦ 금융기관 등의 임차인대위: 우선변제권의 승계가 가능한 금융기관 등은 임차인을 대위하여 임차권등기명령을 신청할 수 있다(동법 제3조의3 제9항).

⑧ 임대인에게 임차권등기명령이 송달되기 전에도 임차권등기명령을 집행할 수 있다.

⑨ 임대인의 임대차보증금의 반환의무가 임차인의 임차권등기 말소의무보다 먼저 이행되어야 할 의무이다(대판 2005다4529).

(4) 집행개시의 요건에 관한 특례

① 임대차 종료 후 주택의 임대인이 보증금 반환을 지체할 때 임차인은 보증금반환소송(소액심판절차에 의한다)을 제기하여 집행권원(채무명의)을 취득하여 임대인의 재산에 강제집행을 할 수도 있고, 임차권등기명령의 집행에 의한 등기로 대항력과 우선변제권을 확보할 수도 있다.

② 임차인이 임차주택에 대하여 보증금반환소송의 확정판결(상환급부판결), 그 밖에 이에 준하는 집행권원에 따라서 경매를 신청하는 경우에는 집행개시요건에 관한 「민사집행법」의 규정에 불구하고 반대의무의 이행이나 이행의 제공을 집행개시의 요건으로 하지 아니한다(동법 제3조의2 제1항).

심화 단, 임차인은 임차주택을 양수인에게 인도하지 아니하면 경매 또는 공매시 임차주택의 환가대금에서 보증금을 수령할 수 없다(동법 제3조의2 제3항).

❺ 존속기간의 보장

(1) 최단기의 보장

기간을 정하지 아니하거나 2년 미만으로 정한 주택임대차는 그 기간을 2년으로 본다. 다만, 임차인은 2년 미만으로 정한 기간이 유효함을 주장할 수 있다(동법 제4조 제1항).

(2) 법정갱신(묵시적 갱신)

① 의의: 주택임대차에 있어서 임대인이 임대차기간이 끝나기 6개월 전부터 2개월 전까지의 기간에 임차인에게 갱신거절(更新拒絶)의 통지를 하지 아니하거나 계약조건을 변경하지 아니하면 갱신하지 아니한다는 뜻의 통지를 하지 아니한 경우에는 그 기간이 끝난 때에 전 임대차(前賃貸借)와 동일한 조건으로 다시 임대차한 것으로 본다. 임차인이 임대차기간이 끝나기 2개월 전까지 통지하지 아니한 경우에도 또한 같다(동법 제6조 제1항).

② 법정갱신이 인정되지 않는 경우: 임차인이 2기(期)의 차임액에 달하도록 차임을 연체하거나 그 밖에 임차인으로서의 의무를 현저히 위반한 경우에는 법정갱신이 인정되지 않는다(동법 제6조 제3항).

③ 법정갱신의 효과: 법정갱신이 된 주택임대차의 존속기간은 2년으로 본다(동법 제6조 제2항). 그러나 계약이 갱신된 경우라도 임차인은 언제든지 임대인에게 계약해지를 통지할 수 있다(동법 제6조의2 제1항).

심화 법정갱신 이후 임차인에 의한 해지의 효력은 임대인이 그 통지를 받은 날부터 3개월이 지나면 발생한다(동법 제6조의2 제2항).

❻ 계약갱신요구권

(1) 임차인의 계약갱신요구권의 행사

임대인은 임차인이 임대차기간이 끝나기 6개월 전부터 2개월 전까지의 기간 이내에 계약갱신을 요구할 경우 정당한 사유 없이 거절하지 못한다. 임차인은 계약갱신요구권을 1회에 한하여 행사할 수 있으며, 이 경우 갱신되는 임대차의 존속기간은 2년으로 본다.

(2) 임대인의 계약갱신요구 거절사유

임대인은 다음의 어느 하나에 해당하는 경우에는 임차인의 계약갱신요구를 거절할 수 있다.

① 임차인이 2기의 차임액에 해당하는 금액에 이르도록 차임을 연체한 사실이 있는 경우
② 임차인이 거짓이나 그 밖의 부정한 방법으로 임차한 경우
③ 서로 합의하여 임대인이 임차인에게 상당한 보상을 제공한 경우
④ 임차인이 임대인의 동의 없이 목적 주택의 전부 또는 일부를 전대(轉貸)한 경우
⑤ 임차인이 임차한 주택의 전부 또는 일부를 고의나 중대한 과실로 파손한 경우
⑥ 임차한 주택의 전부 또는 일부가 멸실되어 임대차의 목적을 달성하지 못할 경우
⑦ 임대인이 다음의 어느 하나에 해당하는 사유로 목적 주택의 전부 또는 대부분을 철거하거나 재건축하기 위하여 목적 주택의 점유를 회복할 필요가 있는 경우
  ㉠ 임대차계약 체결 당시 공사시기 및 소요기간 등을 포함한 철거 또는 재건축 계획을 임차인에게 구체적으로 고지하고 그 계획에 따르는 경우
  ㉡ 건물이 노후·훼손 또는 일부 멸실되는 등 안전사고의 우려가 있는 경우
  ㉢ 다른 법령에 따라 철거 또는 재건축이 이루어지는 경우
⑧ 임대인(임대인의 직계존속·직계비속을 포함한다)이 목적 주택에 실제 거주하려는 경우
⑨ 그 밖에 임차인이 임차인으로서의 의무를 현저히 위반하거나 임대차를 계속하기 어려운 중대한 사유가 있는 경우

(3) 갱신되는 임대차계약

① 임차인의 갱신요구에 따라 갱신되는 임대차계약은 전 임대차와 동일한 조건으로 다시 계약된 것으로 본다. 다만, 차임과 보증금은 「주택임대차보호법」 제7조 범위에서 증감할 수 있다.
② 임차인의 갱신요구에 따라 갱신되는 임대차계약에서 임차인은 언제든지 임대인에게 계약해지(契約解止)를 통지할 수 있고, 임대인이 그 통지를 받은 날부터 3개월이 지나면 그 효력이 발생한다.

➕ 「주택임대차보호법」 제7조
1. 당사자는 약정한 차임이나 보증금이 임차주택에 관한 조세, 공과금, 그 밖의 부담의 증감이나 경제사정의 변동으로 인하여 적절하지 아니하게 된 때에는 장래에 대하여 그 증감을 청구할 수 있다. 이 경우 증액청구는 임대차계약 또는 약정한 차임이나 보증금의 증액이 있은 후 1년 이내에는 하지 못한다.
2. 증액청구는 약정한 차임이나 보증금의 20분의 1의 금액을 초과하지 못한다. 다만, 특별시·광역시·특별자치시·도 및 특별자치도는 관할 구역 내의 지역별 임대차 시장 여건 등을 고려하여 본문의 범위에서 증액청구의 상한을 조례로 달리 정할 수 있다

(4) 임대인의 손해배상의무

① 임대인 실거주를 사유로 갱신을 거절하였음에도 불구하고 갱신요구가 거절되지 아니하였더라면 갱신되었을 기간이 만료되기 전에 정당한 사유 없이 제3자에게 목적 주택을 임대한 경우 임대인은 갱신거절로 인하여 임차인이 입은 손해를 배상하여야 한다.

② 손해배상액은 거절 당시 당사자간에 손해배상액의 예정에 관한 합의가 이루어지지 않는 한 다음의 금액 중 큰 금액으로 한다.

　㉠ 갱신거절 당시 월 차임[차임 외에 보증금이 있는 경우에는 그 보증금을 법 제7조의2 각 호(연 10% 또는 기준금리 + 연 2%) 중 낮은 비율에 따라 월 단위의 차임으로 전환한 금액을 포함한다. 이하 '환산 월 차임'이라 한다]의 3개월분에 해당하는 금액

　㉡ 임대인이 제3자에게 임대하여 얻은 환산 월 차임과 갱신거절 당시 환산 월 차임간 차액의 2년분에 해당하는 금액

　㉢ 임대인 실거주 사유로 인한 갱신거절로 인하여 임차인이 입은 손해액

❼ 임차인의 사망과 임차권의 승계

「주택임대차보호법」은 상속권 없는 동거가족의 주거생활을 보호하기 위하여 다음과 같은 규정을 두고 있다(동법 제9조).

① 임차인이 상속인 없이 사망한 경우에는 그 주택에서 가정공동생활을 하던 사실상의 혼인관계에 있는 자가 임차인의 권리와 의무를 승계한다.
② 임차인이 사망한 때에 사망 당시 상속인이 그 주택에서 가정공동생활을 하고 있지 아니한 경우에는 그 주택에서 가정공동생활을 하던 사실상의 혼인관계에 있는 자와 2촌 이내의 친족이 공동으로 임차인의 권리와 의무를 승계한다.
③ 임차인이 사망한 후 1개월 이내에 임대인에게 ①과 ②에 따른 승계대상자가 반대 의사를 표시한 경우에는 임차인의 권리와 의무를 승계하지 아니한다.

심화 임차인 사망시 임차권의 승계

구분	임차인 사망 당시 동거자	임차권승계
법정상속권자가 있는 경우	법정상속인	법정상속권자 단독승계
	사실혼자	사실혼자와 2촌 이내의 친족 공동승계
법정상속권자가 없는 경우	사실혼자	사실혼자 단독승계
	독거	국고 귀속

⑧ 차임증감청구권과 보증금의 월 차임으로의 전환

(1) 차임증감청구권

① 당사자는 약정한 차임이나 보증금이 임차주택에 관한 조세, 공과금, 그 밖의 부담의 증감이나 경제사정의 변동으로 인하여 적절하지 아니하게 된 때에는 장래에 대하여 그 증감을 청구할 수 있다. 이 경우 증액청구는 임대차계약 또는 약정한 차임이나 보증금의 증액이 있은 후 1년 이내에는 하지 못한다(동법 제7조 제1항).

② 증액청구는 약정한 차임이나 보증금의 20분의 1의 금액을 초과하지 못한다. 다만, 특별시 · 광역시 · 특별자치시 · 도 및 특별자치도는 관할구역 내의 지역별 임대차 시장여건 등을 고려하여 본문의 범위에서 증액청구의 상한을 조례로 달리 정할 수 있다(동법 제7조 제2항).

③ 다만, 주택임대차나 상가건물의 임대차에 있어서 당사자의 합의에 의하여 또는 재계약(갱신요구나 법정갱신에 따른 재계약 제외)시에 차임을 증액할 때는 「주택임대차보호법」 제7조와 「상가건물 임대차보호법」 제11조는 적용되지 아니하며, 주택임대차와 상가건물임대차 모두 연 5%를 초과하는 증액도 가능하다.

(2) 월 차임으로 전환시 산정률의 제한

보증금의 전부 또는 일부를 월 단위의 차임으로 전환하는 경우에는 그 전환되는 금액에 다음 중 낮은 비율을 곱한 월 차임(月 借賃)의 범위를 초과할 수 없다(동법 제7조의2). 이는 보증금의 월 차임 전환시 산정률의 상한을 한국은행 기준금리와 연동되도록 하여 임차인 보호를 더욱 강화한 것이다.

> ① 「은행법」에 따른 은행에서 적용하는 대출금리와 해당 지역의 경제여건 등을 고려하여 대통령령으로 정하는 비율(현재 연 10%)
> ② 한국은행에서 공시한 기준금리에 대통령령으로 정하는 이율(현재 연 2%)을 더한 비율

(3) 초과 차임 등의 반환청구

임차인이 차임증감청구권 인정범위 내 증액비율을 초과하여 차임 또는 보증금을 지급하거나 월 차임 산정률을 초과하여 차임을 지급한 경우에는 초과 지급된 차임 또는 보증금 상당금액의 반환을 청구할 수 있다(동법 제10조의2).

> **심화** 주택을 빌리는 형태
> 1. 전세: 월 차임없이 보증금만 맡겨 놓았다가, 계약 종료 시 전액 돌려받는 형태
> 2. 보증부 월세: 보증금이 1년분 월세 이상인 형태(이를 '반전세'라 한다)
> 3. 월세: 보증금이 1년(12개월)분 월세보다 더 적은 형태(한국부동산원 분류방식)
> 4. 사글세: 보통 1년치 월세를 한꺼번에 미리 내는 형태

❾ 금융기관 등의 우선변제권 승계

(1) 「주택임대차보호법」 제3조의2 제7항에 열거된 금융기관 등이 우선변제권(확정일자를 통한, 임차권등기명령을 통한, 임차권등기를 통한)을 취득한 임차인의 보증금반환채권을 계약으로 양수한 경우에는 양수한 금액의 범위에서 우선변제권을 승계한다(동법 제3조의2 제7항).

심화 다만, 우선변제권을 승계한 금융기관 등은 임차인이 대항요건을 상실한 경우, 임차권등기가 말소된 경우에는 우선변제권을 행사할 수 없으며, 금융기관 등이 우선변제권을 행사하기 위하여 임차인을 대리하거나 대위하여 임대차를 해지할 수 없다.

(2) 우선변제권 승계가 가능한 금융기관 등은 다음과 같다.

> ① 「은행법」에 따른 은행
> ② 「중소기업은행법」에 따른 중소기업은행
> ③ 「한국산업은행법」에 따른 한국산업은행
> ④ 「농업협동조합법」에 따른 농협은행
> ⑤ 「수산업협동조합법」에 따른 수협은행
> ⑥ 「우체국예금·보험에 관한 법률」에 따른 체신관서
> ⑦ 「한국주택금융공사법」에 따른 한국주택금융공사
> ⑧ 「보험업법」 제4조 제1항 제2호 라목의 보증보험을 보험종목으로 허가받은 보험회사
> ⑨ 「주택도시기금법」에 따른 주택도시보증공사
> ⑩ 그 밖에 ①부터 ⑨까지에 준하는 것으로서 대통령령으로 정하는 기관

❿ 확정일자의 부여 및 정보제공

(1) 확정일자의 부여

① 확정일자는 주택 소재지의 읍·면사무소, 동 주민센터 또는 시·군·구(자치구를 말한다)의 출장소, 지방법원 및 그 지원과 등기소 또는 「공증인법」에 따른 공증인(이하 '확정일자부여기관'이라 한다)이 부여한다(동법 제3조의6 제1항).

② 확정일자부여기관은 해당 주택의 소재지, 확정일자부여일, 차임 및 보증금 등을 기재한 확정일자부를 작성하여야 하며, 이 경우 전산처리정보조직을 이용할 수 있다(동법 제3조의6 제2항).

③ 계약증서에 확정일자를 부여받으려는 자는 확정일자부여기관에 출석하여 계약증서 원본 및 주민등록증, 운전면허증, 여권, 외국인등록증 등 신분증을 제시하여야 한다.

④ 확정일자부여기관은 계약증서에 확정일자를 부여하기 전에 다음 사항을 확인하여야 한다.

> ㉠ 임대인·임차인의 인적 사항, 임대차목적물, 임대차기간, 차임·보증금 등이 적혀 있는 완성된 문서일 것
> ㉡ 계약당사자의 서명 또는 기명날인이 있을 것
> ㉢ 글자가 연결되어야 할 부분에 빈 공간이 있는 경우에는 계약당사자가 빈 공간에 직선 또는 사선을 그어 그 부분에 다른 글자가 없음이 표시되어 있을 것
> ㉣ 정정한 부분이 있는 경우에는 그 난의 밖이나 끝부분 여백에 정정한 글자 수가 기재되어 있고 그 부분에 계약당사자의 서명이나 날인이 되어 있을 것
> ㉤ 계약증서(전자계약증서는 제외한다)가 두 장 이상인 경우에는 간인(間印)이 있을 것
> ㉥ 확정일자가 부여되어 있지 아니할 것. 다만, 이미 확정일자를 부여받은 계약증서에 새로운 내용을 추가 기재하여 재계약을 한 경우에는 그러하지 아니하다.

⑤ 확정일자를 부여받으려는 자는 수수료를 지불하여야 한다.

⑥ 확정일자는 계약증서의 여백(여백이 없는 경우에는 그 뒷면을 말한다)에 아래 서식에 따른 확정일자인을 찍고, 인영 안에 날짜와 확정일자번호를 아라비아숫자로 적는 방법으로 부여한다.

⑦ 확정일자날인 계약증서가 두 장 이상인 경우에는 간인하여야 한다. 다만, 간인은 천공방식으로 갈음할 수 있다.

⑧ 확정일자부의 확정일자번호는 신청 순으로 부여하여야 한다.

⑨ 확정일자부는 1년을 단위로 매년 만들고, 사용기간이 지나 폐쇄한 확정일자부는 20년간 보존하여야 한다.

(2) 임대차정보 제공 등

① 주택의 임대차에 이해관계가 있는 자는 확정일자부여기관에 해당 주택의 확정일자부여일, 차임 및 보증금 등 정보의 제공을 요청할 수 있다. 이 경우 요청을 받은 확정일자부여기관은 정당한 사유 없이 이를 거부할 수 없다(동법 제3조의6 제3항).

참고

```
확정일자
○○○기관명
  20  .  .  .
(확정일자번호      )
```

심화 단, 지방법원 및 그 지원과 등기소가 보유한 확정일자정보에 관하여는 확정일자부여기관이 전산정보처리조직 등으로 연계하여 제공할 수 있는 것에 한하여 적용한다.

> **이해관계가 있는 자의 범위**
>
> ㉠ 해당 주택의 임대인·임차인
> ㉡ 해당 주택의 소유자
> ㉢ 해당 주택 또는 그 대지의 등기기록에 기록된 권리자 중 법무부령으로 정하는 자(환매권자, 지상권자, 전세권자, 질권자, 저당권자·근저당권자, 임차권자, 신탁등기의 수탁자, 가등기권리자, 압류채권자, 경매개시결정의 채권자를 말하고, 가압류권자, 가처분권자, 저당권·근저당권의 채무자, 등기신청각하결정에 대한 이의신청인은 포함하지 아니한다)
> ㉣ 법 제3조의2 제7항에 따라 우선변제권을 승계한 금융기관
> ㉤ 법 제6조의3 제1항 제8호의 사유(임대인 실거주)로 계약의 갱신이 거절된 임대차계약의 임차인이었던 자
>   ✔ 위 이해관계자 중 ㉠, ㉤에 해당하는 자는 확정일자부여기관에 해당 임대차계약(갱신거절당한 임차인은 갱신요구가 거절되지 않았더라면 갱신되었을 기간 중에 존속하는 임대차계약)에 관한 다음 각 호의 사항의 열람 또는 그 내용을 기록한 서면의 교부를 요청할 수 있다.
>   • 임대차목적물
>   • 임대인·임차인의 인적사항(갱신거절당한 임차인은 임대인·임차인의 성명, 법인명 또는 단체명으로 한정한다)
>   • 확정일자부여일
>   • 차임·보증금
>   • 임대차기간
> ㉥ 위 ㉠부터 ㉤에 준하는 직위 또는 권리를 가지는 자로서 법무부령으로 정하는 자

② 임대차계약을 체결하려는 자는 임대인의 동의를 받아 확정일자부여기관에 해당 주택의 확정일자부여일, 차임 및 보증금 등 정보제공을 요청할 수 있다.

③ 임대차정보는 일정 사항을 열람하거나 그 내용을 기록한 서면을 교부 받을 수 있다.

④ 주택의 임대차에 이해관계가 있는 자 혹은 임대차계약을 체결하려는 자가 확정일자에 관한 정보제공을 요청하는 경우에는 별지서식의 '임대차정보제공요청서'에 이해관계와 임대인의 동의 여부 등을 소명하는 자료를 첨부하여 제출하여야 한다.

⑤ 임대차정보를 제공받으려는 자는 수수료를 지불하여야 한다.

⑪ 주택임대차보호법상 위원회

(1) 주택임대차위원회

① 최우선변제를 받을 임차인 및 보증금 중 일정액의 범위와 기준을 심의하기 위하여 법무부에 주택임대차위원회를 둔다.
② 위원회는 위원장 1명을 포함한 9명 이상 15명 이하의 위원으로 성별을 고려하여 구성한다.
③ 위원회의 위원장은 법무부차관이 된다(동법 제8조의2 제3항).

(2) 주택임대차 분쟁조정위원회

① 「주택임대차보호법」의 적용을 받는 주택임대차와 관련된 분쟁➕을 심의·조정하기 위하여 「법률구조법」에 따른 대한법률구조공단의 지부, 「한국토지주택공사법」에 따른 한국토지주택공사의 지사 또는 사무소 및 「한국부동산원법」에 따른 한국부동산원의 지사 또는 사무소에 주택임대차 분쟁조정위원회를 둔다.
② 특별시·광역시·특별자치시·도 및 특별자치도는 그 지방자치단체의 실정을 고려하여 조정위원회를 둘 수 있다(동법 제14조 제1항).

➕ 공인중개사 보수 등 비용부담에 관한 분쟁을 포함한다.

> 🎯 핵심 「주택임대차보호법」상 임차인보호 내용

주택임차권의 대항력	임차인의 순위에 의한 우선변제권
• 대항요건: 주택의 인도 + 전입신고 • 발생시기: 대항요건을 갖춘 다음 날 ✔ 0시부터 대항력 발생(판례) • 주의할 점: 임차인이 입주와 전입신고를 하기 전에 그 집에 이미 저당권등기나 가압류, 압류등기, 가등기 등이 행하여졌고 그 결과로 경매나 가등기에 의한 본등기에 의하여 소유권자가 변경된 경우에는 위의 대항력은 소멸되어 신소유권자에 대하여 대항할 수 없다. • 소액보증금인 경우 경매신청의 등기 전, 임차권등기 없는 주택에 위 대항요건을 갖추면 최우선변제권이 발생한다.	• 우선변제권: 대항요건 + 확정일자 • 발생시기: 두 조건의 충족시점 • 우선변제권의 의미: 우선변제권 발생시점 이후부터 주택의 임차인은 경매 또는 공매시 임차주택의 환가대금에서 후순위 권리자 기타 채권자보다 우선하여 보증금을 변제받을 권리가 있다(우선변제권을 갖추기 전에 설정된 담보물권에는 우선하지 못한다). • 주의할 점: 우선변제권이 인정되는 임차인에게 선순위가 없는 대항력이 있다면 배당신청과 대항력 주장이라는 두 가지 권리 중 선택할 수 있다.

Tip 👆 표 내용을 완벽하게 숙지하여야 한다.

> 예제

1. 개업공인중개사가 甲 소유의 X주택을 乙에게 임대하는 임대차계약을 중개하면서 양 당사자에게 설명한 내용으로 옳은 것은? (다툼이 있으면 판례에 따름)

   ① 乙이 X주택의 일부를 주거 외의 목적으로 사용하면 「주택임대차보호법」의 적용을 받지 못한다.
   ② 임차권등기명령에 따라 등기되었더라도 X주택의 점유를 상실하면 乙은 대항력을 잃는다.
   ③ 乙이 X주택에 대한 대항력을 취득하려면 확정일자를 요한다.
   ④ 乙이 대항력을 취득한 후 X주택이 丙에게 매도되어 소유권이전등기가 경료된 다음에 乙이 주민등록을 다른 곳으로 옮겼다면 丙의 임차보증금반환채무는 소멸한다.
   ⑤ 乙이 경매를 통하여 X주택의 소유권을 취득하면 甲과 乙 사이의 임대차계약은 원칙적으로 종료한다.

   > 해설 ① 주된 용도가 주거용이면 일부 용도가 주거용이 아니더라도 「주택임대차보호법」이 적용된다.
   > ② 임차권등기명령에 따라 등기되었다면 주택의 점유를 상실하더라도 기존의 대항력과 우선변제권은 그대로 유지된다.
   > ③ 대항력과 임대차 원인증서에 확정일자를 날인받게 되면 우선변제권이 발생된다.
   > ④ 임대인의 지위가 승계되므로, 丙이 임차보증금반환채무를 부담한다. **정답 ⑤**

2. 개업공인중개사가 소유자 甲으로부터 X주택을 임차한 「주택임대차보호법」상 임차인 乙에게 임차권등기명령과 그에 따른 임차권등기에 대하여 설명한 내용으로 옳은 것을 모두 고른 것은? (다툼이 있으면 판례에 따름) 제35회

   ┌───
   │ ㉠ 법원의 임차권등기명령이 甲에게 송달되어야 임차권등기명령을 집행할 수 있다.
   │ ㉡ 乙이 임차권등기를 한 이후에 甲으로부터 X주택을 임차한 임차인은 최우선변제권을 가지지 못한다.
   │ ㉢ 乙이 임차권등기를 한 이후 대항요건을 상실하더라도, 乙은 이미 취득한 대항력이나 우선변제권을 잃지 않는다.
   │ ㉣ 乙이 임차권등기를 한 이후에는 이행지체에 빠진 甲의 보증금반환의무가 乙의 임차권등기 말소의무보다 먼저 이행되어야 한다.
   └───

   ① ㉡, ㉢   ② ㉠, ㉡, ㉣
   ③ ㉠, ㉢, ㉣   ④ ㉡, ㉢, ㉣
   ⑤ ㉠, ㉡, ㉢, ㉣

   > 해설 ㉠ 법원의 임차권등기명령이 소유자에게 송달되기 전에도 임차권등기명령을 집행할 수 있다. **정답 ④**

제2절 | 상가건물 임대차보호법 제33회, 제34회, 제35회, 제36회

❶ 의의

국민 경제생활의 안정을 보장하고 상가건물임차인을 보호하기 위하여 마련된 「상가건물 임대차보호법」은 편면적 강행규정으로서, 이 법의 규정에 위반된 약정으로 임차인에게 불리한 것은 효력이 없다(동법 제1조, 제15조).

❷ 적용범위

(1) 상가건물

① 「상가건물 임대차보호법」이 적용되는 상가건물임대차는 사업자등록대상이 되는 건물로서 임대차목적물인 건물을 영리 목적의 영업용으로 사용하는 임대차를 가리킨다(동법 제2조 제1항).

② 상가건물에 해당하는지는 공부상 표시가 아닌 건물의 현황·용도 등에 비추어 영업용으로 사용하느냐에 따라 실질적으로 판단하여야 한다. 단순히 상품의 보관·제조·가공 등 사실행위만이 이루어지는 공장·창고 등은 영업용으로 사용하는 경우라고 할 수 없으나, 그곳에서 그러한 사실행위와 더불어 영리를 목적으로 하는 활동이 함께 이루어진다면 「상가건물 임대차보호법」의 적용대상인 상가건물에 해당한다.

> **판례** 「상가건물 임대차보호법」 적용범위
>
> 임차인이 상가건물의 일부를 임차하여 도금작업을 하면서 임차 부분에 인접한 컨테이너 박스에서 도금작업의 주문을 받고 완성된 도금제품을 고객에 인도하여 수수료를 받는 등 영업활동을 해 온 사안에서, 임차 부분과 이에 인접한 컨테이너 박스는 일체로서 도금작업과 더불어 영업활동을 하는 하나의 사업장이므로 위 임차 부분은 「상가건물 임대차보호법」이 적용되는 상가건물에 해당한다(대판 2009다40967).

참고 상가건물이라고 하더라도 업종이 영업성 없는 교회, 동창회사무실, 향우회사무실 등인 경우에는 「상가건물 임대차보호법」이 적용되지 않는다.

(2) 임대차보증금의 범위

① 「상가건물 임대차보호법」 전면적용범위

㉠ 「상가건물 임대차보호법」은 사업자등록의 대상이 되는 상가건물의 임대차(미등기전세를 포함한다)로서 보증금액✛이 다음에 열거한 금액을 초과하지 아니하는 경우에 적용된다(동법 제2조, 영 제2조).

✛ 상가건물임대차위원회의 심의를 거쳐 대통령령으로 정한다.

> ⓐ 서울특별시: 9억원
> ⓑ 과밀억제권역(부산·인천광역시 포함): 6억 9천만원
> ⓒ 광역시·세종·파주·화성·안산·용인·김포·광주시: 5억 4천만원
> ⓓ 그 밖의 지역: 3억 7천만원

ⓒ 임대차계약 후에 보증금 또는 차임을 증액하여 적용범위를 초과한 경우에는 이 법이 적용되지 아니한다.

ⓒ ㉠의 보증금액을 산정함에 있어서 보증금 외에 차임이 있는 경우에는 그 차임액에 1분의 100을 곱하여 환산한 금액을 보증금에 합산하여야 한다(동법 제2조 제2항, 영 제2조 제3항).

✔ 예컨대, 서울특별시에서 보증금이 3억원이고 차임이 650만원일 경우에는 제2조 제2항에 의한 보증금은 9억 5천만원이 되어 이 법의 전면 적용은 받을 수 없고, 일부 규정만 적용받는다.

판례 환산보증금에 부가가치세가 포함되는지 여부

임대차계약의 당사자들이 차임을 정하면서 '부가세 별도'라는 약정을 하였다고 하여 정하여진 차임 외에 위 부가가치세액을「상가건물 임대차보호법」제2조 제2항(= 적용범위)에 정한 '차임'에 포함시킬 이유는 없다(수원고법 2008나27056).

② 「상가건물 임대차보호법」 일부 적용범위

㉠ 「상가건물 임대차보호법」 전면적용범위를 초과하는 보증금액이라 하더라도 다음의 일부 규정은 적용된다(동법 제2조 제3항).

> ⓐ 대항력 규정[양수인의 임대인 지위 승계규정 포함(동법 제3조)]
> ⓑ 10년의 범위를 넘지 않는 범위 내에서 인정되는 **계약갱신요구권**(동법 제10조 제1항·제2항)
> ⓒ 계약갱신요구에 의한 갱신시 전(前)과 동일조건 간주규정(동법 제10조 제3항 본문)
> ⓓ **권리금회수기회보호제도**(동법 제10조의3부터 제10조의7)
> ⓔ 3기 이상 차임을 연체하는 경우 계약의 해지규정(동법 제10조의8)
> ⓕ 집합 제한 등을 총 3개월 이상 받음으로써 발생한 경제사정의 중대한 변동으로 폐업한 경우 임대차계약 해지규정(동법 제11조의2)
> ⓖ 표준임대차계약서 작성 등(동법 제19조)

ⓒ 전면적용 보증금액을 초과하는 임대차의 계약갱신의 경우에는 당사자는 상가건물에 관한 조세, 공과금, 주변 상가건물의 차임 및 보증금, 그 밖의 부담이나 경제사정의 변동 등을 고려하여 차임과 보증금의 증감을 청구할 수 있다(동법 제10조의2).

Tip 👆 일부 적용되는 규정들은 상임법에서 가장 중요하므로 암기하여야 한다.

❸ 대항력

(1) 대항력의 성립요건

상가건물의 임대차는 그 등기가 없는 경우에도 임차인이 대항요건을 갖춘 때에는 제3자에게 효력이 생긴다. 즉, 건물을 인도받고 사업자등록을 신청한 때에는 그 다음 날부터 대항력이 있다(동법 제3조 제1항).

> **판례** 상가임차인의 대항력
>
> 1. 사업자가 폐업신고를 하였다가 다시 같은 상호 및 등록번호로 사업자등록을 하였다고 하더라도 「상가건물 임대차보호법」상의 대항력 및 우선변제권이 그대로 존속한다고 할 수 없다(대판 2006다56299).
> 2. 사업자등록은 대항력 또는 우선변제권의 취득요건뿐만 아니라 존속요건이기도 하므로, 배당요구의 종기까지 존속하고 있어야 한다(대판 2005다64002).
> 3. 상가건물을 임차하고 사업자등록을 마친 사업자가 임차건물의 전대차 등으로 해당 사업을 개시하지 않거나 사실상 폐업한 경우, 임차인이 「상가건물 임대차보호법」상의 대항력 및 우선변제권을 유지하기 위하여서는 건물을 직접 점유하면서 사업을 운영하는 전차인이 그 명의로 사업자등록을 하여야 한다(대판 2005다64002).
> 4. 소유권이전등기청구권을 보전하기 위하여 가등기를 경료한 자가 그 가등기에 기하여 본등기를 경료한 경우에 가등기의 순위보전의 효력에 의하여 중간처분이 실효되는 효과를 가져오므로, 가등기가 경료된 후 비로소 「상가건물 임대차보호법」 소정의 대항력을 취득한 상가건물의 임차인으로서는 그 가등기에 기하여 본등기를 경료한 자에 대하여 임대차의 효력으로써 대항할 수 없다(대판 2007다25599).
> 5. 사업자가 건물의 일부분을 임차한 경우 그 사업자등록이 제3자에 대한 관계에서 유효한 임대차의 공시방법이 되기 위하여서는 사업자등록신청시 그 임차 부분을 표시한 도면을 첨부하여야 한다(대판 2008다44238).
> 6. 상가건물의 특정 층 전부 또는 명확하게 구분되어 있는 특정 호실 전부를 임차한 후 이를 제3자가 명백히 인식할 수 있을 정도로 사업자등록사항에 표시한 경우 그 사업자등록을 제3자에 대한 관계에서 유효한 임대차의 공시방법으로 볼 수 있다(대판 2010다56678).

핵심 🎯 상가건물임차인의 대항요건

건물의 인도 + 사업자등록

(2) 임대인 지위의 승계

임차건물의 양수인, 그 밖에 임대할 권리를 승계한 자는 임대인의 지위를 승계한 것으로 본다.

> **판례** 상가임대인의 의무
>
> 상가임대인이 입점주들로부터 지급받은 장기임대료 등을 적절히 집행하여 상가 활성화와 상권 형성을 위하여 노력하고 이를 위하여 입점주들과 협력할 의무가 있다고 볼 수는 있을지언정, 나아가 전반적인 경기의 변동이나 소비성향의 변화 등과 상관없이 상가임대인이 전적으로 책임지고 상가가 활성화되고 상권이 형성된 상태를 조성하여야 할 의무까지 부담한다고 볼 수는 없다(대판 2008다94769).

④ 보증금의 회수

(1) 보증금의 우선변제

① 대항요건을 갖추고 관할 세무서장으로부터 임대차계약서상의 확정일자를 받은 임차인은 「민사집행법」에 따른 경매 또는 「국세징수법」에 따른 공매시 임차건물(임대인 소유의 대지를 포함한다)의 환가대금에서 후순위 권리자나 그 밖의 채권자보다 우선하여 보증금을 변제받을 권리가 있다(동법 제5조 제2항).

② 임차인은 임차건물을 양수인에게 인도하지 아니하면 보증금을 받을 수 없다(동법 제5조 제3항).

(2) 소액보증금 중 일정액의 최우선변제

참고 2014.1.1.~ 현재 (단, 시행일 전 임차주택에 대하여 담보물권을 취득한 자에 대하여는 종전의 규정에 의한다)

① 우선변제를 받을 임차인·보증금의 범위: 임차인은 소액보증금 중 다음에 열거한 금액을 다른 담보물권자보다 우선변제받을 권리가 있다(동법 제14조 제1항, 영 제6조·제7조).

> ㉠ 서울특별시: 6천5백만원 이하의 소액보증금 중 2천2백만원
> ㉡ 과밀억제권역(서울특별시 제외): 5천5백만원 이하의 소액보증금 중 1천9백만원
> ㉢ 광역시(과밀억제권역에 포함된 지역과 군지역 제외)·안산·용인·김포·광주시: 3천8백만원 이하의 소액보증금 중 1천3백만원
> ㉣ 그 밖의 지역: 3천만원 이하의 소액보증금 중 1천만원

> **판례** 「상가건물 임대차보호법」상 소액보증금 적용방법
>
> 임차인이 수개의 구분점포를 동일한 임대인에게서 임차하여 하나의 사업장으로 사용하면서 단일한 영업을 하는 경우 등과 같이 임차인과 임대인 사이에 구분점포 각각에 대하여 별도의 임대차관계가 성립한 것이 아니라 일괄하여 단일한 임대차관계가 성립한 것으로 볼 수 있는 때에는, 비록 구분점포 각각에 대하여

별개의 임대차계약서가 작성되어 있더라도 구분점포 전부에 관하여 「상가건물 임대차보호법」 제2조 제2항의 규정에 따라 환산한 보증금액의 합산액을 기준으로 「상가건물 임대차보호법」 제14조(최우선변제권)에 의하여 우선변제를 받을 임차인의 범위를 판단하여야 한다(대판 2013다27152).

② 우선변제의 요건: 소액보증금 중 일정액을 우선변제받기 위해서는 임차건물에 대한 경매개시결정등기 전에 임차인이 대항요건을 갖추어야 한다(동법 제14조 제1항).

③ 임차권등기를 마친 건물을 임차한 경우: 임차권등기명령의 집행에 따른 임차권등기를 마친 건물을 그 이후에 임차한 임차인은 소액보증금 중 일정액을 우선변제받을 권리가 없다(동법 제6조 제6항).

④ 보증금과 차임이 있는 경우: 보증금과 차임액에 1분의 100을 곱하여 환산한 금액의 합계가 소액보증금 이하이어야 한다(동법 제2조 제2항, 영 제2조 제3항).

⑤ 소액보증금의 범위와 기준: 우선변제를 받을 임차인 및 보증금 중 일정액의 범위와 기준은 임대건물가액(임대인 소유의 대지가액을 포함한다)의 2분의 1 범위에서 해당 지역의 경제여건, 보증금 및 차임 등을 고려하여 상가건물임대차위원회의 심의를 거쳐 대통령령으로 정한다(동법 제14조 제3항). 이 개정 규정은 개정 규정 시행(2014.1.1.) 당시 존속 중인 임대차에 대하여도 적용하되, 시행 전에 물권을 취득한 제3자에 대하여는 그 효력이 없다.

5 임차권등기명령

① 임차권등기명령의 신청: 임대차가 종료된 후 보증금이 반환되지 아니한 경우 임차인은 임차건물의 소재지를 관할하는 지방법원·지방법원지원 또는 시·군 법원에 임차권등기명령을 신청할 수 있다(동법 제6조 제1항).

② 임차인의 항고: 임차권등기명령신청을 기각하는 결정에 대하여 임차인은 항고할 수 있다(동법 제6조 제4항).

③ 임차권등기명령에 의한 우선변제권의 취득: 임차권등기명령의 집행에 따른 임차권등기를 마치면 임차인은 대항력 및 우선변제권을 취득한다(동법 제6조 제5항).

④ 임차인의 비용청구: 임차인은 임차권등기명령의 신청 및 그에 따른 임차권등기와 관련하여 든 비용을 임대인에게 청구할 수 있다(동법 제6조 제8항).

심화 다만, 임차인이 임차권등기 이전에 이미 대항력 또는 우선변제권을 취득한 경우에는 그 대항력 또는 우선변제권이 그대로 유지되며, 임차권등기 이후에는 대항요건을 상실하더라도 이미 취득한 대항력 또는 우선변제권을 상실하지 아니한다(동법 제6조 제5항 단서).

⑤ 「민법」에 따른 임대차등기의 효력: 상가건물의 임차인이 「민법」 제621조에 의하여 등기한 경우에는 임차권등기명령의 집행에 따른 등기와 마찬가지로 대항력과 우선변제권을 취득하고, 이미 취득한 대항력과 우선변제권은 대항요건을 상실하더라도 그대로 유지된다(동법 제7조 제1항).

⑥ 금융기관 등의 임차인대위: 우선변제권의 승계가 가능한 금융기관 등은 임차인을 대위하여 임차권등기명령을 신청할 수 있다(동법 제6조 제9항).

6 임대차기간 · 계약갱신 · 임차권의 소멸

(1) 임대차기간

① 기간을 정하지 아니하거나 임대차기간을 1년 미만으로 정한 상가건물의 임대차는 그 기간을 1년으로 본다(동법 제9조 제1항).

심화 다만, 임차인은 1년 미만으로 정한 기간이 유효함을 주장할 수 있다.

② 임대차가 종료한 경우에도 임차인이 보증금을 돌려받을 때까지는 임대차관계는 존속하는 것으로 본다(동법 제9조 제2항).

(2) 계약갱신의 요구

① 임대인은 임차인이 임대차기간이 만료되기 6개월 전부터 1개월 전까지 사이에 계약갱신을 요구할 경우 정당한 사유 없이 거절하지 못한다. 그러나 다음의 어느 하나의 경우에는 그러하지 아니하다(동법 제10조 제1항).

> ㉠ 임차인이 3기의 차임액에 해당하는 금액에 이르도록 차임을 연체한 사실이 있는 경우
> ㉡ 임차인이 거짓이나 그 밖의 부정한 방법으로 임차한 경우
> ㉢ 서로 합의하여 임대인이 임차인에게 상당한 보상을 제공한 경우
> ㉣ 임차인이 임대인의 동의 없이 목적건물의 전부 또는 일부를 전대한 경우
> ㉤ 임차인이 임차한 건물의 전부 또는 일부를 고의나 중대한 과실로 파손한 경우
> ㉥ 임차한 건물의 전부 또는 일부가 멸실되어 임대차의 목적을 달성하지 못할 경우
> ㉦ 임대인이 다음의 어느 하나에 해당하는 사유로 목적건물의 전부 또는 대부분을 철거하거나 재건축하기 위하여 목적건물의 점유를 회복할 필요가 있는 경우
> ⓐ 임대차계약 체결 당시 공사시기 및 소요기간 등을 포함한 철거 또는 재건축 계획을 임차인에게 구체적으로 고지하고 그 계획에 따르는 경우
> ⓑ 건물이 노후 · 훼손 또는 일부 멸실되는 등 안전사고의 우려가 있는 경우
> ⓒ 다른 법령에 따라 철거 또는 재건축이 이루어지는 경우
> ㉧ 그 밖에 임차인이 임차인으로서의 의무를 현저히 위반하거나 임대차를 계속하기 어려운 중대한 사유가 있는 경우

② 임차인의 계약갱신요구권은 최초의 임대차기간을 포함한 전체 임대차기간이 10년을 초과하지 않는 범위 내에서만 행사할 수 있다(동법 제10조 제2항).

③ 임대인의 동의를 얻어 전대차한 경우에 전차인은 임차인을 대위하여 계약갱신요구권을 행사할 수 있다(동법 제13조 제2항).

④ 갱신되는 임대차는 전임대차와 동일한 조건으로 다시 계약된 것으로 본다. 다만, 차임과 보증금은 증감할 수 있다(동법 제10조 제3항).

(3) 법정갱신

① 계약의 법정갱신: 임대인이 임대차기간이 만료되기 6개월 전부터 1개월 전까지 임차인에게 갱신거절의 통지 또는 조건변경에 대한 통지를 하지 아니한 경우에는 그 기간이 만료된 때에 전임대차와 동일한 조건으로 다시 임대차한 것으로 본다(동법 제10조 제4항). ✚

✚ 이 경우에 임대차의 존속기간은 1년으로 본다(동법 제10조 제4항 단서).

② 법정갱신의 효과: 법정갱신이 된 경우에 임차인은 언제든지 임대인에게 계약해지의 통고를 할 수 있고, 임대인이 그 통고를 받은 날로부터 3개월이 지나면 효력이 발생한다(동법 제10조 제5항).

> **판례** 법정갱신 및 계약갱신요구권
>
> 1. 상가의 임차인이 임대차기간 만료 1개월 전부터 만료일 사이에 갱신거절의 통지를 한 경우 해당 임대차계약은 묵시적 갱신이 인정되지 않고 임대차기간의 만료일에 종료한다(대판 2023다307024).
> 2. 임차인의 갱신요구권에 관하여 전체 임대차기간을 10년으로 제한하는 같은 조 제2항의 규정은 같은 조 제4항에서 정하는 법정갱신에 대하여는 적용되지 아니한다(대판 2009다64307).
> 3. 구 「상가건물 임대차보호법」 제10조 제4항에 따른 임대인의 갱신거절 통지에 제10조 제1항 제1호 내지 제8호에서 정한 정당한 사유가 없는 경우, 임대인의 갱신거절 통지의 선후와 관계없이 임차인의 계약갱신요구권 행사로 종전 임대차가 갱신된다(대판 2013다35115).

(4) 경매에 의한 임차권의 소멸

임차권은 임차건물에 대하여 「민사집행법」에 따른 경매가 실시된 경우에는 그 임차건물이 매각되면 소멸한다(동법 제8조).

심화 다만, 보증금이 전액 변제되지 아니한 대항력이 있는 임차권은 그러하지 아니하다(동법 제8조 단서).

⑦ 차임의 증감청구권과 월 차임 전환시 산정률의 제한

(1) 차임증감청구권

① 차임 또는 보증금이 임차건물에 관한 조세, 공과금, 그 밖의 부담의 증감이나 「감염병의 예방 및 관리에 관한 법률」에 따른 제1급 감염병 등에 의한 경제사정의 변동으로 인하여 상당하지 아니하게 된 경우에는 당사자는 장래의 차임 또는 보증금에 대하여 증감을 청구할 수 있다. 그러나 증액의 경우에는 대통령령으로 정하는 기준에 따른 비율인 연 5%를 초과하지 못한다(동법 제11조 제1항).

② 차임의 증액청구는 임대차계약 또는 약정한 차임 등의 증액이 있은 후 1년 이내에는 이를 하지 못한다(동법 제11조 제2항).

③ 「감염병의 예방 및 관리에 관한 법률」에 따른 제1급 감염병에 의한 경제사정의 변동으로 차임 등이 감액된 후 임대인이 ①에 따라 증액을 청구하는 경우에는 증액된 차임 등이 감액 전 차임 등의 금액에 달할 때까지는 증액상한이 적용되지 않는다.

> **판례** 차임증감청구권
>
> 1. 「상가건물 임대차보호법」에 따른 차임 증액비율을 초과하여 지급된 차임에 대하여 임차인이 부당이득으로 반환을 구할 수 있다(대판 2013다35115).
> 2. 상가임대차계약에 있어서 임대차기간 중에 당사자의 일방이 차임을 변경하고자 할 때에는 상대방의 동의를 얻어야 하고, 그 동의가 없는 경우에는 「상가건물 임대차보호법」 제11조에 의하여 차임의 증감을 청구하여야 한다. 그렇지 아니하고 임대차계약에 있어서 임대인이 일방적으로 차임을 인상할 수 있고 상대방은 이의를 할 수 없다고 약정하였다면 이는 위 법률 제11조에 위반하는 약정으로서 임차인에게 불리한 것이므로 위 법률 제15조에 의하여 효력이 없다(대판 2009다39233).

(2) 월 차임 전환시 산정률의 제한

보증금의 전부 또는 일부를 월 단위의 차임으로 전환하는 경우에는 그 전환되는 금액에 다음 중 낮은 비율을 곱한 월 차임의 범위를 초과할 수 없다(동법 제12조). 이는 보증금의 월 차임 전환시 산정률의 상한을 한국은행 기준금리와 연동되도록 하여 임차인보호를 더욱 강화하려는 것이다.

① 「은행법」에 따른 은행의 대출금리 및 해당 지역의 경제여건 등을 고려하여 대통령령으로 정하는 비율(현재 연 12%)
② 한국은행에서 공시한 기준금리에 대통령령으로 정하는 배수(현재 4.5배수)를 곱한 비율

❽ 금융기관 등의 우선변제권 승계

(1) 「상가건물 임대차보호법」제5조 제7항에 열거된 금융기관 등이 우선변제권(확정일자를 통한, 임차권등기명령을 통한, 임차권등기를 통한)을 취득한 임차인의 보증금반환채권을 계약으로 양수한 경우에는 양수한 금액의 범위에서 우선변제권을 승계한다(동법 제5조 제7항).

(2) 개정 규정 시행(2013.8.13) 당시 존속 중인 임대차에 대하여도 적용하되, 시행 후 최초로 보증금반환채권을 양수한 경우부터 적용한다. 우선변제권 승계가 가능한 금융기관 등은 다음과 같다.

① 「은행법」에 따른 은행
② 「중소기업은행법」에 따른 중소기업은행
③ 「한국산업은행법」에 따른 한국산업은행
④ 「농업협동조합법」에 따른 농협은행
⑤ 「수산업협동조합법」에 따른 수협은행
⑥ 「우체국예금·보험에 관한 법률」에 따른 체신관서
⑦ 「보험업법」제4조 제1항 제2호 라목의 보증보험을 보험종목으로 허가받은 보험회사
⑧ 그 밖에 ①부터 ⑦까지에 준하는 것으로서 대통령령으로 정하는 기관

심화 다만, 우선변제권을 승계한 금융기관 등은 임차인이 대항요건을 상실한 경우, 임차권등기가 말소된 경우에는 우선변제권을 행사할 수 없으며, 금융기관 등이 우선변제권을 행사하기 위하여 임차인을 대리하거나 대위하여 임대차를 해지할 수 없다.

❾ 권리금 회수기회 보호제도

(1) 권리금의 정의 등

① 권리금의 정의: 권리금이란 임대차목적물인 상가건물에서 영업을 하는 자 또는 영업을 하려는 자가 영업시설·비품, 거래처, 신용, 영업상의 노하우, 상가건물의 위치에 따른 영업상의 이점 등 유형·무형의 재산적 가치의 양도 또는 이용대가로서 임대인·임차인에게 보증금과 차임 이외에 지급하는 금전 등의 대가를 말한다(동법 제10조의3 제1항).

② 권리금계약: 신규임차인이 되려는 자가 임차인에게 권리금을 지급하기로 하는 계약을 말한다(동법 제10조의3 제2항).

③ 권리금 평가기준의 고시: 국토교통부장관은 권리금에 대한 감정평가의 절차와 방법 등에 관한 기준을 고시할 수 있다(동법 제10조의7).

(2) 원칙

① 임대인은 임대차기간이 끝나기 6개월 전부터 임대차 종료시까지 다음에 해당하는 행위를 함으로써 임차인이 권리금을 지급받는 것을 방해하여서는 아니 된다(동법 제10조의4 제1항).

> ⊙ 임차인이 주선한 신규임차인이 되려는 자에게 권리금을 요구하거나, 임차인이 주선한 신규임차인이 되려는 자로부터 권리금을 수수하는 행위
> ⊙ 임차인이 주선한 신규임차인이 되려는 자로 하여금 임차인에게 권리금을 지급하지 못하게 하는 행위
> ⊙ 임차인이 주선한 신규임차인이 되려는 자에게 상가건물에 관한 조세, 공과금, 주변 상가건물의 차임 및 보증금, 그 밖의 부담에 따른 금액에 비추어 현저히 고액의 차임과 보증금을 요구하는 행위
> ⊙ 그 밖에 정당한 사유 없이 임대인이 임차인이 주선한 신규임차인이 되려는 자와 임대차계약의 체결을 거절하는 행위

그러나 계약갱신요구의 거절 가능사유(동법 제10조 제1항 각 호의 사유)가 있는 경우에는 임대인은 이러한 의무를 부담하지 않는다.

② 임차인은 임대인에게 임차인이 주선한 신규임차인이 되려는 자의 보증금 및 차임을 지급할 자력 또는 그 밖에 임차인으로서의 의무를 이행할 의사 및 능력에 관하여 자신이 알고 있는 정보를 제공하여야 한다(동법 제10조의4 제5항).

③ 전대인과 전차인 간에는 권리금의 회수기회 보호에 관한 규정이 적용되지 않는다.

(3) 위반시 효과

① 임대인이 (2)의 사항을 위반하여 임차인에게 손해를 발생하게 한 때에는 그 손해를 배상할 책임이 있다. 이 경우 그 손해배상액은 신규임차인이 임차인에게 지급하기로 한 권리금과 임대차 종료 당시의 권리금 중 낮은 금액을 넘지 못한다(동법 제10조의4 제3항).

② 임차인의 손해배상청구권은 임대차가 종료한 날부터 3년 이내에 행사하지 아니하면 시효로 소멸한다(동법 제10조의4 제4항).

(4) 예외

다음의 어느 하나에 해당하는 경우 임대인은 신규임차인과의 임대차계약 체결을 거절할 수 있다(동법 제10조의4 제2항). 법무부에서는 이 조항을 예시조항으로 해석하고 있다.

> ① 임차인이 주선한 신규임차인이 되려는 자가 보증금 또는 차임을 지급할 자력이 없는 경우
> ② 임차인이 주선한 신규임차인이 되려는 자가 임차인으로서의 의무를 위반할 우려가 있거나 그 밖에 임대차를 유지하기 어려운 상당한 사유가 있는 경우
> ③ 임대차목적물인 상가건물을 1년 6개월✚ 이상 영리 목적으로 사용하지 아니한 경우
> ④ 임대인이 선택한 신규임차인이 임차인과 권리금계약을 체결하고 그 권리금을 지급한 경우

(5) 권리금 적용 제외

다음의 어느 하나에 해당하는 상가건물임대차의 경우에는 권리금보호에 관한 규정을 적용하지 아니한다(동법 제10조의5).

> ① 임대차목적물인 상가건물이 「유통산업발전법」 제2조에 따른 대규모점포 또는 준대규모점포의 일부인 경우(다만, 「전통시장 및 상점가 육성을 위한 특별법」 제2조 제1호에 따른 전통시장은 제외한다)
> ② 임대차목적물인 상가건물이 「국유재산법」에 따른 국유재산 또는 「공유재산 및 물품 관리법」에 따른 공유재산인 경우

⑩ 상가건물 임대차보호법상 위원회

(1) 상가건물임대차위원회

① 상가건물임대차에 관한 다음의 사항을 심의하기 위하여 법무부에 상가건물임대차위원회를 둔다(동법 제14조의2).
  ㉠ 상가건물 적용범위 기준이 되는 보증금액
  ㉡ 최우선변제를 받을 임차인 및 보증금 중 일정액의 범위와 기준
② 위원회는 위원장 1명을 포함한 10명 이상 15명 이하의 위원으로 성별을 고려하여 구성한다.
③ 위원회의 위원장은 법무부차관이 된다.

✚ '1년 6개월'의 의미(법무부 작성 개정 법률 Q&A 40선 발췌)
1. 본 조항은 임대인이 임대차 종료 후 그 상가건물을 1년 6개월 이상 영리 목적으로 사용하지 아니한 경우를 의미한다.
2. 1년 6개월은 연속적인 기간으로 해석한다.
3. 비영리 목적의 사용주체가 반드시 임대인에 한하는 것은 아니고, 현재의 임대차계약 종료 후 장래에 상가건물을 사용할 자를 의미한다.
4. 임대인이 영리 목적으로 사용하지 않을 것처럼 하여 신규임차인과의 계약을 거절하여 놓고 1년 6개월 이내에 영리 목적으로 사용한 경우 임차인의 권리금 회수기회에 방해를 한 것에 해당되어 손해배상의 문제가 발생한다.

(2) 상가건물임대차 분쟁조정위원회

① 「상가건물 임대차보호법」의 적용을 받는 상가건물임대차와 관련된 분쟁을 심의·조정하기 위하여 「법률구조법」에 따른 대한법률구조공단의 지부, 「한국토지주택공사법」에 따른 한국토지주택공사의 지사 또는 사무소 및 「한국부동산원법」에 따른 한국부동산원의 지사 또는 사무소에 상가건물임대차 분쟁조정위원회를 둔다.

② 특별시·광역시·특별자치시·도 및 특별자치도는 그 지방자치단체의 실정을 고려하여 조정위원회를 둘 수 있다(동법 제20조).

③ 조정위원회에 대하여는 「상가건물 임대차보호법」에 규정한 사항 외에는 주택임대차 분쟁조정위원회에 관한 「주택임대차보호법」 규정을 준용한다. 이 경우 '주택임대차 분쟁조정위원회'는 '상가건물임대차 분쟁조정위원회'로 본다(동법 제21조).

> **심화** 조정사항에 공인중개사 보수 등 비용부담에 관한 분쟁이 포함된다.

> **심화** 조정사항에 주택임대차 분쟁조정위원회와는 달리 '권리금에 관한 분쟁'이 포함된다.

11 기타 사항

(1) 차임연체와 계약해지

임차인의 차임연체액이 3기의 차임액에 달하는 때에는 임대인은 계약을 해지할 수 있다(동법 제10조의8). 본 규정은 「상가건물 임대차보호법」이 전면적으로 적용되는 임대차나 부분적으로 적용되는 임대차 모두에 적용된다.

> **판례**
>
> 임대인 지위가 양수인에게 승계된 경우 이미 발생한 연체차임채권은 따로 채권양도의 요건을 갖추지 않는 한 승계되지 않고, 따라서 양수인이 연체차임채권을 양수받지 않은 이상 승계 이후의 연체차임액이 3기 이상의 차임액에 달하여야만 비로소 임대차계약을 해지할 수 있는 것이다(대판 2008다3022).

(2) 전대차관계에 대한 적용 등

「상가건물 임대차보호법」 제10조 계약갱신요구, 제10조의2 계약갱신의 특례, 제10조의8 차임연체와 해지, 제11조 차임 등의 증감청구권 및 제12조 월 차임 전환시 산정률의 제한 규정 등은 전대인과 전차인의 전대차관계에 적용한다.

(3) 표준계약서 규정

① **표준권리금계약서**: 국토교통부장관은 법무부장관과 협의를 거쳐 임차인과 신규임차인이 되려는 자의 권리금 계약 체결을 위한 표준권리금계약서를 정하여 그 사용을 권장할 수 있다(동법 제10조의6).

② **표준임대차계약서**: 법무부장관은 국토교통부장관과 협의를 거쳐 보증금, 차임액, 임대차기간, 수선비 분담 등의 내용이 기재된 상가건물임대차표준계약서를 정하여 그 사용을 권장할 수 있다(동법 제19조).

> **핵심** 「상가건물 임대차보호법」상 임차인보호 내용

대항력	우선변제권
• 대항요건: 건물의 인도 + 사업자등록의 신청 • 발생시기: 그 다음 날부터 발생 • 최우선변제권의 발생요건: 경매신청 등기 전 대항요건을 갖춘 경우, 일정액을 다른 담보물권자보다 우선변제받을 권리(대지가액 포함한 환가액의 '2분의 1' 범위 내)	• 우선변제권: 대항요건 + 확정일자(관할 세무서) • 우선변제권의 의의: 임차건물(임대인 소유의 대지 포함)의 환가대금에서 후순위 권리자보다 우선변제받을 권리(법 적용 임차보증금의 범위 내)

Tip 👆 표 내용을 완벽히 숙지하여야 한다.

예제

1. 개업공인중개사 甲이 상가건물 임대차보호법령의 적용을 받는 乙 소유 건물의 임대차계약을 중개하면서 임대인 乙과 임차인 丙에게 설명한 내용으로 <u>틀린</u> 것은 모두 몇 개인가?

   ㉠ 乙과 丙이 1년 미만으로 임대차기간을 정한 경우 丙은 그 기간이 유효함을 주장할 수 있다.
   ㉡ 丙이 2기의 차임액에 해당하는 금액에 이르도록 차임을 연체한 경우 丙은 乙에게 계약의 갱신을 요구하지 못한다.
   ㉢ 丙은 임차권등기명령의 신청 및 그에 따른 임차권등기와 관련하여 지출한 비용을 乙에게 청구할 수 있다.
   ㉣ 임대차계약 종료 전 丙이 계약의 갱신을 요구한 경우 乙은 건물의 대부분을 철거함을 이유로 계약의 갱신을 거절할 수 있다.

   ① 없음 ② 1개 ③ 2개
   ④ 3개 ⑤ 4개

   해설 ㉡ 상가임차인이 3기의 차임액에 해당하는 금액에 이르도록 차임을 연체한 경우 임대인은 임차인의 계약갱신요구에 거절할 수 있을 뿐이다. 따라서 2기의 차임연체에도 불구하고 계약의 갱신을 요구할 수 있다. **정답 ②**

2. 개업공인중개사가 중개의뢰인에게 「상가건물 임대차보호법」에 대하여 설명한 내용으로 틀린 것은? 제26회
   ① 권리금계약이란 신규임차인이 되려는 자가 임차인에게 권리금을 지급하기로 하는 계약을 말한다.
   ② 임차인의 차임연체액이 3기의 차임액에 달하는 때에는 임대인은 계약을 해지할 수 있다.
   ③ 국토교통부장관은 권리금에 대한 감정평가의 절차와 방법 등에 관한 기준을 고시할 수 있다.
   ④ 국토교통부장관은 권리금계약을 체결하기 위한 표준권리금계약서를 정하여 그 사용을 권장할 수 있다.
   ⑤ 보증금이 전액변제되지 아니한 대항력이 있는 임차권은 임차건물에 대하여 「민사집행법」에 따른 경매가 실시된 경우에 그 임차건물이 매각되면 소멸한다.

   해설 임차권은 임차주택에 대하여 「민사집행법」에 의한 경매가 행하여진 경우에는 그 임차주택의 경락에 의하여 소멸한다(원칙: 소제주의). 다만, 보증금이 전액변제되지 아니한 대항력이 있는 임차권은 그러하지 아니하다(예외: 인수주의)(「주택임대차보호법」 제3조의5). **정답 ⑤**

주택·상가건물 임대차보호법 비교

구분		「주택임대차보호법」	「상가건물 임대차보호법」

적용 대상	계약	주거용 건물의 임대차
		① 미등기·무허가·일부의 임대차 적용
		② 일시사용이 명백한 경우 적용 제외
			① 상가건물의 임대차
			  ㉠ 상가건물: 사업자등록의 대상이 되는 건물
			  ㉡ '영업용'의 판단은 실질적으로 함
			② 전면적용 보증금의 범위(p.541 표)
			③ 보증금 초과 임대차도 일부 규정 적용

	외국인	적용	적용
	법인	비적용 / 예외 적용(한국토지주택공사 등)	적용
대항력		주택의 인도 + 전입신고: 다음 날 (대항요건)	건물의 인도 + 사업자등록 신청: 다음 날 (대항요건)
우선 변제권	개념	후순위 권리자 및 기타 채권자보다 우선	
	요건	대항요건 + 확정일자	
	범위	환가대금(대지가액을 포함) 전체	
확정일자 부여기관		읍·면·동 주민센터, 시·군·자치구 출장소, 공증인, 법원 등기과, 등기소	관할 세무서장

최우선 변제권	개념	다른 담보물권자보다 우선	
	요건	대항요건 + 지역별 소액보증금 이내	
	범위	환가대금(대지분 포함)의 2분의 1	
	제한	경매신청의 등기 후의 대항요건 갖춘 임차인, 임차권등기 경료 이후의 동일 부분 임차인	
최단기간		2년: 4년 보장(임차인의 계약갱신요구권)	1년: 10년 보장(임차인의 계약갱신요구권)
		예외:「도시 및 주거환경정비법」상 관리처분계획의 인가를 받은 경우 최단기간에 대한 규정을 적용하지 아니한다(「도시 및 주거환경정비법」제70조 제5항).	
갱신요구권 행사		임차인: 기간 만료 전 6개월~2개월까지	임차인: 기간 만료 전 6개월~1개월까지
차임증감청구		증액은 연 5%(감액제한은 없음) (단, 시·도 조례로 달리 정할 수 있다)	증액은 연 5%(감액제한은 없음)
월 차임 전환율		연 10% 또는 '기준금리+연 2%' 중 낮은 비율	연 12% 또는 '기준금리×4.5' 중 낮은 비율
법정갱신 (묵시적 갱신)		갱신거절 및 조건변경의 통지가 없는 경우 ① 임대인: 기간 만료 전 6개월~2개월까지 ② 임차인: 기간 만료 전 2개월까지	갱신거절 및 조건변경의 통지가 없는 경우 ① 임대인: 기간 만료 전 6개월~1개월까지 ② 임차인: 기간 만료 전 1개월~만료일사이(判)
법정갱신시 계약 기간 및 해지		① 임대인: 최단기간의 적용 ② 임차인:「주택임대차보호법」2년 /「상가건물 임대차보호법」1년 ✔ 언제든지 해지 가능(임대인이 통고받은 날부터 3개월 경과시 효력발생)	
임차권승계		사실혼자에게 일정한 범위에서 승계 인정	—
임차권등기		「민법」규정에 의한 임차권등기와 보호법상의 임차권등기명령에 의한 임차권등기	

소액보증금 최우선변제금액 (단위: 만원) (주택: 2023.2.21) (상가: 2019.4.2)	서울	과밀억제권역 (인천·세종· 용인·화성, 김포시 포함)	광역시·안산· 광주·파주· 이천·평택시	그 밖의 지역	서울	과밀 억제권역 (부산·인천)	광역시·세종시· 파주시·화성시· 안산시·용인시· 김포시·광주시	그 밖의 지역
					90,000	69,000	54,000	37,000
					서울	과밀 억제권역 (인천 포함)	광역시· 안산시·용인시· 김포시·광주시	그 밖의 지역
	16,500 (5,500)	14,500 (4,800)	8,500 (2,800)	7,500 (2,500)	6,500 (2,200)	5,500 (1,900)	3,800 (1,300)	3,000 (1,000)

제3절 | 부동산 실권리자명의 등기에 관한 법률 제32회~제36회

❶ 제정 목적

부동산에 관한 소유권과 그 밖의 물권을 실체적 권리관계와 일치하도록 실권리자 명의로 등기하게 함으로써 부동산등기제도를 악용한 투기·탈세·탈법행위 등 반사회적 행위를 방지하고 부동산거래의 정상화와 부동산가격의 안정을 도모하여 국민경제의 건전한 발전에 이바지함을 목적으로 「부동산 실권리자명의 등기에 관한 법률」이 1995년에 제정되었다(동법 제1조).

❷ 명의신탁의 의의 및 효력

(1) 의의

부동산의 명의신탁이란 당사자간의 명의신탁약정에 의하여 신탁자가 실질적으로는 그의 소유에 속하는 부동산의 등기 명의를 실체적인 거래관계가 없는 수탁자에게 이전하여 두는 것을 말한다.

(2) 효력

① 명의신탁약정은 무효로 하며, 명의신탁약정에 따라 행하여진 등기에 의한 부동산에 관한 물권변동도 무효로 한다. 그러나 제3자에게는 대항하지 못한다(동법 제4조).

> **🔍 사례** 기본형
>
> (토지)　　　　　　　　(등기)　　　　　　　　(등기)
> 신탁자 A ──명의신탁약정──▶ 신탁자 B ────▶ 제3자 C
>
> 1. A와 B의 명의신탁약정과 B 명의 등기는 무효이고, 소유권은 여전히 A에게 있다. 따라서 A는 B를 상대로 명의신탁을 해지하여 등기의 말소를 청구할 수 없고, 소유권에 기한 방해제거청구권으로 B 명의의 등기의 말소를 청구할 수 있다.
> 2. B가 C에게 양도한 경우 A는 C의 선의·악의를 불문하고 대항하지 못하며, 다만 B에게 부당이득반환만 청구할 수 있다.

> **사례** 중간생략형 명의신탁

```
(토지)
매도인 A ──매매──▶ 신탁자(매수인) B
        ──등기──▶                ↕ 명의신탁약정
                                 수탁자 C
                                   ↓
                                 제3자 D
                                 (등기)
```

A와 B의 매매는 유효하나 B와 C 사이의 명의신탁약정과 C 명의의 등기는 무효이다. 따라서 소유권은 매도인에게 그대로 남아 있게 된다. 그 결과 B는 A에게 매매계약을 원인으로 등기를 청구하여야 하며, A를 대위하여 C 명의의 등기의 말소를 청구하고 이어서 A에게 소유권이전등기를 청구할 수도 있다. 그러나 제3자 D에게 양도된 경우에는 대항할 수 없고, 다만 B는 C에게 부당이득반환을 청구할 수 있다.

② 명의수탁자가 그 일방당사자가 되고 그 상대방은 명의신탁약정이 있다는 사실을 알지 못한 경우에 명의수탁자에게 등기가 경료(經了)된 때에는 물권변동의 효력이 있다(동법 제4조 제2항 단서).

> **사례** 계약명의신탁

```
                              신탁자 B
                                 ↕ 명의신탁약정
(토지)
매도인 A ──매매──▶ 명의수탁자 C
 (선의)   등기
                                 ↓ 등기(유효)
                              제3자 D
                              (등기)
```

B와 C 사이의 명의신탁약정은 무효이나 A가 선의일 경우 C에게 등기가 경료되면 C에게 소유권이 이전하고, C가 D에게 양도할 경우 D는 당연히 소유권을 취득한다[B는 C에게 부당이득의 반환은 청구할 수 있다(대판 2007다69148·69155)].

참고 명의신탁자와 명의수탁자가 계약명의신탁약정을 맺고 명의수탁자가 당사자가 되어 매도인과 부동산에 관한 매매계약을 체결하는 경우 그 계약과 등기의 효력은 매매계약을 체결할 당시 매도인의 인식을 기준으로 판단해야 하고, 매도인이 계약 체결 이후에 명의신탁약정 사실을 알게 되었다고 하더라도 위 계약과 등기의 효력에는 영향이 없다(대판 2017다257715).

3 적용의 배제와 특례

(1) 적용의 배제

다음의 경우에는 명의신탁약정으로 보지 아니한다(동법 제2조 제1호).

> ① 채무의 변제를 담보하기 위하여 채권자가 부동산에 관한 물권을 이전받거나 가등기하는 경우
> ② 부동산의 위치와 면적을 특정하여 2인 이상이 구분소유하기로 하는 약정을 하고 그 구분소유자의 공유(共有)로 등기하는 경우 ➪ 상호명의신탁
> ③ 신탁재산인 사실을 등기한 경우

(2) 종중, 배우자 및 종교단체에 대한 특례

다음의 경우로서 조세 포탈, 강제집행의 면탈(免脫) 또는 법령상 제한의 회피를 목적으로 하지 아니하는 경우에는 명의신탁약정의 무효·과징금·벌칙 등에 관한 규정을 적용하지 아니한다(동법 제8조).

> ① 종중(宗中)이 보유한 부동산에 관한 물권을 종중(종중과 그 대표자를 같이 표시하여 등기한 경우를 포함한다) 외의 자의 명의로 등기한 경우
> ② 배우자 명의로 부동산에 관한 물권을 등기한 경우
> ③ 종교단체의 명의로 그 산하 조직이 보유한 부동산에 관한 물권을 등기한 경우

(3) 적법한 명의신탁에서 제3자 보호

적법한 명의신탁에 있어서 내부적으로는 명의신탁자에게 소유권이 있고, 외부적으로는 명의수탁자에게 소유권이 있다. 따라서 명의수탁자가 처분한 경우 제3자는 선의·악의를 묻지 않고 보호받음이 원칙이다.

심화 그러나 제3자가 명의수탁자에게 매도를 적극권유함으로써 명의수탁자의 배임행위에 관여한 경우에는 「민법」제103조(반사회질서의 법률행위) 위반으로 무효가 되며 이 경우에 명의신탁자는 직접 말소등기를 청구할 수 없고 명의수탁자를 대위(代位)하여 제3자에게 말소등기를 청구할 수 있을 뿐이다.
✔ 이중매매의 법리

🔍 사례 신탁재산을 매수한 제3자 보호

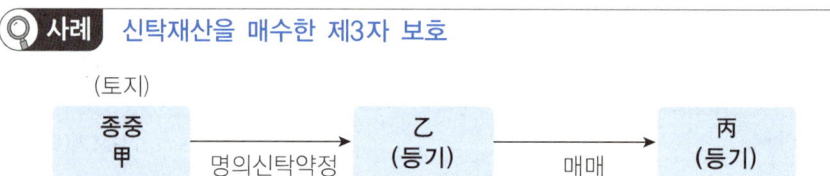

丙은 선의·악의를 묻지 않고 소유권을 취득하나 丙이 乙의 배임행위에 적극 가담한 때에는 「민법」제103조 위반으로 무효가 되며, 종중 甲이 乙을 대위하여 丙에게 등기의 말소를 청구할 수 있다.

4 제재

(1) 과징금

① 과징금의 부과사유: 다음의 어느 하나에 해당하는 자에게는 해당 부동산가액의 30%에 해당하는 금액의 범위 안에서 과징금을 부과한다(동법 제5조 제1항, 제10조 제1항).

> ㉠ 명의신탁자
> ㉡ 양도담보사실 기재의무를 위반한 채권자 및 채무자를 거짓으로 적어 제출하게 한 실채무자
> ㉢ 장기미등기자

② 과징금의 부과기준: 부동산가액, 위반기간, 조세를 포탈하거나 법령에 의한 제한을 회피할 목적으로 하였는지 여부 등을 고려하여 정하여진다. 다만, 조세를 포탈하거나 법령에 의한 제한을 회피할 목적이 아닌 경우에는 50%를 감경할 수 있다(동법 제5조 제3항, 영 제3조의2).

③ 과징금 금액이 1천만원을 초과하는 경우 초과하는 부분은 물납할 수 있다(동법 제5조 제4항).

(2) 이행강제금

과징금을 부과받은 자는 지체 없이 해당 부동산에 관한 물권을 자신의 명의로 등기하여야 한다(동법 제6조 제1항). 이에 위반한 경우에는 과징금 부과일로부터 1년이 지난 때에 부동산가액의 10%에 해당하는 금액을, 다시 1년이 지난 때에는 부동산가액의 20%에 해당하는 금액을 각각 이행강제금으로 부과한다(동법 제6조 제2항).

(3) 벌칙(동법 제7조, 제10조 제5항)

① 5년 이하의 징역 또는 2억원 이하의 벌금
  ㉠ 명의신탁자
  ㉡ 양도담보사실 기재의무를 위반한 채권자 및 채무자를 거짓으로 적어 제출하게 한 실채무자
  ㉢ 소유권이전등기를 신청할 수 있는 때로부터 3년 이내에 소유권이전등기를 신청하지 아니한 장기미등기자

② 3년 이하의 징역 또는 1억원 이하의 벌금: 명의수탁자

용어 ▶) 부동산가액
「부동산 실권리자명의 등기에 관한 법률」상 부동산가액은 부동산평가액을 의미한다. 예를 들어 소유권에 관한 등기를 신탁한 경우 신탁부동산의 기준시가를 말한다.

심화 과징금은 부과하는 날 현재를 기준으로 하고, 부과시 이미 실명전환되거나 신탁이 종료된 경우에는 종료시점을 기준으로 부과한다.

> **판례** 횡령죄 관련 판례

1. 명의신탁자가 매수한 부동산에 관하여 「부동산 실권리자명의 등기에 관한 법률」을 위반하여 명의수탁자와 맺은 명의신탁약정에 따라 매도인에게서 바로 명의수탁자 명의로 소유권이전등기를 마친 이른바 중간생략등기형 명의신탁을 한 경우 명의수탁자가 명의신탁자의 재물을 보관하는 자에 해당하지 아니한다. 명의수탁자가 신탁받은 부동산을 임의로 처분하면 명의신탁자에 대한 관계에서 횡령죄가 성립하지 아니한다(대판 전합 2014도6992).

2. 횡령죄는 타인의 재물을 보관하는 자가 그 재물을 횡령하는 경우에 성립하는 범죄인바, 「부동산 실권리자명의 등기에 관한 법률」 규정에 의하면 신탁자와 수탁자가 명의신탁약정을 맺고 이에 따라 수탁자가 당사자가 되어 명의신탁약정이 있다는 사실을 알지 못하는 소유자와 사이에서 부동산에 관한 매매계약을 체결한 후(= 계약명의신탁) 매매계약에 기하여 해당 부동산의 소유권이전등기를 수탁자 명의로 경료한 경우에는 그 소유권이전등기에 의한 해당 부동산에 관한 물권변동은 유효하고, 한편 신탁자와 수탁자 사이의 명의신탁약정은 무효이므로 결국 수탁자는 전 소유자인 매도인뿐만 아니라 신탁자에 대한 관계에서도 유효하게 해당 부동산의 소유권을 취득한 것으로 보아야 하고, 따라서 그 수탁자는 타인의 재물을 보관하는 자라고 볼 수 없다(대판 98도4347).

3. 「부동산 실권리자명의 등기에 관한 법률」을 위반하여 명의신탁자가 그 소유인 부동산의 등기명의를 명의수탁자에게 이전하는 이른바 양자간 명의신탁의 경우, 명의수탁자가 명의신탁자에 대한 관계에서 '타인의 재물을 보관하는 자'의 지위에 있는지 여부(소극) 및 이때 명의수탁자가 신탁받은 부동산을 임의로 처분하면 명의신탁자에 대한 관계에서 횡령죄가 성립하는지 여부(소극)(대판 전합 2016도18761).

4. 명의수탁자가 양자간 명의신탁에 따라 명의신탁자로부터 소유권이전등기를 넘겨받은 부동산을 임의로 처분한 행위가 형사상 횡령죄로 처벌되지 않더라도, 위 행위는 명의신탁자의 소유권을 침해하는 행위로서 형사상 횡령죄의 성립 여부와 관계없이 「민법」상 불법행위에 해당하여 명의수탁자는 명의신탁자에게 손해배상책임을 부담한다(대판 2016다34007).

> 예제

1. 유효한 명의신탁에 관한 개업공인중개사의 설명 중 틀린 것은? (다툼이 있으면 판례에 의함)

   ① 배우자 명의로 부동산에 관한 물권을 등기한 경우로서 조세포탈, 강제집행의 면탈 또는 법령상 제한의 회피를 목적으로 하지 않는 명의신탁은 유효하다.
   ② 명의신탁자는 대내적으로 명의수탁자에 대하여 실질적인 소유권을 주장할 수 있다.
   ③ 명의수탁자의 점유는 권원의 객관적 성질상 타주점유에 해당하므로, 명의수탁자 또는 그 상속인은 소유권을 점유시효취득할 수 없다.
   ④ 명의수탁자로부터 신탁재산을 매수한 제3자가 명의수탁자의 배임행위에 적극적으로 가담한 경우 대외적으로 명의수탁자와 제3자 사이의 매매계약은 유효하다.
   ⑤ 명의신탁자는 명의신탁계약을 해지하고 명의수탁자에게 신탁재산의 반환을 청구할 수 있다.

   해설 명의수탁자로부터 신탁재산을 매수한 제3자가 명의수탁자의 배임행위에 적극적으로 가담한 경우 대외적으로 명의수탁자와 제3자 사이의 매매계약은 무효이다(대판 2001다8097·8103). **정답 ④**

2. A주식회사는 공장부지를 확보하기 위하여 그 직원 甲과 명의신탁약정을 맺고, 甲은 2020.6.19. 개업공인중개사 乙의 중개로 丙 소유 X토지를 매수하여 2020.8.20. 甲 명의로 등기하였다. 이에 관한 설명으로 틀린 것은? (다툼이 있으면 판례에 따름) 제31회

   ① A와 甲 사이의 명의신탁약정은 丙의 선의, 악의를 묻지 아니하고 무효이다.
   ② 丙이 甲에게 소유권이전등기를 할 때 비로소 A와 甲 사이의 명의신탁약정 사실을 알게 된 경우 X토지의 소유자는 丙이다.
   ③ A는 甲에게 X토지의 소유권이전등기를 청구할 수 없다.
   ④ 甲이 X토지를 丁에게 처분하고 소유권이전등기를 한 경우 丁은 유효하게 소유권을 취득한다.
   ⑤ A와 甲의 명의신탁약정을 丙이 알지 못한 경우, 甲은 X토지의 소유권을 취득한다.

   해설 丙이 甲과 법률행위를 할 때는 선의였으므로 계약명의신탁에 해당한다. 따라서 X토지의 소유자는 甲이다. **정답 ②**

3. 2020.10.1. 甲과 乙은 甲 소유의 X토지에 관해 매매계약을 체결하였다. 乙과 丙은 「농지법」상 농지소유제한을 회피할 목적으로 명의신탁약정을 하였다. 그 후 甲은 乙의 요구에 따라 丙 명의로 소유권이전등기를 마쳐주었다. 그 사정을 아는 개업공인중개사가 X토지의 매수의뢰인에게 설명한 내용으로 옳은 것을 모두 고른 것은? (다툼이 있으면 판례에 따름) 제32회

> ㉠ 甲이 丙 명의로 마쳐준 소유권이전등기는 유효하다.
> ㉡ 乙은 丙을 상대로 매매대금 상당의 부당이득반환청구권을 행사할 수 있다.
> ㉢ 乙은 甲을 대위하여 丙 명의의 소유권이전등기의 말소를 청구할 수 있다.

① ㉠   ② ㉡   ③ ㉢
④ ㉠, ㉡   ⑤ ㉡, ㉢

해설 ㉠ 3자간 명의신탁에서 甲(매도인)이 丙(명의수탁자) 명의로 마쳐준 소유권이전등기는 무효이다.
㉡ 3자간 명의신탁에서 현재의 소유권은 甲(매도인)에게 있으므로 乙(명의신탁자)은 丙(명의수탁자)을 상대로 매매대금 상당의 부당이득반환청구권을 행사할 수 없다. 다만, 만약 丙이 신탁부동산을 제3자에게 이전등기를 한 경우에는 부당이득반환청구권을 행사할 수 있다. **정답** ③

제4절 | 집합건물의 소유 및 관리에 관한 법률
제32회, 제33회, 제34회, 제35회

❶ 집합건물의 의의

1동의 건물을 구분하여 각 부분을 별개의 부동산으로 소유하는 형태의 건물을 말한다. 구분건물이라고도 하며 구분소유권의 집합체 건물을 말한다. APT 같은 공동주택, 상가, 오피스 등에 집합건물이 많다. 1동의 건물 중 구조상 구분된 여러 개의 부분이 독립한 건물로서 사용될 수 있을 때에는 그 각 부분은 이 법이 정하는 바에 따라 각각 소유권의 목적으로 할 수 있다(「집합건물의 소유 및 관리에 관한 법률」 제1조).

❷ 집합건물의 소유 및 관리에 관한 법률의 주요내용

(1) 구분소유권
① 구조상·이용상 '독립성'이 있어야 하고, '구분행위(구분의사)'가 있어야 한다.

㉠ 구조상 독립성이란 구분소유권의 목적인 전유부분이 다른 전유부분과 벽·천장·바닥 등에 의하여 구조상 구획되어 있는 것을 말한다.
㉡ 이용상(기능상) 독립성이란 다른 건물부분과 독립한 건물로서 이용될 수 있는 경제적 가치를 말한다.
㉢ 구분소유권의 객체로서 적합한 물리적 요건을 갖추지 못한 건물의 일부는 그에 관한 구분소유권이 성립할 수 없다. 그와 같은 건물부분이 건축물관리대장상 독립한 별개의 구분건물로 등재되고 등기부상에도 구분소유권의 목적으로 등기되어 있어 이러한 등기에 기초하여 경매절차가 진행되어 매각허가를 받고 매수대금을 납부하였다 하더라도, 그 상태만으로는 그 등기는 효력이 없으므로 매수인은 소유권을 취득할 수 없다(대판 2015다3471).

② 구분소유의 성립을 인정하기 위하여 반드시 집합건축물대장의 등록이나 구분건물의 표시에 관한 등기가 필요하지는 않다(대판 전합 2010다71578).

③ 1동의 건물 중 각 부분이 구분건물이 되기 위하여는 객관적·물리적인 측면에서 구분건물이 구조상·이용상의 독립성을 갖추어야 하고, 그 건물을 구분소유권의 객체로 하려는 의사표시, 즉 구분행위가 있어야 하는 것으로서 소유자가 기존 건물에 증축을 한 경우에도 증축부분이 구조상·이용상의 독립성을 갖추었다는 사유만으로 당연히 구분소유권이 성립된다고 할 수는 없고, 소유자의 구분행위가 있어야 비로소 구분소유권이 성립된다(대판 98다35020).

참고 구분건물이 물리적으로 완성되기 전에도 건축허가 신청이나 분양계약 등을 통하여 장래 신축되는 건물을 구분건물로 하겠다는 구분의사가 객관적으로 표시되면 구분행위의 존재를 인정할 수 있고, 이후 1동의 건물 및 그 구분행위에 상응하는 구분건물이 객관적·물리적으로 완성되면 아직 그 건물이 집합건축물대장에 등록되거나 구분건물로서 등기부에 등기되지 않았더라도 그 시점에서 구분소유가 성립한다(대판 전합 2010다71578).

(2) 전유부분

① 전유부분은 구분소유권의 목적인 건물부분을 말한다.
② 건물의 '주요구조부' 및 '지반공사'의 하자담보책임은 '전유부분'을 구분소유자에게 '인도'한 날로부터 '10년' 이내(그 외 5년 이내)에 행사하여야 한다.
③ 분양자와 시공자는 원칙적으로 전유부분을 양수한 구분소유자('현재'의 구분소유자)에 대하여 담보책임을 진다.

비교➡ 공용부분은 사용승인일을 기준으로 한다.

(3) 공용부분

① 각 공유자는 공용부분을 그 '용도'에 따라 '사용'할 수 있다.
  ✔ 공용부분의 '비용'부담은 전유부분의 '지분비율'(전유부분의 면적비율)에 따른다.

② 집합건물의 '공용'부분은 시효취득의 대상이 될 수 '없다'.
③ 구조상 공용(법정공용)부분(예 복도, 계단 등), 규약상 공용부분(예 노인정, 관리사무소 등)에 관한 물권의 득실변경은 등기가 필요하지 '아니'하다.
   ✔ 다만, 규약상 공용부분은 공용의 취지를 등기하여야 한다.
④ 공용부분은 구분소유자 '전원'의 공유에 속한다(원칙). 다만, '일부'의 구분소유자만이 공용하도록 제공되는 것임이 명백한 공용부분은 '그들' 구분소유자의 '공유'에 속한다(예외).
⑤ 구조상 공용부분의 지분은 그 전유부분의 처분에 따르며, 전유부분과 '분리'하여 공용부분에 대한 지분만을 따로 '처분'할 수는 '없다'. 규약으로 달리 정할 수도 없다(처분의 '절대적' 일체성).
⑥ 관리인 선임 여부와 관계없이, 공유자는 '단독'으로 공용부분에 대한 '보존행위'를 할 수 있다.

(4) 대지사용권

> **참고** 대지사용권은 통상적으로 소유권인 것이 일반적이지만, 그 밖에 지상권, 임차권, 전세권 등도 대지사용권이 될 수 있다.

① 대지사용권은 구분소유자가 전유부분을 소유하기 위하여 건물의 대지에 대하여 가지는 권리를 말한다.
② 구분소유자는 그가 가지는 전유부분과 '분리'하여 대지사용권을 '처분'할 수 '없다'(처분의 일체성 원칙). 이러한 분리처분금지는 그 취지를 '등기'하지 않으면 '선의'로 물권을 취득한 제3자에 '대항'하지 못한다. 다만, '규약'이나 '공정증서'로 달리 정하는 경우에는 분리처분이 가능하다('상대적' 일체성).
③ 대지 위에 구분소유권의 목적인 건물이 속하는 1동의 건물이 있을 때에는 그 대지의 공유자는 그 건물 사용에 필요한 범위의 대지에 대하여는 분할을 청구하지 못한다.
④ '전유부분'에 설정된 '저당권'의 효력은 특별한 사정이 없는 한, 대지사용권에도 '미친다'.

(5) 관리단

① 관리단은 구분소유자 '전원'으로 구성된다. 별도의 조직행위와 상관없이 당연히 성립된다.
② 분양대금을 완납한 '수분양자'도 구성원이 될 수 있다(분양자 측 사정으로 소유권 미등기된 경우).
③ 관리단집회는 정기(관리단)집회와 임시(관리단)집회가 있다.

(6) 관리인

① 구분소유자가 '10인' 이상일 때에는 관리단을 '대표'하고 관리단의 사무를 집행할 관리인을 선임하여야 한다. 관리인의 대표권 제한은 선의의 제3자에게 대항할 수 없다.

② 관리인은 구분소유자일 필요가 '없다'. 임기는 2년의 범위에서 규약으로 정한다.

③ 관리인은 매년 회계연도 종료 후 '3개월' 이내에 '정기관리단집회'를 소집하여야한다. 관리인은 필요하다고 인정할 때에는 '임시관리단집회'를 소집할 수 있다. 또한 구분소유자의 '5분의 1' 이상이 회의의 목적을 구체적으로 밝혀 소집을 청구하면 관리인은 관리단집회를 소집하여야 한다.

④ 관리단집회는 구분소유자 '전원'이 '동의'하면 소집절차(집회일 1주 전에 통지)를 거치지 않고 소집할 수 있다.

⑤ 관리인에게 부정한 행위가 있을 때에는 각 구분소유자는 관리인의 해임을 법원에 청구할 수 있다.

(7) 관리위원회

① 관리단에는 규약으로 정하는 바에 따라 관리위원회를 둘 수 있다(임의기관).

② 관리위원회는 관리인의 사무집행을 감독한다. '관리인'은 규약에 달리 정한 바가 없으면 관리위원회 위원이 될 수 '없다'.

③ 위원은 원칙적으로 '구분소유자' 중에서(규약과 집회결의로 달리 정할 수도 있음) 관리단집회의 결의에 의하여 선출한다.

(8) 재건축

① 재건축 결의는 구분소유자의 '5분의 4' 이상 및 의결권의 '5분의 4' 이상의 결의에 따른다. 다만, 「관광진흥법」에 따른 휴양 콘도미니엄은 구분소유자의 3분의 2 이상 및 의결권의 3분의 2 이상의 결의에 따른다.

② 재건축 결의는 '서면결의'가 가능하다.

③ '재건축 비용'의 분담에 관한 사항은 본질적인 부분이며, 이를 정하지 아니한 결의는 특별한 사정이 없는 한 '무효'이다.

④ 재건축 결의 후 재건축 참가 여부를 서면으로 촉구받은 재건축 반대자가 법정기간(촉구받은 날로부터 2개월 이내) 내에 회답하지 않으면, 재건축에 참가하지 '아니하겠다'는 뜻을 회답한 것으로 본다.

참고 '특별승계인'에는 매매, 증여에 있어서 매수인, 수증자 등 뿐만 아니라 경매 절차에서의 경락인도 포함된다(대판 2001다8677).

✚ 판례에서는 관리단도 공유자에 준하는 지위에 있는 것으로 보고 있으므로(대판 2001다8677), 관리단의 사무를 집행하는 관리인은 구분소유자에 대해 관리비를 청구·징수할 수 있다.

(9) 특별승계인

① 규약 및 관리단 집회의 결의는 구분소유자의 특별승계인에 대하여도 효력이 있다.
② 공유자가 공용부분에 관하여 다른 공유자에 대하여 가지는 채권은 그 특별승계인에 대하여도 행사할 수 있다.✚
③ 공용부분 '관리비'는 특별승계인에게 승계된다. 다만, 공용부분 관리비에 대한 '연체료'는 특별승계인에게 승계되지 아니한다.
   ✔ 전유부분 관리비도 당연히 승계되지 않는다.

(10) 방해제거

① 구분소유자가 집회결의나 다른 구분소유자의 동의 없이 공용부분의 전부 또는 일부를 독점적으로 점유·사용하는 경우, 다른 구분소유자는 자신의 지분권에 기초하여 '방해제거'를 청구하거나 방해행위를 '금지' 청구할 수 있으며, 또한 '부당이득반환' 청구를 할 수 있다.
② 위의 경우, 다른 구분소유자가 '인도'를 청구할 수는 '없다'.

예제

개업공인중개사가 구분소유권의 목적인 건물을 매수하려는 중개의뢰인에게 「집합건물의 소유 및 관리에 관한 법률」에 관하여 설명한 내용으로 옳은 것은? 제35회

① 일부의 구분소유자만이 공용하도록 제공되는 것임이 명백한 공용부분도 구분소유자 전원의 공유에 속한다.
② 대지의 공유자는 그 대지에 구분소유권의 목적인 1동의 건물이 있을 때에도 그 건물 사용에 필요한 범위의 대지에 대해 분할을 청구할 수 있다.
③ 구분소유자는 공용부분을 개량하기 위해서 필요한 범위에서 다른 구분소유자의 전유부분의 사용을 청구할 수 있다.
④ 전유부분이 속하는 1동의 건물의 설치 또는 보존의 흠으로 인하여 다른 자에게 손해를 입힌 경우에는 그 흠은 전유부분에 존재하는 것으로 추정한다.
⑤ 대지사용권이 없는 구분소유자는 대지사용권자에게 대지사용권을 시가(時價)로 매도할 것을 청구할 수 있다.

해설 ① 일부의 구분소유자만이 공용하도록 제공되는 것임이 명백한 공용부분은 그들 구분소유자의 공유에 속한다(법 제10조 제1항).
② 건물 사용에 필요한 대지에 대하여는 분할을 청구할 수 없다(법 제8조).
④ 1동의 건물의 설치 또는 보존의 흠으로 인하여 다른 자에게 손해를 입힌 경우에는 그 흠은 '공용부분'에 존재하는 것으로 추정한다(법 제6조).
⑤ 반대로 대지사용권자가 대지사용권이 없는 건물 전유부분에 대한 매도를 청구할 수 있다(법 제7조).

정답 ③

제5절 | 부동산등기 특별조치법

① 검인제도

부동산투기와 탈세를 방지하고 실체적 권리관계에 부합하는 등기신청을 하도록 하여 건전한 부동산거래질서를 확립하고자 검인계약서제도를 시행하고 있다.

(1) 검인계약서의 제출

① 계약을 원인으로 소유권이전등기를 신청할 때에는 계약서에 검인신청인을 표시하여 부동산의 소재지를 관할하는 시장·군수·구청장 또는 그 권한의 위임을 받은 자의 검인을 받아 등기원인을 증명하는 서면으로 관할 등기소에 이를 제출하여야 한다(「부동산등기 특별조치법」 제3조 제1항).

② 계약을 원인으로 소유권이전등기를 신청하고자 하더라도 「부동산 거래신고 등에 관한 법률」에 의한 토지거래계약허가증을 교부받은 경우나 부동산거래신고필증을 교부받은 경우에는 검인을 받은 것으로 본다.

참고 등기원인을 증명하는 서면이 집행력 있는 판결서 또는 판결과 같은 효력을 가지는 조서인 때에는 판결서 등에 검인을 받아 제출하여야 한다(동법 제3조 제2항).

비교 경매나 공매, 그리고 공용수용으로 인하여 소유권이 이전되는 경우는 계약을 원인으로 한 경우가 아니므로 검인을 받지 아니하여도 되며, 계약의 일방당사자가 국가나 지방자치단체인 경우와 중개대상물 중 입목, 공장재단 및 광업재단은 검인의 대상이 아니다.

(2) 검인계약서의 필요적 기재사항

「부동산등기 특별조치법」에서는 검인신청시 계약서의 필요적 기재사항을 다음과 같이 정하고 있다(동법 제3조 제1항).

> ① 당사자
> ② 목적부동산
> ③ 계약 연·월·일
> ④ 대금 및 그 지급일자 등 지급에 관한 사항 또는 평가액 및 그 차액의 정산에 관한 사항
> ⑤ 개업공인중개사가 있을 때에는 개업공인중개사
> ⑥ 계약의 조건이나 기한이 있을 때에는 그 조건 또는 기한

② 검인절차

(1) 검인을 신청할 수 있는 자

부동산소유권이전등기를 신청하기 위해서는 사전에 등기원인을 증명하는 부동산매매계약서 등에 검인을 받아야 하는데, 그 계약서 등의 검인을 신청

할 수 있는 자는 계약을 체결한 당사자 중 '1인(매수인 또는 매도인)'이나 그 '위임'을 받은 자뿐만 아니라 계약서를 작성한 개업공인중개사 또는 변호사·법무사 등이며 검인신청자는 계약서 등에 신청인임을 표시하여야 한다(동법 제3조 제1항, 「부동산등기 특별조치법에 따른 대법원규칙」 제1조 제1항).

(2) 계약서의 검인을 하는 기관

계약서 등에 검인을 하는 기관은 부동산 소재지를 관할하는 시·군·구의 장 또는 이들로부터 그 권한을 위임받은 자이다. 시·군·구의 장으로부터 권한을 위임받을 수 있는 자는 읍·면·동장이며, 시장 등이 검인의 권한을 위임한 때에는 지체 없이 관할 등기소장에게 그 뜻을 통지하여야 한다(동법 제3조 제1항, 「부동산등기 특별조치법에 따른 대법원규칙」 제1조 제6항).

> **심화** 2개 이상의 시·군·구에 걸쳐 있는 수개의 부동산의 소유권이전을 내용으로 하는 계약서 또는 판결서 등을 검인받고자 하는 경우에는 그중 1개의 시·군·구를 관할하는 시장 등에게 검인을 신청할 수 있다.

(3) 검인신청서면의 제출

검인신청을 할 때에는 계약서의 원본 또는 판결서 등의 정본을 제출하여야 한다(「부동산등기 특별조치법에 따른 대법원규칙」 제1조 제2항).

(4) 검인계약서의 교부

시장·군수·구청장은 계약서 또는 판결서 등의 형식적 요건의 구비 여부만을 확인하고, 그 기재에 흠결이 없다고 인정한 때에는 지체 없이 검인을 하여 검인신청인에게 교부하여야 한다(「부동산등기 특별조치법에 따른 대법원규칙」 제1조 제3항).

❸ 계약서 사본의 작성

시장·군수·구청장 또는 그 권한의 위임을 받은 자가 계약서에 검인을 한 때에는 그 계약서 또는 판결서 등의 사본 2통을 작성하여 1통은 보관하고, 1통은 부동산의 소재지를 관할하는 세무서장에게 송부하여야 한다(동법 제3조 제3항). 2개 이상의 시·군·구에 걸쳐 있는 수개의 부동산의 소유권이전을 내용으로 하는 계약서 등에 검인을 한 시장 등은 그 각 부동산의 소재지를 관할하는 세무서장에게 그 계약서 등의 사본 1통을 각각 송부하여야 한다(「부동산등기 특별조치법에 따른 대법원규칙」 제1조 제5항).

 **핵심** 검인신청 요부(要否) 비교

검인 필요	검인 불필요
• 교환·증여계약서 • 양도담보계약서 • 가등기에 기한 본등기 • 판결서·화해조서·인낙조서·조정조서 등 • 명의신탁해지약정 • 공유물분할계약서	• 토지거래허가증, 부동산거래신고필증을 교부받은 경우 • 경매 또는 공매로 인한 소유권이전등기(등기예규집 제85항1의 가) • 상속, 취득시효, 수용 등 계약이 원인이 아닌 소유권이전등기 • 당사자 일방이 국가·지방자치단체인 경우 • 소유권이전청구권 보전의 가등기 • 선박, 입목, 광업재단·공장재단 등기의 경우(등기예규집 제85항1의 가)

❹ 전매시의 검인신청

부동산의 소유권을 이전받을 것을 내용으로 하는 계약을 체결한 자가 그 부동산에 대하여 다시 제3자와 소유권이전을 내용으로 하는 계약이나 제3자에게 계약당사자의 지위를 이전하는 계약을 체결하고자 할 때에는 먼저 체결된 계약의 계약서에 검인을 받아야 한다(동법 제4조).

❺ 소유권이전등기신청의무

(1) 부동산의 소유권이전을 내용으로 하는 계약을 체결한 자는 다음에 정한 날부터 60일 이내에 소유권이전등기를 신청하여야 한다. 다만, 그 계약이 취소·해제되거나 무효인 경우에는 그러하지 아니하다(동법 제2조 제1항).

> ① 계약당사자가 서로 대가적인 채무를 부담하는 경우에는 반대급부의 이행이 완료된 날
> ② 계약당사자의 일방만이 채무를 부담하는 경우에는 그 계약의 효력이 발생한 날

(2) 등기신청의무 해태에 따른 과태료로 취득세 과세표준(취득가액)에 표준세율(매매 1,000분의 40)에서 1,000분의 20을 뺀 세율을 적용하여 산출한 금액의 5배 이하에 상당하는 금액을 등기권리자에게 과할 수 있다(동법 제11조).

심화 다만, 「부동산 실권리자명의 등기에 관한 법률」 제10조 제1항에 의하여 장기 미등기자 과징금을 부과한 경우에는 그러하지 아니하다(동법 제11조).

❻ 중간생략등기

참고 📖 이를 위반한 경우 3년 이하의 징역이나 1억원 이하의 벌금에 처한다(동법 제8조).

부동산의 소유권을 이전받을 것을 내용으로 하는 계약을 체결한 자가 소유권이전등기신청의무일 이후 그 부동산에 대하여 다시 제3자와 소유권이전을 내용으로 하는 계약이나 제3자에게 계약당사자의 지위를 이전하는 계약을 체결하고자 할 때에는 그 제3자와 계약을 체결하기 전에 먼저 체결된 계약에 따라 소유권이전등기를 신청하여야 한다(동법 제2조 제2항).

판례 중간생략등기 효력 관련 판례

1. 중간생략등기와 관련한 판례는 원칙적으로 "3자 합의가 없는 중간생략등기는 무효다."라고 하면서 일단 중간생략등기의 유효성을 긍정한다(3자 합의가 있다는 전제하에 인정, 3자 합의가 없으면 무효). 그 근거에 관하여서는 중간자 전원(관계당사자 전원)의 합의를 요한다고 함으로써 합의조건부 유효설 또는 3자 합의설과 같은 태도를 취한다(대판 64다1900; 대판 78다1818).

2. 다만, 그러한 합의 없이 등기가 있었다 하여도 그 등기가 실체관계에 부합하는 경우(대판 79다2104), 또는 당사자 사이에 적법한 원인행위가 성립되어 중간생략등기가 이루어진 경우(대판 2003다40651) 등에는 등기의 효력을 부인하지 않는다. 특히, 「부동산등기 특별조치법」 시행 이후 판례는 「부동산등기 특별조치법」에서 미등기전매를 형사처벌하도록 되어 있으나, 이로써 순차 매도한 당사자 사이의 중간생략등기 합의에 관한 사법상의 효력까지 무효로 한다는 취지는 아니라고 하여 여전히 중간생략등기의 유효성을 인정하고 있다(대판 92다39112). 이는 「부동산등기 특별조치법」상 중간생략등기 처벌규정 등이 단속규정일 뿐 효력규정은 아니라는 판례의 태도를 확고히 한 것이다.

3. 그러나 토지거래계약허가구역 안에 있는 토지에 관하여 중간생략등기의 합의하에 최종매수인과 최초매도인을 당사자로 하는 토지거래허가를 받아 최초매도인으로부터 최종매수인 앞으로 경료된 소유권이전등기는 효력을 부정하고 있다(대판 96다22464).

제7장 경매·공매 관련 실무

회독 Check 1회 2회 3회

- 부동산경매에 있어서는 경매와 관련된 용어, 경매의 절차 및 권리분석이 중요한 출제포인트이고, 공매에 있어서는 공매의 종류, 경매와의 차이점, 매수신청대리인제도 등이 중요한 출제포인트이다. 이 장은 매년 시험에서 2~3문제 정도 출제되고 있다.
- 중개행위가 일반거래행위를 대상으로 한다면 이 장은 일반거래의 외적인 매각, 즉 경매와 공매를 다루는 장으로서 수험생들에게는 다소 생소하므로 어렵다고 느낄 수 있다. 따라서 정확한 이해와 철저한 학습이 필요하다.

제1절 | 경매

제32회~제36회

공인중개사인 개업공인중개사와 법인인 개업공인중개사는 「공인중개사법」 제14조의 규정에 따라 경매 또는 공매대상 부동산에 대한 권리분석 및 취득의 알선과 매수신청 및 입찰신청의 대리를 할 수 있도록 정하고 있다. 다음에서는 시험과 관련하여 숙지하여야 할 경매에 관한 기본적인 내용을 살펴보기로 한다.

❶ 부동산경매

(1) 의의

채무자가 채무의 이행을 하지 않는 경우 법률상 자력구제는 원칙적으로 인정되지 않으므로 채권자는 국가기관인 법원의 힘을 빌려 강제집행이라는 일정한 법적 절차를 거쳐 채권의 만족을 얻게 된다. 이처럼 채권자의 채권회수를 위하여 채무자의 재산에 대하여 실시하는 강제집행방법 중 대표적인 것이 법원경매제도이다.

(2) 경매의 종류

넓은 의미에서의 경매는 사경매와 공경매가 있다. 사경매란 그 실행 주체에 따라 사인과 사인 사이에 행하여지는 경매를 말하고, 공경매란 사인간의 채권·채무에 다툼이 있는 경우 당사자의 신청에 의하여 국가기관인 법원이 주체가 되어 행하는 경매를 말한다. 「민법」 제187조에서 말하는 경매는 공경매를 의미하고, 공경매는 「민사집행법」의 강제집행절차에 의한 경매와 「국세징수법」에 의한 공매가 있으며, 「민사집행법」상 경매는 다시 일반채권자에 의한 집행권원(채무명의)에 의하여 행하는 강제경매와 담보권 실행을 위한 경매가 있다.

> **참고** 일반적으로 넓은 의미의 경매는 경쟁적 매매로서 매도인이 다수의 매수희망자에게 매수의 청약을 하고 그 중 최고가격으로 청약을 한 사람에게 승낙을 함으로써 매매를 성립시키는 것을 말하며, 개별적 매매에 비하여 비교적 공평한 가액으로 환가를 가능하게 한다.

🔑 경매의 종류

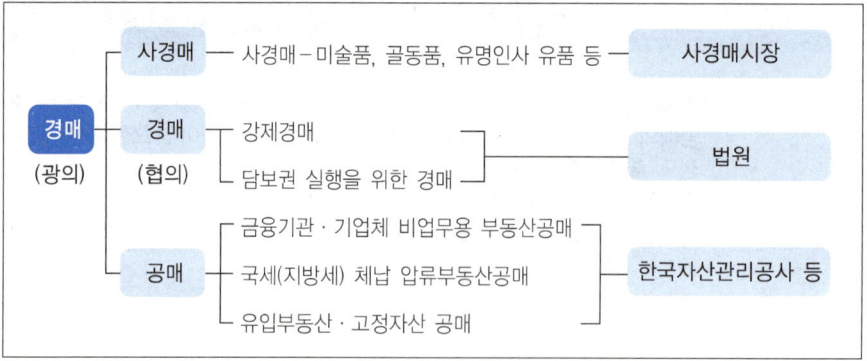

② 민사집행법상 경매의 종류

(1) 강제경매

① 의의: 강제경매란 집행권원(채무명의)을 가지고 있는 채권자가 그 집행권원에 표시된 이행청구권을 실현하기 위하여 채무자 소유의 일반재산을 압류한 후 그것을 매각시켜 그 매각대금에서 금전채권의 만족을 얻는 강제집행을 말한다.

② 집행권원(채무명의): 강제경매신청을 하기 위해서는 집행권원이 있어야 한다. 집행권원이란 채권자와 채무자 사이의 급부청구권이 있음을 표시하고 이에 집행력이 부여된 공증문서이다.

   ✔ 예컨대, 집행권원에는 확정된 이행판결, 가집행선고 있는 이행판결, 지급명령서, 확정판결과 동일한 효력이 있는 조서(화해조서·조정조서, 청구인낙조서, 양육비부담조서), 공증인이 작성한 집행증서 등이 있다.

> 핵심 ◎ 강제경매는 채무자의 일반재산에 대하여 인적 책임을 실현하는 강제집행방법이다.

(2) 담보권 실행을 위한 경매(임의경매)

① 의의: 강제경매는 실행을 하기 위해서는 집행권원이 필요하지만, 담보권 실행을 위한 경매는 집행권원이 필요하지 않은 경매로 채무자나 제3자의 특정 재산에 대하여 저당권·전세권·유치권·가등기담보권 등 담보물권이 가지고 있는 경매권에 의하여 실행되는 경매이다. 이러한 경매신청을 할 때에는 담보물권의 존재를 증명하는 서류를 첨부하여야 한다.

② 담보권 실행을 위한 경매의 요건
   ㉠ 담보물권이 존재할 것
   ㉡ 피담보채권이 존재할 것
   ㉢ 피담보채권의 변제기를 경과하여 이행지체가 되었을 것

> 핵심 ◎ 담보권 실행을 위한 경매는 채무자 또는 제3자의 특정재산을 대상으로 담보물권이 설정된 후에 실행되는 물적 책임의 실현이라 할 수 있다.

❸ 경매제도의 장·단점

(1) 장점

① 시세보다 저렴한 최저매각가격: 최초의 최저매각가격이 감정평가사들의 감정가격으로 결정되어 시가보다 저렴하며, 허가할 매수가격의 신고 없이 매각기일이 최종적으로 마감된 경우 법원은 최저매각가격을 상당히 낮추어(20~30%) 새 매각기일을 정하므로 매수인은 저렴한 가격으로 매수할 수 있다.

② 법원의 소유권이전등기 촉탁에 의한 편리성: 매수인은 매각대금을 완납한 때에 권리를 취득한다. 매수인은 등기에 필요한 서류 등을 첨부한 신청서를 법원에 제출하고 법원이 등기소에 직접 소유권이전등기를 촉탁하므로 편리하다.

③ 부동산 위의 각종 권리 소멸: 매각부동산 위의 모든 저당권은 매각으로 소멸하며, 지상권·지역권·전세권 및 등기된 임차권도 저당권·압류채권·가압류채권에 대항할 수 없는 경우에는 매각으로 소멸된다. 따라서 권리관계가 깨끗하다.

④ 토지거래허가의 면제: 토지거래허가구역 내에서 토지거래허가가 면제된다.

(2) 단점

① 위험성의 존재: 경매부동산은 가격이 시가보다 저렴하나 권리분석이나 물건분석을 잘못한 경우에는 오히려 시가보다 높아 피해를 보는 경우도 있다.

② 어렵고 복잡한 명도·인도: 경매로 취득한 부동산의 명도·인도를 매수자가 이행하여야 하며, 법원은 매수인이 대금을 낸 뒤 6개월 이내에 신청하면 채무자·소유자 또는 부동산의 점유자에 대하여 부동산을 매수인에게 인도하도록 명할 수 있다. 따라서 절차가 복잡하고 시간과 비용이 많이 든다.

❹ 경매로 인한 부동산 위의 권리의 소멸과 인수(권리분석)

부동산의 경매종결시, 즉 매수인에게 소유권이 이전되는 때에 등기부 등에 있는 모든 권리가 삭제되어 매수인에게 깨끗한 상태로 인수하게 하는 제도를 '소제주의'라 하고, 매각이 되더라도 종전 권리가 그대로 남아 매수인이 그 채무를 인수하게 되는 제도를 '인수주의'라 한다.

(1) 소멸 · 소제주의(消除主義)

매각으로 인하여 소제하는 권리는 말소촉탁의 대상이 된다. 따라서 이들 권리는 부동산의 매각대금에서 배당받아야 한다.

① (근)저당권, (가)압류, 담보가등기는 매각으로 인하여 항상 소멸된다. 이들 권리 중 가장 먼저 설정된 권리를 말소기준권리라 하며, 말소기준권리를 기준으로 권리의 소제와 인수가 결정된다.

② 말소기준권리보다 뒤에 있는 용익물권 등(지상권 · 지역권 · 전세권, 가등기 · 가처분, 환매권, 등기된 임차권, 대항요건을 갖춘 주택임차권)은 소제된다.

③ 강제경매의 경우에는 말소기준권리가 없으면 경매신청기입등기가 말소기준권리가 되며, 개시결정등기보다 뒤에 설정된 용익물권 등은 소제된다.

④ 전세권의 경우에는 말소기준권리보다 앞에 설정된 전세권자가 배당요구를 한 때에는 매각으로 소제된다.

(2) 인수주의

매각이 되더라도 매수인에게 그대로 인수되는 권리가 있을 경우 매수인은 인수하는 만큼의 금액을 참작하여 매수하게 된다.

① 권리 자체가 인수되는 특성을 가지는 유치권 · 법정지상권은 말소기준권리와 관계없이 원칙적으로 인수된다. 즉, 남게 된다.

② 말소기준권리 앞에 설정된 용익물권 등은 인수된다.

③ 강제경매의 경우에는 경매신청기입등기보다 앞에 설정된 용익물권 등은 인수된다. 단, 용익물권 등보다 앞선 말소기준권리가 없어야 한다.

Tip 👉 말소기준권리는 암기하여야 한다.

🎯 핵심 권리분석의 핵심

1. 소멸주의와 인수주의

구분	소멸되는 권리	인수되는 권리
개념	경락으로 소멸: 배당 · 비배당 ⇨ 말소 대상	경락 후 인수: 경락인에게 권리 주장
언제나	• 저당권, 담보가등기 ┐ • 가압류, 압류 ┘ ─ 말소기준권리 (= 경매개시결정등기)	• 유치권 • 법정지상권(기존 · 신규)
선후에 따라	최선순위 말소기준권리보다 늦은 용익물권, 보전가등기, 가처분, 환매권, 임차권, 대항요건을 갖춘 주택 · 상가임차인, 다른 말소기준권리 등	최선순위 말소기준권리보다 앞선 용익물권, 보전가등기, 가처분, 환매권, 임차권, 대항력을 갖춘 주택 · 상가임차인

기타	• 인수되는 전세권이 배당신청, 대항력을 갖춘 주택·상가임차인 중 전액 배당을 받은 경우 • 인수되는 전세권 중 경매신청자	최선순위 가압류 후 소유권이전 • 신소유자에 의한 경매: 소제/인수 • 전 소유자에 의한 경매: 소제(말소기준권리)

2. 말소기준권리를 통한 인수와 소멸기준표

인수	기준권리보다 빠른 지상권·지역권·전세권·임차권, 가처분, 환매등기, 분묘기지권, 법정지상권, 유치권 등
말소기준권리	(근)저당권, (가)압류, 담보가등기, 경매개시결정등기
소멸	기준권리보다 늦은 저당권·근저당권, 압류·가압류, 보전가등기, 지상권·지역권·전세권, 담보가등기, 가처분, 환매등기, 임차권 등

> **판례** 소멸·인수주의 관련 예외적 판결

1. 종전 소유자를 채무자로 하는 가압류등기가 이루어진 부동산에 대하여 매각절차가 진행되었다는 사정만으로 위 가압류의 효력이 소멸하였다고 단정할 수 없고, 구체적인 매각절차를 살펴 집행법원이 위 가압류등기의 부담을 매수인이 인수하는 것을 전제로 하여 매각절차를 진행하였는가 여부에 따라 위 가압류 효력의 소멸 여부를 판단하여야 한다(대판 2005다8682).

2. 채무자 소유의 건물 등 부동산에 경매개시결정의 기입등기가 경료되어 압류의 효력이 발생한 후에 채무자가 위 부동산에 관한 공사대금 채권자에게 그 점유를 이전함으로써 그로 하여금 유치권을 취득하게 한 경우, 그와 같은 점유의 이전은 목적물의 교환가치를 감소시킬 우려가 있는 처분행위에 해당하여 「민사집행법」 제92조 제1항, 제83조 제4항에 따른 압류의 처분금지효에 저촉되므로 점유자로서는 위 유치권을 내세워 그 부동산에 관한 경매절차의 매수인에게 대항할 수 없다(대판 2008다70763).

3. 부동산에 가압류등기가 경료되어 있을 뿐 현실적인 매각절차가 이루어지지 않고 있는 상황하에서는 채무자의 점유이전으로 인하여 제3자가 유치권을 취득하게 된다고 하더라도 이를 처분행위로 볼 수는 없다(= 유치권을 주장할 수 있다)(대판 2009다19246).

4. 체납처분압류가 되어 있는 부동산이라고 하더라도 그러한 사정만으로 경매절차가 개시되어 경매개시결정등기가 되기 전에 부동산에 관하여 민사유치권을 취득한 유치권자가 경매절차의 매수인에게 유치권을 행사할 수 없다고 볼 것은 아니다(대판 전합 2009다60336).

5. 유치권에 의한 경매도 강제경매나 담보권 실행을 위한 경매와 마찬가지로 목적부동산 위의 부담을 소멸시키는 것을 법정매각조건으로 하여 실시되고 우선채권자뿐만 아니라 일반채권자의 배당요구도 허용되며, 유치권자는 일반채권자와 동일한 순위로 배당을 받을 수 있다고 보아야 한다. 다만, 집행법원은 부동산 위의 이해관계를 살펴 위와 같은 법정매각조건과는 달리 매각조건 변경결정을 통하여 목적부동산 위의 부담을 소멸시키지 않고 매수인으로 하여금 인수하도록 정할 수 있다(대결 2010마1059).

6. 유치권에 의한 경매절차는 목적물에 대하여 강제경매 또는 담보권 실행을 위한 경매절차가 개시된 경우에는 정지되도록 되어 있으므로, 유치권에 의한 경매절차가 정지된 상태에서 그 목적물에 대한 강제경매 또는 담보권 실행을 위한 경매절차가 진행되어 매각이 이루어졌다면 유치권에 의한 경매절차가 소멸주의를 원칙으로 하여 진행된 경우와는 달리 그 유치권은 소멸하지 않는다고 봄이 상당하다(대판 2011다35593).

> **예제**
>
> 부동산경매에 있어서 매각부동산 위의 권리에 관한 설명으로 **틀린** 것은? (다툼이 있으면 판례에 의함)
>
> ① 담보 목적이 아닌 최선순위 소유권이전등기청구권 보전의 가등기는 매각으로 소멸하지 않는다.
> ② 매각부동산 위의 모든 저당권과 담보가등기권리는 매각으로 소멸된다.
> ③ 임차건물이 매각되더라도 보증금이 전액변제되지 않는 한 대항력 있는 임차권은 소멸하지 않는다.
> ④ 최선순위의 전세권으로서 가압류채권에 대항할 수 있는 경우 전세권자가 배당요구를 하더라도 전세권은 매수인이 인수한다.
> ⑤ 압류의 효력이 발생한 후에 경매목적물의 점유를 취득한 유치권자는 매수인에게 대항할 수 없다.
>
> **해설** 최선순위의 전세권은 원칙적으로 경락인(매수인)에게 인수되나, 예외적으로 배당요구를 한 경우(전액 배당받지 않아도)에는 소제된다. **정답 ④**

5 경매의 절차(법원경매)

경매의 진행과정은 크게 3단계로 경매준비절차와 환가절차 그리고 환가 후 배당 및 인수절차로 나누어 볼 수 있다.

> **Tip** 경매절차에 있어서 강제경매와 담보권 실행을 위한 경매는 큰 차이가 없다.

📌 **경매절차도**

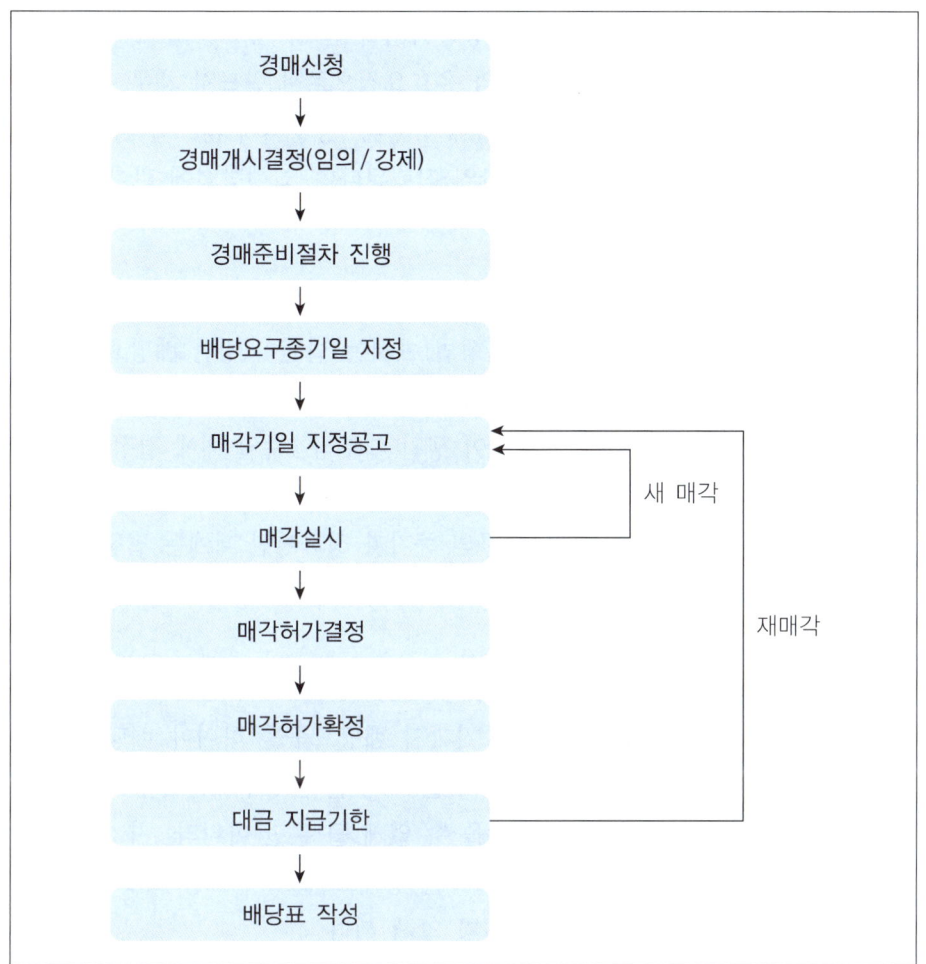

(1) 경매신청 및 경매개시결정

① 채권자의 경매신청: 집행권원(채무명의)을 가지고 있는 채권자 또는 저당권 등 담보물권을 가지고 있는 채권자는 해당 부동산 소재지 지방법원 또는 지원에 경매를 신청할 수 있다. 본인, 법인의 대표자, 법정대리인, 법령에 의한 소송대리인, 변호사 등은 직접 경매를 신청할 수 있고 채권자의 친족이나 법무사 등은 법원의 허가를 얻어 신청할 수 있다.

② 법원의 경매개시결정: 채권자가 경매신청서를 법원에 제출하면 집행법원에서는 이 서류를 형식적으로 심사하여 적법하다고 인정되면 경매개시결정을 내리며 경매개시결정취지를 등기부에 기입할 것을 등기관에게 촉탁하여야 하는데(「민사집행법」 제94조), 등기부에 경매개시결정등기를 한 시점부터 경매개시결정에 따른 압류의 효력이 생긴다(동법 제83조).

핵심 경매에 참가할 수 없는 자
1. 채무자(물상보증인 제외)
2. 전(前) 경락자
3. 담당 판사
4. 집행관 또는 그 친족
5. 경매부동산의 감정평가사 또는 그 친족
6. 경매와 관련하여 형이 확정된 날부터 2년이 경과되지 않은 자

③ 경매개시결정의 송달: 법원은 경매개시결정 등본을 경매신청채권자, 소유자, 공유자, 채무자 등에게 송달하여야 한다. 채무자 등에 대한 경매개시결정의 송달은 경매진행의 유효요건으로서 반드시 채무자 등에게 경매개시결정 정본을 송달하여야 하는데, 송달되지 않으면 더 이상 경매절차를 진행할 수 없으며 만일 진행된다면 '집행방법에 관한 이의'의 대상이 된다.

(2) 배당요구의 종기결정 및 공고

① 배당요구의 종기결정: 「민사집행법」에서는 법원이 정한 배당요구의 종기까지만 배당요구를 할 수 있도록 하고 있다. 배당요구의 종기는 경매개시결정에 따른 압류의 효력이 생긴 때부터 1주일 내에 결정하되, 종기는 첫 매각기일 이전의 날로 정하게 된다.

② 배당요구의 종기공고: 배당요구의 종기가 정하여진 때에는 법원은 압류의 효력이 생긴 때부터 1주일 내에 경매개시결정을 한 취지 및 배당요구의 종기를 공고한다.

③ 채권자의 배당요구: 배당요구를 하지 않아도 배당을 받을 수 있는 채권자가 아니라면 배당요구의 종기까지 배당요구를 하여야 배당을 받을 수 있게 된다. 그때까지 배당요구를 하지 않은 경우에는 선순위 채권자라도 경매절차에서 배당을 받을 수 없게 될 뿐만 아니라, 자기보다 후순위 채권자로서 배당을 받은 자를 상대로 별도의 소송으로 부당이득 반환청구를 하는 것도 허용되지 않게 된다.

⊙ 배당요구의 종기까지 반드시 배당요구를 하여야 할 채권자
ⓐ 집행력 있는 정본을 가진 채권자
ⓑ 「민법」, 「상법」 기타 법률에 의하여 우선변제청구권이 있는 채권자, 「주택임대차보호법」에 의한 소액임차인, 확정일자부임차인, 「근로기준법」에 의한 임금채권자, 「상법」에 의한 고용관계로 인한 채권이 있는 자 등
ⓒ 경매개시결정기입등기 후에 가압류한 채권자
ⓓ 국세 등의 교부청구권자: 국세 등 조세채권 이외에 「국민건강보험법」, 「산업재해보상보험법」, 「국민연금법」에 의한 보험료 기타 징수금

⊙ 배당요구를 하지 않아도 배당을 받을 수 있는 채권자: **첫 경매개시결정등기 전에 이미 등기를 경료한 담보권자, 임차권등기권자, 체납처분에 의한 압류등기권자, 가압류권자 등**이다.

또한 경매개시결정등기 후에 등기를 경료한 담보권자의 경우에는 배당요구의 종기까지 권리신고를 하면 별도로 배당요구를 하지 않아도 배당에 참가할 수 있다.

(3) 매각의 준비

경매개시결정이 있게 되면 집행법원은 경매목적물의 환가를 위한 준비를 하게 된다.

① 현황조사: 법원은 경매개시결정을 한 뒤에 바로 집행관에게 부동산의 현상, 점유관계, 차임 또는 보증금의 액수, 그 밖의 현황에 관하여 조사하도록 명하여야 한다(동법 제85조 제1항). 집행관이 현황조사를 실시한 때에는 임대차관계조사서 등을 작성하여 법원에 제출하여야 하고 법원은 이를 토대로 매각조건을 결정하고 공시하여 임차인에 대하여 배당요구 종기일까지 법원에 권리신고 및 배당요구할 것을 통지하여야 한다.

② 부동산의 평가 및 최저매각가격의 결정: 법원은 등기관으로부터 기입등기의 통지를 받은 후 3일 이내에 평가명령을 발하여 감정인으로 하여금 경매부동산을 평가하게 하고 그 평가액을 참작하여 최저매각가격을 정하여야 한다.

③ 공과를 주관하는 공무소에 대한 최고: 법원은 경매개시결정 후 조세 기타 공과를 주관하는 공무소에 대하여 목적부동산에 관한 채권의 유무와 한도를 일정한 기간 내에 통지하여 줄 것을 최고하게 된다.✚ 「민사집행법」의 규정이 적용되는 사건은 배당요구의 종기까지 조세채권의 유무를 법원에 신고하여야 배당을 받을 수 있다.

④ 이해관계인에 대한 채권신고의 최고: 법원은 경매개시결정일로부터 3일 내에 등기부에 기입된 부동산 위의 권리자 등에 대하여 자기 채권의 원금, 이자, 비용 기타 부대채권에 관한 계산서를 매각결정기일(낙찰기일) 전까지 제출할 것을 최고하게 된다.

⑤ 매각물건명세서의 작성·비치: 법원은 등기사항증명서, 현황조사보고서, 감정평가서 등을 참조하여 매각물건명세서를 작성하여야 하며 그 명세서에는 ㉠ 부동산의 표시, ㉡ 부동산의 점유자와 점유의 권원, ㉢ 점유할 수 있는 기간, ㉣ 차임 또는 보증금에 관한 관계인의 진술, ㉤ 등기된 부동산에 대한 권리 또는 가처분으로서 매각으로 효력을 잃지 아니하는 것, ㉥ 매각에 따라 설정된 것으로 보게 되는 지상권(법정지상권)의 개요 등이 기재되어야 한다.

✚ 이는 우선채권인 조세채권의 유무, 금액을 통지받아 잉여의 가망이 있는지 여부를 확인함과 동시에 주관 공무소로 하여금 조세 등에 대한 교부청구의 기회를 주기 위한 것이다.

참고 법원은 매각물건명세서, 현황조사보고서 및 평가서의 사본을 매각기일 1주일 전까지 비치하여 누구든지 볼 수 있도록 하여야 한다(동법 제105조).

⑥ 잉여주의에 따른 경매절차의 취소
  ㉠ 법원은 최저매각가격으로 압류채권자의 채권에 우선하는 부동산의 모든 부담과 절차비용을 변제하면 남을 것이 없겠다고 인정한 때에는 압류채권자에게 이를 통지하여야 한다(동법 제102조 제1항).
  ㉡ 압류채권자가 위의 통지를 받은 날부터 1주일 이내에 압류채권자의 채권에 우선하는 부동산의 모든 부담과 비용을 변제하고 남을 만한 가격을 정하여 그 가격에 맞는 매수신고가 없을 때에는 자기가 그 가격으로 매수하겠다고 신청하면서 충분한 보증을 제공하지 아니하면 법원은 경매절차를 취소하여야 한다(동법 제102조 제2항).

(4) 매각기일 및 매각결정기일의 지정·공고·통지

매각기일은 현황조사 및 채권신고의 최고 등의 준비절차가 끝나면 직권으로 매각기일을 지정한다. 최초의 매각기일은 공고일로부터 14일 전에 법원게시판 또는 신문에 공고하며 동시에 매각결정기일도 정하는데, 매각결정기일은 매각기일로부터 7일 후로 정하고 있다. 법원은 매각기일과 매각결정기일을 정한 때에는 이를 이해관계인에게 통지하여야 한다(동법 제104조).

(5) 매각의 실시

① 입찰의 개시
  ㉠ 매각의 실시는 매각기일에 입찰공고된 법정에서 집행관이 진행한다. 집행관은 기일입찰 또는 호가경매의 방법에 의한 매각기일에는 매각물건명세서·현황조사보고서 및 평가서의 사본을 볼 수 있게 하고, 특별한 매각조건이 있는 때에는 이를 고지하며, 법원이 정한 매각방법에 따라 매수가격을 신고하도록 최고하여야 한다(동법 제112조).
  ㉡ 「민사집행법」에 의하면 부동산의 매각은 ⓐ 매각기일에 하는 호가경매, ⓑ 매각기일에 입찰 및 개찰하게 하는 기일입찰, ⓒ 입찰기간 내에 입찰하게 하여 매각기일에 개찰하는 기간입찰의 세 가지 방법으로 하도록 규정되어 있다.

② 입찰표의 제출: 집행관의 매각개시 선언에 의하여 경매가 시작되면 법정에서 배부하는 입찰표에 사건번호, 물건번호, 매수신청인의 성명과 주소, 매수가격, 보증금을 기재한 후 최저매각가격의 10% 상당액의 보증금을 입찰보증금 봉투에 넣어 입찰표와 함께 입찰봉투에 넣고 봉한 후 입찰함에 투입한다.
  ✔ 입찰자는 권리능력과 행위능력이 필요하다. 따라서 제한능력자는 법정대리인에 의해서만 입찰에 참가할 수 있다.

핵심 경매절차의 이해관계인
1. 압류채권자와 집행력 있는 정본에 의하여 배당을 요구한 채권자
2. 채무자 및 소유자
3. 등기부에 기입된 부동산 위의 권리자
4. 부동산 위의 권리자로서 그 권리를 증명한 사람

③ 입찰의 종결: 집행관이 매각의 시작을 선언하고 1시간이 지나면 매각을 마감하게 되고 곧이어 개찰을 하게 된다. 개찰 결과 최고의 가격으로 매수신청을 한 자를 최고가매수신고인으로 정하게 되며, 최고가매수신고인 및 차순위매수신고인 이외 나머지 매수신청인의 보증금은 반환하게 된다.

㉠ 집행관은 최고가매수신고인의 성명과 그 가격을 부르고 차순위매수신고를 최고한 뒤, 적법한 차순위매수신고가 있으면 차순위매수신고인을 정하여 그 성명과 가격을 부른 다음 매각기일을 종결한다고 고지하여야 한다(동법 제115조 제1항).

> **참고** 차순위매수신고
> 1. 최고가매수신고인 외의 매수신고인은 매각기일을 마칠 때까지 집행관에게 최고가매수신고인이 대금 지급기한까지 그 의무를 이행하지 아니하면 자기의 매수신고에 대하여 매각을 허가하여 달라는 취지의 차순위매수신고를 할 수 있다(동법 제114조 제1항).
> 2. 차순위매수신고는 그 신고액이 최고가매수신고액에서 그 보증액을 뺀 금액을 넘는 때에만 할 수 있다(동법 제114조 제2항).

판례 차순위매수신고

부동산에 대한 강제경매절차에 있어서 최고가매수신고인에 대한 매각이 불허된 경우에는 차순위매수신고인이 있다고 하더라도 그에 대하여 매각허가결정을 하여서는 안 되고, 새로 매각을 실시하여야 한다. 즉, 최고가매수신고인에 대한 매각불허가가 있는 경우(제1심법원의 사법보좌관은 매각기일에 최고가매수신고인이 입찰가를 수정한 입찰표로 매수신고하였음을 들어 그에 대한 매각을 불허가하는 결정을 하면서 차순위입찰자에게 매각허가를 하지 아니한 것)에는 그 매수신청의 보증금이 매각대금에 포함되지 아니하므로, 그와 같은 취지를 여기에 적용할 수 없는 것이다(대결 2010마1793).

㉡ 차순위매수신고를 한 사람이 둘 이상인 때에는 신고한 매수가격이 높은 사람을 차순위매수신고인으로 정한다. 신고한 매수가격이 같은 때에는 추첨으로 차순위매수신고인을 정한다(동법 제115조 제2항).

㉢ 기일입찰 또는 호가경매의 방법에 의한 매각기일에서 매각기일을 마감할 때까지 허가할 매수가격의 신고가 없는 때에는 집행관은 즉시 매각기일의 마감을 취소하고 같은 방법으로 매수가격을 신고하도록 최고할 수 있다(동법 제115조 제4항).

㉣ 허가할 매수가격의 신고가 없이 매각기일이 최종적으로 마감된 때에는 법원은 최저매각가격을 상당히 낮추고 새 매각기일을 정하여야 한다. 그 기일에 허가할 매수가격의 신고가 없는 때에도 또한 같다(동법 제119조).

> **심화** 1기일 2회 입찰제도
>
> 기존의 1기일 1회 입찰제도는 입찰기일에 응찰자가 없거나 요건미달 등으로 매수가격의 신고가 없는 경우 새로운 기간을 정하여 보통 20%의 저감률을 적용하여 실시하는 새 매각을 실시하였으나, 새롭게 도입된 1기일 2회 입찰제도는 집행관이 매각기일의 마감을 취소하고 같은 날 오후에 제2회 입찰을 실시하는 제도이다. 제2회 입찰을 실시하는 경우 저감률은 적용되지 아니한다.

예제

다음 (   ) 안에 들어갈 금액으로 옳은 것은?   제27회

> 법원에 매수신청대리인으로 등록된 개업공인중개사 甲은 乙로부터 매수신청대리의 위임을 받았다. 甲은 법원에서 정한 최저매각가격 2억원의 부동산 입찰(보증금액은 최저매각가격의 10분의 1)에 참여하였다. 최고가매수신고인의 신고액이 2억 5천만원인 경우, 甲이 乙의 차순위매수신고를 대리하려면 그 신고액이 (   )원을 넘어야 한다.

① 2천만   ② 2억   ③ 2억 2천만
④ 2억 2천5백만   ⑤ 2억 3천만

해설 차순위매수신고는 최고가매수신고액에서 입찰보증금 금액을 뺀 금액보다 더 높은 가격으로 입찰한 자이어야 할 수 있다. 그러므로 최고가매수신고가격 2억 5천만원에서 입찰보증금 2천만원을 뺀 금액인 2억 3천만원을 넘는 금액이어야 한다.   **정답 ⑤**

(6) 공유자우선매수권

① 공유물지분을 경매하는 경우에는 채권자의 채권을 위하여 채무자의 지분에 대한 경매개시결정이 있음을 등기부에 기입하고 다른 공유자에게 그 경매개시결정이 있다는 것을 통지하여야 한다(동법 제139조 제1항).

② 공유자는 매각기일까지 보증을 제공하고 최고매수신고가격과 같은 가격으로 채무자의 지분을 우선매수하겠다는 신고를 할 수 있다. 이 경우 법원은 최고가매수신고가 있더라도 그 공유자에게 매각을 허가하여야 한다(동법 제140조 제1항 · 제2항).

③ 여러 사람의 공유자가 우선매수하겠다는 신고를 하고 매수신고절차를 마친 때에는 특별한 협의가 없으면 공유지분의 비율에 따라 채무자의 지분을 매수하게 한다(동법 제140조 제3항).

④ 공유자가 우선매수신고를 한 경우에는 최고가매수신고인을 차순위매수신고인으로 본다(동법 제140조 제4항).

⑤ 다만, 실무에서는 공유자우선매수신고시 보증금을 제공하지 않거나 신고를 철회하는 수법이 실제 입찰자의 입찰을 방해하는 수단으로 악용되어 왔었다. 이에 실제 공유지분 경매물건에 대해 집행법원은 우선매수권을 1회에 한해 행사할 수 있다는 '특별매각조건'을 달고 경매진행하고 있다.

   ✔ 「민사집행법」 개정안으로 공유자가 우선매수권을 행사하면 보증금 제공의 여부나 신고철회 등에 상관없이 무조건 우선매수권을 행사한 것으로 간주하고 그 행사 횟수를 1회로 제한하는 예고(법무부공고 제2013-104호, 2013.5.3)하였으나, 국회에서 통과되지 못하여 폐기되었다.

(7) 매각허부(許否)결정

① 매각결정기일은 매각기일로부터 1주 이내로 정하여야 하고(동법 제109조 제1항), 최고가매수신고인이 결정된 날로부터 7일 내에 담당 판사는 집행관이 실시한 경매가 적법하게 진행되었는지를 서류로 검토하여 매각허가결정 여부를 선고하고 법원 게시판에 공고하는데, 매각허가결정 후 이해관계인은 매각허가 여부의 결정에 따라 즉시항고를 할 수 있다(동법 제129조 제1항).

② 즉시항고는 원결정을 고지한 날로부터 1주일 내에 제기하여야 하는바, 1주일의 기간은 매각허부결정 선고일로부터 일률적으로 진행된다. 채무자·소유자 등이 매각허가결정에 대하여 즉시항고를 할 때에는 보증으로 매각대금의 10분의 1에 해당하는 금전 또는 유가증권을 공탁하여야 한다(동법 제130조 제3항).

③ 채무자나 소유자의 즉시항고가 기각된 때에는 항고인은 보증으로 제공한 금전이나 유가증권을 돌려줄 것을 요구하지 못하고(동법 제130조 제6항), 이는 배당재단에 편입되어 배당의 대상이 된다. 채무자 및 소유자 외의 사람이 한 항고가 기각된 때에는 항고인은 보증으로 제공한 금전이나, 유가증권을 현금화한 금액 가운데 항고를 한 날부터 항고기각결정이 확정된 날까지의 매각대금에 대한 연 12%의 이율에 의한 금액에 대하여는 돌려줄 것을 요구할 수 없다(동법 제130조 제7항).

(8) 대금의 지급

① 매각허가결정이 확정되면 법원은 대금의 지급기한을 정하고 이를 매수인과 차순위매수신고인에게 통지하여야 하며, 매수인은 대금 지급기한(매각결정기일로부터 1개월 이내)까지 매각대금을 지급하여야 한다(동법 제142조 제1항·제2항).

Tip 👍 경매 관련 용어 변경
경매는 과거 「민사소송법」으로 진행하던 것을 절차법인 「민사집행법」으로 변경하면서 사용하는 용어도 일부 변경되었는데, 예를 들어 종래 '경락인'을 「민사집행법」에서는 '매수인'이라고 칭하고 있다.

② 차순위매수신고인이 있는 경우에 매수인이 대금 지급기한까지 그 의무를 이행하지 아니한 때에는 차순위매수신고인에게 매각을 허가할 것인지를 결정하여야 하고, 차순위매수신고인에 대한 매각허가결정이 있는 때에는 매수인은 매수신청시에 납입한 보증금을 돌려 줄 것을 요구하지 못한다(동법 제137조).

③ 매수인이 대금 지급기한까지 그 의무를 완전히 이행하지 아니하였고, 차순위매수신고인이 없는 때에는 법원은 직권으로 부동산의 재매각을 명하여야 한다. 재매각절차에도 종전에 정한 최저매각가격, 그 밖의 매각조건이 적용되고, 재매각절차에서는 전의 매수인은 매수신청을 할 수 없으며 매수신청의 보증금을 돌려 줄 것을 요구하지 못한다(동법 제138조 제1항·제2항·제4항).

④ 매수인이 재매각기일의 3일 이전까지 대금, 그 지급기한이 지난 뒤부터 지급일까지의 대금에 대한 지연이자와 절차비용을 지급한 때에는 재매각절차를 취소하여야 한다(동법 제138조 제3항).

⑤ 상계신청: 경매대상 건물의 임차인이 매수하였을 경우 매각대금과 배당금에 대한 상계신청을 할 수 있다. 이 경우 매각결정기일까지 권리신고 및 배당요구신청을 한 경우에 한하여 소액임차인이나 확정일자를 갖춘 임차인이 상계신청을 할 수 있다.

(9) 권리의 취득

① 권리 취득시기: **매수인은 매각대금을 다 낸 때에 매각의 목적인 권리를 취득한다**(동법 제135조).

> **판례** 경매물건의 소유권 취득
>
> 1. 부동산경매절차에서 부동산을 매수하려는 사람이 다른 사람과 사이에 자신이 매수대금을 부담하여 다른 사람 명의로 매각허가결정을 받고 나중에 그 부동산의 반환을 요구한 때에 이를 반환받기로 약정한 다음, 그 다른 사람을 매수인으로 한 매각허가가 이루어진 경우 그 경매절차에서 매수인의 지위에 서게 되는 사람은 그 명의인이므로 그가 대내외적으로 경매 목적부동산의 소유권을 취득한다(대판 2009두19564).
>
> 2. 사회복지법인의 기본재산의 매도, 담보제공 등에 관한 「사회복지사업법」 제23조 제3항의 규정은 강행규정으로서 사회복지법인이 이에 위반하여 주무관청의 허가를 받지 않고 그 기본재산을 매도하더라도 효력이 없으므로, 법원의 부동산임의경매절차에서 사회복지법인의 기본재산인 부동산에 관한 낙찰이 있었고 낙찰대금이 완납되었다 하더라도 위 낙찰에 대하여 주무관청의 허가가 없었다면 그 부동산에 관한 소유권은 사회복지법인으로부터 낙찰인에게로 이전되지 아니한다(대결 2002마4353).

② 등기절차: 경매를 통한 소유권이전등기는 공동신청을 할 수 없기 때문에 매수인은 주민등록표등본, 국민주택채권매입필증 등 등기신청에 필요한 서류 등을 첨부하여 법원에 소유권이전등기 및 말소등기신청서를 제출하면 법원은 등기소에 등기를 촉탁하게 된다.

(10) 배당절차

① 매각대금의 배당: 매각대금이 지급되면 법원은 배당절차를 밟아야 한다. 매각대금으로 배당에 참가한 모든 채권자를 만족하게 할 수 없는 때에는 법원은 「민법」, 「상법」, 그 밖의 법률에 의한 우선순위에 따라 배당하여야 한다(동법 제145조).

② 배당기일: 매수인이 매각대금을 지급하면 법원은 배당에 관한 진술 및 배당을 실시할 기일을 정하고 이해관계인과 배당을 요구한 채권자에게 이를 통지하여야 한다. 다만, 채무자가 외국에 있거나 있는 곳이 분명하지 아니한 때에는 통지하지 아니한다(동법 제146조).

③ 배당받을 채권자의 범위(동법 제148조)

> ㉠ 배당요구의 종기까지 경매신청을 한 압류채권자
> ㉡ 배당요구의 종기까지 배당요구를 한 채권자
> ㉢ 첫 경매개시결정등기 전에 등기된 가압류채권자
> ㉣ 저당권·전세권, 그 밖의 우선변제청구권으로서 첫 경매개시결정등기 전에 등기되었고 매각으로 소멸하는 것을 가진 채권자

④ 배당표의 확정

㉠ 법원은 채권자와 채무자에게 보여주기 위하여 배당기일의 3일 전에 배당표 원안을 작성하여 법원에 비치하여야 한다. 법원은 출석한 이해관계인과 배당을 요구한 채권자를 심문하여 배당표를 확정하여야 한다(동법 제149조).

㉡ 배당표에는 매각대금, 채권자의 채권의 원금, 이자, 비용, 배당의 순위와 배당의 비율을 적어야 한다(동법 제150조 제1항).

㉢ 법원은 배당표에 따라 배당을 실시하는데 배당기일에 채권자가 출석하지 아니한 때나 배당확정의 소송이 진행 중인 경우, 채권에 정지조건 또는 불확정 기한이 붙어 있는 때 등에 대해서는 그 배당액을 법원에 공탁하여야 한다(동법 제160조).

(11) 배당순위

구분 순위	저당권이 국세보다 앞선 경우	저당권이 국세보다 늦은 경우	저당권이 없는 경우
제1순위	집행비용(「민사집행법」 제53조)		
제2순위	저당물의 제3취득자가 그 부동산의 보존·개량을 위하여 지출한 필요비·유익비(「민법」 제367조)		
제3순위	① 소액임차보증금채권(「주택임대차보호법」 제8조 제1항, 「상가건물 임대차보호법」 제14조 제1항, 「국세기본법」 제35조 제1항 제4호, 「지방세기본법」 제71조 제1항) ② 최종 3개월분 임금과 최종 3년간의 퇴직금 및 재해보상금(「근로기준법」 제38조 제2항, 「근로자퇴직급여보장법」 제12조 제2항, 「국세기본법」 제35조 제1항 제5호, 「지방세기본법」 제71조 제1항) ✔ 위 채권들이 서로 경합하는 경우에는 동등한 순위의 채권으로 보아 배당함		

제4순위	집행 목적물에 대하여 부과된 국세, 지방세와 가산금(이른바 당해세, 「국세기본법」 제35조 제1항 제3호, 「지방세기본법」 제71조 제1항)	조세, 그 밖에 이와 같은 순위의 징수금(당해세 포함)
		✔ 당해세
		  1. 국세(「국세기본법」 제35조 제5항)
		    • 상속세
		    • 증여세
		    • 종합부동산세
		  2. 지방세(「지방세기본법」 제71조 제5항)
		    • 재산세
		    • 자동차세
		    • 지역자원시설세
		    • 지방교육세
			「근로기준법」 제38조 제2항의 임금 등을 제외한 임금, 그 밖에 근로관계로 인한 채권(「근로기준법」 제38조 제1항)

제5순위	① 국세 및 지방세의 법정기일 전에 설정등기된 저당권·전세권에 의하여 담보되는 채권(「국세기본법」 제35조 제1항 제3호, 「지방세기본법」 제71조 제1항) ② 확정일자를 갖춘 주택 또는 상가건물의 임차보증금반환채권(「주택임대차보호법」 제3조의2 제2항, 「상가건물 임대차보호법」 제5조 제2항)	조세 다음 순위의 공과금 중 납부기한이 저당권·전세권의 설정등기보다 앞서는 구 「국민의료보험법」상 의료보험료, 「국민건강보험법」상 건강보험료 및 「국민연금법」상 연금보험료	조세, 그 밖에 이와 같은 순위의 징수금(당해세 포함)

	③ 임차권등기된 주택 또는 상가건물의 임차보증금반환채권은 저당권부채권과 같은 성질의 채권으로 취급. 다만, 임차권 등기된 경우 그 등기 전에 대항요건과 확정일자를 모두 갖춘 경우에는 등기된 때가 아니라 위 요건을 모두 갖춘 때의 순위 인정		
제6순위	「근로기준법」제38조 제2항의 임금 등을 제외한 임금, 그 밖에 근로관계로 인한 채권(「근로기준법」제37조 제1항)	저당권·전세권에 의하여 담보되는 채권	조세 다음 순위의 공과금
제7순위	국세·지방세 및 이에 관한 체납처분비, 가산금 등의 징수금(「국세기본법」제35조, 「지방세기본법」제71조 제1항)	임금, 그 밖에 근로관계로 인한 채권	일반채권(일반채권자의 채권과 재산형·과태료 및 「국유재산법」상 사용료·대부료·변상금채권)
제8순위	국세 및 지방세의 다음 순위로 징수하는 공과금 중 산업재해보상보험료, 국민연금보험료, 고용보험료, 국민건강보험료	조세 다음 순위의 공과금 중 산업재해보상보험료, 그 밖의 징수금, 의료보험료, 국민연금보험료	
제9순위	일반채권(일반채권자의 채권과 재산형·과태료 및 「국유재산법」상 사용료·대부료·변상금채권)		

✔ 「국세기본법」(제35조 제7항)과 「지방세기본법」(제71조 제6항) 개정에 따라 주택임대차보증금 반환채권 등(확정일자부 임차권에 의해 담보된 임대차보증금반환채권과 등기된 전세권에 의하여 담보된 채권)은 그 확정일자 또는 전세권설정일 보다 법정기일이 늦은 당해세의 우선징수 순서에 대신하여 변제될 수 있다.

(12) 부동산의 인도명령

매수인은 부동산을 점유하고 있는 자가 부동산을 인도하지 아니하는 경우에는 법원에 인도명령을 신청하고 법원이 인도명령을 내리면 집행관에게 명령서를 제출하여 강제인도를 의뢰한다. 인도명령의 신청은 매각대금을 납입한 후 6개월 이내에 부동산인도명령신청서를 작성하여 법원에 제출하면 된다(6개월이 경과하면 명도소송을 제기하여야 한다). 다만, 점유자가 매수인에게 대항할 수 있는 권원(權原)에 의하여 점유하고 있는 것으로 인정되는 경우에는 그러하지 아니하다(동법 제136조 제1항).

> 예제

1. 개업공인중개사가 부동산경매에 관하여 의뢰인에게 설명한 내용으로 **틀린** 것은?
   ① 경매신청이 취하되면 압류의 효력은 소멸된다.
   ② 매각결정기일은 매각기일부터 1주 이내로 정하여야 한다.
   ③ 기일입찰에서 매수신청의 보증금액은 최저매각가격의 10분의 1로 한다.
   ④ 매각허가결정에 대하여 항고하고자 하는 사람은 보증으로 최저매각가격의 10분의 1에 해당하는 금전을 공탁하여야 한다.
   ⑤ 재매각절차에는 종전에 정한 최저매각가격 그 밖의 매각조건을 적용한다.

   > 해설 매각허가결정에 대하여 항고하고자 하는 사람은 보증으로 '매각대금'의 10분의 1에 해당하는 금전을 공탁하여야 한다. **정답 ④**

2. 개업공인중개사가 「민사집행법」에 따른 경매에 대하여 의뢰인에게 설명한 내용으로 옳은 것은? 제26회
   ① 기일입찰에서 매수신청인은 보증으로 매수가격의 10분의 1에 해당하는 금액을 집행관에게 제공하여야 한다.
   ② 매각허가결정이 확정되면 법원은 대금 지급기일을 정하여 매수인에게 통지하여야 하고 매수인은 그 대금 지급기일에 매각대금을 지급하여야 한다.
   ③ 「민법」·「상법」 그 밖의 법률에 의하여 우선변제청구권이 있는 채권자는 매각결정기일까지 배당요구를 할 수 있다.
   ④ 매수인은 매각부동산 위의 유치권자에게 그 유치권으로 담보하는 채권을 변제할 책임이 없다.
   ⑤ 매각부동산 위의 전세권은 저당권에 대항할 수 있는 경우라도 전세권자가 배당요구를 하면 매각으로 소멸된다.

   > 해설 ① '매수가격'이 아니라 '최저매각대금'의 10분의 1에 해당하는 금액을 제공하여야 한다.
   > ② '대금 지급기일'이 아니라 '대금 지급기한'을 정하여 매수인에게 통지하여야 하고, 매수인은 그 대금 지급기한일까지 매각대금을 지급하여야 한다.
   > ③ 채권자는 '매각결정기일'이 아니라 '배당요구종기일'까지 배당요구를 할 수 있다.
   > ④ 매수인은 유치권자에게 그 유치권으로 담보하는 채권을 변제할 책임이 있다(「민사집행법」 제91조 제5항). 다만, '변제할 책임이 있다'는 의미는 부동산상의 부담을 승계한다는 취지로서 인적 채무까지 인수한다는 취지는 아니므로, 유치권자는 경락인에 대하여 그 피담보채권의 변제가 있을 때까지 유치목적물인 부동산의 인도를 거절할 수 있을 뿐이고 그 피담보채권의 변제를 청구할 수는 없다(대판 95다8720; 대결 2014마1407). **정답 ⑤**

제2절 | 공매

❶ 공매의 의의

광의의 공매는 법률의 규정에 의거하여 공적인 기관에 의하여 강제적으로 행하여지는 매매를 말하고, 협의의 공매는 「국세징수법」에 근거하여 국세·지방세를 체납한 자의 재산을 압류한 후 공개매각하여 체납금을 강제환가하는 처분을 말한다.

> 참고 현재 이 업무의 대부분은 한국자산관리공사에 의뢰하여 공개처분하고 있다.

❷ 공매의 종류

(1) 비업무용 부동산의 공매(수탁재산 공매)

금융기관이 채권정리를 위하여 법원경매과정에서 담보물을 매수하여 취득한 비업무용 부동산으로서, 한국자산관리공사가 이들로부터 부동산매각을 의뢰받아 이들 기관의 대리인으로서 일반인에게 매각하는 공매이다. 비업무용 부동산공매는 3회 이상 유찰된 경우 토지거래허가가 면제되는 특징이 있다.

(2) 유입부동산의 공매

IMF 경제위기 이후에 한국자산관리공사가 부실채권정리기금으로 금융기관의 부실채권을 양수하여 채권자로서 부실채권을 회수하게 되는 과정에서 법원의 경매과정을 통하여 한국자산관리공사가 담보물을 그 명의로 취득하게 되는바, 이와 같이 취득한 부동산을 일반인들을 상대로 다시 매각하는 공매를 말한다.

> 참고 유입부동산공매는 비업무용 부동산공매의 장점 외에도 대금 납부기한을 최장 5년까지 변경할 수 있다는 이점이 있다.

(3) 압류부동산의 공매

① 압류부동산공매는 「국세징수법」 등에 근거하여 행하여지는 공매로서, 세금을 내지 못한 체납자의 재산을 압류한 후 체납된 세금을 받기 위하여 국가기관 등이 한국자산관리공사에 공매대행을 의뢰하여 하는 공매로, 법원의 경매와 본질적으로 같다.

✓ **압류재산공매부동산의 소유권 취득시기 등**
매수인이 매수대금을 납부한 때에 매각재산을 취득한다(「국세징수법」 제77조 제1항). 매수대금의 납부 후에 그 재산상에 생긴 위험(예 소실, 훼손, 도난 등)은 그 재산의 등기절차, 현실의 인도 유무에 불구하고 매수인이 부담한다(압류재산 인터넷공매 입찰참가자 준수규칙 제16조).

② 압류부동산의 공매는 비업무용 부동산공매의 장점이 일절 해당되지 않고 법원경매와 동일한 특징을 지닌다.

(4) 국유재산

자산관리공사가 국가 소유의 일반재산(처분이 가능한 재산)의 관리와 처분을 위임받아 입찰 및 수의계약의 방법으로 일반인에게 임대(또는 매각)하는 부동산이다. ✚

✚ 주로 물납부동산 등의 위탁처분이 많다.

③ 공매제도의 장·단점

(1) 공매부동산의 장점

① 안전한 거래 가능: 공매과정에서 모든 권리가 말소되고 소유권이 이전되어 등기부상 권리의 하자는 없다.

참고 다만, 압류재산은 매수인이 직접 권리분석을 통하여 등기부상 권리관계를 파악한 후에 응찰하여야 한다.

② 공사의 명도책임 부담(원칙): 세입자의 문제나 부동산을 명도하는 책임은 원칙적으로 공사가 부담한다. 다만, 압류재산은 매수인이 부담한다.

③ 할부구입 가능: 유입자산은 1개월에서 5년까지 분할로 구입할 수 있고, 계약 체결 후 구입자의 사정으로 계약기간의 변경을 요구할 때에는 최장 5년까지 연장이 가능하다.

참고 다만, 할부기간 연장 시에는 기금채권발행금리에 해당하는 이자를 가산 납부하여야 한다. 수탁자산은 1개월에서 5년까지 분할로 구입할 수 있다.

④ 이자의 감면 가능: 유입자산과 수탁자산의 경우에는 계약이행 중 대금을 선납하는 경우에는 이자를 감면하여 준다.

⑤ 매매대금 완납 전에도 점유사용 가능: 유입자산과 수탁자산의 경우에는 매매대금의 3분의 1 이상을 선납하면 소유권이전 전이라도 점유사용이 가능하다.

⑥ 유입자산의 경우 계약 체결시에 대금 납부조건을 본인의 자금사정에 따라 임의대로 결정 가능: 신문에 공고된 일시급의 최저매매가격을 기준으로 낙찰받은 후 5일 이내에 본 계약을 체결하는 시점에서 구입자가 대금 납부기한 및 대금 납부방법 등을 임의로 결정하면 된다.

⑦ 자금사정이 어려운 경우 중도에 구입자 명의변경 가능: 할부로 부동산을 산 사람이 대금을 계속 납부할 수 없는 경우 등에는 제3자가 계약을 이어 받아 이행할 수 있도록 명의를 변경하여 준다. 다만, 압류재산의 경우에는 명의변경이 불가능하다.

⑧ 매매대금을 전액 납부하지 않아도 소유권이전 가능
  ㉠ 유입자산은 계약 체결 후 매매대금의 2분의 1 이상을 납부하고 근저당권설정을 조건으로 소유권이전을 요청하거나 매매대금에 상응하는 은행지급보증서 등 납부보장책을 제출하면 소유권이전이 가능하다.

ⓒ 수탁자산은 계약 체결 후 금융기관의 지급보증서, 예·적금증서, 국·공채나 금융채를 제출하면 매매대금 완납 전이라도 소유권이전이 가능하다.

(2) 공매부동산의 단점

① 좁은 선택물량의 폭: 공매물은 매각물건의 폭이 좁으므로 법원경매물보다 선택물량의 폭이 좁다.
② 인도명령제도의 부재: 공매는 낙찰자를 위한 인도명령제도가 없다. 따라서 낙찰자는 명도소송을 제기하여 인도를 받아야 한다.
③ 채권상계제도의 부재: 법원경매와 달리 채권상계제도가 없다. 따라서, 채권자도 공매대금을 전액납부하고 별도의 배분(= 배당)을 받아야 하는 부담이 있다.

4 공매와 법원경매의 차이점

구분	유입자산공매	수탁재산(비업무용)공매	압류재산공매	법원경매
근거법	「금융회사부실자산 등의 효율적 처리 및 한국자산관리공사 설립에 관한 법률」		「국세징수법」	「민사집행법」
매각물건	① 공사가 소유권 취득한 자산 ② 경매에서 대금 납부한 자산	① 금융기관의 매각위임 자산 ② 기업의 비업무용 재산	세무서·지방자치단체의 매각위임 자산(조세 등 체납시)	채권자의 신청 부동산
소유자	자산관리공사	금융기관·법인	체납자	채무자(물상보증인)
권리분석	필요성 없음		필요(매수자 책임)	
명도책임	① 원칙: 자산관리공사 부담 ② 예외: 매수자 부담	① 원칙: 금융기관 / 기업체 부담 ② 예외: 매수자 부담	매수인 부담	
최저매각가	유입가(유입가 + 이자)	감정가		
입찰보증금	입찰가(= 매수희망가)의 10%			최저매각가의 10%
가격인하율	5%	10%		20~30%
매각방법	입찰 또는 수의계약 ✔ 입찰: 1기일 수회입찰, 전자입력제 등		입찰	
계약조건변경	가능		불가능	
유찰계약	가능		① 불가능 ② 압류재산 6회 이상 유찰물건 가능	불가능

인도명령	불가능		가능
대금 납부	분납 가능(최장 5년)	기한 내 일시납·분납 가능 ① 7일(1천만원 미만) ② 60일(1천만원 이상)	기한 내 일시완납
명의변경	가능		불가능
대금완납 전 선(先) 사용	가능		불가능
토지거래허가	불요	필요(단, 3회 이상 유찰시 불요)	불요
농지취득 자격증명	필요		
제출시한	공사에 소유권이전등기 신청시		매각허가결정기일
장점·단점	공매대행수수료(2%)		–

제3절 | 매수신청대리인 제도

제32회~제36회

1 총칙

(1) 대리인과 대리업

공인중개사인 개업공인중개사와 법인인 개업공인중개사는 경매부동산에 대한 권리분석, 취득알선, 입찰신청의 대리, 매수신청의 대리 등을 할 수 있는바, 이 중 법률행위에 해당하는 입찰신청의 대리, 매수신청의 대리행위는 법원에 등록을 요하는데 이를 대리업 등록이라고 한다. 또한, 대리업 등록을 한 자를 매수신청대리인이라 한다.

> **핵심** 매수신청대리인은 영리를 목적으로 대리행위를 계속·반복적으로 수행할 수 있고 이는 중개업과는 전혀 다른 업무의 영역인 소위 대리업이 되는 것이다.

(2) 매수신청대리인의 업무범위

법원에 매수신청대리인으로 등록된 개업공인중개사가 매수신청대리의 위임을 받은 경우 다음의 행위를 할 수 있다(「공인중개사의 매수신청대리인 등록 등에 관한 규칙」➕ 제2조).

➕ 이하 이 절에서 '규칙'이라 한다.

① 매수신청보증의 제공
② 입찰표의 작성 및 제출
③ 차순위매수신고
④ 매수신청의 보증을 돌려 줄 것을 신청하는 행위
⑤ 공유자의 우선매수신고
⑥ 구 「임대주택법」상 임차인의 임대주택 우선매수신고
⑦ 공유자 또는 임대주택임차인의 우선매수신고에 따라 차순위매수신고인으로 보게 되는 경우 그 차순위매수신고인의 지위를 포기하는 행위

(3) 대리신고 및 대리입찰 대상물

이 규칙에 의한 매수신청대리인의 대상물은 다음과 같다(규칙 제3조).

① 토지
② 건물 그 밖의 토지의 정착물
③ 「입목에 관한 법률」에 따른 입목
④ 「공장 및 광업재단 저당법」에 따른 공장재단, 광업재단

❷ 매수신청대리인 등록 등

1. 매수신청대리인 등록

매수신청대리인이 되고자 하는 개업공인중개사는 중개사무소(법인인 개업공인중개사의 경우에는 주된 중개사무소를 말한다)가 있는 곳을 관할하는 지방법원의 장(이하 '지방법원장'이라 한다)에게 매수신청대리인 등록을 하여야 한다(규칙 제4조).

(1) 등록요건

공인중개사가 매수신청대리인으로 등록하기 위한 요건은 다음과 같다(규칙 제5조).

① 개업공인중개사이거나 법인인 개업공인중개사일 것
② 부동산경매에 관한 실무교육을 이수하였을 것
③ 보증보험 또는 공제에 가입하였거나 공탁을 하였을 것

(2) 매수신청대리인 등록의 신청 등

① 매수신청대리인으로 등록하고자 하는 자는 매수신청대리인 등록신청서[1]에 다음의 서류를 첨부하여 중개사무소(법인의 경우에는 주된 중개사무소를 말한다)가 있는 곳을 관할하는 지방법원장에게 신청하여야 한다(공인중개사의 매수신청대리인 등록 등에 관한 예규[2] 제2조 제1항).

> ㉠ 공인중개사자격증 사본
> ㉡ 법인의 등기사항증명서(법인인 경우에 한한다). 다만, 「전자정부법」 제38조 제1항의 규정에 따른 행정정보의 공동이용을 통하여 그 서류에 대한 정보를 확인할 수 있는 경우에는 그 확인으로 갈음할 수 있다.
> ㉢ 중개사무소등록증 사본
> ㉣ 실무교육이수증 사본
> ㉤ 여권용 사진(3.5cm×4.5cm) 2매
> ㉥ 보증을 제공하였음을 증명하는 보증보험증서 사본, 공제증서 사본 또는 공탁증서 사본

② 매수신청대리인 등록신청 수수료는 공인중개사의 경우 2만원, 법인인 개업공인중개사의 경우 3만원이고 정부수입인지로 납부하여야 한다(예규 제2조 제2항).

③ 매수신청대리인 등록신청을 받은 지방법원장은 14일 이내에 다음의 개업공인중개사의 종별에 따라 구분하여 등록을 하여야 한다(예규 제2조 제3항).

> ㉠ 개업공인중개사
> ㉡ 법인인 개업공인중개사

④ 매수신청대리인 등록을 한 개업공인중개사가 종별을 달리하여 업무를 하고자 하는 경우에는 등록신청서를 다시 제출하여야 한다. 이 경우 종전에 제출한 서류는 이를 제출하지 아니할 수 있으며, 종전의 등록증은 이를 반납하여야 한다(예규 제2조 제4항).

(3) 등록의 결격사유

다음의 어느 하나에 해당하는 자는 매수신청대리인 등록을 할 수 없다(규칙 제6조).

---

[1] 매수신청대리인 등록신청서 ✔ p.596 참고

[2] 이하 이 절에서 '예규'라 한다.

① 매수신청대리인 등록이 취소된 후 3년이 지나지 아니한 자(단, 중개업과 대리업 폐업신고에 따른 대리업 등록의 취소는 제외한다)
② 「민사집행법」 제108조 제4호에 해당하는 자
③ 매수신청대리 업무정지처분을 받고 폐업신고를 한 자로서 업무정지기간(폐업에 불구하고 진행되는 것으로 본다)이 경과되지 아니한 자
④ 매수신청대리 업무정지처분을 받은 개업공인중개사인 법인의 업무정지의 사유가 발생한 당시의 사원 또는 임원이었던 자로서 해당 개업공인중개사에 대한 업무정지기간이 경과되지 아니한 자
⑤ ①부터 ④까지 중 어느 하나에 해당하는 자가 사원 또는 임원으로 있는 법인인 개업공인중개사

(4) 행정정보의 제공요청

① 법원행정처장은 국토교통부장관, 시장·군수·구청장 또는 공인중개사협회(이하 '협회'라 한다)가 보유·관리하고 있는 개업공인중개사에 관한 행정정보가 필요한 경우에는 국토교통부장관, 시장·군수·구청장 또는 협회에 이용 목적을 밝혀 해당 행정정보의 제공, 정보통신망의 연계, 행정정보의 공동이용 등의 협조를 요청할 수 있다(규칙 제7조 제1항).
② 협조요청을 받은 국토교통부장관, 시장·군수·구청장 또는 협회는 정당한 사유가 없는 한 이에 응하여야 한다(규칙 제7조 제2항).

(5) 등록증의 교부 등

① 지방법원장은 매수신청대리인 등록을 한 자에 대하여서는 매수신청대리인등록증✚(이하 '등록증'이라 한다)을 교부하여야 한다(규칙 제8조 제1항).

　㉠ 지방법원장은 매수신청대리인 등록을 한 자에게 등록증을 교부하고, 매수신청대리인등록대장에 그 등록에 관한 사항을 기록·유지하여야 한다(예규 제3조 제1항).
　㉡ 등록번호는 법원별 고유번호 두 자리 숫자, 서기 연도의 뒤 두 자리 숫자, 진행번호인 아라비아 숫자로 표시하고, 진행번호는 등록증을 발급한 시간순서에 따라 일련번호로써 부여한다(예규 제3조 제2항).

② 등록증을 교부받은 자가 등록증을 잃어버리거나 못쓰게 된 경우와 등록증의 기재사항 변경으로 인하여 다시 등록증을 교부받고자 하는 경우에는 재교부를 신청할 수 있다(규칙 제8조 제2항).

　㉠ 등록증의 재교부신청은 매수신청대리인등록증 재교부신청서에 의한다(예규 제3조 제3항).

✚ 매수신청대리인등록증
✔ p.597 참고

ⓒ 개업공인중개사가 등록증의 기재사항 변경으로 인하여 다시 등록증을 교부받고자 하는 경우에는 매수신청대리인등록증 재교부신청서에 이미 교부받은 등록증과 변경사항을 증명하는 서류를 첨부하여야 한다(예규 제3조 제4항).

(6) 등록증 등의 게시

개업공인중개사는 등록증·매수신청대리 등 보수표 그 밖에 예규가 정하는 사항을 해당 중개사무소 안의 보기 쉬운 곳에 게시하여야 한다(규칙 제9조). 게시하여야 할 사항은 다음과 같다(예규 제5조).

> ① 등록증
> ② 매수신청대리 등 보수표
> ③ 보증의 설정을 증명할 수 있는 서류

2. 실무교육의 이수

(1) 실무교육

매수신청대리인 등록을 하고자 하는 개업공인중개사(다만, 법인인 개업공인중개사의 경우에는 공인중개사인 대표자를 말한다)는 등록신청일 전 1년 이내에 법원행정처장이 지정하는 교육기관에서 부동산경매에 관한 실무교육을 이수하여야 한다. 다만, 폐업신고 후 1년 이내에 다시 등록신청을 하고자 하는 자는 그러하지 아니하다(규칙 제10조 제1항).

참고 실무교육에는 평가가 포함되어야 하며, 교육시간, 교육과목 및 교육기관 지정에 관한 사항은 예규로 정한다(규칙 제10조 제2항).

(2) 교육시간 등(예규 제6조)

① 교육시간은 32시간 이상 44시간 이내로 한다.
② 실무교육은 직업윤리,「민사소송법」,「민사집행법」, 경매실무 등 필수과목 및 교육기관이 자체적으로 정한 부동산경매 관련 과목의 수강과 교육과목별 평가로 한다.
③ 실무교육에 필요한 전문인력 및 교육시설을 갖추고 객관적 평가기준을 마련한 다음의 기관 또는 단체는 법원행정처장에게 그 지정승인을 요청할 수 있다.

> ㉠「고등교육법」에 따라 설립된 대학 또는 전문대학으로서 부동산 관련 학과가 개설된 학교
> ㉡「공인중개사법」제41조의 규정에 따라 설립된 공인중개사협회

3. 손해배상책임의 보장

(1) 손해배상책임

① 매수신청대리인이 된 개업공인중개사는 매수신청대리를 함에 있어서 고의 또는 과실로 인하여 위임인에게 재산상 손해를 발생하게 한 때에는 그 손해를 배상할 책임이 있다(규칙 제11조 제1항).

② 매수신청대리인이 되고자 하는 개업공인중개사는 손해배상책임을 보장하기 위하여 보증보험 또는 협회의 공제에 가입하거나 공탁(이하 '보증'이라 한다)을 하여야 한다(규칙 제11조 제2항).

③ 공탁한 공탁금은 매수신청대리인이 된 개업공인중개사가 폐업, 사망 또는 해산한 날부터 3년 이내에는 회수할 수 없다(규칙 제11조 제3항).

④ 매수신청의 위임을 받은 개업공인중개사는 매수신청인에게 손해배상책임의 보장에 관한 다음의 사항을 설명하고 관계증서의 사본을 교부하거나 관계증서에 관한 전자문서를 제공하여야 한다(규칙 제11조 제4항).

> ㉠ 보장금액
> ㉡ 보증보험회사, 공제사업을 행하는 동 예규 자, 공탁기관 및 그 소재지
> ㉢ 보장기간

(2) 공제사업

① 협회는 개업공인중개사의 손해배상책임을 보장하기 위하여 공제사업을 할 수 있다(규칙 제12조 제1항). 공제사업의 범위는 다음과 같다(예규 제7조).

> ㉠ 손해배상책임을 보장하기 위한 공제기금의 조성 및 공제금의 지급에 관한 사업
> ㉡ 공제사업의 부대업무로서 공제규정으로 정하는 사업

② 협회는 공제사업을 하고자 하는 때에는 공제규정을 제정하여 법원행정처장의 승인을 얻어야 한다. 공제규정을 변경하고자 하는 때에도 또한 같다(규칙 제12조 제2항).

③ 공제규정에는 예규에 정하는 바에 따라 공제사업의 범위, 공제계약의 내용, 공제금, 공제료, 회계기준 및 책임준비금의 적립비율 등 공제사업의 운용에 관하여 필요한 사항을 정하여야 한다(규칙 제12조 제3항). 예규에서 정하는 공제규정은 다음의 기준에 따라야 한다(예규 제8조).

> ㉠ 공제계약의 내용: 협회의 공제책임, 공제금, 공제료, 공제기간, 공제금의 청구와 지급절차, 구상 및 대위권, 공제계약의 실효 그 밖에 공제계약에 필요한 사항
> ㉡ 공제금: 손해배상책임 보장금액
> ㉢ 공제료: 공제사고 발생률, 보증보험료 등을 종합적으로 고려하여 결정한 금액
> ㉣ 회계기준: 공제사업을 손해배상기금과 복지기금으로 구분하여 각 기금별 목적 및 회계원칙에 부합되는 세부기준을 규정
> ㉤ 책임준비금의 적립비율: 공제사고 발생률 및 공제금 지급액 등을 종합적으로 고려하여 결정하되, 공제료 수입액의 100분의 10 이상으로 규정

④ 협회는 공제사업을 다른 회계와 구분하여 별도의 회계로 관리하여야 하며, 책임준비금을 다른 용도로 사용하고자 하는 경우에는 법원행정처장의 승인을 얻어야 한다(규칙 제12조 제4항).

⑤ 협회는 예규에 정하는 바에 따라 매년도의 공제사업 운용실적을 일간신문 또는 협회보 등을 통하여 공제계약자에게 공시하여야 한다(규칙 제12조 제5항).

⑥ 법원행정처장은 협회가 이 규칙 및 공제규정을 준수하지 아니하여 공제사업의 건전성을 해할 우려가 있다고 인정되는 경우에는 이에 대한 시정을 명할 수 있다(규칙 제12조 제6항).

⑦ 「금융위원회의 설치 등에 관한 법률」에 따른 금융감독원의 원장은 법원행정처장으로부터 요청이 있는 경우에는 협회의 공제사업에 관하여 검사를 할 수 있다(규칙 제12조 제7항).

(3) 보증금액

① 개업공인중개사가 손해배상책임을 보장하기 위한 보증을 설정하여야 하는 금액은 다음과 같다(규칙 제13조 제1항).

> ㉠ 법인인 개업공인중개사: 4억원 이상. 다만, 분사무소를 두는 경우에는 분사무소마다 2억원 이상을 추가로 설정하여야 한다.
> ㉡ 법인이 아닌 개업공인중개사: 2억원 이상

② 보증기간의 만료로 인한 새로운 보증의 설정 및 다른 보증으로 변경하고자 하는 경우의 보증설정방법 등 보증의 변경에 관한 사항은 예규로 정한다(규칙 제13조 제2항).

③ 보증금액을 지급받는 방법은 예규로 정한다(규칙 제3조 제3항).

(4) 공제사업 운용실적의 공시

협회는 다음의 공제사업 운용실적을 매 회계연도 종료 후 3개월 이내에 일간신문 또는 협회보에 공시하고 협회 홈페이지에 게시하여야 한다(예규 제9조).

> ① 결산서인 요약 대차대조표, 손익계산서 및 감사보고서
> ② 공제료 수입액, 공제금 지급액, 책임준비금 적립액
> ③ 그 밖에 공제사업 운용과 관련된 참고사항

(5) 보증의 변경

① 보증을 설정한 개업공인중개사가 그 보증을 다른 보증으로 변경하고자 하는 경우에는 이미 설정한 보증의 효력이 있는 기간 중에 다른 보증을 설정하고, 그 증빙서를 갖추어 관할 지방법원장에게 제출하여야 한다(예규 제10조 제1항).

② 보증보험 또는 공제에 가입한 개업공인중개사로서 보증기간의 만료로 인하여 다시 보증을 설정하고자 하는 자는 해당 보증기간 만료일까지 다시 보증을 설정하고, 관할 지방법원장에게 제출하여야 한다(예규 제10조 제2항).

(6) 보증보험금의 지급 등

① 매수신청인이 손해배상금으로 보증보험금, 공제금 또는 공탁금을 지급받고자 하는 경우에는 해당 매수신청인과 매수신청대리인이 된 개업공인중개사와의 손해배상합의서, 화해조서, 확정된 법원의 판결서 사본 또는 기타 이에 준하는 효력이 있는 서류를 첨부하여 보증기관에 손해배상금의 지급을 청구하여야 한다(예규 제11조 제1항).

② 매수신청대리인이 된 개업공인중개사가 보증보험금, 공제금 또는 공탁금으로 손해배상을 한 때에는 15일 이내에 보증보험 또는 공제에 다시 가입하거나 공탁금 중 부족하게 된 금액을 보전하여야 한다(예규 제11조 제2항).

4. 휴업 · 폐업의 신고

(1) 휴업신고

① 매수신청대리인은 매수신청대리업을 휴업(3개월을 초과하는 경우), 휴업한 매수신청대리업을 재개하고자 하는 때에는 예규에서 정하는 신고서에 의해 감독법원에 그 사실을 미리 신고하여야 한다. 휴업기간을 변경하고자 하는 때에도 같다(규칙 제13조의2 제1항).

② 휴업신고시에는 등록증을 첨부하여야 하며, 휴업기간은 6개월을 초과할 수 없다(규칙 제13조의2 제2항).

③ 법인인 개업공인중개사의 매수신청대리인의 분사무소의 경우에도 같다.

(2) 폐업신고

① 매수신청대리인은 매수신청대리업을 폐업하고자 하는 때에는 예규에서 정하는 신고서에 매수신청대리인등록증을 첨부하여 감독법원에 그 사실을 미리 신고하여야 한다(규칙 제13조의2 제1항).

② 법인인 개업공인중개사의 매수신청대리인의 분사무소의 경우에도 같다.

❸ 매수신청대리행위

(1) 대리행위의 방식

① 대리권 증명문서 제출

㉠ 개업공인중개사는 대리행위를 하는 경우 각 대리행위마다 대리권을 증명하는 문서(본인의 인감증명서가 첨부된 위임장과 대리인등록증 사본 등)를 제출하여야 한다(규칙 제14조 제1항 본문).

㉡ 법인인 개업공인중개사의 경우에는 대리권을 증명하는 문서 이외에 대표자의 자격을 증명하는 문서를 제출하여야 한다(규칙 제14조 제2항).

㉢ 개업공인중개사는 규칙상의 대리행위를 함에 있어서 매각장소 또는 집행법원에 직접 출석하여야 한다(규칙 제14조 제3항).

㉣ 대리권을 증명하는 문서는 매 사건마다 제출하여야 한다. 다만, 개별매각의 경우에는 매 물건번호마다 제출하여야 한다(예규 제12조 제1항).

㉤ 위임장에는 사건번호, 개별매각의 경우 물건번호, 대리인의 성명과 주소, 위임내용, 위임인의 성명과 주소를 기재하고, 위임인의 인감도장을 날인하고 인감증명서를 첨부하거나 위임인이 위임장에 서명하고 본인서명사실확인서 또는 전자본인서명확인서의 발급증을 첨부하여야 한다(예규 제12조 제2항).

② 사건카드의 작성·보존

㉠ 개업공인중개사는 매수신청대리 사건카드➕를 비치하고, 사건을 위임받은 때에는 사건카드에 위임받은 순서에 따라 일련번호, 경매사건번호, 위임받은 연월일, 보수액과 위임인의 주소·성명 기타 필요한

심화 다만, 같은 날 같은 장소에서 대리행위를 동시에 하는 경우에는 하나의 서면으로 갈음할 수 있다(규칙 제14조 제1항 단서).

➕ 매수신청대리 사건카드
✔ p.598 참고

사항을 기재하고 서명날인한 후 5년간 이를 보존하여야 한다(규칙 제15조 제1항).
ⓒ 서명날인에는 「공인중개사법」 제16조의 규정에 따라 등록한 인장을 사용하여야 한다(규칙 제15조 제2항).

(2) 매수신청대리대상물의 확인 · 설명

① 확인 · 설명: 개업공인중개사가 매수신청대리를 위임받은 경우 예규에서 정한 다음 사항 등에 대하여 위임인에게 성실 · 정확하게 설명하고 등기사항증명서 등 설명의 근거자료를 제시하여야 한다(규칙 제16조 제1항, 예규 제14조).

> ㉠ 해당 매수신청대리대상물의 표시 및 권리관계
> ㉡ 법령의 규정에 따른 제한사항
> ㉢ 해당 매수신청대리대상물의 경제적 가치
> ㉣ 해당 매수신청대리대상물에 관한 소유권을 취득함에 따라 부담 · 인수하여야 할 권리 등 사항

② 확인 · 설명서: 개업공인중개사는 위임계약을 체결한 경우 확인 · 설명사항을 서면으로 작성하여 서명날인한 후 위임인에게 교부하고, 그 사본을 사건카드에 철하여 5년간 보존하여야 한다(규칙 제16조 제2항). 확인 · 설명서에는 서명날인하여야 하는데, 이때 「공인중개사법」 제16조의 규정에 따라 등록한 인장을 사용하여야 하며 매수신청대상물 확인 · 설명서[+1]는 별지 양식과 같다.

+1
매수신청대상물 확인 · 설명서
✔ p.599 참고

(3) 보수 및 실비

① 보수
㉠ 개업공인중개사는 매수신청대리에 관하여 위임인으로부터 예규에서 정한 보수표[+2]의 범위 안에서 소정의 보수를 받는다. 이때 보수 이외의 명목으로 돈 또는 물건을 받거나 예규에서 정한 보수 이상을 받아서는 아니 된다(규칙 제17조 제1항).
㉡ 개업공인중개사는 보수표와 보수에 대하여 이를 위임인에게 위임계약 전에 설명하여야 한다(규칙 제17조 제2항).
㉢ 개업공인중개사는 보수를 받은 경우 예규에서 정한 양식에 의한 영수증을 작성하여 서명날인한 후 위임인에게 교부하여야 한다(규칙 제17조 제3항).

+2
매수신청대리 등 보수표
✔ p.600 참고

ⓔ 서명날인에는 「공인중개사법」 제16조의 규정에 따라 등록한 인장을 사용하여야 한다(규칙 제17조 제4항).

ⓜ 보수의 지급시기: **매수신청인과 매수신청대리인의 약정에 따르며, 약정이 없을 때에는 매각대금의 지급기한일**로 한다(규칙 제17조 제5항).

② 실비: 개업공인중개사는 위임인으로부터 매수신청대리대상물의 권리관계 등의 확인 또는 매수신청대리의 실행과 관련하여 발생하는 별도의 실비를 받을 수 있다(예규 제15조 제2항 본문).

심화 다만, 매수신청대리에 필요한 통상의 실비(확인·설명을 위한 등기기록 열람비용 등)는 보수에 포함된 것으로 본다(예규 제15조 제2항 단서).

(4) 의무 및 금지행위

① 의무

㉠ 개업공인중개사는 신의와 성실로써 공정하게 매수신청대리업무를 수행하여야 한다(규칙 제18조 제1항).

㉡ 개업공인중개사는 다른 법률에서 특별한 규정이 있는 경우를 제외하고는 그 업무상 알게 된 비밀을 누설하여서는 아니 된다. 개업공인중개사가 그 업무를 떠난 경우에도 같다(규칙 제18조 제2항).

㉢ 개업공인중개사는 매각절차의 적정과 매각장소의 질서유지를 위하여 「민사집행법」의 규정 및 집행관의 조치에 따라야 한다(규칙 제18조 제3항).

㉣ 개업공인중개사는 다음의 어느 하나에 해당하는 경우에는 그 사유가 발생한 날로부터 10일 이내에 지방법원장에게 그 사실을 신고하여야 한다(규칙 제18조 제4항).

> ⓐ 중개사무소를 이전한 경우
> ⓑ 중개업을 휴업 또는 폐업한 경우
> ⓒ 법 제35조의 규정에 따라 공인중개사자격이 취소된 경우
> ⓓ 법 제36조의 규정에 따라 공인중개사자격이 정지된 경우
> ⓔ 법 제38조의 규정에 따라 중개사무소 개설등록이 취소된 경우
> ⓕ 법 제39조의 규정에 따라 중개업무가 정지된 경우
> ⓖ 법 제13조의 규정에 따라 분사무소를 설치한 경우

② 금지행위: 개업공인중개사는 다음의 행위를 하여서는 아니 된다(규칙 제18조 제5항).

> ㉠ 이중으로 매수신청대리인 등록신청을 하는 행위
> ㉡ 매수신청대리인이 된 사건에 있어서 매수신청인으로서 매수신청을 하는 행위
> ㉢ 동일 부동산에 대하여 이해관계가 다른 2인 이상의 대리인이 되는 행위
> ㉣ 명의대여를 하거나 등록증을 대여 또는 양도하는 행위
> ㉤ 다른 개업공인중개사의 명의를 사용하는 행위
> ㉥ 「형법」에 규정된 경매·입찰방해죄에 해당하는 행위
> ㉦ 사건카드 또는 확인·설명서에 허위기재하거나 필수적 기재사항을 누락하는 행위
> ㉧ 그 밖에 다른 법령에 따라 금지되는 행위

③ 중개사무소의 이전신고 등(예규 제4조)

㉠ 중개사무소의 이전신고는 중개사무소이전신고서, 휴업·폐업신고 등 그 외의 사항에 대한 신고는 해당 신고서에 등록증을 첨부하여 관할 지방법원장에게 제출하여야 한다(예규 제4조 제1항).

심화 다만, 중개사무소 이전으로 관할이 바뀌는 경우에는 새로운 중개사무소 소재지를 관할하는 지방법원장에게 이전신고를 하여야 한다(예규 제4조 제1항 단서).

㉡ 관할이 바뀌는 중개사무소 이전신고를 받은 지방법원장은 그 내용이 적합한 경우에는 새로운 등록증을 교부하여야 한다(예규 제4조 제2항).

㉢ 관할이 바뀌는 이전신고를 받은 지방법원장은 종전 중개사무소 소재지 관할 지방법원장에게 관련 서류를 송부하여 줄 것을 요청하고, 이 경우 종전 중개사무소 소재지 관할 지방법원장은 지체 없이 다음의 서류를 송부하여야 한다(예규 제4조 제3항).

> ⓐ 매수신청대리인 등록대장
> ⓑ 매수신청대리인 등록신청서류
> ⓒ 최근 1년간의 행정처분서류 및 행정처분절차가 진행 중인 경우 그 관련 서류

㉣ 관련 서류를 송부받은 지방법원장은 이전등록을 하여야 하고, 이전신고 전에 발생한 사유로 인하여 개업공인중개사에 대한 행정처분을 하여야 할 경우에는 이를 행한다(예규 제4조 제4항).

❹ 지도 및 감독

(1) 협회·개업공인중개사 등의 감독
  ① 감독
    ㉠ 법원행정처장은 매수신청대리업무에 관하여 협회를 감독한다(규칙 제19조 제1항).
    ㉡ 지방법원장은 매수신청대리업무에 관하여 관할 안에 있는 협회의 시·도 지부와 매수신청대리인 등록을 한 개업공인중개사를 감독한다(규칙 제19조 제2항).
    ㉢ 지방법원장은 매수신청대리업무에 대한 감독의 사무를 지원장과 협회의 시·도 지부에 위탁할 수 있고, 이를 위탁받은 지원장과 협회의 시·도 지부는 그 실시 결과를 지체 없이 지방법원장에게 보고하여야 한다(규칙 제19조 제3항).
    ㉣ 지방법원장은 법규를 위반하였다고 인정되는 개업공인중개사에 대하여 해당 법규에 따른 상당한 처분을 하여야 한다(규칙 제19조 제4항).
    ㉤ 협회는 등록관청으로부터 중개사무소의 개설등록, 휴업·폐업의 신고, 자격의 취소, 자격의 정지, 등록의 취소, 업무의 정지 등에 관한 사항을 통보받은 후 10일 이내에 법원행정처장에게 통지하여야 한다(규칙 제19조 제5항).
  ② 통지
    ㉠ 법원행정처장은 협회로부터 통지받은 내용 중 행정처분이 필요한 사항을 관할 지방법원장에게 통지한다(예규 제16조 제1항).
    ㉡ 지방법원장은 매월 매수신청대리인 등록·행정처분 및 신고된 사항을 다음 달 10일까지 법원행정처장에게 통지하여야 한다(예규 제16조 제2항).
    ㉢ 법원행정처장은 매월 매수신청대리인 등록·행정처분 및 신고된 사항을 다음 달 15일까지 공인중개사협회에 통지하여야 한다(예규 제16조 제3항).
  ③ 감독상의 명령
    ㉠ 지방법원장 또는 감독의 사무를 위임받아 행하는 지원장은 매수신청대리인 등록을 한 개업공인중개사에게 매수신청대리업무에 관한 사항에 대하여 보고하게 하거나 자료의 제출 그 밖에 필요한 명령을 할 수 있고, 소속 공무원으로 하여금 중개사무소에 출입하여 장부·서류 등을 조사 또는 검사하게 할 수 있다(규칙 제20조 제1항).

ⓛ 감독의 사무를 위임받아 행하는 협회의 시·도 지부는 중개사무소 출입·조사 또는 검사를 할 수 있다(규칙 제20조 제2항).
④ 조사권한증명서의 제시: 중개사무소에 출입하여 장부·서류 등을 조사하는 공무원은 공무원증과 매수신청대리업무 조사권한증명서를, 협회의 시·도 지부 소속으로 감독의 사무를 위임받아 중개사무소에 출입하여 장부·서류 등을 조사하는 자는 신분증과 협회의 시·도 지부 대표자가 발급한 조사권한증명서를 각각 지니고 상대방에게 이를 내보여야 한다(예규 제17조).

(2) 등록취소사유 등

① 절대적 등록취소사유: 지방법원장은 다음의 어느 하나에 해당하는 경우에는 매수신청대리인 등록을 취소하여야 한다(규칙 제21조 제1항).

> ㉠ 중개업 개설등록의 결격사유 어느 하나에 해당하는 경우
> ㉡ 중개업 폐업신고를 한 경우 또는 **대리업 폐업신고를 한 경우**
> ㉢ 공인중개사자격이 취소된 경우
> ㉣ 중개사무소 개설등록이 취소된 경우
> ㉤ 대리업 등록 당시 대리업 등록요건을 갖추지 않았던 경우
> ㉥ 대리업 등록 당시 대리업 결격사유가 있었던 경우

② 상대적 등록취소사유: 지방법원장은 다음의 어느 하나에 해당하는 경우에는 매수신청대리인 등록을 취소할 수 있다(규칙 제21조 제2항).

> ㉠ 대리업 등록 후 대리업 등록요건을 갖추지 못하게 된 경우
> ㉡ 대리업 등록 후 대리업 결격사유가 있게 된 경우
> ㉢ 사건카드를 작성하지 아니하거나 보존하지 아니한 경우
> ㉣ 확인·설명서를 교부하지 아니하거나 보존하지 아니한 경우
> ㉤ 보수 이외의 명목으로 돈 또는 물건을 받은 경우, 예규에서 정한 보수를 초과하여 받은 경우, 보수의 영수증을 교부하지 아니한 경우
> ㉥ 업무상 알게 된 비밀을 누설한 경우, 경매법정에서 집행관의 조치에 따르지 않은 경우, 이중으로 대리인 등록을 하는 등 대리업 관련 금지행위를 행한 경우
> ㉦ 감독상의 명령이나 중개사무소의 출입, 조사 또는 검사에 대하여 기피, 거부 또는 방해하거나 거짓으로 보고 또는 제출한 경우
> ㉧ 최근 1년 이내에 이 규칙에 따라 2회 이상 업무정지처분을 받고 다시 업무정지처분에 해당하는 행위를 한 경우

③ 등록증 반납: 매수신청대리인 등록이 취소된 자는 등록증을 관할 지방법원장에게 반납하여야 한다(규칙 제21조 제3항).

④ 업무정지사유 등

㉠ 지방법원장은 개업공인중개사(이 경우 분사무소를 포함한다)가 다음의 어느 하나에 해당하는 경우에는 기간을 정하여 매수신청대리 업무를 정지하는 처분을 하여야 한다(규칙 제22조 제1항).

> ⓐ 중개업을 휴업하였을 경우
> ⓑ 공인중개사자격을 정지당한 경우
> ⓒ 중개업 업무정지를 당한 경우
> ⓓ 상대적 등록취소사유에 해당하는 경우(단, 감독상의 명령이나 중개사무소의 출입, 조사 또는 검사에 대하여 기피, 거부 또는 방해하거나 거짓으로 보고 또는 제출한 경우를 제외한다)

㉡ 지방법원장은 매수신청대리인 등록을 한 개업공인중개사(이 경우 분사무소를 포함한다)가 다음의 어느 하나에 해당하는 경우에는 기간을 정하여 매수신청대리 업무의 정지를 명할 수 있다(규칙 제22조 제2항).

> ⓐ 「민사집행법」 제108조 제1호 내지 제3호➕ 중 어느 하나에 해당하는 경우
> ⓑ 등록증 등을 게시하지 아니한 경우
> ⓒ 사건카드, 확인·설명서, 보수 영수증 등에 등록인장을 날인하지 않은 경우
> ⓓ 사무소 이전 등의 신고를 하지 아니한 경우
> ⓔ 상대적 등록취소사유인 감독상의 명령이나 중개사무소의 출입, 조사 또는 검사에 대하여 기피, 거부 또는 방해하거나 거짓으로 보고 또는 제출한 경우
> ⓕ '법원'의 명칭이나 휘장 등을 표시하였을 경우
> ⓖ 그 밖에 이 규칙에 따른 명령이나 처분에 위반한 경우

㉢ 업무정지기간은 1개월 이상 2년 이하로 한다(규칙 제22조 제3항).

⑤ 처분청의 조치 등

㉠ 지방법원장은 매수신청대리인 등록을 한 개업공인중개사에 대하여 등록취소·업무정지의 처분을 할 경우에는 해당 위반행위를 조사·확인한 후 위반사실, 징계처분의 내용과 그 기간 등을 서면으로 명시하여 통지하여야 한다(예규 제18조 제1항).

➕ 「민사집행법」 제108조 제1호 내지 제3호
1. 다른 사람의 매수신청을 방해한 사람
2. 부당하게 다른 사람과 담합하거나 그 밖에 매각의 적정한 실시를 방해한 사람
3. 1. 또는 2.의 행위를 교사(敎唆)한 사람

ⓒ 지방법원장은 등록취소·업무정지처분을 하고자 하는 때에는 10일 이상의 기간을 정하여 개업공인중개사에게 구술 또는 서면(전자문서를 포함한다)에 의한 의견진술의 기회를 주어야 한다(예규 제18조 제2항).

> **심화** 이 경우 지정된 기일까지 의견진술이 없는 때에는 의견이 없는 것으로 본다.

　　ⓓ 지방법원장은 등록취소 또는 업무정지처분을 한 때에는 등록취소·업무정지 관리대장에 기재하여 5년간 보존하여야 한다(예규 제18조 제3항).

　　ⓔ 등록취소처분을 받은 개업공인중개사는 처분을 받은 날로부터 7일 이내에 관할 지방법원장에게 등록증을 반납하여야 한다(예규 제18조 제4항).

　　ⓜ 중개사무소의 개설등록이 취소된 경우로서 개인인 개업공인중개사가 사망한 경우에는 그 개업공인중개사와 세대를 같이 하고 있는 자, 법인인 개업공인중개사가 해산한 경우에는 해당 법인인 개업공인중개사의 대표자 또는 임원이었던 자가 등록취소처분을 받은 날로부터 7일 이내에 등록증을 관할 지방법원장에게 반납하여야 한다(예규 제18조 제5항).

(3) 명칭의 표시 등

① 매수신청대리인 등록을 한 개업공인중개사는 그 사무소의 명칭이나 간판에 고유한 지명 등 법원행정처장이 인정하는 특별한 경우를 제외하고는 '법원'의 명칭이나 휘장 등을 표시하여서는 아니 된다(규칙 제23조 제1항).

② 개업공인중개사는 매수신청대리인 등록이 취소된 때에는 사무실 내·외부에 매수신청대리업무에 관한 표시 등을 제거하여야 하며, 업무정지처분을 받은 때에는 업무정지사실을 해당 중개사사무소의 출입문에 표시하여야 한다(규칙 제23조 제2항).

(4) 민감정보 등의 처리

지방법원장 및 감독업무를 위탁받은 지원장과 협회(중앙회 및 시·도 지부)는 매수신청대리인 등록 및 감독업무 수행을 위하여 「개인정보 보호법」상의 민감정보, 고유식별정보, 주민등록번호 및 그 밖의 개인정보를 처리할 수 있다(규칙 제24조).

예제

공인중개사법령과「공인중개사의 매수신청대리인 등록 등에 관한 규칙」에 관한 설명으로 틀린 것은?

① 매수신청대리인으로 등록된 개업공인중개사가 매수신청대리의 위임을 받은 경우 「민사집행법」의 규정에 따른 매수신청보증의 제공을 할 수 있다.
② 매수신청대리인으로 등록한 개업공인중개사는 업무를 개시하기 전에 위임인에 대한 손해배상책임을 보장하기 위하여 보증보험 또는 협회의 공제에 가입하거나 공탁을 하여야 한다.
③ 개업공인중개사가 매수신청대리를 위임받은 경우 대상물의 경제적 가치에 대하여 위임인에게 성실·정확하게 설명하여야 한다.
④ 개업공인중개사가 매수신청대리 위임계약을 체결한 경우 그 대상물의 확인·설명서 사본을 5년간 보존하여야 한다.
⑤ 중개업과 매수신청대리의 경우 공인중개사인 개업공인중개사가 손해배상책임을 보장하기 위한 보증을 설정하여야 하는 금액은 같다.

해설 매수신청대리업의 업무보증은 매수신청대리업 등록신청시 증명서류를 첨부하여야 하므로 개설등록신청 전에 설정하여야 한다. **정답 ②**

핵심 중개업과 매수신청대리업 비교

구분	중개업	대리업(겸업업무)
등록관청	시·군·구청장	지방법원장
보증설정	• 개인인 개업공인중개사: 2억원 이상 • 법인인 개업공인중개사: 4억원 이상 • 분사무소: 2억원 이상(1개 마다)	• 공인중개사인 개업공인중개사: 2억원 이상 • 법인인 개업공인중개사: 4억원 이상 • 분사무소: 2억원 이상(1개 마다)
실무교육	시·도지사	법원행정처장
등록처분	신청일로부터 7일	신청일로부터 14일
보증설정 시기	등록 후 업무개시 전	등록신청 전
인장등록	업무개시 전	별도등록 없음
취급업무	• 공인중개사인 개업공인중개사: 겸업제한 없음 • 법인인 개업공인중개사: 중개업 + 겸업업무	• 공인중개사인 개업공인중개사: 7개 취급업무 • 법인인 개업공인중개사: 7개 취급업무

소속공인 중개사	중개업무 수행가능	대리업무 수행불가 (직접출석주의 작용)
대상물	중개대상물	경매대상물 중 중개대상물
작성서면	• 전속중개계약서 • 중개대상물 확인·설명서(Ⅰ~Ⅳ) • 거래계약서	• 사건카드 • 매수신청대상물 확인·설명서 • 영수증
보수종류	• 중개보수 • 실비	• 상담 및 권리분석 보수 • 매수신청대리 보수 • 실비
보수지급 시기	• 원칙: 약정 • 예외: 거래대금 지급완료일	• 원칙: 약정 • 예외: 매각대금의 지급기한일
지도· 감독	• 협회: 국토교통부장관 • 개업공인중개사: 등록관청, 시·도지사, 국토교통부장관, 분사무소 시·군·구	• 협회: 법원행정처장 • 협회 지부: 지방법원장(지원장 위탁 가능) • 개업공인중개사: 지방법원장(지원장 위탁 가능)
행정처분	• 등록취소(기속 / 재량) • 업무정지(재량)	• 등록취소(기속 / 재량) • 업무정지(기속 / 재량)

♣「공인중개사의 매수신청대리인 등록 등에 관한 예규」[별지 제1호 양식]

매수신청대리인 등록신청서

처리기간: 14일

※ 해당되는 □란에 ✔표를 하시기 바랍니다.

신청인	① 성명 (법인명)		② 주민등록번호 (법인등록번호)	
	③ 대표자		④ 주민등록번호	
	⑤ 주소(대표자주소)	(전화:)		
	⑥ 개업공인중개사 종별	□ 공인중개사 □ 법인		
사무소	⑦ 명칭		⑧ 전화번호	
	⑨ 주사무소 소재지			
	⑩ 분사무소 소재지			

「공인중개사의 매수신청대리인 등록 등에 관한 규칙」 제4조 및 동 예규 제2조의 규정에 따라 위와 같이 매수신청대리인 등록을 신청합니다.

년   월   일

신청인   (서명 또는 인)

지방법원장 귀하

첨부서류	1. 공인중개사자격증 사본 1부(법인의 경우에는 대표자의 공인중개사자격증 사본을 말한다) 2. 법인의 등기사항증명서 1부(법인인 경우에 한하며, 행정정보의 공동이용이 가능한 때에는 제출을 생략할 수 있다) 3. 「공인중개사의 매수신청대리인 등록 등에 관한 규칙」 제10조의 규정에 따른 실무교육이수증 사본 1부 4. 중개사무소등록증 사본 1부 5. 여권용 사진(3.5cm × 4.5cm) 2매 6. 위 규칙 제11조 제2항에 따라 보증을 제공하였음을 증명하는 보증보험증서 사본, 공제증서 사본 또는 공탁증서 사본 중 어느 하나
⑪ 신청인 확인란	신청인은 「공인중개사의 매수신청대리인 등록 등에 관한 규칙」 제6조에 규정된 등록결격사유 (뒷면 기재사항 참조)가 없음을 확인합니다. 신청인 (서명 또는 인)

※ 신청안내

신청하는 곳	지방법원	담당 부서 (전화번호)	매수신청대리인 담당 부서 ( )
		수수료	공인중개사: 20,000원 법인: 30,000원

📌 「공인중개사의 매수신청대리인 등록 등에 관한 예규」 [별지 제2-1호 양식]

등록번호:

사진
(3.5cm × 4.5cm)

매수신청대리인등록증

성명 (법인명)		주민등록번호 (법인등록번호)	
대표자		주민등록번호	
개업공인중개사 종별	□ 공인중개사	□ 법인	
사무소 명칭		주사무소 소재지	
		분사무소 소재지	

「공인중개사법」 제14조 제3항 및 「공인중개사의 매수신청대리인 등록 등에 관한 규칙」 제4조의 규정에 따라 위와 같이 매수신청대리인 등록을 하였음을 증명합니다.

년   월   일

지방법원장   (인)

♣「공인중개사의 매수신청대리인 등록 등에 관한 예규」[별지 제7호 양식]

매수신청대리 사건카드

일련번호 2006-	경매사건번호 지방법원 지원 타경	물건번호
부동산의 표시		

위임인에 관한 사항	성명	생년월일
		주소
	성명	생년월일
		주소

보수액	상담 및 권리분석 보수	법규상 보수표의 범위
		결정된 보수액
	매수신청대리 보수	법규상 보수표의 범위
		결정된 보수액
	특별비용	사유
		결정된 보수액

★ 보수에 관한 법규의 규정에 대하여 사전에 설명받았음을 확인합니다.
20 . . . 위임인 (인)

위임내용	상담 및 권리분석( )
	매수신청대리( )
위임일자	년 월 일

특약사항

결과	입찰에 참가하여 매수에 성공( )
	입찰에 참가하였으나 매수에 실패( )
	입찰에 참가하지 않음( )
첨부서면	확인·설명서( )
	보수 영수증( )
	기타

년   월   일
개업공인중개사   (인)
법인인 개업공인중개사   대표이사   (인)

(주 1) 일련번호는 '연도 - 누적번호'의 형식으로 부여함
(주 2) 위임인이 다수일 경우 별지를 사용하여 기재하고 간인하여야 함

♣ 「공인중개사의 매수신청대리인 등록 등에 관한 예규」 [별지 제8호 양식]

매수신청대상물 확인·설명서

대상물건의 표시	공부상 사항				
	실제 사항	공부와 같음( )			
		공부와 다름( ) 내역:			

권리관계에 관한 사항	등기기록 기재사항	소유권에 관한 사항		소유권 이외의 권리사항	
		토지		토지	
		건물		건물	
	실제 권리관계	토지			
		건물			
	임대차관계				

법령의 규정에 의한 제한사항	토지	
	건물	

대상물건의 경제적 가치	감정평가서의 내용				
	개업공인중개사의 평가	감정평가서와 같거나 비슷함( )			
		감정평가서와 다름( )	이유		
			평가내역	토지	
				건물	
			평가액		
	매각 예상가격	원(최저매각가격: 원)			

매수인이 인수하게 될 부담	등기기록 기재사항	
	기타 사항	

첨부서면	등기사항증명서( ) 감정평가서 사본( ) 토지·건축물대장( )	기타	

년   월   일

개업공인중개사   (인)

📌 「공인중개사의 매수신청대리인 등록 등에 관한 예규」 [별지 제9호 양식]

매수신청대리 등 보수표

(1) 상담 및 권리분석 보수
   ① 보수: **50만원의 범위 안**에서 당사자의 합의에 의하여 결정한다.
   ② 주의사항
      - 4개 부동산 이상의 일괄매각의 경우에는 3개를 초과하는 것부터 1부동산당 5만원의 범위 안에서 상한선을 증액할 수 있다(예를 들어, 5개 부동산의 일괄매각의 경우 3개를 초과하는 2개 때문에 60만원까지로 보수의 상한선범위가 증액될 수 있음).
      - 개별매각의 여러 물건을 함께 분석하는 경우에는 1부동산당 5만원의 범위 안에서 상한선을 증액할 수 있다.
      - 위 보수에 대하여 위임계약 체결 전에 위임인에게 미리 설명하여야 하며, 이를 사건카드에 반드시 기록하여야 한다.

(2) 매수신청대리 보수
   (가) 매각허가결정이 확정되어 매수인으로 된 경우
      ① 보수: **감정가의 1% 이하 또는 최저매각가격의 1.5% 이하의 범위 안**에서 당사자의 합의에 의하여 결정한다.
      ② 주의사항: 위 보수에 대하여 위임계약 체결 전에 위임인에게 미리 설명하여야 하며, 이를 사건카드에 반드시 기록하여야 한다.
   (나) 최고가매수신고인 또는 매수인으로 되지 못한 경우
      ① 보수 요율: **50만원의 범위 안**에서 당사자의 합의에 의하여 결정한다.
      ② 주의사항: 위 보수에 대하여 위임계약 체결 전에 위임인에게 미리 설명하여야 하며, 이를 사건카드에 반드시 기록하여야 한다.

(3) 실비
   ① 보수: **30만원의 범위 안**에서 당사자의 합의에 의하여 결정한다.
   ② 주의사항
      - 실비는 매수신청대리와 관련하여 발생하는 특별한 비용(원거리 출장비, 원거리 교통비 등)으로써 개업공인중개사는 이에 관한 영수증 등을 첨부하여 청구하여야 한다.
      - 매수신청대리와 관련하여 발생하는 통상의 비용(등기사항증명서 비용, 근거리 교통비 등)은 위 보수에 당연히 포함된 것으로 보고 별도로 청구하지 않는다.
      - 실비에 대하여 위임계약 체결 전에 위임인에게 미리 설명하여야 하며, 이를 사건카드에 반드시 기록하여야 한다.

메타인지 학습체크

01 부동산중개계약은 「민법」상 위임계약과 유사하다. [○ / ×]

02 분묘기지권을 시효로 취득한다는 법적 규범은 「장사 등에 관한 법률」의 시행일인 2001.1.13. 이전에 설치된 분묘에 관하여 현재까지 유지되고 있다. [○ / ×]

03 자기 소유 토지에 분묘를 설치한 사람이 분묘이장의 특약 없이 토지를 양도함으로써 분묘기지권을 취득한 경우, 특별한 사정이 없는 한 토지소유자가 청구한 때부터 지료지급의무가 있다. [○ / ×]

04 분묘기지권에는 그 효력이 미치는 범위 안에서 새로운 분묘를 설치할 권능은 포함[① 된다 / ② 되지 않는다].

05 분묘가 멸실된 경우라도 유골이 존재하여 분묘의 원상회복이 가능한 일시적인 멸실에 불과한 경우에는 분묘기지권은 소멸되지 아니한다. [○ / ×]

06 가족묘지 1기 및 그 시설물의 총면적은 합장하는 경우 $10m^2$까지 가능하다. [○ / ×]

07 설치기간이 끝난 분묘의 연고자는 설치기간이 끝난 날부터 1년 이내에 해당 분묘에 설치된 시설물을 철거하고 매장된 유골을 화장하거나 봉안하여야 한다. [○ / ×]

08 주말·체험영농을 목적으로 농지를 소유하려면 세대원 전부가 소유하는 총 면적이 $1,000m^2$ [① 이하 / ② 미만]이어야 한다.

09 농지전용협의를 마친 농지를 취득하려는 자도 농지취득자격증명을 발급받아야 한다. [○ / ×]

10 개인이 소유하는 임대 농지의 양수인은 「농지법」에 따른 임대인의 지위를 승계한 것으로 본다. [○ / ×]

정답

01 ○ 02 ○ 03 × 04 ② 05 ○ 06 × 07 ○ 08 ② 09 × 10 ○

제3편 메타인지 학습체크

11 개업공인중개사는 선량한 관리자의 주의로 중개대상물의 권리관계 등을 조사·확인하여 중개의뢰인에게 설명할 의무가 없다. [○ / ×]

12 분묘기지권을 시효로 취득한 사람은 토지소유자가 분묘기지에 관한 지료를 청구하면 그 청구한 날부터의 지료를 지급할 의무가 있다. [○ / ×]

13 분묘기지권은 등기사항증명서를 통해 확인할 수 [① 있다 / ② 없다].

14 분묘기지권은 분묘의 설치 목적인 분묘의 수호와 제사에 필요한 범위 내에서 분묘기지 주위의 공지를 포함한 지역에까지 미친다. [○ / ×]

15 개인묘지는 30m²를 초과해서는 안 된다. [○ / ×]

16 매장을 한 자는 매장 후 30일 이내에 매장지를 관할하는 시장 등에게 신고하여야 한다. [○ / ×]

17 토지소유자의 승낙 없이 타인 소유의 토지에 자연장을 한 자는 토지소유자에 대하여 시효취득을 이유로 자연장의 보존을 위한 권리를 주장할 수 [① 있다 / ② 없다].

18 도시민이 주말·체험영농을 목적으로 농지를 취득하는 경우에는 농업경영계획서를 제출하여야 농지취득자격증명을 받을 수 있다. [○ / ×]

19 토지거래허가구역에 있는 농지를 취득하는 경우, 토지거래계약허가를 받아도 농지에 대한 농지취득자격증명을 받아야 한다. [○ / ×]

20 농업경영을 하려는 자에게 농지를 임대하는 임대차계약은 서면계약을 원칙으로 한다. [○ / ×]

정답
11 × 12 ○ 13 ② 14 ○ 15 ○ 16 ○ 17 ② 18 × 19 × 20 ○

21 중개대상물 확인·설명서와 거래계약서는 공인전자문서센터에 보관된 경우, 공인중개사법령상 개업공인중개사가 원본, 사본 또는 전자문서를 보존기간 동안 보존해야 할 의무가 면제된다. [O / X]

22 일시사용을 위한 임대차임이 명백한 경우에도 「주택임대차보호법」의 적용을 받는다. [O / X]

23 주택임대차계약이 묵시적으로 갱신되면 임차인은 언제든지 임대인에게 계약해지를 통지할 수 있고, 임대인이 그 통지를 받은 날부터 2개월이 지나면 해지의 효력이 발생한다. [O / X]

24 임대인의 동의를 받고 전대차계약을 체결한 전차인은 임차인의 계약갱신요구권 행사기간 이내에 임차인을 대위하여 임대인에게 계약갱신요구권을 행사할 수 [① 있다 / ② 없다].

25 상가임차인의 계약갱신요구권은 최초의 임대차기간을 포함한 전체 임대차기간이 10년을 초과하지 아니하는 범위에서만 행사할 수 있다. [O / X]

26 차임 또는 보증금의 증감이 있은 후 1년 이내에는 다시 증감할 수 없다. [O / X]

27 3자간 명의신탁에서 매도인이 명의수탁자에게 이전한 등기는 무효이므로 명의신탁자는 명의수탁자를 상대로 매매대금 상당의 부당이득반환청구권을 행사할 수 [① 있다 / ② 없다].

28 기일입찰에서 매수신청인은 보증으로 [① 최저매각가격 / ② 매수신청가격]의 10분의 1에 해당하는 금액을 집행관에게 제공하여야 한다.

29 매각부동산 위의 모든 저당권은 매각으로 소멸된다. [O / X]

30 매수신청대리인인 개업공인중개사는 기일입찰의 방법에 의한 매각기일에 매수신청대리행위를 할 때 집행법원이 정한 매각장소 또는 집행법원에 직접 출석해야 한다. [O / X]

정답

21 O 22 X 23 X 24 ① 25 O 26 X 27 ② 28 ① 29 O 30 O

제3편 메타인지 학습체크

31 개업공인중개사가 부동산거래계약시스템을 통하여 부동산거래계약을 체결한 경우 부동산거래계약이 체결된 때에 부동산거래계약신고서를 제출한 것으로 본다. [○ / ×]

32 임차인이 대항력을 갖춘 경우 임차주택의 양수인은 임대인의 지위를 승계한 것으로 본다. [○ / ×]

33 상가건물임차인이 [① 2기 / ② 3기]의 차임액에 달하도록 차임을 연체한 사실이 있는 경우 임대인은 임차인의 계약갱신요구를 거절할 수 있다. [○ / ×]

34 임차인이 임대인의 동의 없이 목적건물의 일부를 전대한 경우 임대인은 임차인의 계약갱신의 요구를 거절할 수 있다. [○ / ×]

35 상가임차인이 [① 2기 / ② 3기]의 차임액에 달하도록 차임을 연체한 경우 임대인은 임대차계약을 해지할 수 있다.

36 3자간 명의신탁에서 매도인이 명의수탁자 명의로 마쳐준 소유권이전등기는 [① 유효 / ② 무효]이다.

37 경매 매수인이 경매부동산의 소유권을 취득하는 시기는 '매각대금지급기한일'이다. [○ / ×]

38 매수신고인의 매수신고액이 차순위이고 최고가매수신고액에서 그 보증액을 뺀 금액을 넘지 않는 때에만 차순위매수신고를 할 수 있다. [○ / ×]

39 매수신청대리인이 되고자 하는 법인인 개업공인중개사는 주된 중개사무소가 있는 곳을 관할하는 지방자치단체의 장에게 매수신청대리인 등록을 하여야 한다. [○ / ×]

40 매수신청대리인인 개업공인중개사가 매수신청대리의 위임을 받은 경우 「민사집행법」의 규정에 따라 차순위매수신고를 할 수 있다. [○ / ×]

> **정답**
> 31 ○   32 ○   33 ②   34 ○   35 ②   36 ②   37 ×   38 ×   39 ×   40 ○

MEMO

MEMO

2026
메가랜드 공인중개사

표준 이론서
2차 공인중개사법령 및 중개실무

발행일 2025년 12월 1일 초판 1쇄
편 저 메가랜드 부동산교육연구소
발행인 윤용국
발행처 메가엠디(주)
등 록 제322-2007-000308호(2007.12.12.)
주 소 (06657) 서울특별시 서초구 반포대로 81, 2층
전 화 1833 - 3329
팩 스 02 - 6918 - 3792

정 가 43,000원
ISBN 978-89-6634-964-7(14320)
      978-89-6634-961-6(14320)(2차 세트)

잘못 만들어진 책은 구입하신 서점에서 교환해 드립니다.
본 책의 내용은 사전고지 없이 변경될 수 있습니다.

Copyright 메가엠디㈜
* 이 책에 대한 저작권은 메가엠디㈜에 있습니다.
* 이 책은 저작권법에 따라 보호받는 저작물이므로 무단전재와 무단복제 및 배포를 금지하며
  책 내용의 전부 또는 일부를 이용하려면 반드시 저작권자와 출판권자의 서면동의를 받아야 합니다.
* 메가랜드는 메가엠디㈜의 부동산 교육 전문 브랜드입니다.

더 가벼운 학습서
메가랜드 E-Book

메가랜드 공인중개사 정오표를 꼭 확인하세요.

메가랜드 공인중개사 ▶ 온라인 서점 ▶ 정오표/개정추록

교재 출간 후 개정되는 법령의 내용과 교재 수정사항은 메가랜드 홈페이지(http://www.megaland.co.kr)에서 확인하실 수 있습니다.